죄가 너희를 주관치 못하리니
이는 너희가 법 아래 있지 아니하고 은혜 아래 있음이니라
(롬 6:14)

ἁμαρτία γὰρ ὑμῶν οὐ κυριεύσει·
οὐ γάρ ἐστε ὑπὸ νόμον ἀλλὰ ὑπὸ χάριν
(Πρὸς Ῥωμαίους 6:14)

죄와 은혜의 지배

김남준 현 안양대학교의 전신인 대한신학교 신학과를 야학으로 마치고, 총신대학교에서 목회학 석사와 신학 석사 학위를 받았으며, 신학 박사 과정에서 공부했다. 안양대학교와 현 백석대학교에서 전임 강사와 조교수를 지냈다. 1993년 **열린교회**(www.yullin.org)를 개척하여 담임하고 있으며, 현재 총신대학교 신학과 조교수로도 재직하고 있다. 저자는 영국 퓨리턴들의 설교와 목회 사역의 모본을 따르고자 노력해 왔으며, 아우구스티누스를 비롯한 보편교회의 신학과 칼빈, 오웬, 조나단 에드워즈와 17세기 개신교 정통주의 신학에 천착하면서 조국교회에 신학적 깊이가 있는 개혁교회 목회가 뿌리내리기를 갈망하며 섬기고 있다.

주요 저서로는 **1997년도 기독교 출판문화상**을 수상한 『예배의 감격에 빠져라』와 **2003년도 기독교 출판문화상**을 수상한 『거룩한 삶의 실천을 위한 마음지킴』, **2005년도 기독교 출판문화상**을 수상한 『죄와 은혜의 지배』, **2015년도 기독교 출판문화상**을 수상한 『가슴 시리도록 그립다, 가족』을 비롯하여 『구원과 하나님의 계획』, 『게으름』, 『자기 깨어짐』, 『하나님의 도덕적 통치』, 『교사 리바이벌』, 『자네, 정말 그 길을 가려나』, 『목회자의 아내가 살아야 교회가 산다』, 『설교자는 불꽃처럼 타올라야 한다』, 『돌이킴』, 『싫증』, 『개념없음』, 『그리스도인이 빛으로 산다는 것』, 『가상칠언』, 『목자와 양』, 『아이야 엄마가 널 위해 기도할게』, 『깊이 읽는 주기도문』, 『서른통』, 『부교역자 리바이벌』, 『인간과 잘 사는 것』, 『교회와 그리스도의 남은 고난』 등 다수가 있다.

죄와 은혜의 지배

ⓒ 생명의말씀사 2005

2005년 4월 10일 1판 1쇄 발행
2008년 4월 5일 3쇄 발행
2005년 4월 20일 2판 1쇄 발행
2022년 3월 11일 19쇄 발행

펴낸이 | 김창영
펴낸곳 | 생명의말씀사

등록 | 1962. 1. 10. No.300-1962-1
주소 | 서울시 종로구 경희궁1길 6(03176)
전화 | 02)738-6555(본사)·02)3159-7979(영업)
팩스 | 02)739-3824(본사)·080-022-8585(영업)

지은이 | 김남준

교열 | 태현주
디자인 | 디자인집
인쇄 | 영진문원
제본 | 보경문화사

ISBN 89-04-03085-4 (04230)
ISBN 89-04-00108-0 (세트)

저작권자의 허락없이 이 책의 일부 또는 전체를
무단 복제, 전재, 발췌하면 저작권법에 의해 처벌을 받습니다.

거룩한 삶의 실천 시리즈 4

THE DOCTRINE ON DOMINION OF SIN
AND GRACE IN BELIEVERS

죄와 은혜의 지배

김남준

생명의말씀사

이 책을
나의 경건과 학문에 있어서
최고의 스승이신
故 존 오웬 목사님께
바칩니다.

추천사

정창욱 (총신대학교 신학과 교수)

　기독교의 발전을 가장 심각하게 위협하는 사상 중의 하나로 '반(反)지성주의'를 들 수 있습니다. 반지성주의적 경향을 따라 설교란 조금이라도 어려워서는 안 되며, 쉽고 재미있어야만 한다는 강박 관념이 강단을 지배하고 있습니다. 깊이 있는 말씀이 선포되지 않는 곳에서 성숙하고 깊이 있는 신앙이 자랄 수 있다고 기대하는 것은 무리일 것입니다. 그런 면에서 김남준 목사님의 설교와 사역에는 크나큰 시사점이 있습니다. 주일 설교와 사경회를 통하여 깊이 있는 말씀을 쏟아 내기 때문입니다. 깊이만 있는 것이 아니라, 논지를 잘 이해할 수 있도록 적절한 비유까지 곁들여서 많은 깨달음과 풍성함을 더해 주는 말씀이기에 더욱 소중합니다. 말씀을 좀더 깊이 있게 다루려는 그러한 작업이 이전보다 더욱 돋보이는 책을 이번에 내신 것에 대해 더없이 기쁘고 감사한 마음입니다. 사색과 명상을 하면서 읽어 가도록 만들어진 이 책을 통하여, 독자들은 죄의 지배에서 벗어나는 법과 은혜의 지배 아래 살아가는 법을 배우고 익히게 될 것이며, 성숙한 신앙인으로 성장해 가는 데 큰 도움을 얻으리라 확신하면서 기쁜 마음으로 이 책을 추천합니다.

정근두 (울산교회 담임목사)

  클래식 음악이 주류를 이루던 한 시대가 있었던 것처럼 신학계에도 성경 진리를 깊이 연구하고 분석하여 신자의 구체적인 경험 가운데 상세하게 설명하던 시대가 있었습니다. 이 시대를 일컬어 청교도 시대라고 할 수 있습니다.
  기라성 같은 청교도 신학자들 가운데 황태자라 불리는 존 오웬의 사상이 우리 시대의 사랑받는 설교자 김남준 목사님을 통해서 보다 쉽게 우리가 알아들을 수 있는 말로 다시금 전달되는 것에 감사합니다. 하나님께서 이 시대에 주신 특별한 선물이기에 청교도들의 깊이 있는 성화의 교리를 알기 원하는 분들 모두에게 기쁘게 추천합니다.

추천사 | 6
저자 서문 | 18

제1부 신자 안에 있는 죄의 세력

제1장 신자 안에 있는 은혜와 죄 | 22

I. 기초 본문 : 롬 6:14 | 25
II. 불신자의 삶 : 죄의 절대적 지배 아래 있음 | 26
III. 신자의 삶 : 은혜의 통치 아래 있음 | 29
IV. 신자 안에 남아 있는 죄의 세력 | 32
   A. 죄의 지배와 영향 | 32
   B. 죄의 절대적 지배와 상대적 지배 | 33
      1. 죄의 절대적 지배 | 33
      2. 죄의 상대적 지배 | 34
      3. 두 지배의 결국은 동일함 | 36
V. 은혜 아래 있는 신자의 의무 | 40

제2장 은혜의 상태 아래서도 사라지지 않는 죄와 파멸되는 죄 | 44

I. 구원받은 신자와 죄 | 47
II. 신자 안에 있는 두 종류의 죄 | 49
   A. 인간의 이해를 넘어서는 죄들 | 49
   B. 인간의 통제가 가능한 죄들 | 52
III. 신자 안에 있는 죄의 진전 : 죄의 법 | 55

제3장 죄와 은혜의 계획 : 영혼을 지배함 | 60

I. 은혜의 계획 : 영혼을 지배함 | 64
II. 죄의 계획 : 영혼을 지배함 | 65
   A. 죄가 성장함 | 66
   B. 영혼을 지배함 | 67

제4장 죄가 지배력을 확보하는 방법 : 속임과 강압 | 70

I. 죄의 역사 : 속임과 강압 | 74
    A. 속임 | 74
    B. 강압 | 76
II. 은혜 아래 살기 위한 투쟁 | 77
    A. 죄의 강압에 대항하여 : 은혜의 능력 | 78
    B. 죄의 속임에 대항하여 : 지식의 총명 | 80

제5장 죄의 지배의 성질 : 거역과 악 | 82

I. 죄의 지배는 부당한 거역임 | 85
II. 죄의 지배는 악임 | 90
    A. 하나님을 대적함 | 92
    B. 영혼을 파괴함 | 94

제6장 죄의 지배의 특성 : 신자의 순종을 사용함 | 96

I. 죄의 이중적 공격 | 99
II. 신자의 순종을 통해 지배력을 가짐 | 101
    A. 생각에 가해지는 죄의 힘과 혼란 | 102
    B. 죄와 싸우고 있는 한 지배가 불가함 | 102

제7장 죄의 지배의 환경 : 성령의 은혜를 떠나감으로써 | 106

I. 신자가 은혜의 고갈 상태에 있을 때 | 111
    A. 은혜의 통치가 지속적이지 않음 | 111
    B. 지적인 혼란을 경험함 | 113
        1. 하나님과의 평화에 대한 오해 | 113
        2. 하나님의 용서에 대한 오해 | 115
        3. 기도의 응답을 잘못 적용함 | 116
II. 은혜와 죄 : 한 보좌를 다툼 | 117
III. 은혜의 현재적 통치를 갈망하라 | 120

제8장 죄의 지배의 발전: 죄에 대한 저항력이 약화됨으로써 | 124

I. 죄에 대한 확신을 무디어지게 함 | 128
　A. 죄에 대한 생각을 무뎌지게 함 | 130
　B. 죄에 대하여 생각을 집중시킴 | 130
　C. 죄에 대하여 정서를 친화시킴 | 131
　D. 범죄의 실행으로 마음을 굳어지게 함 | 132
II. 죄에 대하여 친화적으로 민감하게 함 | 133
　A. 죄에 대한 저항적인 민감함을 제거함 | 133
　B. 죄에 대한 친화적인 민감함을 갖게 함 | 134
III. 죄책감과 죄의 지배 | 135

제9장 죄의 지배 아래 있어도 가능한 신자의 경험 | 142

I. 영적 은사를 소유함 | 145
II. 내적인 깨달음이 있음 | 148
　A. 죄의 지배 아래서의 말씀 경험 | 148
　B. 은혜의 지배 아래서의 말씀 경험과의 차이점 | 149
　　1. 말씀의 경험이 간헐적임 | 149
　　2. 깨달음에 지속성이 없음 | 150
　　3. 깨달음이 실천으로 이어지기 어려움 | 151
III. 일시적인 정서의 변화를 경험함 | 151
IV. 도덕적인 의무를 수행함 | 153
V. 범죄에 대해 단편적으로 참회함 | 155
　A. 죄의 지배 아래서의 참회 | 156
　B. 이러한 참회의 한계들 | 156
　　1. 동기가 이기적임 | 157
　　2. 지속적이지 않음 | 157
　　3. 영혼에 변화가 없음 | 158
VI. 헛되이 결단함 | 159

제10장 죄의 지배 아래 있는 위험한 징후들 | 164

I. 위험한 징후 1 : 특정한 죄가 상상력을 지배함 | 168
    A. 상상을 통한 죄의 발전 | 169
        1. 상상을 통한 범죄를 택하는 이유 | 170
        2. 은혜의 지배 아래서의 생각의 범죄와의 차이점 | 171
            a. 사고 기능에 지속적으로 간여함 | 171
            b. 마음으로 범의(犯意)를 받아들임 | 171
    B. 상상의 죄가 불러일으키는 대표적인 악들 | 172
        1. 교만 | 173
        2. 육욕 | 174
        3. 불신앙 | 175
        4. 미움 | 176

II. 위험한 징후 2 : 특정한 욕망이 정서를 지배함 | 177
    A. 정서가 죄의 지배를 받는 상황 | 178
    B. 죄에 강력하게 이끌릴 때의 처방 | 181
        1. 성령의 조명으로 진리를 깨달음 | 182
        2. 죄의 세력의 약화를 위하여 기도함 | 183
        3. 은혜의 수단에 부지런히 참여함 | 185

III. 위험한 징후 3 : 파악된 죄를 버리지 못함 | 186

IV. 위험한 징후 4 : 마음의 심각한 굳어짐 | 187
    A. 총체적 굳어짐 | 188
    B. 부분적 굳어짐 | 189
        1. 마음의 굳어짐의 원인 | 190
            a. 근본적인 원인 | 190
            b. 실제적인 원인 | 191
        2. 굳어진 마음의 증거들 | 193
            a. 말씀을 통하여 영향을 받으려 하지 않음 | 194
            b. 죄책의 인식에 거의 영향을 받지 않음 | 194
            c. 다른 사람들의 죄를 아파하지 않음 | 194
            d. 자기를 향한 하나님의 마음을 느끼지 못함 | 196

V. 위험한 징후 5 : 죄 죽임을 위한 방편들을 소홀히 함 | 197
A. 자기 부인이 없음 | 199
1. 자기 부인의 소극적인 측면 | 200
   a. 이성으로부터의 자기 부인 | 200
   b. 부패한 욕망에 재갈을 물림 | 202
2. 자기 부인의 적극적인 측면 | 205
   a. 이웃을 사랑함 | 205
   b. 하나님을 사랑함 | 207
3. 자기 부인이 없는 삶의 비참함 | 209
B. 십자가를 지지 않음 | 210
1. 절대적 십자가와 상대적 십자가 | 211
2. 신자의 십자가 : 성화를 위해 사용되는 환난과 고통들 | 211
3. 신자의 인내 : 믿음으로 감당할 때 성화가 촉진됨 | 212
4. 그리스도의 고난에 참예함 : 성령의 위로로 성례전적인 효과를 가져옴 | 213
C. 내세를 묵상치 않음 | 215

VI. 위험한 징후 6 : 지속적으로 마음을 다해 기도하지 않음 | 218
A. 죄 죽임에 있어서 기도의 지속적 실천의 중요성 | 219
1. 영적 도움과 능력을 공급받음 | 219
2. 마음의 거룩한 틀을 유지함 | 222
B. 죄 죽임에 있어서 마음으로부터의 기도의 중요성 | 224
1. 마음으로부터의 기도 | 224
2. 죄에 대한 영혼의 직접적인 투쟁 | 226
C. 기도를 죽이는 죄의 점진적인 역사 | 228
1. 제1단계 : 기도에 준비되지 못함 | 229
2. 제2단계 : 기도의 실천을 꺼려 함 | 230
3. 제3단계 : 기도의 능력을 상실함 | 231
4. 제4단계 : 기도의 의무를 무시함 | 232

제2부 죄가 신자를 지배하지 못하는 이유

제11장 복음이 죄를 이길 힘을 주기 때문에 | 240

I. 서론 : 신자와 죄의 힘 | 244
    A. 죄의 지배력이 절대적이지 않음 | 244
    B. 죄의 실효적인 힘이 가변적임 | 245
    C. 죄의 지배는 영속적일 수 없음 | 245

II. 율법과 은혜 | 247
    A. 율법은 무엇인가? | 247
        1. 넓은 의미의 율법 | 248
        2. 좁은 의미의 율법 | 249
            a. 에덴에서 주어진 율법 | 250
            b. 시내산에서 주어진 율법 | 252
            c. 그 율법의 한계 | 257
    B. 인간을 다스리시는 두 방식 : 율법과 은혜 | 258
        1. 불신자 : 율법으로 다스리심 | 258
        2. 신자 : 은혜로 다스리심 | 260

III. 은혜 아래 있는 신자와 죄 | 265

IV. 죄의 지배를 받고 있을 때의 대처 | 267
    A. 죄의 지배의 교리를 기억하라 | 269
        1. 죄에 패배한 상태 1 : 죄의 지배를 모르는 경우 | 270
        2. 죄에 패배한 상태 2 : 죄의 지배를 아는 경우 | 271
    B. 삶의 환경을 정비하라 | 273
    C. 은혜의 교리를 기억하라 | 275
    D. 이러한 진리를 믿으라 | 278
    E. 죄를 이기도록 은혜를 주시는 방법을 생각하라 | 280
    F. 그리스도를 깊이 생각하라 | 281

제12장 복음이 자유를 주기 때문에 | 286

I. **자유를 못 주는 율법** | 289
    A. 율법의 기능 | 290
    B. 자유를 주지 못함 : 억압과 속박 | 291
    C. 죄의 지배로부터 벗어나게 못함 | 292
II. **자유를 주는 복음** | 293
    A. 이중의 자유란 무엇인가? | 294
    B. 신분과 상태의 자유 : 율법과 저주로부터의 자유 | 296
        1. 율법의 요구로부터 해방될 수 없는 죄인들 | 296
        2. 은혜의 역사로 자유를 누리는 신자들 | 296
        3. 그리스도의 대속의 효과 | 298
            a. 죄의 용서 | 298
            b. 성령을 주심 | 299
            c. 죄의 지배의 종식 | 300
    C. 마음과 영혼의 자유 : 죄의 사슬로부터의 내적 자유 | 302
        1. 내적 어둠으로부터의 자유 | 303
        2. 사단의 역사로부터의 자유 | 305

제13장 복음이 죄 죽임의 동기와 격려를 주기 때문에 | 310

I. **죄와의 싸움에 동기와 격려가 필요한 이유** | 313
    A. 두려움 때문에 | 314
    B. 연약함 때문에 | 315
II. **죄를 이길 효과적인 동기와 격려를 주지 못하는 율법** | 317
    A. '지키면 살리라'와 실제의 패배의 경험 | 317
    B. 율법으로 죄와 싸우는 어리석음 | 318
    C. 잘못된 방법으로 죄와 싸우는 실례 | 321
        1. 잘못된 동기를 가지고 죄와 싸움 | 321
        2. 잘못된 목표를 가지고 죄와 싸움 | 322
    D. 이렇게 죄와 싸우다 실패할 때의 신자의 반응 | 324
        1. 이전의 죄로 돌아감 | 324
        2. 미신적인 맹종과 실천 | 325
        3. 자기의(自己義)에 빠짐 | 326

III. 죄를 이길 동기와 격려를 주는 은혜 | 327
    A. 은혜가 주는 죄 죽임의 동기와 격려들 | 330
    B. 신자가 은혜 아래서 죄와 싸울 때 받는 위로 | 331
        1. 영혼이 소생함 : 용서와 믿음을 통해 | 331
        2. 하나님께 사랑받음 : 하나님과의 평화 | 333
        3. 성령의 즉각적인 도우심 | 334
        4. 승리를 확신하게 됨 | 334

제14장 죄와의 싸움에서 경험하는 지성적 혼란 | 338

I. 원리적인 혼란 | 342
    A. 비중생자의 경우 : 중생 없이 죄를 죽이려 함 | 342
    D. 중생자의 경우 | 345
        1. 빈번한 패배로 구원 여부에 혼란을 느낌 | 345
        2. 죄 죽임의 필요를 인식하지 못함 | 346
            a. 무지 때문에 | 347
            b. 잘못된 교리 때문에 | 348
            c. 신학적 균형을 잃은 구원관 때문에 | 349
            d. 거룩함보다 행복을 추구하기 때문에 | 349
II. 개별적인 혼란 | 350
    A. 자기 영혼의 상태를 정확히 모름 | 350
    B. 하나님과의 평화에 대한 혼란 | 352
    C. 죄에 지는 상황으로 복음을 덮음 | 353
    D. 총체적으로 싸우지 않고 특정한 죄와만 싸움 | 354
    E. 죄와의 갈등을 죄와의 싸움으로 오해함 | 356
        1. 죄와 싸우지 않고 갈등하는 원인 | 356
        2. 갈등으로는 죄가 죽지 않음 | 357
        3. 죄와 싸우는 신자들의 표지 | 358
            a. 죄에 대한 정직한 인식 | 358
            b. 효과적인 죄 죽임의 방법을 갈망함 | 359
            c. 죄의 힘보다 은혜의 능력을 믿음 | 359
            d. 자신의 결단보다 성령을 의지함 | 360
            e. 고민보다 기도를 많이 함 | 360
        4. 진정한 분투가 필요함 | 361

III. 혼란 가운데 있는 영혼의 고통 : 참된 평안이 없음 | 362
IV. 죄와의 싸움에서 필요한 사고와 판단 | 363
V. 혼란을 막는 지침 | 365
    A. 자기 안에 있는 죄를 감시하라 | 366
        1. 내재하는 죄를 살핌 | 366
        2. 죄가 유입되는 경로를 살핌 | 367
    B. 죄에 힘을 더하는 것이 어떤 것인지를 살피라 | 369
    C. 죄가 있음에도 불구하고 느끼는 마음의 평화를 미워하라 | 370
    D. 하나님의 말씀 아래서 마음을 지키라 | 373
        1. 말씀의 지속적 감화 | 373
        2. 마음을 올곧게 지킴 | 374
    E. 예수 그리스도를 깊이 생각하라 | 375

제15장 죄 때문에 넘치는 은혜 | 380

서론 : 전제되어야 할 사실들 | 384
    A. 복음과 하나님의 지혜 | 384
    B. '죄 때문에 넘치는 은혜'에서 말하는 '죄' | 385
I. **죄의 존속을 은혜의 기회로 삼으심** | 388
    A. 탁월한 은혜 베푸심의 수단이 됨 | 388
        1. 죄 죽임의 은혜 | 388
        2. 회개의 은혜 | 389
        3. 신자 안에서 경험되는 죄의 객관화 | 391
    B. 우리 안에 남은 죄가 아름다운 이유 | 393
        1. 그 어려움을 인해 은혜를 구하게 됨 | 393
        2. 하나님의 뜻을 구하며 자기를 포기하게 함 | 396
        3. 그리스도의 중보 사역의 탁월함을 의지하게 함 | 398
II. **죄의 능력에 대하여 은혜의 공급을 약속하심** | 399
    A. 죄보다 큰 은혜의 능력을 주심 | 400
    B. 싸우고 있는 한 죄가 지배하지 못하게 하심 | 403

III. 죄의 가책에 용서의 은혜를 베푸심 | 405
    A. 죄의 정죄하는 능력을 종식시키심 | 407
    B. 하나님의 사랑을 알게 하심 | 407
        1. 하나님의 은혜를 알게 됨 | 408
        2. 하나님의 자비를 알게 됨 | 409
        3. 하나님의 오래 참으심을 알게 됨 | 411

제16장 죄의 지배에 작별을 고하며 | 416

I. 은혜의 지배 아래 살아야 하는 이유 : '빛들로 나타나게' | 419
    A. 본문의 의미 | 420
    B. 피할 수 없는 부르심 | 422
    C. 그 '빛들'인 신자들 : '너희는 세상의 빛이라' | 425
        1. '한 빛' 아닌 '그 빛' : 그리스도로 변화된 사람들 | 427
        2. 빛 잃은 많은 등불이 아니라 | 428
II. 어떻게 빛으로 나타날 수 있을까? | 430
    A. 본문의 원어적 의미 | 430
    B. 거룩해지지 않으면 불가능한 요구 | 431
        1. 내적 부패성 때문에 | 432
        2. 타락한 세상 때문에 | 433
    C. 은혜의 지배 아래서 거룩하게 살라 | 434

부록 1. 참고 문헌 | 441
부록 2. 성구 색인 | 452
부록 3. 주제별 색인 | 458

저자 서문

흰 눈이 온 천지를 뒤덮은 어느 해 겨울밤이었습니다. 어느 산골 마을에서 이 교리를 묵상하다가 한없이 울었습니다. 무지 가운데서 살아온 날들이 너무나 서러워서 울었고, 내 안에 있으나 내가 알지 못하던 많은 죄들 때문에 통곡하였습니다. 그때 제 손에는 17세기의 청교도 존 오웬(John Owen)이 쓴 60여 쪽의 작은 논문 한 편, *A Treatise of the Dominion of Sin and Grace*가 들려 있었습니다.

존 오웬은 17세기 영국의 청교도였습니다. 「천로역정」(*The Pilgrim's Progress*)이라는 책으로 우리에게 널리 알려진 존 번연(John Bunyan)과 같은 시대 인물이었습니다. 정치적으로는 크롬웰(Oliver Cromwell)의 공화정과 왕정 복고의 시대를 살았던 사람입니다. 걸출한 청교도 설교자들이 풍미하던 시대였지만, 존 오웬은 그 경건한 열정과 학문적인 지성, 그리고 영적인 깊이에 있어서 타의 추종을 불허하는 목회자였습니다. 그래서 그는 청교도의 황태자라고 불립니다.

회심한 이래로 저는 늘 제가 다른 그리스도인들보다 더욱 특별한 죄인일 것이라는 생각을 하였습니다. 왜냐하면 설교나 성경을 통해서 듣는 신자의 당연한 모습과 저 자신의 모습 사이에 너무나 큰 격차를 느꼈기 때문입니다. 어떤 때는 하나님을 가장 사랑하는 것 같다가도, 또 어떤 때는 가장 사악한 자신을 발견하면서 스스로 많이 절망하였습니다. 그러다가는 나처럼 죄에 대하여 많이 고민하는 사람은 없을 것이라는 터무니없는 자만에 빠지기도 하였습니다. 그러나 그 작은 논문은 저와 복음의 약속들을 있는 그대로의 모습으로 보여주었습니다. 보태지도 않고 감하지도 않은 그대로의 진실을……

이 책은 참된 신자가 되고 싶어하는 한 그리스도인의 구도의 흔적입니다. 참으로 하나님께서 바라시는 존재가 되고 또 그러한 신자로 살아가기를 사모하던 구도의 길에서 깨닫고 체험하게 된 복음 교리들입니다(그러나 저는 아직도 쉽게 넘어지고 깨어지는 부족한 죄인일 뿐입니다).

그 후 저 자신의 신앙적인 필요에 의하여 이 교리를 보다 집중적으로 탐구하였고, 거룩한 삶의 진보에 많은 유익을 얻을 수 있었습니다. 이 교리는 그 후로 상당 기간이 지난 후에야 약 20여 주간에 걸쳐서 교인들에게 설교되었고, 많은 지체들이 저처럼 영혼의 어둠 속에서 헤어 나오는 은혜를 누렸습니다.

제가 세상에 태어나서 하나님께로부터 받은 선물 중 구원 다음으로 소중한 것은 저의 신앙과 학문에 있어서 최고의 스승인 존 오웬이라는 청교도를 만난 것입니다. 저는 그분이 역사상 존재했던 모든 인간들 중 참된 기독교 신앙이 무엇인지를 가장 정확하고 해박하게 알았던 인물로서 다섯 손가락 안에 들 것이라고 생각합니다. '나의 나 된 것은' 모두 그분을 통해 베푸신 그리스도의 은혜라고 고백하고 싶습니다.

저는 이 책을 꼬박 이태 동안 썼습니다. 신자 안에 있는 죄와 은혜의 지배에 관한 교리를 탐구하고, 그것을 오늘날의 독자들에게 설명하다 보니 이렇게 두꺼운 책이 되었습니다. 책을 쓰는 동안, 많이 울었습니다. 때로는 이 교리를 알게 하셔서 짐승 같은 삶을 벗어나게 하신 은혜 때문에, 그리고 때로는 이런 찬란한 계시의 빛을 받고서도 아직도 불순종하며 살아가는 저 자신의 부패성 때문에…….

진실한 신자가 되는 것은 지성적인 탐구 없이 불가능합니다. 막상 집필을 끝내고 보니 이제껏 제 책을 읽던 분들이 아닌 독자들에게는 좀더 쉽게 썼더라면 하는 아쉬움이 남습니다. 그러나 읽기에 어려운 책일수록 작은 분량에 더 많은 양의 지식이 담길 수 있다는 사실로 스스로를 위로하며 책을 내놓습니다. 탐구심을 가지고 이 책을 읽는다면, 독자 여러분은 자신의 신앙에 있어서 커다란 빛을 발견할 수 있을 것입니다. 특히 함께 출간되는 「스터디 교재」로 몇 사람이 함께 공부하며 나눌 수 있다면 더욱 큰 영적인 유익을 얻을 수 있을 것입니다.

이 책이 죄 많은 이 세상에서 성화의 길을 가기 위하여 분투하는 독자들에게 좋은 선생님이 되기를 간절히 기도합니다. 그래서 부디 진실한 신자가 되어 어디서나 망가진 이 세상을 고치는 그리스도의 손발이 되소서.

2005년 4월
평촌 연구실에서
그리스도의 노예 김남준

제 1 부
신자 안에 있는 죄의 세력

The Doctrine on Dominion of Sin and Grace in Believers

"죄가 너희를 주관치 못하리니 이는 너희가 법 아래 있지 아니하고 은혜 아래 있음이니라"(롬 6:14)

제1장

신자 안에 있는 은혜와 죄

제1장

신자 안에 있는 은혜와 죄

우리는 '신자 안에 있는 죄와 은혜의 지배'라는 교리를 다루기 전에 먼저 이 책에서 중점적으로 다루게 될 성경 본문을 정확히 이해할 필요가 있습니다. 이 교리의 진술을 위해 살피고자 하는 본문은 다음과 같습니다. *"죄가 너희를 주관치 못하리니 이는 너희가 법 아래 있지 아니하고 은혜 아래 있음이니라"*(롬 6:14).

I. 기초 본문 : 롬 6:14

사도 바울은 로마서 5장에서 시작하여 본문에 이르기까지, 우리가 그리스도로 말미암아 죽음으로부터 벗어나 영적 생명에 이르게 된 것과 그 생명이 어떻게 신자로 하여금 영광스러운 하나님의 계획을 따라 살게 하는지를 기록하고 있습니다. 그러나 사도는 생명을 얻는 신자의 영광스러운 구원에도 불구하고 지상에서의 그의 삶의 낙관만을 말하지 않고, 오히려 긴장도 말합니다.

그것은 바로 거듭났고, 더 이상 죄의 종으로 살아가지 않아도 되는 생명의 성령의 법이 죄와 사망의 법에서 그를 구원하였음에도 불구하고, 여전히 그의 안에 남아서 역사하고 있는 죄 때문입니다. 거듭나면서 성령으로 말미암아 심겨진 생명의 원리와 함께 죄가 살아서 역사하고 있다는 것을 말하고 있습니다. 이 부분을 희랍어 성경에서 직역하면 다음과 같습니다. '왜냐하면 죄가 너희에 대하여 주인 노릇하지 못할 것인데, 이는 너희가 율법 아래 있지 않고 은혜 아래 있기 때문이다.' [1)]

II. 불신자의 삶 : 죄의 절대적 지배 아래 있음

거듭나지 아니한 사람들은 여전히 죄가 그 사람 안에서 주인 노릇하는 가운데 살아가는 사람들입니다. 그 사람들의 상태를 본문은 '법 아래 있다.' 라고 말합니다.

---

1) 이 절의 희랍어 원문은 다음과 같다. "하마르티아 가르 휘몬 우 퀴리유세이, 우 가르 에스테 휘포 노몬 알라 휘포 카린"(ἁμαρτία γὰρ ὑμῶν οὐ κυριεύσει· οὐ γάρ ἐστε ὑπὸ νόμον ἀλλὰ ὑπὸ χάριν) 이는 '왜냐하면 죄가 너희에 대하여 주인 노릇하지 못할 것인데, 이는 너희가 율법 아래 있지 않고 은혜 아래 있기 때문이다.' 라고 직역할 수 있다. 그래서 영어 성경 *New International Version*에서는 다음과 같이 번역하였다. "For sin shall not be your master, because you are not under law, but under grace." 14절의 전반부인, "죄가 너희를 주관치 못하리니"(하마르티아 가르 휘몬 우 퀴리유세이, ἁμαρτία γὰρ ὑμῶν οὐ κυριεύσει, 문자적으로 '왜냐하면 죄가 너희에 대하여 주인 노릇하지 못할 것인데')에서는 미래 시제가 사용되었으나, 이는 미래적 개연성이 있음을 의미하는 것이 아니라 현재의 확정적 사실을 뜻한다. 즉 앞에 나오는 사도의 권면, "그러므로 너희는 죄로 너희 죽을 몸에 왕 노릇하지 못하게 하여 몸의 사욕을 순종치 말고 또한 너희 지체를 불의의 병기로 죄에게 드리지 말고 오직 너희 자신을 죽은 자 가운데서 다시 산 자같이 하나님께 드리며 너희 지체를 의의 병기로 하나님께 드리라"(롬 6:12-13)는 말씀을 확고히 하고 그렇게 살도록 근거를 보여주는 것이다. John Murray, *The Epistle to the Romans*, in *The New International Commentary on the New Testament*, vol.6, (Grand Rapids; William B. Eerdmans Publishing Company, 1984 reprinting), p.214. 여기서 '법'은 '율법'(law)을 가리킨다. 존 칼빈(John Calvin)은 이 율법이 단지 우리의 죄를 정하는 의문(儀文)만을 가리키는 것이 아니라, 의를 얻기 위한 수단으로서, 이 중 한 부분이라도 지키지 못한 사람들에게 죽음을 선고하는, 마땅히 복종하여야 하는 법을 가리킨다고 보았다. "Hence, *not to be under the law* means, not only that we are not under the letter which prescribes what involves us in guilt, as we are not able to perform it, but also that we are no longer subject to the law, as requiring perfect righteousness, and pronouncing death on all who deviate from it in any part. In like manner, by the word *grace*, we are to understand both parts of redemption-the remission of sins, by which God imputes righteousness to us,-and the sanctification of the Spirit, by whom he forms us anew unto good works." John Calvin, *Commentaries on the Epistle of St. Paul to the Romans*, in *Calvin's Commentaries*, vol.19, (Grand Rapids; Baker Book House, 1998 reprinting), p.233.

신자는 은혜 아래 있기 때문에 죄의 영향을 받거나 힘 아래 놓이게 될지라도 은혜를 통해 그 상태를 극복하고 벗어날 수 있습니다. 그러나 불신자는 그럴 수가 없습니다. 그가 율법 아래 있기 때문입니다. 율법은 그가 지은 죄와 또한 그의 죄인 된 상태를 보여주고 정죄할 뿐입니다.

불신자는 죄의 지배 아래 있습니다. 그것은 상대적인 지배가 아닙니다. 불신자는 죄의 절대적인 지배 아래 있습니다. 당연한 이치지만, 여기서 말하는 불신자는 사실상의 불신자를 가리키는 것입니다. 따라서 여기에는 거듭나지 못한 채 단지 교회에 출석만 하는 신자들이 포함됩니다. 비록 기독교적인 문화와 종교 환경 속에서 살아가지만, 실질적으로 거듭나지 아니한 모든 형식적인 교인들까지 포함합니다.

누구든지 예수님을 믿고 거듭나기 전에는 모두 은혜가 아닌 죄의 지배 아래서 삽니다. 하나님께 반항하고 인간의 창조의 목적에 반항하는 죄의 경향성에 대항할 어떠한 통제력도 소유하지 못한 채, 그렇게 살아갑니다.

일반적으로 사람들은 자신들의 인생을 불행하게 만드는 궁극적인 원인이 자신 안에 있다는 사실을 진지하게 생각하지 않습니다. 많은 사람들이 자기가 원하는 것을 얻으면, 그것이 곧 행복에 이르는 길이라고 생각합니다. 그래서 그 사람들은 자기의 욕망을 가장 우선적인 것으로 생각하고 그것이 이끄는 대로 살아가려고 합니다. 그리고 그것을 가로막는 모든 것을 고통스럽게 생각하고 적대시합니다. 이러한 사고는 자신을 모든 우주의 중심에 있는 존재로 보는 것입니다. 그리고 자신의 행복을 최고의 가치로 여기는 것입니다. 이것이야말로 하나님의 자리에 자신을 대신 갖다 놓은 우상 숭배적인 자기 사랑이라고 말할 수 있습니다. 이것이 바로 죄입니다.

우리는 흔히 죄라고 하면 구체적인 실행죄를 생각합니다. 남을 미워하고 시기하는 등 마음으로 짓는 죄와 도둑질과 간음, 살인과 거짓말 같은 행동으로 짓는 죄를 생각합니다. 그러나 죄의 본질은 하나님께 대한 인간의 모든 옳지 않은 태도입니다.[2] 따라서 성경이 말하는 죄는 단순히 실행죄만을 의미하는 것이 아닙니다. 성경이 말하는 죄는 이 세상의 중심이 인간인 것처럼 생각하고 하나님 없이도 넉넉히 살

---

2) "죄의 본질은 하나님께 대한 인간의 옳지 않은 태도입니다. 성경에서 말하는 죄의 개념에는 인간이 창조주 하나님의 피조물이라는 것이 전제되어 있습니다. 인간은 자기 의지에 의하여 그리고 자기 힘으로 스스로 존재하는 자가 아

아가는 것입니다. 인간은 그렇게 살아서는 안 되는 존재입니다.

하나님께서 자신의 손으로 이 세상을 창조하시고, 이곳에 인간을 두신 것은 인간으로 하여금 하나님을 알고 그 창조주 하나님을 경배하고 교제하면서 살아가게 하고자 하셨기 때문입니다. 하나님께서 인간에게 기대하신 삶은, 하나님을 온 우주의 중심으로 생각하며 인생의 참된 가치를 하나님을 높이고 경배하는 데서 찾는 삶입니다. 그러한 삶이야말로 하나님께는 만족을 드리며, 인간에게는 행복을 가져다 주는 것입니다. 이렇게 하나님께 영광을 돌리며 살 때에만 인간은 궁극적으로 행복할 수 있습니다.[3]

그런데도 많은 사람들은 여전히 이러한 창조의 목적을 외면한 채, 자신을 우주의 중심이라 믿으며 스스로의 힘으로 살아가려고 합니다. 이것은 곧 하나님을 향한 멸시이자 반역입니다. 하나님 없이 살아가려는 것 자체가 죄입니다. 성경은 우리에게 분명히 말합니다. 온 우주의 중심은 하나님이시고, 인간은 창조주 하나님을 경배하고 그분을 의존하며 순종하면서 살아가야 할 존재라고 가르칩니다. 이 목적을 떠나는 모든 것이 곧 죄입니다.[4]

나라 창조주 하나님에게서 생명을 받은 존재입니다. 따라서 인간이 자기의 생명의 영위를 위해 창조주 하나님께 의존하는 태도가 하나님께 대한 인간의 올바른 태도입니다." 김세윤, 「구원이란 무엇인가」, (서울; 두란노, 2002), p.13.

[3] 인간의 창조 계획을 이해하는 것은 구속의 계획을 이해하는 데 있어서 필수적이다. 왜냐하면 만물이 창조와 더불어 상호 교통(communication) 가운데 하나 되어 있던 상태가 죄로 말미암아 파괴되어 간 과정과 인간의 구속을 통하여 만물 안에 상호 교통이 복원되는 과정이 너무나 흡사하다. 이러한 만물의 구속은 그리스도로 말미암아 성령을 통하여 이루어지는 일이다. 그렇게 하심으로써 그리스도께서는 '만유(萬有) 가운데 계신 충만' 이 되신다. 인간이 범죄함으로써 하나님의 창조 세계는 영광의 빛을 상실하고, 하나님의 창조의 목적은 좌절되는 것 같았으나, 하나님께서는 영원한 능력과 지혜로 영적 생명을 상실한 피조물들을 구속을 통해 다시 창조하심으로써 창조시에 하나님께서 의도하셨던 영광을 드러내신다. 김남준, 「구원과 하나님의 계획」, (서울; 부흥과개혁사, 2004), pp.27-28; John Owen, *Christologia; or a Declaration of the Glorious Mystery of the Person of Christ-God and Man*, in *The Works of John Owen*, vol. 1, edited by William H. Goold, (Edinburgh; The Banner of Truth Trust, 1993 reprinting), p.61. "창조는 성부로부터, 성자를 통하여, 성령 안에서 이루어져, 성령 안에서 성자로 말미암아 성부에게로 돌아간다……창조의 궁극적인 목적과 목표는 오직 하나님의 의지와 영광 안에서만 발견된다……피조 세계는 신격화되어서도 안 되고 거기에 깃들인 영광이 무시되어서도 안 될 것이니 이는 하나님의 영광을 드러내는 극장과 같다. 그 안에서 인간은 즐거워하고, 청지기 정신으로 창조 세계를 누린다" (The creation proceeds from the Father through the Son and in the Spirit so that, in the Spirit and through the Son it may return to the Father……The purpose and goal of creation is to be found soley in God's will and glory……Creation is neither to be deified nor despoiled but as the 'theater of God's glory' to be delighted in and used in a stewardly manner). Herman Bavinck, *In the Beginning: Foundations of Creation Theology*, edited by John Bolt, translated by John Vriend, (Grand Rapids; Baker Book House, 2000 reprinting), p.23.

[4] 존 머리(John Murray)는 죄는 단지 어떤 것의 부재(*otiosa dispositio*)가 아니라, 적극적인 어떤 것(*prava dispositio*)이라고 지적하였는데, 이에 대한 그의 주장은 다음과 같이 세 가지로 요약될 수 있다. (1)죄는 실제적인 악

III. 신자의 삶 : 은혜의 통치 아래 있음

개혁주의 성화론에 있어서 결정적인 유산인, 그러나 지금은 너무나 많은 사람들에게 잊혀진 이 영광스러운 교리를 본격적으로 탐구하기 전에 먼저 서론적으로 살펴볼 내용들이 있습니다.

사도 바울은 그리스도인의 정체를 로마서에서 다음과 같이 감격적인 어조로 피력합니다. "그러므로 이제 그리스도 예수 안에 있는 자에게는 결코 정죄함이 없나니 이는 그리스도 예수 안에 있는 생명의 성령의 법이 죄와 사망의 법에서 너를 해방하였음이라"(롬 8:1-2).

이다. (2)죄는 특별 악이다. 이것은 죄가 단지 겉으로 드러난 증상, 곧 죽음, 고통, 질병과 같은 것이 아니라 하나님 앞에서의 악이라는 것이다. (3)죄는 도덕적인 악이다. 이것은 하나님의 거룩하심과 관련된 진술로서, 모든 죄가 하나님의 거룩한 본성과 그 본성의 나타남인 창조의 목적에 부합하지 않는 일체의 경향성이라는 사실을 지시한다. 그것은 신적 당위(神的 當爲)의 위반으로서 오염(*macula*)과 죄책(*poena*)을 수반한다. John Murray, "Nature of Sin," in *Collected Writings of John Murray: Systematic Theology*, vol. 2, (Edinburgh; The Banner of Truth Trust, 1996 reprinting), pp.77-79. 웨인 그루뎀(Wayne Grudem)은 죄에 대하여 다음과 같이 정의한다. "죄는 인간 행동과 태도, 그리고 본성에 있어서 하나님의 도덕법에 부합하지 못하는 모든 것을 가리킨다"(Sin is any failure to conform to the moral law of God in act, attitude, or nature). Wayne Grudem, *Systematic Theology: an Introduction to Bible Doctrine*, (Grand Rapids; Zondervan Publishing House, 1994), p.490; 김남준, 「구원과 하나님의 계획」, (서울; 부흥과개혁사, 2004), p.42, 48. 존 칼빈은 죄로 인한 영혼의 부패는 일부분에만 국한된 것이 아니라 모든 부분에 침투하여 인간의 총명은 눈멀게, 마음은 타락함에 복속되었기 때문에 부패를 감각적 충동에 국한시키는 것은 무의미하고 어리석은 짓이라고 말한다. John Calvin, *Institutes of the Christian Religion*, vol. 1, translated by Henry Beveridge, (Grand Rapids; William B. Eerdmans Publishing Company, 1981 reprinting), p.218. 청교도 존 오웬(John Owen)은 롬 8:7을 근거로 죄의 본질을 하나님께 대한 적의(敵意, enmity)라고 보았다. "육신의 생각은 하나님과 원수(엑스쓰라 에이스 쎄온, ἔχθρα εἰς θεόν, 문자적으로 '하나님 속에로의 적의')가 되나니 이는 하나님의 법에 굴복치 아니할 뿐 아니라 할 수도 없음이라"(롬 8:7). 여기서 '하나님과 원수'로 번역된 '엑스쓰라 에이스 쎄온'(ἔχθρα εἰς θεόν)은 곧 'enmity into God'으로서, 이는 죄가 하나님을 대항하여 갖는 적의가 얼마나 하나님과 하나님께 속한 모든 것들을 속속들이 대적하는지를 보여준다. 김남준, 「성화와 기도」, (서울; 생명의말씀사, 2004), p.43. 적(敵)은 변화시킬 수 있다. 그래서 하나님과 원수 되었던 우리도 하나님과 화목하게 되었다. 그러나 적대감인 죄는 어떠한 식으로도 하나님과의 평화와 공존할 수 없다. 따라서 그것은 오직 파멸되는 것밖에는 다른 길이 없다(롬 5:10, 엡 2:15). "…… 'enmity against God.' It is not only an enemy,-for so possibly some reconciliation of it unto God might be made,-but it is enmity itself, and so not capable of accepting any terms of peace. Enemies may be reconciled, but enmity cannot; yea, the only way to reconcile enemies is to destroy the enmity……There is no way to deal with any enmity whatever but by its abolition or destruction." John Owen, *The Nature, Power, Deceit, and Prevalency of the Remainder of Indwelling Sin in Believers; together with the ways of its working and means of prevention, opened, evinced, and applied; with a resolution of sundry cases of conscience thereunto appertaining*, in *The Works of John Owen*, vol. 6, edited by William H. Goold, (Edinburgh; The Banner of Truth Trust, 1991 reprinting), pp.176-177.

사도 바울에 의하면, 신자는 죄를 단번에 영원히 용서받은 자이고, 생명의 성령의 법이 죄와 사망의 법에서 해방시켜 준 사람이라는 것입니다.

그렇다면 여러분에게는 이런 질문이 떠오를 것입니다. 그러면 신자에게 있어서 죄는 무엇인가? 과연 신자 안에 죄가 거할 수 있는가? 만약 죄가 신자 안에도 거한다고 하면 그것은 신자에게 어떤 영향을 미치는가? 또 그 죄가 신자에게 심각한 영향을 미쳐서 생명의 성령의 법을 거스른다면 그것은 곧 해방된 죄와 사망의 법으로 돌아가는 것인가? 만약 죄와 은혜가 신자 안에 함께 있는 것이 사실이라면, 도대체 신자가 받은 구원의 실체는 무엇인가?

이러한 질문들에 대한 성경적인 답은 이것입니다. "신자에게 있어서 죄의 절대적인 지배는 종식되었으나 죄는 현존한다."

원리적으로 거듭난 신자는 죄 아래 있지 않고 하나님의 은혜 아래 있습니다. 여기서 은혜란 신자를 다스리시는 하나님의 통치 방법입니다. 즉, 죄인을 용서해 주시는 객관적인 하나님의 은총이 아니라, 우리 안에 있는 하나님의 인격적인 거룩한 영향력입니다.[5)]

이에 대한 여러분의 이해를 돕기 위해 예를 들어 보겠습니다. 신자가 죄 가운데 살다가도 어느 순간, 깊이 회개하면 하나님의 은혜가 마음속에 다시 부어집니다. 그리고 그러한 은혜를 받게 되면, 그의 마음은 은혜가 없었던 때와는 다른 내적인 능

---

5) 루이스 벌코프(Louis Berkhof)는 구속 사역에 있어서 하나님의 은혜를 세 가지로 말한다. (1)하나님의 속성으로서의 은혜, 곧 신적 완전성으로서의 은혜이다. 이러한 의미에서의 은혜는 죄와 허물의 상태에 있는 인간에 대하여 시여되는 하나님의 자유롭고 주권적이며 무한한 호의(好意) 혹은 사랑으로서 죄의 용서 및 죄의 형벌로부터의 구원에서 표현된다. (2)하나님께서 인간의 구원을 위하여 그리스도 안에서 행하신 객관적인 준비를 가리킨다. 따라서 중보자로서의 그리스도는 하나님의 은혜의 화육(化肉)이다. 바울은 그리스도의 나타나심을 염두에 두고 "모든 사람에게 구원을 주시는 하나님의 은혜가 나타나"(딛 2:11)라고 말한다. (3)구속 사역의 적용에 있어서 성령에 의하여 발현되는 하나님의 은혜를 지칭한다. 따라서 이 은혜는 우리가 의롭다 함을 받을 때 받는 용서, 즉 하나님에 의해 값없이 주어진 용서를 의미한다(롬 3:24, 5:2). 또한 은혜는 하나님의 은혜의 모든 은사들, 구원의 복들, 성령의 사역을 통해 신자들의 생활 속에 역사하는 영적 은혜에 대한 포괄적인 명칭으로 사용되기도 한다(행 11:23, 18:27, 롬 5:17). Louis Berkhof, *Systematic Theology*, (Grand Rapids; William B. Eerdmans Publishing Company, 1996), pp.427-428. 조나단 에드워즈(Jonathan Edwards)는 성도들 마음 안에 있는 은혜는 곧 성도들 안에 거하시는 성령 자신이라고 하였다. "That the Sacred Scriptures don't only call grace spiritual, but 'spirit.' That when the Sacred Scriptures call grace spirit, the Spirit of God is intended; and that grace is called 'Spirit' no otherwise than as the name of the Holy Ghost, the Third Person in the Trinity is ascribed to it." Jonathan Edwards, *Selections from the Unpublished Writings of Jonathan Edwards*, edited by Alexander B. Grosart, (Ligonier; Soli Deo Gloria Publications, 1992 reprinting), p.52.

력을 소유하게 됩니다. 그리고 그렇게 은혜로 말미암아 변화된 마음은 변화된 삶을 살아가게 합니다. 그것은 외적인 환경의 변화에서 오는 것이 아닙니다. 그것은 영혼과 마음의 변화에서 비롯된 것입니다.

현실적으로 보면 그에게는 은혜받기 전이나 은혜받은 후에나 상황은 별로 달라진 것이 없습니다. 집안도 그대로이고, 다니던 회사도 그대로이며, 갑자기 승진을 하거나 돈을 많이 벌게 된 것도 아닙니다. 자기를 괴롭게 하던 삶의 상황들도 변함없이 그대로입니다. 그런데도 은혜를 받고 나면 신기하게 마음속에 기쁨과 평강이 넘칩니다. 매일 원망과 불평 속에서 살았던 사람이라도 이처럼 하나님의 은혜가 임하면, 사랑과 감사 속에서 살 수 있게 됩니다.

무엇보다도 중요한 것은 하나님에 대한 경험입니다. 은혜를 받고 나면, 예전에는 멀리 하늘에 계신 분으로만 느껴지던 하나님이 이제는 자신 곁에, 자신 안에 살아 계신 분으로 느껴지게 됩니다. 자신을 그렇게 사랑해 주시는 하나님의 사랑의 강권함을 경험하게 됩니다. 그래서 은혜받기 전에는 도저히 용서할 수 없던 사람을 불쌍히 여기며 용서할 수 있게 되고 사랑하게 됩니다. 이처럼 하나님의 은혜란 성령 자신, 혹은 성령으로 말미암아 우리에게 부어지는 하나님의 인격적인 영향력입니다.

처음 예수 그리스도를 믿고 거듭난 모든 사람들에게는 이런 은혜가 심겨집니다. 그가 '죄와 사망의 법'에서 해방되는 순간 '생명의 성령의 법'이 심겨지면서 이러한 은혜의 통치를 받으며 살아가게 됩니다. 물론 신자 안에는 죄가 여전히 현존합니다. 비록 여전히 부패한 성품이 남아 있고, 죄가 남아 있지만, 그 사람 안에는 그보다 더 큰 지배력을 가진 생명의 성령의 법이 존재합니다.

그는 이제 그리스도를 믿음으로 말미암아 더 이상 죄의 다스림 아래 있지 아니하고 은혜의 통치 아래 있습니다. 그는 그 은혜를 따라서 그리스도의 형상을 닮아가도록 살아가며, 하나님의 영광을 위하여 살기 위해 필요한 하늘 자원을 공급받게 됩니다.

Ⅳ. 신자 안에 남아 있는 죄의 세력

A. 죄의 지배와 영향

신자가 거듭나는 순간, 하나님께서는 자신의 생명을 그 사람 안에 심으십니다. 그리고 그렇게 신자 안에 심어 주신 영적 생명은 사라지는 법이 없습니다.

하나님께서 심어 주신 생명의 원리는 신자의 안에 존재하던 죄와 사망의 법을 타파하는 것과 함께 역사하기 시작합니다. 이제 그는 그리스도 안에서 새로운 피조물이 되었습니다. 그는 더 이상 죄의 지배 아래서 종 노릇하며 살아가는 존재가 아닙니다. 그러한 죄의 통치는 중생과 함께 종식되었습니다. 오히려 그의 영혼에는 새로운 주도적인 성향이 심겨졌습니다. 하나님을 사랑하고 의지하며 순종하며 살려는 마음의 성향이 그것입니다.

그런데 문제는 이렇게 심겨진 하나님의 은혜의 생명은 저절로 자라는 것이 아니라는 데 있습니다. 그것은 거룩한 마음과 성결한 생활 속에서 자라납니다. 나무가 양분이 충분히 공급되고 비가 내리고 햇빛이 비치고 적정 온도가 유지되어야만 땅속 깊이 뿌리를 내리고 가지 뻗어 성장하게 되는 것과 같이, 중생과 함께 심겨진 하나님의 생명도 순결한 마음과 죄를 죽이는 생활 속에서 아름다운 성장을 거듭하게 됩니다. 따라서 신자의 경건은 그 사람 안에 있는 하나님의 생명의 결과이기도 하지만, 또한 그 생명이 풍성히 자라게 되는 조건이 되기도 합니다.[6]

우리의 신앙 생활에 이러한 진리를 적용시켜 보십시오. 오래도록 교회를 다녔다고 해서 반드시 영적으로 성장한 사람이 되는 것은 아닙니다. 우리 안에 심겨진 하

---

[6] 그래서 사도 바울은 경건의 유익을 강조한다. "육체의 연습은 약간의 유익이 있으나 경건은 범사에 유익하니 금생과 내생에 약속이 있느니라"(딤전 4:8). 청교도 토머스 게이테커(Thomas Gataker)는 경건의 유익에 대하여 다음과 같은 사실을 강조한다. (1)경건(godliness)은 물질적인 유익 없이도 사람에게 좋은 것을 가져다 주지만, 세상 것은 경건이 없으면 사람에게 아무 좋은 것도 가져다 주지 못한다. (2)세상 것은 종종 다른 사람에게 빼앗은 것으로 그것을 소유한 사람의 영혼에 때로는 큰 해를 입히기도 한다. 그러나 경건은 그렇지 않으니 언제나 금생과 내세에 유익을 준다. (3)이 세상의 부(wealth)는 잠시 이 세상에서 누릴 수 있지만, 경건은 금생과 내세에 모두 큰 유익을 준다. Thomas Gataker, *Certaine Sermons, First Preached, and After Published at Several Times*, (London; Printed by John Haviland and are to be fold on new fifth-street hill, 1637), pp.130-134.

나님의 은혜의 생명은, 성화의 이치를 잘 깨닫고 죄를 죽이는 경건한 생활과 거룩한 삶의 실천을 통하여 풍성해질 수 있고 성장할 수 있습니다. 비록 큰 체험 속에서 회심하였다고 할지라도, 자신 안에 있는 죄를 죽이는 삶에 대하여 무지하거나 이를 실천함에 있어서 게으른 삶을 산다면, 그는 결코 영적인 생명력을 지닌 풍성한 그리스도인의 삶을 살아갈 수 없습니다.

B. 죄의 절대적 지배와 상대적 지배

인간에 대한 죄의 지배는 절대적 지배와 상대적 지배로 나뉩니다. 거듭나지 아니한 불신자들은 항상 죄의 절대적인 지배 아래 놓여 있고, 거듭난 신자들은 은혜 안에 살지 아니할 때에 죄의 상대적 지배 아래 있게 됩니다. 신자들의 경우에는 죄가 절대적으로 그를 지배할 수 없습니다. 왜냐하면 그는 중생과 함께 죄와 사망의 법에서 생명의 성령의 법으로 해방된 사람이기 때문입니다. 그래서 거듭난 신자에 대한 죄의 지배는 상대적인 지배라고 말할 수 있습니다.

1. 죄의 절대적 지배

거듭나지 않은 사람들은 죄의 절대적인 지배 아래 있습니다. 그들은 죄와 사망의 법으로 속박된 채 이 세상에 태어납니다. 그들은 신분에 있어서는 죄의 종이며, 마음과 영혼의 상태에 있어서도 죄의 법에 매여 있습니다. 마음과 영혼은 어둠의 세력들에게 장악되어 있고, 존재는 하나님의 진노의 대상입니다. 생각은 철저히 자신의 존재의 근원인 하나님으로부터 멀어져 있고, 정서는 하나님의 심정이 아니라 자기의 정욕에 합치된 상태이며, 의지는 하나님의 뜻에 굴복하지도 아니하고 또 그렇게 할 수도 없는 처지입니다.[7] 이 모든 절망적인 상황은 곧 죄의 절대적인 지배에서 비

---

[7] "육신의 생각은 하나님과 원수가 되나니 이는 하나님의 법에 굴복치 아니할 뿐 아니라 할 수도 없음이라" (롬 8:7). "피조물이 허무한 데 굴복하는 것은 자기 뜻이 아니요 오직 굴복케 하시는 이로 말미암음이라" (롬 8:20). "그러나 너희가 그 때에는 하나님을 알지 못하여 본질상 하나님이 아닌 자들에게 종 노릇하였더니" (갈 4:8). "전에는 우리도 다 그 가운데서 우리 육체의 욕심을 따라 지내며 육체와 마음의 원하는 것을 하여 다른 이들과 같이 본질상 진노의 자녀

롯된 것입니다.

불신자들 역시 여전히 그 안에 하나님의 형상의 일부를 지니고 있으므로, 넓은 의미에서 그들도 '하나님의 형상'이라고 불리지만,[8] 그들에게 있어서 죄의 지배는 숙명처럼 지속되고 있으며 자력으로는 결코 이러한 죄의 지배 상태로부터 벗어날 수 없습니다. 한낱 피조물에 불과함에도 불구하고 창조주를 알지도 아니하고 영화롭게도 아니하며 허탄한 데 굴복하며 창조의 목적과는 상관없이 살아갑니다. 그래서 그들의 삶은 총체적으로 하나님을 대적하며 살아가는 것이며, 이것은 또한 하나님께 심판받을 형벌을 쌓아갑니다. 그들에게 있어 죄는, 신분은 물론 내면 세계와 외적 삶, 그의 삶이 지향하는 목적 등에 총체적으로 지배력을 행사하고 있으며, 그렇게 살다가 죄 가운데 죽습니다.[9] 그리고 죽은 후에는 그 죄에 대한 심판을 받게 됩니다.

2. 죄의 상대적 지배

죄는 이 세상의 모든 인간을 이렇게 절대적으로 지배하고 싶어하지만, 거듭난 신자에 대하여는 그렇게 할 수 없습니다. 중생과 함께 생명의 성령의 법이 죄의 절대

이었더니"(엡 2:3).

[8] "하나님이 가라사대 우리의 형상을 따라 우리의 모양대로 우리가 사람을 만들고 그로 바다의 고기와 공중의 새와 육축과 온 땅과 땅에 기는 모든 것을 다스리게 하자 하시고 하나님이 자기 형상 곧 하나님의 형상대로 사람을 창조하시되 남자와 여자를 창조하시고"(창 1:26-27). 여기서 '우리의 형상을 따라 우리의 모양대로 우리가 사람을 만들고'의 히브리어 원문은 "나아세 아담 베찰메누 키데무테누"(נַעֲשֶׂה אָדָם בְּצַלְמֵנוּ כִּדְמוּתֵנוּ)인데, 여기서 주목할 것은 '형상'(첼렘, צֶלֶם)과 '모양'(데무트, דְּמוּת)이 각각 다른 단어로 쓰였지만 이것은 주석가 카일(C. F. Keil)의 지적과 같이 의미상 큰 차이가 없는 반복으로 여겨진다는 것입니다. 동사 '만들자'(나아세, נַעֲשֶׂה)를 받는 두 단어의 전치사로 각각 '베'(בְּ, 문자적으로 'in, into, by, with, to, against')와 '케'(כְּ, 'as, like, to, according to')가 사용된 것도 의미상 커다란 차이가 없다. C. F. Keil & F. Delitzsch, *Commentary on the Old Testament; The Pentateuch*, vol. 1, translated by James Martin, (Grand Rapids; William B. Eerdmans Publishing Company, 1983 reprinting), p.63. 여기서 '형상'(image)과 '모양'(likeness)이라고 번역된 두 단어의 관계에 대하여 존 칼빈은 이렇게 말한다. "따라서 하나님의 형상이란 아담이 창조시에 받았던 그 완전함을 의미한다. 창조시 아담은 바른 이해력을 충분히 가지고 있었고, 감정은 이성에 종속되어 있었으며, 일체의 육신의 감각을 적절한 질서에 따라 조절할 수 있었다. 그 때 아담은 자신의 탁월함이 창조주께서 자기에게 주신 특별한 은사에서 비롯된 것이라고 여겼다. 하나님의 형상이 자리한 중요한 위치가 인간의 가슴 곧 마음, 혹은 영혼과 그 능력에 있다 할지라도 인간의 어느 부분에도, 심지어는 육체 자체에도 그 영광의 광채의 일부가 비치고 있다. 여기서 우리는 인간에게 하나님의 형상이 있다고 말할 때, 거기에는 인간을 다른 피조물 이상으로 높이는 것, 곧 인간을 범속과 구별하는 대조가 있다고 추측할 수 있다." John Calvin, *Institutes of the Christian Religion*, vol. 1, translated by Henry Beveridge, (Grand Rapids; William B. Eerdmans Publishing Company, 1981 reprinting), p.163.

[9] "한번 죽는 것은 사람에게 정하신 것이요 그 후에는 심판이 있으리니"(히 9:27).

적인 지배력을 파괴하였기 때문입니다. 사단은 인간을 죄와 사망의 법을 가지고 절대적으로 지배하였지만, 신자를 거듭나게 하시는 성령께서는 믿는 자들 안에서 그 법을 파멸시키셨습니다.

중생과 함께 그의 죄를 용서하셨을 뿐만 아니라, 죄와 사망의 법을 파멸시켜 버리셨습니다. 뿐만 아니라 전에는 없던 새로운 법을 그의 내면에 심어 역사하게 하셨습니다. 그것이 바로 생명의 성령의 법입니다. 이제 거듭난 신자에게는 내면에 심겨진 이 법이 죄와 사망의 법의 자리를 대신하였습니다. 그래서 신자는 지성으로는 하나님의 생각을 좇고, 정서는 하나님의 감정을 공유하며, 의지로는 지성으로 알게 된 하나님의 뜻에 굴복할 수 있게 되었습니다. 이제는 그가 죄의 지배 아래 있지 아니하고 은혜의 통치 아래 있게 된 것입니다.

따라서 이제 그의 신분은 하나님의 자녀이며, 마음과 영혼의 상태에 있어서는 성령으로 말미암는 자유함이 있으며, 존재로서는 하나님을 사랑하며 그분을 위하여 선(善)을 행하고자 하는 주도적인 소원을 갖게 되었습니다. 거듭난 신자는 어떠한 상태에서도 성령을 따라 순종하면 이러한 내적인 자유를 누릴 수 있습니다.

그러나 신자가 원리적으로 은혜의 통치 아래 있는 것은 불변적이지만, 어느 정도 은혜의 상태에 있는가는 가변적입니다. 처음 중생과 함께 신자는 온전한 은혜의 지배 아래서 살아가기 시작하지만, 그 은혜의 상태는 더하기도 하고 덜하기도 하는데, 이러한 상태는 신자의 죄를 죽이는 생활의 철저함과 비례합니다. 즉, 신자가 은혜와 믿음의 원리에 따라 복음적인 죄 죽임을 실천하는 삶을 살면, 그 안에 심겨진 생명의 성령의 법은 더욱 강력하게 번성하게 됩니다.

신자의 경우 중생함으로써 죄의 절대적인 지배력이 궤멸되었지만, 죄가 그 사람 안에서 완전히 사라진 것은 아닙니다. 그 세력은 신자 안에서 여전히 잔존하고 있습니다. 중생의 역사로 말미암아 신자 안에 있는 죄의 세력은 등뼈가 부러져서 설설 기어 다니는 처지가 되었으나 완전히 죽은 것은 아닙니다. 비록 합법적이고 절대적인 지배력을 잃어버리기는 하였지만, 죄는 신자 안에 여전히 남아서 영향력을 행사합니다.

신자 안에 잔존하는 죄는 비록 지배권은 상실하였지만, 죄의 고유한 성질 자체에 어떤 변화가 온 것은 아닙니다. 따라서 불신자 안에 있는 죄나 신자 안에 남아 있는 죄나 모두 본질상 동일합니다.

신자 안에 잔존하는 죄는 이제 합법적인 것이 아니라 불법으로 존재하는 것이 되었습니다. 그런데 잔존하는 죄는 본질 면에서 예전과 동일하기 때문에 잔존하는 죄의 세력들을 규합하고 정욕(情慾)의 도움을 받아서 신자의 영혼에 대한 영향력을 극대화하려고 애씁니다. 그래서 그 영향력을 증대하여 불법한 상태에서라도 지배력을 얻고자 합니다.[10]

이 때 신자가 복음적인 원리를 따라서 자기 안에 있는 죄를 죽이고 은혜를 강화하면, 죄의 영향력은 쇠퇴하고 이미 심겨진 생명의 성령의 법의 역사하는 힘은 더욱 강력해집니다. 그러나 신자가 자기 안의 죄를 죽이지 아니하고 정욕이 일어나 활동하도록 방치하면, 합법적인 생명의 성령의 법은 약화되고 불법적인 죄의 영향력은 급격히 증대됩니다. 신자의 내면의 세계에서는 언제나 이러한 싸움이 끊이지 않습니다. 중생과 함께 합법적으로 세워진 생명의 법과, 불법하게 신자 안에 잔존하는 죄의 영향력 사이의 싸움은 신자가 죽는 날까지 계속됩니다.[11]

3. 두 지배의 결국은 동일함

신약성경의 진리들을 정직하게 살펴볼 때 우리가 인정하지 않을 수 없는 것이 바로 이러한 사실입니다. 신자들은 그리스도로 말미암아 죄에 대하여 영원히 단번에 용서받은 사람들입니다. 그러나 죄의 영향으로부터 완전히 자유롭게 된 것은 아닙니다. 죄는 여전히 그들 안에 잔존하고 있습니다. 한편으로 보면 신자들은 이미 죄로부터 해방된 사람들이지만, 그러나 또 한편으로는 아직 완전히 자유롭게 된 것은 아닙니다.[12]

---

[10] 여기서 '죄가 불법한 상태에서라도 지배력을 얻으려 한다.'는 언급이 의미하는 바는 비록 구원받은 신자 안에 부패성이 남아 있다고 할지라도 죄가 그 안에서 번성하여 지배력을 갖는 것은 불법이라는 의미이다. 이것은 두 가지 의미에서 그러하다. 첫째는, 하나님께서 중생을 통해 신자 안에 새롭게 창조하신 새 '생명의 성령의 법'에 거스르는 것이라는 점에서 불법적인 것이라고 할 수 있다. 둘째는, 그렇기 때문에 정욕에 순종함으로 죄의 지배를 받고 있다고 할지라도 믿음으로 돌이켜 은혜의 원리를 따라 살아가면 죄의 지배력이 타파될 수 있다는 점에서 그러하다.

[11] 이에 관하여는 다음 성경 구절을 참고하라. "그러므로 사랑하는 자들아 너희가 이것을 바라보나니 주 앞에서 점도 없고 흠도 없이 평강 가운데서 나타나기를 힘쓰라" (벧후 3:14). "내가 이미 얻었다 함도 아니요 온전히 이루었다 함도 아니라 오직 내가 그리스도 예수께 잡힌 바 된 그것을 잡으려고 좇아가노라" (빌 3:12). "형제들아 내가 그리스도 예수 우리 주 안에서 가진 바 너희에 대한 나의 자랑을 두고 단언하노니 나는 날마다 죽노라" (고전 15:31). "그러나 끝까지 견디는 자는 구원을 얻으리라" (마 24:13). "우리가 시작할 때에 확실한 것을 끝까지 견고히 잡으면 그리스도와 함께 참예한 자가 되리라" (히 3:14).

이미 그리스도께서 이루신 구속의 효과는 완전합니다. 우리가 그리스도의 보혈의 공로에 보탤 것은 없습니다. 그리고 십자가를 믿음으로 말미암아 얻게 된 우리의 구원도 취소될 수 없는 완전한 구원입니다. 사망이나 높음이나 깊음이나 천사들이나 권세자들이나 그 아무 피조물이라도 우리를 거기서 끊어 놓을 수 없습니다.[13] 그것은 분명합니다. 그러나 신자 안에 잔존하는 죄를 죽이지 아니하여 번성하게 되면, 그것은 신자 안에서 힘을 발휘합니다. 그리고 신자의 불순종의 도움을 받아 중생과 함께 신자 안에 심어 놓으신 생명의 성령의 법을 대항하여 은혜를 쇠퇴시키고 정욕을 번성하게 합니다.

이러한 상황을 적절한 방법으로 다루어 죄를 죽이지 아니하고 방치하면 신자임에도 불구하고 사실상 죄의 절대적인 지배 아래 살아가는 불신자와 방불한 삶을 살게 됩니다. 성경이 우리가 신자가 된 후에도 날마다 그리스도의 형상을 본받기까지, 죄 죽임의 실천을 통하여 순결하고 거룩하여져 갈 것을 촉구하는 것도 바로 이러한 이유에서입니다.[14]

---

[12] 불신자들에게 있어서 죽음은 죄에 대한 형벌이자 심판이지만, 신자들에게 있어서 죽음은 성화(聖化)를 완성하게 하시는 하나님의 수단이다. 신자가 이 땅에서 아무리 많이 성화된다고 해도 완전한 성화에 이르지는 못한다. 그래서 하나님께서는 신자가 죽는 순간, 성화를 완성시키신다. 이것이 죽음 이후에 그리스도와 함께 있게 된 성도의 영혼의 상태이며, 여기에는 어떤 죄의 오염도 없다. 그래서 히브리서 기자는 이러한 상태의 신자들을 가리켜 "온전케 된 의인의 영"이라고 말한다(히 12:23). 그러나 하나님의 구속의 계획은 죄뿐만 아니라 죄의 결과로부터의 구속도 포함한다. 그런 점에서 볼 때에 죽은 후에 우리의 영혼이 예수 그리스도의 품에 가 있다고 해도, 그것은 죄로부터는 해방되었지만, 아직 죄의 결과로부터는 완전히 해방된 것이 아니다. 우리의 육체가 영혼과 떨어져 있기 때문이며, 이는 여전히 죄의 결과라고 할 수 있기 때문이다. 하나님께서는 마지막 날에 예수 그리스도의 재림과 함께 이 땅에 그리스도 안에서 죽은 모든 육체들을 먼저 살아나게 하신다. 이것이 바로 신자의 부활(復活)이다. 그리고 그렇게 살아난 육체가 완성된 성화의 상태의 영혼과 다시 결합하게 되는데, 이것이 바로 영화(榮化)이다. 이에 대하여 사도 바울은 이렇게 말한다. "이 썩을 것이 썩지 아니함을 입고 이 죽을 것이 죽지 아니함을 입을 때에는 사망이 이김의 삼킨 바 되리라고 기록된 말씀이 응하리라"(고전 15:54). "이 장막에 있는 우리가 짐 진 것같이 탄식하는 것은 벗고자 함이 아니요 오직 덧입고자 함이니 죽을 것이 생명에게 삼킨 바 되게 하려 함이라"(고후 5:4). Walter Bauer, *A Greek-English Lexicon of the New Testament and Other Early Christian Literature*, edited by Frederick W. Danker, William F. Arndt, & F. Wilbur Gingrich, (Chicago; The University of Chicago Press, 2000 3rd edition), p.111; 김남준. 「구원과 하나님의 계획」, (서울; 부흥과개혁사, 2004), p.331.

[13] "내가 확신하노니 사망이나 생명이나 천사들이나 권세자들이나 현재 일이나 장래 일이나 능력이나 높음이나 깊음이나 다른 아무 피조물이라도 우리를 우리 주 그리스도 예수 안에 있는 하나님의 사랑에서 끊을 수 없으리라"(롬 8:38-39).

[14] 죄 죽임의 실천은 거룩한 삶을 위한 신자의 필수적 의무이다. 이러한 교리를 입증하는 명백한 성경 구절 중 하나는 다음과 같다. "너희가 육신대로 살면 반드시 죽을 것이로되 영으로써 몸의 행실을 죽이면 살리니"(롬 8:13). 여기서 '육신'(사르카, σάρκα)은 '죄된 육체'(sinful flesh)를 가리킨다(고후 7:1). '영으로써'(프뉴마티, πνεύματι)는 죄 죽임의 주체가 인간이 아니고 성령이시라는 사실을 보여준다. '몸의 행실'(프락세이스 투 소마토스, πράξεις τοῦ σώματος, 문자적으로 '그 몸의 행실들')은 갈라디아서에서 언급된 바 '육체의 일'(타 에르가 테스

그러나 어떠한 경우에도 신자에게는 죄의 지배가 절대적이지 않습니다. 그것은 단지 스스로 죄에 굴복하였기 때문에 다다르게 된 상대적 지배일 뿐입니다. 신자가 진심으로 깊이 회개하면 오래된 죄의 세력들이 단시간 안에 파멸되는 것을 경험하는 것이 바로 그 증거입니다. 신자에 대한 죄의 지배는 실재이지만, 그것은 불법이며 원리적으로 이미 심겨진 영적 생명의 법을 없이할 수 없습니다. 그래서 성경은 "죄를 짓는 자마다 불법을 행하나니 죄는 불법이라"(요일 3:4)고 말합니다.

이러한 원리 때문에 사도 바울은 죄에 복종하지 말도록 진지하게 촉구합니다. "그러므로 너희는 죄로 너희 죽을 몸에 왕 노릇하지 못하게 하여 몸의 사욕을 순종치 말고"(롬 6:12). "너희 자신을 종으로 드려 누구에게 순종하든지 그 순종함을 받는 자의 종이 되는 줄을 너희가 알지 못하느냐 혹은 죄의 종으로 사망에 이르고 순종의 종으로 의에 이르느니라"(롬 6:16).

신자가 하나님의 은혜를 떠나고 죄의 낙(樂)에 길들여지게 되면 빠른 속도로 그 죄에 빠져 들어갈 수 있습니다. 그리고 그러한 죄의 궁극적인 계획은 신자를 죄 가운

사르크스, τὰ ἔργα τῆς σαρκός)이다. 이것은 비록 겉으로 나타난 죄된 행동들을 가리키지만, 사도 바울이 의도했던 것은 이것들의 뿌리를 지적하고자 함이었다. '죽을 것이로되' (아포쓰네스케인, ἀποθνήσκειν)는 자연적인 죽음, 혹은 외부의 힘에 의한 멸망으로 인해 더 이상 존재하지 않거나 생명의 기능들이 사라지는 것을 가리키며, '죽이면' (에이……싸나투테, εἰ……θανατοῦτε)에서 '죽이다'에 해당하는 동사 '싸나토오' (θανατόω)는 '죽게 하다' (put to death), 혹은 '죽이다' (make to die)를 의미하는데 이것은 동물이나 사람 같은 생명이 있는 사물을 공격하여 목숨을 끊는 것을 가리킨다. Joseph H. Thayer, *Thayer's Greek-English Lexicon of the New Testament*, (Grand Rapids; Baker Book House, 1982 reprinting), p.61, 283. 청교도 로버트 볼턴(Robert Bolton)은 죄 죽임의 실천이 없는 삶이야말로 육체의 정욕을 따라 사는 삶이며, 이는 육신적인 그리스도인의 결정적인 표지(標識)라고 지적하였다. Robert Bolton & Thomas Goodwin, *The Carnal Professor and Christ Set Forth*, (Ligonier; Soli Deo Gloria Publications, 1992 reprinting), pp.9-11. 존 오웬은 아무리 훌륭한 신자라고 할지라도 그 사람 안에 여전히 죄가 있으며, 영적인 생명력과 활기를 유지하기 위해서는 내재하는 죄를 죽이는 것이 절대로 필요하다고 보았다. 또한 성경적으로 볼 때에 죄를 죽이는 주체는 성령이시지만, 이 때 성령께서는 반드시 신자의 순종을 통해서 일하신다고 보았다. "The choicest believers, who are assuredly freed from the condemning power of sin, ought yet to make it their business all their days to mortify the indwelling power of sin." John Owen, *Of the Mortification of Sin in Believers; the necessity, nature, and means of it; with a resolution of sundry cases of conscience thereunto belonging*, in *The Works of John Owen*, vol. 6, edited by William H. Goold, (Edinburgh; The Banner of Truth Trust, 1991 reprinting), p.7; "Supposing what was said before of the connection between mortification and eternal life, as of means and end, I shall add only, as a second motive to the duty prescribed, that,-The vigour, and power, and comfort of our spiritual life depends on the mortification of the deeds of the flesh." John Owen, *Of the Mortification of Sin in Believers; the necessity, nature, and means of it; with a resolution of sundry cases of conscience thereunto belonging*, in *The Works of John Owen*, vol. 6, edited by William H. Goold, (Edinburgh; The Banner of Truth Trust, 1991 reprinting), p.9. 롬 8:13에 대한 명석한 해석은 앞에 언급한 오웬과 볼턴의 저서 외에

데 사로잡아 두어서 하나님을 거스르는 배교에 가까운 삶을 살게 하는 것입니다.15)

우리가 흐르는 강물을 따라 헤엄을 칠 때에는 그 흐르는 물의 힘을 느끼지 못합니다. 그러나 그 흐름을 거슬러 수영하고자 하면 비로소 흐르는 물의 힘을 실감할 수 있습니다. 그렇습니다. 이것은 거룩하게 살고자 하는 모든 그리스도인들이 정도의 차이는 있지만 쉽게 경험할 수 있는 바입니다. 자신 안에서 죄의 강력한 힘을 느낀 사도 바울은 이렇게 말합니다. "오호라 나는 곤고한 사람이로다 이 사망의 몸에서 누가 나를 건져내랴"(롬 7:24). 사도 바울 역시 죄를 따라 살지 아니하고 항거하려고 분투하는 가운데서 죄의 힘을 느꼈던 것입니다.16)

다음 자료를 참고하라. Hugh Binning, *The Works of the Rev. Hugh Binning*, edited by M. Leishman, (Ligonier; Soli Deo Gloria Publications, 1992 reprinting), pp. 245-250.

15) 존 오웬은 신자 안에 자리 잡은 죄가 산출되지 않는 것에 대하여 두 가지로 설명한다. 첫째로, 장애물과 예방책이 인간의 마음에 착상된 죄가 자동적으로 열매를 맺는 것을 막아 준다. 둘째로, 착상된 죄가 산출되기에 필요한 두 요소인 힘(power)과 범죄하려는 의지의 존속(continuance in the will of sinning)이 충족되지 않음으로써 죄가 산출되지 않는다. 또한 하나님께서는 다양한 방법으로 인간의 마음에 착상된 죄의 산출을 막으신다. 이를 위하여 하나님께서는 크게 두 가지 방법을 사용하신다. (1)죄의 힘을 없애심: 죄의 산출을 위해 필요한 힘을 제거하시거나 중단시키심으로써 죄의 산출을 막으신다. ①그 사람의 생명을 거두심으로써. ②죄를 품고 있는 그들의 힘을 중단시키거나 제거하심으로써. ③죄인들에 대한 외부의 방해하는 세력을 대적하심으로써. ④착상된 죄가 공격하려고 했던 대상을 제거하심으로써. ⑤죄를 품고 있는 사람의 생각을 늘랍게 바꾸심으로써. (2)죄인의 의지에 역사하심: 죄인의 외기에 대해 역사하심으로써 죄인의 마음에서 죄가 사라지게 하신다. ①억제시키는 은혜(restraining grace)의 방식으로 역사하심: 신자와 불신자 둘 다 해당된다. ②내면을 새롭게 하는 은혜의 방식으로 역사하심: 신자에게만 해당된다. John Owen, *The Nature, Power, Deceit, and Prevalency of the Remainder of Indwelling Sin in Believers; together with the ways of its working and means of prevention, opened, evinced, and applied; with a resolution of sundry cases of conscience thereunto appertaining*, in *The Works of John Owen*, vol. 6, edited by William H. Goold, (Edinburgh; The Banner of Truth Trust, 1991 reprinting), pp. 260-278.

16) 이 구절에서 탄식하는 주체인 '나'는 누구인가에 대하여 헤르만 리델보스(Herman Ridderbos)는 이렇게 말한다. "로마서 7장과 8장은 너무나 강하게 구속사적 대조 및 범주들과 관련되고 있기 때문에 그것을 개인적인 체험과 관련된 경우로 볼 수 없다. 동시에 그것은 단순히 수사학적으로 일반화시키는 그런 진술도 아니다; 오히려 그것은 지금 신앙의 눈으로 본 율법 아래 있는 인간 일반에 관계된 것이다." 헤르만 리델보스, 『바울 신학』, 박영희 역, (서울; 지혜문화사, 1985), p. 166. 존 머리는 이것을 거룩함에 이를수록 더욱 자신의 죄인 됨을 자각하는 신자의 경험이라고 해석하였다. John Murray, *Redemption: Accomplished and Applied*, (Edinburgh; The Banner of Truth Trust, 1979 reprinting), p. 145. 존 오웬도 이 경험은 오직 신자에게만이 고유한 것이라고 보았다. "이 상태는 신자들에게만 특유한 것이다. 중생하지 않은 사람들에 대해서는 죄의 법에 사로잡힌다고 말하지 않는다. 그들은 아마도 어떤 특별한 죄나 타락에 사로잡힐 수 있을 것이다. 그들은 간통과 같은 자신의 불결함과 술취함과 같은 자신의 혐오스러운 습관적 악에 대해 깨닫고 그것에 대항하려고 결심한다. 그러나 그들의 정욕은 그들이 감당하기에 너무 힘겨운 것이고, 그들은 자신들의 죄를 멈출 수 없다. 그래서 그들은 이 죄 혹은 저 죄와 같은 특정한 죄의 포로가 되고 노예가 되었다. 그러나 그들에 대해서는 죄의 법에 사로잡혔다고 말할 수 없다. 왜냐하면 그들은 스스로 기꺼이 죄의 법의 포로가 되고 노예가 되었기 때문이다." John Owen, *The Nature, Power, Deceit, and Prevalency of the Remainder of Indwelling Sin in Believers; together with the ways of its working and means of prevention, opened, evinced, and applied; with a resolution of sundry cases of conscience thereunto appertaining*, in *The Works of John Owen*, vol. 6, edited by William H. Goold, (Edinburgh; The Banner of Truth Trust, 1991

예수 그리스도를 믿고 하나님의 자녀가 되었다는 것은 그에게 영적 생활이 시작되었다는 것을 의미합니다. 여기에서 영적 생활이란 그의 영혼 안에 새롭게 심겨진 하나님의 은혜의 원리를 따라 사는 삶입니다. 신자 안에 성령으로 말미암아 새 생명을 심으신 하나님께서는 그 은혜와 생명이 무성하게 자라는 법칙도 정해 놓으셨습니다. 그래서 그 법칙을 따라서 살면 풍부한 영적 생명을 누리며 승리하는 삶을 살고, 그렇지 않으면 핍절하고 가난한 영적 생활을 이어가게 됩니다. 영혼과 마음은 죄의 지배로 가득 차게 되고 삶은 불순종과 악으로 뒤덮입니다.

하나님께서 정하신 법칙에 따르는 영적 생활을 하지 않고 있는데도 불만족이나 고통이 없다면 그 사람은 거듭난 사람이 아닙니다. 진정으로 거듭난 신자가 경건을 잃어버리고 은혜로부터 멀어지게 될 때에는 반드시 마음에 고통이 있기 때문입니다.

V. 은혜 아래 있는 신자의 의무

하나님께서 정하신 은혜의 원리를 따르며 사는 사람들에게는, 용서와 은혜와 긍휼히 여김을 받는 경험이 있습니다.[17)]

사도 바울은 죄가 많은 곳에 은혜도 많다고 했습니다(롬 5:20). 그러나 거기서 사도

---

reprinting), p.206. 따라서 이는 신자가 생각은 죄에 대한 상상으로 가득 차고 정서는 엉키고 의지는 약화됨으로써 자신의 영혼이 감당하기 어려운 죄를 짊어지고 부르짖고 있는 상태를 나타내는 것이다. "But it is the working of sin by these imaginations in the mind, and the engagement of the affections thereon, that he doth intend. Now, this he declares to be the great burden of the souls of believers, that which makes them think their condition wretched and miserable in some sort, and which they earnestly cry out for deliverance from, Rom. vii. 24." John Owen, *A Treatise of the Dominion of Sin and Grace; wherein sin's reign is discovered, in whom it is, and in whom it is not; how the law supports it; how grace delivers from it, by setting up its dominion in the heart*, in *The Works of John Owen*, vol. 7, edited by William H. Goold, (Edinburgh; The Banner of Truth Trust, 1988 reprinting), p.523.

17) 사도 바울은 이러한 경험을 다음과 같이 고백하였다. "나를 능하게 하신 그리스도 예수 우리 주께 내가 감사함은 나를 충성되이 여겨 내게 직분을 맡기심이니 내가 전에는 훼방자요 핍박자요 포행자이었으나 도리어 긍휼을 입은 것은 내가 믿지 아니할 때에 알지 못하고 행하였음이라 우리 주의 은혜가 그리스도 예수 안에 있는 믿음과 사랑과 함께

가 말하는 죄는 신자가 지금 사랑하며 붙들고 있는 죄가 아닙니다. 그 죄는 예전에 그것을 저지른 자는 자신이었다고 할지라도 지금은 미워하고 있고, 아직도 남아 있지만 지금은 맞서 싸우고 있는 죄입니다.

따라서 죄 때문에 하나님의 은혜가 넘치기 위해서는 단지 죄만 많아서는 안 됩니다. 오히려 죄 가운데 있던 사람이 어느 한순간 결단하고 은혜의 원리로 돌아와서 다시 하나님께 순종하는 일들이 필요합니다.[18] 그에게는 은혜의 원리를 따라 죄를 대적하고 죽이는 것이 필요합니다.

그리스도 안에서 거듭난 신자는 이제 더 이상 죄의 통치를 받는 사람이 아닙니다. 그는 하나님의 은혜의 지배 아래 있는 사람입니다. 그러므로 그는 이미 주신 은혜 아래서 하나님께 온전히 순종하는 삶을 살기를 힘써야 합니다. 끊임없이 자신 안에 있는 죄를 살피며, 하나님의 은혜를 거슬러 살게 하는 죄를 죽임으로써, 자신 안에 주님께서 충만히 사시도록 하여야 합니다.

하나님을 사랑하며 신실하게 살아가려고 애쓰는 우리 안에도 잔존하는 죄가 있음을 깊이 깨달아 하나님 앞에 겸비하여야 합니다. 우리가 알면서도 비호하거나 무지로 인하여 우리 안에 안전히 거하고 있는 죄는 없는지 살펴야 합니다. 그리고 그 모든 죄에 대하여 진실한 참회의 마음으로 하나님의 용서를 구하여야 합니다.[19] 어

넘치도록 풍성하였도다 미쁘다 모든 사람이 받을 만한 이 말이여 그리스도 예수께서 죄인을 구원하시려고 세상에 임하셨다 하였도다 죄인 중에 내가 괴수니라"(딤전 1:12-15).

[18] 여기서 "거듭난 신자가 하나님의 계명에 온전히 순종하며 살 수 있는가?"라는 의문이 생겨나게 된다. 이에 대하여 「하이델베르크 요리문답」(Heidelberg Catechism)은 다음과 같이 가르친다. "그럴 수 없다. 가장 거룩한 신자들이라고 할지라도 이 세상에 사는 동안에는 모든 계명을 지키도록 요구하시는 하나님의 계명에 대한 순종의 작은 시작에 착수할 뿐이다. 그렇지만 그들은 신실한 결단으로 하나님의 계명 중 일부만이 아닌 전체를 따라 순종하는 삶을 살기 시작한다"(No; but even the holiest men, while in this life, have only small beginnings of this obedience, yet so, that with a sincere resolution, they begin to live, not only according to some, but all the commands of God). Zacharias Ursinus, *The Commentary of Dr. Zacharias Ursinus on the Heidelberg Catechism*, translated from the original Latin, by G. W. Willard, (Phillipsburg; Presbyterian and Reformed Publishing Company, reprinting of the second American edition in 1852), p.608.

[19] 청교도 안토니 버제스(Anthony Burgess)는 자신이 모두 알 수 없는 죄가 자신 안에 있다는 사실을 깨달은 신자의 의무를 다음과 같이 제시한다. (1)아직 스스로 깨닫지 못한 죄들이 자기 안에 있다는 사실을 생각하고 깊이 겸비하여질 것. (2)마치 금속을 녹여서 정련하는 정련 기술자처럼 자신의 마음 안에 숨은 죄를 진지하게 부지런히 탐사할 것. (3)자신의 지나온 인생길을 뒤돌아보아 용서받지 못한 죄가 있는지 살필 것. (4)이중의 회개, 곧 드러난 죄에 대한 회개와 드러나지 않은 죄에 대한 회개를 함께 할 것. (5)아직 파악되지 않은 죄를 위해서도 용서를 빌 것. 특별히 그는 파악되지 않은 죄를 위하여 이렇게 기도하도록 가르친다. "오 주님, 나의 마음의 바다 속에는 많은 바위 덩어리들이 있습니다. 이것들은 비록 물에 잠겨 감춰져 있어서 제가 보지 못하지만, 여전히 제 자신을 찢어 놓을 위험이 되고 있습니다. 제 영혼 안에는 이처럼 제가 감히 찾아낼 수 없는 은밀하고 많은 질병과 같은 죄악들이 있습니다. 그러므로 제가 아

떠한 경우에도 우리가 이미 온전한 사람이 되었다고 생각하지 말아야 합니다. 하나님의 뜻대로 살도록 거룩하신 예수 그리스도의 피로 구속받은 우리에게 여전히 죄가 있다는 사실을 깊이 인정하고 경건한 슬픔과 거룩한 자기 비하(卑下) 속에 살면서 하나님의 은혜만을 소망하기를 힘써야 합니다.

아아, 지금도 과거의 저처럼 영혼의 어두움과 무지 가운데 죄의 지배 아래 있는 핍절한 지체들의 얼굴이 떠오릅니다. 하나님의 사랑을 알고 이 세상에서 그분을 섬기도록 부름받은 영광스러운 부르심에도 불구하고 죄에 허덕이며, 가면 다시 오지 않을 인생의 소중한 날들을 허비하는 많은 지체들의 얼굴이 제 마음에서 사라지지 않습니다.

그들이 우리와 함께 죄의 지배를 벗어나 은혜 안에 살면서 거룩하고 진실한 신자가 되어가고, 이 땅을 고쳐 하나님의 창조 목적을 드러내도록 섬기며 산다면 얼마나 좋을까요. 우리를 그렇게 살게 할 이 교리가 우리 모두를 그렇게 진리의 빛 가운데로 인도하기를······.

는 죄뿐 아니라, 제가 알지 못하는 죄도 용서해 주시옵소서. 이미 알려진 죄와 아직 감춰진 죄로부터 저를 깨끗케 하여 주시옵소서. 이 모든 죄를 찾아내지 못한다는 것이 제게는 너무나 고통스럽고 커다란 슬픔입니다. 제가 죄를 발견하였을 때에는 죄에 대한 말할 수 없는 혐오감이 있었고, 지금은 더욱 그렇습니다. 그러나 제가 그 죄들을 발견하였을 때에 그것은 이미 주님께는 물론이고 제게도 파악되었으니 그것은 이미 은밀하고 감춰진 죄가 아닙니다. 저는 알지 못하지만 주님께서는 다 아시오니 저를 그 감춰진 죄로부터 깨끗케 하여 주시옵소서." Anthony Burgess, *Spiritual Refining Part II, or, a Treatise of Sin with its Causes, differences, mitigations and aggravations, particularly of the desperate deceitfulness of mans heart, of presumptuous and reigning sins, and of hypocrisie and formality in religion, also occasionally handling the uprightness and tenderness of a gracious heart; and therein discovering the nature of a misguided conscience, as also of secret and unkown sins that the best men are guilty of, with directions to the godly under their fears about them. Shewing withall, that a strict scrutiny into a man's heart and ways, with a holy fear of sinning, doth consist with a gospel-life of faith and joy in the Holy Ghost. Attending to unmask counterfeit Christians, terrify the ungodly, comfort and direct the doubting saints, humble man, and exalt the grace of God*, (London; Printed by A. M. and are to be fold by Thomas Newberry, 1654), pp.191-196.

한눈에 보는 1장 신자 안에 있는 은혜와 죄

I. 기초 본문 : 롬 6:14

II. 불신자의 삶 : 죄의 절대적 지배 아래 있음
- 누구든 거듭나기 전에는 죄의 지배 아래 살아감
- 자기를 우주의 중심으로, 자신의 행복을 인생의 최고 가치로 여김
- 자기 중심적 삶은 우상 숭배적 자기 사랑에서 비롯된 것임
- 하나님의 창조의 목적에서 떠난 모든 것이 죄임

III. 신자의 삶 : 은혜의 통치 아래 있음
- 신자는 죄와 사망의 법에서 생명의 성령의 법으로 해방된 자임
- 신자 안에서 죄의 절대적 지배는 종식되었으나 죄는 현존함
- 원리적으로 신자는 죄 아래 있지 않고 하나님의 은혜 아래 있음
- 은혜 아래서 하나님의 영광을 위해 살기 위해 필요한 자원을 공급받음

IV. 신자 안에 남아 있는 죄의 세력
A. 지배는 불가, 영향은 가능
- 죄의 통치는 중생과 함께 종식됨
- 하나님을 사랑하고 의지하며 순종하려는 주도적인 성향이 심겨짐
- 은혜의 생명은 죄를 죽이는 거룩한 삶의 실천을 통해 풍성해짐
- 죄 죽임의 실천에 게으르면 영적인 생명력을 지닌 풍성한 삶을 살 수 없음

B. 죄의 절대적 지배와 상대적 지배
1. 죄의 절대적 지배
- 인간은 죄와 사망의 법에 속박된 채 태어남
- 신분에 있어서는 죄의 종이며, 마음과 영혼은 죄의 법에 매여 있음
- 자력으로는 죄의 지배 상태에서 벗어날 수 없음

2. 죄의 상대적 지배
- 신자가 원리적으로 은혜의 통치 아래 있는 것은 불변하나, 그 정도에 있어서는 가변적임
- 신자 안에 잔존하는 죄는 비록 지배권을 상실했으나 성질 자체가 변한 것이 아님
- 잔존하는 죄는 불법적으로 존재하는 것임
- 잔존하는 죄는 정욕의 도움을 받아 영향력을 극대화하려고 애씀
- 합법적으로 세워진 생명의 법과 불법적으로 세워진 죄의 영향력의 싸움은 죽는 날까지 계속됨

3. 두 지배의 끝은 같음
- 잔존하는 죄를 죽이지 않으면 번성하게 되어 신자 안에서 힘을 발휘함
- 이 상태를 방치하면 죄의 절대적인 지배 아래 사는 불신자와 방불한 삶을 살게 됨

V. 은혜 아래 있는 신자의 의무
- 사도 바울은 죄가 많은 곳에 은혜도 많다고 말함
- 여기에서 죄는 사랑하여 붙들고 있는 죄가 아니라 미워하여 맞서 싸우고 있는 죄임
- 우리 안에 죄가 있음을 깊이 깨닫고 하나님 앞에 겸비해져야 함
- 모든 죄에 대해 진실한 참회의 마음으로 하나님의 용서를 구하고 은혜를 소망해야 함

The Doctrine on Dominion of Sin and Grace in Believers

"죄가 너희를 주관치 못하리니
이는 너희가 법 아래 있지 아니하고 은혜 아래 있음이니라" (롬 6:14)

제 2 장

은혜의 상태 아래서도 사라지지 않는 죄와 파멸되는 죄

제2장
은혜의 상태 아래서도 사라지지 않는 죄와 파멸되는 죄

구원받은 신자는 이제 더 이상 죄의 지배 아래 있지 않습니다. 그들은 생명의 성령의 능력으로 죄의 절대적인 지배로부터 해방되었습니다. 하나님께서 죄인이었던 신분에서 하나님의 자녀가 되게 하심으로써 자유를 주셨고, 죄의 세력에 실제적으로 지배를 받던 상태에서 은혜 주시는 성령을 우리 안에 늘 계시게 하심으로써 자유를 주셨습니다.

I. 구원받은 신자와 죄

그럼에도 불구하고 죄의 영향이 완전히 끝장난 것은 아닙니다. 구원받은 하나님의 자녀 안에도 죄는 남아서 현존합니다.

우리에게 문제가 되는 것은 바로 죄입니다. 구원받은 하나님의 자녀가 되었습니다. 이제 죄도 사단도 우리의 구원을 빼앗을 수 없고, 그리스도 안에 있는 하나님의 사랑에서 끊을 수가 없습니다. 하나님께서는 우리 안에 있는 죄와 사망의 법을 생명의 성령의 법으로 파하시고 우리를 구원하셨습니다. 그러나 잔존하는 죄는, 우리 안에서 파괴되어 절대적인 지배권을 잃었지만, 여전히 살아서 역사합니다.

신자의 삶에 대한 은혜의 지배는 죄가 전혀 없는 신자의 삶의 상태를 가리키는 것이 아닙니다. 신자 안에 죄가 잔존하고 있지만, 여전히 하나님의 은혜가 마음과 영혼에 대하여 실제적으로 지배력을 획득한 상태를 가리킵니다. 곧 신자가 하나님의 은혜에 붙들려 사는 상태를 가리킵니다.

날마다 자신의 죄를 진실하게 참회하며, 성경이 지정하는 은혜의 수단들에 일체의 부지런함과 성실함으로 참여하여 죄의 유혹을 이기며, 하나님과 동행하며 살아가는 상태를 가리킵니다. 이런 상태에서는 죄의 영향력이 감퇴하며 은혜가 왕성한 지배력을 발휘하게 됩니다.

여러분의 이해를 돕기 위하여 비유를 들자면 이런 것입니다. 어느 도시에서 가끔 총을 든 테러범들이 거리에 나타난다고 합시다. 그렇다고 할지라도 곧 경찰이 출동하여 그들을 사살해 버린다면 여전히 합법적인 정부의 공권력이 그 도시를 장악하고 있는 것입니다.

어떤 때는 서너 명이 나타나기도 하고 어떤 때는 십여 명이 나타나기도 하지만, 그들이 출현하는 즉시 공권력에 의하여 반드시 제압됩니다. 테러범이나 폭력배가 출현은 하지만, 그들은 곧 쉽게 제압됩니다. 말하자면 신자가 비록 작은 죄를 지을지라도 은혜의 지배 아래 있는 상태가 바로 그런 것입니다.

그러나 그렇게 나타난 테러범들이 동료들을 모아 구체적으로 조직을 갖추고, 도심 한복판을 점령하고 시민의 통행을 통제하고, 거리를 활보하며 일정한 지역에서 강력한 화력으로 무장을 하고 점령군 사령부를 설치하고, 그 도시 전역의 주민들에게 세금까지 거두고 젊은이들을 징집해 군사 훈련까지 시킨다면, 그것은 테러범들이 출현한 것이 아니라 그 지역에 불법 정부의 통치가 시작된 것입니다. 신자 안에서 죄가 이런 식으로 활동한다면, 그것은 죄의 지배 아래 있는 것입니다.

II. 신자 안에 있는 두 종류의 죄

성경은 이 죄를 두 가지로 나눕니다. 신자가 은혜의 지배 아래서 살아가고 있음에도 결코 사라지지 않는 죄와 은혜의 지배 아래 살아가면 없어지는 죄입니다(시 19:12-13).[20]

신자 안에 내재하는 모든 죄의 본질은 동일하지만, 죄의 지배에 미치는 성격에 따라서 이처럼 두 가지로 대별될 수 있습니다. 전자는 인간의 이해를 넘어서는 죄로서 죄의 지배에 적게 영향을 미치는 죄이고, 후자는 인간에 의하여 파악되고 통제될 수 있는 죄입니다. 신자로 하여금 죄의 지배 아래로 들어가게 만드는 죄는 바로 후자입니다.

A. 인간의 이해를 넘어서는 죄들

성경에 의하면 신자가 아무리 뛰어난 은혜의 상태에 있다고 할지라도 절대로 사라지지 않는 죄가 있습니다. 이에 대하여 시인은 말합니다. "자기 허물을 능히 깨달을 자 누구리요 나를 숨은 허물에서 벗어나게 하소서"(시 19:12).

이것은 우리의 내면 너무 깊은 곳에 있어서 우리의 지식으로 찾아낼 수 없는 죄들

---

[20] "자기 허물을 능히 깨달을 자 누구리요 나를 숨은 허물에서 벗어나게 하소서 또 주의 종으로 고범죄(故犯罪)를 짓지 말게 하사 그 죄가 나를 주장치 못하게 하소서 그리하시면 내가 정직하여 큰 죄과에서 벗어나겠나이다"(시 19:12-13). 존 오웬은 13절에서 언급되는 '고범죄'는 12절에서 언급되는 깨닫기 어려운 '허물', 혹은 '숨은 허물'과는 다른 것이라고 말한다. 후자의 경우 신자에게 남아 있다 할지라도 여전히 순전함과 언약적인 관계에 충실한 올곧은 삶으로 하나님과 동행할 수 있다고 본다. "This is the hinge whereon the whole cause and state of my soul doth turn; Although I am subject to many sins of various sorts, yet under them all I can and do maintain my integrity, and covenant uprightness in walking with God; and where I fail, am kept within the reach of cleansing and pardoning mercy, continually administered unto my soul by Jesus Christ; but there is a state of life in this world wherein sin hath dominion over the soul acting itself presumptuously, wherewith integrity and freedom from condemning guilt are inconsistent." John Owen, *A Treatise of the Dominion of Sin and Grace; wherein sin's reign is discovered, in whom it is, and in whom it is not; how the law supports it; how grace delivers from it, by setting up its dominion in the heart*, in *The Works of John Owen*, vol. 7, edited by William H. Goold, (Edinburgh; The Banner of Truth Trust, 1988 reprinting), pp. 505-506.

이고 따라서 회개하기도 힘든 죄들입니다. 물론 '너무 깊은 곳에 있는 죄'라는 표현 자체가 상대적인 면이 있습니다. 죄와 은혜의 세계를 많이 알고 있는 사람들에게는 쉽게 발견되는 죄도 무지한 사람들에게는 인식되지 못할 것입니다. 그래서 하나님을 아는 지식에서 성숙해 가고 영적으로 깊이를 더하게 되면, 예전에는 잘 발견할 수 없던 죄들에 대하여 명료하고 정확한 인식을 갖게 됩니다.[21]

그러나 영적인 어둠 속에서 살고 있는 사람들은 자기가 죄인이라는 사실을 잘 모릅니다. 그렇지만 이런 사람도 어느 날 깊이 은혜를 받으면 비로소 죄가 무엇인지 알게 되고, 자신 안에는 자신도 지각하지 못하는 죄가 끝없이 존재한다는 사실을 깨닫게 됩니다. 자기가 살아온 발자취 전부가 죄와 뒤엉켜 살아온 흔적임을 인식하게 되는 것입니다.

이처럼 하나님의 말씀의 빛이 들어와서 우리에게 죄를 보여주기 전까지 우리도 우리 안에 무엇이 있는지 알지 못합니다. 우리는 때로 너무나 명백한 죄에 대해서도 그것이 죄라고 인식하지 못한 채 살아갑니다. 하물며 인간 내면 깊은 곳에 갈피갈피 숨겨져 있는 깊은 죄들을 인간이 어떻게 찾아낼 수 있겠습니까?

신자의 신앙이 깊어질수록 죄의 속임수도 교활해집니다. 하나님의 은혜를 많이 받고 말씀을 많이 깨달은 사람들에게는 유혹도 교묘합니다. 신앙 생활이 진지해질수록 죄도 교묘해집니다. 그렇기 때문에 누구도 신앙 생활에 있어서 '나는 이제 완전함에 도달했다.'고 말할 수 없습니다. 그래서 사도 바울은 말합니다. "내가 이미 얻었다 함도 아니요 온전히 이루었다 함도 아니라"(빌 3:12상).

그런데 죄가 신자 안에서 아무리 교활해졌다 하더라도 많은 죄들은 신자가 영적

---

[21] 시 19:11의 히브리어 원문은 "감-아브데카 니즈하르 바헴 베쇼메람 에께브 라브"(גַּם־עַבְדְּךָ נִזְהָר בָּהֶם בְּשָׁמְרָם עֵקֶב רָב)이다. 이를 직역하면 다음과 같다. '더욱이 당신의 한 종이 그것들로 인하여 경계를 받고 그것들을 지킬 때에 상급이 큽니다'(시 19:11). 여기서 '그것들'은 앞 절, "금 곧 많은 정금보다 더 사모할 것이며 꿀과 송이꿀보다 더 달도다"(시 19:10)에서 언급된 하나님의 말씀을 가리키는 것이다. 이렇게 하나님의 말씀을 꿀보다 더 달게 여기며 살아가는 경건한 사람들에게도 여전히 '숨은 허물'(니스타롯, נִסְתָּרוֹת, 문자적으로 '숨겨진 것들')이 있다. 그래서 시인은 "여호와여 주께서 죄악을 감찰하실진대 주여 누가 서리이까"(시 130:3)라고 말하였다. 아무리 높은 경지의 성화를 이룬 신자라고 할지라도 이러한 허물에서 자유로울 수는 없다. 그래서 신자는 거룩함에 이르면 이를수록 더욱 자신의 많은 허물과 부패한 본성을 발견하게 되고 하나님의 은혜와 자비를 의지하지 않을 수 없게 된다. 앨버트 반스(Albert Barnes)는 이러한 사실을 설교의 중요성과 관련지어서 설명한다. 진리의 말씀을 통하여 인간 깊이 내재된 죄와 허물을 보임으로써 겸손히 하나님과 동행하게 하는 것이 바로 설교의 기능이라는 것이다. Albert Barnes, *Notes on the Old Testament; Psalms*, in *Barnes' Notes*, vol. 4, (Grand Rapids; Baker Book House, 1996 reprinting), p.175.

으로 성숙함에 따라서 파악할 수 있습니다. 그러나 부패한 인간의 성품 저 깊은 밑바닥에 잠재되어 있어 인간의 평범한 지혜로는 찾아낼 수가 없는 죄도 있습니다. 이런 죄에 대해서는 하나님께서 인간에게 책임을 덜 물으십니다. 인간 내면 깊은 곳에 잠재되어 있어 쉽게 발견할 수 없는 그런 죄들은 우리의 영적 활기를 유지해 나가는 데 있어서 치명적인 문젯거리가 되지는 않습니다. 그것들도 죄이므로 우리의 영혼에 영향은 주겠지만, 그것은 결코 결정적이지 않습니다.[22]

이런 죄들은 인간이 자기의 힘으로 어찌할 수 없는 것이기 때문에 발견하고 깨닫게 되었을 때 하나님 앞에 즉각적으로 엎드리며 자비와 용서를 구하면 하나님께서 속히 사해 주십니다. 하나님께서는 이러한 죄들이 우리의 고의나 의지적인 불순종을 통해서 저질러지는 것이 아니라는 사실을 잘 알고 계시기 때문입니다.

---

[22] 불신자도 자신의 죄에 대하여 하나님의 진노를 받을 만하다는 사실을 깨달을 수 있지만, 중생하고 회심한 사람이 가지는 의식은 그것과 같지 않다. 조나단 에드워즈는 인간의 죄에 대한 깨달음은 하나님의 영광과 탁월함에 대한 각성에서 비롯된다니고 주장한다. 거듭나지 않은 사람들이 죄를 자각하는 것은 본성적 양심(natural conscience)에서 비롯되는 것이며, 본성적인 양심은 두 가지의 고유한 기능을 갖는다고 보았다. 시비(是非) 판단과 보응(報應) 의식이 그것이다. 또한 그는 죄인들이 진정한 구원에 이르는 회개를 하기 전에 하나님께서는 일반적으로 먼저 본성적인 양심을 작용하게 하시는데, 본성적인 양심은 이중의 작용을 가지고 있다고 보았다. 즉 송사하는 힘과 정죄하는 권세이다. "A man cannot truly know the evil of sin against God, except it be by a discovery of his glory and excellence; and then he will be sensible how great an evil it is to sin against him. Yet it cannot be denied that natural men are capable of a conviction of their desert of hell, or that their consciences may be convinced of it without a sight of God's glory." Jonathan Edwards, *Jonathan Edwards on Knowing Christ*, (Edinburgh; The Banner of Truth Trust, 1997 reprinting), p.61. 따라서 신자에 대한 죄의 지배에 있어서 결정적으로 문제가 되는 것은 양심을 거스르는 자의적 실행죄, 곧 신자의 양심에 인식되는 범죄이다. 양심은 신자에게 그가 지은 죄에 대하여 증거하고 잘못되었다고 정죄한다. 그리고 그 정죄는 율법과 그의 저주에 의하여 더욱 강화된다. "양심은 죄의 존재와 그것의 악을 가리키지만, 은혜는 우리에게 경건치 않음과 세상 정욕을 부인하게 하고 단정하고 올곧게 그리고 경건하게 살도록 가르친다." Thomas Charles, *Thomas Charles' Spiritual Counsels; selected from his letters and papers*, edited by Edward Morgan, (Edinburgh; The Banner of Truth Trust, 1993), pp.138-139. 청교도 데이비드 딕슨(David Dickson)은 '양심'(conscience)이라는 말이 크게 세 가지 범주로 사용된다고 보았다. (1)자기 자신과 다른 사람이 어떤 규칙에 부합한 존재인지를, 그 규칙에 부합하게 살고 있는지를 판단하는 지성의 자연적인 능력을 의미하는데, 이런 의미에서는 모든 사람이 양심을 가지고 있다고 말할 수 있다는 것이다. (2)때로는 '양심'이라는 말이 자신을 다른 사람들의 판단에 실제적으로 내어 맡기는 지성의 자연적인 능력을 의미한다고 보았다(고후 5:11). (3)그러나 이 말이 보다 엄격하게 사용되면, 자신에 대한 정직한 살핌과 판단하는 바를 의미한다("……we take consciousness more strictly, as it examineth and judgeth of ourself"). David Dickson, *Therapeutica Sacra; shewing briefly the method of healing the diseases of the conscience, concerning regeneration*, written first in Latine by David Dickson and thereafter translated by him, (Edinburgh; Printed by Evan Tyler, Printer to the King's most Excellent Majesty, 1664), p.2.

B. 인간의 통제가 가능한 죄들

그러나 성경은 이처럼 인간의 평범한 지혜로 찾아낼 수 없는 죄 말고 또 다른 죄를 거론합니다. 그것은 신자로서 찾아낼 수 있고, 또 통제가 가능한 죄들입니다.[23] 시인은 앞의 고백에 이어서 이렇게 말하고 있습니다. "또 주의 종으로 고범죄(故犯罪)를 짓지 말게 하사 그 죄가 나를 주장치 못하게 하소서 그리하시면 내가 정직하여 큰 죄과에서 벗어나겠나이다"(시 19:13).

여기서 '고범죄'란 의도를 가지고 계획적으로 지은 죄를 의미합니다. 이것은 평범한 인간의 지성으로는 쉽게 간파할 수 없는 인간의 내면에 깊이 감추어진 죄와 구분되는 것입니다. 다시 말해서 고범죄는 신자가 의도를 가지고 거기에 순종함으로 지은 죄로,[24] 오늘날 우리가 말하는 실행죄(actual sin)를 가리킵니다.

---

[23] 여기서 일반적으로 인간의 이해를 넘어서는 죄 말고도, 신자 자신의 무지에 의하여 감지되지 못하는 죄가 상당히 많다는 점도 고려하여야 한다. 청교도 안토니 버제스는 자신의 책에서 무지를 죄로 규정하면서 신자가 무지의 죄에 빠지는 원인을 여덟 가지로 제시하였다. (1)원죄로 말미암아 인간의 지성이 상처를 입음. (2)자기 사랑과 자신에 대한 아첨(self-flattery). (3)자기 자신과 자신의 삶의 방식을 살피고 탐구하지 않음. (4)죄 자신이 지닌 뛰어난 속임의 능력. (5)죄를 죄로 여기지 않는 사회 관습과 교육. (6)죄에 쉽게 친해져 연합을 이루는 마음의 경향. (7)사단의 시험. (8)말씀의 기초가 탄탄하고 영혼을 탐구하는 목회 사역의 결핍. "Lastly, one great cause, why so much of the godly mans sinne may be hid from his eyes, may be the want of a found and soul-searching ministry; That is the light, which makes us see those Toads and Serpents, that we could not discover before, 1Cor. 14. 25." Anthony Burgess, *Spiritual Refining Part II, or, a Treatise of Sin with its Causes, differences, mitigations and aggravations, particularly of the desperate deceitfulness of mans heart, of presumptuous and reigning sins, and of hypocrisie and formality in religion, also occasionally handling the uprightness and tenderness of a gracious heart; and therein discovering the nature of a misguided conscience, as also of secret and unkown sins that the best men are guilty of, with directions to the godly under their fears about them. Shewing withall, that a strict scrutiny into a man's heart and ways, with a holy fear of sinning, doth consist with a gospel-life of faith and joy in the Holy Ghost. Attending to unmask counterfeit Christians, terrify the ungodly, comfort and direct the doubting saints, humble man, and exalt the grace of God*, (London; Printed by A. M. and are to be fold by Thomas Newberry, 1654), pp.184-189.

[24] 여기서 '고범죄'로 번역된 단어는 히브리어로 '제딤'(זֵדִים)인데, 이는 문자적으로 '반항, 고의(故意)'를 의미하는 히브리어 단어 '제드'(זֵד)의 복수형이다. 이 단어는 '끓다, 끓어오르다, 반항적으로 행동하다, 무례하게 행하다'라는 의미를 가진 히브리어 동사 '주드'(זוּד) 혹은 '지드'(זִיד)에서 왔다(출 18:11, 신 17:13, 18:20, 느 9:10). 주석가 델리치(F. Delitzsch)는 이를 '의도된 범죄'(deliberate sin)로 보면서, 이것이 시인 자신의 성화를 구하는 기도라고 보았다. C. F. Keil & F. Delitzsch, *Commentary on the Old Testament; Psalms*, vol. 5, translated by Francis Bolton, (Grand Rapids; William B. Eerdmans Publishing Company, 1982 reprinting), p.288. 어떤 학자는 이 구절이 창 4:7과 유사하다는 사실을 기초로 시인이 이 기도를 드릴 때 인류 역사의 첫 살인자였던 가인의 범죄 행위를 염두에 둔 것이라고 지적하기도 한다. Charles A. Briggs & Emile G. Briggs, *A Critical and Exegetical Commentary on the Book of Psalms*, vol. 2, in *The International Critical*

이러한 종류의 죄들은 영혼에 대해서 파괴적인 영향력을 갖습니다. 앞에서 언급한 죄와는 달리 이러한 죄에 대해서는 인간이 그 죄의 욕구에 의지적으로 복종할 수 있고, 정서적으로 그 죄가 주는 즐거움에 빠질 수 있기 때문입니다.

이렇게 쉽게 발견하고 또 통제할 수 있는 죄의 파괴적인 영향력의 예로서 미움의 경우를 생각해 봅시다. 예수님께서는 미워하는 것은 곧 살인하는 것이라고 말씀하셨습니다.[25] 이 두 가지는 근본적으로 같은 뿌리에서 파생된 것이기 때문입니다.

사람은 누군가로부터 부당한 대우를 받게 되면 어느 한순간 자기를 그렇게 대하는 상대방에 대한 반감을 느끼게 됩니다. 그리고 그것은 반드시 미움을 동반하는 감정입니다. 그런데 그가 신자로서 은혜의 지배 아래 있으면, 상대방을 미워하다가도 즉시 하나님 앞에서 자신의 상황에 대하여 기도하게 됩니다.

"하나님, 제가 오늘 너무 괴롭습니다. 저를 부당하게 대하는 그 사람에 대하여 한순간 견디기 힘들 정도로 미운 생각이 들었습니다. 지금도 여전히 그런 마음이 남아 있습니다. 그러나 하나님, 저는 그렇게 살아서는 안 되는 사람입니다. 하나님께서 저를 얼마나 사랑하셨습니까? 저를 사랑하셔서 예수님까지 십자가에서 대신 죽게 하시지 않으셨습니까? 제가 주님의 사랑으로 용서받았는데 어떻게 그를 계속해서 미워할 수 있겠습니까? 잠시나마 그를 미워한 저를 용서해 주시옵소서."

이렇게 뉘우치고 나면 모든 지각에 뛰어난 하나님의 평강이 마음에 찾아오고, 성령께서는 우리의 힘으로 용서할 수 없었던 상대방을 용서하고 사랑할 수 있는 힘을 주십니다. 그러나 이처럼 한순간에 솟구친 미움을 은혜의 힘으로 통제할 수 없으면 이것은 더 큰 원한의 감정으로까지 발전하여 실제로 살인으로까지 이어질

Commentary, (Edinburgh; T. & T. Clark, 1976 reprinting), p.170. "네가 선을 행하면 어찌 낯을 들지 못하겠느냐 선을 행치 아니하면 죄가 문에 엎드리느니라 죄의 소원은 네게 있으나 너는 죄를 다스릴지니라(팀숄, תִּמְשָׁל)"(창 4:7)와 "또 주의 종으로 고범죄를 짓게 말게 하사 그 죄가 나를 주장치(임쉘루, יִמְשְׁלוּ) 못하게 하소서 그리하시면 내가 정직하여 큰 죄과에서 벗어나겠나이다"(시 19:13)를 비교해 보면, 두 구절 모두에서 '지배하다, 다스리다, 통치하다'라는 의미를 가진 동사 '마샬'(מָשַׁל)이 사용된 것으로 보아 그러한 추측을 가능하게 한다. 따라서 시인이 자기를 고범죄를 짓지 말도록 지켜 달라고 기도한 것은 이 죄가 가지고 있는 파괴적인 결과가 '숨은 허물'(12절)의 그것과는 다르다는 것을 알았기 때문이다. '숨은 허물'과는 달리 이 범죄는 시인 자신을 죄의 지배 아래로 끌고 간다는 사실을 경계한 것이다.

25) "옛 사람에게 말한 바 살인치 말라 누구든지 살인하면 심판을 받게 되리라 하였다는 것을 너희가 들었으나 나는 너희에게 이르노니 형제에게 노하는 자마다 심판을 받게 되고 형제를 대하여 라가라 하는 자는 공회에 잡히게 되고 미련한 놈이라 하는 자는 지옥 불에 들어가게 되리라 그러므로 예물을 제단에 드리다가 거기서 네 형제에게 원망들을 만한 일이 있는 줄 생각나거든 예물을 제단 앞에 두고 먼저 가서 형제와 화목하고 그 후에 와서 예물을 드리라"(마 5:21-24). 이 주제에 대하여는 다음 책을 참고하라. 김남준. 「맺힌 것을 풀어야 영혼이 산다」, (서울; 두란노, 2002).

수 있습니다.

요셉의 형제들의 경우가 그렇습니다. 어린 동생에 대한 시기의 마음으로 그를 죽이고자 하는 데까지 나아갔던 요셉의 형들의 범죄를 생각해 보십시오. 요셉이 형들에게 무슨 악한 일을 했습니까? 형들 앞에서 자기 자랑을 하고 형들의 잘못을 아버지에게 고하기는 했지만, 그것이 죽임을 당할 정도로 형들을 괴롭힌 악행이었습니까? 그렇지 않습니다. 이것은 오히려 요셉의 형들의 마음에서 자라던 미움의 감정이 살인의 감정으로까지 발전한 것을 보여줍니다. 신자가 은혜로써 통제할 수 있는 죄를 적절히 다루지 못하면 어떻게 되는지를 보여주는 한 예증이 됩니다.

누군가가 미움 때문에 자신을 부당하게 대한 상대방을 죽이는 살인의 죄를 저질렀다고 칩시다. 일이 벌어지고 나서 가만히 생각해 보니 잘못된 것 같습니다. 그래서 피 묻은 칼을 내려놓고 하나님 앞에 나아가 기도합니다. "하나님, 내가 무슨 일을 행했습니까? 주님께서 나를 얼마나 사랑하셨는데 나는 이 사람을 용서하지 못하고 죽였습니다. 주님, 이 죄인을 용서해 주십시오."

비록 그의 기도가 진실하고 간절하다고 할지라도 단지 마음으로 범죄한 경우처럼 모든 것을 용서하시는 하나님의 평강을 쉽게 누릴 수는 없을 것입니다. 미움은 아직 출산되지 않은 죄이지만, 살인은 이미 출산된 죄이기 때문입니다. 예수님께서는 미움과 살인을 같은 뿌리의 죄로 보셨지만, 죄의 출산이라는 측면에 있어서 이것은 결코 같은 것이 아닙니다. 출산된 죄와 아직 출산되지 않은 죄는 같은 것이 아닙니다. 마음에 잉태된 모든 죄는 출산되고자 하는 욕구를 갖습니다. 그러나 하나님께서는 말할 수 없는 지혜와 은총으로 여러 방법을 사용하셔서 이 죄들의 출산을 막으십니다. 죄가 출산되고 나면, 그것이 마음에 있을 때와는 다른 더 크고 파괴적인 역사를 가져오기 때문입니다.[26]

한순간 솟아오르는 미움은 신자에게 있어서도 피할 수 없는 연약함이지만 그 뿌

---

[26] 음욕(淫慾)의 경우를 예로 들어 보자. 예수님께서 말씀하셨다. "또 간음치 말라 하였다는 것을 너희가 들었으나 나는 너희에게 이르노니 여자를 보고 음욕을 품는 자마다 마음에 이미 간음하였느니라"(마 5:27-28). 여자를 보고 음욕을 품는 것은 곧 마음으로 간음한 것과 같다고 하신 것이다. 그러나 이것은 간음으로 발전하는 죄의 뿌리가 음욕을 품는 마음에 있음을 강조하신 것이지, 음욕을 품는 것과 실제로 간음하는 것이 마찬가지임을 말씀하고자 하신 것이 아니다. 그래서 예수님께서는 '마음에'라는 표현을 덧붙이셨던 것이다. 말하자면 '마음에 간음한 것'은 아직 출산되지 않은 심중의 죄이며, '실제로 간음한 것'은 이미 출산된 행동의 죄다. 이미 아내가 있는 남성이 아름다운 여인을 보고 마음으로 간음의 죄를 범하였다고 치자. 그의 마음은 일시적으로 더럽혀질 것이고 영혼의 생기도 일시적으로 발랄

리에서 나오는 살인이라는 실행죄는 그렇지 않습니다. 실제로 살인의 경험이 있는 사람들의 고백을 들어 보면, 살인의 순간에 그렇게 담대해질 수가 없고 삶에 대한 애착도 모두 사라진다고 합니다. 죄가 그를 담대하게 하는 것입니다.

의도적인 범죄에 대하여는 하나님의 엄중한 심판이 있습니다. 이는 범죄한 신자들이 얼마나 확실하게 영혼의 자유를 상실하는지를 보면 잘 알 수 있습니다. 그래서 청교도 신학자 리처드 십스(Richard Sibbes)는 다윗의 경험을 예로 들면서 "양심을 거스르는 죄는 살아남은 기도의 입을 막고 하나님 앞에 담대히 나아가지 못하게 하며 영혼의 자유를 빼앗아 간다."고 하였습니다.[27]

이처럼 인간에 의하여 통제될 수 있는 죄는 인간의 마음을 더욱 완고하게 만들고, 영혼에는 더욱 커다란 파괴력으로 역사하게 됩니다. 그러므로 우리들은 우리 안에 있는 죄를 죽여야 합니다.

신자가 죄의 지배 아래 있다고 할 때, 거기서 말하는 죄는 바로 우리가 쉽게 파악할 수 있는 죄이며, 또한 은혜의 상태에서 파멸될 수 있는 죄입니다.

III. 신자 안에 있는 죄의 진전 : 죄의 법

범죄는 마음의 죄에서 비롯되지만, 또한 실행된 범죄는 마음에 있는 죄의 경향성에 영향을 미칩니다. 죄의 경향성에 더욱 완고한 힘을 실어 주고, 그 경향성에 맹렬함과 광기와 무모함을 더해 주고, 죄책감을 덜어 줍니다. 이처럼 실행된 죄는 더욱

힘을 잃을 것이다. 그러나 진실한 마음으로 참회하고 나면 다시 영혼의 원기를 쉽게 회복할 수 있을 것이다. 그러나 실제로 이러한 죄를 실행하였다고 치자. 다윗의 경우처럼 추문이 공개되고, 아이까지 생겼다면, 그가 진실하게 자기의 죄를 참회하고 용서를 구한다고 할지라도 단지 마음으로 간음한 경우와는 달리 쉽게 회복할 수 없을 것이다. 왜냐하면 죄는 이미 출산되었고, 그래서 죄는 죄대로 문제를 일으키며 역사할 것이기 때문이다. 다윗의 경우를 생각해 보라. 그가 진실하게 참회하였음에도 불구하고, 오래도록 그를 따라다닌 하나님으로부터의 거절감과 하나님의 징벌과—비록 결과적으로 은혜의 수단으로 사용되었지만—그 죄의 열매들로 인한 고통들은 참회만큼 신속하게 그를 떠나지 않았다. 이미 출산된 죄였기 때문이다.

[27] Richard Sibbes, *Miscellaneous Sermons*, in *The Works of Richard Sibbes*, vol. 7, edited by Alexander B. Grosart, (Edinburgh; The Banner of Truth Trust, 1982), p.488.

그의 마음에 깊이 뿌리를 내립니다.[28] 그래서 그의 마음을 둔감하게 만듭니다.

영적으로 둔감해진 마음은 말씀을 깨닫지도 못하고, 하나님의 마음을 느끼지도 못합니다. 그리고 하나님의 말씀을 따라 잘 순종하지 못하게 합니다. 그래서 예전보다 더욱 쉽게 죄의 유혹에 넘어가게 합니다. 이처럼 마음과 영혼의 은혜로운 틀이 와해되고 나면, 죄는 작은 유혹으로도 커다란 범죄에 이르게 할 수 있습니다. 이러한 상태가 바로 죄의 법에 매인 상태입니다.

탁 트인 고속도로 위로 수십 톤이 넘는 짐을 실은 커다란 트럭들이 엄청난 속도로 마구 지나갑니다. 그런 차들을 만나면 소형차를 몰던 운전자들은 아예 길을 비켜 줍니다. 그런데 그렇게 제멋대로 무섭게 달리던 큰 트럭도 갑자기 브레이크를 밟으며 온순하게 운행하는 때가 있습니다. 그럴 때면 어김없이 앞에 교통 경찰이 눈에 띕니다. 그토록 난폭하던 운전자가 조심스럽게 운전하게 된 것은, 그 경찰관 개인의 능력 때문이 아니라, 그가 국가로부터 부여받은 경찰관이라는 직무 뒤에 존재하는 법 때문입니다. 난폭 운전을 하던 사람의 마음에 나라의 실정법이 실효적으로 영향을 주자 경찰관은 그 거대한 트럭을 손짓 한번으로도 세울 수 있는 것입니다.

여기서 법이란 그 자체로 다스리는 힘을 갖습니다. 이것을 실효적인 힘(effectual force)이라고 부르는데, 죄의 법이 신자에 대하여 그러한 힘을 갖는 것입니다. 그러므로 사도 바울이 말하는 '죄의 법'은 신자의 영혼 안에서 힘을 얻게 된 죄가 그의 내

---

28) 이것을 사도 바울은 '죄의 법'이라고 하였다(롬 7:21). 여기서 말하는 법은 신자 안에 실효적으로 역사하는 죄의 힘을 가리킨다. 그리고 이러한 실효적 힘은 지배를 목표로 한다. 이에 대하여 존 오웬은 죄와 은혜의 특성의 유사점을 지적하면서, 죄와 은혜는 모두 실행하면 할수록 더욱 내적인 원리가 강화된다는 사실을 다음과 같이 설명한다. "사람들이 그들의 은혜를 쓰지 않기 때문에 내재하는 죄가 증가되고, 그 은혜를 사용함으로써 더 이상 내재하는 죄가 자라지 못한다. 순종의 의무에 있어서 더 많은 은혜를 사용할수록, 은혜는 더욱 강화되고 증가한다. 그리고 사람들이 그들의 정욕의 열매를 많이 생산해 낼수록, 그들 안에서 더 많은 정욕들이 생겨난다. 정욕은 스스로를 먹고 살며, 자신의 독을 삼키며 증식한다. 사람들이 죄를 많이 지을수록 그들의 성향은 죄를 향하게 된다. 그것은 이 죄의 법의 속임(deceitfulness of this law of sin)으로부터 오는 것이다. 이에 대해서는 뒤에서 상술할 것이다. 결국 사람들은 스스로를 설득하여 이런저런 특별한 죄로 그들의 정욕을 채움으로써, 더 이상 죄를 지을 필요가 없을 만큼 자기의 정욕을 만족시킬 것이다. 모든 죄는 그 원리(principle)를 증가시키고 죄짓는 습성을 강화시킨다. 악을 범함으로써 증가되는 것이 바로 악의 쌓은 것이다. 그러면 어디에 이 곳간이 있는가? 거기는 바로 마음속이다. 세상에 있는 어떤 사람도, 또 하늘에 있는 어떤 천사도 사람에게서 이 곳간을 제거할 수 없다. 그래서 그것은 마음 안에 차곡차곡 쌓여 있다." John Owen, *The Nature, Power, Deceit, and Prevalency of the Remainder of Indwelling Sin in Believers; together with the ways of its working and means of prevention, opened, evinced, and applied; with a resolution of sundry cases of conscience thereunto appertaining*, in *The Works of John Owen*, vol. 6, edited by William H. Goold, (Edinburgh: The Banner of Truth Trust, 1991 reprinting), p.170.

면의 세계에서 실효적인 힘을 갖게 되어 그의 외면적인 삶을 불순종과 죄로 이끌어 가는 상태를 낳습니다.

문제는 이것입니다. 계속되는 범죄는 신자로 하여금 죄의 법, 곧 죄를 짓게 하는 실효적인 영향력 아래에서 살게 한다는 것입니다. 예전에 은혜의 지배 아래 있을 때에는 강력한 유혹을 받아도 쉽게 넘어가지 않았는데, 그의 내면에 있는 죄가 불순종과 범죄로 말미암아 강한 힘을 제공받고 영향력을 강화하자 작은 유혹에도 욕망을 억제하지 못하고 쉽게 마음에 있는 죄의 욕구를 실행에 옮기게 된다는 것입니다. 이는 그가 은혜로부터 멀어진 만큼 죄에 대하여 저항할 수 있는 힘을 잃어버렸기 때문입니다. 이런 삶이 극도로 융성하게 될 때에 신자는 하나님의 자녀임에도 불구하고 짐승 같은 삶을 살게 됩니다. 그런데 신자가 이런 상태에 떨어질수록 자신의 영혼의 상태에 대하여 정직해지지 않습니다.

죄의 지배 아래 있는 사람들은 진실하고 간절한 기도의 영을 상실한 채 살아갑니다. 그럼에도 불구하고 대부분의 사람들은 자신이 깊이 있는 기도 생활을 계속하지 못하는 이유를 환경의 탓으로 돌리려고 합니다. 그러나 이 모든 것은 사실이 아닙니다. 그가 기도하지 않는 진정한 이유는 기도하게 하는 내적인 욕구를 상실했기 때문입니다. 다시 말하면 기도를 할 수 없기 때문에 기도하지 않는 것입니다.

신자가 죄의 지배 아래 있으면 기도할 수 있는 환경이 주어져도 기도할 수 없습니다. 기도에 몰두하려고 하지 않습니다. 왜냐하면 기도는 마음으로 하는 것인데, 죄의 지배 아래 있는 신자의 마음의 틀은 기도처럼 하나님을 구하는 신령한 일과는 맞지 않기 때문입니다. 오히려 그것은 정욕을 따라 살기에 알맞게 되어 버린 마음의 틀입니다. 그래서 그런 마음의 틀로 기도하는 것은 마치 비 오는 날 노천에서 불을 피우는 것과 같습니다.

그러나 신자가 은혜의 지배 아래 있을 때에는 얼마나 열렬히 기도하고 싶어지는지요. 환경이 기도하기에 어려워도 언제나 어디서든지 열렬한 기도의 향연으로 자신의 영혼을 적시고 주님의 시선을 끕니다. 은혜의 지배 아래 있는 마음의 틀과 기도하고자 하는 욕구가 합치하기 때문입니다. 그렇게 기도의 은혜 가운데서 하나님께로 나아갈 때에는 기도를 방해하는 어려운 환경은 오히려 우리의 마음을 간절하게 하고 하나님의 은혜의 보좌만을 갈망하게 합니다. 가물어 메마른 풀숲에 불이 당겨지듯이 우리의 기도는 타올라 모든 환경과 어려움을 태우며 더욱 열렬히 하나님의 얼굴을 구하게 합니다.

그 마음으로 우리는 길거리를 걸어가면서도 기도할 수 있고, 다른 일을 하면서도 주님의 성품에 대한 경험 속에서 하나님과 깊은 대화를 나누기도 하고, 바쁜 출근길 흔들리는 전철 속에서 손잡이를 붙들고 속으로 기도하면서도 마음이 물같이 녹는 것을 경험합니다. 아아, 하나님의 은혜의 세계의 부요함이여!

하나님께서는 우리의 모든 죄를 용서하시고 구원해 주셨습니다. 그리고 우리는 하나님 앞에 받아들여질 만한 사랑스러운 존재가 되었습니다. 이전에는 하나님의 심판 아래 있는 진노의 자식이었으나 이제 그분의 사랑을 받는 자녀로 삼아 주셨습니다. 그러나 하나님께 대한 우리의 전적인 의존은 계속됩니다. 끊임없는 이 세상의 유혹과 우리 안에서 구름처럼 일어나는 육체의 정욕과 죄의 집요한 역사와 우리의 연약함 때문에 주님을 의존합니다.

우리를 창조하시고 구원하신 하나님 아버지와 우리의 죄를 위하여 십자가에서 구속의 공로를 이루신 예수 그리스도와 우리에게 내재하는 죄를 이길 은혜를 공급해 주시는 성령을 전적으로 의지하며 사랑하게 하시려고 죄와 싸워 이기며 살게 하셨습니다. 죄보다 더 큰 은혜의 공급을 약속하시면서……

한눈에 보는 2장 은혜의 상태 아래서도 사라지지 않는 죄와 파멸되는 죄

I. 구원받은 신자와 죄
- 신자의 삶에 대한 은혜의 지배는 죄가 전혀 없는 상태를 가리키지 않음
- 죄가 잔존하지만 하나님의 은혜가 영혼에 실제적으로 지배력을 획득한 상태를 가리킴
- 은혜가 왕성한 지배력을 발휘할 때 불법적으로 일어나는 죄의 세력은 은혜에 의해 쉽게 제압됨

II. 신자 안에 있는 두 종류의 죄
A. 인간의 이해를 넘어서는 죄들
- 아무리 뛰어난 은혜의 상태에 있는 신자에게서도 절대 사라지지 않는 죄가 있음
- 인간의 내면 깊은 곳에 있어서 우리의 지식으로 찾아낼 수 없기에 회개하기도 힘든 죄임
- 이런 죄에 대해서는 하나님께서 인간에게 책임을 덜 물으심
- 이런 죄들은 우리가 영적 활기를 유지해 나가는 데 있어서 치명적인 문젯거리가 되지 않음

B. 인간의 통제가 어느 정도 가능한 죄들
- 신자가 찾아낼 수 있고 통제가 가능한 죄가 있음
- '고범죄'는 신자가 의도를 가지고 지은 죄로 영혼에 파괴적인 영향력을 가짐
- 의도적인 범죄에 대해서는 하나님의 엄중한 심판이 있음
- 인간에 의해 통제될 수 있는 죄를 지었을 때 인간의 마음은 더욱 완고해짐
- 신자가 죄의 지배 아래 있다고 할 때, 그 죄는 우리가 파악할 수 있으며 은혜 상태에서 파멸시킬 수 있는 죄임

III. 신자 안에 있는 죄의 진전 : 죄의 법
- 실행된 죄는 마음에 있는 죄의 경향성에 더욱 완고한 힘을 실어 줌
- 나아가 그 경향성에 맹렬함과 광기와 무모함을 더해 주고, 죄책감을 덜어 줌
- 영적으로 둔감해진 마음은 예전보다 쉽게 유혹에 넘어가게 함
- 죄의 법에 매인 상태는 신자의 영혼 안에서 실효적인 힘을 갖게 된 죄가 그의 삶을 불순종과 죄로 이끌어 가는 상태임

THE DOCTRINE ON DOMINION OF SIN AND GRACE IN BELIEVERS

"죄가 너희를 주관치 못하리니
이는 너희가 법 아래 있지 아니하고 은혜 아래 있음이니라" (롬 6:14)

제3장

죄와 은혜의 계획 :
영혼을 지배함

제3장

죄와 은혜의 계획: 영혼을 지배함

　여기서 우리는 한 가지 중요한 의문을 갖게 됩니다. 중생과 함께 합법적인 통치권을 잃고 잔존하는 죄가 여력을 모아서 이처럼 집요하게 지배력을 구축하고자 하는 궁극적인 이유가 무엇인가 하는 것입니다.

　신자 안에 내재하는 죄는 성령으로 말미암아 죽임을 당하지 않고 살아남으려 하고 나아가 번성하여 신자 안에서 세력을 얻으려고 합니다. 그래서 신자의 마음과 영혼 안에서 은혜보다 우세한 지배력을 획득하려고 열렬히 투쟁합니다. 마치 살아 있는 생명체가 변화된 생태계에 적응하려고 몸부림치는 것처럼 말입니다. 무엇 때문일까요?

　결론부터 말씀드리자면, 신자 안에 있는 죄에는 우리를 향한 보다 원대한 계획이 있기 때문입니다. 마치 우리를 구원하신 하나님의 은혜에 멸망으로부터의 구원, 그 이상의 원대한 계획이 있는 것처럼 말입니다.

I. 은혜의 계획 : 영혼을 지배함

하나님의 모든 은혜는 우리에게 거저 주어지는 선물입니다. 신자 안에 죄와 싸우도록 주어지는 은혜도 역시 그렇습니다. 비록 우리가 순종하고 믿음으로 말미암아 우리에게 주어진다 할지라도 그것이 은혜를 받기 위하여 치른 희생일 수 없습니다.

믿음과 순종이 하나님께서 우리에게 은혜를 주시는 통로이기는 하지만, 원천은 아닙니다. 은혜의 원천은 그리스도의 희생적인 속죄입니다. 은혜는 예수 그리스도께서 우리의 죄를 대신하여 십자가에서 죽으신 희생적인 대속의 공로를 기초로 주어지는 것입니다. 그러므로 우리는 우리가 받은 은혜를 이야기할 때, 마치 자신의 무용담을 늘어놓듯 자랑해서는 안 됩니다. 우리의 믿음도 순종도 자랑해서는 안 됩니다. 그것은 은혜의 원천이 아니기 때문입니다. 자랑하려면 은혜의 원천이신 그리스도의 속죄를 자랑하여야 합니다.[29]

이처럼 은혜는 거저 주시는 것이지만, 거기에는 반드시 계획이 있습니다. 하나님께서 여러분을 왜 많은 사람들 가운데 선택하여 값없이 구원받게 하셨을까요? 단지 지옥 형벌을 면하게 하시기 위함이었을까요? 그렇지 않습니다. 오히려 여러분이 살아가는 이 세상에서 여러분을 통하여 이루고 싶어하시는 보다 원대한 계획이 있으셨기 때문입니다. 여러분을 창조의 목적을 따라 살게 하심으로써 이 땅에 하나님의 나라를 회복하시려는 장엄한 계획을 가지고 여러분 한 사람 한 사람을 구원하신 것입니다.

우리는 이 모든 것을 하나님의 구원 계획의 성취라고 부를 수 있습니다. 좁은 의미에서 이미 구원받은 우리를 더 넓은 의미에서 완전한 구원을 이루어 가도록 은혜를 주시는 것입니다. 그리고 그러한 우리 개인의 구원 과정은 하나님께서 창조하신 온 세상을 죄의 결과로부터 건지시는 우주적인 구원과 연결됩니다. 그런 점에서 은혜의 계획은 구원이라고 말할 수 있습니다. 그래서 은혜받은 사람에게는 반드시 소

---

[29] 우리는 이러한 태도를 사도 바울에게서 본다. "누가 약하면 내가 약하지 아니하며 누가 실족하게 되면 내가 애타지 않더냐 내가 부득불 자랑할진대 나의 약한 것을 자랑하리라 주 예수의 아버지 영원히 찬송할 하나님이 나의 거짓말 아니하는 줄을 아시느니라" (고후 11:29-31).

명이 있습니다. 은혜 안에 이미 소명이 내재된 것은 그 은혜 베푸심에 하나님의 계획이 있기 때문입니다. 하나님께서는 신자들에게 은혜를 주셔서 하늘 자원으로 살아가게 하실 뿐 아니라, 그 매일의 순종하는 삶을 통하여 보다 원대한 계획을 이루어 가십니다. 그 계획을 미리 이해하고 날마다 순종하며 받은 바 은혜를 헛되이 하지 아니하고 부르심을 따라 충성되게 살아가는 사람들을 더욱 사랑해 주시는 것도 바로 이 때문입니다.

그러나 자기를 구원하신 하나님의 계획을 이해하고 더 원대한 계획을 이루기 위하여 사명을 좇아 사는 사람들에게는 더욱 커다란 은혜가 필요합니다. 신자의 영혼에 부어지는 하나님의 은혜라는 천상의 자원 없이는 사명을 이루며 살아갈 수 없기 때문입니다. 사명감에 불타는 사람들이 매일 매일 부어 주시는 하늘 은혜에 목말라 하는 것도 바로 이 때문입니다.

II. 죄의 계획 : 영혼을 지배함

신자에게 주어지는 은혜에 이처럼 원대한 계획이 있듯이 죄에도 궁극적인 계획이 있습니다. 그것은 개별적인 범죄의 실행을 통하여 신자의 영혼을 지배하는 것입니다. 즉 율법 아래 있지 아니하고 은혜 아래 있어서 죄가 주인 노릇할 수 없는 우리 안에, 불법한 반군들처럼 지배력을 확보해 실제적으로 지배하려는 것입니다.

성경 본문은 우리에게 이렇게 말합니다. "죄가 너희를 주관치 못하리니 이는 너희가 법 아래 있지 아니하고 은혜 아래 있음이니라"(롬 6:14). [30] 지극히 작은 크기라

---

[30] 제임즈 던(James D. G. Dunn)은 여기에 사용된 시제가 권고형(exhortative)이 아닌 미래 시제로서, 이는 신자가 그리스도의 부활 안에서 충만하게 그리고 완전히 소유하게 될 바에 대한 약속이라고 보았다. 그러나 또한 이 약속은 현세에서 이루어지기 어려워 안타깝게만 하는 약속이 아니라 하나님의 은혜와 의(義)에 의하여 지금 이미 신자들 가운데 역사하고 있는 약속이라고 보았다. 그리고 이 은혜와 의는 미래에 그리스도와 함께 살게 될 것처럼 지금 그렇게 살아가게 하는 은혜의 가능성인데, 이는 하나님의 능력으로 말미암아 신자에게 주어진 것이라고 보았다. 그러므로 이 구절은 신자가 죄를 지을 수 없다는 사실을 의미하는 것이 아니라, 구속사를 포함하여 단번에 성취된 구원과 그것의 종말론적 유보 사이에 존재하는 생각의 균형을 가리키는 것이라고 보았다. "The balance of thought including the

고 할지라도, 우리 안에 있는 죄의 궁극적인 계획은 우리를 주관하는 것입니다. 희랍어 성경에는 이 '주관하다' 라는 말이 '주인이 된다' 라고 표현되어 있습니다.[31]

A. 죄가 성장함

죄는 이처럼 원대한 계획을 가지고 신자들에게 다가옵니다. 신자 안에 있는 죄의 영향력을 강화함으로써 점차적으로 자기의 계획을 이루어 갑니다. 이 일을 위하여 유혹이라는 수단을 사용합니다.

유혹은 신자 안에 없는 죄를 끌어내지 못합니다. 그러나 유혹은 신자 안에 이미 잔존하고 있는 죄의 경향성을 자극하여 범죄하고자 하는 욕구를 갖게 합니다. 그리고 그 유혹에 굴복하여 죄를 범하게 되면 그만큼 신자 안의 죄의 경향성은 강한 힘을 얻게 됩니다.

최초의 유혹은 결코 황당한 범죄를 저지르도록 다가오지 않습니다. 신자들이 받아들일 수 있는 작은 죄에 대한 유혹으로부터 시작합니다.[32] 그래서 일반적으로 신자는 잘하고 있는 부분, 철저하게 실천하는 부분들 때문에 넘어지는 것이 아니라,

---

salvation-history once-for-all and the eschatological reservation is consistent. Conzelmann's assertion that 6:14 'means that it is impossible to sin' is a dangerous misstatement of Paul's teaching." James D. G. Dunn, *Word Biblical Commentary; Romans 1-8*, vol. 38a, (Dallas; Word Books Publisher, 1988), p.339; Hans Conzelmann, *An Outline of the Theology of the New Testament*, (London; SCM, 1969), p.229.

31) 롬 6:14에 대한 다음 영어 번역을 참고하라. "For sin shall not be your master, because you are not under law, but under grace" (*New International Version*). "For sin will have no dominion over you, since you are not under law but under grace" (*New Revised Standard Version*). "For sin shall not have dominion over you, for you are not under law but under grace" (*New King James Version*). "For sin shall not have dominion over you: for ye are not under the law, but under grace" (*King James Version*).

32) 구약에서 마음(heart)이란 단어는 생각, 느낌, 의지의 자리를 나타내는 데 사용될 뿐만 아니라, 죄의 자리(창 6:5, 시 95:8, 10, 렘 17:9)이며 동시에 영적 갱신의 자리(신 30:6, 시 51:10, 렘 31:33, 겔 36:26), 그리고 믿음의 자리이기도 하다(시 28:7, 112:7, 잠 3:5). 안토니 A. 후크마, 「개혁주의 인간론」, 류호준 역, (서울; 기독교문서선교회, 1990), p.351. 이와 같이 죄나 은혜나 마음(카르디아, καρδία)을 통해 역사함을 알 수 있다(눅 6:45, 롬 5:5). 따라서 신자의 마음은 인격의 중심이 되는 영혼의 좌소로서 신자의 삶의 전 영역에 영향을 미치게 되며, 그것은 죄로 인해 쉽게 강퍅해진다. 그러므로 신자의 의무는 자신의 영혼에 있어 무엇보다 중요한 이 마음을 은혜의 상태로 잘 유지해야 하는 것이다. 마음을 지키는 것, 그것은 참된 신자에게 요구되는 본분이다. 마음지킴의 교리에 대해서는 다음 책을 참고하라. 김남준, 「마음지킴」, (서울; 생명의말씀사, 2003).

약한 부분 때문에 넘어집니다. 죄는 이러한 우리의 약점을 알고 있습니다. 그리고 우리의 내면의 기능에 대하여 우리 자신의 성향만큼이나 친숙합니다.

죄는 우리가 죄를 아는 것보다 훨씬 더 우리를 잘 알고 있습니다. 우리의 성격, 기호, 약한 부분과 강한 부분까지 잘 알고 있습니다. 죄는 우리를 너무 잘 알고 있는데, 우리는 마치 우리 속에 여전히 잔존하여 역사하는 암세포와도 같은 죄에 대하여 너무나 모르고 있습니다. 수많은 그리스도인들이 성화의 삶에 있어서 죄와의 싸움에서 승리보다는 패배를 많이 경험하는 이유도 바로 이 때문입니다.

신자 안에서 발붙일 곳을 얻은 죄는 계속 지배력을 확장해 가고자 애를 씁니다. 마치 한두 그루의 나무에서 시작된 병충해가 온 삼림에 번지듯이 불법한 지배력을 확장하여 결국 신자를 불신자처럼 살아가게 하는 것입니다. 비록 죄가 신자의 구원을 취소시킬 수는 없지만, 육체의 정욕을 따라 살아가는, 사실상 불신자와 다름없는 사람으로 만들 수는 있습니다. 바로 이것이 죄가 가지고 있는 궁극적인 계획입니다.

B. 영혼을 지배함

이처럼 죄는 신자의 영혼 전체를 불법적으로 지배하려고 합니다(약 1:14-15). 그리고 영혼은 그와 관련된 모든 기관, 즉 지·정·의의 인격뿐만 아니라 마음과 삶 전체에 영향을 미치기 때문에, 결국 죄가 신자의 영혼을 지배하면 그의 마음과 뜻과 성품과 삶 전체에 대하여 죄가 지배력을 갖게 됩니다.[33]

죄의 불법한 지배는 신자의 전 삶에 영향을 미칩니다. 그리고 그렇게 죄의 지배를 받으면서 살아가는 삶은 하나님께서 아들을 십자가에 못박으심으로써 우리를 구원

---

[33] 신자가 이렇게 급속하게 죄에게 영향을 받게 되는 것은 그가 원래 죄의 종이었기 때문이다. 새로운 죄의 경향성과 남아 있던 부패성들이 함께 일치하며 역사하기 때문이다. 새뮤얼 볼턴(Samuel Bolton)은 이에 대해 죄는 우리를 지배할 수는 없지만 미친 듯이 날뛸 수는 있으며, 이 때 사람은 불신자로서 (자원하여) 죄의 지배를 받을 때보다, 신자로서 죄에 의해 (불법적으로) 정복당했을 때 더욱 괴로워한다고 보았다. "Yet Christ has thus far freed us from sin; it shall not have dominion. There may be the turbulence, but not the prevalence of sin. There may be the stirrings of corruption. It was said of Carthage that Rome was more troubled with it when half destroyed than when whole." Samuel Bolton, *The True Bounds of Christian Freedom*, (Edinburgh; The Banner of Truth Trust, 1994 reprinting), p.26.

하셨을 때에 버리기를 원하셨던 바로 그 삶입니다. 따라서 신자가 그렇게 살아가는 것은 자기를 건져 주신 하나님의 구원 계획과 정반대의 삶을 살아가는 것입니다.

죄는 인간으로 하여금 하나님께서 천지를 창조하시고 인간을 구속하신 계획에 부합하는 존재가 되지 못하게 하기 위하여 역사합니다. 신자들을 영적인 어둠에 가두고, 죄에 순종하며 종 노릇하게 하고, 그래서 총체적으로는 하나님의 구원하신 계획을 따라 살고자 하는 경향을 가지고 있으면서도 개별적인 삶에서는 하나님을 미워하고 악을 행하게 함으로써 불순종하는 삶을 살게 합니다.

이 모든 일을 효과적으로 행하기 위하여 죄는 신자의 영혼과 그와 관련된 모든 기관 안에서 우세한 지배력을 갖고자 합니다. 따라서 신자는 이러한 죄의 지배력으로부터 실제적으로 벗어나 은혜의 통치 아래서 살아가지 않으면 결코 자기를 구원하신 하나님의 계획을 따라 살아갈 수 없습니다. 하나님께 영광을 돌릴 수 없고, 자신도 행복해질 수 없습니다.

하나님께서는 자신의 아들을 십자가에 못박으심으로써, 그 보혈로 우리의 모든 죄를 용서해 주셨습니다. 그리고 우리 안에 죄와 사망의 법을 폐하시고 생명의 성령의 법을 심으셨습니다. 그렇게 구속받은 우리가 죄를 사랑함으로 어둠의 자식처럼 살아간다면, 우리를 구원하신 하나님 아버지의 마음은 얼마나 아프실까요?

이스라엘을 그 옛날 좋은 포도나무로 심으셨으나 그들이 들포도만 맺은 것을 보시면서 아파하셨던 것보다 이 시대의 하나님의 백성들을 보시며 더 많이 아파하실 것입니다. 왜냐하면 우리는 하나님께서 자신의 외아들을 이 세상에 직접 보내신 시대에 살고 있기 때문입니다.[34]

---

[34] 조나단 에드워즈는 그리스도의 성육신하신 사건의 위대성에 대하여 다음과 같이 말한다. "그리스도의 성육신은 지금까지 일어났던 모든 사건들 보다 더욱 위대하고 경이로운 것이었다. 그리고 이제껏 인류의 구속을 위하여 일어났던 사건들 가운데 이보다 더 위대한 사건은 하나밖에 없으니 그것은 곧 그리스도의 죽으심이다. 세상의 창조는 위대한 것이었다. 그러나 그리스도의 성육신보다 위대한 것은 아니었다. 하나님께서 피조물을 만드신 것은 위대한 것이었다. 그러나 창조주 자신이 피조물이 되신 것은 더욱 위대한 사건이었다. 우리는 전 세대에 걸쳐 성취된 수많은 위대한 하나님의 일들을 언급하였다. 그러나 하나님이신 그분이 인간이 되신 것은 그 어떤 사건보다도 위대한 것이었다. 그리스도께서 나셨을 때에 그분은 이제껏 이 세상에 있었던 어떤 인간보다도 위대하시며, 그리고 앞으로 태어날 모든 인간들보다도 위대하신 분이셨던 것이다." Jonathan Edwards, *A History of the Works of Redemption*, in *The Works of Jonathan Edwards*, vol. 9, edited by John F. Wilson, (New Haven; Yale University Press, 1989), p.299.

한눈에 보는 3장 죄와 은혜의 계획: 영혼을 지배함

I. 은혜의 계획 : 영혼을 지배함
- 하나님의 모든 은혜는 거저 주어지는 선물임
- 따라서 우리의 믿음이나 순종도 자랑할 수 없고 오직 은혜의 원천이신 그리스도의 속죄를 자랑해야 함
- 은혜는 거저 주시는 것이지만, 은혜에는 반드시 계획이 있음
- 은혜를 주신 것은 우리로 하여금 창조의 목적을 따라 살게 함으로 이 땅에 하나님 나라를 회복하시기 위함임
- 개인의 구원 과정은 하나님께서 창조하신 온 세상을 죄의 결과로부터 건지시는 우주적인 구원과 연결됨

II. 죄의 계획 : 영혼을 지배함
A. 죄가 성장함
- 그 크기가 지극히 작다 할지라도, 신자 안에 있는 죄의 궁극적인 계획은 우리를 주관하는 것임
- 죄는 유혹이라는 수단을 사용하여 신자 안에서 자기의 영향력을 강화함으로 계획을 이루어 감
- 죄는 우리의 성격, 기호, 약한 부분과 강한 부분까지 잘 알고 그것을 이용함
- 구원을 취소시킬 수는 없지만, 사실상 불신자와 다름없이 육체의 정욕을 따라 살아가게 만들 수는 있음

B. 영혼을 지배함
- 죄는 신자의 영혼 전체를 불법적으로 지배하려고 함
- 영혼은 마음과 삶 전체에 영향을 미치기 때문에, 죄가 영혼을 지배하면 마음과 뜻과 성품과 삶 전체에 지배력을 갖게 됨
- 그것은 하나님의 구원 계획과 정반대의 삶임

The Doctrine on Dominion of Sin and Grace in Believers

"죄가 너희를 주관치 못하리니 이는 너희가 법 아래 있지 아니하고 은혜 아래 있음이니라" (롬 6:14)

제4장

죄가 지배력을 확보하는 방법 :
속임과 강압

제4장
죄가 지배력을 확보하는 방법: 속임과 강압

죄가 일단 마음에 들어오고 나면 지배력을 확보하기 위해서 안간힘을 쓰게 되는데, 이 때 사용하는 두 가지 무기가 속임(deceit)과 강압(force) 입니다.³⁵⁾ 이 두 가지를

---

35) 죄의 속임(deceit)과 강압(force)은 인간이 어떤 행위를 창출하는 데 요구되는 필수적인 두 가지 요소인 '의지'와 '힘'과 밀접한 관계가 있다. 신자가 말씀에 순종하기 위해 요구되는 것은 순종하고자 하는 정결한 의지와 순종할 수 있는 힘이다. 이 둘 중 하나라도 부족하다면 결코 순종할 수 없다. 새뮤얼 볼턴은 순종하고자 하는 의지가 없는 것을 '악함'(wickedness)으로, 순종할 힘이 없는 것을 '약함'(weakness)으로 엄격히 구별하면서, 하나님께서는 순종하고자 하는 이에게는 힘을 주신다고 말하였다. "Yet God has mercy for 'can-nots,' but none for 'will-nots.' God can distinguish between weakness and wickedness." Samuel Bolton, *The True Bounds of Christian Freedom*, (Edinburgh; The Banner of Truth Trust, 1994 reprinting), p.26. 존 오웬 역시 하나의 실행죄(actual sin)가 나오기 위한 조건으로서, 범죄하고자 하는 의지의 지속과 그것을 실행할 수 있는 힘이 필요함을 지적한다. "There are two things that are necessary in the creature that hath conceived sin, for the bringing of it forth;-first, Power; secondly, Continuance in the will of sinning until perpetrated and committed." John Owen, *The Nature, Power, Deceit, and Prevalency of the Remainder of Indwelling Sin in Believers; together with the ways of its working and means of prevention, opened, evinced, and applied; with a resolution of sundry cases of conscience thereunto appertaining*, in *The Works of John Owen*, vol. 6, edited by William H. Goold, (Edinburgh; The Banner of Truth Trust, 1991 reprinting), p.261. 따라서 죄가 이렇게 두 요소 중 어느 한쪽이라도 사용하여 역사한다면 신자는 결코 순종할 수 없게 된다. 그래서 하나님께서는 내재하는 죄가 실행죄를 산출하는 것을 막기 위해서 죄짓고자 하는 의지, 혹은 죄지을 수 있는 능력 곧 그 힘을 제거하신다고 존 오웬은 말한다. "하나님께서는 두 가지 방법으로 이 일을 하신다. 첫째, 섭리를 통해 죄를 짓는 힘을 막으시고, 둘째, 은혜를 통해 범죄하려는 의지를 바꾸신다. 하나님의 섭리는 죄의 산물에 대하여 외부적인 행동으로 나타나며, 하나님의 은혜는 의지에 대해 내적인 효과로 나타난다." John Owen, *The Nature, Power, Deceit, and Prevalency of the Remainder of Indwelling Sin in Believers; together with the ways of its*

통해서 죄는 신자 안에서 죄의 경향성을 강화함으로 지배력을 공고히 합니다.

I. 죄의 역사 : 속임과 강압

이 두 가지의 수단은 인간의 마음에 미치는 죄의 영향과도 밀접한 관계가 있습니다. 이것은 다음 두 가지로 요약될 수 있습니다.

첫째로, 죄의 속임이 통하기 위해서는 신자가 영적인 어두움 속에 있어야 합니다. 그런데 신자 안에 있는 죄는 그의 마음과 영혼을 진리의 빛으로부터 멀어지게 하여 어둡게 합니다. 둘째로, 강압이 신자의 영혼에서 실효를 거두기 위해서는 신자가 약해야 합니다. 그런데 신자 안에 있는 죄는 그의 마음과 영혼을 은혜의 영향력으로부터 멀어지게 하여 쇠약하게 만듭니다.

A. 속임

죄는 신자 안에서 지배력을 행사하고, 그 지배력을 확대하기 위해 속임(deceit)이라는 방법을 사용합니다. 죄가 신자를 속이는 것은 크게 세 가지 방식으로 이루어집니다.

첫째로, 죄가 자신의 궁극적인 목표를 숨김으로써 속입니다.[36] 신자가 유혹받을

---

working and means of prevention, opened, evinced, and applied; with a resolution of sundry cases of conscience thereunto appertaining, in *The Works of John Owen*, vol. 6, edited by William H. Goold, (Edinburgh; The Banner of Truth Trust, 1991 reprinting), p.261.

[36] 존 오웬은 죄의 궁극적인 계획이 신자의 영혼에 대한 지배력을 갖는 것(dominion)이라고 말하면서, 사람이 개별적인 정욕에 미혹되어 시험을 받는 것이 결코 작은 것이 아니며, 궁극적으로 이것이 영혼 전체를 지배하기 위하여 역사하는 죄의 수단임을 보여준다. 따라서 그는 죄의 궁극적인 목적은 유혹들이 각각 개별적인 죄를 짓게 하는 것이 아니라 그것을 통하여 죄가 영혼에 지배력을 확보하는 것이라고 보았다. John Owen, *A Treatise of the Dominion of Sin and Grace; wherein sin's reign is discovered, in whom it is, and in whom it is not; how the law supports it; how grace delivers from it, by setting up its dominion in the heart*, in *The Works of John Owen*, vol. 7, edited by William H. Goold, (Edinburgh; The Banner of Truth Trust, 1988 reprinting),

때에 죄의 속성이 무엇이고 그 죄가 자기를 데려가려고 하는 그 끝이 어디인지를 안다면, 결코 그 죄에 굴복하지 않을 것입니다. 죄는 그것을 숨김으로써 신자를 속입니다.

둘째로, 죄는 용서하시는 은혜의 원리를 자의적으로 적용함으로써 신자를 속입니다. 신자가 유혹받을 때에 지·정·의가 그 죄에 대하여 공정한 반응을 한다면, 결코 죄를 지을 수 없을 것입니다. 그러나 죄를 죄로 인식한다 할지라도 범죄한 후에 하나님께서 쉽게 용서해 주실 것이라는 은혜에 대한 기대가 그들로 범죄하게 하는 것입니다. 그러나 죄는 여러 가지 방법으로 그것을 숨깁니다.

셋째로, 범죄함으로 얻는 즐거움에 대하여 과다한 기대를 갖도록 속입니다. 하나님의 성품이 어떠한지를 다소나마 아는 신자라면, 죄가 하나님께 대한 반역이고, 범죄한 자신의 영혼에는 고통이 따를 것이라는 사실을 잘 압니다. 그러나 신자가 유혹받을 때에 마음이 죄에 기울어지게 되면, 범죄함으로써 후일에 겪게 될 영혼의 고통보다는 죄를 저지름으로써 지금 당장 맛보는 즐거움이 훨씬 클 것이라는 죄의 속임에 넘어가게 됩니다. 이 모두 신자의 생각(mind)을 이탈시켜 속이는 것입니다.

신리의 빛이 신자의 영혼의 상태를 드리내고 무지를 밝히는 것을 죄가 그토록 싫어하는 것도 바로 이런 이유들 때문입니다. 이 진리의 빛은 신적이고 영적인 빛으로서 신앙의 대상이신 하나님의 거룩한 탁월하심에 대한 참된 감각이며, 신자는 이로써 영적 확신을 갖게 됩니다.

이 진리의 빛은 이성(理性)의 빛, 혹은 본성의 빛만으로는 알 수 없는 죄의 속임을 보게 하고 그것을 미워하는 마음을 갖게 합니다. 그래서 죄는 예배를 통하여 영혼들에게 선명하게 선포되는 말씀을 깨닫지 못하도록 방해하기도 합니다. 인간 안에 내재하는 죄는 하나님의 말씀을 통하여 복음의 비밀을 깨닫고 영적인 총명을 소유하는 것을 가로막는 일에 있어서 열심을 냅니다. 신자의 그러한 변화는 곧 죄 자신의 생명에 대한 위협이기 때문입니다.

---

p.507. 이러한 죄의 속임을 보여주는 신적이며 영적인 빛으로서의 진리의 기능에 대하여 다음을 참고하라. Jonathan Edwards, "A Divine and Supernatural Light, Immediately Imparted to the Soul by the Spirit of God, Shown to be Both a Scriptural and Rational Doctrine," *Five Sermons; on different occasions*, in *The Works of Jonathan Edwards*, vol.2, revised and corrected by Edward Hickman, (Edinburgh; The Banner of Truth Trust, 1995 reprinting), pp.12-17.

B. 강압

두 번째 생각할 것은 죄의 강압(force) 입니다. 이것은 신자가 마음에 있는 죄의 욕구에 대항하거나 습관적인 죄에 항거할 때에 느끼는 집착과 두려움으로 구체화됩니다. 이것들은 다음과 같이 좀더 상세히 설명될 수 있습니다.

첫째로, 죄의 강압, 곧 힘은 죄의 욕구와 실행으로부터 멀어지지 않으려고 하는 마음의 집착으로 나타납니다. 즉 죄의 욕구를 유지함으로써 느끼는 은밀한 마음의 즐거움에 집착할 뿐 아니라 죄의 실행이 주는 즐거움 때문에 지금 실행하고 있는 죄악을 그만두지 않으려 하는 것으로 죄의 힘이 나타납니다.

둘째로, 죄의 강압은 그 욕구를 거절하거나 죄의 실행을 그친 후에 다가올 미래의 상황에 대한 두려움에서 구체적으로 나타납니다. 죄 가운데 있는 사람에겐 항상 스스로 하나님을 등지고 있다는 자책감이 있기 마련입니다. 그리고 죄와 친근하게 지내는 것은 이러한 자책감에서 오는 두려움을 해소하는 데 도움을 줍니다. 죄는 하나님의 엄위를 인식하는 데서 비롯되는 두려움을 잠시 잊을 수 있도록 타락한 담대함을 주고 즐거움도 주기 때문입니다. 죄 가운데 있는 신자가 죄의 욕구를 거절하고 그 실행을 거절한다면 그러한 도피 기제들을 모두 잃어버리는 셈이 됩니다. 그러한 두려움이 그로 하여금 괴로워하면서도 죄를 떠나지 못하게 하는 것입니다. 그리고 그것은 분명히 죄 안에 있는 커다란 힘의 강압입니다.

죄의 이러한 기능을 쉽게 이해할 수 있도록 여러분에게 제안을 하나 하겠습니다. 지금 당장 여러분 안에서 크든지 작든지, 하나님께서 싫어하시는 죄, 그리고 오래도록 버리지 못하고 있는 악한 습관을 하나만 찾아보십시오. 그리고 그것을 당장 그만둘 수 있는지 스스로에게 물어 보십시오. 결코 쉽지 않을 것입니다. 그렇게 하여야겠다고 결심하고 그것을 실행할 때 여러분은 자신의 온 마음 안에서 일어나는 강력한 반항을 경험할 것입니다. 이러한 어려움은 많은 사람들이 자신의 나쁜 습관을 쉽게 고치지 못하는 것을 보아서도 잘 알 수 있습니다. 이것이 바로 죄의 힘을 보여주는 것입니다. 그래서 사도 바울은 이렇게 신자 안에 내재하는 죄를 '법'이라고까지 말하였습니다.[37]

II. 은혜 아래 살기 위한 투쟁

이처럼 죄가 신자를 공격하는 가장 중요한 두 방식은 강압(force)과 속임(deceit)입니다. 강압은 신자를 억압하는 힘이고, 속임은 무지 속에 있는 신자를 이용하는 죄의 간교한 꾀입니다. 전자에 대항하기 위해서는 은혜를 통하여 영혼이 강건해져야 하고, 후자에 대항하기 위해서는 지식 안에서 총명해져야 합니다.

---

37) "그러므로 내가 한 법(톤 노몬, τὸν νόμον, 문자적으로 '그 법')을 깨달았노니 곧 선(토 칼론, τὸ καλόν, 문자적으로 '그 선')을 행하기 원하는 나에게 악(토 카콘, τὸ κακὸν, 문자적으로 '그 악')이 함께 있는 것이로다(파라케이마이, παράκειμαι, 문자적으로 '가까이 있다, 준비되어 있다')"(롬 7:21). 우리말 개역 성경에서 '선'(善), '악'(惡)이라고 번역되어 있는 단어를 보면, 희랍어 원문에서는 각각 지시관사, '그'(토, τὸ, 영어의 'the')가 붙어 있다. 이는 본문에서 화자(話者)가 고민하고 있는 선과 악이 일반적인 도덕적 선이나 악을 가리키는 것이 아니라 하나님을 판단의 기준으로 하는 '영적 선'(spiritual goodness), 혹은 '영적 악'(spiritual evil)임을 암시한다. '함께 있는 것이로다.'로 번역된 '파라케이타이'(παράκειται)는 '근접해 있다'(be at hand), 혹은 '······할 준비가 되어 있다'(be ready to do something)를 의미하는 '파라케이마이'(παράκειμαι)의 직설법, 현재, 중간태 3인칭 남성 단수이다. 이는 선을 행하고자 하는 화자의 마음 안에 악을 기꺼이 행하고자 준비된 의지가 있음을 보여준다. Walter Bauer, *A Greek-English Lexicon of the New Testament and Other Early Christian Literature*, edited by Frederick W. Danker, William F. Arndt, & F. Wilbur Gingrich, (Chicago; The University of Chicago Press, 2000 3rd edition), pp.617-618. 여기서 이 고백을 하는 화자가 누구인지에 대하여는 견해가 크게 둘로 나뉜다. 이 화자를 비중생자의 경험으로 보는 견해(Herman Ridderbos)와 중생자의 경험으로 보는 견해가 그 것이다(Martin Luther, John Murray, John Flavel, John Owen). 헤르만 리델보스는 여기서 '나'는 율법 아래 있는 일반 인간을 가리키는 것이라고 보았다. 헤르만 리델보스, 『바울 신학』, 박영희 역, (서울; 지혜문화사, 1985), p.166. 이에 대하여 존 머리는 이 구절이 고도로 성화의 상태에 도달한 자가 부패 아래 있는 자신을 인식하는 바를 보여주는 것이라고 보았다. "Indeed, the more sanctified the person is, the more conformed he is to the image of his Saviour, the more he must recoil against every lack of conformity to the holiness of God. The deeper his apprehension of the majesty of God in Christ Jesus, the more conscious will he be of the gravity of the sin which remains and the more poignant will be his detestation of it." John Murray, *Redemption: Accomplished and Applied*, (Edinburgh; The Banner of Truth Trust, 1979 reprinting), pp.144-145. 마르틴 루터 역시 거듭나지 않은 육적 인간에게는 결코 선을 행하고자 하는 의지가 있을 수 없다고 규정하고, 이것은 중생자의 경험임을 분명히 하면서, 중생자에게는 육신의 정욕이 선을 행하고자 하는 의지를 거스르면 거스를수록 그것을 미워하고 궁극적으로 선을 행하고자 하는 새 본성이 있음을 지적하였다. "But a carnal man cannot be said to be willing······when this concupiscence resists a willing man and his good will, by this very fact it makes his will stronger and increases his hatred for it." Martin Luther, *Lectures on Romans*, in *Luther's Works*, vol. 25, edited by Hilton C. Oswald, (Saint Louis; Concordia Publishing House, 1972), p.334. 존 플라벨 또한 원죄와 거기에 뿌리를 둔 죄의 영향력을 경험적으로 깨달은 고백이라고 본다. "I am sure I find a bad heart in the best season, a proud, dead, wandering, hard heart; I find it woefully out of order, God knows, and this is my misery." John Flavel, *Preparations for Suffering, or the Best Work in the Worst Times*, in *The Works of John Flavel*, vol. 6, (Edinburgh; The Banner of Truth Trust, 1997 reprinting), p.394. 존 오웬 역시 이 고백은 비중생자의 고백이 아니라 신자의 고백이라고 단언한다. "This, in their worst condition, distinguisheth them from unbelievers in their best. The will in unbelievers is

A. 죄의 강압에 대항하여 : 은혜의 능력

첫째로, 죄의 강압에 대항하여 싸울 은혜의 힘을 유지하여야 합니다. 신자가 죄의 힘에 대항하기 위해서는 은혜 안에서 영적으로 강해져야 합니다. 그러나 신자가 죄를 짓고자 하는 욕망을 품고 있을 때 은혜는 그 힘을 잠식당하게 되고 죄는 강압하는 힘을 더하게 됩니다. 그래서 신자가 죄를 짓고자 하는 소원을 갖는 것은 스스로를 파괴하는 것입니다. 죄를 짓고자 하는 욕망을 우리 안에 방치하는 것이 얼마나 바보 같은 일인지 알고 계십니까?

신자가 죄 가운데 행복하게 사는 일은 있을 수 없는 일입니다. 더욱이 신자가 잠시의 즐거움을 위해서 죄를 선택하고 죄의 지배 속으로 들어가는 것은 미친 짓입니다. 만약에 신자가 이기적인 자아 사랑(*amor sui*)을 버리고 죄를 짓고자 하는 욕망을

---

under the power of the law of sin. The opposition they make to sin, either in the root or branches of it, is from their light and their consciences; the will of sinning in them is never taken away······Now, this is not in any unbelievers." John Owen, *The Nature, Power, Deceit, and Prevalency of the Remainder of Indwelling Sin in Believers; together with the ways of its working and means of prevention, opened, evinced, and applied; with a resolution of sundry cases of conscience thereunto appertaining*, in *The Works of John Owen*, vol. 6, edited by William H. Goold, (Edinburgh; The Banner of Truth Trust, 1991 reprinting), p.160. 조나단 에드워즈도 이 고백은 더 거룩해지고자 하는 경건한 신자의 고백이라고 보았다. 그는 이 구절에서 "경건한 사람들의 영은 완전히 거룩해지고자 하는 영이다"(The spirit that godly men are of a spirit to be perfectly holy)라는 교리를 세웠다. 소극적으로는, 신자가 이 세상에서 결코 완전한 거룩에 도달할 수 없으며 거룩한 신자는 자신의 마음 안에 내재하는 죄의 커다란 부패성을 발견하게 된다고 보았다. 적극적으로는, 거룩한 신자는 자기 안에 있는 영과 경향성으로 말미암아 '완전한 거룩'(perfect holiness)을 목표로 삼게 된다고 보았다. Jonathan Edwards, *Sermons and Discourses, 1734-1738*, in *The Works of Jonathan Edwards*, vol. 19, edited by M. X. Lesser, (New Haven; Yale University Press, 2001), pp.683-703. 필자는 이 고백의 주체를 비중생자로 보는 헤르만 리델보스의 견해나 고도의 성화의 단계에서 나타나는 거룩에 대한 신자의 특별한 경험이라고 보는 존 머리의 견해에 동의할 수 없다. 이것은 중생자의 경험으로서, 성화의 단계와는 상관없이 죄의 소욕을 거스르고자 할 때 신자가 겪는 죄의 객관화 현상에 대한 경험이다. 여기서 필자가 '내재하는 죄의 객관화'(objectification of the indwelling sin)라고 할 때 그 의미는 다음과 같다. 신자 안에 내재하는 죄는 들어오자마자 신자 안에서 신자와 하나가 된다. 그래서 사도 바울도 경험으로 이 사실을 알기 전까지는 죄가 그렇게 강력한 힘을 가지고 자기 안에 엄연히 존재하는지를 몰랐다. 이것이 바로 필자가 표현하는 바, '신자 안에서 주관화된 죄'(indwelling sin subjectified in believers)이다. 신자와 죄가 하나가 된 것이다. 죄가 그의 본성에 숨은 것이다. 그러나 말씀의 빛을 받고, 양심이 죄를 자각하고, 마음으로부터 우러나오는 진실한 기도의 실천이 반복되고, 죄에 대항하여 거룩해지고자 하는 강력한 소원에 사로잡히게 되면, 주관화되어 존재하던 죄가 객관적으로 인식되기 시작한다. 즉 마음으로부터 죄가 분리되어 인식된다는 것이다. 필자는 이것을 '내재하는 죄의 객관화'라고 부른다. 참된 회개에 이르는 신자는 모두 반드시 이러한 현상을 경험한다. 본문은 바로 신자의 이러한 죄의 객관화 경험을 묘사한 것이다. 이는 바울과 같이 고도의 성화의 단계에 도달한 사람들만이 경험할 수 있는 일이 아니라, 진실한 신자가 되려는 모든 신자의 모든 성화 과정에서 흔히 경험되는 일이다.

포기한다면, 이내 죄를 이기는 것이 너무나 쉽다는 사실을 알게 될 것입니다. 죄와 싸우는 신자가 힘든 것은 외부에서 밀려오는 죄의 유혹의 강함 때문이 아닙니다. 오히려 그것은 죄와 결별하지 못하는 신자 자신의 죄에 대한 사랑 때문입니다. 그것은 신자 안에서 실효적인 힘을 가진 강력한 법으로 작용합니다.

사도 베드로는 이러한 죄의 강압하는 힘에 사로잡히지 않는 길을 다음과 같이 말합니다. "오직 우리 주 곧 구주 예수 그리스도의 은혜와 저를 아는 지식에서 자라가라"(벧후 3:18).**38)** 사도 베드로는 은혜 안에서 자라가라고 성도들에게 촉구하고 있습니다. 신자는 은혜 안에 있을 때만 강한 사람입니다. 하나님의 은혜 안에서 그 사랑을 받으며 그리스도와의 보다 온전하고 실제적인 연합 속에서 살아가고 있을 때 죄는 결코 그를 이길 수 없으며 죄의 지배 아래로 데려갈 수 없습니다. 그래서 우리는 어제보다는 오늘, 작년보다는 올해에, 하나님을 더 뜨겁게 사랑해야 하고, 거룩한 삶의 진보에 대해 더 치열한 소원을 가져야 합니다. 그것이 바로 은혜 안에서 자라가는 것입니다.

신자의 마음속에는 주님께서 주신 은혜의 정서들이 계속 북돋아지고 영혼 안에는 견고한 은혜의 틀이 형성되어 죄의 영향력으로부터 자신을 보호하며 선명한 지식이 자신을 지켜 줄 수 있어야 합니다. 한편으로는 죄를 죽이고 또 한편으로는 하나님께서 이미 주신 은혜들을 계속해서 살아 있게 하여야 합니다. 그리고 더 큰 은혜를 하나님께로부터 받을 수 있도록 살아가야 합니다. 신자는 그렇게 함으로써만 죄로 가득 찬 세상에서 하나님의 뜻을 따라 올곧게 살아갈 수 있습니다. 그러한 은혜의 자원 없이는 이 어두운 세상에서 주님 말씀 따라 용감하게 살아갈 수 없습니다.

---

38) 따라서 신자에게는 이따금씩 쏟아지는 은혜의 경험도 필요하지만, 효과적인 성화를 위해서는 지속적으로 은혜 안에서 살아가는 것이 필수이다. 그렇게 함으로써 거룩한 인격의 성숙과 함께, 죄에 대항하며 싸워 이길 수 있는 은혜의 능력들이 유지되고 성장하는 것이다. 그러므로 하나님께서 성령으로 말미암아 우리 안에 주신 은혜의 영향력들을 유지하기 위해서는 이러한 은혜의 주인이시며 또 그 은혜 자체이기도 하신 성령을 근심시키거나 소멸시켜서는 안 된다. 신자 안에 있는 '죄 죽임'(mortification of sin)과 '은혜 살림'(vivification of grace)이 나뉠 수 없는 것도 바로 이 때문이다. 죄 죽임은 은혜 살림을 가져오며, 죄 죽임의 실천이 없는 은혜 살림은 불가능하다. 존 칼빈에 의해 다루어진 이 두 가지를 존 오웬이 '신자 안에 내재하는 죄 죽임'(mortification of indwelling sin in believers)이라는 주제 속에서 하나로 다룬 것도 바로 이 때문이다. 이에 대한 보다 자세한 신학적 논의는 책으로 출판된 다음 박사학위 논문을 참고하라. Randall C. Gleason, *John Calvin and John Owen on Mortification: a Comparative Study in Reformed Spirituality*, (New York; Peter Lang Pub. Inc., 1995), pp.152-153.

B. 죄의 속임에 대항하여 : 지식의 총명

둘째로, 죄의 속임에 대항하여 총명해지는 것입니다. 죄가 신자 안에 자신의 지배력을 확보하는 또 다른 방법은 속임입니다. 죄는 어두움 속에서 우리를 속여 마음을 둔하게 하고 결국은 우리의 영혼을 파멸로 몰아가려고 합니다. 따라서 죄의 속임에 빠지지 않기 위해서 우리는 부지런히 성령의 은혜를 구하고 하나님의 말씀을 공부해야 합니다. 죄가 우리에 대해서 아는 것 못지않게 우리도 죄에 대해서 탐구하고 죄를 이기게 하시는 은혜의 원리들을 터득해 가야 합니다.

전쟁에서 잘 훈련된 한 명의 병사는 거의 훈련되지 않은 수십 명의 병사를 무찌를 수 있습니다. 마찬가지로 죄는 우리에 대하여 잘 알고 있는데 우리는 죄에 대하여 거의 아는 것이 없다면 어떻게 죄와의 싸움에서 이길 수 있겠습니까? 성령의 은혜로 죄에 대한 영적인 통찰을 강화하고 또 복음의 도리를 부지런히 탐구함으로써 죄의 작용과 죄를 죽이는 은혜의 원리를 이해하여야 합니다. 그리고 그것을 자신의 거룩한 삶의 실천에 적용함으로써 경건의 비밀을 습득해야 합니다.

단지 이론적이고 자연적인 빛뿐만 아니라, 실천적이고 영적인 빛이 필요합니다. 하나님의 말씀을 이성적이며 사색적이고 사변적으로 이해할 뿐 아니라 그것은 실제로 경험하게 함으로써 마음과 영혼에 영향을 미쳐 본성에 변화를 가져오게 하는 신령한 지식의 빛이 필요합니다. 이 신령하고 영적인 빛을 통하여 그리스도의 거룩하심의 영광을 보게 되고 그 빛 아래서 죄와 죄의 비참함을 보게 됩니다. 따라서 신자의 가장 큰 의무는 하나님의 영광과 자신의 죄에 대해 알아가는 것입니다.

아아, 오늘날 얼마나 많은 사람들이 무지한 가운데 죄의 속임에 쉽게 넘어가고, 그래서 돌이키기 힘든 영혼의 파국을 경험하는지 모릅니다. 그들은 날마다 영적인 혼란과 어두움 가운데 지내며 형식뿐인 교회 생활 속에서 그릇된 안전감에 싸여 살아갑니다. 그리스도인의 그러한 삶을 통해 하나님께서 무슨 영광을 받으실까요? 죄 죽임 없이는 구원의 계획을 따라 살 수 없습니다.

한눈에 보는 4장   죄가 지배력을 확보하는 방법: 속임과 강압

I. 죄의 역사 : 속임과 강압
A. 속임
- 죄는 자기의 궁극적인 목표를 숨김으로써 신자를 속임
- 죄는 용서하시는 은혜의 원리를 자의적으로 적용하게 함으로 신자를 속임
- 죄는 범죄함으로 얻는 즐거움에 대해 과다한 기대를 갖도록 신자를 속임

B. 강압
- 죄의 강압은 죄의 욕구와 실행으로부터 멀어지지 않으려는 마음의 집착으로 나타남
- 죄의 강압은 죄의 욕구를 거절하거나 죄의 실행을 그친 후에 다가올
  미래의 상황에 대한 두려움으로 나타남

II. 은혜 아래 살기 위한 실제적 투쟁
A. 죄의 강압에 대항하여 : 은혜 안에서 강건해야 함
- 죄의 힘에 대항하기 위해서는 은혜 안에서 영적으로 강해져야 함
- 죄를 짓고자 하는 욕망을 품고 있을 때 은혜의 힘은 잠식당하고 죄는 힘을 더하게 됨
- 이기적인 자기 사랑을 버리고 죄를 지으려는 욕망을 포기하면
  이내 죄를 이기는 것이 너무 쉽다는 것을 알게 됨
- 죄와 싸우기 힘든 것은 죄의 유혹이 강하기 때문이 아니라 죄와 결별하지 못하는 자기 사랑 때문임
- 신자의 마음속에는 은혜의 정서들이 계속 북돋아지고 영혼 안에는 견고한 은혜의 틀이 형성되어야 함
- 죄를 죽이고 하나님께서 이미 주신 은혜들을 계속 살아 있게 하고 더 큰 은혜를 받을 수 있도록 해야 함

B. 죄의 속임에 대항하여 : 지식 안에서 총명해야 함
- 죄는 어둠 속에서 신자를 속여 마음을 둔하게 하고 영혼을 파멸로 몰아가려 함
- 죄의 속임에 빠지지 않기 위해서 부지런히 성령의 은혜를 구하고 말씀을 공부해야 함
- 죄의 작용과 죄를 죽이는 은혜의 원리를 이해하고 그것을 실천함으로 경건의 비밀을 습득해야 함

The Doctrine on Dominion of Sin and Grace in Believers

"죄가 너희를 주관치 못하리니
이는 너희가 법 아래 있지 아니하고 은혜 아래 있음이니라" (롬 6:14)

제5장

죄의 지배의 성질 :
거역과 악

제5장
죄의 지배의 성질: 거역과 악

이상의 논의를 통해서 우리는 거듭난 신자라고 할지라도 죄의 상대적인 지배 아래 놓일 수 있다는 사실을 깨닫게 되었습니다. 그렇다면 신자에게 있어서 죄의 지배의 성질은 무엇일까요? 이에 대해서는 두 가지로 대답할 수 있습니다. 첫째는 신자에게 있어서 죄의 지배는 부당한 거역이라는 사실입니다. 둘째는 신자에게 있어서 죄의 지배는 곧 악(惡)이라는 것입니다.

I. 죄의 지배는 부당한 거역임

첫째로, 신자에게 있어서 죄의 지배는 부당한 거역(拒逆)입니다. 불신자에게 있어서 죄의 지배는 정당한 것입니다. 그들은 죄 가운데 태어났고, 불순종의 아들들 가운데 역사하는 영의 지배를 받고 있는 사람들입니다. 스스로 죄를 택하고 그 지배 아래 있는 것입니다. 복음의 광채는 그들에게 가려져 있으며 하나님께서는 진노의 자

식입니다. 그들에 대한 죄의 지배는 정당합니다.³⁹⁾

마르틴 루터(Martin Luther)의 지적과 같이 그들의 의지는 노예 상태에 있으며 결박된 상태를 벗어날 수 없습니다. 아리스토텔레스(Aristotle)의 인간 해석을 따른 토마스 아퀴나스(Thomas Aquinas)는 인간이 선행을 연습함으로써 완전에 도달할 수 있다고 생각하였습니다. 마치 악기를 연주하는 사람들이 그러하듯이 말입니다. 그러나 어거스틴(Augustine of Hippo)의 표현에 의하면, 아담의 타락 이후 인간은 존재와 행위의 모든 것에 있어서 '죄를 짓지 않을 수 없는'(non posse non peccare) 존재이며 그 필연성은 인간의 어떠한 노력으로도 막을 수 없습니다. 마르틴 루터를 비롯한 개혁자들이 중생(重生)을 통하지 않고는 인간은 어떠한 영적인 선(善)도 행할 수 없다는 신약의 가르침을 재발견한 것도 바로 이 때문입니다.⁴⁰⁾ 그들은 죄와 사망의 법 아래 있습니다.

---

39) 이런 인간의 상태를 구원하는 길은 오직 하나님의 지혜에 의할 수밖에 없었으며, 이를 위하여 성자는 성육신하셔야 했는데, 이는 온 세상에 대한 절대적인 지배권을 가지고 계셨음에도 불구하고 오히려 절대적인 섬김에로 낮아지신 것입니다. 인간은 만물을 다스릴 수 있는 지배권을 가지고 있었음에도 불구하고 오히려 스스로 범죄하고 타락함으로써 죄의 절대적인 지배 아래 놓이게 된 것입니다. 그러므로 이렇게 타락한 인간들을 절대적인 죄의 지배 아래 내버려 두시는 것은 신적인 정당성을 보여주는 것입니다. "For our recovery out of this state and condition, considering how we cast ourselves into it, the way insisted on was found out by divine wisdom-namely, the incarnation of the Son of God; for he was Lord of all, had absolute dominion over all, owed no service, no obedience for himself-being in the form of God, and equal unto him. From this state of absolute dominion he descended into a condition of absolute service." John Owen, *Christologia; or a Declaration of the Glorious Mystery of the Person of Christ-God and Man*, in *The Works of John Owen*, vol. 1, edited by William H. Goold, (Edinburgh; The Banner of Truth Trust, 1993 reprinting), p.206. 로버트 홀데인(Robert Haldane)은 하나님께서 이방의 죄인들을 내버려 두시는 것(abandonment)과 내버려 두심의 결과(effect)는 구별하여야 할 필요가 있다고 말합니다. 또한 인간의 죄는 하나님께서 스스로 죄를 택한 인간들에 대하여 거절하시거나 혹은 아무것도 행하지 않으신 정당한 처분에 대한 자연스러운 결과이지만, 그렇게 된 유일한 원인은 인간의 패역(perversity)이라고 하였다. 이는 하나님께서 어떠한 인간에게도 은혜를 베푸셔야 할 의무를 가지신 것은 아니며, 죄인을 향해 베푸시던 은혜를 거두심에 있어서도 어느 누구의 강요도 받으실 필요가 없는, 절대적으로 자유로우신 존재이심을 의미한다고 하였다. 하나님께서 죄인들을 내버려 두시는 것은 죄인들을 억제하던 은혜를 거두시는 것으로서 적극적으로 그들을 죄로 떨어지게 하시는 하나님의 행동이 아니라는 것이다. "God's giving them up, then does not signify any positive act, but denotes His not holding them in check by those restraints by means of which He usually maintains a certain degree of order and appearance of moral rectitude among sinners." Robert Haldane, *Geneva Series of Commentaries; Romans*, (Edinburgh; The Banner of Truth Trust, 1996 reprinting), p.64.

40) "그러나 그것이 그의 책임과 죄책을 면제해 주지는 않는다. 인간은 그의 의지를 반하여 죄를 짓도록 강요받지 않는다. 오히려 그의 의지 안에서 인간은 죄의 필연성을 경험한다. 그는 피할 수 없이 죄인이다. 그러나 또한 그는 자발적으로 죄인이다. '우리는 의지를 거슬러 죄를 범하는 것이 아니라 오히려 우리의 의지에 따라 죄를 범한다.' 그러나 인간은 바탕이 되는 그러한 의지를 스스로 변경시킬 수 없다. 그 자신은 한 인격으로서 그것 안에 매여 있다." Martin Luther, *D. Martin Luthers Werke: Kritische Gesammtausgabe*, (Weimar; Hermann Boehlau, 1883), p.391, 378, cited in Paul Althaus, *The Theology of Martin Luther*, (Philadelphia; Fortress Press, 1966), p.156. 어거스틴(Augustine of Hippo)은 자신의 저작 「신국론」(Civitas Dei)에서 죄와 관련된 인간의 상태

그러나 신자는 하나님에 의해 그러한 죄와 사망의 법에서 이미 해방된 사람입니다. 단지 지난 죄를 용서받았을 뿐만 아니라, 생명의 원리가 그 영혼 안에 심겨진 사람입니다. 이제 그는 새로운 피조물입니다.[41] 그는 신분상 이제 죄인일 수 없고, 또

를 다음의 네 가지로 나누었다. (1)타락 이전의 인간: '죄를 지을 수 있는'(*posse peccare*) 상태. (2)타락 이후의 인간: '죄를 짓지 않을 수 없는'(*non posse non peccare*) 상태. (3)중생(重生) 이후의 인간: '죄를 짓지 않을 수 있는'(*posse non peccare*) 상태. (4)영화(榮化) 이후의 인간: '죄를 지을 수 없는'(*non posse peccare*) 상태.

[41] 중생은 본질적으로 재창조이다. 인간은 본성의 재창조를 통하여 타락과 함께 상실했던 창조의 원래의 목적으로 돌아갈 수 있게 되는 것이다. 김남준,「구원과 하나님의 계획」, (서울; 부흥과개혁사, 2004), p.176. 인간을 소우주로 본다면 중생은 재창조와 같은 것이라고 할 수 있다. 하나님께서 천지를 창조하신 것과 인간을 중생(重生)하게 하시는 것 사이에는 뛰어난 일치가 있다. 피조 세계 안에서 드러나도록 계획된 하나님의 영광을 드러내도록 자신의 형상을 따라 인간을 창조하셨으나, 인간은 타락을 통하여 그 영광을 상실하였는데, 중생은 그리스도 안에서 이루어진 구속을 인간 영혼에 적용하시는 첫 조치이다. John Owen, *Christologia; or a Declaration of the Glorious Mystery of the Person of Christ-God and Man*, in *The Works of John Owen*, vol. 1, edited by William H. Goold, (Edinburgh; The Banner of Truth Trust, 1993 reprinting), pp.61-62. 사도 바울이, "그런즉 누구든지 그리스도 안에 있으면 새로운 피조물이라 이전 것은 지나갔으니 보라 새 것이 되었도다"(고후 5:17)라고 하였을 때 '새 피조물'은 성령(the Spirit)으로 말미암아 태어난 영(spirit)이다. 이는 하나님의 창조하시는 능력으로 말미암아 지은 바 된 것으로, 그렇지 않다면 '피조물'이라고 칭할 수 없을 것이다. 또한 그것은 우리의 영혼의 기능들 안에 초월적으로 도입된 것으로, 그렇지 않다면 '새로운' 피조물일 수 없다. 왜냐하면 곧 힘이나 성향, 혹은 능력이나 하나님을 향한 경향성 같은 영혼 안에 속한 기능들은 본성상의 도덕적 기능들과 함께 옛 창조에 속한 것이기 때문이다. 따라서 이것이 새롭게 되기 위해서는 무엇인가 인간 자신 안에 있는 자원이 아닌 전적으로 외부로부터 오는 도움이 필요하다. 중생은 바로 그러한 일을 이루시는 하나님의 초자연적인 역사이다. John Owen, *Pneumatologia, or, A Discourse Concerning the Holy Spirit; wherein an account is given of his name, nature, personality, dispensation, operations, and effects; his whole work in the old and new creation is explained; the doctrine concerning it vindicated from oppositions and reproaches. The nature also and necessity of gospel holiness; the difference between grace and morality, or a spiritual life unto God in evangelical obedience and a course of moral virtues, are stated and declared*, in *The Works of John Owen*, vol. 3, edited by William H. Goold, (Edinburgh; The Banner of Truth Trust, 1994 reprinting), p.220. '중생'(重生)은 그 말이 지시하는 범위에 따라서 세 가지로 사용된다. (1)가장 좁은 의미의 중생: 하나님께서 신자의 영혼 안에 새 생명을 심으시는 것이다. (2)좁은 의미의 중생: 그렇게 새 생명을 심으시는 것과 그것이 신자의 영혼과 마음 안에서 일으키는 첫 번째 작용이다. (3)넓은 의미의 중생: 그러한 중생의 작용과 그에 뒤따르는 성화의 전 과정을 포괄한다. 이것을 칼빈은 '신생'(新生, new birth)이라고 불렀다. 그러나 일반적으로 개혁교의학에서 말하는 중생은 두 번째 의미로 사용되는데, 벤자민 워필드(Benjamin B. Warfield)는 이에 대하여 다음과 같이 세 가지로 정리한다. (1)중생의 본질(本質): 인간 안에는 그것이 선천적인 것이든 후천적인 것이든 간에 경향성이 있는데, 이는 도덕적 행동보다 선행하는 것으로서, 인간을 선한 사람으로 혹은 악한 사람으로 결정짓는 것이다. 창조시에 하나님께서는 아담을 거룩한 성향과 경향성을 가진 자로 창조하셨는데 타락함으로 그것을 상실하였다. 중생시에 하나님께서는 이 성향과 경향성을 거룩하게 다시 창조하신다. "따라서 중생은 본질적으로 새로운 영적 생명을 부여하시는 것인데, 이는 '새로운 출생'이라고 부를 수 있는 것이다"(Regeneration is therefore essentially the communication of a new spiritual life, and is properly called a 'new birth'). (2)중생의 원인(efficient cause): 초자연적으로 그리고 인간의 영혼에 즉각적으로 역사하며, 행동의 은혜로운 원리를 심으시는 신적인 능력이다. (3)중생의 결과: 중생의 결과로서 회심(回心)이 즉각적으로 뒤따르게 된다. 중생으로 말미암는 본성의 변화에 이어 행동의 변화가 뒤따르게 되는데, 이는 회개, 믿음, 거룩한 순종 같은 것들이다. Benjamin B. Warfield, *Selected Shorter Writings of Benjamin B. Warfield*, edited by John E. Meter, (Phillipsburg; Presbyterian and Reformed Publishing Company, 1973), p.323; Sinclair B. Ferguson, *John Owen on the Christian Life*, (Edinburgh; The Banner of Truth Trust, 1995 reprinting), pp.41-47.

죄의 지배를 받으며 살아야 할 숙명에 놓일 수 없습니다. 이제 그는 자신 안에 하나님의 생명을 가진 피조물이 되었습니다. 이제 그는 언약 관계 안에서 자신 안에 이미 심겨진 은혜의 원리를 따라 순종과 믿음의 삶을 살면, 영적 생명력이 충만하게 역사하여 거룩한 사람이 되어가고 창조의 목적을 따라 성결한 삶을 살 수 있게 되었습니다. 그리고 신자에게는 그렇게 살아감으로써 많은 열매를 맺고 하나님께 영광을 돌리는 것이 거듭난 본성에 부합하는 자연스러운 삶입니다.

그러나 신자가 자신 안에 있는 이러한 은혜의 원리를 거역하고 정욕을 따라 불순종하게 되면 잔존하는 죄는 번성하여 신자의 영혼 안에서 부당하게 지배력을 갖게 됩니다. 신자의 내면 세계 속에 생명의 성령의 법이 지배적으로 역사하는 합법적인 은혜의 나라가 설립되었음에도 불구하고 잔존하는 죄의 번성함이 실제적으로는 죄의 불법한 지배를 가능하게 하는 것입니다. 그것은 신자의 영혼의 원리를 거스른 불법한 것입니다.

불순종과 범죄, 그리고 죄 죽임이 없는 삶으로 말미암아 죄가 실질적으로 신자의 영혼 안에서 지배력을 가지게 되었지만, 그들의 지배는 결코 불신자들 안에서처럼 절대적이지 않습니다. 그것은 상대적인 지배입니다. 그들에게 있어 지배가 견고해 보이지만, 그것은 영원할 수 없습니다. 신자 안에 심겨진 우세한 영적 원리를 거스르는 부당한 지배이기 때문입니다. 따라서 신자는 진실하게 참회하고 다시 은혜를 받음으로써 죄를 죽이고, 죄의 부당한 지배를 벗어나 은혜의 지배로 돌아갈 수 있습니다. 그런 점에서 볼 때에, 불신자의 영혼 속에서 이루어지는 죄의 지배와 신자의 영혼 속에서 이루어지는 죄의 지배는 결코 같지 않습니다.

불신자에 대한 죄의 지배는 신자에 대한 죄의 지배보다는 매우 견고합니다. 우리가 불신자에 대한 죄의 지배를 '절대적인 지배'라고 부르는 이유도 바로 이 때문입니다.

따라서 신자는 비록 불순종과 범죄함으로 인하여 죄의 지배 아래 있다고 할지라도 마음속으로 자신에게 이렇게 말하여야 합니다. '이것은 비정상적인 삶이다. 내가 죄의 지배를 받다니, 이는 부당한 것이다. 그리스도 예수께서 나를 위해 죽으심으로 나를 죽음에서 해방하셨다. 내가 이렇게 죄에 매여, 허약하게 죄와 타협하면서 사는 것은 마치 왕가에 태어난 왕의 자손들이 자신들의 신분에 맞지 않게 부당한 노예처럼 살아가는 것과 같다. 내 자리는 여기가 아니다. 이것은 결코 내가 살아야 할 삶이 아니다. 이것은 죄가 부당하게 내 마음과 영혼에서 지배권을 탈취한 것이다. 내가 회개하고 하나님께로 돌아가면 이 부당한 지배는 반드시 종식될 것이다.'

인신 매매 조직에 의해 잡혀 온 사람들에게, 그 악한 조직원들이 제일 먼저 하는 일은 그들로 하여금 자신의 삶에 대한 모든 희망을 포기하게 만드는 일이라고 합니다. 그래서 그들에게 비인간적인 학대와 폭력을 일삼아 자존감을 완전히 버리게 하고 생의 희망을 포기하게 만듭니다. 그렇게 자신의 인생에 대한 소망을 철저하게 포기하고 나면, 그들은 자기의 옛 신분을 잊어버리고 강요된 생활에 자신도 모르게 길들여지게 되는 것입니다.

신자 안에 잔존하는 죄가 신자를 지배하는 방식도 마찬가지입니다. 죄는 철저하게 신자를 속이고 강압하여 그로 하여금 신령한 기쁨이 넘치는 은혜의 삶을 꿈꾸지 못하게 만듭니다. 죄는 신자에게 한번 은혜에서 미끄러져 죄의 지배 아래 들어온 실패가 다시는 만회될 수 없는 패배인 것처럼 설득하면서 다시 은혜 아래 살아가는 삶으로 돌아갈 수 없게 엄포를 놓습니다. 그런데 죄는 신자를 단지 폭력과 강압으로만 다스리지 않습니다. 때로는 죄의 즐거움을 선사함으로써 우리 스스로 죄의 지배에 길들여지게 만듭니다. 인신 매매 조직이 끌고 온 부녀자들을 채찍뿐 아니라 마약으로도 길들이듯이 말입니다.

조나단 에드워즈의 지적과 같이 양심의 두 기능은 우리가 지은 죄에 대하여 송사하는 것과 정죄하는 것입니다. 죄의 지배 아래서 신자의 영혼은 스스로 죄를 벗어날 수 없습니다. 그럼에도 불구하고 자신의 죄에 대하여 양심으로부터 끊임없이 송사와 정죄를 받게 되면 영혼은 커다란 고통과 함께 피로감을 느끼게 됩니다. 이 때 신자는, 역설적으로, 예전보다 쉽게 죄의 욕구에 굴복하게 됩니다. 그래서 청교도 신학자 앤드루 풀러(Andrew Fuller)는 모든 죄는 그 사람 안에 있는, 죄에 대항하는 원리를 파괴한다고 지적하였습니다. 이는 신자 안에 죽이지 못하고 남겨 둔 죄를 가진 채 죄에 대항하려고 할 때 죄를 범치 않으려는 의지가 얼마나 힘을 쓰지 못하는 것인지를 염두에 둔 지적입니다.[42]

---

[42] "Moreover, if the mind be unrestrained by fear of God, a regard to man will have but a feeble hold of it. Sin, in various shapes, will be frequently indulged, and, being so indulged, it will soon break

그러나 죄의 이러한 간교함에도 불구하고, 이 모든 지배는 부당한 것입니다. 하나님의 자녀는 그렇게 살 수 없도록 다시 창조된 사람들입니다. 모든 신자들은 그들이 경험하는 죄의 지배가 아무리 강력해 보일지라도 성령께서 역사하시면 아주 신속히 충분히 그 지배에서 벗어날 수가 있습니다.

우리가 하나님 앞에서 다시 순종하고자 하는 의지를 가지고, 죄의 지배를 벗어나 은혜의 통치 아래로 들어가고자 한다면, 하나님께서는 성령의 은혜를 주심으로써 우리가 도저히 극복할 수 없을 것이라고 믿던 죄의 지배를 순식간에 박살내 버리실 것입니다. 그리고 우리는 다시 '생명의 성령의 법'의 충만하고도 실효적인 역사 아래서 승리하는 삶을 살게 될 것입니다.

II. 죄의 지배는 악임

둘째로, 죄의 지배는 악(惡)입니다. 여기서 죄의 지배의 성질상 그것이 악이라는 의미는 크게 두 가지로 나누어 생각할 수 있습니다.

먼저 죄의 결과로서의 악입니다. 악은 죄라는 뿌리에서 자란 줄기나 가지, 혹은

---

out into open vices; for it is not in the power of a man, with all his contrivances, long to conceal the ruling dispositions of his soul." Andrew Fuller, *Miscellaneous Tracts, Essays, Letters, Etc.*, in *The Complete Works of the Rev. Andrew Fuller*, vol. 3, edited by Joseph Belcher, (Harrisburg; Sprinkle Publications, 1988), p.660. "죄 죽임의 실천과 성공은 신자의 마음속에서 은혜가 가장 좋아하는 두 개의 축이다. 이러한 죄 죽임의 의무를 이행하지 않는다면 은혜는 고갈되고 정욕은 흥왕해진다. 그리고 마음은 점점 더 악해져서 은혜가 깃들이기에는 부적합하고, 죄가 깃들이기에는 좋은 틀로 바뀐다. 마음은 은혜를 점점 싫어하고 죄에 대한 강력한 욕구를 갖게 된다. 주님께서는 이런 상태가 얼마나 절망적이고도 두려운 일들을 일으키는지 잘 알고 계신다. 죄 죽임의 의무를 무시함으로써 죄가 거대한 승리를 거둔 곳마다 영혼의 뼈들은 부서진다(시 31:10). 그리고 죄는 인간을 약하게 하고 아프게 하며 죽게 만들어서(시 38:3-5), 결국 그들은 고개조차 들 수 없게 된다(시 40:12, 사 33:24). 연약한 피조물이 거듭해서 죄의 공격을 받아 얻어맞고, 상처를 입고, 꺾이고 또 꺾여서 결국 자기가 싸워야 할 대적인 죄를 향하여 일어설 수조차 없게 되었을 때에 그들에게 무엇을 기대할 수 있겠는가? 죄의 속임수로 마음이 굳어지고 영혼은 엎드려져 죽기까지 피 흘리는 것 말고 또 무엇을 기대할 수 있겠는가? 이러한 일은 죄 죽임을 소홀히 한 끔찍한 결과들이며, 우리는 이러한 일을 신자들 안에서 매일 볼 수 있다." John Owen, *Of the Mortification of Sin in Believers; the necessity, nature, and means of it; with a resolution of sundry cases of conscience thereunto belonging*, in *The Works of John Owen*, vol. 6, edited by William H. Goold, (Edinburgh; The Banner of Truth Trust, 1991 reprinting), p.13.

열매입니다. 따라서 죄와 악은 서로 분리되지 않습니다. 죄는 악을 지향하고 악은 죄를 강화시킵니다. 그리고 하나님을 떠난 인간은 바로 이러한 죄가 가져온 죽음이라는 질병에 걸린 상태에서 악과 고통이라는 증상들을 경험합니다. 이처럼 죄의 지배는 악을 산출하고 그 결과 인간으로 하여금 하나님의 구원 계획을 떠나 고통과 비참 가운데 살게 합니다.

다음으로 덕(德)에 대한 반대 개념으로서의 악입니다. 성경적으로 볼 때, '선'이라고 하는 것은 하나님께서 천지를 창조하실 때에 가지셨던 궁극적인 목적에 부합하는 조건이나 상태를 가리키는 것입니다. 죄는 단지 불법한 일을 저지르거나 부도덕한 것을 가리키는 것이 아닙니다. 그것은 총체적으로 하나님께서 인간과 온 우주를 창조하신 선한 계획과 목적에 배치되는 생각과 삶을 의미합니다. 따라서 이러한 선의 실현과 유지에 기여하는 인간의 존재와 행동은 '덕' 혹은 '미덕'(virtue)이며, 이것을 거스르거나 대항하는 인간의 존재와 행동은 '악' 혹은 '사악'(vice) 입니다. 전자는 하나님 앞에 '아름다움'과 '탁월함'이고 후자는 '추함'과 '비천함'입니다.

죄의 지배는 하나님의 창조와 구속의 목적에 전적으로 배치되는 삶을 살도록 만듭니다. 그런 점에서 죄의 지배는 그 지체가 인간을 창조하시고 구속하신 하나님의 의도를 전적으로 거스르는 계획을 가지고 있습니다. 따라서 죄의 지배는 악이라고 말할 수 있습니다.[43]

신자 안에 내재하는 죄는 바로 이러한 계획을 가지고 신자 안에서 지배력을 확보하려고 치열하게 몸부림칩니다. 단지 우리 안에 존재하는 것이 아니라 맹렬하게 역사하며 자신의 계획을 이루고자 애를 씁니다. 그리고 죄의 계획은 바로 창조의 목적과 구속의 계획을 거스르는 것입니다. 하나님의 은혜가 항상 좋은 것만을 사용해서

---

43) 따라서 죄의 지배는 하나님께서 인간과 세계를 향하여 가지고 계신 궁극적인 의도에 반하는 것으로서, 조나단 에드워즈가 말하는 '덕'(virtue)에 전적으로 배치되는 것이며, 따라서 하나님 앞에서 어떤 '아름다움'(beauty)도, '탁월함'(excellency)도 그 안에 있을 수 없다. Jonathan Edwards, *The Nature of True Virtue*, in *The Works of Jonathan Edwards*, vol. 8, edited by Paul Ramsey, (New Haven; Yale University Press, 1987), p.547. "어떤 사람들이 이러한 창조의 목적을 이탈하여 본성적으로 혹은 다른 방법에 의하여 개별적인 사람이나 사회적 구성체에 대하여 연합이나 애정을 갖게 될 때에 그러한 마음의 경향성과 결정은 총체적으로 절대자이신 하나님께 대한 애정에 복속된 것이 아니다. 그러한 마음의 결정, 경향성, 그리고 정서는 참된 덕의 본질이 아니다. Jonathan Edwards, *The Nature of True Virtue*, in *The Works of Jonathan Edwards*, vol. 8, edited by Paul Ramsey, (New Haven; Yale University Press, 1987), p.554; 김남준, 「구원과 하나님의 계획」, (서울; 부흥과개혁사, 2004), pp.23-29.

우리에게 오는 것이 아니듯, 죄도 고통만 가져다 주는 것은 아닙니다. 오히려 은혜는 고통을 타고 오고, 죄악은 달콤한 유혹과 함께 다가오는 경우가 많습니다. 신자가 죄의 계획에 대하여 알면서도 유혹에 순종하고 악을 행하는 가장 큰 이유는 죄가 주는 기쁨과 즐거움의 미끼를 놓을 수 없기 때문입니다. 곧 죄의 낙(樂) 때문입니다.

죄가 신자 안에서 이처럼 불법한 지배력을 부당하게 얻고자 하는 것은 바로 그러한 지배를 통하여 자기의 계획을 효과적으로 성취할 수 있기 때문입니다. 죄의 계획은 크게 두 가지입니다. 하나님을 대적하며 살게 하고 영혼을 철저하게 파괴하는 것입니다.

A. 하나님을 대적함

첫째로, 신자에 대한 죄의 지배가 악이라고 말할 때, 그것은 하나님을 대적하며 사는 것으로 나타납니다. 죄 자체의 본질이 바로 하나님께 대한 적의(敵意, enmity)이고, 그 구체적인 활동이 반감(aversion)과 대적(opposition)으로 나타나기 때문에, 죄의 지배가 궁극적으로 신자로 하여금 하나님을 대적하며 살게 하는 것은 당연한 귀결입니다.[44]

---

[44] 죄의 본질은 하나님과 하나님께 속한 모든 것에 대한 적의(enmity)이다. 그리고 그 적의는 반감(aversation, 현대 영어에서 aversion)과 대적(opposition)으로 나타난다. "That which we have declared concerning its nature is, that it consists in enmity. Now, there are two general heads of the working or operation of enmity,-first, *Aversation*; secondly, *Opposition*. First, *Aversation*. Our Savior, describing the enmity that was between himself and the teachers of the Jews, by the effects of it, saith in the prophet, 'My soul loathed them, and their soul also abhorred me,' Zech. 11:8. Where there is mutual enmity, there is mutual aversation, loathing, and abomination. So it was between the Jews and the Samaritans,-they were enemies, and abhorred one another; as John 4:9. Secondly, *Opposition*, or contending against one another, is the next product of enmity. Isaiah 63:10, 'He was turned to be their enemy, and he fought against them;' speaking of God towards the people. Where there is enmity, there will be fighting; it is the proper and natural product of it. Now, both these effects are found in this law of sin." John Owen, *The Nature, Power, Deceit, and Prevalency of the Remainder of Indwelling Sin in Believers; together with the ways of its working and means of prevention, opened, evinced, and applied; with a resolution of sundry cases of conscience thereunto appertaining*, in *The Works of John Owen*, vol. 6, edited by William H. Goold, (Edinburgh; The Banner of Truth Trust, 1991 reprinting), p.182. 이 적의는 영혼 안에 있어 영혼 자체는 물론 영혼과 관계를 맺고 있는 인간의 전 기관에 총체적으로 역사한다. 청교도 토머스 찰스(Thomas Charles)는 죄의 본질인 적의는 결국 하나님과 하나님께 속한 모든 것에 대한 총체적인 대적(universal

죄는 어떠한 상황에서도 본질에 있어서 변화하지 않습니다. 죄인은 변하여 하나님의 자녀가 되지만, 인간 안에 있는 죄는 그것이 불신자 안에 있을 때이든, 신자 안에 잔존하고 있는 때이든 본질상 변화가 없습니다. 그래서 성령께서는 죄인은 변화시켜 새 사람을 만드시지만, 죄는 본질 자체를 변화시킬 수 없기에 파멸시켜 버리시는 것입니다.

신자가 죄의 지배를 받는 상태에 있게 되면 자신의 영혼 안에 심겨진 원리와는 완전히 다르게 하나님을 대적하며 살아가게 됩니다. 그가 일시적으로는 죄가 주는 즐거움을 누릴 수 있을지 모르지만, 거기서 영혼의 참다운 만족을 얻을 수 없습니다. 오히려 하나님을 대적하며 살면 살수록 영혼에 힘든 고통이 찾아옵니다. 하나님을 섬기도록 재창조된 사람이 하나님을 대적함으로써 거듭난 본성을 거스르는 삶을 살아가고 있기 때문입니다.

하나님과 하나님의 영광을 위하여 존재하는, 하나님께 속한 모든 것을 대적하며 살아가게 하는 것이 죄가 그토록 신자 안에서 지배력을 확보하려고 하는 이유입니다. 하나님을 대적하는 삶이란 적극적으로 하나님께 반기를 든 삶만을 가리키는 것이 아닙니다. 마음을 하나님께 드리지 않고 하나님 없이도 살아가는 삶, 자신의 행복을 하나님의 영광보다 더 소중한 가치라고 생각하며 살아가는 자기 중심적인 삶이 바로 하나님을 대적하는 삶입니다.

신자가 이러한 삶을 살게 되면, 자신을 구원하신 하나님의 계획을 이루어 드리지 못하게 되며, 오히려 하나님의 영광을 가리게 됩니다. 죄가 신자 안에서 불법하게라도 지배력을 얻고자 하는 것은 바로 신자로 하여금 이러한 삶을 살게 하기 위함입니다.

---

opposition)으로 나타나며, 하나님의 능력 이외에 어떤 것으로도 이러한 적의를 파멸시킬 수 없다고 보았다. "It is also against every thing in God, every attribute and perfection, every promise and every command, law and gospel, mercy as well as justice; in short it is an universal opposition in man to every thing in God, which nothing but divine power can slay and abolish." Thomas Charles, *Thomas Charles' Spiritual Counsels; selected from his letters and papers,* edited by Edward Morgan, (Edinburgh; The Banner of Truth Trust, 1993), p.175. 조나단 에드워즈 역시 본성적으로 하나님을 대적하면서 살 수밖에 없는 인간은 하나님과 원수일 수밖에 없다고 보았는데, 하나님을 향한 인간의 원수 됨은 그리스도께 나아오려 하지 않는 완고함에 의하여 입증된다는 것이다. Jonathan Edwards, "Men Naturally are God's Enemies," *Miscellaneous Discourse,* in *The Works of Jonathan Edwards,* vol. 2, revised and corrected by Edward Hickman, (Edinburgh; The Banner of Truth Trust, 1995 reprinting), pp.130-141.

B. 영혼을 파괴함

둘째로, 죄의 지배의 또 하나의 목적은 신자의 영혼을 파괴하는 것입니다. 여기서 파괴시킨다는 것은 영혼에 죽음을 가져온다거나, 하나님께서 이미 심으신 '생명의 성령의 법'을 파멸시킨다는 의미가 아닙니다. 신자 안에서는 죄가 그런 일을 할 수 없습니다. 따라서 죄가 신자의 영혼을 파괴한다는 것은 새롭게 심겨진 생명의 성령의 법 안에 있는 질서를 무너뜨리고 신자의 영혼 안에 있는 생명력과 활기를 빼앗아 가 버리는 것입니다.

중생은 곧 성령의 작용으로 말미암아 새로운 생명과 질서가 그 사람 안에 심겨지는 것을 의미합니다. 그것은 영혼과 마음 안에서 하나의 틀을 형성하며 그의 전 인격에 영향을 미칩니다. 지성과 정서와 의지에 모두 영향을 미쳐 가지런한 은혜의 질서를 갖추게 합니다. 지성은 하나님의 생각을 잘 이해하고, 정서는 하나님의 마음을 나누어 가지며, 의지는 하나님의 뜻에 잘 굴복할 준비가 되어 있습니다. 그러한 변화된 질서는 마음의 틀에 잘 반영됩니다. 그러나 처음 회심과 함께 심겨지는 이러한 영혼의 상태는 항상 같은 정도로 은혜의 질서를 유지하는 것은 아닙니다. 신자의 영혼이 은혜로부터 멀어지고 죄의 지배를 받게 되면 이 질서정연한 틀이 파괴됩니다. 이러한 은혜의 질서의 붕괴는 자기 안에 있는 죄에 대한 지성의 인식을 흐리게 합니다. 죄와 유혹에 대하여 정서로써 친화적이 되게 하고, 자기의 즐거움을 위하여 의지로써 하나님을 거스르게 합니다. 이 모든 일은 신자 안에 있는 은혜의 질서가 무너짐으로써 일어납니다. 그리고 죄의 이러한 작용을 영혼에 대한 파괴라고 부르는 것입니다.

신자 안에 내재하는 죄는 바로 이러한 목적을 가지고 지배력을 얻고자 합니다. 영혼을 파괴함으로써 신자 안에서 불법하게 이루어진 죄의 지배력을 항구적으로 유지하고자 하는 것입니다. 그러므로 신자의 의무는 죄의 지배의 궁극적인 계획을 미리 알고 끊임없이 은혜 안에 살아감으로써 죄를 이길 은혜의 힘을 유지하고 강화하는 것입니다.

한눈에 보는 5장 죄의 지배의 성질: 거역과 악

I. 죄의 지배는 부당한 거역이다
- 불신자에게 죄의 지배는 정당한 것이나 신자에게 있어서 죄의 지배는 부당한 거역임
- 신자는 하나님에 의해 죄와 사망의 법에서 이미 해방되었기 때문임
- 신자는 신분상 죄인일 수 없고 죄의 지배를 받으며 살아야 할 숙명에 놓일 수 없음
- 그런데 신자가 은혜의 원리를 거역하고 정욕을 따라 불순종하게 되면
  죄는 그의 영혼 안에서 번성하게 되고 지배력을 갖게 됨
- 신자들에 대한 죄의 지배는 상대적인 것으로, 견고해 보이나 영원할 수 없음
- 신자 안에 심겨진 우세한 영적 원리를 거스른 부당한 것이기 때문임
- 죄의 지배가 아무리 강력해 보여도 성령께서 역사하시면 신속히 거기에서 벗어날 수 있음

II. 죄의 지배는 악이다
  A. 하나님을 대적하며 살게 함
   - 죄의 본질은 하나님을 향한 적의이며, 그 구체적인 행동은 반감과 대적으로 나타남
   - 따라서 죄의 지배는 하나님의 창조와 구속의 목적에 전적으로 배치되는 삶을 살게 만듦
   - 하나님을 대적하며 살면 살수록 신자의 영혼에는 고통이 찾아옴
   - 하나님을 섬기도록 재창조된 사람이 거듭난 본성을 거스르는 삶을 살기 때문임
   - 죄가 불법하게라도 지배력을 얻고자 하는 것은 신자로 하여금 하나님을 대적하며 살게 하기 위함임
  B. 영혼을 파괴함
   - 죄의 지배의 두 번째 목적은 신자의 영혼을 파괴하는 것임
   - 영혼을 파괴한다는 것은 새롭게 심겨진 생명의 성령의 법 안에 있는 질서를 무너뜨리고
     영혼의 생명력과 활기를 앗아가 버리는 것임
   - 죄가 지배하게 되면 신자 안에 심겨진 은혜의 질서와 변화된 질서가 반영된 마음의 틀이 무너짐
   - 신자는 죄에 속지 않을 뿐 아니라 끊임없이 은혜 안에 살아감으로써
     죄를 이길 은혜의 힘을 유지하고 강화해야 함

The Doctrine on Dominion of Sin and Grace in Believers

"죄가 너희를 주관치 못하리니
이는 너희가 법 아래 있지 아니하고 은혜 아래 있음이니라" (롬 6:14)

제6장

죄의 지배의 특성 :
신자의 순종을 사용함

제6장

죄의 지배의 특성: 신자의 순종을 사용함

이어서 생각할 것은 죄의 지배의 특성입니다. 여기서 우리는 두 가지를 특별히 고려하여야 합니다. 첫째는 죄의 강압이 유혹을 통하여 신자의 생각에 힘을 가하지만, 그것이 곧 죄의 지배를 가져오지는 않는다는 것입니다. 그리고 둘째는 죄의 지배력은 죄에 대한 신자의 순종을 통해서 힘을 얻는다는 것입니다.

I. 죄의 이중적 공격

신자에 대한 죄의 능력은 안과 밖 두 가지 방향으로 역사합니다. 첫째로, 안으로부터의 역사는 신자 안에 내재하는 죄의 역사입니다. 그리고 둘째로, 밖으로부터의 역사는 죄의 유혹입니다. 스스로 신앙심을 가졌다고 생각하는 많은 그리스도인들도 전자에 대하여는 인식이 무딥니다.[45] 그러나 후자에 대하여는, 비록 영적으로

---

45) 사도 바울은 자신을 사로잡는 죄의 법(法)을 자기 안에서 발견하게 된 방식을 다음과 같이 말한다. "그러므로 내가 한 법을 깨달았노니 곧 선을 행하기 원하는 나에게 악이 함께 있는 것이로다"(롬 7:21). 이것은 경험적인 방식에

덜 성숙한 신자들이라 할지라도 비교적 잘 인식합니다. 그래서 어떤 사람들은 자신에게 죄의 유혹이 빈번하게 일어나는 것을 두고 자신이 너무 악한 사람이기 때문에 그렇다고 생각합니다. 그리고 그렇게 유혹받음으로써 자신이 점점 더 죄의 지배 아래로 들어간다고 생각합니다.

죄의 능력은 유혹을 강력하게 만들고, 이 때에 신자는 생각 안에 유혹이 가하는 큰 힘을 경험하게 됩니다. 유혹이 신자의 생각 안에 힘을 가한다는 사실은 두 가지로 나타납니다.

첫째는, 신자에게 악한 생각이 평소처럼 가끔이 아니라 아주 빈번히 떠오르게 된다는 것입니다.

둘째는, 그 악한 생각이 평소처럼 쉽게 사라지는 것이 아니라 강력한 힘을 가지고 마음에 착상되려고 한다는 것입니다. 이 때 신자 안에 떠오른 악한 생각은 평소보다 쉽게 정서의 도움을 받아 마음을 죄에 대한 구체적인 소원으로 채우고 의지의 동의에 쉽게 접근하게 됩니다. 그래서 신자가 시험을 받지만, 성경은 특별한 시험의 때가 있음을 말합니다.**46)** 이 때에는 평소보다 더욱 특별한 기도와 순종이 요구된다

의하여 자기 안에 역사하고 있는 죄의 작용과 힘을 깨닫게 된 것이다. 따라서 존 오웬이 지적하는 바와 같이 '내가 한 법을 깨달았다.' 는 것은 곧 '내가 죄의 힘과 영향력을 경험하였다.' 는 것을 의미한다. 그는 이전에도 자신 안에 있는 그와 같은 법의 존재에 대해 계속해서 들었고 배워 왔을 것이다. 그러나 이제 그것을 직접 경험하게 된 것이다. 신자가 죄의 한 법이 있다는 사실을 일반적으로 아는 것과 자신 안에 있는 죄의 법의 힘을 경험하는 것은 별개이다. 죄는 모든 사람들에게 설교되어졌고, 성경을 가진 모든 사람은 그것을 안다. 그러나 자신들 안에 있는 죄의 법의 실체를 깊이 아는 사람은 많지 않다. 우리가 참된 신자가 되고 하나님 앞에서 더욱 온전한 삶을 살고 실제적으로 그리스도와의 더욱 온전한 연합 속에서 살기 위해서는, 죄에 대하여 타협하지 아니하고 더욱 죄를 미워해야 하며 그것의 계획과 힘에 대항하여 더 많이 싸워야 할 것을 성경은 촉구한다. "너희가 죄와 싸우되 아직 피 흘리기까지는 대항치 아니하고"(히 12:4). 그리고 우리는 일평생 죄의 열매가 이 세상에 덜 맺히도록 힘쓰며 그 일을 위하여 기여하여야 한다. 이처럼 신자들은 내재하는 죄의 힘과 영향력들에 대한 경험을 가진 자이다. 그들은 그것을 자신 안에서 발견한다. 그들은 그것을 한 법으로서 발견한다. 그것은 스스로를 드러내는 영향력으로서, 살아서 자신을 드러낸다. 존 오웬은 이러한 죄의 힘을 자신 안에서 발견하지 못하는 사람은 이미 죄의 지배 아래에 있는 사람이라고 단정하였다. 죄와 더불어 싸우는 자는 누구든지 그것이 자신과 함께함을 틀림없이 알게 된다는 것이다. John Owen, *The Nature, Power, Deceit, and Prevalency of the Remainder of Indwelling Sin in Believers; together with the ways of its working and means of prevention, opened, evinced, and applied; with a resolution of sundry cases of conscience thereunto appertaining,* in *The Works of John Owen,* vol. 6, edited by William H. Goold, (Edinburgh; The Banner of Truth Trust, 1991 reprinting), p.160.

46) "네가 나의 인내의 말씀을 지켰은즉 내가 또한 너를 지키어 시험의 때를 면하게 하리니 이는 장차 온 세상에 임하여 땅에 거하는 자들을 시험할 때라"(계 3:10). 예수님께서 기도하지 않고 잠든 제자들에게 하신 말씀에서도 나타난다. "이르시되 어찌하여 자느냐 시험에 들지 않게 일어나 기도하라 하시니라"(눅 22:46). 존 오웬은 시험에 들게 되는 특별한 때(seasons)를 다음과 같이 제시하였다. (1)비범한 외적 번영의 때(시 30:6). (2)은혜를 맛본 뒤 침체의 때(아 5:2-8). (3)영적 즐거움을 크게 맛보았을 때(고후 12:7). (4)자만의 때, 곧 자신의 영혼에 대하여 선 줄로 생각할 때(벧

는 것은 의심할 여지가 없습니다.

그러나 죄가 아무리 강력하게 유혹하며 생각 속에 힘을 가한다 할지라도 신자가 거기에 순종하지 않고 대항하는 한, 결코 죄의 지배 아래로 들어가지 않습니다. 그렇습니다. 신자가 죄와 싸우고 있는 동안에는 결코 죄가 신자의 영혼 안에서 지배력을 가질 수 없습니다. 때로 유혹하는 죄의 힘이 너무나 강력해서 신자의 생각이 강하게 영향을 받아 악한 생각에 압도되는 것 같은 때가 있다 할지라도, 그러한 죄는 밖으로부터의 역사만을 가지고는 신자 안에 지배력을 가질 수 없습니다. 신자가 그 유혹을 받아들이고 거기에 복종하여 죄를 범하는 일을 반복하지 않는 한 말입니다.

II. 신자의 순종을 통해 지배력을 가짐

신자 안에 내재하는 죄의 특성은 신자의 순종을 통하여 자신의 지배력을 강화해 나간다는 것입니다. 비록 신자 안에 죄가 역사하고 있다 할지라도, 신자가 자신 안에 심겨진 '생명의 성령의 법'을 따라 죄에 저항하는 동안에는 결코 죄의 지배 아래 놓일 수 없습니다.

치열한 싸움이 있어서 신자가 고통스러울지라도 죄에 대하여 순종하지 않는 한,

전 1:17. 그리고 그 시험의 때는 다음 세 가지 여건을 통하여 번성기를 누리게 된다고 보았다. (1)유혹이 끊임없이 계속됨으로써. (2)그 죄가 사회적으로 보편화됨으로써. (3)상황과 타협함으로써. John Owen, *Of Temptation; the nature and power of it; the danger of entering into it, and the means of preventing that danger, with a resolution of sundry cases thereunto belonging*, in *The Works of John Owen*, vol. 6, edited by William H. Goold, (Edinburgh; The Banner of Truth Trust, 1991 reprinting), pp.127-129. 에드워드 페이슨 (Edward Payson)은 이러한 시험의 때를 이기는 길은 자신이 하나님 앞에 있다는 사실을 인식하고, 요셉이 유혹을 받을 때 고백했던 바, "이 집에는 나보다 큰 이가 없으며 주인이 아무것도 내게 금하지 아니하였어도 금한 것은 당신뿐이니 당신은 자기 아내임이라 그런즉 내가 어찌 이 큰 악을 행하여 하나님께(לֵאלֹהִים) 득죄하리이까"(창 39:9)라는 말씀을 기억하는 것이라고 하였다. '하나님께'(레로힘, לֵאלֹהִים, 문자적으로 '하나님을 향하여' 혹은 '하나님을 대하여')는 곧 '하나님을 대항하여'(against God)라는 의미인데, 이는 신자가 마음으로부터 하나님을 대적하는 모든 죄를 버리지 않고는 유혹을 이길 수 없음을 보여주는 것이다. Edward Payson, *Memoir, Select Thoughts and Sermons*, in *The Complete Works of Edward Payson*, vol. 2, edited by Asa Comings, (Harrisburg; Sprinkle Publications, 1988), pp.395-404.

죄는 그 사람 안에서 지배력을 가질 수 없습니다. 그러나 신자가 죄에 대하여 순종하면 지배력을 확장하고자 역사하는 죄에 힘을 실어 주는 결과를 가져옵니다. 다음의 두 가지 사실을 통해 우리는 이것을 보다 분명하게 이해할 수 있을 것입니다.

A. 생각에 가해지는 죄의 힘과 혼란

첫째로, 죄의 능력은 신자의 생각(mind)을 공격하게 됩니다. 왜냐하면 죄가 지배력을 얻기 위해서는 신자의 마음의 동의가 필요한데, 생각은 마음(heart)으로 들어가는 문이기 때문입니다. 그리고 죄가 강한 능력으로 신자의 생각 속에 힘을 가할 때 일시적으로 신자는 혼란에 빠질 수 있습니다. 그러나 죄의 능력 있는 역사에 의하여 신자의 생각 속에 힘이 가해진다고 해도 그것이 곧 죄의 지배는 아닙니다. 그렇지만 이러한 강한 유혹은 신자의 마음의 틀에 일시적인 영향을 줍니다. 그래서 생각은 옳고 그름에 대한 판단에 있어 평소와 같은 분명함과 예리함, 그리고 신속함을 어느 정도 잃게 되고, 그러한 생각의 영향을 받은 정서는 잠시 좋아해야 할 것과 혐오해야 할 것에 대한 판단을 어느 정도 잃게 됩니다. 그리고 그것은 신자의 마음에 있는 은혜로운 틀을 흔들어 잠시 혼란에 빠지게 합니다. 그러나 역시 그러한 일시적 혼란이 곧 죄가 신자를 죄의 지배 아래로 데려갔다거나 죄가 승리한 것을 입증하는 것은 아닙니다. 이러한 일시적 경험에도 불구하고 신자는 풍성한 영적 생명과 올곧은 삶을 유지할 수 있습니다. 그것은 마치 팽팽한 고무줄을 잠시 건드려 흔들리게 하는 것과 같습니다. 잠시 흔들리지만 곧 올곧은 팽팽함을 회복하게 됩니다.

B. 죄와 싸우고 있는 한 지배가 불가함

둘째로, 아무리 강한 죄의 유혹을 받는다고 할지라도 신자가 그것과 싸우고 있는 동안에는 결코 죄가 신자를 지배하지 못합니다. 이 때 죄는 신자에게 영향은 끼칠 수 있지만 지배할 수는 없습니다. 신자가 거기에 굴복하지 않았기 때문입니다.

신자 안에 있는 은혜의 지배와 죄의 지배의 공통점은 모두 순종을 통해 지배력을 행사한다는 것입니다. 성령께 순종함으로써 은혜의 지배 아래 살아가게 되고, 정욕에 순종함으로써 죄의 지배 아래 살아가게 됩니다. 신자가 은혜의 지배 아래 살아가느냐 죄의 지배 아래 살아가느냐를 결정함에 있어서 신자 자신의 순종이 중요한 관건이 되는 것입니다.

하나님께서 말씀을 통하여 우리에게 많은 것을 깨닫게 하시고 또 놀라운 은혜를 부어 주신다 할지라도, 우리가 실제적으로 순종하며 살지 않는다면, 지속적으로 은혜 아래 사는 것은 불가능합니다. 또한 죄가 아무리 강한 유혹을 우리의 생각 속에 힘있게 밀어 넣는다 할지라도 우리가 거기에 순종하지 않는다면, 우리는 어떤 경우에도 죄의 실제적인 지배 아래 놓이지 않습니다.

그래서 신자 안에 잔존하는 죄의 지배를 벗어나 은혜의 지배 아래 살아가는 삶을 말함에 있어서 신자의 순종은 아무리 강조해도 지나치지 않습니다. 물론 성령께서 우리의 성화를 위하여 역사하는 주체이시지만, 그분은 홀로 일하지 아니하시고 신자의 순종을 통하여 역사하십니다. 성령께서는 순종하려는 신자에게 순종할 수 있는 능력을 주신다는 점에서, 신자 안에서 신자와 함께 역사하시지 신자 밖에서 신자의 의지를 거슬러서 역사하시지 않습니다.

또한 죄에 대한 신자의 순종은 반복됨에 따라 역사하는 죄의 능력을 점점 더 강화시켜 줍니다. 따라서 신자는 죄의 유혹을 이기는 순간의 고통보다 거기에 져서 굴복함으로 당면하게 되는 죄의 능력 아래서 받는 고통이 더욱 큼을 기억하며 죄의 유혹에 굴복하지 말아야 합니다. 따라서 신자가 죄와 타협하는 것은 어리석은 것입니다. 왜냐하면 죄의 유혹은 거기에 굴복함으로 당장은 그 강압하는 힘을 누그러뜨릴 수 있지만, 시간이 흐를수록 죄의 유혹에 저항하는 은혜의 힘은 약화되고 죄의 능력은 강화될 것이기 때문입니다.

예수 그리스도를 향한 신자의 사랑이 무엇입니까? 그것은 곧 순결(純潔)이 아닙니까? 청교도 신학자 존 오웬(John Owen)의 지적과 같이 그리스도인의 순결은 곧 그리스도를 향한 사랑으로 가득 찬 마음과 거기로부터 흘러나오는 사랑의 삶입니다. 신자가 죄의 요구에 순종할 수 없는 이유가 바로 이 때문입니다.

때로는 조성된 환경으로 인하여 신자 안에서 죄가 힘을 얻습니다. 그리고 강력한 힘으로 신자를 밀어붙입니다. 이 때 신자는 생각에 가해지는 죄의 힘을 느끼며 혼란스럽게 됩니다. 마음의 틀은 흔들리고 정서는 엉클어지고 의지는 죄에 항거함에 있어서 약해집니다. 그러나 그런 모든 불리한 상황에도 불구하고 신자가 죄와 싸우고 있는 한 죄는 신자를 지배하지 못합니다. 신자가 죄와 싸우고 있는 한 성령께서 죄를 이길 은혜의 힘을 공급하고 계시기 때문입니다.

신자 안에 있는 죄의 능력이 아무리 강하다 할지라도, 그 능력으로 신자를 지배할 수 없습니다. 왜냐하면 하나님께서 그리스도의 피로 그들을 구원하시되 죄와 사망의 법에서 그들을 해방하셨기 때문입니다. 신자 안에는 죄의 능력보다 더 큰 생명의 성령의 능력이 있어서 신자를 자유롭게 합니다. 신자가 죄에 사로잡히고 억압 가운데 지배를 받는 것은 욕심에 이끌려 죄의 요구에 스스로 순종하기 때문입니다.

그러나 신자는 그렇게 살 수 없도록 하나님께서 부르신 사람입니다. 스스로 죄의 유혹에 이끌려 죄 가운데로 들어가는 동안에는 깨달을 수 없는 무서운 속박이 기다리고 있습니다. 우리가 참으로 진리를 알고 하나님께 순종하는 삶을 사는 가운데에서만 진정한 자유를 누릴 수 있는 것도 바로 이 때문입니다.

아아, 우리에게 주신 자유는 얼마나 소중한 것입니까? 희망 없는 죄인으로 죄악의 사슬에 매여 살던 삶은 옛날로 충분합니다. 이제는 빛 가운데서 그리스도를 알고 하나님을 사랑하며 성령 안에서 살게 하셨습니다. 거기서 삼위일체 하나님을 사랑하며 그분께로부터 모든 영생의 자원을 공급받으며 이 세상에 흐르는 강물처럼 살게 하신 것입니다. 신자가 죄와 더불어 싸워야 하는 것도 바로 이 때문입니다.

한눈에 보는 6장 죄의 지배의 특성: 신자의 순종을 사용함

I. 죄의 이중적 공격
- 신자 안에서 일어나는 죄의 공격은 신자 안에 잔존하는 죄의 역사임
- 신자 밖에서 일어나는 죄의 공격은 죄의 유혹임
- 사람들은 전자에 대해서는 잘 인식하지 못하나 후자에 대해서는 비교적 잘 인식함
- 죄의 능력은 유혹을 강력하게 만들고, 이 때 신자는 생각 안에 유혹이 가하는 큰 힘을 경험하게 됨
- 유혹하는 힘이 아무리 강력해도 밖으로부터의 역사만으로는 죄가 신자 안에 지배력을 가질 수 없음

II. 신자의 순종을 통해 지배력을 가짐
A. 생각에 가해지는 죄의 힘과 혼란
- 죄의 능력은 신자의 생각을 공격함
- 죄가 지배력을 얻기 위해서는 마음의 동의가 필요한데, 생각은 마음으로 들어가는 문이기 때문임
- 죄가 강한 능력으로 신자의 생각에 힘을 가할 때 혼란에 빠질 수 있지만 그것이 곧 죄의 지배는 아님

B. 죄와 싸우고 있는 한 지배가 불가함
- 아무리 강한 유혹을 받아도 신자가 그것과 싸우고 있는 동안에는 죄가 신자를 지배할 수 없음
- 죄는 은혜와 마찬가지로 신자의 순종을 통해 지배력을 행사함
- 신자가 죄의 유혹에 반복적으로 순종할 때 역사하는 죄의 능력은 점점 더 강화됨

The Doctrine on Dominion of Sin and Grace in Believers

"죄가 너희를 주관치 못하리니
이는 너희가 법 아래 있지 아니하고 은혜 아래 있음이니라"(롬 6:14)

제7장

죄의 지배의 환경 :
성령의 은혜를 떠나감으로써

제7장
죄의 지배의 환경: 성령의 은혜를 떠나감으로써

이어서 생각해 볼 것은 죄가 신자를 지배하는 환경입니다. 즉, 어떠한 환경에서 신자 안에서 죄가 지배력을 얻게 되는가 하는 것입니다. 신자 안에 내재하는 은혜도, 그리고 죄도 모두 그것이 잘 보존되고 성장할 수 있기 위해서는 거기에 적합한 환경이 필요합니다.

죄가 지배력을 얻는 데 적합한 환경은 신자가 성령의 은혜의 통치를 떠나는 것입니다. 따라서 신자 안에서 죄가 지배력을 갖게 되기 전에는 반드시 은혜로부터의 미끄러짐이 있습니다.[47]

신자가 자신 안에서 죄의 강력한 지배력을 느끼게 될 때에는, 그 전에 먼저 성령의 은혜로부터 멀어지는 일이 있습니다. 그러한 일은 갑자기 일어날 수도 있고, 서서히 이루어질 수도 있습니다. 어떤 경우든지 신자가 성령의 은혜의 통치로부터 멀

---

[47] 죄의 지배 상태에 들어가는 것과 은혜로부터 미끄러지는 것은 같은 것이 아니다. 전자는 죄가 지배하고 있는 상태이지만, 은혜로부터의 미끄러짐(backsliding)은 영혼 자체와 그 기능들, 곧 생각과 총명과 마음이 마땅히 고착되어 있어야 할 정당한 것에서 이탈한 상태를 가리킨다. 따라서 이러한 미끄러짐은 죄의 지배로 들어가는 과정이다. 이러한 영혼의 미끄러짐에 대하여는 다음을 참고하라. Andrew Fuller, *Memoirs, Sermons, Etc.*, in *The Complete Works of the Rev. Andrew Fuller*, vol. 1, edited by Joseph Belcher, (Harrisburg; Sprinkle Publications, 1988), pp.554-560.

어지는 것은 죄가 지배력을 강화할 수 있도록 좋은 여건을 마련해 주는 것과 같습니다.

우리가 성령 안에서 살아가고 그 은혜의 통치 아래 순종할 때에, 우리의 마음과 영혼은 죄가 지배력을 얻기는커녕 영향력을 행사하기에도 매우 불리한 여건이 되는 것입니다. 성령의 은혜가 죄를 죽이고 파괴하기 때문입니다. 따라서 내재하는 죄는 자기의 때를 기다리며 우리 안에 엎드려 있습니다. 마치 엎드린 채 사냥감이 사정권 안에 들어오기를 기다리는 굶주린 사자와 같이 말입니다. 이처럼 죄는 신자의 내면에서 강력한 지배력을 얻기 위하여 신자가 성령의 은혜로부터 멀어지기를 고대하며 자신이 할 수 있는 일을 다 합니다.

신자가 은혜로부터 멀어질수록 죄에 가깝게 됩니다. 마치 사람이 자연으로부터 멀어지면 질병과 가깝게 되듯이 말입니다. 신자 안에 은혜가 사라짐으로써 죄에 대한 저항력은 현저히 약화되고, 악한 욕망에 대한 친화력은 강해지게 됩니다. 더러운 생각은 마음에 쉽게 착상되어 뿌리를 내리게 되고, 뿌리를 내린 생각은 죄를 출산할 수 있는 쉬운 기회를 찾게 됩니다.

이 때, 영혼의 싫증은 하나님께 간구하며 은혜의 통치 아래로 다시 돌아오는 일에 태만하게 하고, 육체의 게으름은 이를 위한 마땅한 의무에 대하여 수고하기를 거절하게 함으로써, 은혜로부터 총체적으로 미끄러지도록 돕습니다.

이렇게 육체의 게으름과 영혼의 싫증이 만나게 되면, 신자는 신속히 은혜의 지배로부터 멀어지고 죄가 지배력을 강화할 수 있는 좋은 여건을 마음과 영혼 안에 마련하게 되고, 죄는 우리 안에 있는 은혜와의 싸움에 있어서 매우 유리한 고지를 차지하게 됩니다. 육체의 소욕을 좇아 순종하는 것은 매우 쉬워지고, 성령의 소욕을 따라 죄와 싸우는 것은 매우 힘겹게 됩니다.[48]

---

[48] 여기서 싫증과 게으름의 문제를 생각하지 않을 수 없다. 영혼의 싫증이 하나님과 하나님께 속한 신령한 것에 대하여 갖는 '영적인 권태' 나 '타락한 지루함' 을 의미한다면, 게으름은 육체에 속한 것으로 하나님의 명령을 이행함에 있어 '나태함' 이나 의무 수행에 있어 '태만함' 을 가리킨다. 따라서 육체의 게으름과 영혼의 싫증은 떨어질 수 없는 밀접한 관계에 있다. 신자가 죄를 가까이하게 되는 환경이 태만, 게으름, 부주의함 등에서 발단되는 것을 보아도 잘 알 수 있다. 신자가 성화에 있어서 진보를 보기 위해서는 일체의 성실함과 부지런함이 요구된다. 따라서 영혼의 싫증과 육체의 게으름은 신자로 하여금 거룩한 삶을 살지 못하도록 방해하는 은밀한 대적이다. 신자의 성화 생활에 있어서의 게으름에 관하여는 다음을 참고하라. 김남준. 「게으름」, (서울; 생명의말씀사, 2004).

I. 신자가 은혜의 고갈 상태에 있을 때

앞서 살펴보았듯이 죄가 신자 안에 들어와 우세한 지배력을 확보하기 위해서는 은혜가 쇠퇴하고, 나아가 고갈 상태가 되는 일이 필요합니다. 그리고 은혜가 지배력을 잃는 것만큼 죄가 지배력을 더욱 확보하게 됩니다. 그러면 여러분은 이렇게 질문하고 싶으실 것입니다. "거듭난 신자에게도 은혜의 고갈 상태가 있을 수 있는가?" 이에 대한 대답은 "그렇다."입니다. 신자가 은혜의 고갈 상태에 있을 때에도 은혜의 작용이 완전히 멈추는 것은 아닙니다. 그러나 죄의 지배 아래서 경험되는 은혜의 통치는 은혜의 지배 아래서의 그것과 매우 다릅니다. 이것들은 다음과 같이 설명될 수 있습니다.

A. 은혜의 통치가 지속적이지 않음

첫째로, 은혜의 통치가 지속적이지 않습니다. 신자는 성령으로 말미암아 거듭난 사람이며, 실효적으로 그 사람 안에 생명의 성령의 법이 심겨진 사람입니다. 이제 그는 옛 사람이 아니라 그리스도 안에서 거듭난 새로운 피조물입니다. 그는 원리적으로 이미 은혜 아래 있는 사람이고, 하나님께서는 어떠한 경우에도 그를 율법으로 다스리시지 아니하고 은혜를 통하여 다스리십니다. 그가 아무리 절망적인 죄의 지배 아래 있다고 할지라도 그에게 주신 이 새 생명과 은혜는 완전히 사라질 수 없습니다. 그래서 예수님께서는 살았다는 이름은 가졌으나 실상은 죽은 자라고 평가하시던 사데 교회를 향해서도 은혜의 남은 것이 있다고 말씀하셨습니다(계 3:2).

이처럼 신자의 영혼이 죄의 지배를 받으면서도 하나님의 사랑에 대한 경험, 간헐적으로 마음이 쏟아 부어지는 기도의 경험, 일시적인 은혜의 정서 같은 것을 느낄 수 있습니다. 그러나 이러한 것을 경험한다고 해서 그것이 곧 죄의 지배를 벗어나 은혜의 지배 아래로 들어간 것을 뜻하는 것은 아닙니다. 죄의 지배 아래서도 그러한 은혜의 경험은 있을 수 있기 때문입니다. 은혜의 지배 아래서는 이러한 경험이 지속적이지만, 죄의 지배 아래서는 이러한 경험이 있다 할지라도 간헐적입니다.

비유하자면 이렇습니다. 일본 제국주의가 나라를 강점하고 서슬 시퍼런 총칼로 이 민족을 완전히 장악하였을 때에도 총 들고 싸우던 소수의 독립 투사들이 있었듯이, 죄의 지배 아래 있는 신자에게도 간헐적인 은혜의 경험이 있습니다. 때로는 그러한 은혜의 경험이 강하게 나타나 죄 아래 있는 자신의 상태를 탄식하며 울부짖게 만들기도 하고 하나님의 용서를 간절히 구하게 하기도 합니다. 그러나 이러한 경험이 있다고 해서 죄의 지배 아래 있는 그의 영혼의 상태가 갑자기 좋아지는 것은 아닙니다.[49)]

---

49) 죄의 억눌림 아래서 괴로워하던 신자들은 종종 진심으로 하나님께 울부짖기도 한다. 이들은 한순간 가난해진 마음으로 하나님을 앙망하게 된다. 그리고 자신들의 진실하고 통절한 기도가 있었으므로 하나님께서 죄에서 건져 주실 것이라고 확신한다. 그러한 확신은 곧 죄로부터의 구출이 마치 은사처럼 주어질 것이라는 기대에서 오는 것이다. 그러나 신자를 지배하고 있는 죄로부터의 구출은 그런 식으로 오지 않는다. 이에 대하여 존 오웬은 다음과 같이 명백하게 지적한다. "우리의 영적 생명의 활기와 힘은 우리의 죄 죽임에 달려 있다. 죄 죽임만이 우리의 영혼이 죄로 인해 생기를 잃고 어두워지는 것을 막는 유일한 방편이기 때문이다. 정욕의 힘 아래에서 상하고 아픈 사람들은 도움을 청한다. 그들은 생각의 혼란스러움에 의해 압도당한 상태에서 하나님께 부르짖는다. 그러나 아무리 부르짖어도 그들은 구출받지 못하고 많은 치료책들을 강구하나 헛수고이다. "너희 상처를 낫게 하지 못하리라"(호 5:13). 그래서 "에브라임이 자기의 병을 깨달으며 유다가 자기의 상처를 깨달았고"(호 5:13)에서와 같이 잡다한 치료 방법을 강구하였으나 "저희가 그 죄를 뉘우치고"(acknowledge their offence) 하나님께로 돌아오기까지(호 5:15)는 아무 소용이 없었다. 이처럼 사람들은 자신들의 병과 상처를 깨달을 수 있다. 그러나 그러한 깨달음을 올바르게 적용하지 않는다면, 그들의 치료는 효과를 보지 못할 것이다"(Now, in this regard doth the vigour and power of our spiritual life depend on our mortification; It is the only means of the removal of that which will allow us neither the one nor the other. Men that are sick and wounded under the power of lust make many applications for help; they cry to God when the perplexity of their thoughts overwhelms them, even to God do they cry, but are not delivered; in vain do they use many remedies……). John Owen, *Of the Mortification of Sin in Believers; the necessity, nature, and means of it; with a resolution of sundry cases of conscience thereunto belonging*, in *The Works of John Owen*, vol. 6, edited by William H. Goold, (Edinburgh; The Banner of Truth Trust, 1991 reprinting), p.23. 사람들의 이러한 오해는 새 언약의 놀라운 은혜의 역사에 대한 오해에서 비롯된 것이다. 존 오웬은 하나님의 용서를 경험하는 것에 대한 해박한 논문인 「시편 130편 주해」(*A Practical Exposition upon Psalm CXXX.*)에서 이 문제를 언급하는데, 그는 은혜의 언약 안에서 실질적으로 죄를 대적하기 위해 신자에게 주어지는 은혜는 신자의 순종 여부와 상관없이 역사하는 절대적인 것이 아니라고 확언하고 있다. 하나님의 절대적인 은혜 언약의 역사가 있는 곳에 신자에게 주어지는 언약적 계명과 권고 또한 있다는 것이다. 은혜 언약은 주신 은혜를 지키기 위한 신자의 죄를 죽이는 노력을 결코 배제하지 않는다. 새 언약의 은혜는 신자에게 그 언약에서 오는 마땅한 순종을 요구하고 있다. "Thus, though there be, in the covenant of grace through Jesus Christ, provision made of abundant supplies for the soul's preservation from entangling sins, yet their administration hath respect unto our diligent attendance unto the means of receiving them appointed for us to walk in. And here lies the latitude of the new covenant, here lies the exercise of renewed free-will. This is the field of free, voluntary obedience, under the administration of gospel grace." John Owen, *A Practical Exposition upon Psalm CXXX.; wherein the nature of the forgiveness of sin is declared; the truth and reality of it asserted; and the case of a soul distressed with the guilt of sin, and relieved by a discovery of forgiveness with God, is at large discoursed*, in *The Works of John Owen*, vol. 6, edited by William H. Goold, (Edinburgh; The Banner of Truth Trust, 1991 reprinting), p.341.

그러한 진실한 자기 인식과 참회의 경험을 통하여 죄의 지배력과 싸울 계기와 힘을 얻게 되는 것은 사실입니다. 그러나 경험으로 그치고 구체적으로 죄의 지배를 벗어나기 위하여 분투하는 데까지 나아가지 못하는 경우도 많기 때문에, 그러한 간헐적인 은혜의 경험이 곧 은혜의 상태로 들어간 증거라고 생각하는 것은 틀린 것입니다.[50]

B. 지적인 혼란을 경험함

둘째로, 지적인 혼란을 경험합니다. 이러한 은혜의 간헐적인 경험으로 인하여 종종 죄의 지배 아래 있는 신자들이 지적인 혼란에 빠지기도 합니다. 그리고 이러한 상황에서 신자가 경험하는 혼란은 크게 다음 세 가지로 집약됩니다.

1. 하나님과의 평화에 대한 오해

첫째로, 하나님과 평화가 이루어지는 것에 대한 오해입니다. 죄의 지배 아래 있는 사람들에게 가장 고통스러운 경험은 하나님과의 평화가 없는 것입니다. 양심이 수시로 율법에 의해 송사당하고 정죄받을 때 신자는 자신을 쏟아 부어 깊이 기도할 수 없습니다. 그래서 많은 시간을 기도해도 응답의 확신이나 하늘의 은혜로 가득 차지 못합니다. 오히려 하나님 앞에서 느끼는 것은 차가운 거절감입니다.

---

[50] 회심(回心)의 경험은 둘로 나뉠 수 있다. 회심이라는 말이 좁은 의미에서 사용되면, 구원 서정(序程)에 있어서 중생의 결과로서 나타나는 단회적인 회심을 가리킨다. 그리고 넓은 의미로 사용되면, 그러한 회심의 갱신 경험이다. 전자의 경우에는 회심이 곧 은혜의 지배를 도입하지만, 후자의 경우는 그렇지 않다. 존 오웬은 첫 회심의 축복성을 하늘의 은혜의 샘이 열리는 것에 비유하였다. 그러나 신자가 죄의 지배 아래 있으면, 진실한 회심을 경험한다고 할지라도 그것이 곧 은혜의 지배를 도래하게 하는 것이 아니다. 구원받은 이후의 신자의 회심 경험은 즉각적 구원이 아니라 성화와 관련하여 생각해야 하는데, 성화에 있어서 죄의 지배를 벗어나는 것은 기도의 응답을 통해서가 아니라, 기도를 비롯한 은혜의 방편 안에 깃들인 거룩하게 하는 작용을 통해서이다. 첫 회심의 축복성에 관하여는 다음을 참고하라. John Owen, *The Nature, Power, Deceit, and Prevalency of the Remainder of Indwelling Sin in Believers; together with the ways of its working and means of prevention, opened, evinced, and applied; with a resolution of sundry cases of conscience thereunto appertaining*, in *The Works of John Owen*, vol. 6, edited by William H. Goold, (Edinburgh; The Banner of Truth Trust, 1991 reprinting), p. 290.

그러다가 어느 순간에 기도의 문이 잠시 열리고 마음으로부터 우러나오는 기도를 경험하게 됩니다. 그 때 대부분의 신자들은 그것이 하나님과의 평화가 찾아온 것이라고 속단합니다. 그러나 그런 경험이 있어도 죄는 여전히 그의 영혼에 지배력을 행사하고 있는 것입니다. 그러한 일시적인 기도의 경험에도 불구하고, 정욕과 거기에 강하게 저항하지 못하고 쉽게 굴복하는 죄의 경향성은 잠시 주춤할 뿐 약화되지 않습니다. 그리고 다시 그 간헐적인 은혜의 순간이 사라지면 예전과 같은 영혼의 상태로 돌아가게 됩니다. 따라서 이것은 하나님과의 평화가 이루어진 것이 아닙니다.51) 그는 여전히 죄의 지배 아래 있지만, 하나님께서 때때로 그를 불쌍히 여기셔서 회복으로 나아가도록 계기적인 은혜를 제공하시는 것입니다. 그것은 신자가 하나님과의 진정한 평화를 갈망하며 죄와 구체적으로 싸울 수 있도록 하나님께서 주시는 기회가 됩니다.

---

51) 죄의 지배 아래 있는 신자가 하나님과의 평화를 회복하는 것은 오직 죄 죽임을 통해서이다. 앞에서 살펴본 바와 같이 하나님과의 실제적인 평화는 한순간 양심의 가책을 견디지 못해 하는 격렬한 부르짖음을 통한 응답으로 이루어지는 것이 아니라, 실제로 그 사람 안에서 융성하게 된 내재하는 죄의 죽임을 통해서 이루어진다. 그리고 다시 하나님과의 평화가 수립된 것은 자신의 죄에 대한 신자 자신의 혐오감을 통하여 입증된다. 따라서 하나님의 용서에 관한 관념적인 이해는 죄에 대한 혐오감을 일으킬 수 없고 오히려 이러한 용서의 가르침을 빌미로 구원과 은혜에 대하여 그릇된 안전감에 빠지게 한다. "This notional apprehension of the pardon of sin begets no serious, thorough hatred and detestation of sin, nor is prevalent to a relinquishment of it; nay, it rather secretly insinuates into the soul encouragements unto a continuance in it. It is the nature of it to lessen and extenuate sin, and to support the soul against its convictions. So Jude tells us, that some 'turn the grace of God into lasciviousness,' verse 4." John Owen, *A Practical Exposition upon Psalm CXXX.; wherein the nature of the forgiveness of sin is declared; the truth and reality of it asserted; and the case of a soul distressed with the guilt of sin, and relieved by a discovery of forgiveness with God, is at large discoursed*, in *The Works of John Owen*, vol. 6, edited by William H. Goold, (Edinburgh; The Banner of Truth Trust, 1991 reprinting), p.397. 청교도 토머스 쉐퍼드(Thomas Shepard)는 하나님과의 평화에 대한 거짓된 관념의 근원을 네 가지로 지적한다. (1)사단의 역사: 사단 자신의 역사에 의해서이다. "더러운 귀신이 사람에게서 나갔을 때에 물 없는 곳으로 다니며 쉬기를 구하되 얻지 못하고 이에 가로되 내가 나온 내 집으로 돌아가리라 하고"(눅 11:24). 사단이 이 일을 수행하는 방식은 다음과 같다. ①그들을 괴롭힐 수 있는 어려움을 제거함으로써. ②그들을 편안하게 하거나 안락하게 할 육신의 것들을 공급해 줌으로써. (2)목회자의 과오: 목회자의 그릇된 가르침을 통해서이다. "거짓 선지자가 많이 일어나 많은 사람을 미혹하게 하겠으며"(마 24:11). 목회자가 이렇게 하는 방식은 다음과 같다. ①태만하고 그릇된 본을 보임으로써. ②다수에 영합하는 교리를 가르침으로써. ③개인적인 자비심으로 성경의 분명한 가르침을 덮음으로써. (3)거짓 영의 역사: 거짓 영의 역사에 의한 경우로서, 신자들로 하여금 스스로 하나님의 자녀, 약속의 자녀이기 때문에 자신의 영혼이 안전할 것이라고 생각하게 한다. "네가 하나님은 한 분이신 줄을 믿느냐 잘 하는도다 귀신들도 믿고 떠느니라"(약 2:19). (4)신자의 거짓: 신자가 참된 약속을 거짓되게 적용하는 것이다. "속으로 아브라함이 우리 조상이라고 생각지 말라 내가 너희에게 이르노니 하나님이 능히 이 돌들로도 아브라함의 자손이 되게 하시리라"(마 3:9). Thomas Shepard, *The Sincere Convert and the Sound Believer*, (Morgan; Soli Deo Gloria Publications, 1999 reprinting), pp.82-87.

2. 하나님의 용서에 대한 오해

둘째로, 하나님께서 자기의 죄를 용서하셨다고 속단하는 것입니다. 죄의 지배 아래 있는 사람들이 경험하는 또 다른 고통은 죄의식입니다. 특히 양심에 거스르는 뚜렷한 범죄가 죄의 지배 아래로 들어가는 계기가 된 경우에는, 오직 그 개별적인 죄가 자신이 지금 죄의 지배 아래 놓이게 된 원인이라고 생각하게 됩니다.[52] 이는 그 범죄가 양심이 송사하고 정죄하는 뚜렷한 표적이 되기 때문입니다.

그러나 사실은 그렇지 않습니다. 신자가 죄의 지배 아래 있게 되기까지 이바지한 죄의 영향력은 총체적인 것이지 한두 가지의 실행죄에 모든 원인이 있는 것은 아니기 때문입니다. 물론 그러한 개별적인 죄가 죄의 지배 아래로 들어가는 중요한 전기가 될 수는 있습니다. 마치 다윗이 죄의 뚜렷한 지배 아래로 들어가는 데는 밧세바와의 간음 사건이 계기가 되었듯이 말입니다. 그러나 그 사건이 그가 죄의 지배 아래로 들어가게 된 원인의 전부는 아닙니다.

죄의 지배 아래 있는 신자는 이러한 상황에서 기도가 되지 않고 은혜의 응답이 없는 것이 모두 자신의 그 계기적인 실행죄에 대한 하나님의 진노 때문이라고만 생각합니다. 이 때에 순간적으로 베풀어 주시는 기도의 교통이나 간헐적인 은혜의 경험은 그로 하여금 그것이 곧 하나님께서 자신의 죄를 용서해 주신 증거라고 믿게 합니다.

그러나 실제에 있어서 그는 자유를 누릴 수 없습니다. 이는 죄책보다 죄의 현재적인 힘이 문제임을 보여주는 것입니다. 따라서 죄의 지배 아래 있는 신자에게 시급한 것은 특정한 죄에 대한 용서가 아니라 지배하는 죄의 힘의 약화입니다. 개별적인 죄에 대한 용서의 경험이 신자에게 꼭 필요한 것은 사실이지만, 죄의 지배 아래서 벗어나는 일 없이 일시적으로 느끼는 사죄의 경험은 아무것도 아닙니다. 중요한 것은 느낌이 아니라 실재입니다. 우세한 죄의 지배력을 약화시키지 않는 한, 어느 개별적

---

[52] 너무나 많은 그리스도인들이 이러한 점에 있어서 지적인 혼란에 쉽게 빠진다. 이 경우 특정한 죄에서 벗어나려고 애를 써도 거기서 벗어날 수 없으며, 혹시 벗어난다고 해도 그것은 죄의 지배의 근원적인 세력에서 벗어난 것이 아니라 어떤 개별적이고 특정한 악한 행동을 그만둔 것이다. 이 때 신자는 양심의 가책으로부터는 다소 자유로울지 모르지만 근본적으로 하나님과의 평화를 회복하지는 못한다. 더욱이 이렇게 개별적이고 특정한 죄를 극복한 것에 대하여 스스로 자랑하는 마음을 갖게 된다면, 오히려 그 죄를 피하려다가 외식과 교만의 죄에 빠지게 될 것이다.

인 죄에 대한 용서를 확신한다 하더라도 강력한 죄의 지배력 때문에 또 다시 쉽게 범죄하고 낙심할 것이기 때문입니다.

기억해야 할 것은 이것입니다. 적절한 은혜의 원리를 따라 죄 죽임을 실천함으로써 죄가 지배력을 잃게 되면, 사죄의 확신은 저절로 생겨납니다. 죄 죽임의 실천을 통하여 죄가 지배력을 잃으면서, 은혜의 지배는 우세해지고 하나님과의 은혜로운 교통의 경험은 강화될 것이기 때문입니다.

3. 기도의 응답을 잘못 적용함

셋째로, 기도 응답의 확신을 잘못 적용하는 것입니다. 죄의 지배 아래 있는 신자에게 또 하나의 고통은 거기서 쉽게 벗어나지 못하는 것입니다. 마음은 죄의 지배에서 벗어나기를 원하지만, 여전히 그러한 소원과 함께 역사하는 죄의 유혹하는 능력이 그를 놓아 주지 않습니다. 이 때 신자는 죄와 결별하지 못하는 자신에 대하여 절망하게 됩니다. 사도 바울이 탄식한 것처럼 탄식하게 됩니다. "오호라 나는 곤고한 사람이로다 이 사망의 몸에서 누가 나를 건져내랴"(롬 7:24). 그래서 죄의 지배 아래서 많이 갈등하지만, 한편으로 정욕의 욕구를 뿌리치지 못하기 때문에 실제로 싸울 힘이 없는 자신을 발견하게 됩니다.[53]

이 때 신자는 기도 응답이라는 방법으로 죄에게 지배를 받는 상황을 뒤집어 보려는 마음을 갖게 됩니다. 그리고 어느 순간에 은혜를 주셔서 열렬한 기도가 가능하게 되면 이것이 곧 자신을 죄의 지배에서 벗어나게 해주시겠다는 하나님의 응답이라고 생각합니다. 물론 하나님께서는 죄 아래서 괴로워하는 신자들에게 구원을 약속하시기에 인색치 않으신 분입니다. 그리고 많은 성경의 인물들이 그러한 하나님의 성품에서 위로와 소망을 발견하였습니다. 그러나 문제는 이러한 응답의 확신을 잘못 적용하는 것입니다. 즉 자신을 고통스러운 죄의 지배에서 벗어나게 해주실 것이라는 기도 응답의 확신 때문에 구체적으로 죄 죽임의 실천을 위해 힘쓰기보다는 막

---

[53] 이러한 상황에서도 신령한 은혜가 간헐적으로 주어질 수 있다. 그러나 그렇다고 할지라도 그 은혜들은 번성하는 정욕과 죄를 죽이는 데 기여하지 못하게 된다. 왜냐하면 받은 바 은혜 중 대부분이 신자 안에서 넘치는 정욕을 잠시 억제하는 데 사용되기 때문에, 죄를 죽임으로써 죄의 지배를 받고 있는 영적 상황을 역전시킬 여력이 없기 때문이다. 거기서 죄의 능력은 크게 느껴지고 은혜의 능력은 아주 작게 느껴지게 된다.

연한 기대감 속에서 모든 것이 잘될 것이라고 희망을 갖는 것입니다. 그러나 이것은 진정한 믿음이 아닙니다. 신자가 죄의 지배에서 벗어나는 것은 이런 식의 한순간의 기도 응답에 대한 확신으로 이루어지는 것이 아닙니다.[54]

II. 은혜와 죄 : 한 보좌를 다툼

신자에게는 은혜와 죄가 공존합니다. 가장 나쁜 신자 안에도 은혜가 있고, 가장 좋은 신자 안에도 죄가 존재합니다. 그리고 죄와 은혜는 모두 우세한 지배력이 되고자 합니다. 죄의 지배 아래서도 은혜가 사라지지 않고, 은혜의 지배 아래서도 죄가 사라지지 않습니다. 그렇다면 여러분에게는 이런 의문이 들 것입니다. "그렇다면, 신자의 영혼의 상태는 오직 은혜의 지배, 혹은 죄의 지배뿐인가? 혹시 아직 어느 쪽의 지배도 받고 있지 않거나, 양쪽 다의 지배를 받고 있는 상황은 없을까?"

결론부터 말씀드리자면, 신자의 상태는 오직 둘 중 하나입니다. 비록 신자 안에 은혜와 죄가 공존하지만 양쪽 중 어느 쪽도 지배권을 확보하지 않은 미정의 상태는 없습니다. 왜냐하면 은혜와 죄가 공존하는 신자의 마음의 보좌는 오직 하나뿐이기 때문입니다.[55] 주님께서 그 보좌에 계시든지 자기의 욕망이 그 보좌에 있든지 둘

---

54) 성경이 일관되게 증거하고 있는 바는, 하나님께서는 신자가 범죄하고 그 범죄의 결과로 오는 고통으로 신음할 때, 언제라도 용서해 주시는 자비로우신 분이라는 것이다. 시 32편에서 다윗은 신자가 받는 그 용서의 특권에 대해서 노래하고 있다. "허물의 사함을 얻고 그 죄의 가리움을 받은 자는 복이 있도다"(시 32:1). 그러나 범죄한 신자가 자신 안에 있는 은혜의 원리를 온전히 회복하는 데는 죄가 죽는 과정이 필요하다는 것은 분명하다. 같은 시의 4절에서도 시인은 "주의 손이 주야로 나를 누르시오니 내 진액이 화하여 여름 가물에 마름같이 되었나이다"라고 하며 자신의 내면의 고통을 묘사하고 있다. 그래서 종교개혁자 존 칼빈은 이에 대해 "이는 한번 인간이 타락하면 이전 상태로 회복하는 데 매우 긴 시간이 소요된다는 것을 가르쳐 주고 있으며 인간이 얼마나 하나님의 뜻에 순종하기 어려운 존재인지를 보여주고 있다."고 말했다. "Yea, although he had now been long accustomed to mourn over his sins, he was every day anew reduced to this exercise; which teaches us, how long it ere men recover themselves when once they have fallen; and also how slow they are to obey until God, from time to time, redouble their stripes, and increase them from day to day." John Calvin, *Commentaries on the Book of Psalms*, in *Calvin's Commentaries*, vol. 4, (Grand Rapids: Baker Book House, 1998 reprinting), p.529.

55) 여기서 우리가 기억하여야 할 것은 신자 안에 내재하는 죄의 지배는 그렇게 되지 않기를 갈망하는 신자의 의지

중의 하나입니다. 오늘날 많은 그리스도인들이 이러한 결론을 쉽게 받아들이지 못합니다. 그러나 예수님께서 하신 말씀을 기억해 보십시오. 예수님께서는 "너희를 위하여 보물을 땅에 쌓아두지 말라"(마 6:19)고 하시며 "한 사람이 두 주인을 섬기지 못할 것이니……하나님과 재물을 겸하여 섬기지 못하느니라"라고 말씀하셨습니다(마 6:24). 우리의 생각으로는 '하나님과 재물을 겸하여 섬길 수 없다.'는 예수님의 말씀이 쉽게 이해되지 않습니다.56) 재물만 섬기는 사람이나 하나님만 섬기는 사람은 극히 소수이고, 대다수의 사람은 하나님도 사랑하고 재물도 사랑한다고 생각하기 때문입니다. 그러나 두 마음이 다 우리 안에 있지만 분명 둘 중 오직 하나만이 지배적인 위치에 있습니다. 그리고 하나님께서는 하나님만 사랑하는 배타적인 사랑이

와 열망을 거스르는 강압(force)이 아니라는 점이다. 죄가 유혹을 통해 신자의 생각과 영혼에 힘을 가하는 일에 있어서는, 죄가 힘을 발휘하고 유익을 얻고 있다 할지라도 그것은 죄가 지배하고 있는 것은 아니다. 이러한 상황 속에서 신자가 혼란을 느낄 수는 있지만, 죄가 그를 지배하고 있는 것은 아니다. 죄의 지배 상태에 있는 신자 안에서는, 죄가 그 사람의 의지와 생각들을 가운데서 법으로서의 강압과 능력을 갖는다. 존 오웬은 진리를 통해서 죄를 확신하게 되었다고 하더라도 그 죄를 죽이기 위하여 싸울지 타협할지에 대한 모든 결정은 신자 자신의 의지력에 달려 있다고 보면서, 범죄하는 의지가 제거되면 죄는 신자를 지배할 수 없다고 단언한다. "Wherefore, unto this dominion of sin there is required a consent of the will in some measure and degree. The constant reluctancy and conquering prevalency of the will against it defeats its title unto rule and dominion, as the apostle declares at large in the next chapter. The will is the sovereign faculty and power of the soul; whatever principle acts in it and determines it, that hath the rule. Notwithstanding light and conviction, the determination of the whole, as unto duty and sin, is in the power of the will. If the will of sinning be taken away, sin cannot have dominion." John Owen, *A Treatise of the Dominion of Sin and Grace; wherein sin's reign is discovered, in whom it is, and in whom it is not; how the law supports it; how grace delivers from it, by setting up its dominion in the heart*, in *The Works of John Owen*, vol. 7, edited by William H. Goold, (Edinburgh; The Banner of Truth Trust, 1988 reprinting), p.512. "누구도 동시에 두 주인을 섬길 수는 없다. 죄와 은혜는 한 영혼 속에 동시에 공존할 수는 있지만, 동시에 동일한 영혼 속에서 그 통치권(rule)을 행사할 수는 없다. 왕좌는 오직 하나이고 오직 한 통치자에게만 주어질 수 있다. 우리가 은혜의 지배 아래 있다는 증거들은 모두 우리가 죄의 지배 아래 있지 않다는 사실을 입증한다"(No man can at once serve these two masters. Grace and sin may be in the same soul at the same time, but they cannot bear rule in the same soul at the same time. The throne is singular, and will admit but of one ruler. Every evidence we have of being under the rule of grace is so that we are not under the dominion of sin) John Owen, *A Treatise of the Dominion of Sin and Grace; wherein sin's reign is discovered, in whom it is, and in whom it is not; how the law supports it; how grace delivers from it, by setting up its dominion in the heart*, in *The Works of John Owen*, vol. 7, edited by William H. Goold, (Edinburgh; The Banner of Truth Trust, 1988 reprinting), p.513. 토머스 찰스는 신자 안에 있는 죄와 은혜를 리브가의 복중에 함께 있던 에서와 야곱에 비유한다. 그들은 같은 복중(腹中)에 함께 있지만 서로 싸운다. 은혜는 하나님의 모든 계명에 대하여 경의를 표하고 사랑하며 총체적으로 일치하게 인내함으로써 하나님의 뜻에 부합하려고 애쓴다. 그리고 죄는 정반대로 작용한다고 보았다. Thomas Charles, *Thomas Charles' Spiritual Counsels; selected from his letters and papers*, edited by Edwards Morgan, (Edinburgh; The Banner of Truth Trust, 1993), pp.137-138.

56) "한 사람이 두 주인을 섬기지 못할 것이니 혹 이를 미워하며 저를 사랑하거나 혹 이를 중히 여기며 저를 경히 여

아니면 자신을 사랑하는 것이라고 여기시지 않습니다.

　신자의 마음에서도 은혜와 죄라는 배타적인 두 가지가 어느 쪽도 지배적이지 않은 상태에서 공존하는 일은 일어날 수 없습니다. 신자 안에 은혜와 죄가 공존하지만 통치자 노릇하는 것은 둘 중 하나입니다. 왜냐하면 우리 속에 보좌는 오직 하나이기 때문입니다. 이것은 마치 국가를 전복하려고 반란을 일으킨 반란군의 수괴와 합법적인 정부의 대통령이 한 나라 영토 안에 함께 있을 수는 있어도, 하나밖에 없는 대통령 집무실을 함께 쓸 수 없는 것과 같습니다.

　신자는 죄의 지배 아래 있을 수도 있고, 은혜의 지배 아래 있을 수도 있습니다. 그렇지만 이미 어느 한쪽이 우세한 지배력을 가지고 있습니다. 한쪽은 빼앗긴 지배력을 다시 찾고자 공격하고 있는 것이고, 또 한쪽은 이미 찾은 지배력을 다시 잃지 않으려고 사수하며 싸우고 있는 중입니다. 물론 은혜의 지배를 받고 있는 사람들 가운데서도 누리는 은혜의 정도가 다르고, 죄의 지배를 받고 있는 사람들 중에서도 죄가 지배하는 정도는 차이가 납니다. 그러나 죄와 은혜의 지배에 있어서 중간은 없습니다. 이미 놓여 있는 죄의 지배 혹은 은혜의 지배에서 정도의 차이를 말해 줄 뿐입니다.[57]

김이라 너희가 하나님과 재물을 겸하여 섬기지 못하느니라"(마 6:24). "집 하인이 두 주인을 섬길 수 없나니 혹 이를 미워하고 저를 사랑하거나 혹 이를 중히 여기고 저를 경히 여길 것임이니라 너희가 하나님과 재물을 겸하여 섬길 수 없느니라"(눅 16:13).

57) 불신자들의 경우에 도덕적인 사람과 그렇지 않은 사람 사이에 죄의 지배의 차이가 있을 것 같은 인상을 받는다. 그러나 그것은 단지 인간 본성의 빛에 의해 작동하는 도덕률에 따른 차이이지, 도덕적인 불신자가 곧 죄의 절대적인 지배 아래 있지 않다는 사실을 입증하는 것은 아니다. 죄가 창조의 목적인 '선'(善)을 이탈하는 것이라는 사실을 생각하면 이해가 쉬울 것이다. 청교도 신학자 앤드루 풀러는 불신자들이 모두 동일한 죄에 복속되는 것이 아님을 상기시키면서 그것은 단지 그들이 부종(附從)하고 있는 죄의 종류의 차이일 뿐임을 강조한다. 결국 그들은 모두 죄의 종으로 살아가는 것이다. Andrew Fuller, *Miscellaneous Tracts, Essays, Letters, Etc.*, in *The Complete Works of The Rev. Andrew Fuller*, vol. 3, edited by Joseph Belcher, (Harrisburg; Sprinkle Publications, 1988), p.660; 김남준. 「구원과 하나님의 계획」, (서울; 부흥과개혁사, 2004), pp.23-29; John Owen, *Christologia; or a Declaration of the Glorious Mystery of the Person of Christ-God and Man*, in *The Works of John Owen*, vol. 1, edited by William H. Goold, (Edinburgh; The Banner of Truth Trust, 1993 reprinting), pp.61-64. 조나단 에드워즈는 자기 사랑(self-love)이 곧 자기 중심적인 행복을 추구하게 하고 그것을 선으로 여기게 되는데, 이것이 바로 '악'이라고 설명한다. Jonathan Edwards, *The Nature of True Virtue*, in *The Works of Jonathan Edwards*, vol. 8, edited by Paul Ramsey, (New Haven; Yale University Press, 1987), p.575; Thomas Brooks, *The Unsearchable Riches of Christ*, in *The Works of Thomas Brooks*, vol. 3, edited by Alexander B. Grosart, (Edinburgh; The Banner of Truth Trust, 1980 reprinting), pp.48-49. 동물에게는 자기 사랑이 단지 자신의 종족을 보존하기 위한 본능이지만, 인간에게는 그보다 더 높은 의도(higher purpose)가 깃들어 있으니, 이는 곧 하나님의 창조의 계획을 따라사는 '선'을 버리는 대신, 자신이 온 우주와 세상의 궁극적인 목적이 되고자 하는 것이다. 죄인에게 있어서 자기 사랑이 곧 죄의 뿌리가 되는 이유도 바로 이 때문이다. Henry Scougal, *The Life of God in the Soul of Man*, (Harrisburg; Sprinkle Publications, 1986), p.41. 그리스도의 구속을 통해 주어진 은혜는 이러한 부당한 자

Ⅲ. 은혜의 현재적 통치를 갈망하라

그러면 은혜의 지배 아래 있는 신자들이 죄의 지배로 떨어지지 않기 위해서는 어떻게 해야 할까요? 이에 대한 답변은 다음과 같습니다. 우리는 날마다 끊임없이 하나님의 은혜의 지배를 현재적으로 경험하며 살아가기를 힘써야 합니다. 은혜의 지배 아래 있는 신자의 상태는 좋은 것이기는 하지만 영원히 견고한 것은 아닙니다. 하나님의 커다란 은혜 아래 있던 성경의 인물들이 그 복된 상태에서 미끄러져 죄에 빠졌던 것을 보아도 알 수 있습니다.

이전에 받은 은혜는 이전에 필요한 은혜였고, 지금은 오늘 하늘을 열고 부어 주시는 거룩한 은혜, 그 은혜로 말미암아 오늘 우리 안에 역사하는 은혜의 현재적인 지배를 사모해야 합니다. 우리가 간헐적으로 맛보는 은혜의 경험을 통해서는 결코 죄의 지배를 벗어나 거룩한 은혜의 지배 아래 살아갈 수 없습니다.[58]

따라서 그러한 은혜 생활에 만족하지 말고 더 깊고 열렬한 영적 상황을 추구하여

기 사랑을 떠나 창조의 목적에 부합한 하나님의 목적들을 하나님과 함께 사랑하게 한다. 청교도 크리스토퍼 러브(Christopher Love)는 신자는 자신 안에 있는 은혜의 크기만큼만 거룩한 삶을 살 수 있다는 사실을 강조한다. 그리고 신자 안에 있는 은혜는 성장해 가며, 그것이 큰 사람이 곧 강한 신자인데, 그에게는 유혹도 크다고 말한다. 은혜 안에서 강한 신자가 받는 유혹에 대해서는 다음을 참고하라. Christopher Love, *Grace; the truth, growth, and different degrees*, (Morgan; Soli Deo Gloria Publications, 1997 reprinting), pp.78-88. 그래서 성경도 영적 성장을 그리스도를 아는 지식과 은혜에서 자라가는 것으로 규정한다. "오직 우리 주 곧 구주 예수 그리스도의 은혜와 저를 아는 지식에서(엔 카리티 카이 그노세이, ἐν χάριτι καὶ γνώσει, 문자적으로 '은혜와 지식 안에서') 자라가라 영광이 이제와 영원한 날까지 저에게 있을지어다" (벧후 3:18). 이 구절의 상반절의 희랍어 성경 본문은 다음과 같이 직역된다. '그러나 우리 주와 구주 예수 그리스도의 은혜와 지식 안에서 자라가라' (아욱사네테 데 엔 카리티 카이 그노세이 투 퀴리우 헤몬 카이 소테로스 예수 크리스투, αὐξάνετε δὲ ἐν χάριτι καὶ γνώσει τοῦ κυρίου ἡμῶν καὶ σωτῆρος Ἰησοῦ Χριστοῦ). 이는 영적 성장이 곧 은혜에서의 성장을 배제할 수 없음을 잘 보여준다.

58) 청교도 새뮤얼 러더퍼드(Samuel Rutherford)는 여기서 언급되고 있는 신자 안에 있는 은혜의 지배를 '은혜의 습관' (habit of grace)이라는 말로 설명하는데, 이 말의 정확한 개념은 '내재하는 은혜의 습관적 경향성' (habitual tendency of indwelling grace)이다. 그는 신자의 마땅한 의무는 중생과 함께 하나님의 계명을 따라 순종하며 살기에 적합하도록 심겨진 이 은혜의 경향성을 강화하도록 성령께 협력하는 것이라고 말하면서, 이것을 강화하는 방법을 다음과 같이 두 가지로 제시한다. (1)새롭고 신령한 작용과 은혜의 행사인 은혜의 경향성을 따뜻하게 유지하고 더욱 불붙이기를 힘써야 한다. (2)이러한 은혜의 경향성에 천적인 성향(heavenly disposition)을 불붙여 은혜 주심에 부합하는 삶을 살아야 한다. 만약 그렇게 하지 않는다면, 은혜의 경향성을 주셨음에도 영혼은 죽은 자와 방불할 것이며, 그 은혜의 경향성은 마치 재에 파묻힌 불씨와 같게 된다. "Suppose the habit of grace were not kindled, or in any near disposition to flame, but there were deadness on the soul, and the habit of grace lying dead and covered with ashes; yet is there warrant to blow aside the ashes, to stir the fire, and to

야 합니다. 매 순간 마음을 지키며, 날마다 하나님께서 주시는 은혜를 누리도록, 지정하신 은혜의 수단에 일체의 성실함과 부지런함으로 참여하여야 합니다.

매일 성경을 읽으면서 자기의 고집을 버리고 하나님의 뜻을 받아들이는 삶을 살아야 합니다. 간절한 기도 속에서 영혼의 싫증과 죄의 찌끼를 털어내야 합니다. 마음을 쏟아 붓는 기도 속에서 마음의 은혜의 틀을 견고히 하고, 깨어 있는 삶을 살아야 합니다. 나아가서 이미 자기 안에 존재하는 죄에 대하여 복음의 원리를 따라 죄 죽임을 실천하며 살아가야 합니다. 그리고 이 모든 일을 위해서 현재적인 은혜를 갈망하여야 합니다.[59]

그래서 이 세상에 있는 동안에 그리스도인은 분투하는 삶을 그치지 말아야 합니다. 사도 바울의 고백처럼 말입니다. "그리스도를 위하여 너희에게 은혜를 주신 것은 다만 그를 믿을 뿐 아니라 또한 그를 위하여 고난도 받게 하심이라 너희에게도 같은 싸움이 있으니 너희가 내 안에서 본 바요 이제도 내 안에서 듣는 바니라"(빌 1:29-30).

신자가 죄 가운데 떠밀려 빠져 들어가기 위해서는 특별히 노력해야 할 것이 없습니다. 그가 거룩한 삶을 살기 위하여 분투하고 죄를 죽이지 아니하면, 결국 자신 안에 있는 부패한 본성이 그를 그렇게 만들 것이기 때문입니다. 그러나 그리스도의 형상을 닮아가기 위해서는 신자가 분투하지 않으면 안 됩니다. 날마다 진실한 신자가 되기 위하여 애쓰고 그렇게 되기 위하여 하나님의 은혜 안에 거하기를 힘써야 합니다.

---

smite upon the flint seven times until it cast fire." Samuel Rutherford, *Influences of the Life of Grace, or Practical Treatise Concerning the Way, Manner, and Means of Improving of Spiritual Dispositions, and Quickening Influences from Christ the Resurrection and the Life*, (London; Printed by T. C. for Andrew Crook, and are to be fold by James Davies, 1658), p.227.

59) 의무를 이행하지 않는 사랑은 사랑이 아니다(요 14:15). 따라서 하나님을 사랑하는 사람은 삶에 있어서 하나님께서 자기를 향하여 가지고 계신 계획들을 분명하게 이해하려고 애써야 한다. 그리고 그리스도와 하나 되기 위하여 힘써야 한다. 우리가 그리스도와 하나 되는 것은 그리스도께서 우리의 심령에 역사하심으로써 뿐만 아니라, 하나님께서 우리에게 섭리적으로 정하신 바 우리의 삶의 외적 환경들을 통해서도 가능해진다. 특별히 우리가 믿음으로 받아들이는 환난과 고통들의 결과로서 우리의 삶 가운데 그리스도와 하나 됨을 경험하게 된다. 그래서 존 칼빈은 성경의 가르침에 입각하여 '그리스도의 죽음에 상응하는 이중적 닮음' (twofold likeness to the death of Christ)에 대하여 말한다. 즉 성령의 역사로 말미암는 내면의 갱신과 섭리적으로 주어진 '치욕과 고통들' 가운데서 인격과 삶이 그리스도를 닮게 된다는 것이다. Ronald S. Wallace, *Calvin's Doctrine of the Christian Life*, (Eugene; Wipf & Stock Publishers, 1997 reprinting), p.347. 이러한 사상을 보여주는 다음 성경 구절을 참고하라. "내가 그리스도와 그 부활의 권능과 그 고난에 참여함을 알려 하여 그의 죽으심을 본받아"(빌 3:10). "내가 이제 너희를 위하여 받는 괴로움을 기뻐하고 그리스도의 남은 고난을 그의 몸 된 교회를 위하여 내 육체에 채우노라"(골 1:24). "내가 그리스도와 함께 십자가에 못박혔나니 그런즉 이제는 내가 산 것이 아니요 오직 내 안에 그리스도께서 사신 것이라 이제 내가 육체 가운데 사는 것은 나를 사랑하사 나를 위하여 자기 몸을 버리신 하나님의 아들을 믿는 믿음 안에서 사는 것이라"(갈 2:20).

한때 참된 회심을 통해 하나님의 은혜 안에 거하며 성결의 삶을 살았지만 지금은 부패하게 된 신자들은 얼마든지 만납니다. 그들의 회심이 거짓이었기 때문이 아니라, 지속적으로 은혜 아래 살지 아니하였기 때문입니다. 그가 과거에 아무리 많은 은혜를 받았다고 할지라도, 현재적으로 은혜를 경험하면서 살아가지 않는다면, 그는 성령과 그 통치를 떠남으로써 죄가 지배하기 쉬운 환경 속으로 들어가는 것입니다. 그러므로 죄를 이기는 가장 훌륭한 방편은 은혜의 현재적인 통치 아래 사는 것입니다.

한눈에 보는 7장 죄의 지배의 환경: 성령의 은혜를 떠나감으로써

I. 신자가 은혜의 고갈 상태에 있을 때

A. 은혜의 통치가 지속적이지 않음
- 죄의 지배 아래에 있어도 신자는 하나님의 사랑, 마음이 쏟아지는 기도, 은혜의 정서를 경험할 수 있음
- 은혜의 지배 아래서는 이러한 경험이 지속적이지만 죄의 지배 아래서는 간헐적이며 일시적임
- 간헐적인 은혜의 경험이 곧 은혜의 상태로 들어간 증거라고 생각하는 것은 잘못임

B. 지적인 혼란을 경험함

1. 하나님과의 평화에 대한 오해
- 죄의 지배 아래 있는 사람들에게 가장 고통스런 경험은 하나님과의 평화가 없는 것임
- 차가운 거절감을 느끼다 어느 순간 기도의 문이 잠시 열릴 때 하나님과의 평화가 찾아온 것이라고 속단함
- 그런 경험이 있어도 여전히 정욕에 쉽게 굴복하는 것은 여전히 죄의 지배 아래 있기 때문임
- 이런 사람들이 경험한 은혜는 하나님께서 그들을 불쌍히 여기사 회복으로 나아가도록 주신 기회임

2. 하나님의 용서에 대한 오해
- 죄의식으로 괴로워하던 신자는 기도가 되지 않는 것이 자기가 지은 죄에 대한
  하나님의 진노 때문이라고 생각함
- 그러다 순간적으로 베풀어 주시는 기도의 교통이나 간헐적인 은혜의 경험이
  하나님의 용서의 증거라고 생각함
- 그럼에도 그는 죄의 현재적인 힘에 눌려 자유를 누리지 못함
- 죄의 지배 아래 있는 신자에게 시급한 것은 특정한 죄에 대한 용서가 아니라 지배하는 죄의 힘의 약화임

3. 기도의 응답을 잘못 적용함
- 신자의 마음은 죄의 지배에서 벗어나기를 원하지만 죄의 유혹하는 능력은 그를 놓아 주지 않음
- 신자는 죄의 지배 아래에서 갈등하며 실제로 싸울 힘이 없는 자신을 발견함
- 어느 순간 열렬한 기도가 가능하게 되면
  자신을 죄의 지배에서 벗어나게 해주시겠다는 하나님의 응답이라고 생각함
- 구체적으로 죄 죽임의 실천을 위해 힘쓰기보다 막연한 기대감 속에 모든 것이 잘될 것이라고 희망을 가짐
- 신자가 죄의 지배에서 벗어나는 것은 한순간의 기도 응답에 대한 확신으로 이루어지지 않음

II. 은혜와 죄 : 한 보좌를 다툼
- 신자 안에는 은혜와 죄가 공존하지만 항상 둘 중 하나가 지배적인 위치에 있음
- 신자의 마음의 보좌는 오직 하나이기 때문임
- 한쪽은 빼앗긴 지배력을 다시 찾고자 공격하고,
  또 한쪽은 이미 찾은 지배력을 다시 잃지 않으려고 싸우는 중임

III. 은혜의 현재적 통치를 갈망하라
- 날마다 하나님의 은혜의 지배를 현재적으로 경험하며 살기를 힘써야 함
- 누리고 있는 은혜 생활에 만족하지 말고 더 깊고 열렬한 영적 상황을 추구해야 함

THE DOCTRINE ON DOMINION OF SIN AND GRACE IN BELIEVERS

"죄가 너희를 주관치 못하리니
이는 너희가 법 아래 있지 아니하고 은혜 아래 있음이니라" (롬 6:14)

제8장

죄의 지배의 발전 :
죄에 대한 저항력이 약화됨으로써

제8장

죄의 지배의 발전: 죄에 대한 저항력이 약화됨으로써

이어서 우리가 생각해 볼 것은 신자 안에 내재하는 죄가 어떻게 자신의 지배력을 발전시켜 나가는가입니다.

죄와 은혜는 각각 궁극적인 계획을 가지고 있으며, 그 목표를 향하여 부단히 열렬하게 작용합니다. 그리고 개별적으로 주어지는 죄의 작은 유혹이나 성령의 은혜 역시 보다 더 큰 목표를 향해 나아가는 데 기여하는 방식으로 역사합니다. 따라서 우리가 죄가 어떻게 지배력을 확보하고 발전해 나아가는지에 대하여 미리 안다면, 죄의 역사에 대처하기 쉬울 것입니다.

죄는 신자 안에서 자신의 지배력을 확장해 나감에 있어서 죄에 대한 저항력을 약화시킴으로써 이 일을 성취합니다. 그리고 죄에 대한 저항력을 약화시키기 위한 죄의 작용은 크게 두 가지로 이루어집니다. 죄에 대한 확신을 무디어지게 하는 것과 친화적으로 민감하게 하는 것입니다.

I. 죄에 대한 확신을 무디어지게 함

첫째로, 죄에 대한 확신을 무디어지게 함으로써 지배를 발전시켜 나갑니다. 사람이 죄에 대하여 갖는 민감함은 친화적 민감함과 저항적 민감함으로 나누어 설명할 수 있습니다. 전자는 좋아함에서 오는 민감함이고 후자는 싫어함에서 오는 민감함입니다. 비유하자면, 전자는 술꾼의 코에 풍겨 오는 술 냄새이고, 후자는 담배 피우지 않는 사람의 코에 와 닿는 담배 연기입니다.

신자가 은혜의 지배 아래 있을 때에는 죄에 대해 저항적인 민감함을 가지고 있습니다. 이 때 양심은 자신이 범하는 죄에 대하여 강한 가책을 느끼게 되는데, 이것은 곧 죄에 대한 확신에서 옵니다. 죄에 대한 확신에서 오는 양심의 가책은 죄의 무모함, 곧 담대함(boldness)을 제재하는 강력한 제동 장치가 됩니다. 그리고 이러한 죄책감이 성령의 도구가 되어 진실한 참회를 불러일으키는 수단이 되기도 합니다. 따라서 신자가 은혜 아래서 살아갈 때는 언제나 자신의 죄에 대한 깊은 자각이 있고, 그래서 그의 삶에는 언제나 진실한 참회가 있습니다. 그러므로 청교도 헨리 스쿠갈(Henry Scougal)의 지적과 같이 참회의 깨어짐이야말로 참된 신자의 가장 중요한 표지(標識) 중의 하나입니다.[60]

그러나 신자가 은혜의 지배를 벗어나 죄의 영향 아래로 들어가면 갈수록 죄에 대한 정당한 가책이 줄어듭니다. 신자가 은혜 아래 있을 때에는 예상되는 죄책감 때문에 범죄를 실행하지 않게 되고, 또 죄를 지었을 때에는 그 죄책감 때문에 죄를 뉘우치게 됩니다. 따라서 정당한 죄책감은 신자에게 있어서뿐 아니라, 불신자에게 있어

---

[60] 청교도 헨리 스쿠갈(Henry Scougal)은 신자 안에 있는 하나님의 생명과 거룩한 삶의 관계를 다음과 같이 설명한다. 즉, 하나님의 생명이 나무라면 그 뿌리는 믿음이며 그 뿌리에서 자란 나무에 커다란 가지가 넷이 붙어 있는데, 곧 '하나님을 향한 사랑' (love to God), '이웃에 대한 자비' (charity to man), '순결' (purity), '겸비함' (humility)이라고 보았다. 그는 인간이 하나님 앞에 진실로 겸비하여지면, 그 경험은 반드시 자신의 하찮음에 대한 인식과 하나님께 대한 사랑을 동반한다고 보았다. 그리고 그러한 의식 속에서 신자는 하나님께 온전히 복종할 수 있다고 보았다. "Humility imports a deep sense of our own meanness, with a hearty and affectionate acknowledgement of our owing all that we are to the Divine bounty; which is always accompanied with a profound submission to the will of God, and great deadness toward the glory of the world, and applause of men." Henry Scougal, *The Life of God in the Soul of Man*, (Harrisburg; Sprinkle Publications, 1986), p.48.

서도 꼭 필요한 것입니다. 하지만 죄의 지배 아래로 들어갈수록 죄에 대한 정당한 인식을 잃어버리게 되고 죄책감은 흐려지게 됩니다.61) 죄의 지배 아래 있는 신자에게서 진실한 참회를 보기 힘든 이유가 바로 이 때문입니다.

오늘날 많은 사람들, 심지어 신자들 사이에서도 죄는 단지 하나님을 불쾌하게 하는 것이고 우리에게 불편한 결과를 가져다 주는 것이라고만 생각되는 경향이 있습니다. 마치 인체에 치명적인 해는 입히지 않지만 불쾌감을 주는 비위생적인 물건처럼 생각하는 경향이 있습니다. 그러나 이것은 죄가 무엇인지를 모르기 때문입니다.

죄는 본질상 하나님을 향한 적의(敵意)이고, 그것은 하나님을 향한 반감(反感)과 대적(對敵)입니다. 또한 그것은 맹렬함, 대담함 그리고 광기로 역사합니다. 그것은 하나

---

61) 신자가 은혜의 지배 아래 있어서 죄에 대하여 민감하던 마음은, 생각(mind)이 이탈하고, 정서(emotion)가 죄로 인하여 혼란스럽게 되고, 의지(will)가 힘을 잃어 가면서, 죄에 대한 친화적인 상태로 발전한다. 신자에게 있어서 죄에 대한 정당한 죄책감은 이러한 죄의 지배력의 우세함과 그 기간의 지속으로 말미암아 죄에 대한 친화적 민감함으로 발전하게 된다. 존 오웬은 신자가 복음의 규칙을 따라 거룩해지고자 하는 노력에서 돌아서는 경우 죄에 대한 복음적인 판단을 상실하게 되어 거리낌이 없는 무감각(a willing insensibility)에 빠지게 되고 영혼과 죄가 서로 친숙해져서 죄 안에 깃들인 위험성을 보지 못하게 된다고 지적한다. 이 경우 죄와 영혼은 마치 악마와 마법사와 같은 관계가 되어 서로 친숙하게 되어 마땅히 두려워해야 할 죄의 파괴적인 특성과 그 결과로서의 비참함을 보지 못하게 한다는 것이다. John Owen, *The Nature of Apostasy from the Profession of the Gospel and the Punishment of Apostates Declared, in an Exposition of Heb. vi. 4-6; with an inquiry into the causes and reasons of the decay of the power of religion in the world, or the present general defection from the truth, holiness, and worship of the gospel; also, of the proneness of churches and persons of all sorts unto apostasy with remedies and means of prevention*, in The Works of John Owen, vol.7, edited by William H. Goold, (Edinburgh; The Banner of Truth Trust, 1988 reprinting), pp.177-178. "신자 안에 내재하는 죄는 마음에 새겨지는 죄에 대한 확신의 효능을 억누르는 기능을 가지고 있다. 신자는 죄의 지배에도 불구하고 많은 일들에 대한 본성의 빛과 그들의 의무에 관한 확신을 가질 수 있다. 그러나 신자가 그러한 죄의 지배에 저항하고자 할 때 죄의 힘을 강하게 느끼게 된다. ……따라서 죄의 지배가 있는 곳에서는, 신자가 죄를 인식하는 본성의 빛과 죄에 대한 확신을 가지고 있다 할지라도 죄가 그것을 대항하도록 내버려 두지 않는다. 따라서 신자는 죄의 지배의 상태와 타협한 가운데서 이루어지는 잡다한 의무와 경건의 모양만을 실천할 수 있을 뿐이다. 죄의 지배 아래서 거룩하고 정직한 그리스도인의 삶이 불가능한 것도 바로 이 때문이다"(In repressing and overcoming the efficacy of the convictions of the mind. Those who are under the dominion of sin [as we shall see more immediately] may have light into and conviction of their duty in many things, and this light and conviction they may follow ordinarily, notwithstanding the dominion of sin. ……so sin, where it hath the dominion, if men have light and conviction, will allow them ordinarily and in many things to comply therewithal; it will allow them to pray, to hear the word, to abstain from sundry sins, to perform many duties, as is expressly affirmed in the Scripture of many that were under the power of sin, and we see it in experience). John Owen, *A Treatise of the Dominion of Sin and Grace; wherein sin's reign is discovered, in whom it is, and in whom it is not; how the law supports it; how grace delivers from it, by setting up its dominion in the heart*, in The Works of John Owen, vol. 7, edited by William H. Goold, (Edinburgh; The Banner of Truth Trust, 1988 reprinting), p.515. 물론 죄의 지배 아래 있는 신자도 어느 순간 강력한 죄책감을 느끼며 괴로워할 수 있다. 그러나 그것이 참된 회개에 이르게 하기보다는 일시적인 경험에 그치는 경우가 많다. 이것은 자신의 죄에 대한 인격적이고 정당한 반응이라기보다는, 오히려 그 사람 안에서 압박하는 죄의 힘을 보여준다.

님과 하나님께 속한 모든 것을 대적하고 창조의 계획과 타락한 인간을 구원하신 하나님의 계획을 수포로 만들기 위하여 역사하는 실재입니다. 그러면 신자 안에서 죄가 어떻게 죄에 대한 죄책감을 무디게 만들어 갈까요? 이것은 다음과 같이 네 단계로 나누어 설명할 수 있습니다.

첫째로, 죄에 대한 생각을 무뎌지게 함으로써, 둘째로, 죄에 대하여 생각을 집중시킴으로써, 셋째로, 죄에 대한 친화적 정서를 갖게 함으로써, 넷째로, 범죄함으로 마음을 굳어지게 함으로써입니다.

A. 죄에 대한 생각을 무뎌지게 함

첫째로, 죄에 대한 생각을 무뎌지게 하는 것입니다. 죄의 역사는 생각을 타고 들어옵니다. 생각(mind)의 가장 큰 의무는 자신과 영혼을 향해 침투하는 죄를 파악하고 온 기관에 경고하는 것입니다. 따라서 죄와의 싸움에서 생각은 마치 망루의 파수꾼과 같습니다. 생각을 공격하여, 죄의 움직임을 감시하고 죄가 몰고 올 파괴적인 결과를 미리 알리는 생각의 기능이 수행되지 못하게 하여야만 죄의 속이는 역사가 가능하기 때문에, 죄는 먼저 강한 힘으로 유혹을 생각 속에 밀어 넣습니다. 이 때 유혹이 지향하는 바를 죄라고 인식할 수 있는 지식이 부족하거나, 생각하는 죄를 실행하고자 하는 욕구가 강하게 되면, 죄책감은 줄어듭니다. 자신이 범하고자 하는 죄의 정체와 개별적인 계획을 알지 못할 경우 신자는 범죄가 가져올 결과에 대한 정당한 인식을 갖기가 힘들어집니다. 이러한 상황에서 신자가 자신이 행한 죄나 행할 죄에 대한 정당한 죄책감을 갖는다는 것은 기대하기 어렵습니다.

B. 죄에 대하여 생각을 집중시킴

둘째로, 개별적인 범죄에 대하여 생각을 집중시킵니다. 죄가 일단 생각을 타고 들어오는 데 성공하면, 그 다음에는 사고를 거기에 친화적으로 집중하게 만듭니다. 그리고 범죄가 가져다 줄 즐거움으로 마음을 가득 채웁니다. 이것이 바로 상상(imagination)을 통한 범죄이며, 이 때 이미 죄는 신자의 사고 기능에 깊이 간여하게 됩니다. 따라서 거룩한 삶을 추구하는 신자들의 마음에 아직 경험하지 못한 은혜의 영광에 대한 즐거움이 있듯이, 죄를 추구하는 신자들에게는 아직 실행하지 않은 범죄에 대한 즐거움이 있습니다. 전자는 하나님의 영광에 대한 묵상이 가져다 주는 신령하고 거룩한 즐거움이며, 후자는 죄의 유혹에 대한 굴복이 가져다 주는 육적이고 타락한 즐거움입니다.

신자가 범죄하고자 하는 죄에 대하여 반복적으로 생각하게 되면, 점차로 은혜의 지배 아래서 구축된 인식의 틀은 허물어지게 되고 죄에 대한 최초의 정당한 인식도 흐려집니다. 그리고 죄에 대한 저항적 민감함은 점차 사라지고 친화적인 민감함이 촉진됩니다. 이러한 작용을 통해서 신자가 최초에 가지고 있던 죄에 대한 정당한 생각과 죄책감으로부터 멀어지게 됩니다.

C. 죄에 대하여 정서를 친화시킴

셋째로, 죄에 대해 정서를 친화시킵니다. 개별적인 범죄에 대한 반복된 생각은 그것에 대한 친화적인 정서를 불러일으킵니다. 신자가 어떤 죄를 절대적인 의미에서 객관적으로 대한다는 것은 불가능합니다. 하나님께서는 인간에게 판단할 수 있는 능력을 주시되, 두 가지로 주셨습니다. 첫째는 사물을 지적으로 인식하는 능력이고, 둘째는 그것에 대해 좋아하는 마음이나 싫어하는 마음의 반응입니다. 이것들로써 인간은 어떤 것을 판단하는 것입니다. 이 마음의 두 작용을 통해서 사람들은 판단력을 가지게 됩니다.[62]

---

[62] 이것을 존 오웬은 죄와의 투쟁의 양면성으로 설명한다. 하나는 비중생자들에게서 나타나는 것으로서, 그 투쟁은 죄의 통치에 대항하는 양심과 본성의 빛의 항거(the rebellion of light)이다. 비록 죄가 그들에게 있어서 의지와 감정에서는 왕좌에 앉지만, 지성 안에는 선과 악에 대한 지식이 있어서 영원한 것들에 대한 두려움과 소망에 자극받게 되며, 그리하여 지성은 죄를 대적하는 우두머리가 되어 죄를 억제하고 많은 의무를 수행하도록 한다. 이런 종류의 죄와의 투쟁은 죄가 여전히 왕 노릇하는 비중생자들에게서 일어나는 것으로서, 그들은 스스로를 속여 그 투쟁을 은혜의 통치에서 온 것이라고 간주해 버린다. 그러나 또 다른 종류의 죄와의 투쟁이 있는데, 그것은 은혜의 지배 아래 있는 신자에게서 나타난다. 비록 은혜가 그들의 지성과 마음속에서 다스린다 할지라도, 특별히 타락한 정서 안에 거하는 잔존하는 죄는 은혜에 계속적으로 대항한다. John Owen, *A Treatise of the Dominion of Sin and Grace; wherein sin's reign is discovered, in whom it is, and in whom it is not; how the law supports it; how grace*

죄에 대한 유혹은 반복적인 생각을 불러오고 이는 죄에 대한 갈망을 불러일으킵니다. 그리고 이러한 갈망은 죄에 대한 저항적인 민감함을 감퇴시키고 나아가 친화적인 정서를 갖게 하는 가운데 지속되고 강해집니다. 예수님께서 우리에게 마음으로 행하는 범죄에 대하여 그토록 강력하게 경고하신 것도 바로 이 때문입니다.[63]

D. 범죄의 실행으로 마음을 굳어지게 함

넷째로, 범죄의 실행으로 마음을 굳어지게 합니다. 신자가 죄의 유혹에 굴복하여 범죄를 실행하게 되면, 죄책감은 더욱 급격하게 무뎌집니다. 더욱이 그 범죄가 반복되면 죄책감은 거의 사라질 수 있습니다. 이처럼 죄에 대한 반복된 마음의 갈망은 다가올 범죄에 대한 죄책감을 무뎌지게 하고, 반복적인 죄의 실행은 개별적인 악에 대해서뿐만 아니라, 그 뿌리가 되는, 자신 안에 있는 죄 자체에 대한 정당한 인식과 가책을 급격하게 무뎌지게 합니다. 그러나 죄의 역사는 거기서 멈추지 않습니다.

참회 없이 반복되는 범죄는 나아가 뻔뻔스럽게도, 자신이 반복해서 저지르고 있는 죄를 논리적으로 정당화하기까지 합니다. 이렇게 되면 신자는 은밀한 곳에서 행하던 죄를 백주에 행하는 담대함을 보이게 됩니다. 그렇지 않은 경우에는 죄를 감추는 위선이라는 또 다른 죄에 떨어지게 됩니다. 그리고 어느 경우든지 그것은 두 가지 결과를 가져옵니다. 곧 영혼이 하나님의 생명으로부터 멀어지는 것과 마음이 급격히 굳어지는 것입니다. 따라서 죄책감도 사라지게 됩니다.

---

delivers from it, by setting up its dominion in the heart, in *The Works of John Owen*, vol. 7, edited by William H. Goold, (Edinburgh; The Banner of Truth Trust, 1988 reprinting), p.558. 이와 관련하여 진리를 탐구함에 있어서 이성을 올바르게 사용하는 것이 어떻게 도움이 되는지에 대해서는 다음 책을 참고하라. Isaac Watts, *Logic; the right use of reason in the inquiry after truth*, (Morgan; Soli Deo Gloria Publications, 1996).

63) 이러한 사실을 입증하는 성경 구절을 참고하라. "마음이 청결한 자는 복이 있나니 저희가 하나님을 볼 것임이요"(마 5:8). "나는 너희에게 이르노니 여자를 보고 음욕을 품는 자마다 마음에 이미 간음하였느니라"(마 5:28). "이 백성이 입술로는 나를 존경하되 마음은 내게서 멀도다"(마 15:8). "입에서 나오는 것들은 마음에서 나오나니 이것이야말로 사람을 더럽게 하느니라 마음에서 나오는 것은 악한 생각과 살인과 간음과 음란과 도적질과 거짓 증거와 훼방이니"(마 15:18-19). "선한 사람은 마음의 쌓은 선에서 선을 내고 악한 자는 그 쌓은 악에서 악을 내나니 이는 마음의 가득한 것을 입으로 말함이니라"(눅 6:45). 타락 전, 타락 후, 중생 후 인간의 마음 상태의 차이점에 대해서는 다음 책을 참고하라. 김남준, 「마음지킴」, (서울; 생명의말씀사, 2003).

II. 죄에 대하여 친화적으로 민감하게 함

둘째로, 죄는 신자로 하여금 죄에 대하여 친화적으로 민감하게 함으로써 신자 안에서 자신의 지배를 확대해 갑니다. 이러한 죄의 발전은 필연적으로 두 가지 방향으로 이루어집니다. 하나는 소극적인 것으로 죄가 신자 안에 있는 자신에 대한 저항적인 민감함을 제거하는 것이고, 또 하나는 적극적인 것으로 신자 안에 자신에 대한 친화적 민감함을 촉진시키는 것입니다. 그리고 이러한 역사는 정확하게 신자 안에서 죄와 은혜가 각각 지배력을 갖는 정도에 비례하여 나타납니다.

A. 죄에 대한 저항적인 민감함을 제거함

첫째로, 죄에 대한 저항적 민감함을 제거합니다. 자신에 대한 친화력을 증진시킴으로써 신자 안에서 지배력을 확보하고자 하는 죄의 계획은, 신자의 마음 안에 있는, 자신에 대한 저항적인 민감함을 제거하는 것으로 시작됩니다.

신자는 처음 회심과 함께 보이지 않는 하나님께 대한 사랑을 소유하게 됩니다. 그리고 그것은 하나님께 사랑받는 경험을 동반합니다. 이 때 신자는 죄와 은혜에 대한 정당한 민감함을 선물로 받게 됩니다. 은혜에 대하여는 친화적인 민감함을, 그리고 죄에 대하여는 저항적인 민감함을 갖게 됩니다.

이러한 내면의 질서는 거듭나지 아니한 때에 본래적으로 가지고 있던 질서가 아니라 중생과 함께 주어진 새 본성의 질서입니다. 이러한 마음의 질서 있는 상태 안에서 신자는 죄를 정확히 인식하고 판단하며 그 작용에 대항하면서 살게 됩니다. 이는 생각이 생각 자신과 영혼에 대해 접근하는 죄를 인식함으로 경계하는 본래의 사명을 잘 감당하기 때문입니다.

그러나 이렇게 수립된 본성의 질서는 영원히 불변하게끔 되어 있지 않습니다. 신자가 지속적으로 은혜 아래 살아가면 그러한 신령한 질서가 유지되지만, 은혜로부터 멀어지게 되면 이러한 질서는 흔들리고 마음은 죄에 대한 저항적인 민감함을 상실하게 됩니다.

B. 죄에 대한 친화적인 민감함을 갖게 함

둘째로, 죄에 대한 친화적인 민감함을 갖게 합니다. 죄는 자신에 대한 친화적인 민감함을 갖게 함으로써 지배력을 갖게 됩니다. 신자가 죄에 대하여 친화적인 민감함을 갖게 되는 것은 근원적으로는 신자 안에 있는 부패성 때문이며, 실제적으로는 신자 자신이 범죄하거나 마음을 지키지 못하기 때문입니다.[64] 이로써 죄에 대한 저항적인 민감함은 사라지고 친화적인 민감함이 생기는 것입니다.

저항적인 민감함은 죄에 대한 혐오감과 그 개별적인 죄의 계획에 대한 정직한 인식을 즉각적으로 불러일으키지만, 죄에 대한 친화적 민감함은 죄에 대한 혐오감을 제거하고 그 계획에 대한 정직한 인식을 흐려지게 합니다. 그 대신에 범죄의 실행이 가져다 줄 낙(樂)에 대하여 쉽게 집착하게 만듭니다.

죄가 신자 안에 이처럼 자신에 대한 친화적 민감함을 가져오려고 하는 것은 그렇게 함으로써 신자를 보다 큰 범죄에 쉽게 빠지게 하려는 것입니다. 그렇게 함으로써 죄는 자신의 궁극적인 계획을 적은 힘으로 성취할 수 있기 때문입니다. 이처럼 죄는 신자의 마음 안에 죄에 대한 친화력을 불러일으키고 또 지속되게 함으로써, 신자 안에 효과적으로 자신의 지배력을 확보해 갑니다. 그러므로 신자에게 있어서 죄에 대한 친화적인 민감함이 증대될수록 죄의 작은 유혹으로도 커다란 죄를 짓게 됩니다. 죄는 신자 안에서 이러한 방식으로 자신의 지배력을 증대해 나가기 위하여 일합니다.[65]

---

[64] 신자의 마음이 죄에 대해 친화적인 상태가 되는 원인과 과정, 그리고 방식에 대하여는 다음 책을 참고하라. 김남준, 「마음지킴」, (서울; 생명의말씀사, 2003), pp. 248-261.
[65] 죄의 지배 아래 있는 사람들은 대체로 명징(明澄)하고 정직한 하나님의 말씀 앞에 서는 것을 싫어한다. 그들이 죄에 대하여 분명하게 지적하는 하나님의 말씀을 싫어하는 이유는 하나님 앞에 서려는 의지의 부족과 지적인 태만, 그리고 죄에 대한 은밀하고 친화적인 집착 때문이다. 그러나 이렇게 함으로써 그는 자신이 죄를 사랑하는 사람이라는 사실을 확증할 뿐이다. 하나님 앞에서 자신을 돌이키는 영적인 변화는 없고 죄에 대한 개념적인 지식만 늘어나는 사람도 마찬가지이다. 죄가 신자의 마음을 자신과 친숙하게 하려는 시도는 신자의 영혼의 싫증(weariness)에 의하여 도움을 받는다. 영혼의 싫증과 육체의 게으름이 결합하여 죄의 이러한 시도에 저항할 수 있는 힘을 상실하게(worn out) 되는 것이다. 영혼의 싫증은 하나님과 하나님께 속한 모든 신령한 것들에 대한 권태감이며, 이는 하나님께 대한 반감을 내

Ⅲ. 죄책감과 죄의 지배

그런데 여기서 반드시 지적하고 넘어가지 않으면 안 될 사실이 하나 있습니다. 그것은 신자가 죄책감을 가지고 있어도 죄의 지배 아래 있을 수 있다는 것입니다. 신자 안에 있는 죄가 그의 죄책감을 무뎌지게 하는 것은 사실이지만, 어떠한 경우에도 죄가 신자 안에서 죄책(罪責)의 인식을 완전히 사라지게 할 수 없습니다. 이것은 크게 두 가지 방향에서 설명할 수 있습니다. 하나는 모든 인간 안에 있는 양심의 일반 은총적인 성격 때문이고, 또 하나는 신자 안에 내주하시는 성령의 역사 때문입니다.

죄가 양심을 무디게 하고 죄책감을 상당 부분 없애는 역할을 하는 것은 사실이지만, 인간 안에서 완전히, 그리고 항구적으로 그렇게 할 수는 없습니다. 왜냐하면 하나님께서 인간 안에 선과 악을 인식할 수 있는 본성의 빛을 주셨고, 그것은 타락한 후에도 상당 부분 기능하고 있기 때문입니다. 성경이 복음을 모르는 자들이 바로 이러한 양심의 기능을 따라 심판받을 것이라고 예고한 것도 바로 이 때문입니다(롬 2:14-15).

또 하나는 신자에 관하여 이 문제를 생각해 볼 때에, 신자 안에는 성령께서 내주하시기 때문에 죄가 일시적으로는 죄책감을 현저히 사라지게 할 수 있어도 항구적으로 그렇게 할 수는 없다는 것입니다. 성령의 가장 중요한 임무는 인간으로 하여금 죄와 죄의 결과인 비참함에 대하여 생각나게 하는 것입니다. 그리고 이러한 기능은 단지 불신자가 거듭날 때에만 일회적으로 작용하는 것이 아니고 신자가 된 후에도 계속됩니다. 따라서 신자 안에서 성령께서는 죄가 무엇인지를 알게 하시고 그 비참한 결과를 선취적으로 경험하게 하심으로써 육체의 소욕을 따라 살지 아니하고 그

포하고 있어 결국 적극적인 반감을 가진 죄로 발전한다. 이 영혼의 싫증은 근본적으로는 인간의 존재의 불완전함에 기인하고, 실제적으로는 인간의 타락에 기인한다. 이 영혼의 싫증은 죄가 들어오기 전에도 존재하였고 죄가 들어온 후 더욱 심해지게 되었다. 아담과 하와가 계명을 어기고자 한 범의(犯意)도 이러한 영혼의 권태감에서 시작되었다. 이에 대하여는 필자가 열린교회에서 설교한 「성화와 영혼의 싫증」이라는 연속 설교를 참고하라. 또한 이 설교 요약본에 정리된 내용을 참고하라. 김남준, 「성화와 영혼의 싫증; 2004 새해 말씀사경회 정리본」, (안양: 열린교회출판부, 2004), pp.10-14. 인간이 하나님께 대하여 갖는 반감은 곧 하나님의 인격 자체에 대한 미움으로써 이는 이유 없는 미움이다. 마치 다윗을 이유 없이 미워한 사울이나, 예수님의 잘못을 찾지 못했으면서도 그분을 미워했던 당대 백성들처럼 말이다. Joseph Bellamy, *Sin, the Law, and the Glory of the Gospel*, (Ames; International Outreach, Inc., 1998), pp.95-96.

분의 소욕을 따라서 살게 하십니다.66)

    죄가 강력하게 역사하거나 우세한 지배력을 갖게 될 때에 신자는 현저하게 죄책감을 상실하게 됩니다. 그러나 그러한 역사는 항구적이지는 않습니다. 만약 죄책감을 상실하게 하는 죄의 역사가 항구적이라면 한번 죄의 지배로 들어간 신자는 영원히 회개가 불가능할 것입니다. 신자에게 있어서는 죄책감을 무뎌지게 하는 죄의 역사보다 항구적인 것은 죄를 깨닫게 하시는 성령의 작용입니다. 따라서 똑같은 정도로 죄의 지배를 받는 상황에 있다 할지라도 죄책감을 느끼는 정도는 서로 다를 수

---

66) "육체의 소욕은 성령을 거스리고 성령의 소욕은 육체를 거스리나니 이 둘이 서로 대적함으로 너희의 원하는 것을 하지 못하게 하려 함이니라"(갈 5:17). 죄와 은혜는 모두 아직 누리지 못한 즐거움에 대하여 기대를 갖게 함으로써 범죄하게 하거나 하나님의 은혜를 구하게 한다. 필자는 이것을 '선취적 효과'(先取的 效果, pre-acquiring effect)라고 칭한다. 이것은 다음과 같이 두 가지로 고찰할 수 있다. 첫째로, 내재하는 죄는 아직 일어나지 않은 범죄를 상상하게 함으로써 범죄가 실행될 때에 얻게 될 즐거움, 곧 죄의 낙(樂)을 미리 맛보게 하고, 이렇게 상상(imagination) 속에서 맛보는 즐거움은 그들의 개별적인 정욕을 더욱 자극하여 마음에 있는 죄를 실행에 옮기게 한다. 둘째로, 내재하는 은혜는 하나님께 온전히 순종하지 아니함으로 아직 실제로 획득하지 않은 하나님과의 평화의 즐거움을 미리 맛보게 함으로써, 죄의 욕구를 떨치고 거룩한 순종을 추구하게 한다. 따라서 범죄의 선취적 효과는 내재하는 죄에 의해, 은혜의 선취적 효과는 성령에 의해 도입되는 것이다. 이러한 사실은 다음 성경 구절에서도 입증된다. "너희 조상 아브라함은 나의 때 볼 것을 즐거워하다가 보고 기뻐하였느니라"(요 8:56). "또 내가 내 영혼에게 이르되 영혼아 여러 해 쓸 물건을 많이 쌓아 두었으니 평안히 쉬고 먹고 마시고 즐거워하자 하되"(눅 12:19). "기뻐하고 즐거워하라 하늘에서 너희의 상이 큼이라 너희 전에 있던 선지자들을 이같이 핍박하였느니라"(마 5:12). 상상을 통하여 역사하는 죄의 활동에 대하여는 다음을 참고하라. "The first way whereby sin acts itself, or coins its motions and inclinations into acts, is by the imagination, Genesis 6:5. The continual evil figments of the heart are as the bubbling of corrupt waters from a corrupted fountain. The imaginations intended are the fixing of the mind on the objects of sin or sinful objects, by continual thoughts, with delight and complacency. They are the mind's purveying for the satisfaction of the flesh in the lusts thereof, Romans 13:14, whereby evil thoughts come to lodge, to abide, to dwell in the heart, Jeremiah 4:14." John Owen, *A Treatise of the Dominion of Sin and Grace; wherein sin's reign is discovered, in whom it is, and in whom it is not; how the law supports it; how grace delivers from it, by setting up its dominion in the heart*, in *The Works of John Owen*, vol. 7, edited by William H. Goold, (Edinburgh; The Banner of Truth Trust, 1988 reprinting), p.520; "The affections are certainly entangled when they stir up frequent imaginations about the proposed object which this deceit of sin leadeth and enticeth towards." John Owen, *The Nature, Power, Deceit, and Prevalency of the Remainder of Indwelling Sin in Believers; together with the ways of its working and means of prevention, opened, evinced, and applied; with a resolution of sundry cases of conscience thereunto appertaining*, in *The Works of John Owen*, vol. 6, edited by William H. Goold, (Edinburgh; The Banner of Truth Trust, 1991 reprinting), pp.163-164; John Owen, *Of Temptation; the nature and power of it; the danger of entering into it, and the means of preventing that danger, with a resolution of sundry cases thereunto belonging*, in *The Works of John Owen*, vol. 6, edited by William H. Goold, (Edinburgh; The Banner of Truth Trust, 1991 reprinting), p.245. 결국 이러한 죄의 상상하게 하는 역사는 신자의 자기 부인의 실천 없이는 제어될 수 없다. 거룩한 삶을 위한 철저한 자기 부인의 중요성과 그 실천에 관하여는 이에 대한 통찰을 보여주는 다음 책을 참고하라. Thomas Watson, *The Duty of Self-Denial and Ten Other Sermons*, (Morgan; Soli Deo Gloria Publications, 2001 reprinting).

있습니다.

우리가 내릴 수 있는 결론은 이것입니다. 죄책감이 있다고 해도 그것이 곧 죄의 지배 아래 있지 않다는 사실을 의미하는 것은 아니라는 것입니다. 이는 사도 바울이 심판받을 죄인들에 관하여 언급한 바에 의하여 입증됩니다. "율법 없는 이방인이 본성으로 율법의 일을 행할 때는 이 사람은 율법이 없어도 자기가 자기에게 율법이 되나니 이런 이들은 그 양심이 증거가 되어 그 생각들이 서로 혹은 송사하며 혹은 변명하여 그 마음에 새긴 율법의 행위를 나타내느니라"(롬 2:14-15).**67)**

---

67) 이에 대하여 사도 바울은 다음과 같이 말한다. "율법 없는 이방인이 본성으로(퓌세이, φύσει) 율법의 일을 행할 때는 이 사람은 율법이 없어도(노몬 메 에콘테스 헤아우토이스, νόμον μὴ ἔχοντες ἑαυτοῖς, 문자적으로 '그들 자신에 대하여 율법을 가지고 있지 않아도') 자기가 자기에게 율법이 되나니 이런 이들은 그 양심이 증거가 되어(쉼마르튀루세스, συμμαρτυρούσης, 문자적으로 '법정에서 함께 증언하여') 그 생각들이 서로 혹은 송사하며 혹은 변명하여 그 마음에 새긴 율법의 행위를 나타내느니라(엔데이크뉜타이, ἐνδείκνυνται, 문자적으로 '드러내다')"(롬 2:14-15). Walter Bauer, *A Greek-English Lexicon of the New Testament and Other Early Christian Literature*, edited by Frederick W. Danker, William F. Arndt, & F. Wilbur Gingrich, (Chicago; The University of Chicago Press, 2000 3rd edition), p.262. 여기서 '본성'이라고 번역된 단어는 희랍어로 '퓌시스'(φύσις)이다. 희랍어에 '자연, 성품, 본성'을 가리키는 말로 '게네시스'(γένησις)와 '퓌시스'(φύσις)가 있는데, 신약성경에서 '게네시스'(γένησις)는 '태어난 상태'나 '사람의 원래 존재적 상태'를 나타내고(약 1:23, 3:6), '퓌시스'(φύσις)는 '오랜 실천을 통하여 습성화된 행동 양식이나 사고 방식의 총체'를 의미한다(엡 2:3). 이 말은 원래 세속 희랍어에서 '기원', 혹은 '성장의 결과로서의 자연적인 형태나 구조', 또는 '자연의 일정한 질서' 같은 것을 의미하였으며, 특히 철학에서는 구체적으로 '피조물'을 뜻하기도 하였다. Henry S. Jones & Roderick McKenzie eds., *Liddell and Scott's Greek-English Lexicon*, (Oxford; Clarendon Press, 1940 new edition), p.1964; Joseph H. Thayer, *Thayer's Greek-English Lexicon of the New Testament*, (Grand Rapids; Baker Book House, 1982 reprinting), p.112, 660. 조나단 에드워즈는 인간으로 하여금 죄를 깨닫게 하는 원리를 다음과 같이 세 가지로 설명한다. (1)죄를 깨닫게 하는 원리는 '본성적 양심'(natural conscience)이다. 이것은 두 가지 고유한 일을 행한다. ①옳고 그른 것을 인식하는 것이다. ②그 두 가지의 관계와 보응을 암시하는 일이다. (2)그 원리가 작용하는 방식은 다음과 같다. ①보편적으로 그것은 지성이 파악하는 지식의 빛으로 말미암는다. ②하나님의 두렵고 탁월한 엄위에 대한 발견을 동반한다. (3)그 원리의 작용과 부합하는 외적인 방편은 다음과 같다. ①율법을 통하여 성령께서 역사하시는 것이다. ②죄인이 자기의 전적인 무능(無能)을 깊이 인식하는 것이다. Jonathan Edwards, *Jonathan Edwards on Knowing Christ*, (Edinburgh; The Banner of Truth Trust, 1997 reprinting), pp.61-64; 김남준, 「성화와 기도」, (서울; 생명의말씀사, 2004), p.56. 따라서 인간은 너무나 자주 율법 수여자로서의 하나님께 대한 복종을 거부하고, 반역으로 그 멍에를 벗어버리고자 하지만 그것은 불가능하다. 하나님께서 이 세상 모든 인간들에 대하여 최종적인 심판권을 가지고 계시며 <u>모든 인간은 그 판단 아래서 벗어날 수 없다</u>. 비중생자 안에 역사하는 죄에 대한 두려움은 이러한 심판을 의식적 결과이다. Jonathan Edwards, *Sermons and Discourses, 1723-1729*, in *The Works of Jonathan Edwards*, vol. 14, edited by Kenneth P. Minkema, (New Haven; Yale University Press, 1997), pp.512-513. 존 칼빈은 양심의 기능에 대하여 다음과 같이 명쾌하게 설명한다. "우리가 어떤 사물의 개념을 지성과 오성(悟性)으로 인지할 때, 그것을 '안다'(to know)라고 한다. 마찬가지로, 우리가 하나님의 판단을 마음으로 의식하며 이 의식이 증인같이 붙어 있어서 우리가 우리의 죄를 감추는 것을 허락하지 않고 우리를 주님의 심판대 앞에서 고발하는데, 이 의식을 '양심'(conscience)이라 일컫는다." John Calvin, *Institutes of the Christian Religion*, vol. 1, translated by Henry Beveridge, (Grand Rapids; William B. Eerdmans Publishing Company, 1981 reprinting), p.415. 사도 바울이 말하는 바 '그 마음에 새긴 율법'은 명백

이러한 경우에 인간이 갖는 죄책감이라는 것은 죄를 이길 힘으로 나아가게 하는 것이 아닙니다. 생각의 빛과 양심의 가책이 죄에 대해서 저항하지만, 단지 저항만 할 뿐 실제로 그것을 물리칠 영향력을 발휘하지는 못하기 때문입니다.

죄의 지배 아래 있을 때에 신자 안에서 역사하는 정욕이 죄를 짓도록 밀어붙이는 힘은 그 죄에 저항하게 하는 죄책감의 힘을 능가하기 때문에 어쩔 수 없이 죄를 짓게 되는 것입니다. 이런 상황에서 신자가 죄책감으로 정욕을 누른다는 것은 마치 범람하는 강물을 흙더미로 막으려는 것과 같은 것입니다.

이렇게 죄의 지배를 받으며 살아가는 사람들은 죄책감을 느낀다 할지라도 '광명을 배역한 사람들'이며,[68] '진흙과 더러운 것을 늘 솟쳐내는 요동하는 바다' 일 뿐입니다.[69] 이러한 상태에서 신자는 마음속에 어떠한 평강도 누릴 수 없고, 만약 그것을 누리고 있다면 그것은 죄가 가져다 준 영적인 무감각으로 말미암아 잠시 느끼는 거짓 평강입니다(렘 6:16, 8:11, 15).[70]

신자의 신자 됨은 단지 죄에 대한 가책을 간직하며 사는 데 있지 않습니다. 아무

히 하나님께서 그분 자신의 손가락으로 돌에 새기신 십계명과의 대응을 염두에 둔 묘사이다. 따라서 로버트 홀데인의 지적과 같이, '그 마음에 새긴 율법'이란 '율법의 원리를 이해하는 인간 본성의 빛'(the natural light of understanding of the principles of the law)을 가리킨다. "Written in their hearts,-This is an allusion to the law written by the finger of God upon tables of stone, and afterwards recorded in the Scriptures. The great principles of this law were communicated to man in his creation, and much of it remains with him in his fallen state. This natural light of the understanding is called the law written in the heart, because it is imprinted on the mind by the Author of creation, and is God's work as much as the writing on the tables of stone." Robert Haldane, *Geneva Series of Commentaries; Romans*, (Edinburgh; The Banner of Truth Trust, 1996 reprinting), p.91. 일반적으로 인간의 양심은 본성의 율법을 반영하는 것으로 이는 인간이 생래적으로 가지고 있는 도덕적 지각(moral awareness)의 소산이라고 생각한다. 그러나 청교도들은 이에 대하여 좀더 확고한 견해를 가지고 있었다. 그들은 양심의 존재 이유를 단순히 하나님께서 인간을 자의식적인(self-conscious) 존재로 창조하신 때문이라고만 보지 않았다. 이성적 본성(rational nature)에 덧붙여서 인간은 그 자신이 하나님과 맺고 있는 도덕적인 관계에 대한 특별한 계시를 부여받은 것이라고 보았다. 어네스트 케반(Ernest F. Kevan)의 설명과 같이, 이성(理性)이라는 자연적 은사를 능가하는 하나님의 신적 행동에 의하여, 인간은 자신에 대한 도덕법의 요구를 인지하게 되었다는 것이다. "The demands of the moral law were made known to him by the act of God over and above the gift of rationality." Ernest F. Kevan, *The Grace of Law; a study in Puritan theology*, (Morgan; Soli Deo Gloria Publications, 1997 reprinting), pp.58-59.

68) 이에 대해 성경은 이렇게 말한다. "또 광명을 배반하는 사람들은 이러하니 그들은 광명의 길을 알지 못하며 그 첩경에 머물지 아니하는 자라"(욥 24:13).

69) 죄인의 내면에 대한 이사야의 지적을 기억하라. "오직 악인은 능히 안정치 못하고 그 물이 진흙과 더러운 것을 늘 솟쳐내는 요동하는 바다와 같으니라"(사 57:20).

70) "그들이 내 백성의 상처를 심상히(네깔라, נְקַלָּה, 문자적으로 '가볍게' [slightly], 혹은 '재빠르게' [swiftly]) 고쳐 주며 말하기를 평강하다(샬롬, שָׁלוֹם) 평강하다(샬롬, שָׁלוֹם) 하나 평강이 없도다(웨에인 샬롬, וְאֵין שָׁלוֹם, 문자적으로 '그러나 한 평강도 없다')"(렘 6:14). 여기서 '심상히'라고 번역된 히브리어 '네깔라'(נְקַלָּה)는 '가볍

리 죄책감을 가지고 있다 할지라도 그가 단지 그것을 가지고 있을 뿐, 하늘의 평안, 하나님의 신령한 은혜, 그리스도의 은혜로 말미암아 넘치는 기쁨, 성령의 교통하시는 위로 같은 것들을 상실한 채 살아가고 있다면, 죄의 지배 아래 있음이 틀림이 없습니다. 하나님께서 예수 그리스도를 화목제물로 주셔서 우리를 자녀 삼으셨음에도 불구하고 말입니다.

신자 안에 내재하는 죄는 마치 살아 있는 생명체처럼 작용합니다. 죄는 인간을 무모하게 하고 미친 듯이 자기 정욕을 따라 살게 하지만, 신자의 영혼 안에서 자기의 목적을 성취하기 위하여 뱀처럼 지혜롭게 역사합니다. 그 존재는 감춰져 있으며, 역사하는 방식은 너무나 은밀합니다.

한 신자의 영적인 깊이는 이러한 죄의 존재와 작용을 감지하고, 그에 대해 정당한 반응을 하는 것입니다. 그가 알고 있는 하나님의 말씀에 대한 모든 지식과 영적인 생활에 대한 경험, 그리고 깨닫게 하시는 성령의 조명을 통하여 죄를 인식하고 죄가 활동하는 경로와 방식을 깊이 이해하고 거기에 대처함으로써 죄를 죽이는 것이야말로 그의 경건과 영적 생활의 깊이를 입증하는 대목입니다.

죄가 신자 안에서 지배력을 얻기 위하여 역사하는 방식을 기억해 보십시오. 무엇보다도 제일 먼저 생각을 공격함으로써 영혼과 죄의 작용을 살피는 감시탑을 허물어 버리는 그 간교함을 보십시오. 생각을 죄에 집중시킴으로써 그 죄가 몰고 올 비참한 결과에 대하여 눈멀게 하고, 생각이 죄에 대한 저항을 잃어버리는 것만큼 정서를 죄에 대한 실행의 욕구로 채우는 것을 보십시오.

이렇게 교묘하고 치밀하게 움직이는 죄의 역사는 강력한 힘을 동반합니다. 신자

다', '하찮다', '신속하다'라는 의미를 가진 동사 '깔랄'(קָלַל)의 니팔 분사 남성 단수(Niphal ptc, m. s.)로서, 여기서는 부사의 의미로 사용되었다. '평강하다'로 번역된 '샬롬'(שָׁלוֹם)은 '완벽함'(completeness), '견고함'(soundness), '안녕'(welfare), '평화'(peace) 등을 가리키는데, 여기서는 '안전하다'(safe), 혹은 '염려 없이 든든하다'(sound)라는 의미로 사용되었다. Francis Brown, S. Driver, & C. Briggs, *The Brown-Driver-Briggs Hebrew and English Lexicon*, (Peabody; Hendrickson Publishers, 2003), pp. 1022-1023; Ludwig Koehler & Walter Baumgartner, *Lexicon in Veteris Testamenti Libros*, (Leiden; E. J. Brill, 1958), pp. 839-840. 이외에도 다음 구절을 참고하라. "여호와께서 이같이 말씀하시되 너희는 길에 서서 보며 옛적 길 곧 선한 길이 어디인지 알아보고 그리로 행하라 너희 심령이 평강을 얻으리라 하나 그들의 대답이 우리는 그리로 행치 않겠노라 하였으며"(렘 6:16), "그들이 딸 내 백성의 상처를 심상히 고쳐 주며 말하기를 평강하다, 평강하다 하나 평강이 없도다"(렘 8:11), "우리가 평강을 바라나 좋은 것이 없으며 고치심을 입을 때를 바라나 놀라움뿐이로다"(렘 8:15).

의 죄책감만으로 이것을 이길 수 없음은 너무나 분명합니다. 이러한 영혼의 위기 앞에서 죄책감 이상의 무엇이 필요하지 않겠습니까? 이미 만연하고 있는 죄의 작용을 받아들인 것에 대한 진실한 참회와 성령의 강력한 은혜의 역사 말고 무엇이 이러한 위험으로부터 신자를 구할 수 있겠습니까?

아아, 죄의 지배 아래 살아가는 신자들을 보시는 하나님의 마음은 얼마나 아프실까요? 원대한 계획을 가지고 그들을 구원하셨는데, 그들이 여전히 죄의 지배 아래서 노예처럼 사는 것을 보시는 아버지의 마음은 얼마나 아프실까요? 그들을 향한 하나님의 목멘 소원이 무엇일까요? 지금이라도 그들의 죄를 참회하고 믿음으로 그리스도의 보혈로 말미암는 사죄의 은혜를 구하는 것이 아니고 무엇이겠습니까? 다시 부당한 죄의 세력을 타파하고 하나님과의 화목한 관계 속에서 살아가도록…….

한눈에 보는 8장 죄의 지배의 발전: 죄에 대한 저항력이 약화됨으로써

I. 죄에 대한 확신을 무디어지게 함

A. 죄에 대한 생각을 무디게 함
- 생각의 가장 큰 의무는 영혼에 침투하는 죄를 파악하고 온 기관에 경고하는 것임
- 죄는 유혹을 통해 생각이 본연의 의무를 다하지 못하게 함
- 생각이 무뎌져서 자신이 행하려는 죄의 정체와 계획을 알지 못할 때
  범죄가 가져올 결과에 대한 정당한 인식을 갖기 어려움

B. 죄에 대해 생각을 집중시킴
- 생각을 타고 들어온 죄는 사고 기능이 죄에 친화적으로 집중하게 함
- 지으려는 죄에 대해 반복적으로 생각하게 되면 은혜 아래 구축된 죄에 대한 인식의 틀은 점차 허물어짐
- 이것을 통해 처음 가지고 있었던 죄에 대한 정당한 생각과 죄책감으로부터 멀어지게 됨

C. 죄에 대해 정서를 친화시킴
- 죄에 대한 유혹은 개별적인 범죄에 대해 반복적으로 생각하게 하고, 이는 죄에 대한 갈망을 불러일으킴
- 이러한 갈망은 죄에 대한 저항적인 민감함을 감퇴시키고 친화적인 정서를 갖게 하는 가운데
  지속되고 강해짐

D. 범죄의 실행으로 마음을 굳어지게 함
- 죄에 대한 반복된 마음의 갈망은 다가올 범죄에 대한 죄책감을 무디게 함
- 반복적인 죄의 실행은 개별적인 악에 대해서뿐만 아니라
  죄 자체에 대한 정당한 인식과 가책을 급격하게 무뎌지게 함
- 신자는 반복되는 범죄 가운데 자신을 논리적으로 정당화시킬 구실을 찾거나
  위선에 빠지거나 더 큰 죄에 빠지는 대담함을 보임
- 이 때 그의 영혼은 하나님의 생명으로부터 멀어지고 마음은 급격하게 굳어짐

II. 죄에 대하여 친화적으로 민감하게 함

A. 죄에 대한 저항적인 민감함을 제거함
- 회심과 함께 신자는 은혜에 대해서는 친화적인 민감함을, 죄에 대해서는 저항적인 민감함을 갖게 됨
- 영혼을 지배하려는 죄의 계획은 신자의 마음 안에서
  자기에 대한 저항적인 민감함을 제거하는 것으로 시작됨

B. 죄에 대한 친화적인 민감함을 갖게 함
- 신자가 죄에 대해 친화적인 민감함을 갖게 되는 이유는
  신자 안에 있는 부패성 때문이며, 마음을 지키지 못하기 때문임
- 죄에 대한 친화적인 민감함은 죄에 대한 혐오감을 제거하고 죄의 계획에 대한 정직한 인식을 흐리게 함
- 죄가 신자 안에 죄에 대한 친화적인 민감함을 가져다 주는 것은
  신자로 하여금 보다 큰 죄에 쉽게 빠지게 하기 위함

III. 죄책감과 죄의 지배
- 죄가 양심을 무디게 하고 죄책감을 상당 부분 없애는 것은 사실이지만
  완전히 항구적으로 그렇게 하지는 못함
- 성령의 가장 중요한 임무는 인간으로 하여금 죄와 죄의 결과인 비참함에 대해 생각하게 하는 것임
- 그러나 죄책감이 있다고 해서 그것이 죄의 지배 아래 있지 않다는 사실을 의미하지는 않음
- 인간이 갖는 죄책감은 죄를 이길 힘으로 나아가게 하는 것이 아님

The Doctrine on Dominion of Sin and Grace in Believers

"죄가 너희를 주관치 못하리니 이는 너희가 법 아래 있지 아니하고 은혜 아래 있음이니라" (롬 6:14)

제9장

죄의 지배 아래 있어도
가능한 신자의 경험

제9장
죄의 지배 아래 있어도 가능한 신자의 경험

　신자가 죄의 지배 아래에 있으면 영적인 활기가 쇠퇴하고, 무기력한 가운데 정욕에 붙들린 삶을 살아가게 됩니다. 신령한 경험은 사라지고 육적인 삶을 살아가게 됩니다. 그러나 죄의 지배 아래 있다고 해서 신자에게 영적인 경험이 전혀 없는 것은 아닙니다. 신자가 죄의 지배 아래 있어도 가능한 영적 경험이 있습니다.

I. 영적 은사를 소유함

　첫째로, 죄의 지배 아래서도 영적인 은사를 소유할 수 있다는 것입니다.
　많은 사람들이 신자가 죄의 지배 아래 있을 때에는 어떠한 영적인 은사도 소유하지 못할 것이라고 생각합니다. 물론 하나님께서 죄 가운데 있는 신자를 기뻐하지 않으신다는 판단의 표시로 주신 은사를 거두시는 경우가 있는데, 이는 전적으로 하나님의 주권입니다. 그러나 은사가 절대적으로 은혜 아래 있는 신자에게만 소유되는 것은 아닙니다.

기독교 신앙에 있어서, 가시적인 은사의 능력보다 중요한 것은 그 사람의 인격 속에 맺히는 진실한 신앙입니다. 전자는 은사와, 후자는 은혜와 관련되어 있습니다.[71] 인간을 구원하시는 하나님의 역사가 은혜와 관련되는 것입니다. 그러나 이 둘은 모두 교회를 교회 되게 하는 데 꼭 필요한 역할을 합니다.

그리스도께서는 교회에 대하여 이중적으로 머리이십니다. 첫째로 신비적인 몸(mystical body)으로서의 교회의 머리이십니다. 이 점에 있어서 그리스도께서는 권세와 영향력의 머리로서 신비적인 몸과 연합을 이루는데, 이는 은혜를 통해서 이루어집니다. 성령께서 머리이신 그리스도와 신비한 몸인 교회를 은혜로 말미암아 영적으로 연합시키심으로 교회는 그리스도와 나뉠 수 없는 한 몸이 됩니다. 둘째로 유기체적 지체로서 통치(rule)의 머리이십니다. 이 점에 있어서 그리스도께서는 유기체

---

[71] 넓은 의미에서의 은사(gifts of God)는 하나님께로부터 선물로 주어진 모든 것을 가리킨다. 이렇게 보면 창조와 구원의 은혜까지도 모두 하나님의 선물, 곧 은사이다(롬 8:32). 그러나 지금 논의되는 은사는 영적 은사(spiritual gifts)로서, 구원의 은혜나 혹은 성화의 은혜와는 구별된다. 구원의 은혜나 성화의 은혜는 세상에서 무엇인가 영광스럽고 괄목할 만한 외관상의 변화를 일으키는 것은 아니다. 그리스도께서 교회의 기초를 세우시고 복음이 퍼져 나가게 하시기 위해서는 눈에 띄는 이적적인 역사가 필요했다. 은사(spiritual gifts)는 은혜(saving grace)와 구별되기는 하지만, 은혜가 작용하는 위대한 통로이며 방편이다. 교회의 영적인 생명이 은사 안에 놓인 것은 아니지만, 교회의 질서와 교화(敎化)하는 힘은 전적으로 은사에 달려 있다. 이 은사를 통하여 은혜가 역사하기 때문이다. 존 오웬은 이 둘이 신약 교회에 필수적이라는 사실을 다음과 같이 정리한다. "경건의 능력이 내적인 구원의 은혜 안에 있기 때문에 이를 무시하면 온갖 종류의 육욕이 일어나 순종에 이르게 하는 그리스도인의 신앙 고백에 맹독(猛毒, bane)이 된다. 한편 은사가 무시되면 예배와 교회의 질서가 파괴되고 여기에서 이단이 나오는 것이다" (And as the neglect of internal saving grace, wherein the power of godliness doth consist, hath been the bane of Christian profession as to obedience, issuing in that form of it which is consistent with all manner of lusts; so neglect of theses gifts hath been the ruin of the same profession as to worship and order, which hath thereon issued in fond superstition). John Owen, *A Discourse of Spiritual Gifts*, in *The Works of John Owen*, vol. 4, edited by William H. Goold, (Edinburgh; The Banner of Truth Trust, 1988 reprinting), pp.421-423. 또한 그는 교회에 은혜 외에 영적 은사가 필요한 이유를 두 가지로 제시한다. (1)교회의 설립과 보존을 위함이다. (2)신약 교회에 구약 교회보다 우월한 복을 주시기 위함이다. John Owen, *A Discourse of Spiritual Gifts*, in *The Works of John Owen*, vol. 4, edited by William H. Goold, (Edinburgh; The Banner of Truth Trust, 1988 reprinting), p.423. 한편 여기에서 은혜는 당연히 구원하는 은혜(saving grace) 외에 성화되게 하는 은혜(sanctifying grace)도 포함한다. 따라서 교회는 죄인들을 구원하고 거룩하게 하여 그리스도와의 실제적인 연합 속에서 성품으로 그리스도를 닮게 하는 은혜의 충만함을 구하는 동시에, 또한 교회를 세우신 본래의 목적을 따라 역사하게 하시는 성령의 은사의 풍성함을 구하여야 한다. 그리스도의 몸인 교회는 은혜를 통하여 신비한 몸으로서 머리이신 그리스도와 아름다운 연합을 이루어야 할 뿐 아니라, 은사를 통하여 그리스도에서 교회에 맡기신 일을 수행하기 위하여 유기체적인 몸으로서 머리이신 그리스도와 실제적인 연합을 이루어야 한다. 이 둘이 함께 추구되어야 온전한 교회가 될 수 있다. 이 둘의 필요성과 기능에 관한 논의를 보려면 다음 책을 참고하라. John Owen, *A Discourse of Spiritual Gifts*, in *The Works of John Owen*, vol. 4, edited by William H. Goold, (Edinburgh; The Banner of Truth Trust, 1988 reprinting), pp.420-421.

적인 몸(organic body)으로서의 교회와 통치의 머리로서 연합을 이루는데, 이는 은사를 통하여 이루어집니다. 성령께서는 은사들과 영적인 능력들(gifts and spiritual abilities)로써 연합을 이루어 교회를 세우신 목적을 따라 일하게 하십니다. 그러나 한 사람이 이러한 영적인 능력을 소유하고 있다고 해서 그 사람이 은혜 아래 살고 있다는 증거가 되지는 못합니다.

두 가지 점에서 은혜 아래 있지 않고도 영적인 능력을 가지고 있을 수 있다는 사실이 성립합니다. 하나는 그러한 영적인 능력이 하나님께로부터 오지 않은 경우가 있기 때문이고, 또 하나는 성경이 은혜 아래 있지 않은 자들의 영적인 능력이나 은사를 말하고 있기 때문입니다.

첫 번째 경우에 대한 입증은 예수님께서 거짓 선지자들을 책망하시는 장면에 나타납니다. "그 날에 많은 사람이 나더러 이르되 주여 주여 우리가 주의 이름으로 선지자 노릇하며 주의 이름으로 귀신을 쫓아내며 주의 이름으로 많은 권능을 행치 아니하였나이까 하리니 그 때에 내가 저희에게 밝히 말하되 내가 너희를 도무지 알지 못하니 불법을 행하는 자들아 내게서 떠나가라 하리라"(마 7:22-23).

두 번째 경우는 가룟 유다에게서 입증됩니다. "예수께서 그 열두 제자를 부르사 더러운 귀신을 쫓아내며 모든 병과 모든 약한 것을 고치는 권능을 주시니라 열두 사도의 이름은 이러하니 베드로라 하는 시몬을 비롯하여······가룟 유다 곧 예수를 판 자라"(마 10:1-4).

예수님께서는 사도로 삼으신 열두 제자에게 커다란 영적 권세를 주셨습니다. 그리고 그것은 병든 자를 고치며, 죽은 자를 살리며, 문둥이를 깨끗하게 하며, 귀신을 쫓아낼 수 있는 실제적인 영적 권세였습니다(마 10:8).

우리는 예수 그리스도의 제자들이 이러한 영적 은사를 받음에 있어서 가룟 유다가 제외되었다고 생각할 수 없습니다. 그러나 그는 결국 예수님을 배반하고 파는 자가 되었습니다. 그리고 그는 자기의 갈 곳으로 가는 불행한 사람이 되었습니다.

II. 내적인 깨달음이 있음

A. 죄의 지배 아래서의 말씀 경험

둘째로, 죄의 지배 아래서도 하나님의 말씀에 대한 내적인 깨달음, 곧 조명(illumination)이 있다는 것입니다.

죄의 지배 아래서는 하나님의 말씀에 대한 어떠한 깨달음도 없을 것이라는 생각은 사실 잘못된 것입니다. 물론 하나님의 말씀에 대한 깨달음도 다양하여, 그 성격과 영혼에 미치는 영향력에 있어서 깊이가 각각 다릅니다. 그러나 죄의 지배 아래서도 하나님의 말씀에 대한 내적인 깨달음이 있을 수 있습니다. 때로는 이러한 깨달음이 아주 현저해서 자신의 죄악된 모습을 보기도 하고, 괴로워하기도 합니다. 그래서 많은 사람들은 자신의 이러한 경험이 곧 죄에게 일시적으로 패배하기는 해도 지배 아래 있지 않다는 것을 입증하는 것이라고 생각합니다.

이 경우에 잘못된 판단은 대체로 두 가지 방향으로 이루어집니다. 하나는 일시적인 깨달음이 가져다 주는 자신의 죄에 대한 자각에서 오는 갈등을 경건한 양심을 가진 증거로 오해하는 것입니다. 밖으로부터의 은혜가 안에 있는 자신의 죄를 자각한 데서 오는 갈등을, 마치 밖으로부터 압박하는 죄가 자신 안에 있는 은혜의 상태에 갈등을 가져온 것이라고 잘못 생각하는 것입니다.[72] 또 하나는 일시적인 영적 경험

---

[72] 이것은 죄의 지배 아래서 자기 깨어짐이 없는 영적 생활을 계속하면서 쌓인 자기의(自己義)와 관련이 있다. 죄의 지배 아래 있는 신자의 특징 중 하나는 자기 깨어짐이 없는 것이다. 자기 깨어짐의 핵심은 죄를 향한 사랑에 대한 깨어짐과 자기의에 대한 깨어짐으로 이루어진다. "성화에 있어서 자기 깨어짐은 아무리 강조해도 지나침이 없다. 진정한 참회를 통한 자기 깨어짐을 강조하는 것이 성화에 있어서 성령의 주도적인 은혜를 부정하는 것이 아니라는 사실을 잊지 말아야 한다. 자기 깨어짐을 통하여 죄에 대한 사랑을 끊고 자기의(自己義)에 대하여 깨어지는 것 자체가 성령의 은혜이다. 그래서 바울도 신자의 마음속에 내재하는 죄를 죽이는 것은 오직 성령으로써만 가능함을 강조하였다(롬 8:13). 그러나 하나님의 거룩하심을 깨닫고 자기의 불결을 인식하며 하나님의 은혜를 구하여야 할 책임은 자신에게 있는 것이다. 특별히 다음 구절은 사도 바울이 오직 믿음으로 말미암아 구원을 받는 이신칭의(以信稱義)의 교리와 그리스도와의 신비한 연합의 교리를 설명한 직후에 언급한 것이어서 이러한 사실을 잘 말해 준다. '그러므로 너희는 죄로 너희 죽을 몸에 왕 노릇하지 못하게 하여 몸의 사욕을 순종치 말고 또한 너희 지체를 불의의 병기로 죄에게 드리지 말고 오직 너희 자신을 죽은 자 가운데서 다시 산 자같이 하나님께 드리며 너희 지체를 의의 병기로 하나님께 드리라' (롬 6:12-13)." 김남준, 「마음지킴」, (서울; 생명의말씀사, 2003), p.65.

에 대한 지나친 신뢰를 통해 옵니다. 다시 말해서 죄의 지배 아래 있는 상황이 오래도록 계속되면서 그러한 상황 아래서 망가져 온 자신의 영혼의 상태의 심각성을 과소평가하고, 간헐적으로 그리고 표피적으로 일어나는 하나님의 말씀에 대한 경험이 주는 영향을 과대평가하는 것입니다. 그러나 이러한 내적 깨달음의 경험은 죄의 지배 아래서도 가능합니다.

B. 은혜의 지배 아래서의 말씀 경험과의 차이점

신앙 생활에 있어서 하나님의 말씀에 대한 내적인 깨달음은 매우 필수적입니다. 이러한 경험의 지속은 은혜의 지배 아래 있는 신자의 중요한 특징입니다. 그렇지만 간헐적인 깨달음과 자각은 죄의 지배 아래 있는 그리스도인들에게도 가능한 경험입니다. 그러나 한 신자가 은혜의 지배 아래 있을 때와 죄의 지배 아래 있을 때에는 말씀의 경험도 차이가 있기 마련입니다. 이를 요약하면 다음과 같습니다.

1. 말씀의 경험이 간헐적임

첫 번째로, 죄의 지배 아래서의 말씀에 대한 깨달음의 경험은 간헐적입니다. 은혜의 지배 아래 있는 신자들에게는 하나님의 말씀을 통한 내적 깨달음이 일상적입니다. 은혜의 지배 아래 있는 사람들에게는 언제나 하나님의 말씀을 통한 내적인 깨달음이 있고, 그래서 그들은 하나님의 마음과 뜻을 하나님과 공유함에 있어 유리한 위치에 있습니다. 그러나 죄의 지배 아래서는 말씀에 대한 내적인 깨달음이 있다 할지라도 그것은 대부분 자기 스스로 추론한 결과이고, 설령 성령의 조명으로 인한 깨달음이 있다 해도 그 경험은 매우 간헐적입니다. 그리고 이렇게 하나님의 말씀을 접해도 그것을 통한 내적인 깨달음이 간헐적인 이유는 대부분 죄 아래서 굳어진 마음 탓입니다.

2. 깨달음에 지속성이 없음

두 번째로, 죄의 지배 아래서의 내적 깨달음은 대개 지속성이 없습니다. 죄의 지배 아래서도 말씀의 경험은 있을 수 있고, 그로 말미암는 내적인 깨달음이 있을 수 있습니다. 그러나 그러한 성령의 조명으로 말미암는 깨달음이 영혼의 상태를 근본적으로 변화시키지 못할 때가 많습니다. 이는 그 신자 안에서 역사하는 죄의 영향력은 증대되어 지속적인 영향력을 행사하는데 비해, 내적인 깨달음이 주는 영향력은 미약하여 지속성이 없기 때문입니다. 더욱이 죄의 지배 아래 있는 신자들의 경우 그러한 불법한 죄의 강점 상태가 계속되는 동안에 마음과 영혼의 틀 자체가 죄가 성장하기에는 좋고 은혜가 보존되기에는 나쁜 환경이 되어 버렸기 때문에, 내적인 깨달음은 '아침 구름' 처럼 나타났다가는 쉽게 사라지기도 합니다.[73]

---

[73] 이에 대하여 호세아 선지자의 지적은 좋은 예증이 된다. "에브라임아 내가 네게 어떻게 하랴 유다야 내가 네게 어떻게 하랴 너희의 인애(웨하스데켐, וְחַסְדְּכֶם , 문자적으로 '그리고 너희의 한 사랑')가 아침 구름(아난-보케르, עֲנַן־בֹּקֶר , 문자적으로 '아침 안개')이나 쉬 없어지는 이슬(탈 마스킴, כַּטַּל מַשְׁכִּים , 문자적으로 '이른 아침에 일어나는 이슬') 같도다" (호 6:4). 여기에서 '너희의 인애가 아침 구름이나 쉬 없어지는 이슬 같도다.' 의 히브리어 원문은 다음과 같다. '웨하스데켐 카아난-보케르 웨카탈 마스킴 호레크' (וְחַסְדְּכֶם כַּעֲנַן־בֹּקֶר וְכַטַּל מַשְׁכִּים הֹלֵךְ). 이것을 직역하면, '그리고 너희의 사랑은 마치 아침 구름 같고, 또 사라지는 그 이슬 같다.' 이다. '아침 구름' 은 안개에 가까운 구름으로서 아침에 햇살이 퍼지면서 사라지는 얇은 구름을 의미하는데, '이슬' 과 함께 하나님께 대한 이스라엘의 지속적이지 못한 사랑, 언약 공동체의 백성들에 대한 견고하지 못한 자비의 행동들을 가리킨다. 우리말 개역성경에서 '인애 (仁愛)라고 번역된 단어는 '헤세드' (חֶסֶד)인데, 이는 구약 히브리어 성경의 희랍어 번역본인 70인역(Septuagint)에서는 '엘레오스' (ἔλεος)로 나온다. 이는 '동정' (pity), '자비' (mercy), '긍휼' (compassion)의 의미를 가진 단어로서(창 19:19), 신약에서의 '아가페' (ἀγάπη) 사상의 배경이 된다. 시 40:14 "내게 은혜를 베풀어서"에서처럼 '엘레오스 포이에오 엔 티니' (ἔλεος ποιέω ἔν τινι)는 '(누군가를) 자비롭게 대하다' (to deal mercifully with)가 된다. 이 단어 '엘레오스' (ἔλεος)는 구약성경의 라틴어 번역본인 벌게이트역(Vulgate)에서는 '미제리코르디아' (misericordia)로 번역되었는데, 이는 '비참' (wretchedness), '불행' (unhappiness), '고통' (affliction)을 의미하는 단어 '미제리아' (miseria)와 '마음' (heart)을 뜻하는 단어 '코르' (cor)가 합쳐진 것이다. Alfred Rahlfs ed., *Septuaginta, Id est Vetus Testamentum graece iuxta LXX interpretes*, vol. II-*Libri poetici et prophetici*, (Stuttgart; Württembergische Bibelanstalt, 1935 reprinting), p.495; Johan Lust, Erik Eynikel, & Katrin Hauspie eds., *A Greek-English Lexicon of the Septuagint*, (Stuttgart; Deutsche Bibelgesellschaft, 2003 revised edition), p.193; Liddell & Scott, *An Intermediate Greek-English Lexicon*, (Oxford; Clarendon Press, 1975), p.249; D. P. Simpson ed., *Cassell's Latin Dictionary; Latin-English, English-Latin*, (New York; A Simon & Schuster Macmillan Company, 1977), p.153, 375. '인애 (仁愛)라고 번역된 '헤세드' (חֶסֶד)는 언약 언어로서, 언약 관계 안에서 하나님의 주도적인 사랑의 베풂과 함께 언약 백성이 하나님의 백성으로서 갖는 언약 공동체의 백성들에 대한 자비의 의무를 포함한다. 이 단어의 성경 신학적인 의미와 연구사(研究史)에 대해서는 다음 자료를 참고하라. Robert L. Harris, Gleason L. Archer, Jr. & Bruce K. Waltke, *Theological Wordbook of the Old Testament*, vol. 1, (Chicago; Moody Press, 1980), pp.305-307; 김남준. 「마음지킴」, (서울; 생명의말씀사, 2003), p.49.

3. 깨달음이 실천으로 이어지기 어려움

세 번째로, 죄의 지배 아래서의 내적인 깨달음은 쉽게 실천으로 이어지지 않습니다. 신자가 은혜 아래 있을 때에는 하나님의 말씀에 대한 내적인 깨달음이 깊을 뿐만 아니라 그러한 경험이 미치는 영향력이 강하기 때문에, 깨달은 바를 쉽게 실천에 옮기게 되고, 이는 신자의 순종하는 생활을 촉진합니다.[74] 은혜의 지배 아래서 사악한 고집이 꺾이고 하나님의 은혜에 길들여진 심령의 경우 작은 내적인 깨달음도 영혼 전체에 거룩한 영향을 미치는 작용이 뚜렷이 나타납니다. 그러나 죄의 지배 아래 있을 때는 죄에 익숙해진 삶의 습관이나 내적인 경향성 때문에 하나님의 말씀에 대한 깨달음이 있어서 그대로 실천하려고 할 때에 그렇게 할 힘이 없는 자신을 발견할 때가 많습니다. 많은 결심을 하고 뚜렷한 자극을 받는 것 같아도 실제로 그것을 실천하기에는 너무나 강한 저항을 자신 안에서 경험하게 됩니다.

Ⅲ. 일시적인 정서의 변화를 경험함

셋째로, 죄의 지배 아래서도 신앙적인 의무를 행하는 중에 일시적인 정서의 변화를 경험할 수 있다는 것입니다.

신자가 죄의 지배 아래 있다고 해서 일시에 모든 신앙적인 의무를 저버리는 것은 아닙니다. 자신 안에 남아 있는 은혜나 의무감, 익숙해진 습관, 혹은 의무를 이행하지 않았을 때 감당해야 할 불편함 때문에 일상적으로 신앙적인 의무를 감당할 수 있습니다. 그리고 그렇게 하는 동안에 일시적으로 어떤 정서를 경험할 수도 있습니다.

---

[74] 이것은 단지 내적인 깨달음의 경험의 강도 때문만은 아니다. 은혜 아래 있는 신자는 마음이 부드럽다. 따라서 하나님의 말씀을 잘 받아들이고, 그 정서를 따라 움직이며, 순종을 요구받을 때 쉽게 순종할 수 있다. 그러나 죄의 지배 아래서 패역하게 된 심령은 선한 일에 대해 점점 더 무능해지고, 하나님께 순종하기보다는 자기 중심으로 살고자 하는 고집의 힘이 훨씬 우세해진다. 따라서 내적인 깨달음이 주어져도 쉽게 순종할 수 없게 된다. 죄의 지배 아래 있는 신자들에게 강력한 회심이 요청되는 것도 바로 이 때문이다.

소극적으로는 하나님 앞에서 자신의 비참함을 느끼거나 무능함을 자각하여 하나님을 바라보게 되고, 적극적으로는 감사한 마음이 들거나 미래에 대한 희망적인 낙관을 갖게 되거나 하여 하나님의 사랑에 대한 기쁨 같은 것을 경험할 수 있습니다.[75]

이러한 경험을 하게 될 때에 신자는 자신이 은혜의 지배 아래 있다고 생각하거나, 혹은 금방 새처럼 날아서 죄의 지배를 벗어날 것 같다고 생각하기도 합니다. 그러나 죄의 지배 아래서도 그런 일시적인 경험은 얼마든지 있을 수 있습니다. 왜냐하면 신자에 대한 죄의 지배는 절대적인 지배가 아니라 상대적인 지배이기 때문입니다. 죄의 지배 아래서 이루어지는 이러한 경험은 성령의 은혜로 말미암은 신령한 성질의 것일 수도 있고, 그러한 역사와는 상관없는 정서의 변덕스러운 작용이 가져다 준 자의적인 경험일 수도 있습니다.

모든 신령한 경험의 한복판에는 그리스도께 대한 사랑이 있어야 합니다. 신자가 신령한 경험을 통하여 그리스도를 사랑하게 되고 그로 말미암아 그분을 위하여 거룩해지고자 하는 욕구를 느끼지 못한다면, 그런 경험은 아무것도 아닙니다. 따라서

---

[75] 여기서 '상한 마음'과 '깨어진 마음'은 같은 것이 아니다. 진정한 영혼의 변화는 상한 마음이 아니라 깨어진 마음을 통하여 일어난다. '상한 마음'과 '통회하는 마음'은 같은 마음이 아니다. 원어적으로도 다르고 마음에 미치는 영향도 다르다. 먼저 '상한 마음'에 대한 성경의 중요 용례들을 살펴보자. "여호와는 마음이 상한 자에게(레니쉬베레-레브, לְנִשְׁבְּרֵי־לֵב, 문자적으로 '마음이 깨어진 자들을 위하여') 가까이 하시고 중심에 통회하는 자(다크에-루아흐, דַּכְּאֵי־רוּחַ, 문자적으로 '영[靈]이 밟혀 으깨어진 사람들')를 구원하시는도다"(시 34:18). "하나님의 구하시는 제사는 상한 심령(루아흐 니쉬바라, רוּחַ נִשְׁבָּרָה, 문자적으로 '깨어진 영의 사람')이라 하나님이여 상하고 통회하는 마음을 주께서 멸시치 아니하시리이다"(시 51:17). "저가 궁휼히 여길 일을 생각지 아니하고 가난하고 궁핍한 자와 마음이 상한 자(니케에 레바브, נִכְאֵה לֵבָב, 문자적으로 '두들겨 맞은 마음의 사람들')를 핍박하여 죽이려 한 연고니이다"(시 109:16). "마음이 상한 자(레브-라아, לֶב־רָע, 문자적으로 '재앙의 마음의 사람')에게 노래하는 것은 추운 날에 옷을 벗음 같고 쏘다 위에 초를 부음 같으니라"(잠 25:20). "주 여호와의 신이 내게 임하셨으니 이는 여호와께서 내게 기름을 부으사 가난한 자에게 아름다운 소식을 전하게 하심이라 나를 보내사 마음이 상한(니쉬베레-브, נִשְׁבְּרֵי־לֵב, 문자적으로 '깨어진 마음의 사람들')를 고치며 포로 된 자에게 자유를, 갇힌 자에게 놓임을 전파하며"(사 61:1). 위의 용례로 볼 때 대체로 '상한 마음'으로 번역된 데서 '상한'은 히브리어로 '니쉬바르'(נִשְׁבָּר)를 번역한 것인데, 이 단어는 '깨뜨리다', '산산이 부수다', '찢어 발기다'의 뜻을 가진 동사 '샤바르'(שָׁבַר)의 니팔 분사 남성 단수(Niphal ptc, m. s.)이다. 이 단어는 언약 관계를 깨뜨리거나, 신상 혹은 제단을 파괴하는 것을 의미할 때 사용되기도 하였고(왕하 18:4, 23:14), 사지(四肢)를 꺾거나(사 8:15, 28:13), 은유적으로 고통이나 참회 등으로 인하여 마음이 깨뜨려지는 것을 의미하는 단어로 사용되기도 하였다(시 34:18, 사 8:15, 61:1). 반면에 시 34:18에 나오는 '중심에 통회하는 자'는 히브리어 원문에 '다크에-루아흐'(דַּכְּאֵי־רוּחַ)로 되어 있는데, 이는 문자적으로 '영[靈]이 밟혀 으깨어진 사람들'이라는 의미이다. '다크에'(דַּכְּאֵי)는 '아주 많이 으깨어진', '아주 자잘하게 부수어진' 등의 의미를 가진 형용사 '다카'(דַּכָּא)의 남성 복수 연계형(constructive form)이며, 이는 원래 '다카'(דָּכָא)라는 동사의 강의형(piel form)이다. 김남준. 「마음지킴」, (서울; 생명의말씀사, 2003), p.189. 이 단어들의 정확한 의미와 용례에 대하여는 다음 자료를 참고하라. H. W. F. Gesenius, *Gesenius' Hebrew-Chaldee Lexicon to the Old Testament*, translated by Samuel P. Tregelles, (Grand Rapids; Baker Book House, 1979), p.198, 803.

성령의 역사와 상관없이 이루어지는 일시적인 정서의 변화는 자기 암시적인 현상일 뿐입니다.

비록 신자가 죄의 지배 아래 있다 할지라도, 거기서 일시적으로 성령의 역사로 말미암는 정서의 변화를 경험할 수 있습니다. 그러나 죄의 지배 아래 있는 신자 안에는 이미 성령의 지속적이고 생명력 있는 역사를 가로막는 죄가 우세한 힘을 얻고 있습니다. 따라서 순수한 성령의 역사로 말미암은 은혜로운 정서의 경험이라고 할지라도 지속적인 참회와 순종하는 믿음의 행사 없이는 결코 지속적으로 생명력 있게 타오르지 못합니다. 마치 비 오는 날 장작불을 피우는 것처럼 말입니다.

죄의 지배 아래 있는 신자가 종교적인 의무를 이행하는 가운데 경험하는 일시적인 정서의 변화에는 늘 어떤 내적 깨달음이 따르기 마련이지만, 이는 대개 그의 영혼을 죄의 지배 상태에서 벗어나게 하기에 충분히 역사하지 못하고, 불순종의 길을 아주 돌이켜 순종하는 실천으로 나아가게 하기에는 역부족입니다. 그의 생각과 정서와 마음에 대한 죄의 지배가 너무나 강력하기 때문입니다.

죄의 지배 아래서 경험하는 내적인 깨달음이 지속적으로 생각을 주장하지 못하는 것처럼, 정서적인 경험도 지속력을 가지지 못하고 다가올 하나님의 심판이니 개인적인 추문 등을 두려워하며 의지도 열매도 없는 결단을 반복하지만, 이것은 아침 구름과 같고 마치 넘치는 죄악의 강물을 모래로 둑을 쌓아서 막는 것과 유사합니다. 죄의 지배 아래 있는 신자에게 이러한 간헐적인 내적 깨달음뿐만 아니라, 죄에 대한 진실한 참회와 개별적인 죄로부터의 단호한 돌이킴, 믿음으로 순종하는 삶의 지속적 실천이 꼭 필요한 것도 바로 이 때문입니다.

Ⅳ. 도덕적인 의무를 수행함

넷째로, 죄의 지배 아래서도 신자는 도덕적 의무를 수행할 수 있습니다. 일반적으로 신자가 은혜로부터 멀어져 죄의 지배 아래로 들어가게 되면 도덕적인 삶도 약화됩니다. 그러나 그러한 일반 원칙은 신자가 은혜로부터 멀어질 때 하나님께 대한 사랑으로부터 멀어지는 것만큼 정확히 이루어지는 것은 아닙니다. 다시 말하자면, 신자가 은혜로부터 멀어지면 하나님께 대한 사랑과 연합으로부터도 멀어지지만 그렇게 멀어지는 것만큼 도덕적인 삶의 실천으로부터 멀어지는 것은 아닙니다. 왜냐하면 모든 도덕적인 삶의 뿌리가 곧 하나님과 그리스도께 대한 사랑은 아니기 때문입니다.

따라서 죄의 지배 아래 있는 신자들에게서도 도덕적인 의무를 수행하는 모습을 얼마든지 볼 수 있습니다. 그러나 그것은 진정으로 거룩한 삶이 아닙니다. 왜냐하면 하나님을 사랑하고 하나님의 영광을 기뻐하는 것으로부터 출발하지 않거나 그것을 목표로 하지 않는 어떤 도덕적인 행동도 진정으로 거룩한 것이라고 할 수 없기 때문입니다. 그리고 그러한 외면의 도덕적 행동으로는 하나님을 보여줄 수 없습니다. 왜냐하면 그 도덕적 열매들이 하나님의 은혜의 소산이 아니기 때문입니다.

이처럼 기독교 신앙에 있어서 도덕은 거룩과 분리되지 않습니다. 참으로 도덕적인 삶은 거룩한 삶의 결과이어야 함은 아무리 강조해도 지나치지 않습니다. 그래서 조나단 에드워즈(Jonathan Edwards)는 이렇게 말합니다. "만일 어떤 사람으로 하여금 전 세계 모든 인류에 대하여 유익을 끼치도록 할 만한 이유가 있었다고 할지라도 이것이 하나님께 대한 사랑을 배제시킨다면, 그것은 참된 도덕의 본질이 될 수 없다."76) 한걸음 더 나아가서 그는 도덕적 피조물 자신의 유익을 겨냥한 도덕은 결코

---

76) "For the reasons which have been given, it is undeniably true that if persons by any means come to have a benevolent affection limited to a party that is very large, or to the country or nation in general of which they are a part, or the public community they belong to, though it be as large as Roman Empire was of old; yea, if there could be an instinct or other cause determining a person to benevolence towards the whole world of mankind, or even all created sensible natures throughout the universe, exclusive of union of heart to general existence and of love to God, or derived from that temper of mind which disposes to a supreme regard to him, nor subordinate to such divine love, it cannot be of the nature of true virtue." Jonathan Edwards, *The Nature of True Virtue*, in *The Works of Jonathan Edwards*, vol. 8, edited by Paul Ramsey, (New Haven; Yale University Press, 1987), pp.602-603. "결론부터 말씀드리면, '선'(善)이라는 것은 하나님께서 천지를 창조하실 때 가지셨던 궁극적인 목적에 부합하는 조건이나 상태를 가리키는 것입니다. 따라서 사람들이 판단하는 선과 하나님이 판단하시는 선은 부분적으로 일치할 수도 있지만, 전혀 다를 수도 있습니다. 인간이 타락하여 죄가 들어오기 전에는 하나님께서 천지를 창조하신 목적을 인간도 자신의 존재의 목적으로 받아들였습니다. 그리고 인간은 자신의 존재가 피조 세계의 일부가 되어, 천지 창조의 목적인 하나님의 영광을 드러내는 것을 자신의 행복으로 삼았습니다. 인간에게는 자신이 그렇게 존재하는 것이 선으로 여겨졌기 때문입니다. 그리고 그 안에서 인간은 가장 행복했습니다. 그래서 하나님의 창조의 목적인 하나님의

참된 도덕이 될 수 없다는 점을 다음과 같이 설명합니다. "어떤 도덕적인 지성이 창조된 존재에게 유익을 끼치는 참된 도덕을 시행하는 한, 그것은 주로 피조물의 유익을 구하는 것인데, 피조물의 유익이란 하나님의 영광과 아름다움에 대해 알거나 보는 것, 하나님과 연합하는 것, 하나님을 닮고, 사랑하고, 기뻐하는 것이다."[77]

인간의 도덕적인 행위와 실천이 모두 하나님께 대한 사랑과 신뢰, 그리고 기쁨으로부터 이루어지는 것이 아니기 때문에, 죄의 지배 아래서도 이러한 도덕적인 의무를 실천할 수는 있습니다. 그러나 그들로 하여금 그것을 실천하게 하는 자원이 결코 하늘 자원이 아니라는 사실은 분명합니다. 그래서 불신자들만 모여 사는 세상에도 기본적인 질서와 도덕이 있습니다. 그들에게도 '본성의 빛'(light of nature)이 있기 때문입니다. 특별히, 예전부터 방탕하게 살지 않았고 도덕적인 생활이 몸에 배인 사람들은 이러한 상황에서 보다 덜 고통을 느끼면서도 도덕적인 의무를 행할 수 있는 위치에 있습니다. 물론 그렇게 됨으로써 죄의 지배 아래서도 자기의(自己義)를 쌓아갈 위험 역시 높다는 것은 사실입니다.

V. 범죄에 대해 단편적으로 참회함

다섯째로, 죄의 지배 아래서도 진실한 참회를 경험할 수 있습니다. 일반적으로 신자는 죄의 지배 아래 있을 때 죄에 대한 자각이 둔해지고 양심의 기능 또한 은혜 아

영광과 인간의 행복 사이에 어떠한 갈등도 없었습니다. 따라서 하나님과 인간 사이에서 선에 대한 견해에도 어떠한 갈등이 없었습니다. 그러나 죄가 들어왔습니다. 그것의 시작은 인간이 하나님께서 창조하신 목적에 따라 존재하기를 거부하는 것이었습니다. 최초의 유혹은 인간으로 하여금 하나님께서 창조하신 목적 안에 머물던 위치에서 떠나라는 유혹이었습니다. 창조의 목적을 따라 사는 것에 대하여 영혼의 싫증을 경험하게 되었고, 오히려 '하나님과 같이' 되고자 함으로써 하나님의 선 안에 머물러 있기를 거절하였습니다(창 3:5). 그러나 그것은 하나님께서 인간을 지으실 때 지정해 놓으신 가장 좋은 자리를 떠난 것이었으며, 창조의 목적에 배치되는 것이었습니다. 결국 그들은 범죄하였습니다. 이후로부터 죄는 인간들을 죽음이라는 질병에 걸리게 하였고, 그 죄는 모든 사람들 위에 왕 노릇하였습니다." 김남준, 「구원과 하나님의 계획」, (서울; 부흥과개혁사, 2004), pp. 23-24.

[77] Jonathan Edwards, *The Nature of True Virtue*, in *The Works of Jonathan Edwards*, vol. 8, edited by Paul Ramsey, (New Haven; Yale University Press, 1987), p.559.

래 있을 때처럼 바람직하게 작동하지 않게 됩니다. 그렇다고 해서 죄의 지배 아래 있는 신자가 절대로 참회를 경험할 수 없는 것은 아닙니다. 그러나 그것은 몇 가지 점에서 진실한 참회가 되기에 어려운 한계들을 갖습니다.

A. 죄의 지배 아래서의 참회

죄의 지배 아래 있는 사람들에게는 은혜의 경험이 지속적이지 않지만, 죄가 지배하는 굳은 마음도 절대적인 굳어짐이 아닙니다. 따라서 언제든지 성령께서 그들의 마음에 영향을 주시면, 그들은 진실하게 자기의 죄를 뉘우칠 수 있고, 하나님의 은혜로부터 멀어진 가련한 자신의 영혼에 대한 연민 때문에 눈물 흘릴 수도 있습니다. 그러나 일반적으로 죄의 지배 아래 있는 상태에서의 참회는 하나님과의 잘못된 관계에 대한 총체적인 후회와 자신 안에 있는 죄의 뿌리를 인식하는 데서 오는 참회가 아니라, 개별적인 범죄에 대한 후회나 고통으로 인한 뉘우침인 경우가 많습니다. 개별적인 범죄에 대한 단편적이고 불완전한 참회이기 때문에, 진정한 총체적인 참회의 결과인 하나님께 대한 진실한 사랑으로 회복되지 않을 때가 많습니다.

B. 이러한 참회의 한계들

죄의 지배 아래 있는 신자가 거기에서 벗어나는 것은 진실한 참회로부터 시작됩니다. 그러므로 죄 가운데 있는 신자의 진실한 회개는 죄로부터 구출받는 중요한 계기가 됩니다. 그러나 자신 안에 있는 총체적인 죄의 뿌리를 인식하고 하나님과의 관계를 회복하는 참된 회개가 아닌 자기의 범죄 행위에 대한 단편적인 회개는 그를 죄의 지배 아래서 벗어나게 하지 못하고, 더 더욱 그가 은혜의 지배 아래 있다는 증거는 되지 못합니다. 일반적으로 죄의 지배 아래서 경험하는 참회의 경험에는 몇 가지 한계가 있습니다.

1. 동기가 이기적임

먼저, 참회의 동기가 이기적일 경우가 많습니다. 즉 회개의 동기가 자신의 죄로 말미암아 하나님께 불명예를 드리고 그 사랑을 배반하였다는 사실에 대한 자각이 아니라, 죄로 말미암아 경험하는 자신의 고통이라는 것입니다. 죄의 지배 아래 있는 영혼에게는 반드시 죄의 결과인 고통이 있습니다. 그리고 죄를 자각한 신자는 그 고통을 벗어나기 위하여 혼란 가운데 몸부림칩니다. 그래서 자신이 지은 죄에 대해 용서를 구하지만, 그것은 자신의 죄에 대한 자유롭고 인격적인 인정이 아닙니다. 죄로 말미암는 고통의 속박으로부터 비롯된 자기 중심적이고 이기적인 욕망, 죄의 결과인 고통으로부터 벗어나고자 하는 몸부림일 뿐입니다. 그러므로 거기에는 진실한 자기 깨어짐이 없습니다. 죄에 대한 사랑에 관해서도, 자기의에 관해서도 결코 깨어지지 않은 채 고통스러운 후회를 하고 있을 뿐입니다. 그것은 올바르지 않고 복음과 믿음의 원리를 따른 것이 아니기 때문에 고통스러운 후회에도 불구하고 죄는 죽지 않습니다. 때로는 이 과정에서 울부짖음과 눈물이 있지만, 그는 여전히 죄의 지배 아래서 벗어나지 못합니다. 회개하는 동안에는 자기의 기도가 하나님께로 올라가는 것 같은 인상을 받지만, 그는 울부짖고 눈물 흘릴 뿐 깨어진 것이 아닙니다. 따라서 그러한 종류의 회개로 죄의 지배에서 벗어날 수 없습니다. 더욱이 그러한 회개의 경험이 그가 하나님의 은혜 아래 있다는 것을 입증하지 못한다는 사실에 대해서는 두말할 필요가 없습니다.[78]

2. 지속적이지 않음

다음으로, 참회가 지속적이지 않습니다. 일반적으로 신자가 은혜의 지배 아래 있을 때에는, 하나님의 말씀을 통해 죄를 지적받을 때 그 영향이 비교적 오래도록 지속됩니다. 그래서 은혜 아래 있을 때일수록 신자는 하나님께서 자신의 특정한 죄에 대

---

[78] 가룟 유다의 회개의 경험이 좋은 예이다. 성경은 자기의 잘못을 뉘우친 가룟 유다의 행동에 대하여 다음과 같이 보도한다. "때에 예수를 판 유다가 그의 정죄됨을 보고 스스로 뉘우쳐 그 은 삼십을 대제사장들과 장로들에게 도로 갖다 주며 가로되 내가 무죄한 피를 팔고 죄를 범하였도다 하니 저희가 가로되 그것이 우리에게 무슨 상관이 있느냐 네가 당하라 하거늘 유다가 은을 성소에 던져 넣고 물러가서 스스로 목매어 죽은지라"(마 27:3-5).

하여 집요하게 지적하시고 고치게 하시는 항구적인 열심을 보게 됩니다. 그래서 은혜의 지배 아래서 때로는 참회가 외적으로 볼 때에 격렬하지 않다 할지라도 지속적입니다. 그러나 죄의 지배 아래서는 대체로 그것이 비록 강렬해 보여도 그 경험은 단속적입니다. 특히 습관적인 죄에 빠졌을 때는 더욱 그렇습니다. 고통스러운 회개의 눈물이 마르고 나면 다시 악한 정욕이 고개를 들고 죄 아래로 사로잡아 갑니다. 이 때 신자는 얼마 전에 있었던 자신의 회개의 경험이 진심으로부터 우러난 것인지에 대해 혼란을 느낍니다. 또한 이 때 이러한 영혼의 상태에 대한 명백한 복음 교리적인 이해가 없고, 은혜를 구하는 열심이 없으면, 잠시 고민하다가 영혼의 싫증과 육체의 게으름에 떨어지게 됩니다. 그리고 다시 뒤로 물러나게 됩니다. 간헐적인 참회의 경험에도 불구하고 말입니다.

3. 영혼에 변화가 없음

마지막으로, 마음의 깨어짐을 통한 영혼의 본질적인 변화가 없습니다. 참회의 효능은 그 경건해 보이는 겉모습에 있는 것이 아니라, 그것이 가져다 주는 내적 변화에 있습니다. 진정한 참회는 신자의 내면에 커다란 변화를 가져다 주는데, 그것의 반복은 내적 성향과 경향성을 바꾸어 놓습니다. 진정한 참회는 죄로 말미암아 무너진 마음의 틀을 새롭게 세우고, 영혼의 질서를 회복시킵니다. 그러나 이 모든 일은 신자의 영혼 안에서 일어나는 것입니다. 그리고 그 영혼의 변화는 반드시 마음의 변화를 수반합니다. 그러나 신자가 죄의 지배 아래서 경험하는 간헐적 참회는 마음의 깨어짐을 충분히 동반하지 못할 경우가 많습니다. 그러한 참회 안에 많은 울부짖음과 눈물이 있어도 그것이 죄를 향한 사랑에 대한 깨어짐이 아니면 결코 영혼의 변화를 가져올 수 없습니다. 신자가 죄의 지배 아래 있을 때에 하나님 앞에 뉘우치는 마음과 하나님을 원망하는 마음이 종이 한 장 차이인 것도 바로 이 때문입니다.[79)]

---

79) 이런 종류의 뉘우침은 진정한 자기 깨어짐을 동반한 참회가 아니다. 진실한 참회는 자기 깨어짐을 동반하게 되며, 이것이 한 신자의 영적 생활에서 현재적으로 반복 경험되고 있다면, 그는 죄와 투쟁을 하고 있는 중이거나 죄의 지배에서 벗어나고 있는 중이다. 죄에 대한 모든 뉘우침이 진정한 자기 깨어짐을 동반하는 것은 아니다. 그래서 청교도들은 회개(悔改)를 율법적 회개(law repentance)와 복음적 회개(gospel repentance)로 나누어서 생각하였다. 율법적 회개는 죄지은 것에 대한 자책감 때문에 두려운 마음으로 회개하는 것으로, 격렬하게 회개할 수는 있어도 자기 깨

Ⅵ. 헛되이 결단함

여섯째로, 신자는 죄의 지배 아래서도 죄에 대항하고자 하는 결단을 내릴 수 있습니다. 그러나 그것은 죄가 무엇인지를 알고 그 죄가 자신으로 하여금 하나님께서 자기를 창조하시고 구속하신 목적으로부터 얼마나 멀어지게 하는지를 아는 데서 비롯된 것이 아닙니다.

죄의 지배 아래 있는 신자는 거듭난 자신의 본성 안에 존재하는 주도적인 성품을, 곧 거룩하게 살려는 내적 생명의 경향성을 거스르며 살고 있는 중이기 때문에 고통스럽습니다. 정욕을 만족시킴으로써 경험하는 즐거움은 일시적이고 그 결과로 경험하는 고통은 지속적입니다. 그리고 잠시 동안의 죄악의 즐거움이 끝나면 더 큰 고통을 느낍니다.

죄의 지배 아래 있는 신자들 중에는 종종 극단적인 쾌락에 자신을 던져 침륜에 빠지는 경우가 있는데, 이것은 쾌락에 대한 탐닉이라기보다는 이러한 고통으로부터 벗어나려는 병적인 시도입니다. 그러나 그것은 마치 질병 상태에 있는 사람이 정상적인 치료 방식을 택하지 아니하고 진통을 목적으로 아편을 택하는 것과 같습니다. 고통을 잊기 위하여 택한 죄는 더욱 깊은 고통의 심연으로 신자를 데려갑니다. 그리고 결국은 시인처럼 부르짖게 됩니다. "여호와여 내가 깊은 데서 주께 부르짖었나이다 주여 내 소리를 들으시며 나의 간구하는 소리에 귀를 기울이소서"(시 130:1-2).

이러한 혼란과 고통 때문에 죄의 지배 아래 있는 신자들도 죄에 대항하려는 결심과 결단을 합니다. 범죄로 말미암는 고통과 미래에 대한 두려움 때문에 자신의 죄에 항거하려고 자주 결단하기도 합니다. 따라서 죄에 대항하려는 결심이나 결단만을 가지고는 그가 죄의 지배 아래 있는 사람이 아니라고 말할 수 없습니다.

앞에서 말씀드린 죄의 특성상 신자는 얼마든지 그렇게 죄를 대항하고자 결심하

어짐을 동반하지는 못한다. 그러나 복음적 회개는 죄를 인식하고 그로 인해 깊이 뉘우치고 아파한 후에 하나님의 사랑을 깨닫게 되어 회개하는 것으로 반드시 자기 깨어짐을 동반한다. 일반적으로 죄의 지배 아래 있는 동안에는 이러한 자기 깨어짐의 경험이 희박해진다. 심지어는 회개하는 종교적인 경험 그 자체가 의가 되어 더욱 그리스도를 절실히 필요로 하지 않게 만들기도 한다.

고 결단할 수 있지만, 죄의 지배 아래서는 그러한 행동들이 바람직한 열매를 맺기가 어렵습니다.

그러한 약속과 결단은 마치 호세아 선지자가 죄의 지배 아래 있는 이스라엘 백성들에게 말한 바와 같이 연약한 것입니다. 그것이 아무리 진실한 것이라고 할지라도 말입니다(호 6:4). 그리고 이러한 어리석은 시도는 곧 실패하고 맙니다.

영혼의 싫증과 육체의 게으름, 익숙한 죄에 대한 사랑과 죄로부터 멀어지는 것에 대한 두려움 등으로 인해 더 이상 죄의 산출을 억제할 수 없게 되고, 솟아나는 내면의 죄의 욕구는 점점 거세어져 감당할 수 없게 됩니다. 많은 결심을 하지만, 이것은 마치 자신 앞에서 솟아나는 죄의 샘물을 막지 아니하고 넘치지 못하도록 제방만을 쌓는 것과 같습니다.[80]

신자 내면에서 솟아나는 죄의 근원을 공격하고 그것을 마르게 하지 않는다면, 결국 무수한 결심과 결단으로 쌓아 올린 제방은 쉽게 무너지고 내면의 죄의 강물은 행동과 삶으로 넘쳐날 것입니다. 신자가 죄의 지배 아래 있을 때 이러한 약속과 결단보다 중요한 것은 복음적인 원리를 따라서 죄의 근원을 공격함으로써 죄의 세력을

---

[80] 신자의 이러한 경험에 대한 존 오웬의 설명은 다음과 같다. 악(惡)에 대한 은밀한 성향은 내재하는 죄(罪)와 함께 흐르는 강물과 같아서, 이것의 근원과 샘이 열려져 있는 동안, 물은 끊임없이 공급된다는 것이다. 그 앞에 제방이 놓이면 이 제방이 무너지고 범람할 때까지 넘실거리고 물결치기 때문에 그 샘의 근원을 봉쇄하고 어떤 선한 방법을 통해 저장된 물을 줄이고 말려 버려야 한다는 것이다. 그러면 남아 있는 물은 억제될 것이지만, 여전히 거기에 물이 흘러 들어오고 있는 한, 그것은 그 무게와 힘에 따라 계속해서 그 앞에 서 있는 것을 압박하는데, 이는 그렇게 작용하는 것이 물의 본성이기 때문이라는 것이다. 그러므로 내재하는 죄의 샘과 근원이 열려 있는 동안에는 뉘우침과 결심과 맹세와 약속으로 그 앞에 제방을 세우는 것은 헛된 일이라는 것이다. 이와 같이 신자는 내재하는 죄의 샘을 은혜를 통해 많이 말라 버리게 하고, 그 흐름과 활동을 거룩한 은혜의 작용에 의해 감소시켜야 한다는 것이다. 내재하는 죄가 그대로 남아 있는 동안에는 그 죄가 정욕을 배출하기 위해, 실행죄로 나아가기 위해, 끊임없이 신자를 밀어붙이게 되는데, 이러한 작용이 바로 끊임없이 불러일으켜지는 정욕으로 입증된다는 것이다. "So is it with indwelling sin; whilst the springs and fountains of it are open, in vain is it for men to set a dam before it by their convictions, resolutions, vows, and promises. They may check it for a while, but it will increase, rise high, and rage, at one time or another, until it bears down all those convictions and resolutions, or makes itself an underground passage by some secret lust, that shall give a full vent unto it. But now, suppose that the springs of it are much dried up by regenerating grace, the streams or actings of it abated by holiness, yet whilst any thing remains of it, it will be pressing constantly to have vent, to press forward into actual sin; and this is its lusting." John Owen, *The Nature, Power, Deceit, and Prevalency of the Remainder of Indwelling Sin in Believers; together with the ways of its working and means of prevention, opened, evinced, and applied; with a resolution of sundry cases of conscience thereunto appertaining*, in *The Works of John Owen*, vol. 6, edited by William H. Goold, (Edinburgh; The Banner of Truth Trust, 1991 reprinting), p.191.

약화시키는 것입니다. 그러한 실천의 과정을 통하여 죄의 지배에 적합하도록 망가진 영혼과 마음의 틀이 총체적으로 회복되고 영혼은 죄의 지배를 벗어나 은혜의 지배로 돌아오게 되는 일이 급선무입니다.

말씀드리고 싶은 요지는 이것입니다. 우리에게는 자신의 영적인 상태를 정확히 아는 것이 무엇보다 중요합니다. 죄의 지배 아래 있는 신자들에게도 스스로를 경건한 신자라고 오해할 수 있게 하는 외적인 표지들이 있을 수 있습니다. 그러나 이런 몇 가지 외적인 표지들 때문에 자신이 하나님의 은혜의 지배 아래 있다고 생각하는 것은 매우 부당하고 위험한 것입니다. 왜냐하면 자신의 영혼의 상태에 대한 정확한 진단이 없다면, 죄의 지배로부터 벗어나는 길을 찾으려고 하지 않을 것이기 때문입니다. 그렇게 되면 그는 자신 안에 엄연히 존재하며 우세한 지배력을 행사하는 죄를 찾아내는 일이나 죄 죽임을 실천하려고 하지 않을 것입니다. 그는 거짓된 평안을 구할 것이며, 하나님과의 진정한 평화를 누리지 못할 것입니다.

하나님께서 원하시는 것은 우리를 죄의 지배 아래 가두시는 것이 아니라, 죄로부터 벗어나 지식의 빛과 은혜의 능력 아래서 살게 하시는 것입니다. 하나님의 말씀의 빛으로 자신의 영혼의 상태를 정확히 진단하고, 복음 진리를 통해 자신의 죄를 참회하고 거룩한 생활로 돌아오기를 원하십니다. 다시 빛 가운데서 그분과 교제하며 살도록…….

한눈에 보는 7장 죄의 지배 아래 있어도 가능한 신자의 경험

I. 영적 은사를 소유함
- 성령께서는 은사들과 영적인 능력들로 연합을 이루어 교회를 세우신 목적을 따라 일하게 하심
- 영적인 능력을 소유하고 있다고 해서 은혜의 지배 아래 있다는 증거가 되지는 못함
- 성경은 영적인 능력이 하나님께로부터 오지 않은 경우와
  은혜 아래 있지 않은 자들의 영적인 능력과 은사에 대해 말함

II. 내적인 깨달음이 있음
A. 죄의 지배 아래서의 말씀 경험
B. 은혜의 지배 아래서의 말씀 경험과의 차이점
1. 말씀의 경험이 간헐적임
- 죄의 지배 아래 있는 신자에게도 말씀을 통한 깨달음이 있으나 간헐적임
- 내적인 깨달음이 간헐적인 이유는 죄 아래서 마음이 굳어졌기 때문임
2. 깨달음에 지속성이 없음
- 내적인 깨달음이 영혼의 상태를 근본적으로 변화시키지 못함
- 죄는 지속적인 영향력을 행사하는 데 비해, 내적인 깨달음이 주는 영향력은 미약하여 지속성이 없기 때문임
- 영혼의 틀이 죄가 성장하기에 좋고 은혜가 보존되기에 나쁜 환경이 되어 버려서
  내적 깨달음이 와도 쉽게 사라짐
3. 깨달음이 실천적으로 이어지기 어려움
- 은혜 아래 있을 때는 내적인 깨달음이 깊을 뿐만 아니라 미치는 영향력이 강하기 때문에
  순종하는 생활을 촉진함
- 죄의 지배 아래서는 익숙해진 삶의 습관이나 내적인 경향성 때문에
  깨달음을 실천할 힘이 없는 것을 발견하게 됨

III. 일시적인 정서의 변화를 경험함
- 죄의 지배 아래서도 신앙의 의무를 행하는 중에 일시적인 정서의 변화를 경험할 수 있음
- 모든 신령한 경험의 한복판에는 그리스도를 향한 사랑이 있어야 함
- 그리스도를 위해 거룩해지고자 하는 욕구가 없다면 일시적인 정서의 변화는 자기 암시적인 현상일 뿐임

IV. 도덕적인 의무를 수행함
- 모든 도덕적인 삶의 뿌리가 하나님을 향한 사랑은 아니기 때문에 죄의 지배 아래서도
  도덕적 의무를 행할 수 있음
- 그들로 하여금 도덕적인 의무를 실천하게 하는 자원은 하늘 자원이 아님

V. 범죄에 대해 단편적으로 참회함
A. 죄의 지배 아래서의 참회
- 죄의 지배 아래서의 참회는 개별적인 범죄에 대한 후회나 고통으로 인한 뉘우침인 경우가 많음
- 따라서 총체적인 참회의 결과인 하나님을 향한 진실한 사랑으로 회복되지 않을 때가 많음

B. 이러한 참회의 한계들
   1. 동기가 이기적임
   - 회개의 동기가 범죄로 말미암아 하나님께 불명예를 드리고 그 사랑을 배반했다는 자각이 아니라 자기 자신의 고통임
   - 단지 죄의 결과로 말미암은 고통에서 벗어나려는 몸부림 속에는 진실한 깨어짐이 없음
   2. 지속적이지 않음
   - 외적으로 볼 때 참회가 강렬해 보여도 그 경험이 단속적임
   - 고통스러운 회개의 눈물이 마르고 나면 다시 악한 정욕이 고개를 들고 죄 아래로 사로잡아 감
   3. 영혼에 변화가 없음
   - 많은 눈물을 흘려도 죄를 향한 사랑에 대한 깨어짐이 없으면 영혼의 변화를 가져올 수 없음

VI. 죄를 짓지 않겠다고 헛되이 결단함
   - 범죄로 인한 고통과 미래에 대한 두려움 때문에 죄에 대항하고자 결단하기도 함
   - 그들의 약속과 결단은 매우 연약하여 바람직한 열매를 맺지 못함

The Doctrine on Dominion of Sin and Grace in Believers

"죄가 너희를 주관치 못하리니 이는 너희가 법 아래 있지 아니하고 은혜 아래 있음이니라" (롬 6:14)

제10장

죄의 지배 아래 있는 위험한 징후들

제10장
죄의 지배 아래 있는 위험한 징후들

우리의 몸에 질병이 있으면, 시간이 흐름에 따라 그 증세가 우리의 몸에 나타납니다. 마찬가지로 신자의 영혼이 죄의 지배 아래 있으면 그 징후가 나타납니다. 영적 어두움과 지적인 눈멂은 신자로 하여금 징후들을 속히 발견하지 못하게 하는 가장 큰 원인입니다. 그래서 신자는 때때로 너무나 명백한 징후가 있는데도 자신의 영혼이 죄의 지배 아래 있다는 사실을 알지 못합니다.

여기에서는 신자가 죄의 지배 아래 있음을 알려주는 징후가 무엇인지를 살펴보고자 합니다. 이처럼 제시되는 징후들을 통하여 신자들은 자신의 영혼의 상태가 어떠한지를 알 수 있을 것입니다.

우리가 죄를 생각할 때에 마음에 새겨 두어야 할 죄의 특성이 있습니다.[81] 그것

---

[81] 죄의 지배는 영혼 전체와 그와 관련을 맺고 있는 인간의 모든 기능에서 통치하는 힘을 가진다. 또한 이로써 악한 습관들, 부패한 본성을 갖게 한다. 즉 영적 기만과 악함으로 가득 찬 의지(will), 완고함과 육욕으로 가득 찬 마음(heart), 어둠과 자만으로 가득 찬 생각(mind)을 갖게 한다. 이처럼 죄의 힘은 그 사람 전체에 영향을 미친다. 하나님의 은혜의 영향도 그러하다. "That where sin hath the dominion, it doth indeed rule in the whole soul and all the faculties of it. It is a vicious habit in all of them, corrupting them, in their several natures and powers, with that corruption whereof they are capable;-So in the mind, of darkness and vanity; the will, of spiritual deceit and perverseness; the heart, of stubbornness and sensuality. Sin in its power reaches unto and affects them all." John Owen, *A Treatise of the Dominion of Sin and Grace; wherein sin's reign is discovered, in whom it is, and in whom it is not; how the law supports it; how grace delivers*

은 영혼에 대한 죄의 전 포괄적 영향력입니다. 신자 안에 있는 죄의 지배는 영혼에 대하여 전 포괄적인 영향을 미칩니다. 그리고 그렇게 영혼 안에 있는 죄의 지배력은 죄의 지배를 받는 영혼의 상태와 동일한 결과를 신자의 인격과 삶 속에 가져오려고 한다는 것입니다. 이것은 신자의 거듭난 본성이나 신자 안에 있는 은혜가 가져다 주는 효과와 동일합니다.

요점은 이것입니다. 신자의 인격과 삶에 대한 죄의 영향력도 총체적이며 포괄적이고, 은혜의 영향력도 그러하다는 것입니다. 따라서 거룩한 삶을 위한 관건은 하나님의 은혜로 변화된 본성을 소유하는 것과 그 은혜에 의하여 지배받는 상태를 유지하는 것입니다. 이는 곧 회심과 그 회심을 보존하는 것입니다. 그러면 이제 신자가 죄의 지배 아래 있음을 알리는, 특히 위험한 징후들에 대하여 하나씩 살펴보겠습니다.

I. 위험한 징후 1 : 특정한 죄가 상상력을 지배함

죄가 특정한 악에 대하여 계속해서 상상력을 지배하고 이어서 사고 기능에 지속적으로 간여(干與)하게 될 때에, 그것은 죄의 지배 아래 있는 뚜렷한 징후입니다. 죄는 제일 먼저 신자의 생각(mind)을 공격합니다. 따라서 은혜 아래 있는 신자의 사고 기능은 올곧고(upright), 죄의 지배 아래 있는 신자의 사고 기능은 그렇지 않습니다. 생각을 거쳐 들어온 죄는 먼저 상상(imagination)을 통하여 사고 기능에 간여하기 시작하는데, 그것은 대체로 다음과 같은 방식으로 진전됩니다.

---

from it, by setting up its dominion in the heart, in *The Works of John Owen*, vol. 7, edited by William H. Goold, (Edinburgh; The Banner of Truth Trust, 1988 reprinting), p.519.

A. 상상을 통한 죄의 발전

범죄에 대한 상상은 신자가 죄를 짓고 싶지만, 그것을 행동으로 옮길 수 없도록 환경에 의하여 제약받을 때 나타납니다.[82] 죄는 즉각적으로 신자의 생각에 영향을 끼칩니다. 그래서 순전하게 하나님과 그리스도를 향해 고정되었던 생각을 허탄한 것들에 집중하게 합니다. 그리고 마땅히 있어야 할 자리에서 이탈한 헛된 생각은 영혼으로 하여금 하나님의 은혜로부터 멀어지게 합니다.

이에 대하여 존 오웬은 다음과 같이 말합니다. "생각의 허탄함(vanity of mind)은 가장 먼저 하나님의 생명으로부터 이들의 영혼을 멀어지게 한다. 순전한 대상에 지속적으로 고정되기를 거부한 생각은 죄의 즐거움과 욕망의 이익을 향한 상상력과 또 다른 생각들에 의해 좌우되며, 그렇게 하나님을 버린 그들은 진정한 만족과 평안함의 회복을 위하여 헛된 노력들을 한다. 죄의 즐거움과 육욕(肉慾)에 대한 끊임없는 저항을 포기할 때 죄는 우리를 지배한다. 그러한 사람들은 '경건의 모양은 있으나 능력은 부인하는 자'이며 그 마음은 더러운 정욕들로 가득 찬 상태가 된다."[83]

인간이 죄지을 욕망을 가지고 있다고 해서 그것을 바로 실행에 옮기는 것은 아닙니다. 죄를 짓고자 하는 강력한 욕구를 가지고 있어도 물리적인 환경이 그 욕구를

---

[82] 존 오웬은 신자가 죄의 지배 아래 있는지를 판단하는 일이 어떤 경우에는 쉽지 않다는 사실을 인정하면서도, 다음과 같은 다섯 가지 징후를 제시한다. (1)특정한 죄가 상상력을 지배함으로써 사고 기능에 간여할 때. (2)특정한 죄가 정서를 지배할 때. (3)파악된 죄인데도 그에 대한 사랑을 버리지 못할 때. (4)마음이 심각하게 굳어져 있을 때. (5)죄 죽임을 위한 은혜 방편들을 활용함에 소홀할 때. 필자는 이 순서를 따라 각각의 경우를 보다 구체적으로 논증함으로써 죄의 지배 아래 있는 신자의 상태가 어떠한지를 설명하였는데, 11장부터 13장까지의 내용이 이 순서를 따랐다. "죄가 어느 한 부분에서의 상상(imagination)을 지배하여 사고 기능에 간여하게 될 때 이것은 죄의 지배를 알리는 위험스런 징후가 된다. 외부로 드러나는 범죄함이 삶의 환경에 의해 차단될 때 죄는 상상력을 통해 그의 영향력을 행사한다. 죄가 스스로 활동하게 되는 것은 상상력에 의해 시작되며(창 6:5), 마음속에 계속 일어나는 악의 파편들은 마치 부패한 샘에서 나오는 더러운 물의 거품과도 같은 것이다. 스스로에 의하여 의도된 상상력은 자기 만족과 기쁨을 위한 끊임없는 생각에 의해서 죄악된 대상에 마음이 고정된 것이다. 악한 생각들이 그 마음에 머물게 됨으로써(렘 4:14), 마음은 정욕을 위한 육신의 만족을 도모한다(롬 13:14)." John Owen, *A Treatise of the Dominion of Sin and Grace; wherein sin's reign is discovered, in whom it is, and in whom it is not; how the law supports it; how grace delivers from it, by setting up its dominion in the heart*, in *The Works of John Owen*, vol. 7, edited by William H. Goold, (Edinburgh; The Banner of Truth Trust, 1988 reprinting), pp.519-521.

[83] John Owen, *A Treatise of the Dominion of Sin and Grace; wherein sin's reign is discovered, in whom it is, and in whom it is not; how the law supports it; how grace delivers from it, by setting up its dominion in the heart*, in *The Works of John Owen*, vol. 7, edited by William H. Goold, (Edinburgh; The Banner of Truth Trust, 1988 reprinting), p.520.

실행에 옮기지 못하도록 막을 수도 있습니다. 그리고 죄지을 욕구를 실행에 옮기기 위하여 지불해야 할 비용이 죄의 실행이 가져다 줄 것으로 예상되는 즐거움보다 많은 것으로 판단될 때에 신자는 그 죄를 실행에 옮기기보다는 범죄의 실행을 상상하게 됩니다. 그리고 거기서 마음의 즐거움을 얻습니다. 그리고 이러한 범죄의 상상은 신자의 마음을 더럽히고 양심의 가책을 가져다 주며 영혼에 대한 죄의 지배에 힘을 더하여 줍니다. 상상을 통해 자극되는 정욕이 죄의 지배에 힘을 실어 주기 때문입니다.

1. 상상을 통한 범죄를 택하는 이유

상상을 통한 범죄에서 얻는 죄의 즐거움은 그 크기에 있어서 결코 실제로 죄를 실행함으로써 얻을 수 있는 즐거움을 능가할 수 없습니다. 그럼에도 불구하고 신자는 다음 두 가지 유익 때문에 상상을 통한 범죄를 택합니다.

첫째로, 상상력을 통하여 죄를 짓는 것은 물리적인 희생을 수반하지 않기 때문입니다. 예를 들어 봅시다. 마음으로 간음하기 위하여 상대가 될 여인을 납치하거나 폭력을 행사할 필요는 없습니다. 그리고 불결한 성병에 감염될 염려도 없습니다. 또한 그 추문이 세상 사람들에게 널리 알려지게 될 위험도 없습니다. 비록 상상을 통한 마음으로의 간음이 주는 즐거움은 실제로 그 죄를 실행할 때의 즐거움보다는 작지만 이러한 물리적인 희생을 수반하지 않기 때문에 쉽게 택하게 되는 것입니다.

둘째로, 상상력을 통한 범죄는 실제로 죄를 실행하는 것에 비하여 양심의 가책을 덜 받게 되기 때문입니다. 신자는 마음으로 짓는 죄 역시 하나님께서 금하신 것이며 그것이 자기를 구원하신 거룩하신 하나님의 성품에 비춰 볼 때에 옳지 않다는 사실을 압니다. 그러나 죄의 지배 아래 있는 신자는 죄에 대한 욕구에 보다 친화적으로 민감하기 때문에 그러한 마음의 범죄가 가져다 주는 가책을 누르고 상상을 통하여 범죄하게 됩니다. 이 때에 신자는 그러한 범죄가 마음에서 이루어지는 것일 뿐 실행에 옮겨지는 것은 아니라는 지성의 설득으로 범죄하고자 하는 의지에 힘을 실어 줍니다. 신자가 이처럼 상상을 통하여 자주 범죄하게 되고, 이로 인하여 즐거움을 누리기 시작한다면, 그것은 그가 죄의 지배 아래 있다는 징후입니다.

2. 은혜의 지배 아래서의 생각의 범죄와의 차이점

그러면 여러분은 이러한 의문을 제기할 것입니다. "그렇다면 은혜의 지배 아래 있는 신자들에게는 생각을 통한 범죄가 없는가?"

이에 대한 답은 이렇습니다. 은혜의 지배 아래 있는 탁월한 신자에게도 얼마든지 악한 상상이 마음을 스쳐갈 수 있고, 또 경우에 따라서는 순간적으로 그러한 상상을 붙잡아서 죄의 실행을 꿈꾸고 거기서 즐거움을 느낄 수도 있습니다. 그러나 죄의 지배 아래 있는 신자에게 일어나는 경험과는 다음 두 가지 점에서 다릅니다.

a. 사고 기능에 지속적으로 간여함

첫째로, 죄가 사고 기능에 간여하는 방식의 차이입니다. 즉 죄의 지배 아래 있는 신자들이 경험하는 상상력을 통한 범죄는 죄가 사고 기능에 지속적으로 간여한 결과입니다.

죄의 지배 아래 있는 신자에게 있어서 죄가 사고 기능에 간여할 때, 특정한 죄에 대한 욕망이 사고 기능에 반복적으로 영향을 미치게 됩니다. 그렇게 됨으로써 특정한 죄를 짓고자 하는 욕구는 더욱 강력한 힘을 얻어서 신자로 하여금 쉽게 상상을 통한 범죄에 마음을 내어 주게 합니다. 그러나 은혜의 지배 아래 있는 신자가 경험하는 상상을 통한 범죄는 그렇지 않습니다. 은혜의 지배 아래 있는 신자에게는 신령한 생각들의 간여가 지속적이고, 죄악된 생각들의 간여는 간헐적이고 단속적(斷續的)입니다.

b. 마음으로 범의(犯意)를 받아들임

둘째로, 마음이 죄의 작용에 반응하는 정도의 차이입니다. 죄의 지배 아래 있을 때에는 상상을 통하여 죄를 짓는 것에 대한 마음의 저항이 없거나 매우 약하고, 은혜의 지배 아래 있을 때에는 상대적으로 강합니다. 쉽게 말해서 신자가 죄의 지배 아래 있을 때에는 상상을 통한 범죄에 대하여 마음이 친화적으로 민감한 데 비하여,

은혜의 지배 아래 있을 때에는 저항적으로 민감하다는 것입니다.

은혜의 지배 아래 있는 신자라고 할지라도 그 안에는 부패한 본성이 남아 있기 때문에, 얼마든지 악한 생각들이 떠오를 수 있습니다. 그리고 그러한 과정에서 어떤 생각들이 일시적으로 그의 마음에 붙잡혀서 죄의 즐거움을 상상 속에서 맛보게 할 수 있습니다. 그러나 신자가 은혜의 지배 아래 있을 때에는 그렇게 스쳐가는 범의(犯意)가 마음에 착상되기보다는 더 많은 경우에 의지의 저항을 받아 착상되지 못합니다. 따라서 죄가 상상력을 통하여 사고 기능에 간여하는 것이 죄의 지배 아래서처럼 조직적이고 집요하지 않습니다.

죄악된 생각이 사고 기능에 일시적으로 영향을 미칠 때, 죄의 지배 아래 있는 신자는 그것을 상상하는 것이 가져다 줄 즐거움을 기대하지만, 은혜의 지배 아래 있는 신자는 그러한 상상 때문에 잃어버리게 될 은혜를 염두에 둡니다.[84]

죄의 지배 아래 있을 때의 생각의 범죄는 은혜의 지배 아래 있을 때의 그것보다 훨씬 더 의도적이고 계획적입니다.

B. 상상의 죄가 불러일으키는 대표적인 악들

이렇게 죄악된 상상력이 사고 기능에 지속적으로 간여함으로써 구체적인 악을 불러일으키게 됩니다. 그 대표적인 것이 교만과 육욕, 그리고 불신앙과 미움입니다.

---

84) 처음 악한 생각이 떠올랐을 때 그것을 털어 버리면, 죄에 대한 상상은 구체적이고 조직적인 방식으로 진행되지 않고 죄악된 기쁨을 가져다 주지도 않는다. 생각에 떠오른 죄가 상상을 통해서 마음에 착상되는 것은 생각이 그것을 강하게 붙잡기 때문이다. 상상을 통한 마음의 범죄는 환경에 의하여 범죄의 실행은 차단되었는데 범죄하고자 하는 의지가 존속할 때 일어나는 현상이다. 죄에 대한 상상은 기쁨을 가져다 주지만, 그러한 기쁨의 반복적인 경험은 범죄의 실행을 더욱 강력히 희망하게 만든다. 이러한 과정을 거쳐서 개별적인 범죄에 대한 생각은 그의 사고 기능 전체에 간여하게 되고, 범죄를 실행에 옮기던 기회를 찾게 되며, 욕구가 더욱 증대되면 환경을 스스로 조성해서라도 범죄를 실행하고자 한다. 죄에 대한 정욕은 마음에서 강력한 영향력을 갖기 시작하며, 마음에 남았던 은혜의 질서들은 신속하게 파괴된다. 죄책감은 현저히 사라지고, 자기가 실행에 옮기려고 하는 죄는 가벼운 것이며 그것을 통해서 얻을 즐거움은 훨씬 더 클 것이라고 기대하게 된다. 또한 용서의 은혜에 관한 교리를 자의적으로 적용함으로써 자신이 죄를 지어도 용서해 주실 것이라는 생각을 하게 한다. 심지어 어떤 경우에는 예수님께서 자기 죄를 위해 돌아가셨으므로, 지금 짓는 이 죄도 이미 용서받은 죄라고 생각하고, 한번만 죄를 짓고 그 다음부터는 잘 살 것이라는 생각 속에서 죄를 짓기도 한다. 이는 모두 죄 안에 깃들인 광기, 그리고 맹렬함과 대담함을 보여주는 것이다.

1. 교만

첫째로, 교만입니다. 교만은 범사에 하나님을 인정하지 않는 자기 높임입니다. 따라서 사람이 이 죄에 빠지게 되면 하나님을 높이지 않는 것은 물론 다른 사람들을 가치 있는 존재로 쉽게 인정하려고 하지 않습니다. 신자에게 있어서 이 교만의 죄는 영혼에 대하여 파괴적인 힘을 가지고 있습니다.[85] 하나님께서 이 죄에 빠진 사람들에게 준엄한 심판을 경고하신 것도 바로 이 때문입니다.[86]

교만은 자신이 온 세상과 우주의 중심이라고 생각하게 하고, 그 안에서 하나님께서 인간과 세상을 창조하신 목적을 왜곡하며 살아가게 합니다. 교만은 이 세상에서 더욱 권세를 얻고 더 많이 높아지려는 강력한 열망으로 나타납니다. 이는 이사야 14장에서 바벨론 왕의 교만에 대하여 하나님께서 주신 경고에도 이미 잘 나타나 있습니다. 그들은 자신들이 이 세상에서 하나님보다 더 높을 수 있다고 상상했습니다.[87]

---

[85] 이 죄가 갖는 파괴적인 성격에 대하여 언급하고 있는 다음 성경 구절을 참고하라. "간음과 탐욕과 악독과 속임과 음탕과 흘기는 눈과 훼방과 교만과 광패니"(막 7:22). "형제들아 내가 너희를 위하여 이 일에 나와 아볼로를 가지고 본을 보였으니 이는 너희로 하여금 기록된 말씀 밖에 넘어가지 말라 한 것을 우리에게서 배워 서로 대적하여 교만한 마음을 먹지 말게 하려 함이라"(고전 4:6). "그러나 더욱 큰 은혜를 주시나니 그러므로 일렀으되 하나님이 교만한 자를 물리치시고 겸손한 자에게 은혜를 주신다 하였느니라"(약 4:6).

[86] 교만의 죄에 대한 하나님의 심판의 경고가 담긴 다음 성경 구절을 참고하라. "히스기야가 마음이 교만하여 그 받은 은혜를 보답지 아니하므로 진노가 저와 유다와 예루살렘에 임하게 되었더니"(대하 32:25). "이적과 기사를 베푸사 바로와 그 모든 신하와 그 나라 온 백성을 치셨사오니 이는 저희가 우리의 열조에게 교만히 행함을 아셨음이라 오늘날과 같이 명예를 얻으셨나이다"(느 9:10). "곧 모든 교만한 자를 발견하여 낮추며 악인을 그 처소에서 밟아서"(욥 40:12). "취한 자 에브라임의 교만한 면류관이여 화 있을진저 술에 빠진 자의 성 곧 영화로운 관같이 기름진 골짜기 꼭대기에 세운 성이여 쇠잔해 가는 꽃 같으니 화 있을진저"(사 28:1). "에브라임의 취한 자의 교만한 면류관이 발에 밟힐 것이라"(사 28:3). "나 여호와가 말하노라 내가 유다의 교만과 예루살렘의 큰 교만을 이같이 썩게 하리라"(렘 13:9). "만군의 여호와가 이르노라 보라 극렬한 풀무불 같은 날이 이르리니 교만한 자와 악을 행하는 자는 다 초개 같을 것이라 그 이르는 날이 그들을 살라 그 뿌리와 가지를 남기지 아니할 것이로되"(말 4:1).

[87] 바벨론 왕의 교만에 대한 경고는 다음 예언에 잘 나타나 있다. "여호와께서 너를 슬픔과 곤고와 및 너의 수고하는 고역에서 놓으시고 안식을 주시는 날에 너는 바벨론 왕에 대하여 이 노래를 지어 이르기를 학대하던 자가 어찌 그리 그쳤으며 강포한 성이 어찌 그리 폐하였는고 여호와께서 악인의 몽둥이와 패권자의 홀을 꺾으셨도다 그들이 분내어 여러 민족을 치되 치기를 마지 아니하였고 노하여 열방을 억압하여도 그 억압을 막을 자 없었더니 이제는 온 땅이 평안하고 정온하니 무리가 소리 질러 노래하는도다 향나무와 레바논 백향목도 너로 인하여 기뻐하여 이르기를 네가 넘어뜨리웠은즉 올라와서 우리를 작벌할 자 없다 하는도다 아래의 음부가 너로 인하여 소동하여 너의 옴을 영접하되 그것이 세상에서의 모든 영웅을 너로 인하여 동하게 하며 열방의 모든 왕으로 그 보좌에서 일어서게 하므로 그들은 다 네게 말하여 이르기를 너도 우리같이 연약하게 되었느냐 너도 우리같이 되었느냐 하리로다 네 영화가 음부에 떨어졌음이여 너의 비파소리까지로다 구더기가 네 아래 깔림이여 지렁이가 너를 덮었도다"(사 14:3-11).

이 세상 역사에서 대부분의 제왕들이 공통적으로 추진했던 일 가운데 하나는 자신을 신격화(神格化)하는 일이었습니다.88) 그래서 스스로 칭하기를 '천자'(天子), '태양의 아들', '현인신'(顯人神)이라 하였습니다. 이것은 곧 인간인 자신을 종교적으로 신격화하는 일이었으니, 이는 홀로 높임을 받으시고 영광을 받으셔야 할 하나님의 자리에 자신이 앉으려는 시도였습니다. 신자에게 있어서도 교만은 죄가 상상력을 통하여 사고 기능에 지속적으로 관여하는 대표적인 죄입니다.

2. 육욕

둘째로, 육욕과 더러움입니다. 육체의 욕심과 더러운 정욕의 추구는 죄가 상상력을 통해서 사고 작용을 지배하는 대표적인 예입니다.89) 인간의 육욕과 더러움은 음란함을 통하여 가장 잘 나타납니다. 인간이 이 죄에 얼마나 쉽게 굴복하고 노예 상태에서 벗어나지 못했는지는 성경의 증언을 통해서나 인간의 역사의 경험을 통해서 너무도 명백하게 드러납니다. 그리고 지금 우리 시대에도 그러한 사실을 봅니다.

그런 점에서 볼 때 음란함은 세상 사랑의 끝이라고 말할 수 있으며, 우상 숭배는

---

88) 이러한 예는 이미 첫 살인자 가인의 때부터 나타난다. "가인이 여호와의 앞을 떠나 나가 에덴 동편 놋 땅에 거하였더니 아내와 동침하니 그가 잉태하여 에녹을 낳은지라 가인이 성을 쌓고 그 아들의 이름으로 성을 이름하여 에녹이라 하였더라"(창 4:16-17). 하나님을 떠난 인간이 자신을 만왕의 왕으로 높이고 우주의 중심으로 삼는 것은 자연스러운 귀결이다.

89) '에피쒸미아'(ἐπιθυμία)는 우리말 개역 성경에서 좋은 뜻을 가진 '욕망'(欲望), '원함' 등으로 번역되기도 했으나(빌 1:23, 눅 22:15), 대부분 '욕심'(慾心), '탐심', '탐함' 등으로 번역되었는데(막 4:19, 요 8:44, 롬 7:7-8, 계 18:14), 이는 '정욕'(情慾)을 가리키는 것이다(롬 1:24, 골 3:5). 이러한 단어들이 반드시 도덕적인 의미를 지니고 있지는 않지만, 인간의 죄된 본성 때문에 일반적으로 '잘못된 욕망'을 가리키는 말이 되었다. 이 단어의 동사인 '에피쒸메오'(ἐπιθυμέω)는 '음욕(淫慾)을 품다' 라는 뜻으로 사용되었다(마 5:28). "여자를 보고 음욕을 품는 자마다 마음에 이미 간음하였느니라"라는 지적을 통해 예수님께서 가르쳐 주고자 하신 것은 이렇게 마음으로 품는 육신의 정욕이 거룩한 삶을 사는 데 있어서 대적이라는 사실이었다. 에버릿 해리슨 편, 「Baker's 신학사전」, (서울; 엠마오, 1986), p.605. 칼빈이 지적한 바와 같이, 마음으로 이러한 죄를 지을 준비를 하게 하는 일이 눈길을 줌으로부터 시작되기 때문에 그 근원을 지적하심으로써 죄의 뿌리가 인간의 마음에 있다는 것과 그 마음을 지키는 것 없이는 결코 성결한 삶이 불가능하다는 것을 보이신 것이다. 그래서 칼빈은 정욕은 온 마음이 움직이기 전에는 죄가 아니라는 당시 교황주의자들의 주장을 복음적이지 않다고 보았다. "This teaches us also, that not only those who form a deliberate purpose of fornication, but those who admit any polluted thoughts, are reckoned adulterers before God. The hypocrisy of the Papists, therefore, is too gross and stupid, when they affirm that lust is not a sin, until it gain the full consent of the heart." John Calvin, *Commentaries on a Harmony of the Evangelists; Matthew, Mark, and Luke*, in *Calvin's Commentaries*, vol. 17, translated by William Pringle, (Grand Rapids; Baker Book House, 1998 reprinting), pp.290-291.

자기 사랑의 극치라고 할 수 있는데, 이 모두 그릇된 것에 대한 사랑이 얼마나 인간을 창조의 본래 목적으로부터 멀어지게 하는지를 보여주는 대목입니다. 더욱이 이 음란함은 그것이 영혼에 미치는 신속하고 강력한 불결의 영향력 때문에 자주 예수님에 의하여 그 심각성이 경고되기도 하였습니다.[90]

또한 베드로후서에서도 음심으로 가득 찬 눈을 가지고 탐욕을 따라 사는 사람들의 삶에 대해 강력히 탄핵합니다.[91] 음란함이 모든 육욕 중 가장 강력한 힘으로 인간을 사로잡기 때문입니다. 그리고 한 신자의 내면의 세계를 가장 빠르고 쉽게 더럽히기 때문입니다.

그 죄가 우리를 얼마나 순식간에 황폐하게 하는지 생각해 보십시오. 하나님을 향한 찬양으로 가득 차던 신자의 마음을 정욕으로 가득하게 하고, 거룩한 삶을 추구하며 살던 육체를 흐느적거리는 고깃덩이로 만들어 버립니다. 이러한 모든 끔찍한 상황의 발생은 단번에 일어나지 않습니다. 먼저 음란한 죄에 대한 상상이 신자의 사고 기능에 지속적으로 간여하는 상황이 있고 난 후에 일어납니다.

3. 불신앙

셋째로, 하나님을 향한 불신앙(unbelief)입니다. 이는 하나님을 믿고 의지하며 살고자 하는데 잘 믿어지지 않는 회의와는 다른 것입니다. 회의가 믿고자 하지만 쉽게 믿어지지 않는 것을 가리킨다면, 불신앙은 하나님과 하나님의 말씀을 믿지 않겠다는 악한 고집입니다. 하나님을 온전히 의뢰하고 순종하는 사람들은 사고가 명료하고 행동의 동기가 명징(明澄)합니다. 어려운 일을 만날 때에도 이어질 그 일의 전개 과정과 해결 방법은 알 수 없지만 하나님께서는 반드시 자신과 함께해 주실 것이라

---

[90] "예수께서 대답하여 가라사대 심은 것마다 내 천부께서 심으시지 않은 것은 뽑힐 것이니 그냥 두어라 저희는 소경이 되어 소경을 인도하는 자로다 만일 소경이 소경을 인도하면 둘이 다 구덩이에 빠지리라 하신대 베드로가 대답하여 가로되 이 비유를 우리에게 설명하여 주옵소서 예수께서 가라사대 너희도 아직까지 깨달음이 없느냐 입으로 들어가는 모든 것은 배로 들어가서 뒤로 내어버려지는 줄을 알지 못하느냐 입에서 나오는 것들은 마음에서 나오나니 이것이야말로 사람을 더럽게 하느니라 마음에서 나오는 것은 악한 생각과 살인과 간음과 음란과 도적질과 거짓 증거와 훼방이니"(마 15:13-19).

[91] "음심이 가득한 눈을 가지고 범죄하기를 쉬지 아니하고 굳세지 못한 영혼들을 유혹하며 탐욕에 연단된 마음을 가진 자들이니 저주의 자식이라"(벧후 2:14).

고 굳게 믿습니다. 따라서 믿음으로 사는 사람들은 역경과 고난이 닥쳐도 상황이 주는 비관보다는 주님의 약속이 주는 낙관을 믿으며 살아갑니다. 그리고 현실의 절망과 소망의 낙관 사이를 믿음과 순종으로 메우며 하나님을 의지하며 살아갑니다. 그러나 불신앙은 그렇게 하기를 싫어하는 고집입니다. 그것은 자신의 연약함이라기보다는 하나님을 의지하지 않으려는 악한 강함입니다.

신자가 하나님을 의지하기를 마다할 때에 그가 할 수 있는 일은 자기를 의지하는 것입니다. 그리고 그러한 불신앙이 실제로 행동으로 옮겨져서 남들이 볼 수 있게 되기 전에 반드시 그러한 불신앙의 경향성이 상상을 통해서 그의 모든 사고의 기능에 지속적으로 간여합니다. 그래서 맞닥뜨리는 모든 상황이나 유혹에 대하여 자신의 판단을 하나님의 말씀보다 더 신뢰하고 자기의 힘을 하나님의 은혜보다 더 믿게 됩니다.

일단 신자 안에 이러한 불신앙의 고집스러운 경향성이 깃들이기 전에, 상상 속에서 불신앙적인 생각들이 자주 그의 사고의 전 기능에 간여하는 일이 먼저 있습니다. 그리고 그러한 불신앙의 상상들의 반복은 마음을 굳어지게 하고 정서를 불신앙에 적합하게 합니다. 이것은 그가 죄의 지배 아래 있음을 알리는 위험한 징후입니다. 그가 부도덕한 죄를 범하지 않고 있다고 할지라도 말입니다.

4. 미움

넷째로, 미움입니다. 미워하는 마음은 인간이 가지고 있는 감정 가운데 가장 쉽게 생각에 접근하고 사고의 전 기능에 간여합니다. 미움은 음란함과 함께 죄의 본성을 가장 명백하게 보여주는 죄로, 죄 안에 있는 광기와 맹렬함을 미움처럼 잘 드러내 보여주는 죄도 흔치 않습니다.

신자 안에 있는 미움의 감정이 다른 사람들과 자신에게 미치는 영향력이 어떠한지를 알기 위해서는 사랑의 감정이 주는 영향력을 반대로 생각해 보면 됩니다. 사랑은 전 포괄적으로 사랑하는 대상에 대한 좋아하는 감정을 불러일으킵니다. 사랑하게 되면 그 사랑의 대상이 되는 존재는 물론 그에게 속한 모든 것이 사랑스럽습니다. 그것은 하나님께 대해서도 마찬가지입니다. 신자가 하나님을 진실하게 사랑하게 되면, 하나님께 속한 모든 것을 사랑하게 됩니다. 그래서 하나님을 사랑하는 사람은 하나님뿐 아니라, 하나님의 나라를 사랑하고, 그분의 말씀을 사랑하고, 그분이 베풀어 주신 모든 은혜의 수단들에 참여하기를 사랑하며, 그분께 연합된 사람들도 사랑하고, 그렇게 되지 못한 사람들도 불쌍히 여깁니다. 심지어 그분이 섭리 가운데 허락해 주신 십자가도 사랑합니다.

미움도 그렇습니다. 어떤 사람을 미워하는 신자는 곧 그 사람뿐 아니라, 그에게 속한 모든 것, 그와 관련된 모든 것, 그를 생각나게 하는 모든 것을 미워합니다. 그리고 그에게 주신 형상 안에 계신 하나님도 미워합니다. 그래서 하나님을 사랑하는 것과 하나님의 선하신 의지를 따라 사람을 사랑하는 것은 나뉘지 않습니다.

미움은 신자의 생각을 지배하고 사고 작용에 광범위하게 간여함으로써 그가 무엇을 하든지 그러한 미움이 거기에 배도록 만듭니다. 그렇게 마음이 그의 정서와 의지를 모두 지배하기 전에 먼저, 미움이 실현되는 상황에 대한 상상이 그의 사고 기능에 지속적으로 간여하는 일이 일어납니다. 그것의 반복된 상상은 죄일 뿐 아니라, 그의 영혼이 전체적으로 죄의 지배 아래 있음을 알리는 아주 위험한 징후입니다. 예수님께서 미움을 살인과 같다고 말씀하신 것도 바로 이 때문입니다(마 5:21-22).

Ⅱ. 위험한 징후 2 : 특정한 욕망이 정서를 지배함

신자가 죄의 지배 아래 있는 두 번째 징후는 어떤 특정한 죄에 대한 욕망이 신자의 정서를 지배하는 것입니다. 이것은 보는 것이나 듣는 것, 경험한 것, 혹은 이미 알고 있는 바 등을 통하여 떠오르는 악한 생각들을 털어내고 마음을 지키지 않은 결과입니다.

특정한 죄가 신자의 마음에 우발적으로 떠오르는 것은 의지적인 것이 아니지만, 죄가 사고 기능에 지속적으로 간여하게 되는 것은 신자의 의지적인 선택의 결과입니다. 그리고 반복적인 상상으로 죄가 사고 기능에 간여하게 하는 것은 상상을 통한 생각의 범죄로 얻게 되는 정서의 즐거움 때문입니다. 그러한 즐거움을 맛보면서 신자의 마음은 죄에 대한 상상이 자신의 사고를 충분히 지배하도록 버려 두는 것입니다. 이러한 과정을 통하여 죄에 대한 상상은 정서를 특정한 죄에 대한 소원들로 가득 차게 하고 의지를 굴복시켜서 죄를 산출할 힘을 더하게 됩니다.

A. 정서가 죄의 지배를 받는 상황

신자가 거룩한 삶을 사는 관건은 지성과 정서에 달려 있습니다. 지성을 통하여 사물을 식별하고, 정서를 통하여 그에 대하여 좋고 싫은 감정을 가짐으로써 판단합니다. 그리고 의지는 그것들을 따라갑니다. 따라서 인간은 사물을 분별하는 지식이 정확하고 풍부할 때, 좋고 싫음을 느끼는 정서의 기능이 죄의 영향을 적게 받는 올곧은(upright) 상태일 때, 모든 것을 가장 정확하게 판단하게 됩니다.

은혜의 상태에서 정서는 지성에 의하여 잘 통제됩니다. 그러나 죄가 정서를 지배하게 되면 신자는 아는 것이 아니라 느끼는 것의 지도를 받으며 인생을 항해하게 됩니다. 정서가 지성의 통제를 벗어나고 제멋대로 작용하는 것은 죄의 결과입니다. 죄가 들어오기 전, 하나님의 형상을 가진 인간은 바른 지성을 충분히 소유한 가운데 감정을 이성에 종속시켰고 일체의 감각들은 적절한 질서에 따라 조절되었습니다.[92] 은혜의 지배 아래 있을 때에는 하나님을 향한 사랑의 정서가 하나님을 추구하게 하지만, 죄의 지배 아래 있을 때에는 죄에 대한 소원이 정서를 지배하게 되어 죄를 추구하는 삶을 살게 합니다.

비록 신자가 행동으로 마음에 품은 바 죄를 산출하지 않았다고 할지라도, 죄가 정서에 이처럼 지배력을 행사하고 있다면, 그것은 그가 죄의 지배 아래 살아가고 있다

---

[92] 이에 대하여 존 칼빈은 다음과 같이 말합니다. "따라서 하나님의 형상이라는 말은 아담이 처음 받았던 그 완전함을 의미한다. 아담은 처음에는 올곧은 지성을 충분히 소유하였고 감정을 이성에 복속시켰으며 일체의 감각을 적절한 질서에 따라 조절하였다"(Accordingly, by this term is denoted the integrity with which Adam was ensued when his intellect was clear, his affections subordinated to reason, all his excellence to the admirable gifts of his Maker). John Calvin, *Institutes of the Christian Religion*, vol. 1, translated by Henry Beveridge, (Grand Rapids, William B. Eerdmans Publishing Company, 1981 reprinting), p.164; 존 스토트, 「온전한 그리스도인이 되려면」, 한국기독학생회 편집부 역, (서울: 한국기독학생회출판부, 2001), pp.5-26.

는 명백한 징후가 됩니다. 그가 비록 진실한 신자인 것처럼 살아가도 그의 존재와 삶은 전적으로 창조의 목적을 따라 사는 것으로부터 이탈하여 있으며, 그의 영혼의 상태는 하나님의 생명으로부터 멀어져 있고, 마음은 죄로 인하여 심각하게 굳어져 있음에 틀림없습니다. 그 사람 안에는 하나님의 사랑이 없습니다(요일 2:15-16).[93]

그러면 여러분은 이런 질문을 하고 싶으실 것입니다. "내가 비록 분명하게 죄에 대한 소원을 가지고 있지만, 혹은 죄 가운데 있지만, 그래도 내 안에는 하나님께 대한 진실한 사랑이 있지 않은가?"라고 말입니다. 그러나 그것은 성경이 말하는 하나님을 향한 사랑이 아닙니다. 그것은 사랑을 빌미 삼은 인간의 정욕일 뿐입니다. 오히려 예수님께서는 이렇게 말씀하셨습니다. "나의 계명을 가지고 지키는 자라야 나를 사랑하는 자니……"(요 14:21). "사람이 나를 사랑하면 내 말을 지키리니……"(요 14:23). 그래서 존 오웬은 이렇게 말했습니다. "신자가 죄를 짓는 순간 그는 하나님을 버리는 것이다."

신자가 평생에 힘쓸 가장 큰 의무는 마음과 뜻과 성품과 목숨을 다하여 주 하나님을 사랑하는 것입니다. 그리고 우리의 모든 생각과 마음 씀, 그리고 삶 전체가 그 유일한 동기에 의하여 지배받게 하는 것입니다. 그래서 그 사랑으로 하나님이 세상을 창조하시고 자기를 구원하신 계획을 따라 살아가는 것입니다. 그것이 바로 성경에서 말하는 선(善)한 삶, 곧 착한 생활입니다. 하나님께서 자신의 독생자를 우리에게 주신 것도, 성경을 주시고 구원을 주시고 은혜를 주시는 것도 바로 이 때문입니다.

하나님께서는 완전한 사람들을 통해서만 사랑을 받으시는 것이 아닙니다. 우리를 구원하기 위하여 이 세상에 오신 예수 그리스도께서 어떤 사람들에게 사랑받으셨는지 생각해 보십시오. 그들 중에는 경건하고 거룩한 사람들보다 죄인으로 소문난 사람들이 많았습니다. 창기와 세리의 사랑을 마다하지 않고 받으신 것을 생각해 보십시오. 그러나 그들은 죄인들이었지, 죄와 주님을 동시에 사랑한 사람들이 아니었습니다. 이전에는 죄를 사랑하던 죄인들이었지만, 이제는 예수님을 사랑하는 사

---

[93] "이 세상이나 세상에 있는 것들을 사랑치 말라 누구든지 세상을 사랑하면 아버지의 사랑이 그 속에 있지 아니하니 이는 세상에 있는 모든 것이 육신의 정욕과 안목의 정욕과 이생의 자랑이니 다 아버지께로 좇아 온 것이 아니요 세상으로 좇아 온 것이라"(요일 2:15-16).

람들이 되었던 것입니다.

아아, 이전에 하나님을 대적하고 세상을 사랑하던 죄인들을 용서하신 하나님의 사랑이 얼마나 놀라운지요. 자신의 아들을 이 세상에 보내심은 하나님의 사랑을 몸소 보여주시기 위함이었습니다. 그 사랑과 은혜의 감화로 이전의 죄를 버리고 하나님께로 돌아오는 모든 자들을 받아 주셨습니다. 그래서 이전에는 죄를 사랑하던 사람들이었지만, 이제는 그리스도를 더욱 사랑하는 사람들이 되었습니다. 아무 희망 없는 죄인들이었던 우리가 말입니다.

사람은 누구든지 자신이 마음으로 사랑하는 것을 따라 살아가게 되어 있고, 각각의 실천들은 그 사랑하는 바의 실현에 기여하는 방향으로 이루어집니다. 혹시 실천하는 어떤 행동이 그러한 방향에 기여하지 않는 것이라면 의무감으로 행하게 되거나 그만두게 되는 것입니다. 따라서 죄가 신자의 삶 전체를 지배하고자 할 때에 가장 강력하게 공략하는 부분이 바로 정서입니다.

거듭난 신자들에게는 하나님께서 새롭게 심으신 새 생명의 원리가 있습니다. 그리고 그것은 하나님을 사랑하고 그분의 뜻에 순종하고 싶은 경향성으로 나타납니다. 죄가 신자의 정서를 지배하게 되면 신자는 자기 안에 주신 이러한 주도적인 경향성에 반하여 죄에 대한 강력한 소원을 품게 됩니다. 그리고 죄에 대한 강력한 소원을 따라 범죄를 실행하고자 하면, 중생을 통하여 주어진 '생명의 성령의 법'의 활동이 일시적으로 정지됩니다.[94] 다시 말해, 죄가 신자의 사고 기능에 지속적으로

---

[94] John Owen, *The Nature, Power, Deceit, and Prevalency of the Remainder of Indwelling Sin in Believers; together with the ways of its working and means of prevention, opened, evinced, and applied; with a resolution of sundry cases of conscience thereunto appertaining*, in *The Works of John Owen*, vol. 6, edited by William H. Goold, (Edinburgh; The Banner of Truth Trust, 1991 reprinting), p.203. 존 오웬은 중생을 통해서 신자에게 주신 새 생명과 순종의 원리인 새로운 본성만으로는 신자를 깊은 죄로 끌어가는 죄로부터 지킬 수 없다고 보았다. 그래서 하나님께서는 그리스도 안에서 끊임없는 은혜의 공급을 약속하셨다고 보았다. 따라서 신자가 자신을 죄의 영향력으로부터 지키기 위해서는 중생과 함께 주어진 새로운 본성을 따라 살 뿐아니라, 그리스도의 중보로 말미암아 끊임없이 주어지는 성령의 은혜를 의지하지 않으면 안 된다. "Whereas this new creature, this principle of life and obedience, is not able of itself to preserve the soul from such sins as will bring it into depths, there is full provision for continual supplies made. for it and all its wants in Jesus Christ. There are treasures of relief in Christ, whereunto the soul may at any time repair and find succor against the incursions of sin." John Owen, *A Practical Exposition upon Psalm CXXX.; wherein the nature of the forgiveness of sin is declared; the truth and reality of it asserted; and the case of a soul distressed with the guilt of sin, and relieved by a discovery of forgiveness with God, is at large discoursed*, in *The Works of John Owen*, vol. 6, edited by William H. Goold, (Edinburgh; The Banner of Truth Trust, 1991 reprinting), pp.347-348.

간여하는 과정을 통해서 정서 기능이 죄에 대한 소원으로 가득 차게 될 때 그렇게 불순종으로 악한 상상을 선택한 신자를 '생명의 성령의 법'이 막지 않는다는 것입니다. 그리고 그런 상황이 되면, 이전처럼 죄가 신자를 유혹하는 것이 아니라, 신자가 죄를 추구하게 됩니다. 이러한 상황은 그가 죄의 지배 아래 있음을 알리는 의심할 수 없는 징후입니다.[95]

B. 죄에 강력하게 이끌릴 때의 처방

신자에게 주시는 성령의 은혜의 역사가 항상 동일하지 않듯이, 죄의 역사 또한 동일하지 않습니다. 죄가 신자 안에서 특별히 역사하고 강력한 힘으로 그를 자신의 원하는 방향으로 끌고 가려는 때가 있습니다.[96] 그리고 이 때에 신자의 내면의 세계가 죄에 대한 저항력을 잃어버리게 되면 죄는 실효적인 힘을 가진 법이 되어 무서운 기세로 신자를 사로잡으려고 합니다.

물론 죄의 역사는 정서만을 공략하는 것은 아닙니다. 죄가 착상되고 발전하며 산출되는 단계마다 인간의 생각과 정서, 의지는 서로서로 상호작용하며 죄의 역사를 돕습니다. 그러나 각 단계마다 주도적으로 역사하는 것이 각각 다릅니다.

죄가 신자의 마음에 착상될 때에는 의지가 가장 결정적인 역할을 하고 생각이 정서의 도움을 받습니다. 그 죄가 내면 속에서 발전하는 과정에서는 정서가 가장 큰 역할을 하고 의지가 생각의 도움을 받습니다. 최종적으로 죄가 산출될 때에는 의지

---

[95] "육체의 일은 현저하니 곧 음행과 더러운 것과 호색과 우상 숭배와 술수와 원수를 맺는 것과 분쟁과 시기와 분냄과 당 짓는 것과 분리함과 이단과 투기와 술 취함과 방탕함과 또 그와 같은 것들이라 전에 너희에게 경계한 것같이 경계하노니 이런 일을 하는 자들은 하나님의 나라를 유업으로 받지 못할 것이요."(갈 5:19-21).

[96] 이러한 사실은 예수님께서 제자들에게 하신 말씀 속에 잘 나타나 있다. "시험에 들지 않게 깨어 있어 기도하라 마음에는 원이로되 육신이 약하도다 하시고"(마 26:41). 이 말씀은 사람들이 통상적으로 시험에 들게 되는 때가 있는데 그 시기를 주의하라는 지시이다. 깨어 있음을 실천함에 있어서 하나님께서 자비를 베풀어 건져 주시지 않으면 피할 수 없이 영혼이 사로잡히게 되는 시험의 여러 시기들이 있음을 우리는 부인할 수 없을 것이다. 그러한 때를 인식하고 주의하라는 말씀이다. John Owen, *Of Temptation; the nature and power of it; the danger of entering into it, and the means of preventing that danger, with a resolution of sundry cases thereunto belonging*, in *The Works of John Owen*, vol. 6, edited by William H. Goold, (Edinburgh; The Banner of Truth Trust, 1991 reprinting), p.127.

가 결정적인 작용을 하며 정서가 생각을 설득하여 의지를 강요합니다. 그리고 이 모든 것들이 합력하여 죄의 역사하는 힘을 이룹니다.

이 때 죄의 역사하는 힘이 너무나 크게 느껴지고 자신 안에는 실제로 죄를 대적하고 이길 수 있는 아무것도 존재하지 않는다는 생각이 엄습할 때가 있습니다. 이렇게 죄가 자신을 강력하게 끌고 가려고 할 때에 신자는 어떻게 해야 할까요?

1. 성령의 조명으로 진리를 깨달음

첫째로, 성령의 조명과 진리에 대한 깨달음이 필요합니다.[97] 세월이 흐른다고 해서 하나님께서 죄 가운데 있는 우리를 다루시는 방법이 변하는 것은 아닙니다. 그리고 성경의 진리를 알게 하시는 성령의 역사는 죄를 죽이는 불변의 방편입니다. 따라서 죄가 강력하게 역사하여 자신을 그 아래로 끌고 가려 하는 힘을 느낄 때, 신자는 성경의 진리를 깨닫기 위하여 노력하여야 합니다. 특별히 자신의 영혼의 상태와 그에 대한 처방을 알게 하는 복음의 진리들을 정확히 깨닫게 되기를 힘써야 합니다. 왜냐하면 성령께서 그러한 진리들을 사용하셔서 신자 안에 융성하는 죄의 세력들

---

[97] 신학적으로 '조명'(illumination)은 성령께서 죄인들의 마음을 비추심으로 하나님의 뜻을 깨닫게 하시는 작용이다. 그런데 성령께서는 기록된 하나님의 말씀인 성경을 통하여 하나님의 뜻을 깨닫게 하신다. 성령께서는 성경의 원저자이실 뿐 아니라 또한 그것을 읽는 사람들의 마음을 밝게 하셔서(啓明), 그 뜻을 깨닫게 하시고(照明), 원저자이신 하나님의 마음을 공유하게(感化) 하신다. 성령과 기록된 하나님의 말씀인 성경이 서로 관계가 있다는 사실에 대해서는 일반적인 일치를 보았으나, 17세기 청교도 그룹 안에서도 이 조명 교리(doctrine of illumination)에 대해서는 몇 갈래로 의견차가 있었다. 이에 대하여 데이비드 매킨리(David J. Mckinley)는 자신의 박사학위 논문에서 제럴드 브라우어(Jerald C. Brauer)의 조명 교리에 관한 청교도들의 견해의 틀을 사용하여 다음과 같이 네 가지 입장으로 분류한다. (1)율법주의적 청교도들(nomist Puritans): 대표적으로 토머스 카트라이트(Thomas Cartwright) 같은 사람들로서 조명에 있어서 성령의 역할을 인정했지만, 성령의 조명은 하나님 자신의 의지의 계시로서의 기록된 말씀을 능가할 수 없다고 보았다. (2)이성주의적 청교도들(rationalist Puritans): 대표적으로 토머스 굿윈(Thomas Goodwin) 같은 사람들인데 인간의 이성은 성경에 나타난 바 하나님의 본성과 의지를 분별할 수 있다고 보았다. (3)신비주의적 청교도들(mystical Puritans): 대표적으로 루스(Francis Rous) 같은 청교도들로서 이성의 역할을 부정하고 전적으로 성령께서 인간을 조명해 주시는 역할만 강조하였다. (4)복음주의적 청교도들(evangelical Puritans): 대표적으로 존 오웬(John Owen) 같은 사람들로서 성령과 기록된 말씀 사이에 균형을 유지하였다. 그들은 성령과 기록된 말씀 사이에 일치가 있다고 보았다. 소극적으로는, 성령께서는 기록된 하나님의 말씀과 모순되지 않으신다는 것이었고, 적극적으로는, 성령께서 기록된 하나님의 말씀을 그것을 대하는 개개인에게 살아 역사하게 하신다는 것이었다. 다른 극단적인 청교도 그룹들과는 달리 이들은 성령께서 기록된 말씀 안에서, 말씀에 의하여, 혹은 말씀을 통하여 음성을 들려주신다고 보았다. 그들에게 있어서 이 둘의 분리를 지지하는 교리를 말하는 것은 정죄되었다. "The Spirit speaks in, by, or through the word. Disassociation of the two is condemned." David J. Mckinley, *John Owen's View of Illumination and its Contemporary Relevance*, (Manila; University of Santo Thomas; Doctrinal Dissertation of Doctor of Sacred Theology, 1995), pp.95-97.

을 죽이시기 때문입니다.[98] 따라서 항상 하나님의 말씀을 깨닫고 그것을 사용하셔서 역사하시는 성령의 조명을 의지하는 것은 신자가 죄의 지배 아래로 들어가지 않는 가장 좋은 길입니다. 그리고 그렇게 하나님의 말씀과 성령의 조명하시는 역사(illumination)를 통하여 진리를 깨닫고 자신을 거룩하게 하는 복음의 비밀을 아는 것 없이는 누구도 성화의 길을 걸어갈 수 없습니다. 그래서 청교도 존 오웬은 충고합니다. 신자가 죄의 강력한 세력을 느끼고 그것이 자신을 끌어가려고 함을 알 때에, 인간의 영혼과 죄의 본질과 작용, 그것과 싸우는 복음의 비밀들을 깊이 이해하고 있는 영적인 의사를 찾아가서 도움을 구하라고 말입니다.

2. 죄의 세력의 약화를 위하여 기도함

둘째로, 자신 안의 죄의 세력이 약해지도록 기도해야 합니다. 자신이 죄의 지배 아래 있다는 사실을 깨닫게 되었을 때에 대부분의 그리스도인들이 보이는 반응은 사죄를 구하는 것입니다. 그러나 신자가 죄의 지배 아래 있을 때에는 자신의 죄에 대하여 하나님께서 이미 용서하셨다는 확신을 갖기 어렵습니다.

그리고 설령 기도 가운데 그러한 확신을 얻게 되었다고 하더라도 실제적으로 그 사람 안에 있는 죄의 세력이 약화되고 다시 은혜가 우세한 지배력을 얻게 되지 않으면, 그러한 확신은 오래가지 못합니다. 왜냐하면 그 사람 안에 있는 죄의 지배적인 세력이 약화되지 않는다면 그는 또 다시 죄를 짓게 될 것이고, 그렇게 되면 오히려 사죄의 경험과 범죄의 재발 사이에서 혼란을 느낄 것이기 때문입니다.[99]

---

[98] 죄 죽임의 주체는 성령이시지만, 이처럼 죄를 죽이시는 성령의 역사를 위해서는 신자의 입장에서 두 가지 준비가 필요한데, 이는 진리에 대한 깨달음과 죄를 죽이고자 하시는 성령의 의지에 믿음으로 순종하는 것이다.

[99] 존 오웬은 이러한 상황에서 신자는 죄책에 대해 용서받도록(pardoned as to its guilt) 열렬히 기도하기보다는 죄의 세력이 굴복되도록(subdued as to its power) 열렬히 기도해야만 한다고 주장하면서, 후자에 태만한 사람이 결코 전자에 열렬해질 수 없다고 단언한다. 죄의 세력으로부터 우리가 받는 압력과 고통은 우리의 생각을 찌르고 죄책으로부터 우리가 받는 압력과 고통은 우리의 양심을 찌르는데, 이러한 상황에서는 죄에 대한 용서의 확신도 주어지지 않지만, 그러한 용서가 있다고 할지라도 그것이 영혼에 안식을 가져다 주지 못한다는 것이다. 따라서 우리 안에 내재하는 죄가 죽어야 하고, 그렇지 않으면 영적인 안식은 없다는 것이다. "Hereby we obtain spiritual aids and supplies of strength against it. We are not more necessarily and fervently to pray that sin may be pardoned as to its guilt, than we are that it may be subdued as to its power. He who is negligent in the latter is never in good earnest in the former. The pressures and troubles which we receive from the power of sin are as pungent on the mind as those from its guilt are on the conscience. Mere pardon of

신자가 경험하는 사죄의 확신은 그리스도와의 실제적인 연합의 경험을 통하여 주어지는 것입니다. 신자의 죄는 이미 그리스도의 죽으심과 그것을 믿는 믿음 안에서 용서되었습니다. 실제적으로 죄의 지배를 받고 있는 영혼의 상태는 내버려 둔 채 어떤 특정한 죄에 대한 사죄의 확신을 구하는 것은 하나님과의 관계의 참된 회복보다는 고통받는 양심의 가책을 모면하고자 하는 생각에서 비롯되는 경우가 대부분입니다. 오히려 하나님께서는 이러한 상황에 있는 신자들에게 그들의 관심사가 되고 있는 개별적인 죄에 대한 사죄의 확신을 유보하심으로써 그러한 개별적인 죄에 빠지게 된 보다 근본적인 영혼의 상태, 곧 죄의 지배 아래 있는 영혼의 상태를 근본적으로 고치실 기회로 삼으시는 것입니다.[100]

사죄의 확신이라고 하는 것은 죄의 지배를 벗어나서 은혜의 통치 아래 사는 삶을 회복하게 될 때에 찾아오는 영적인 확신입니다. 신자에 대한 그리스도의 구속의 효과는 과거와 현재와 미래의 죄를 모두 포괄하는 것이므로, 신자로 하여금 어떤 개별적인 죄의 용서를 구하게 하는 근본적인 동기는 죄로 말미암아 생겨난 하나님과의 소원(疏遠)함, 곧 거리감(alienation)과 낯섦(unacquaintedness)으로 인한 고통입니다. 그러나 거듭난 신자에게 있어서 그것들에 대한 극복은 순간적인 기도의 응답으로 주어진다기보다는 성화의 결과로서 경험됩니다. 죄를 버리고 불순종하던 삶에서 돌이켜 죄의 지배에서 은혜의 지배로 돌아가게 되면 하나님께 대한 거리감은 친밀함으로, 낯섦은 사랑스러움으로 바뀌게 됩니다. 그렇게 되면 그가 사죄를 구하며 탄원

---

sin will never give peace unto a soul, though it can have none without it. It must be mortified also, or we can have no spiritual rest." John Owen, *A Treatise of the Dominion of Sin and Grace; wherein sin's reign is discovered, in whom it is, and in whom it is not; how the law supports it; how grace delivers from it, by setting up its dominion in the heart*, in The Works of John Owen, vol. 7, edited by William H. Goold, (Edinburgh; The Banner of Truth Trust, 1988 reprinting), p.529.

100) 토머스 왓슨(Thomas Watson)의 지적과 같이 하나님께서 때로는 범죄한 신자들을 가혹하리만치 긴 시간 동안 어두운 고통의 터널을 지나게 하신다는 사실은 하나님의 용서를 경험적으로 이해한 모든 신자들이 동의하는 바이다. 그러나 죄인을 혼자 버려 두신 것과 같은 긴 고통의 시간들은, 단지 죄를 범한 신자들에게 자신의 엄격하심(severity)을 보이시는 것이라기보다는, 이 과정을 통해서 죄인들로 하여금 하나님을 버리고 죄를 택한 결과가 어떠한지를 알게 하시고 결국은 하나님의 은혜를 떠난 그들을 총체적으로 고치셔서 하나님 앞에 다시 세우시기 위함이다. John Owen, *A Practical Exposition upon Psalm CXXX.; wherein the nature of the forgiveness of sin is declared; the truth and reality of it asserted; and the case of a soul distressed with the guilt of sin, and relieved by a discovery of forgiveness with God, is at large discoursed*, in The Works of John Owen, vol. 6, edited by William H. Goold, (Edinburgh; The Banner of Truth Trust, 1991 reprinting), pp.498-505에서 다루고 있는 하나님의 용서의 본질을 참고하라.

하던 고통은 해결됩니다.

하나님께서 신자를 이렇게 다루시는 것은 죄의 총체적인 성격 때문입니다. 지금 그가 양심에 가책을 느끼며 사죄의 은혜를 구하는 고통스러운 죄 역시 죄의 지배를 받는, 보다 뿌리가 되는 영적인 상태로부터 나온 것이기 때문에, 하나님께서는 죄의 근본을 다루심으로써 신자를 본질적으로 쇄신시키려고 하시는 것입니다. 따라서 이런 상황에 있을 때 신자는 항거할 수 없을 정도로 기승을 부리고 있는 이 죄의 세력들을 약화시켜 달라고 기도해야 됩니다.

3. 은혜의 수단에 부지런히 참여함

셋째로, 은혜의 수단에 부지런히 참여해야 합니다. 스스로 마음을 다하여 악에 대항하고 하나님께서 은혜를 주시도록 지정된 수단에 부지런히 참여해야 합니다. 신자가 죄의 지배 아래 있어 정서가 죄에 장악되면 그는 스스로 악에 저항할 힘을 잃어버리게 됩니다. 그렇게 되면 신자는 죄와 더불어 싸우는 일에 있어서 자포자기하기 쉽습니다. 이 때 육체의 게으름과 영혼의 싫증은 신자가 이렇게 물러가는 일에 도움을 줍니다. 이렇게 되면 신자는 신앙에 대하여 아주 냉담해지거나, 하나님께서 자기를 버리지 않으실 것이라는 막연한 기대를 가지고 살아갑니다.

죄 가운데 있어서 마음을 드리지 않은 채 은혜의 수단[101]에 참여하는 것, 즉 예배와 성찬에 참석하거나 기도나 성경 공부, 혹은 신자의 교제에 참여하는 것 등을 통하여 은혜를 받지 못하게 되고, 이렇게 되면 영혼은 싫증을 느끼게 되고 육체는 그

---

[101] 이것은 하나님께서 신자들에게 은혜를 주시는 통로로 사용하시는 방편인데, 일반적으로 말씀과 성례를 들 수 있다. 말씀은 율법과 복음으로 이루어지고, 성례는 성찬과 세례로 이루어진다. 그러나 후자는 전자와 동떨어져서 역사하지 않는다. 루이스 벌코프는 특별히 성화의 수단에 대하여 하나님의 말씀과 성례에 덧붙여 섭리적인 인도(providential guide)를 든다. 역경이든 혹은 순경(順境)이든 하나님의 섭리는 종종 성화의 강력한 수단이 된다. 하나님의 섭리의 인도를 통해서 성령께서는 자연적 감정의 영역에 역사하심으로 종교적인 감정을 심화시키시고 거룩한 감화의 기회로 삼으신다. 그러나 이 모든 섭리적인 인도가 성화에 기여하기 위해서는 계시의 빛이 꼭 필요하다는 것은 두 말할 나위가 없다. "God's providences, both favorable and adverse, are often powerful means of sanctification. In connection with the operation of the Holy Spirit through the Word, they work on our natural affections and thus frequently deepen the impression of religious truth and force it home. It should be borne in mind that the light of God's revelation is necessary for the interpretation for His providential guidances, Ps. 119:71; Rom. 2:4; Heb. 12:10." Louis Berkhof, *Systematic Theology*, (Grand Rapids; William B. Eerdmans Publishing Company, 1996), p.536.

러한 은혜의 수단에 참여하는 것을 게을리하게 됩니다. 그래서 죄의 지배 아래 있는 신자들은 이러한 시도가 효과 없다는 패배감과 함께 하나님께로부터 버림받았다는 소외감을 느끼게 됩니다. 그러나 실상은 은혜의 수단들이 무효해진 것이 아니라, 그 사람 안에 있는 죄의 우세함이 이러한 결과를 가져온 것입니다.[102]

그러므로 죄의 지배 아래 있는 그리스도인들이 명심해야 할 것은 이것입니다. 하나님께서는 여전히 은혜의 수단들을 통하여 죄의 지배 아래 있는 사람들을 새롭게 회복시키시고 죄의 세력을 꺾으셔서 은혜의 통치 아래로 들어가게 하신다는 것입니다. 따라서 은혜의 원리를 따라서 믿음으로 은혜의 수단들에 마음을 기울이며 부지런히 참여하여야 합니다. 그리고 그러한 은혜의 수단들을 통하여 죄의 세력을 약화시키시고 다시 은혜를 주실 하나님을 기대하여야 합니다.

Ⅲ. 위험한 징후 3 : 파악된 죄를 버리지 못함

셋째로, 이미 파악된 죄인데도 그 죄에 대한 사랑을 버리지 못하는 것입니다. 비록 신자가 은혜의 지배 아래 있다고 할지라도 스스로 하고 있는 일이 죄인지를 알지 못할 수 있습니다. 왜냐하면 은혜의 지배 아래 있는 신자라고 해서 자신의 모든 죄를 다 알고 있는 것은 아니기 때문입니다. 그러나 은혜의 지배 아래에 있는 신자는 자신이 알지 못하고 행했던 어떤 행위가 죄라는 사실이 밝혀질 때에는 쉽게 그것을 버릴 수 있습니다. 하지만 죄의 지배 아래 있는 신자는 죄를 죄로 파악했음에도 불구하고 그것을 쉽게 버리지 못합니다. 그가 죄를 사랑하기 때문입니다.

신자의 마음 안에 성령께서 말씀으로 빛을 비춰 주시면 어느 한순간에 죄를 자각하게 됩니다. 이는 마치 햇빛이 잘 들어오는 방에서 먼지가 잘 보이고, 피부에 여러

---

[102] 신자가 은혜의 수단에 참여하기를 소홀히 여기는 주된 원인은 대개 다음과 같다. (1)부주의함으로 그 중요성을 제대로 인식하지 못함. (2)은혜의 수단에 참여해도 그것의 유익을 경험하지 못함으로 기대를 상실하여 습관적으로 참여하거나, 아예 참여하지 아니함. (3)은혜의 수단을 통하여 얻게 되는 하나님의 사랑을 얻기 위하여 포기해야 하는 정욕의 즐거움을 더 소중하게 생각함. (4)자신의 영혼의 안전한 상태가 영원할 것이라고 착각하는 데서 오는 소홀함.

가지 병균들이 기어 다니는 것을 현미경으로 잘 발견하게 되는 것과 같습니다.

이처럼 말씀의 빛에 의하여 죄가 죄로 판명되었음에도 불구하고 죄에 대한 친화성이 은혜에 대한 갈망보다 크면 신자는 그 죄를 버리지 못합니다. 오히려 스스로 이렇게 생각합니다. "이것은 그렇게 큰 죄는 아닐 거야. 많은 사람들이 나처럼 하고 있잖아? 다른 것으로 열심히 하나님을 섬기면 되지 않겠어? 그리고 지금 당장 이 죄를 버리려면 고통이 따르겠지? 시간이 흐르면서 천천히 힘들지 않게 이 죄를 버리게 되는 날이 올 거야. 지금 죄가 파악되었다고 해서 당장 버리지는 않아도 될 거야."라고 말입니다.

이러한 간교한 생각 때문에 신자는 죄를 버리지 못하고 죄의 지배에서 벗어나지 못하는 것입니다. 그러나 그것은 이미 신자의 생각(mind) 속에서 죄의 속임(deceit)이 총체적으로 성공하고 있는 것을 보여줍니다. 죄를 확신하더라도 자만심이나 죄로 말미암는 기쁨 때문에 그 죄를 버리지 못한다면, 그것은 그가 죄의 지배 아래 있음을 입증하는 것입니다. 신자가 총체적인 죄에 대하여 저항하지 않고 단지 한두 가지 양심에 가책을 느끼는 죄에 대해서만 저항하는 것이 죄를 죽이지 못하는 것도 바로 이 때문입니다.[103]

IV. 위험한 징후 4 : 마음의 심각한 굳어짐

넷째로, 신자가 죄의 지배 아래 있는 숨길 수 없는 징후는 마음의 굳어짐입니

---

[103] 죄에 대한 총체적인 미움과 하나님의 모든 말씀에 대한 총체적인 순종의 실천 없이는 결코 죄를 죽일 수 없다. 이는 마치 하나님에 대한 우리의 사랑이 총체적인 것과 같다. 신자가 하나님을 사랑하게 되면 그분 자신과 그분께 속한 모든 것을 사랑하게 되는 것이다. 죄와 은혜 모두 신자에게 미치는 영향은 총체적이다. 신자가 범하는 모든 악의 뿌리는 죄, 곧 하나님을 향한 적의(敵意)이다. 따라서 자신이 저지른 한 가지 악에 대한 회개가 진실하다면, 같은 뿌리에서 나온 또 다른 악들에 대하여도 동일한 혐오가 있어야 한다. 자신 안에 있는 하나님을 거역하고 은혜를 따라 살지 않고 반역하려는 근원적인 죄성 때문에 아파하고 괴로워해야 한다. 이것이 진정한 회개이다. 신자는 이러한 복음적 회개를 통해서만 하나님의 용서를 경험하고 죄의 지배에서 벗어나게 된다. 따라서 자신의 양심에 가책을 주는 한두 가지 죄에 대해서만 몰두하고 나머지는 아무렇지 않게 생각하거나, 죄로 확인되었는데도 버리지 않은 채 그대로 붙들고 살아가는 것은 그가 명백히 죄의 지배 아래 있음을 입증하는 것이다.

다.104) 신자가 죄의 지배를 받는 영적인 상태는 그의 마음에 가장 크게 영향을 미칩니다. 죄는 영혼에 내재하지만, 그 작용은 영혼과 관련된 인간의 모든 기관에 영향을 미칩니다. 그렇게 함으로써 죄는 신자의 전 인격과 삶에 영향력을 행사하게 됩니다. 신자의 마음의 굳어짐은 곧 하나님의 말씀과 은혜에 대한 굳어짐입니다.

신자의 마음은 죄의 지배를 받는 영혼의 상태가 죄의 지배를 받는 삶으로 나타나는 일에 있어서 사령부와 같습니다. 그리고 그 마음의 굳어짐은 절대적인 굳어짐, 곧 총체적인 굳어짐과 상대적인 굳어짐, 곧 부분적인 굳어짐으로 나뉩니다.105)

A. 총체적 굳어짐

신자의 마음의 굳어짐에 있어서 총체적 굳어짐은 절대적인 굳어짐으로서, 자연적인 굳어짐과 심판적인 굳어짐으로 다시 나뉩니다. 이것을 좀더 상세히 설명하면

---

104) 여기서 죄의 지배 아래 있는 징후로서의 '마음의 굳어짐'에 대해서는, 성화에 있어서의 마음지킴의 의무와 유익, 그리고 그 방식에 관한 신학적이고 실천적인 논증인 필자의 다음 책에서 상세히 확장된 논의를 찾아볼 수 있다. 김남준, 「마음지킴」, (서울; 생명의말씀사, 2003), pp.231-284(제6장 '버려야 할 마음-강퍅한 마음'). 본문에서 거론되는 '위험한 징후 4: 마음이 심각하게 굳어짐'은 일부를 그 책에서 요약하였음을 밝힌다.

105) 거듭나지 아니한 자연인의 마음은 절대적으로 '굳은 마음'(hard heart)이고, 거듭난 사람의 마음은 '굳음(hardness of heart)이 남아 있는 마음'이다. 자연인의 마음은 성령의 역사 없이 하나님을 향한 부드러움을 회복할 수 없다. 거듭난 자의 마음은 진실한 참회를 통하여 부드러움을 회복할 수 있는 상대적인 굳음이 남아 있는 마음이라고 볼 수 있다. 성경은 마음의 굳어짐이 하나님의 심판적인 성격을 동반한 것이라고 지적한다. "헤스본 왕 시혼이 우리의 통과하기를 허락지 아니하였으니 이는 너의 하나님 여호와께서 그를 네 손에 붙이시려고 그 성품을 완강케 하셨고 그 마음을 강퍅케 하셨음이라 오늘날과 같으니라"(신 2:30). '이는 너의 하나님 여호와께서 그 성품을 완강케 하셨고 그 마음을 강퍅케 하셨음이라.'의 히브리어 원문은 다음과 같다. "카-히끄샤 아웨 엘로헤이카 에트-루아흐 웨임메츠 에트-레바보"(כִּי־הִקְשָׁה יְהוָה אֱלֹהֶיךָ אֶת־רוּחוֹ וְאִמֵּץ אֶת־לְבָבוֹ). 이를 직역하면 다음과 같다. '왜냐하면 너희 하나님 야웨께서 그의 영을 강퍅케 하셨으며 또한 그의 마음을 완강케 하셨기 때문이다.' 이 부분을 히브리어 본문에 대한 고전 라틴어 번역본인 벌게이트역(Vulgate)에서는 다음과 같이 옮겼다. '쿠이아 인두라베라트 도미누스 데우스 투우스 스피리툼 에이우스 에트 오브피르마베라트 코르 일리우스'(quia induraverat Dominus Deus tuus spiritum eius et obfirmaverat cor illius). 이를 직역하면, '이는 너희 주 하나님께서 그의 영을 강퍅하게 하셨으며 (인두라베라트, induraverat, 시제상 과거완료로서 "had made hardened") 또한 그의 마음을 견고해지게 하셨기 (오브피르마베라트, obfirmaverat, 시제상 과거완료로서 "had made firm") 때문이다.' Francis Brown, S. Driver, & C. Briggs, *The Brown-Driver-Briggs Hebrew and English Lexicon*, (Peabody; Hendrickson Publishers, 2003), p.54; Bonifatius Fischer & Robert Weber eds., *Biblia Sacra; Iuxsta Vulgatam Versionem*, (Stuttgart; Deutsche Bibelgesellschaft, 1994 reprinting), p.237; 가톨릭대학교 고전라틴어연구소 편, 「라틴-한글 사전」, (서울; 가톨릭대학교출판부, 1995), p.341, 429, 564; D. P. Simpson ed., *Cassell's Latin Dictionary; Latin-English, English-Latin*, (New York; A Simon & Schuster Macmillan Company, 1977), p.249, 301.

다음과 같습니다.

첫째로, 자연적인 굳어짐(natural hardness of heart)은 불신자들의 마음입니다. 거듭나지 못했기 때문에 그 마음이 굳어 있는 것입니다. 둘째로, 심판적인 굳어짐(judicial hardness of heart)은 하나님께서 그들을 심판하기로 작정하셨기 때문에 그들의 마음을 돌이킬 수 없도록 굳어지게 내버려 두신 것입니다.[106] 출애굽기 9장 12절에서 '하나님이 바로의 마음을 강퍅하게 하셨다.'고 할 때, 그것은 하나님께서 그들의 마음의 강퍅해짐을 막으시던 은혜의 방편을 거두시고 굳어지도록 내버려 두셨다는 의미입니다. 이러한 심판적인 굳어짐 역시 절대적인 굳어짐으로서 이는 신자에게도 일어날 수 있고 불신자에게도 일어날 수 있습니다.

B. 부분적 굳어짐

신자들에게도 굳어진 마음이 남아 있는데 그 정도는 사람마다 다릅니다. 이러한 마음의 굳어짐은 변화될 수 없는 질내직인 성질의 것이 아니기 때문에 상대적 굳어짐, 혹은 부분적인 굳어짐이라 부릅니다.

신자의 마음의 부분적인 굳어짐은 부드러움이 거의 없어져 불신자와 방불하게 된 신자로부터 굳어짐이 거의 없이 부드러운 마음을 소유하고 있는 신자에 이르기까지 다양합니다. 그런데 신자가 죄의 지배 아래 있게 되면 그 마음은 현저하게 굳어집니다. 은혜의 지배 아래 있을 때에는 그 마음이 부드러워서 하나님의 생각과 정서, 그리고 의지에 쉽게 영향을 받지만, 죄의 지배 아래 있을 때에는 그와 반대입니다. 죄의 지배 아래 있는 신자들에게는 불순종하는 삶이, 은혜의 지배 아래 있는 신

---

[106] 하나님께서 기왕에 베푸시던 은혜를 거두심으로써 사람의 마음이 강퍅해지도록 허용하시는 경우가 바로 그러한 경우이다. 존 칼빈은 인간의 마음이 굳어지는 두 가지 방법을 말한다. (1)하나님의 영광의 광채가 제거됨으로써 발생한다는 것이다. (2)하나님께서 자신의 진노의 실시자인 사단을 통하여 그들의 굳어짐을 제재하던 억제력을 제거하심으로 자신의 심판을 집행하시기 위하여, 잘못된 목적을 정하게 하시며 의지를 격발하게 하시며 노력을 강화하도록 만드신다는 것이다. 인간에게서 하나님의 영광을 아는 지식의 광채가 제거되면 그의 마음은 돌과 같이 굳어지고, 성령 안에서 하나님의 인도를 받으며 살지 아니하면 그의 마음은 뒤틀리고 굽어진다. John Calvin, *Institutes of the Christian Religion*, vol. 1, translated by Henry Beveridge, (Grand Rapids; William B. Eerdmans Publishing Company, 1981 reprinting), pp. 267-268; 김남준, 「마음지킴」, (서울; 생명의말씀사, 2003), pp. 162-171.

자들에게는 순종하는 삶이 보편적인 이유도 바로 이 때문입니다.

1. 마음의 굳어짐의 원인

신자는 영혼의 중생을 통하여 본성이 새로워진 사람입니다. 따라서 신자는 처음 회심에서 그 마음이 깨뜨려지고 부드러움을 회복한 사람입니다. 그렇다면 그렇게 부드러워진 신자의 마음이 왜 다시 굳어지는 것일까요?

여기에는 근본적인 원인과 실제적인 원인이 있습니다. 근본적으로는 거듭난 신자 안에 남아 있는 부패성과 또한 은혜 아래 살지 않는 상태 때문입니다. 그리고 실제적으로는 범죄하는 것과 마음을 지키지 못하는 것 때문입니다.

a. 근본적인 원인

첫째로, 타고난 부패성 때문입니다. 거듭난 신자는 하나님 앞에 의롭다 칭함을 받은 사람입니다. 그리고 그 구원은 취소될 수 없는 구원입니다. 그는 중생을 통하여 본성이 새로워지고 하나님의 성품에 참여하는 사람이 되었고, 생명의 성령의 법이 마음에 심겨진 사람이 되었지만, 그의 영혼 안에는 여전히 부패성이 남아 있습니다. 신자 안에는 여전히 죄가 잔존하고 있습니다. 바로 이러한 타고난 부패성이 신자로 하여금 마음이 굳어지게 하는 원인이 됩니다. 이처럼 중생을 통하여 죄의 절대적인 지배가 무너진 신자라 하더라도 그 안에는 여전히 죄의 부패성이 잔존합니다. 그래서 그것을 은혜로써 적절하게 죽이지 아니하면 수많은 악한 생각들이 마음을 더럽힙니다. 그리고 그런 것들은 신자의 마음에 영향을 미쳐서 돌처럼 굳어지게 만듭니다. 이 '굳은 마음'이라는 표현에 나오는 '굳은' 혹은 '강퍅한'을 신약 희랍어 성경에서는 '스클레로스'(σκληρός)라고 기록하고 있는데, 이는 '습기를 빼앗기고, 마치 북어같이 말라서 딱딱해진 상태'를 의미합니다.[107]

---

[107] 신약에서 이 단어의 몇 가지 대표적인 용례는 다음과 같다. '스클레뤼네이, σκληρύνει' (롬 9:18), '메 스클레뤼네테, μὴ σκληρύνητε' (히 3:8, 15, 4:7). '메 스클레륀쎄, μὴ σκληρυνθῇ' (히 3:13). '판톤 톤 스클레론 온 엘라레산, πάντων τῶν σκληρῶν ὧν ἐλάλησαν' (유 1:15). '스클레로스'(σκληρός)는 형용사이고, 동사 '스클레뤼노'(σκληρύνω)는 '굳게 하다, 단단하게 하다, 완약해지다'의 뜻으로 사용되었다(행 19:9, 롬 9:18). '스클레로스'

둘째로, 은혜 아래 살지 아니하기 때문입니다. 비록 신자 안에 타고난 부패성이 잔존한다고 할지라도, 그가 지속적으로 하나님의 은혜 안에 거한다면, 마음이 굳어지지 않을 것입니다. 회심의 은혜를 보존하게 하는 주된 수단은 두 가지입니다. 하나님의 말씀과 성령의 역사입니다. 날마다 하나님의 말씀에 대한 깨달음과 성령의 역사를 통하여 회심의 은혜는 보존됩니다. 그리고 그것을 통하여 중생과 함께 지니게 된 하나님을 향한 어린아이 같은 부드러운 마음도 유지하게 됩니다. 따라서 신자의 마음의 굳어짐은 그가 은혜의 지배 아래 살지 아니한 결과이기도 하고, 또한 반대로 원인이 되기도 합니다.

b. 실제적인 원인

앞에서 살펴본 바와 같이 신자의 마음이 굳어지는 것은 근본적인 원인에서도 기인하지만, 실제적인 원인에 더욱 많이 영향을 받습니다. 실제적인 원인으로는 신자가 범죄하기 때문이고, 또한 마음을 지키지 못하기 때문입니다.

(σκληρός)는 사전적으로 '(돌멩이같이) 딱딱한', '(말 따위에 있어서) 어려운, 거친, 가혹한, 불쾌한', '(사람과 관련하여) 어려운, 엄격한, 잔인한', '(소리와 관련해서) 거친', '(맛이나 냄새와 관련해서) 조약한, 쓴(bitter)', '뻣뻣한, 고분고분하지 않는', '(빛, 바람 등이 조절되지 않은 채) 강한', '(비유적으로) 준엄한, 어려운, 완고한, 거친, 잔인한' 등의 의미를 가지고 있다. Henry S. Jones & Roderick McKenzie eds., *Liddell and Scott's Greek-English Lexicon*, (Oxford; Clarendon Press, 1940 new edition), p.1612; Liddell & Scott, *An Intermediate Greek-English Lexicon*, (Oxford; Clarendon Press, 1975), p.734; Walter Bauer, *A Greek-English Lexicon of the New Testament and Other Early Christian Literature*, edited by Frederick W. Danker, William F. Arndt, & F. Wilbur Gingrich, (Chicago; The University of Chicago Press, 2000 3rd edition), p.756. '스클레로스'(σκληρός)의 구약적 배경이 되는 '강퍅한 마음', 혹은 '굳은 마음'이라는 표현의 성경적 용례는 다음과 같다. '비쉐리루트 립밤, בִּשְׁרִירוּת לִבָּם' (시 81:12), '쉐리루트 립밤, שְׁרִרוּת לִבָּם' (렘 3:17). '쉐리루트 립보, שְׁרִרוּת לִבּוֹ' (렘 18:12). '비쉐리루트 립보, בִּשְׁרִרוּת לִבּוֹ' (렘 23:17). '히즈케-레브, חִזְקֵי־לֵב' (겔 2:4). 이상의 용례에서 보는 바와 같이, '강퍅한'을 의미하는 단어로서 두 가지가 사용되었는데, '쉐리루트'(שְׁרִרוּת)와 '하자긔'(חָזָק)가 그것이다. '쉐리루트'(שְׁרִרוּת)는 (항상 마음과 관련하여) 굳음, 마음의 완고함'을 의미하는데, 성경에서 모두 10회 사용되었다(신 29:18, 렘 3:17, 7:24, 9:13, 11:8, 13:10, 16:12, 18:12, 23:17, 시 81:13-우리말 개역 성경에서는 12절). 이 단어는 근육(sinew, tendon), 배꼽 등을 의미하는 단어 '쇼르'(שֹׁר)에서 유래하였으며(잠 3:8, 겔 16:4, 아 7:3-우리말 개역 성경에서는 2절), 여기서 '복부의 단단한 장기(臟器), 특히 하마(hippopotamus)의 장기'를 의미하는 '샤리르'(שָׁרִיר)가 나왔다(욥 40:16). 구약 히브리어 성경의 희랍어 번역본인 70인역(*Septuagint*)에서는 '쉐리루트'(שְׁרִרוּת)를 '엔쒸메마토스'(ἐνθυμημάτος)로 번역하거나(렘 3:17, 7:24), 번역을 빼먹거나(렘 11:8, 13:10), '아레스토스'(ἀρεστός)로 번역하거나(렘 18:12), '플라노스'(πλάνος)로 번역하였는데(렘 23:17), 이는 각각 '마음의 계획을 세우다'(to take to heart, to form a plan), 혹은 '상상하다'(to imagine), '즐거운'(pleasing), '만족한'(satisfactory), '받아들여지는'(acceptable), '길을 잃게 하는'(leading astray), 혹은 '속이는'(deceiving) 등의 의미로서 동사 변형된 형태로 사용되었다. 히브리어 본문에 대한 구약 희랍어 역본의 용례와 사전적인 의미에 관해서는 다음 자료를 참고하라. Alfred Rahlfs ed., *Septuaginta, Id est Vetus Testamentum graece iuxta LXX*

첫째로, 범죄하기 때문입니다. 커다란 범죄는 마음을 신속히 굳어지게 하고, 작은 범죄는 서서히 굳어지게 합니다. 살인, 간음, 도적질 같은 명백히 양심을 거스르는 죄로부터 시작해서 원망과 미워하는 마음, 그리고 몸에 밴 게으름과 영적인 태만 등은 신자의 마음을 굳어지게 하는 요인입니다. 그것이 크든 작든 범죄는 신자의 마음을 굳어지게 합니다. 또한 하나님의 특별한 사랑 아래 있을 때의 범죄는 신자의 마음을 더욱 급격하게 굳어지게 만들 수 있고, 반복해서 경고가 주어진 죄에 대하여 범죄하였을 때도 다른 경우보다 더 신속하고 강력하게 굳어질 수 있는데, 이런 경우 마음의 굳어짐은 어느 정도 하나님의 징계적인 성격을 가지고 있다고 말할 수 있습니다.[108]

둘째로, 자신의 마음을 지키지 못하기 때문입니다. 신자가 실제적인 범죄에 빠지기 전에 먼저 마음을 지키지 못하는 일이 있습니다. 경건한 신앙의 사람들이 마음지킴의 중요성을 알았던 것도 바로 이 때문이었습니다. 따라서 신자의 가장 큰 의무는 자신의 마음을 지키는 것입니다.[109] 그래서 성경은 말합니다. "무릇 지킬 만한 것

---

interpretes, vol. II-*Libri poetici et prophetici*, (Stuttgart; Württembergische Bibelanstalt, 1935 reprinting), p.661, 669, 674, 685, 693; Johan Lust, Erik Eynikel, & Katrin Hauspie eds., *A Greek-English Lexicon of the Septuagint*, (Stuttgart; Deutsche Bibelgesellschaft, 2003 revised edition), p.81, 204, 495; Henry S. Jones & Roderick McKenzie eds., *Liddell and Scott's Greek-English Lexicon*, (Oxford; Clarendon Press, 1940 new edition), p.238, 566, 1411. '하자크'(חָזַק)는 동사 '하자그'(חָזַק)에서 유래된 것으로, '(나쁜 의미에서) 굳은, 강한, 힘이 센'의 의미로 쓰였다(겔 3:9, 사 40:10). '굳은 마음'과 '부드러운 마음'을 새 언약과 관련하여 풍부한 계시를 담고 있는 겔 36장에서는 이 두 마음을 비유적으로 표현하여 '레브 하에벤'(לֵב הָאֶבֶן, 문자적으로 '그 돌의 마음')과 '레브 바사르'(לֵב בָּשָׂר, 문자적으로 '한 살코기의 마음')로 묘사하고 있다. "또 새 영을 너희 속에 두고 새 마음을 너희에게 주되 너희 육신에서 굳은 마음(레브 하에벤, לֵב הָאֶבֶן)을 제하고 부드러운 마음(레브 바사르, לֵב בָּשָׂר)을 줄 것이며"(겔 36:26). 여기서 '돌'은 외부의 자극을 받아들이지 않는 물체로서, 그리고 '살'은 칼에 잘 저며지는 부드러운 살코기처럼 외부의 영향을 잘 받는 물체로서, 굳은 마음과 부드러운 마음을 대조하는 비유이다. '강퍅한'으로 번역되는 희랍어의 표현이 바로 '스클레로스'(σκληρός)인데, 이것은 '부드럽던 것이 오랜 기간을 두고 바짝 말라서 딱딱하게 된 상태'를 의미한다. 마치 명태가 북어가 된 것 같은 상태를 뜻한다. Ludwig Koehler & Walter Baumgartner, *Lexicon in Veteris Testamenti Libros*, (Leiden; E. J. Brill, 1958), p.1010, 1012; H. W. F. Gesenius, *Gesenius' Hebrew-Chaldee Lexicon to the Old Testament*, translated by Samuel P. Tregelles, (Grand Rapids; Baker Book House, 1979), pp.849-850; Gerhard Lisowsky, *Konkordanz Zum Hebraischen Alten Testament*, (Stuttgart; Deutsche Bibelgesellschaft, 1958), p.1498.

108) 그래서 성경은 다음과 같이 경고한다. "그런즉 하나님께서 하고자 하시는 자를 긍휼히 여기시고 하고자 하시는 자를 강퍅케 하시느니라"(롬 9:18). "성경에 일렀으되 오늘날 너희가 그의 음성을 듣거든 노하심을 격동할 때와 같이 너희 마음을 강퍅케 하지 말라 하였으니"(히 3:15).

109) 청교도 존 플라벨(John Flavel)은 신자가 자신의 마음을 지키는 것을 가장 중요한 일로 삼아야 한다는 사실을 강조하면서 그 이유를 다음과 같이 논증하였다. (1)하나님의 영광이 신자의 마음과 많이 관련되어 있다. (2)우리의 신앙고백의 신실함을 입증하는 것은 우리의 마음을 지킴에 있어서 나타나는 마음에 대한 돌봄과 의식(consciousness) 이다. (3)우리의 행동거지(conversation)의 아름다움은 심령의 천상적인 틀(heavenly frame)과 신령한 질서에서 비롯

보다 더욱 네 마음을 지키라 생명의 근원이 이에서 남이니라"(잠 4:23).

신자 역시 자신의 마음을 잘 지키지 않으면 생각과 마음으로 계속 죄를 짓게 됩니다. 그리고 마음으로 짓는 죄는 몸으로 직접 짓는 죄보다는 마음을 덜 굳어지게 하고 천천히 굳어지게 하지만, 반복적으로 짓는 마음의 범죄는 필연적으로 그 사람 안에 잔존하고 있는 하나님의 은혜를 고사(枯死)시키고 마음이 딱딱해지도록 만듭니다. 그리고 그렇게 마음을 지키지 못함으로 굳어지는 마음은 죄의 유혹에 쉽게 넘어지는 데 결정적인 도움이 됩니다. 마음의 굳어짐과 함께 신자가 죄에 대한 저항력을 잃어버리기 때문입니다.

2. 굳어진 마음의 증거들

사람이 질병에 걸리면 증후가 나타나듯이, 신자의 마음이 굳어지면 신자 자신이 인식할 수 있는 자각 증상이 나타납니다. 그럼에도 불구하고 많은 경우에 죄의 지배 아래 있는 신자들은 이러한 자각 증상을 인정하려 들지 않습니다. 그래서 영적인 회복이 어려워지는 것입니다. 그러나 비록 죄의 지배 아래 있어도 지혜로운 신자들은 말씀을 통하여 지적된 자신의 영혼의 상태에 대한 자각 증상을 정직하게 받아들이고 회복의 길을 모색하며 하나님의 은혜를 구하게 됩니다. 신자의 마음이 굳어진 증거는 다음과 같습니다.110)

된다. (4)우리의 영혼의 위로는 우리의 마음지킴에 많이 달려 있다. (5)우리 안에 있는 하나님의 은혜의 증진은 마음지킴의 정도에 달려 있다. (6)시험의 때에 우리 영혼의 안전함은 우리가 얼마나 자신의 마음을 지키는 일을 의식하고 힘쓰는지에 달려 있다. John Flavel, *Keeping the Heart*, originally titled, *A Saint Indeed: or the Great Work of a Christian Opened and Pressed from Proverbs 4:23*, (Morgan; Soli Deo Gloria Publications, 1998), pp.11-21.

110) 존 오웬은 이러한 마음을 신자가 죄 아래 있는 상태에서 갖게 되는 마음으로 규정하면서, 그 특징을 네 가지로 설명한다. (1)하나님의 말씀에 영향을 받으려는 준비가 결핍됨. (2)회개를 위한 죄책감(sense of guilty)의 영향을 받지 않음. (3)다른 사람들이 죄짓는 것에 대하여 개의치 않음. (4)하나님의 아픔과 불쾌감을 인지하는 감각이 결핍됨. 이러한 여러 가지 상태는 굳어진 마음으로부터 나오는데, 이는 신자가 죄의 영향력이 극대화된 지배력 아래 있음을 보여주는 것이다. "These things, and many more of the like nature, proceed from hardness of heart, or the remainder of our hardness by nature, and are great promoters of the interest of sin in us." John Owen, *A Treatise of the Dominion of Sin and Grace; wherein sin's reign is discovered, in whom it is, and in whom it is not; how the law supports it; how grace delivers from it, by setting up its dominion in the heart*, in *The Works of John Owen*, vol. 7, edited by William H. Goold, (Edinburgh; The Banner of Truth Trust, 1988 reprinting), pp.534-536.

a. 말씀을 통하여 영향을 받으려 하지 않음

첫째로, 하나님의 말씀을 통하여 영향을 받으려는 마음의 준비가 없습니다. 신자의 마음이 죄의 지배 아래서 굳어진 증거는 하나님의 말씀을 통하여 영향을 받으려는 마음의 기꺼움이 없다는 것입니다. 하나님의 말씀을 통하여 은혜를 받고, 죽은 자와 방불한 영혼이 깨어나고, 하나님의 크신 사랑을 경험하며, 예전에 알지 못하던 하나님의 성품을 알아가고, 거룩한 삶을 살아갈 힘을 공급받으려는 기꺼운 마음이 없다는 것입니다. 죄의 지배 아래에 있는 신자들 중에 하나님의 말씀을 깨닫기에 목마른 사람이 거의 없는 것이 바로 이 때문입니다. 그러므로 마음이 굳어지게 되면 어찌하든지 정직하고 권위 있게 하나님의 말씀이 선포되는 현장을 피하게 되고, 진지하게 성경 진리를 탐구하는 일로부터 멀어지게 됩니다. 이 모두 굳어진 마음의 증거입니다.

b. 죄책의 인식에 거의 영향을 받지 않음

둘째로, 죄책의 인식에 거의 영향을 받지 않는 것입니다. 신자가 죄책의 인식에 거의 영향을 받지 않을 때에 그 마음은 굳어진 마음입니다. 이미 알고 있는 지식을 통하여 자신이 행하고 있는 일이 죄라는 사실을 알게 되었음에도 불구하고 죄책감을 느끼지 않는 마음은 죄의 지배 아래서 굳어진 마음의 증거입니다. 은혜의 지배 아래 있어서 부드러운 마음을 가지고 있을 때에는 신자의 양심은 죄에 대하여 저항적으로 예민한 상태입니다. 따라서 자신이 행하고 있거나 행하려는 죄에 대한 인식이 분명하고, 이에 따르는 죄책감도 뚜렷합니다. 그리고 이러한 양심의 기능은 범죄의 무모함을 억제하는 역할을 하고 죄로부터 돌이키게 합니다. 죄의 지배 아래 있는 신자들에게서 자기 깨어짐을 발견하기 어려운 것도 바로 이 때문입니다.

c. 다른 사람들의 죄를 아파하지 않음

셋째로, 다른 사람의 죄에 대해 마음 아파하지 않는 것입니다. 신자가 다른 사람의 악행과 죄에 대해서 마음 아파하지 않을 때 그것은 마음이 굳어진 증거입니다. 신자가 은혜의 지배 아래 있어서 마음이 부드러울 때는 자신만 거룩한 삶을 살아갈 뿐 아니라, 다른 사람들을 향해서도 같은 기대를 갖습니다. 그러한 기대는 온 세상이 창조의 목적으로 돌아가고 하나님을 기뻐하고 영광을 돌리기를 바라는 갈망의 발로(發露)입니다. 그래서 그들은 다른 사람이 악을 행하거나 죄를 짓고 하나님께 불명예를 돌려 드렸다는 소문을 들을 때 견딜 수 없이 괴로워하고 아파합니다.

시편 119편 136절에서 시인이 "저희가 주의 법을 지키지 아니하므로 내 눈물이 시냇물같이 흐르나이다"라고 고백한 것도 이러한 경험의 반영입니다. 예수님께서 지상 생애 동안에 "하늘에 계신 우리 아버지여 이름이 거룩히 여김을 받으시오며 나라이 임하옵시며 뜻이 하늘에서 이룬 것같이 땅에서도 이루어지이다"(마 6:9-10)라고 기도하셨던 것도 바로 이러한 마음에서 비롯된 것이었습니다.[111] 즉 하나님의 이름을 거룩히 여기지 않는 이 세상의 죄악을 인하여 고통하시던 주님의 마음이 반영된 기도입니다.

성경을 보면 하나님의 영광을 깊이 경험하고 사무치는 하나님의 은혜 아래 있었던 사람들이 이 세상을 인하여 많이 가슴 아파하고 눈물 흘렸던 것을 볼 수 있습니다. 그들은 남들이 춤추고 노래하는 시기에 흐느꼈고, 먹고 마시던 때에 하나님의 얼굴을 구하였습니다. 그들의 마음이 하나님의 영광을 갈망하였기 때문입니다. 그들은 자신뿐 아니라 다른 모든 사람들도 하나님께서 천지를 창조하신 목적을 따라서 그분을 인정하는 삶을 살아야 한다고 믿었습니다. 이것이 바로 은혜의 지배 아래 있는 부드러운 마음의 증거입니다. 그러나 죄의 지배 아래 있는 사람들은 때로는 지체들이 은혜를 받고 하나님께 영광을 돌리는 것에 대해서 오히려 반감을 가집니다.

---

[111] 이 두 구절은 공통적으로 하나님의 영광에 대한 갈망이 무엇인지를 보여준다. 신자가 하나님을 사랑한다고 할 때 그 사랑은 구체적으로 두 가지 본질을 갖는다. 그것은 기뻐하는 것(delight)과 소중히 여기는 것(valuation)이다. 따라서 하나님을 사랑하는 사람들에게는 그분을 사랑하지 않는 냉담한 사람들을 보는 것이 고통이고, 그분을 소중히 여기지 않는 사람들과 함께 사는 것이 아픔이다. 따라서 한 사람의 신자가 하나님을 사랑하는 것은 곧 하나님의 영광을 위한 목마름에 의하여 입증되는 것이다. 이와 관련해서 존 오웬은 그리스도인의 두 가지 주된 의무를 말한다. 첫째는 그리스도를 영화롭게 하는 것이며, 둘째는 자신 안에 내재하는 죄를 죽이는 것이라고 하였다. 이 두 가지는 매우 밀접한 관계에 있다. 그리스도를 영화롭게 하려는 신자는 반드시 자신 안에 있는 죄를 미워할 것이며, 또한 자신 안에 있는 죄를 죽이기까지 미워하지 않는 사람이 진정으로 그리스도를 영화롭게 하려고 하지 않을 것이기 때문이다. Sinclair B. Ferguson, *John Owen on the Christian Life*, (Edinburgh; The Banner of Truth Trust, 1995 reprinting), pp.69-73.

그들은 자신들과 같이 죄의 지배 아래 있는 사람들에 둘러싸여 살아갈 때에 오히려 안도감을 느낍니다. 이 모두 죄의 지배 아래서 굳어진 마음의 증거입니다.

d. 자기를 향한 하나님의 마음을 느끼지 못함

넷째로, 자신을 향한 하나님의 불쾌감이나 아픔을 인식하는 마음의 신령한 지각(知覺)들이 사라지는 것입니다.[112] 신자가 은혜의 지배 아래서 부드러운 마음을 유지하고 있을 때는 수시로 자신의 마음이나 행동에 대한 하나님의 좋아하심과 싫어하심을 예민하게 느낍니다. 그가 성령의 은혜 아래 있기 때문입니다. 그러나 마음이 굳어지고 나면 하나님의 마음을 인지하는 감각이 현저히 사라집니다.[113] 그래서 자신의 영혼의 상태나 마음의 생각, 그리고 실제로 나타나는 행동 등에 대하여 아파하시는 하나님의 마음을 느끼지 못하게 됩니다. 죄의 지배 아래 있는 신자들이 어리석을 정도로 무모하고 쉽게 범죄하는 것도 바로 이 때문입니다.[114]

---

112) 하나님을 경외하던 신자들이 하나님의 현저한 심판만이 아니라, 자신과 교회에 대한 신적 불쾌감, 하나님의 침묵들에 대하여 극도로 민감한 감각을 유지하였던 것도 바로 하나님을 향한 사랑과 하나님의 영광을 위한 갈망이 갖는 관계의 밀접함을 잘 보여준다. "주께서 영원히 버리실까, 다시는 은혜를 베풀지 아니하실까, 그 인자하심이 길이 다하였는가, 그 허락을 영구히 폐하셨는가, 하나님이 은혜 베푸심을 잊으셨는가, 노하심으로 그 긍휼을 막으셨는가 하였나이다"(시 77:7-9). 경건한 사람들이 소심하리만치 절실하게 하나님의 정서에 대하여 민감하였던 것은 그들이 그만큼 하나님을 기쁘시게 하고 영화롭게 하고 싶었기 때문이다. 하나님의 영광을 위한 갈망에 대하여는 다음 책을 참고하라. 존 파이퍼, 「하나님의 영광을 위한 하나님의 열심」, 백금산 역, (서울; 부흥과개혁사, 2003); 김남준, 「청중을 하나님 앞에 세우는 설교자」, (서울; 생명의말씀사, 2000), pp. 279-311; 김남준, 「불꽃처럼 살고 싶어요」, (서울; 두란노, 2003), pp. 152-164; 김남준, 「설교자는 불꽃처럼 타올라야 한다」, (서울; 두란노, 2002), pp. 92-119.
113) 그래서 청교도 존 브라운(John Brown)은 '기도는 곧 하나님을 향해 마음의 고개를 드는 것'이라고 정의하면서, 다음과 같이 말한다. "이로써 우리의 마음과 영혼이 본성적으로 하나님께 대해 낮게 엎드러져 있으며, 땅엣 것을 생각하고 이 세상의 염려로 억눌려 있으며, 그래서 하나님께 거리감을 가지고 있다는 것을 알게 된다. 기도는 무겁고 신령한 것에 대해 감각이 둔한 마음을 치켜들어 주님 앞으로 나아가게 한다. ……이로써 올바르게 실천되는 기도는 곧 하나님께 드리는 거제(擧祭, heave-offering)로서, 또 희생 제사로서, 하늘을 향하여 우리의 영혼으로 하여금 고개를 들게 한다. 또한 기도의 실천이 올바르게 계속될 때, 인간의 영혼과 마음, 그리고 그의 전 기관은 신령하게 변하여 세상적인 염려나 두려움, 더러움, 마음의 나뉨을 초월하여 하나님을 향하여 일어나게 된다." John Brown, *A Pious and Elaborate Treatise Concerning Prayer; and the answer of prayer*, (Glasgow; Printed by John Robertson and Mrs. M' Lean Book-folders in middle of salt-mercant, 1745), pp. 28-29.
114) 이 외에도 쉽게 회복되기 어려운 마음의 굳어짐이 있다. 대표적으로 다음 네 가지 경우를 들 수 있다. (1)큰 자범죄 아래에서도 그릇된 안전감을 느끼며 영적인 무감각 속에서 지낼 때: 신자가 큰 죄를 지었을 때에는 커다란 양심의 가책으로 괴로워하는 것이 정상이다. 그러나 경우에 따라서 신자가 큰 죄를 지었거나 짓고 있으면서도 하나님 앞에 불안이나 죄책감이나 괴로움을 느끼지 못한 채 스스로 편안해 하거나 큰 죄에 대한 무감각이 계속될 때, 이것은 신자의 마음이 매우 심각한 굳어짐 아래 있다는 증거이다(사 39:8). (2)한 가지 죄에 대한 죄책감이 있을 뿐, 다른 죄에 대하여

V. 위험한 징후 5 : 죄 죽임을 위한 방편들을 소홀히 함

다섯째로, 죄 죽임을 위한 방편을 소홀히 하는 것입니다. 하나님께서는 신자가 자신 안에 내재하는 죄를 죽이며 은혜 아래 살게 하는 수단들을 주셨습니다. 그것을 우리는 은혜의 방편이라고 부릅니다. 그런데 신자가 죄의 지배 아래 있을 때에는 죄 죽임을 위한 은혜의 방편들을 활용하지 않고 살아가게 되는데, 그것이 바로 그가 죄의 지배 아래 있다는 위험한 징후입니다.

신자가 거룩한 삶을 위하여 죄를 죽이는 비결은 크게 네 가지로 집약됩니다. 첫째는 자기 부인의 실천이고, 둘째는 십자가를 짐으로써 그리스도와 하나 되는 것이며, 셋째는 내세를 묵상하는 것이며, 넷째는 기도를 실천하는 것입니다.

은혜의 지배 아래 있는 신자들에게는 이러한 죄 죽임의 방편들이 활발하게 활용되어 내재하는 죄를 죽이고 은혜를 살리는 데 기여하지만, 죄의 지배 아래 있는 신자들은 이러한 죄 죽임을 위한 방편들을 소홀히 하며 살아가게 됩니다. 신자는 자신 안에 내재하고 있는 죄를 죽이지 않고는 그 지배를 벗어나 은혜의 지배 속으로 들어갈 수 없습니다. 그러면 도대체 죄는 무엇을 통해 죽을까요? 신자가 여러 가지의 모양으로 경건해지려고 애를 쓸지라도, 사실 자신의 행실을 가지고는 내재하는 죄를 죽일 수가 없습니다. 죄를 죽이는 주체는 오직 신자 안에 계시는 성령뿐입니다.[115]

방심하며 살아갈 때: 특정한 죄에 대해서만 혐오감을 갖고 있으며, 다른 죄에 대해서는 너그러운 것은 죄의 본질을 인식하는 데서 오는 죄에 대한 반응이 아니다. 죄는 본질적으로 하나님께 대한 적의(enmity)이기 때문에, 어떤 특정한 죄에 대한 미움이나 혐오감이 본질적인 죄에 대한 혐오감에서 비롯되는 것이라면, 거기에는 반드시 그러한 혐오감의 깊이에 비례하는 만큼의, 그 죄로 인하여 가려진 하나님의 영광에 대한 갈망이 있게 마련이다. 그렇지 않은 특정한 죄에 대한 미움은 그 기반이 인간적인 확신이나, 경험, 성향, 이념, 자책감 등에 있을 가능성이 높다. (3)신자가 일상적인 은혜의 수단으로는 회복이 불가능하게 하는 비영적인 틀(unspiritual frame) 가운데 있을 때: 예를 들어 직업 활동이 신앙을 따라 살기에 매우 어려운 악한 구조 속에서 지속적인 범죄를 강요당하는 가운데 이루어진다든지, 부정직, 폭력, 탈세 등이 공공연하게 저질러지고 그러한 죄에 참여하도록 강요받는 집단 속에서 살아가는 경우이다. 또는 잘못된 교리들에 입각한 신앙 생활이나 기독교 신앙이 무엇인지를 거의 제대로 가르쳐 주지 않는 교회에서의 신앙 생활도 이러한 예에 속한다. (4)죄 죽임도 없고 열매도 없는 신앙 생활 속에서 스스로 만족하는 삶을 살 때: 무지와 게으름, 그리고 싫증으로 인하여 죄 죽임도 없고 거룩한 삶의 열매도 없는데도 거짓된 만족 속에서 살아가는 것은 마음의 심각한 굳어짐을 반영한다. 이러한 것들은 일상적인 은혜의 수단에 참여하는 것만으로는 회복되기 어려운 마음의 굳어짐의 예이다.

115) 본질적으로 볼 때, 성화(sanctification)가 하나님께로부터 받은 은혜라면, 죄 죽임(mortification)은 개발되

따라서 내재하는 죄를 죽이시는 성령의 역사는 다음과 같이 요약됩니다. "죄를 죽이시는 성령의 역사는 우리의 의지를 거스르거나 우리의 순종 없이 이루어지지 않고, 우리의 순종 안에서 우리의 순종과 함께 이루어진다."116)

그런데 성령께서는 이렇게 신자 안의 죄를 죽이심에 있어서 하나님의 말씀을 수단으로 사용하십니다. 성령께서 죄를 죽이심에 있어서 하나님의 말씀을 사용하신다는 진술은 곧 성령께서 신자가 말씀을 깨닫는 것을 사용해서서 죄를 죽이신다는 것을 의미하는 것입니다. 따라서 신자가 말씀을 깨닫는 일 없이는 결코 죄를 죽일 수 없습니다. 신자가 죄의 지배 아래서 죄 죽임을 위한 방편을 소홀히 하는 대표적인 경우 네 가지는 다음과 같습니다.

고 적용된 은혜이다. 죄 죽임은 죄의 뿌리를 겨냥하는 것이다. 육적 욕망과 그것의 열매는 서로 구별되어야 한다. 성경적으로 볼 때 육적 욕망은 몸의 지체로 불리고 죄 혹은 죄의 원리는 '죄의 몸'으로 불린다. 마치 육체가 자신의 온 지체를 사용하듯이 옛사람의 성품은 이 욕망들을 사용하여 악이라는 열매를 맺는다. 이 같은 원리는 다음 성경 구절에서도 명백하다. "너희가 육신대로 살면 반드시 죽을 것이로되 영으로써 몸의 행실을 죽이면 살리니"(롬 8:13). 여기서 '육신'은 곧 신자 안에 있는 '옛사람의 성품'(nature of old man)을 의미한다. 따라서 죄 죽임의 대상은 '신자 안에 내재하는 죄'(indwelling sin in believers)이다. 존 오웬은 죄를 단순히 인간의 행위 현상이라고 보지 않고, 오히려 인간의 삶을 지배하는 힘을 가진 실재(reality)라고 본다. 절망적으로 타락한 인간의 죄성(罪性)은 원죄의 죄책(guilty)과 오염(corruption)으로 구성된다. 인간이 성령의 은혜로 말미암아 믿음으로 인하여 거듭나면, 원죄는 칭의에 의하여 해결되지만, 오염은 거듭난 인간 안에 여전히 부패성으로 잔존한다. 다시 말하면 중생을 통하여 죄의 지배는 파괴되고 성령으로 말미암은 새 생명의 원리가 인간 안에 심겨진다. 이렇게 죄의 지배(the dominion of sin)는 종식되었으나, 부패한 성품에서 비롯되는 죄의 영향력(the influence of sin)은 여전히 역사하고 있는데, 이것은 성화를 통해서 점진적으로 극복되는 것이다. 성화의 작용의 선도권(先導權, initiative)은 성령께서 가지고 계시나, 성령께서는 거룩해지고자 분투하는 신자의 순종을 통해서 역사하신다. 죄 죽임은 곧 신자 안에 있는 죄성을 죽이는 것이다. 즉 성화의 작용을 통하여 신자 내면에 대한 죄의 영향력을 소멸시켜 가는 것이다. 이 세상에서 완전히 내면적인 죄의 영향력으로부터 자유로울 수는 없지만, 그것의 영향력을 경건의 능력으로 소멸시켜 신자의 거룩한 삶의 진전에 거의 영향을 끼치지 못하게 하는 데까지 나아갈 수는 있다. 이 상태를 가리켜서 성화에 있어서 '죄 죽임의 상태' 라고 하며, 이런 영혼의 상태에 있는 신자를 '죄 죽임의 상태에 있는 그리스도인'(mortified Christian)이라고 부른다. 이 주제에 관해서는 다음 자료들을 참고하라. Sinclair B. Ferguson, *John Owen on the Christian Life*, (Edinburgh; The Banner of Truth Trust, 1995 reprinting), pp. 125-130; John Owen, *Of the Mortification of Sin in Believers; the necessity, nature, and means of it; with a resolution of sundry cases of conscience thereunto belonging*, in *The Works of John Owen*, vol. 6, edited by William H. Goold, (Edinburgh; The Banner of Truth, 1991 reprinting); Christopher Love, *The Mortified Christian; showing the nature, signs, necessity, and difficulty of true mortification with the right hearing of sermons*, (Morgan; Soli Deo Gloria Publications, 1998 reprinting); Thomas Goodwin, *Of Gospel Holiness in the Heart and Life*, in *The Works of Thomas Goodwin*, vol. 7, (Eureka; Tanski Publications, 1996 reprinting); 그리고 Randall C. Gleason의 박사학위 논문으로서 후일 단행본으로 출간된, *John Calvin and John Owen on Mortification: a Comparative Study in Reformed Spirituality*, (New York; Peter Lang Pub. Inc., 1995).

116) 신자의 성화에 있어서 선도권(先導權)은 죄인을 순결하게 하시는 성령께 있지만, 그 성령께서는 우리 밖에서 우리의 순종 없이 우리의 의지를 거슬러서 역사하시지 않고 우리 안에서 우리와 함께 성화를 위하여 역사하신다. "He doth not so work our mortification in us as not to keep it still an act of our obedience. The Holy Ghost works in us and upon us, as we are fit to be wrought in and upon; that is, so as to preserve our own

A. 자기 부인이 없음

첫 번째로, 자기 부인(self-denial)이 없는 것입니다. 우리는 그리스도를 닮아 거룩한 사람이 되어가는 성화에 있어서 가장 큰 적은 사단이나 세상이라고 생각합니다. 그러나 존 칼빈(John Calvin)이 지적한 바와 같이 신자의 가장 큰 대적은 자신 안에 남아 있는 옛 자아, 곧 죄된 성향을 가지고 있는 옛 사람의 본성입니다. 우리 안에 남은 옛 자아, 육체의 본성은 우리를 부패한 욕망을 따라 살게 하고 중생을 통하여 우리 안에 새롭게 창조하신 본성 안에 역사하시는 성령을 거스르게 합니다.[117] 성화의 과정은 바로 이러한 옛 사람의 본성은 점점 죽고 새 사람의 본성이 점점 살아나는 과정입니다.[118]

---

liberty and free obedience. He works upon our understandings, wills, consciences, and affections, agreeably to their own nature; he works *in* us and *with* us, not *against* us or *without* us." John Owen, *Of the Mortification of Sin in Believers; the necessity, nature, and means of it; with a resolution of sundry cases of conscience thereunto belonging*, in *The Works of John Owen*, vol. 6, edited by William H. Goold, (Edinburgh; The Banner of Truth Trust, 1991 reprinting), p.20.

[117] 여기서 우리는 옛 자아의 사기 중심성과 이로 말미암은 사기 부인의 어려움을 생각하지 않을 수 없다. 죄는 곧 하나님의 창조의 목적을 따라 살기를 거절하는 모든 것이다. 죄는 근본적으로 하나님께 대한 반감과 대적이다. 창조주 하나님을 인정하고 그 목적에 부합하게 사는 인간의 위치를 거절하는 것이다. "죄가 무엇입니까? 죄는 단지 불법한 일을 저지르는 것이나 부도덕한 것을 가리키는 것이 아닙니다. 그것은 자신이 온 우주의 중심이라고 생각하고 자신의 행복이 최종적인 가치라고 생각하며 살아가는 것입니다. 따라서 이렇게 창조의 목적으로 돌아가지 않으려는 인간이 갖는 선에 대한 기준과 천지를 창조하신 하나님의 선에 대한 기준이 같을 수가 없습니다. 그는 자신이 생각하기에 선하다고 생각하는 바를 행합니다. 그러나 그 기준이 하나님이 아니고 자기 자신의 이기적인 욕망입니다. 사회의 일반적 통념상, 양심상으로 선하다고 인정받는 것들이라 할지라도 창조주 하나님이 아니고 일부의 집단의 이익에만 관련되어 있다면 그것도 하나님의 기준으로서의 선은 아닙니다. 어거스틴이 인간의 자유의지를 논하는 가운데 '악(惡)은 최종적인 공통선으로부터 보다 좁은 의미의 선으로 이행하는 것이다.' 라고 말한 것도 바로 이러한 이유 때문입니다. 인간은 자신에게 좋은 것을 선이라고 생각하는 경향이 있습니다. 죄가 들어온 이후로 이러한 경향은 더욱 피할 수 없게 되었습니다. 이는 타락한 인간이 본성상 하나님의 선의 기준을 따라 살기에 전적으로 무능해진 것을 보여주는 것입니다." 김남준, 「구원과 하나님의 계획」, (서울: 부흥과개혁사, 2004), pp.24-25. "따라서 성화는 아직도 신자 안에 남아 있는 죄의 오염과 부패성으로부터 신자들을 순결하게 하시는 성령님의 작용이다. 그런 점에서 볼 때 신자의 성화의 정도는 곧 그가 창조의 목적에 부합한 존재가 되는 정도이다. 왜냐하면 신자 안에 남아 있는 죄가 곧 그로 하여금 창조주 하나님의 뜻을 거스르며 창조의 목적에서 이탈하여 살게 하는 유일한 원인인데, 성화의 정도는 곧 성령님께서 이것들을 순결하게 하신 정도이기 때문이다. 죄의 정체가 곧 하나님을 향한 적의(enmity)라는 사실을 생각하면 이러한 추론은 너무나 자연스러운 것이다." 김남준, 「구원과 하나님의 계획」, (서울: 부흥과개혁사, 2004), p.24.

[118] 청교도 윌리엄 아메즈(William Ames)는, 성화의 작용의 주체는 성령이시지만 효과적인 성화의 진전을 위하여 인간이 행하여야 할 바 의무를 다음과 같이 아홉 가지로 제시한다. (1)거룩하게 하시는 하나님의 말씀에 대해 전적으로 복종해야 한다(요 17:17). (2)마치 그리스도 안에 있는 거룩함을 빨아들이려는 것처럼 그리스도를 자신에게 적용시키는 믿음이 필요하다(고전 1:30). (3)성화의 두 부분인 죄 죽임(mortification)과 은혜 살림(vivification)에 힘써야 한다(엡 4:2, 2:24, 골 3:8, 10). (4)자신의 죄를 죽임에 있어서 그리스도의 죽음을 적용해야 한다(롬 6:11). (5)믿음으

사도 바울이 "내가 그리스도와 함께 십자가에 못박혔나니"(갈 2:20)라고 하였을 때, 말한 그 '내'가 바로 여기서 우리가 말하는 옛 자아입니다. 그래서 예수님께서도 "아무든지 나를 따라오려거든 자기를 부인하고 날마다 제 십자가를 지고 나를 좇을 것이니라"(눅 9:23)라고 말씀하셨습니다.

이러한 자기 부인은 죄를 죽이는 중요한 수단인데, 신자가 죄의 지배 아래 있을 때에는 이렇게 하지 않습니다. 하나님의 뜻대로 살고자 하는 은혜의 소원이 옛 자아의 욕망대로 살고자 하는 죄의 소원을 이기지 못하기 때문입니다. 죄의 지배 아래 있는 신자들에게는 이처럼 죄 죽임을 위한 자기 부인이 없습니다. 죄 죽임을 위한 신자의 자기 부인은 소극적인 측면과 적극적인 측면으로 나누어집니다. 이것은 다음과 같이 설명될 수 있습니다.

1. 자기 부인의 소극적인 측면

자기 부인의 소극적인 측면은 자기 안에 내재하는 경향을 부인하는 것입니다. 그것은 구체적으로 이성(理性)의 추론을 절대시하는 경향과 자기 안에서 솟아나는 부패한 육체(肉體)의 욕구를 부인하는 것입니다.

a. 이성으로부터의 자기 부인

첫째로, 이성으로부터의 자기 부인입니다. 지성(知性)은 사물을 개별적으로 인식하고 이해하는 능력이며, 이성(理性)은 이렇게 얻어진 지식들을 통해 사물간에 있는 원리를 추론하는 능력입니다. 인간의 이성은 하나님께서 인간에게만 주신 고귀한 하

로 말미암아 이렇게 적용함으로써 죄는 그리스도와 함께 십자가에 못박혀 죽어 있는 것이 된다(롬 6:2, 4), (6)십자가에 박힌 못에 의하여 예수 그리스도의 몸이 거기에 매달리셨던 것처럼, 이러한 믿음의 적용에 의하여 죄가 또한 십자가에 못박힌 상태를 유지하게 된다(갈 2:20, 롬 8:13) (7)그리스도의 부활과 생명을 은혜 살림에 적용함으로써 믿음을 통해 은혜의 생명을 누리게 된다(롬 6:11, 골 3:1). (8)살아 있는 믿음으로써, 구원의 총체적인 계획뿐 아니라, 순종을 요하는 개별적인 사항도 받아들이고 성화의 기회로 활용하여야 한다(출 30:24). (9)성령께 온전히 승복하고 범사에 그분의 인도를 받기를 힘써야 한다(롬 8:13-14). William Ames, *The Workes of Reverend and Faithful Minister of Christ William Ames*, translated out of Latin for publike use, (London; Printed for John Rothwell, and are to be fold at his shop, 1643), pp. 25-27.

나님의 형상의 일부입니다. 인간은 이 이성에 의하여 하나님의 창조하신 세계를 이해하게 되고, 창조의 목적에 부합하는 삶이 어떤 것인지를 알게 됩니다. 타락으로 말미암아 인간의 이성은 상당 부분 원래의 기능을 잃어버렸지만, 완전히 망가진 것은 아닙니다. 특히 중생한 인간의 이성은 신앙의 조명을 받으면서 하나님께서 창조하신 세계의 사실과 원리를 보다 잘 추론하게 하고, 그래서 피조 세계에 깃들인 하나님의 충만한 영광을 찬송하게 하는 도구가 됩니다. 그래서 하나님께서 인간에게 주신 선물 중 구원 다음으로 값진 것은 지성, 혹은 이성이라고 할 수 있습니다.

그러나 인간의 이성은 절대로 완전하지 않습니다. 더욱이 부패함이 남아 있는 인간이기에 그것의 추론을 절대적으로 신종(信從)하는 것은 옳지 않습니다. 하나님의 계시된 말씀을 제쳐 두고 신뢰할 만큼 완전하지도 않은 이성을 온전히 추종하는 것은 죄 가운데 있는 신자의 특징입니다. 신자가 죄의 지배 아래 있을 때에는 그들 안에 있는 우세한 죄의 영향력이 하나님의 말씀보다는 이성의 판단과 추론을 더욱 따르게 합니다. 따라서 참된 신자가 되기 위해서는, 끊임없이 하나님의 말씀을 따르지 않으려고 하는 부패한 이성의 추론을 부인하고 그 판단을 따라서 살려고 하는 자신의 소욕을 거절하여야 합니다. 이성의 추론과 하나님의 말씀이 충돌할 때에는 언제나 자기의 이성의 추론을 꺾고 하나님의 계시에 의존하여 사색하고 행동하여야 합니다. 그렇게 함으로써 신자는 방종한 이성의 항로를 차단하고 신앙의 길을 가기 위해 죄를 죽일 수 있습니다. 이것이 바로 이성으로부터의 자기 부인입니다.[119]

오늘날 그리스도인들에게는 자기 부인(self-denial)보다는 자기 성취(self-fulfillment)가

---

[119] 피터 레이타트(Peter J. Leithart)는 자신의 논문에서 존 칼빈에게 있어서 죄 죽임은 크게 두 부분으로 되어 있다고 보는데, 자기 부인(self-denial)과 십자가를 지는 것(cross-bearing)이 그것이다. 자기 부인이 내적인 죄 죽임이라면, 십자가를 지는 것은 외적인 죄 죽임이다. 자기 부인은 모든 악한 욕망과 사랑, 죄된 육체의 생각 등을 끊어 버리는 것을 의미한다. 그리고 이것은 오직 신자에게만 가능한 실천이다. "Mortification consists of two parts, self-denial and bearing the cross. Self-denial is the inward mortification, and bearing the cross, the outward. Self-denial is the suppression and annihilation of all evil desires, affections, and thoughts of the sinful nature and the corresponding sacrifice of ourselves to God." Peter J. Leithart, "Stoic Elements in Calvin's Doctrine of the Christian Life, Part II. Mortification," in *The Westminster Theological Journal*, vol. 55, no. 2, (Philadelphia; Westminster Theological Seminary, 1993 fall), p.195. 이 논문은 vol. 55. no. 2(1993 fall)부터 vol. 56, no. 1(1994 spring)까지 3회에 걸쳐서 연재되었다. 특별히 마지막 회에서는 자기 부인 중 그리스도인의 절제에 대한 칼빈의 견해 중 스토아 철학의 영향을 받은 것으로 여겨지는 금욕주의적인 요소를 찾아서 논쟁하고 있는데, 칼빈의 죄 죽임의 교리를 이해하는 데 참고할 만하다. Peter J. Leithart, "Stoic Elements in Calvin's Doctrine of the Christian Life, part III. Christian Moderation," in *The Westminster Theological Journal*, vol. 56, no.1, (Philadelphia; Westminster Theological Seminary, 1994 spring), pp.59-85.

자랑거리가 되는 시대입니다. 그러나 기독교 신앙에 있어서 핵심 가치는 신자가 이 세상에서 번영을 누리는 것이 아니라, 그리스도의 형상을 본받는 것입니다. 그 형상은 완전히 거룩한 형상이며, 타락하기 전 아담 안에 있던 형상입니다. 또 우리를 거기로 회복시키시려는 형상입니다. 그러나 신자가 이처럼 그리스도의 형상을 닮는 것은 철저한 자기 부인 없이는 불가능한 것입니다.[120] 인간이 이 세상에 태어나서 하나님께 드릴 수 있는 최고의 섬김은 진실한 신자가 되는 것입니다. 신자는 그 길을 가도록 부름받은 사람들입니다.[121]

b. 부패한 욕망에 재갈을 물림

둘째로, 부패한 욕망에 재갈을 물리는 것입니다. 그래서 사도 바울은 말합니다. "땅에 있는 지체를 죽이라" (골 3:5). 여기서 '땅에 있는 지체' 란 '부패한 욕망을 따라 살려는 육체의 정욕' 입니다.[122]

---

[120] 자기 부인의 실천은 분명히 신자의 의무이다. 그러나 그 의무가 이행되는 방식은 단지 도덕적인 노력에 의해서가 아니다. 따라서 이에 따르는 모든 의무의 실천을 말함에 있어서 두 가지 사실이 고려되어야 한다. (1)첫째는 자기 부인의 의무를 이행하게 하는 생명과 원천에 관련된 것인데, 이는 오직 은혜로 주어진다. (2)둘째는 그 의무의 실천을 위한 주된 이유와 그렇게 하게 하는 동기인데, 이것은 의무라는 방식으로 우리 안에서 수행된다. "In brief, Owen is able to say; 'in every duty two things are principally considered,-first. The life and spring of it, as it is wrought in us by grace; secondly, The principal reason for it and motive unto it, as it is to be performed in ourselves by way of duty.'" Sinclair B. Ferguson, *John Owen on the Christian Life*, (Edinburgh; The Banner of Truth Trust, 1995 reprinting), p.69; John Owen, *Pneumatologia or, A Discourse Concerning the Holy Spirit; wherein an account is given of his name, nature, personality, dispensation, operations, and effects; his whole work in the old and new creation is explained; the doctrine concerning it vindicated from oppositions and reproaches. The nature also and necessity of gospel holiness; the difference between grace and morality, or a spiritual life unto God in evangelical obedience and a course of moral virtues, are stated and declared*, in *The Works of John Owen*, vol. 3, edited by William H. Goold, (Edinburgh; The Banner of Truth Trust, 1994 reprinting), p.550.

[121] 오늘날은 이러한 자기 부인의 실천이 수도원적인 금욕으로 오해되고 복음의 자유는 곧 방종의 자유인 것처럼 받아들여지는 시대이다. 그러나 그리스도인의 삶에 복음이 주는 참된 자유는 하나님께 대한 전적인 순종과 죄를 죽이는 생활을 통해서만 누릴 수 있는 것이다.

[122] 골 3:5에서 사도 바울이 "땅에 있는 지체를 죽이라"고 명령한 것은 비록 구원받은 하나님의 백성들이라고 할지라도 그들이 이 땅에 살아 있는 동안에는 그들의 신분(state)과 상태(condition)가 일치하지 않는다는 사실을 보여준다. 그들은 신분에 있어서는 어떠한 죄도 없이 완전하다. 그러나 그것은 원리에 있어서 그러할 뿐이다. 실제로는 많은 죄들이 남아 있다. William Hendricksen, *New Testament Commentary; Exposition of Colossians and Philemon*, (Grand Rapids; Baker Book House, 1975 reprinting), pp.143-144. 존 오웬은 '땅에 있는 지체' (타 멜레 타 에피 테스 게스, τὰ μέλη τὰ ἐπὶ τῆς γῆς, 문자적으로 '땅에 속한 그 지체들')라는 표현에 관하여 다음과 같이 지적한다. 즉 여기서 말하는 '지체' 는 문자적으로 몸의 일부분을 가리키는 것이 아니라, 마음에 이루어진 죄의

어떤 사람들은 그리스도인이 거듭난 후에는 결코 죄를 짓지 않는다고 주장하지만 그것은 그릇된 생각입니다. 성경은 말합니다. "만일 우리가 죄 없다 하면 스스로 속이고 또 진리가 우리 속에 있지 아니할 것이요"(요일 1:8).

열매를 맺는 지체를 가리킨다는 것이다. 이것들은 죄의 요소들이며, 죄가 들어오는 경로이며, 죄를 만들어 내는 것들이기 때문이다. 이것을 다른 말로는 '죄의 몸'(body of sin)이라고 부르고, 실제로 죄악을 행할 때에는 '몸의 지체들'(member of that body)이라고 부르는데, 이는 온몸의 지체들이 한마음 한뜻이 되어서 죄를 짓는 일에 서로 잘 순응하고 협조하여 죄악을 도모하기 때문이라고 설명한다. "Because, as the whole principle of sin, and course of sinning which proceedeth from it, is called the 'body of sin,' Romans 6:6, or the 'body of the sins of the flesh,' Colossians 2:11, with respect thereunto these particular lusts are here called the members of that body, 'Mortify your members;' for that he intends not the parts or members of our natural bodies, as though they were to be destroyed, as they seem to imagine who place mortification in outward afflictions and macerations of the body, he adds, τὰ ἐπὶ τῆς γῆς, 'that are on the earth,' -that is, earthly, carnal, and sensual." John Owen, *Pneumatologia, or, A Discourse Concerning the Holy Spirit; wherein an account is given of his name, nature, personality, dispensation, operations, and effects; his whole work in the old and new creation is explained; the doctrine concerning it vindicated from oppositions and reproaches. The nature also and necessity of gospel holiness; the difference between grace and morality, or a spiritual life unto God in evangelical obedience and a course of moral virtues, are stated and declared,* in *The Works of John Owen,* vol. 3, edited by William H. Goold, (Edinburgh; The Banner of Truth Trust, 1994 reprinting), p.539. 로널드 월리스(Ronald S. Wallace)의 박사 학위 논문에 따르면, 칼빈은 정욕(concupiscence)은 단순한 욕정(lust)이나 악한 욕망(desire, 혹은 appetite)과는 다른 것이라고 보았다. 정욕은 악한 욕망 자체를 산출하는 어떤 원천으로 보았다. 정욕은 인간의 심층에 자리한 것으로서 악한 의지보다 깊은 어떤 것이며, 악한 욕망보다 파악하기 어려운(fugitive) 비성형(非定形) 상태의 어떤 것이라고 보았다. "concupiscence is what brings forth evil desire itself……It will be seen that concupiscence for Calvin is something deeper than an evil desire, and though it is as closely related to the activity of the mind as to will and the emotions, it cannot be defined in terms of the working of the mind either." Ronald S. Wallace, *Calvin's Doctrine of the Christian Life,* (Eugene; Wipf & Stock Publishers, 1997 reprinting), pp.54-55. 이를 입증하기 위하여 칼빈은 다음과 같은 야고보서에 나오는 죄의 잉태의 네 단계를 사용하였다. (1)외부의 자극에 의하여 허탄한 생각이 일어남. (2)정욕에 이끌리어 죄로 향하는 정서가 발생함. (3)의지가 찬동함으로써 정욕에 굴복함. (4)죄가 외적인 행동에 옮겨짐으로 출산됨. "He first calls that lust which is not any kind of evil affection or desire, but that which is the fountain of all evil affections; by which, as he shews, are conceived vicious broods, which at length break forth into sins." John Calvin, *Commentaries on the Catholic Epistles,* in *Calvin's Commentaries,* vol. 22, translated by John Owen, (Grand Rapids; Baker Book House, 1998 reprinting), p.290. 존 오웬은 '욕정' 혹은 '정욕'이라는 말을 칼빈이 의미한 바 '개별적인 죄악된 욕망'이라는 의미로도 사용하였고, 이것이 '죄악된 정서와 함께 부패한 우리의 본성의 뿌리를 가리키는 것'이라고 보았다. "These affections and lusts, the old man,-that is, our depraved nature,- useth naturally and readily, as the body doth its members; and, which adds efficacy unto the allusion, by them it draws the very members of the body into a compliance with it and the service of it, against which we are cautioned by our apostle: Romans 6:12, 'Let not sin therefore reign in your mortal bodies' (that is, our natural bodies), 'that ye should obey it in the lusts thereof.'" John Owen, *Pneumatologia or, A Discourse Concerning the Holy Spirit; wherein an account is given of his name, nature, personality, dispensation, operations, and effects; his whole work in the old and new creation is explained; the doctrine concerning it vindicated from oppositions and reproaches. The nature also and necessity of gospel holiness; the difference between grace and morality, or a spiritual life unto God in evangelical obedience and a course of moral virtues, are stated and declared,* in *The Works of*

아무리 거듭난 신자가 되었어도 그 속에 죄된 욕망과 본성은 여전히 남아 있습니다. 죄가 원리적으로는 지배력을 잃어버렸지만, 여전히 잔존하는 세력으로 남아 있습니다. 죄 죽임이 없는 삶 가운데 성령의 은혜의 지배력이 약화될 때에 그 죄의 세력은 실제적인 영향력을 갖게 됩니다. 그리고 정욕(情慾)은 바로 이렇게 죄의 법이 힘을 얻는 데 사용하는 연료와 같습니다. 마치 성령의 은혜의 불이 진리를 아는 지식을 연료로 하여 더욱 맹렬히 타오르듯이 죄의 불길은 정욕에 굴복하는 실행죄를 통하여 더욱 치열하게 타오르도록 힘을 얻습니다. 따라서 신자가 자기 안에 있는 부패한 육체로부터 비롯되는 악한 욕망에 굴복하게 되면 결코 죄를 죽이는 삶을 살 수 없습니다. 결국 자기 안에 남은 성령의 은혜는 점점 고갈되고 보다 강력한 죄의 지배 아래로 들어가게 될 것입니다.

인간의 욕망의 끝없음을 생각해 보십시오. 무저갱과 같은 인간의 욕망은 한이 없으니 하나님께서도 인간의 욕망을 충족시키실 수 없을 것입니다. 욕망은 그 욕망에 사로잡힌 사람을 더욱더 죄의 노예로 만들어 갑니다. 그리고 죄의 노예가 되어가는 것만큼 하나님의 자녀의 본분으로부터 떠나게 하고, 하나님의 영적인 생명으로부터 멀어지게 합니다.

자신의 욕망을 부인하지 아니하고 악한 욕망에 복종하였던 처음 조상 아담과 하와를 생각하여 보십시오. 그들은 하나님과 같이 되려는 욕망의 종이 되자 그토록 행복해 하던 아름다운 지위를 버렸고, 하나님의 명령도 무시해 버렸고, 그것을 어긴 자에게 예고된 무서운 진노의 심판도 비웃고 범죄하였습니다. 악한 욕망이 그들 마음의 보좌를 차지한 것입니다.

자기 안의 죄를 죽이는 삶은 이처럼 부패한 옛 사람의 본성에서 우러나오는 욕망을 부인하고 거기에 굴복하지 않으려는 자기 부인의 삶을 통하여 이루어집니다. 그러나 죄의 지배 아래 있는 신자는 자신의 부패한 욕망에 대하여 순응적인 삶을 살아갑니다.[123] 따라서 자기 안에서 일어나는 부패한 욕망을 부인하는 것이야말로 자

John Owen, vol. 3, edited by William H. Goold, (Edinburgh; The Banner of Truth Trust, 1994 reprinting), p.539; John Owen, *Of the Mortification of Sin in Believers; the necessity, nature, and means of it; with a resolution of sundry cases of conscience thereunto belonging*, in *The Works of John Owen*, vol. 6, edited by William H. Goold, (Edinburgh; The Banner of Truth Trust, 1991 reprinting), pp.9-16.

기 부인을 말함에 있어서 빼놓을 수 없는 측면입니다. 그것이 없이는 누구도 참된 죄 죽임에 이를 수 없습니다.

2. 자기 부인의 적극적인 측면

자기 부인의 소극적인 측면이 신자 안에서 일어나는 바람직하지 못한 상태나 활동에 대한 부인이라면, 적극적인 측면은 자기 안에 있는 은혜의 통치를 삶으로 구현함으로써 하나님의 영광을 드러내는 것입니다. 여기에는 자기 사랑을 비운 결과로서의 이웃 사랑과 하나님을 사랑함에서 비롯되는 헌신을 꼽을 수 있습니다.

a. 이웃을 사랑함

첫째로, 이웃을 사랑하는 것입니다. 이것은 자기 사랑을 비움으로써 가능합니다.[124] 따라서 이웃을 향한 사랑의 실천에는 반드시 자기 희생이 뒤따릅니다. 이것

---

[123] 이 세상에서 부귀영화를 누렸던 사람들 중에서 "나는 많은 것을 누렸기 때문에 더 이상 바라는 것이 없다."라고 말하는 사람을 본 적이 있는가? 인간의 부패한 욕망은 끝이 없다. 따라서 이러한 타락한 육적 욕망을 신자가 스스로 부인하지 않으면 그 욕망의 지배를 받으며 노예로 살게 되는 것이다. 자기 부인의 실천에 있어서 제외되어서는 안 되는 일상적인 실천은 바로 자신 속에서 솟아나는 악한 욕망을 부인하는 것이다. 이러한 부패한 욕망을 느끼는 자신을 노예처럼 다룸으로써 악한 욕망에 재갈을 물리는 것이 바로 자기 부인의 소극적인 측면이다. 이러한 죄 죽임의 이치에 대하여 성경은 다음과 같이 말한다. "내가 내 몸을 쳐 복종하게 함은(ἀλλὰ ὑπωπιάζω μου τὸ σῶμα καὶ δουλαγωγῶ) 내가 남에게 전파한 후에 자기가 도리어 버림이 될까 두려워함이로라"(고전 9:27). 우리말 개역 성경에서 '내가 내 몸을 쳐 복종하게 함은'이라고 번역된 부분은 희랍어로 '알라 휘포피아조 무 토 소마 카이 둘라고고'(ἀλλὰ ὑπωπιάζω μου τὸ σῶμα καὶ δουλαγωγῶ)인데, 이를 직역하면, '그러나 나는 나, 곧 내 몸을 무섭게 취급해서 그것(곧, "내 몸")을 노예로 삼는다.'이다. 이 부분을 기록하였을 때, 사도 바울의 마음에 있는 그림은 당시 까다롭고 엄격한 주인들이 자기의 노예들을 순종시켜서 자기 마음대로 부리기 위하여 인정 없이 가혹하게 다루는 광경이다. 우리말 개역 성경에서 '복종케 함은'이라고 번역된 단어 '둘라고게오'(δουλαγωγέω)는 '노예삼다'를 의미하는 동사 '둘로오'(δουλόω)와 '이끌다, 인도하다'의 의미를 가진 동사 '아고'(ἄγω)의 합성어로서, '(노예가 아닌 사람을) 노예된 상태에 들어가게 하다'의 의미이다. Joseph H. Thayer, *Thayer's Greek-English Lexicon of the New Testament*, (Grand Rapids; Baker Book House, 1982 reprinting), p.9, 157.

[124] 조나단 에드워즈에 의하면 자기 사랑이란 창조 목적에 부합하는 참된 덕과는 상관없는 자신의 본성적 기질이나 마음의 성향을 따라서 살아가는 것 자체를 의미한다. 그는 모든 사람의 마음속에 심겨진 기질 안에 참된 덕(true virtue)을 향한 성향이 있다는 증거로서 인간 개개인의 이익을 떠난 중립적인 도덕적 감각이 있다는 주장을 거부하였다. 따라서 신자의 자기 사랑은 자기 사랑의 극단적인 형태인 탐욕이나 폭력, 간음과 같은 커다란 죄를 행하는 것뿐 아니라 자신의 옛 본성을 따라서 그 본성에 합치하는 경향대로 살아가는 것을 의미한다. Jonathan Edwards, *The Nature of True Virtue*, in *The Works of Jonathan Edwards*, vol. 8, edited by Paul Ramsey, (New Haven; Yale University Press, 1987), pp.596-597.

은 이웃 사랑이 부당한 자기 사랑과 양립할 수 없다는 것을 보여주는 것입니다. 어거스틴이 인간에게 있어 자기 사랑(amor sui)이 모든 죄의 근원이라고 본 것도 바로 이 때문입니다.

신자는 구원의 경험을 통하여 자기가 아무것도 아님을 깨달은 사람입니다. 그리스도께서 위하여 죽으셔야 했던 이유가 바로 하나님 대신 자기를 사랑한 것이었음을 깨닫고 참회한 사람입니다. 이러한 참회 없이는 누구도 그리스도인이 되었다고 말할 수 없습니다. 그러나 그러한 진실한 참회에도 불구하고 신자 안에 있는 자기 사랑은 결코 완전히 죽지 않습니다. 그리고 그것은 신자 안에 잔존하는 죄에 뿌리를 내리고 있습니다. 부당한 자기 사랑은 타락한 인간의 가장 뚜렷한 특징입니다. 그리스도의 구속으로 말미암아 구원을 받은 신자들이 창조의 원래 위치로 돌아가지 아니하려는 완고함은 대개 그릇된 자기 사랑에서 비롯됩니다. 이러한 자기 사랑은 모든 죄의 근원이 됩니다. 왜냐하면 궁극적으로 인간이 따르는 모든 가치 질서는 인간이 가장 사랑하는 바에 의하여 결정되기 때문입니다.

따라서 자기 사랑에 빠진 채 다른 사람들을 사랑하는 것은 불가능합니다. 그러나 외관상 그것이 가능한 것처럼 보이는 때가 있습니다. 신자가 자신의 행복과 밀접하게 연관된 사람들만을 사랑하는 것입니다. 예수님께서 자기의 아비와 어미를 사랑하는 자가 자신에게 합당치 않다고 말씀하신 이유도 바로 이런 사랑을 가리키는 것입니다. 사람이 자기의 아내나 남편을 사랑하고 자신의 자녀들을 사랑하는 것은 이 세상의 도덕적인 기준으로 보면 비난받을 일이 아닙니다. 그러나 경우에 따라서는 신자에게는 그러한 사랑이 자기 사랑의 연장일 수 있습니다.[125] 그래서 예수님께

---

[125] 오히려 성경은 아내 사랑을 자기 사랑의 연장선상에서 보기도 한다. 그래서 아내를 버림으로써 참된 제자의 길을 가게 되는 상황도 있을 수 있다고 보는 것인데, 이 때 아내를 버리지 못한다면, 그것은 불순종이며 세상 사랑이 될 것이다. "이르시되 내가 진실로 너희에게 이르노니 하나님의 나라를 위하여 집이나 아내나 형제나 부모나 자녀를 버린 자는 금세에 있어 여러 배를 받고 내세에 영생을 받지 못할 자가 없느니라 하시니라"(눅 18:29-30). "예수님께서 '첫째……둘째……' 라고 하신 것은 물리적인 첫째와 둘째가 아닙니다. 이것은 두 가지 큰 계명이 아니라 하나입니다. 단지 첫째는 하나님을 향한 사랑의 의무를 보여주고 둘째는 그 사랑이 어떻게 사람들 속에서 구현되어야 할지를 보여주신 것입니다. 그러므로 하나님을 향한 온전한 사랑의 회복 없이는 이웃을 향한 참 사랑도 없습니다." 김남준, 「하나님의 깊은 사랑을 경험하라」, (서울; 생명의말씀사, 1999), p.184. 조나단 에드워즈는 고전 13장에서 사도 바울이 말하는 사랑을 예로 들면서 그것은 하나님을 향한 사랑을 배제한 사람을 향한 사랑을 가리키는 것이 아니라고 말한다. 오히려 성도 안에 있는 사랑은 '마음에 있는 참된 하나님의 은혜' 를 의미하는 것이라고 해석하였다. "그러므로 사도 바울이 이로써 성도나 불신자들 모두에게 있을 수 있는 은사와 오직 참된 성도들에게만 있어서 그들을 구분지어 주는 구원하시는 은혜를 비교하고 있다는 것은 명백하다. 따라서 사도 바울이 말하는 자비 혹은 사랑을 성학(聖學, Divines, 청교도

서 이렇게 말씀하셨습니다. "너희가 너희를 사랑하는 자를 사랑하면 무슨 상이 있으리요 세리도 이같이 아니하느냐"(마 5:46).

이웃을 위한 우리의 사랑은 이처럼 자기 희생을 동반하는 것이기 때문에 자기 사랑을 비우지 않으면 불가능합니다. 이처럼 하나님께서 주신 은혜를 통하여 이웃을 사랑하기 위하여 끊임없이 자기를 비우는 것은 곧 자기 부인에 속합니다. 왜냐하면 자기를 사랑하려는 이기적인 경향성을 끊임없이 거슬러야 하기 때문입니다. 죄의 지배 아래 있는 신자들에게는 이렇게 자기 사랑을 비우고 이웃을 사랑하기 위하여 자기를 희생하는 것이 매우 어렵습니다. 죄의 지배는 곧 빗나간 자기 사랑의 지배이기 때문입니다.[126]

b. 하나님을 사랑함

둘째로, 이러한 이웃 사랑의 근원은 하나님께 대한 헌신에서 비롯됩니다. 그러면 이제 독자 여러분에게는 이런 질문이 떠오를 것입니다. "과연 우리의 이웃은 그렇게 사랑할 가치가 있는 것일까?" 하는 것입니다.

우리 주위에는 정말 참된 인간으로 살아가려는 사람들도 많고, 훌륭한 신앙을 가진 이웃도 많습니다. 그러나 신자가 자기 사랑을 비우고 사랑하여야 하는 이웃은 그런 훌륭한 이웃들만이 아닙니다. 오히려 이 세상에서 짐승처럼 살아가는 악한 죄인

시대에 목회와 학문을 겸하던 경건하고 거룩한 목사들을 가리킴-역자 주)들은 신자의 마음 안에 있는 신실한 은혜와 꼭 같은 것이라고 이해한다"(Now, It's manifest that the comparison is between the gifts of the Spirit that were common to both saints and sinners, and that saving grace that distinguishes true saints; and therefore, charity or love is here understood by Divines as intending the same thing as sincere grace of heart). Jonathan Edwards, *Selections from the Unpublished Writings of Jonathan Edwards*, edited by Alexander B. Grosart, (Ligonier; Soli Deo Gloria Publications, 1992 reprinting), p.32.

[126] 죄 죽임을 위한 방편인 자기 부인(self-denial)을 가로막는 가장 큰 적은 이기적인 자기 사랑(self-love)이다. 로널드 월리스는 자신의 박사학위 논문에서 이 둘의 관계에 대하여 다음과 같이 말한다. "우리 자신을 부인한다는 것은 우리의 마음으로 자기를 위하는 사랑 대신 부패한 자아에 대하여 미움을 갖는 것을 의미한다. 정욕은 우리로 하여금 이기적인 사랑을 향해 치달리게 한다. 우리 안에 있는 이기적인 사랑의 요소는 우리로 하여금 이웃을 진정으로 사랑하지 못하게 한다. 부당한 자기 사랑으로 인하여 다른 사람들을 멸시하고 무시하게 되며, 잔인과 탐욕, 폭력과 사기와 그와 유사한 모든 악독들을 생산해 내며, 우리를 복수의 감정으로 타오르게 한다." Ronald S. Wallace, *Calvin's Doctrine of the Christian Life*, (Eugene; Wipf & Stock Publishers, 1997 reprinting), p.61; John Calvin, *Institutes of the Christian Religion*, vol. 2, translated by Henry Beveridge, (Grand Rapids; William B. Eerdmans Publishing Company, 1981 reprinting), p.9, 11.

들도 하나님께서 우리로 하여금 자기 사랑을 비우고 사랑하도록 요구하시는 우리의 이웃입니다. 그들의 삶과 상태가 어떠하든지 그 이웃들이 우리의 사랑의 대상이 되어야 하는 이유는 그들의 삶의 가치나 사회적인 유용성 때문이 아닙니다. 오히려 그것은 하나님께서 그들 안에 두신 하나님의 형상에 있습니다. 하나님께서는 각 사람 안에 자신의 형상(image of God)을 두셨습니다. 하나님께서는 그것을 소중하게 보십니다. 그것은 하나님께서 직접 인간 안에 넣어 주신 것이며, 이 세상 모든 피조물 가운데 유일하게 인간에게만 주신 그분 자신의 성품의 일부이기 때문입니다. 그것으로 인하여 인간과 교통하고 관계를 유지하실 수 있으며, 인간으로부터 찬양과 영광을 받으실 수 있기 때문입니다.

이렇게 해서 신자들은, 넓은 의미에서 자기를 사랑하시는 하나님께서 하늘에만 계신 것이 아니라 이웃 안에 있다는 사실을 깨닫게 됩니다. 그리고 비로소 그들 안에 계신 하나님 때문에 그들이 얼마나 소중한 존재인지를 알게 됩니다. 그래서 그들 안에 있는 하나님을 향한 사랑은 곧 이웃 안에 있는 하나님의 형상에 대한 사랑으로 이어지고, 그것은 곧 이웃에 대한 사랑으로 이어집니다. 이렇게 해서 이웃에 대한 사랑은 곧 하나님께 대한 사랑과 동일한 근원을 갖게 됩니다.

그래서 우리는 생각해야 합니다. 인간이 삶 가운데 짓는 죄악에는 동의할 수 없지만, 그 사람 안에 있는 하나님의 형상은 소중합니다. 바로 우리가 그토록 사랑하는 그리스도께서 그들 안에 있는 그 형상을 위하여 죽으셨기 때문입니다. 그러므로 하나님을 향한 사랑이 동기가 되어 그 형상을 품은 모든 사람을 깊이 사랑하게 됩니다.

참으로 하나님의 사랑에 감화를 받고 있을 때, 신자는 이웃이 아무리 커다란 죄를 지었다고 할지라도 이웃의 죄를 향한 미움과 두려움 때문에 하나님의 형상을 가진 그 사람을 미워하거나 두려워하지 않습니다. 어떻게 하든지 그에게 진리를 가르쳐서 참된 길을 알려주고 진실한 사랑과 믿음으로 하나님께 돌아오게 하고 싶어집니다. 그렇게 함으로써 자신처럼 그가 창조의 목적에 부합하는 삶을 살게 되기를 사모하게 됩니다. 그리고 하나님께서는 이러한 신자들의 이웃 사랑을 곧 그분 자신에 대한 사랑으로 보십니다. 왜냐하면 이웃 안에 있는 하나님의 형상에 대한 사랑과 하나님 자신에 대한 사랑은 나뉠 수 없기 때문입니다. 이렇게 하나님을 향한 사랑과 사람을 향한 사랑은 분리되지 않습니다. 그러므로 진정한 의미에서 우리는 하나님을 사랑하는 만큼만 사람들을 진정한 사랑으로 참되게 사랑할 수 있습니다.

아아, 우리는 얼마나 이런 사랑이 부족한 사람입니까? 하나님께서는 이런 사랑을 베풀며 살도록 우리를 구원하시고 은혜를 주셨습니다. 그러므로 우리는 이 사랑을 펼쳐서 세상에 하나님을 보여주고, 그들을 참되신 창조주께 돌이킬 수 있도록 자기 부인의 삶을 살아야 합니다.

3. 자기 부인이 없는 삶의 비참함

이 진리를 대하는 우리에게 이러한 자기 부인의 삶이 있습니까? 은혜의 통치 아래 살아가는 신자들의 특징은 끊임없는 자기 부인입니다. 그들은 자기를 부인하는 일을 두려워하지 않습니다. 왜냐하면 자기 부인의 고통보다는 자기 부인을 통하여 죄를 죽이고 하나님과의 친밀한 교통을 누리는 기쁨이 훨씬 더 크기 때문입니다. 은혜의 통치 아래 있는 사람들에게 자기 깨어짐이 많다는 사실은 그들이 은혜 아래 있을 때에 얼마나 자기 사랑을 비우고 하나님을 온전히 사랑하고 싶어하는지를 보여줍니다. 신자의 경건한 자기 깨어짐은 자기 부인의 첫 열매입니다.

그러나 죄의 지배 아래 있는 사람들에게는 이러한 자기 부인의 실천이 없거나 매우 희박합니다. 왜냐하면 자기 사랑의 부인은 곧 죄를 죽이는 것이며, 죄의 지배 아래 있는 신자들에게는 하나님과 하나님의 형상을 가진 이웃에 대한 사랑보다는 이기적인 자기 사랑이 훨씬 더 지배적이기 때문입니다. 그래서 죄의 지배 아래 있는 신자들은 악한 생각임에도 부주의함과 나태함으로 그런 생각들이 마음에 심기도록 방치하거나, 적극적으로 죄의 유혹을 따름으로써 자기 부인이 없는 삶을 택합니다. 그러나 그 결국은 비참함입니다. 그들은 신앙의 통제를 벗어난 이성의 추론을 부인하지 않음으로 자기의 뜻대로 살고, 욕망에 종 노릇하며, 하나님과 그 형상을 가진 이웃을 위하여 사는 대신 더러운 자기 사랑에 사로잡혀서 살아갑니다. 신자임에도 불구하고 자기 안의 죄를 죽이는 실천이 없으므로 구속의 목적에 정면으로 배치되는 삶을 살면서 하나님의 이름을 현저히 더럽힙니다.

아아, 이렇게 살아가는 무지한 신자들이 우리 주위에 얼마나 많은지요. 그들은 하나님의 아들의 죽으심을 통하여 구속받았음에도 불구하고 자기 안에 있는 죄의 능력에 사로잡혀 종 노릇하며 사는 사람들입니다. 그래서 하나님의 은혜에 대하여 냉담한 마음으로 살아가는 사람들입니다. 그리스도의 보혈로 용서받았음에도 불구하고 어찌 그리스도의 그 고귀한 구원을 그렇게 멸시하는 삶을 살 수 있단 말입니까? 하나님께서 창조의 거룩한 목적을 따라 살도록 그리스도의 구속으로 자유를 주시고 독생자 안에서 자신의 영광을 보여주셨는데, 어떻게 그 큰 구원을 등한히 여기고 다시 죄를 택하며 살 수 있단 말입니까? 우리가 모두 함께 이 복음 진리의 빛 가운데서 하나님만을 사랑하며 온 세상을 창조의 목적으로 돌아가도록 우리의 정성을 드리며 살 수 있다면 얼마나 좋을까요?

B. 십자가를 지지 않음

둘째로, 죄의 지배 아래 있는 사람들의 특징은 십자가를 지지(cross-bearing) 않는 것입니다. 그렇다면 신자가 십자가를 진다는 것은 무슨 의미일까요? 이것은 단순히 하나님의 일을 하기 위하여 고생하는 것만을 의미하는 것은 아닙니다. 중생을 통하여 그리스도와 연합하여 거룩하게 된 신자들은 교회의 머리이신 그리스도의 지체들입니다. 그들은 예수 그리스도께서 이 세상에서 경험하신 죽음과 부활과 유사한 모형들을 경험함으로써 이 땅에서 자신들을 성화시키시는 하나님의 특별한 섭리에 복종합니다. 여기서 '십자가'는 하나님께서 신자들을 거룩하게 성숙시키기 위하여 작정하시고 사용하시는 모든 고통과 환난들을 의미합니다.[127] 따라서 십자가를 지지 않는 것은 죄 죽임을 위한 가장 좋은 은혜의 수단을 포기하는 것입니다. 그리고 그렇게 십자가 없는 삶이 계속되는 것은 그가 죄의 지배 아래서 살아가고 있음을 보

---

[127] 하나님께서는 우리의 삶 전체가 그리스도의 복음을 본받게 되기를 원하신다. 이는 마음의 내면뿐 아니라 외적인 환경에 있어서도 그리스도를 닮아야 한다는 것을 의미한다. 그러므로 그리스도인의 삶을 산다는 것은 내적인 자기부인이 필요할 뿐 아니라, 외적인 환경으로부터 오는 고통과 환난과도 깊은 관계가 있다. 이는 신자가 이 세상을 사는 동안에 만나는 환난과 고통을 당연한 것으로 생각하여야 하며, 그것을 통하여 자기를 거룩하게 하시는 하나님의 뜻을 발견하고 자기 성숙에 활용하여야 함을 의미한다. John Calvin, *Institutes of the Christian Religion*, vol. 2, translated by Henry Beveridge, (Grand Rapids; William B. Eerdmans Publishing Company, 1981 reprinting), pp. 11-12.

여주는 것입니다.

1. 절대적 십자가와 상대적 십자가

십자가는 예수님의 십자가가 있고 우리의 십자가가 있습니다. 예수님의 십자가는 우리가 대신 질 수도 없고, 그럴 수 있는 권한을 부여받지도 않은, 예수님께 고유한 십자가입니다. 그래서 예수님께서 자신을 따르는 제자의 도를 말씀하실 때에 이렇게 말씀하셨습니다. "이에 예수께서 제자들에게 이르시되 아무든지 나를 따라오려거든 자기를 부인하고 자기 십자가를 지고 나를 좇을 것이니라"(마 16:24). 여기서 주님께서는 제자들에게 '예수님의 십자가'가 아니라 '자기 십자가'를 지고 따르도록 분부하셨습니다.

우리에게도 십자가가 있습니다. 바로 예수님께서 신자들에게 '자기 십자가를 지고'라고 표현하신 그 십자가입니다. 그리고 우리의 십자가에는 절대적인 의미의 십자가와 상대적인 의미의 십자가가 있습니다.

첫째로, 절대적인 의미의 십자가는 신자 자신의 죄와 허물과는 관계없이 말씀에 순종하며 살아가기 때문에 당하게 되는 고난을 가리킵니다. 둘째로, 상대적인 의미의 십자가는 그 이외의 상황에서 당하는 고난을 가리킵니다. 자기의 죄를 인하여 섭리 속에서 당하게 된 시련과 환난이 여기에 속합니다.

2. 신자의 십자가 : 성화를 위해 사용되는 환난과 고통들

신자의 성화와 관련하여 말할 때, 십자가는 '그리스도 안에서 그를 거룩하게 성숙시키기 위하여 사용하시는 환난이나 고통들'을 의미합니다. 우리의 죄와 허물을 통하여 도래하게 된 부패한 본성이나, 이에서 초래된 고통스러운 상황, 우리가 하나님의 말씀에 순종하며 살아가는 것과는 상관없이 당해야 하는 환난이나 고통을 가리킵니다. 이것들은 절대적인 의미의 십자가일 수도 있고 상대적인 의미의 십자가일 수도 있습니다.

하나님께서는 지금도 많은 신자들이 자신의 허물과는 상관없이 박해와 고난을 당하고 있는 것을 아십니다. 그러나 더 많은 그리스도인들은 자신의 죄와 허물 때문에 섭리 속에서 고통과 시련을 당합니다. 이 모든 것들은 하나님께서 성화를 통해 신자인 우리를 성숙하게 하시려고 사용하시는 것들입니다. 중요한 것은 그 십자가가 절대적인 의미의 십자가인가 상대적인 의미의 십자가인가가 아닙니다. 그 십자가를 통하여 우리가 죄를 죽이고 성화되는 효과를 얻는 것은 십자가의 종류보다도 십자가를 대하는 믿음의 태도와 관련이 있습니다.

비록 애매하게 고난을 당하게 되었다고 할지라도 그로 인하여 오히려 원망과 불평을 일삼고 믿음으로 그 십자가를 감당하지 않는다면, 그는 그 십자가를 통해서 자신의 죄를 죽이고 성화되기는커녕 죄로 인하여 마음이 굳어져 가게 될 것입니다. 그러나 비록 자기의 죄를 인하여 당하게 된 고난이라 할지라도 그 죄를 진실로 회개하고 고난을 믿음으로 감당하며 인내한다면, 하나님께서는 그 과정을 통하여 우리 안에 내재하는 죄를 죽여 성화되어 가게 하실 것입니다.

다윗이 바로 그런 일의 증인입니다. 그는 하나님과 함께하던 순결한 삶을 버리고 한순간의 정욕으로 인하여 간음과 살인의 죄를 저질렀습니다. 그는 진실로 참회하였으나 그의 범죄한 결과는 여전히 남아 있었습니다. 후일 그가 자신의 아들 압살롬의 반역을 당하여 울며 황급히 도망가야 했던 고난은 어떤 의미에서도 절대적인 의미의 십자가가 아니라 상대적인 의미의 십자가였습니다. 그러나 다윗이 그러한 고난을 자신의 십자가로 여기고 믿음으로 인내하였을 때에, 하나님께서는 그 고난을 통하여 그를 거룩한 사람으로 다시 빚어 가셨고, 그는 하나님 앞에 더욱 순결한 사람으로 그리스도의 왕국의 도래를 보여주는 계시에 참여할 수 있었습니다. 그러나 죄의 지배 아래 있는 사람들에게는 이렇게 자신에게 주어진 고난을 십자가로 받아들여서 은혜의 수단으로 적용하는 삶이 거의 없습니다.

3. 신자의 인내 : 믿음으로 감당할 때 성화가 촉진됨

신자가 십자가를 짐으로써 죄를 죽이는 은혜를 경험하기 위해서는 반드시 믿음에서 비롯되는 인내가 필요합니다. 인내는 반드시 자기를 부인하는 노력을 필요로 하는데, 이는 우리의 부패한 옛 자아의 본성은 자기를 깨뜨리는 고통을 잘 견디지 못하기 때문입니다.

　우리 안에는 하나님의 은혜에 의하여 쉽게 변화되지 않으려 하는 완고함이 너무나 강하게 깃들어 있습니다. 그렇기 때문에 성경이 지시하는 말씀과 자신의 이익이 충돌할 때, 말씀을 덮고 자기의 의지를 따르게 되는 것입니다. 아무리 주어진 십자가를 통하여 자신을 성화시키시는 하나님의 계획을 안다 할지라도 믿음의 인내 없이는 순종할 수 없습니다. 오히려 성경의 진리를 왜곡해서라도 도피처를 찾거나 현실을 핑계 삼아 명백한 진리를 외면하게 됩니다. 이처럼 죄의 지배 아래 있는 신자들에게는 믿음으로 십자가를 지고 살아가는 인내함이 없습니다.

　신자를 성화시키기 위하여 주어지는 십자가는 잠시 나타났다가 사라지는 것이 아닙니다. 오래도록 짊어져야 할 것들입니다. 참고 싶을 때까지만 참는 것은 진정한 인내가 아니며, 인내가 필요 없는 고통은 십자가일 수 없습니다. 십자가 짐(cross-bearing)을 통한 성화의 작용이라는 것 자체가 주사를 맞듯이 고난을 주입시켜 순결하게 되는 성질의 것이 아니기 때문입니다. 십자가 짐을 통하여 죄를 죽이고 성화된다는 것은 필연적으로 영혼의 본성적인 변화 과정을 내포하는 것이기 때문에 반드시 시간이 필요합니다. 그리고 그렇기 때문에 인내가 요구됩니다. 그리고 그 인내는 하나님께 대한 사랑과 믿음에서 비롯됩니다.

4. 그리스도의 고난에 참예함 : 성령의 위로로 성례전적인 효과를 가져옴

　우리가 우리의 십자가를 지고 당하는 고통들은 모두 그리스도의 고난과 관계됩니다.[128] 자신의 십자가를 질 때 그리스도를 바라보는 믿음으로 인내 가운데 감당하면, 거기에서 우리는 그리스도와 하나 되는 연합을 경험합니다. 그래서 십자가가 아무리 무겁고 힘겨워도 거기서 우리는 그리스도의 고난에 참예하는 비밀을 배우고 하나님의 위로를 경험합니다.

　이것을 다소 어려운 표현을 빌어 표현하자면 십자가 짐을 통한 성례전적(聖禮典的)인 효과라고 합니다.[129] 즉 신자들은 자기의 십자가 짐으로써 그리스도를 닮아

---

[128] "내가 그리스도와 그 부활의 권능과 그 고난에 참예함을 알려 하여 그의 죽으심을 본받아"(빌 3:10).
[129] 이에 대한 경험은 사도 바울의 서신서에서도 잘 나타난다. "너희를 위한 우리의 소망이 견고함은 너희가 고난

가는 과정에서 그리스도와 그분의 죽음에 대하여 특별한 관계에 들어가게 됩니다. 십자가를 짊어짐으로써 그리스도와 그분의 고난을 알게 되는 것은 곧 그리스도와 그분의 죽으심과의 교통을 의미하는 것인데, 이것은 마치 세례, 성찬과 같은 성례전의 의미를 가지고 있다는 것입니다.

신자가 받는 세례(洗禮)는 그가 믿음을 통하여 그리스도와 함께 죽고 다시 사는 것에 참예함을 형상화한 것이며, 성찬(聖餐)은 그리스도의 살과 피를 먹고 마심으로써 그분과 하나 된 것을 형상화한 것입니다. 그리스도인이 믿음으로 십자가를 짊어짐으로써 그리스도의 죽음과 교통하게 될 때에, 바로 거기서 부활도 함께 경험하게 되는 것입니다.[130] 다시 말해서 신자가 현세에서 성화를 위하여 믿음으로 고통을 감당할 때, 그리스도의 죽으심이 그의 삶 속에 실재화(實在化, actualization)되고, 이렇게 될 때에 그리스도의 부활도 신자의 현세적인 삶 속에서 실재화된다는 의미입니다. 신자는 거기서 그리스도와 그분의 부활의 권능을 배웁니다(빌 3:10). 그러나 십자가를 지지 않으려다가 당하는 고난에는 이러한 성례전적인 연합과 위로가 없습니다. 그것은 믿음으로 당한 고난이 아니기 때문입니다. 이처럼 십자가를 진다는 것은 신자 자신이 그것을 믿음으로 받아들이고 인내할 때 비로소 가능해지는 것입니다.

그것이 어떤 종류의 고난이든지, 고난 자체에는 사람을 거룩하고 성화되고 성숙하게 만들 수 있는 효과가 없습니다. 그래서 칼빈이 지적한 것처럼, 우리 안에는 고난을 그렇게 승화시킬 수 있는 능력이 없습니다.[131] 우리가 거룩해지는 것은 고난 자체가 아니라 고난을 통해서 역사하시는 성령의 은혜가 가져다 주시는 효과입니

에 참예하는 자가 된 것같이 위로에도 그러할 줄을 앎이라"(고후 1:7).

[130] 바울은 이러한 경험을 다음과 같이 말했다. "내가 그리스도와 그 부활의 권능과 그 고난에 참예함을 알려 하여 그의 죽으심을 본받아 어찌하든지 죽은 자 가운데서 부활에 이르려 하노니"(빌 3:10-11). 신자가 고난을 통하여 성례전적인 효과를 경험하고 그리스도와 더욱 가깝게 되는 영적 성숙을 경험하는 것은, 다음 두 가지 요소가 없으면 불가능하다. 신자의 믿음과 성령의 은혜가 그것이다. 고난 자체에는 우리를 거룩하게 하는 효과도 없고, 그리스도를 더욱 깊이 경험하도록 만들어 주는 성례전적인 효과(sacramental effect)도 없다. 우리는 믿음으로 이겨내는 고난을 통해 그리스도의 죽음과 부활에 참여하며, 성령의 은혜를 통하여 성례전적인 효과를 경험하게 되는 것이다. 이에 대하여 존 칼빈은 말한다. "사람들의 마음은 환난이 저절로 그들 안에서 인내를 만들어 낼 정도로 본래적인 바탕이 되어 있지는 않다. 오히려 바울과 베드로는 사람의 본성보다는 하나님의 섭리를 중시한다. 이 섭리를 통하여 성도들은 환난을 통하여 인내를 배우게 된다. 그러나 불경건한 자들은, 바로에게서 볼 수 있는 바와 같이, 환난을 통하여 자극받음으로 더욱 거칠고 난폭해진다." John Calvin, *Commentaries on the Epistle of James*, in *Calvin's Commentaries*, vol. 22, (Grand Rapids; Baker Book House, 1998 reprinting), pp. 279-280.

[131] Ronald S. Wallace, *Calvin's Doctrine of the Christian Life*, (Eugene; Wipf & Stock Publishers, 1997 reprinting), p. 74.

다. 신자가 믿음으로 십자가를 지고 인내할 때에 성령께서는 그 순종을 사용하여 신자 안의 죄를 죽이십니다. 그를 거룩하게 만들어 가십니다. 그리고 그 과정을 통하여 신자는 고통스러운 인내 가운데서 그리스도의 고난에 자신을 투영함으로써 그분과 하나 되는 것을 경험하게 되는데, 이것이 바로 십자가 짐을 통한 그리스도와의 연합(conformity to Christ)입니다. 그리고 그렇게 그리스도와 하나 되는 연합의 경험의 한복판에는 그분께 대한 순결한 사랑이 있습니다. 이는 십자가를 지고 믿음으로 인내하며 그리스도와 하나 되는 과정 자체가 죄를 죽이는 과정이라는 사실을 입증하는 것입니다. 이러한 경험을 사도 바울은 이렇게 고백하였습니다. "우리가 항상 예수 죽인 것을 몸에 짊어짐은 예수의 생명도 우리 몸에 나타나게 하려 함이라"(고후 4:10).[132]

고난을 당하는 사람은 사도 바울이었으나 이를 통하여 드러나는 것은 그리스도였습니다. 이것은 신자가 그리스도의 구속하신 은혜를 통하여 창조의 목적으로 완벽에 가깝도록 돌아간 것을 보여주는 것입니다. 그러나 죄의 지배 아래 있는 사람들에게는 이렇게 십자가를 통하여 그리스도와 하나 되는 경험이 없습니다.

C. 내세를 묵상치 않음

셋째로, 내세에 대한 묵상이라는 죄 죽임을 위한 은혜의 방편을 소홀히 하는 것입니다. 은혜 아래 있는 신자들에게는 하늘나라에 대한 소망과 위로의 경험이 일상적이지만, 죄의 지배 아래 있는 신자들에게는 내세에 대한 묵상이 없거나 현실도피적인 동기에서 비롯됩니다. 그러나 내세에 대한 묵상은 죄를 죽이는 가장 훌륭한 방편 중에 하나입니다. 왜냐하면 모든 죄가 이 세상에 대한 욕심에서 비롯되기 때문입니다(약 1:15).[133] 내세에 대한 묵상은 신자의 마음 안에서 이 세상에 대한 부당한 사랑

---

[132] 이와 같은 맥락에서 언급된 사도 바울의 다른 고백을 참고하라. 사도 바울은 골 1:24에서 "그리스도의 남은 고난을……내 육체에 채우노라"고 했다. 이것은 예수님의 고난이 그것을 통해 하나님께서 이루고자 하시는 그 무엇에 대하여 효과가 모자란다는 뜻이 아니다. 신자인 자신이 십자가를 지고 믿음으로 고난에 참예하자, 그 인내의 과정을 통해서 그리스도께서 교회를 위하여 생명을 버리신 의미를 이해할 수 있게 되었고, 그래서 그 교회를 위한 자신의 고난 즉 십자가를 통하여 그리스도와 하나 되는 것을 경험하게 되었다는 고백이다. 이제 그는 고난을 통하여 그리스도께서 자기 안에 계시고 자신이 그리스도 안에 있는 연합을 경험하게 되었던 것이다.

을 죽게 하고, 천상의 소망을 불붙입니다.

신자가 내세를 묵상하지 않는 것은 현세의 비참함에 눈뜨지 못하기 때문입니다. 그의 대부분의 욕망이 땅엣 것을 바라고 있기 때문입니다. 그의 소망은 세상에서 입고, 먹고, 마시고, 즐기는 것에 집중되어 있습니다. 그에게는 죄 많은 이 세상이 전부인 것처럼 생각됩니다. 그는 이 세상에 있는 자원으로만 살려고 하는 사람입니다. 스스로 먹고 마시고, 미래를 준비합니다. 오늘을 준비하고 내일, 내년, 후년을 준비합니다. 그러나 그것은 모두 이 세상에서의 육신의 삶을 위한 준비일 뿐입니다. 그러나 그런 삶은 순례자의 삶이 아닙니다. 이에 대하여 경건한 시인은 말합니다. "여호와여 금생에서 저희 분깃을 받은 세상 사람에게서 나를 주의 손으로 구하소서 그는 주의 재물로 배를 채우심을 입고 자녀로 만족하고 그 남은 산업을 그 어린아이들에게 유전하는 자니이다"(시 17:14).

신자가 이렇게 현세에 만족하면 땅엣 것을 멸시할 수 없고 하나님께 배은망덕한 삶을 미워할 수 없습니다. 생각해 보십시오. 이 세상의 모든 악과 고통, 그리고 거기서 비롯되는 비참함의 궁극적인 원인은 죄인데, 현세에서는 어떠한 신자도 그것으로부터 자유로울 수가 없습니다.[134] 죄는 하나님을 향한 반역적인 적대감인데, 그것을 이 세상에서 사랑하고 거기에 만족하는 신자가 어떻게 하나님께 배은망덕한 삶을 미워할 수 있겠습니까? 그러므로 세상과 짝하는 것은 곧 하나님과 원수 맺는 것입니다. 그래서 성경은 말합니다. "간음하는 여자들이여 세상과 벗 된 것이 하나님의 원수임을 알지 못하느뇨 그런즉 누구든지 세상과 벗이 되고자 하는 자는 스스로 하나님과 원수 되게 하는 것이니라"(약 4:4).

이 세상을 살아가면서도 우리는 가끔 하나님께서 주시는 축복을 맛보기도 합니다. 하나님께서 자신을 사랑하고 순종하며 따르는 자들을 위하여 주시는 축복과 상급들이 바로 그것입니다. 그러나 그것들은 우리에게 이 세상을 더욱 사랑하라고 주시는 축복이 아니라, 더욱 큰 하늘의 복, 그러한 축복의 원래 시여자(施與者)가 되시는 하나님 자신을 누리게 될 신령한 복을 미리 알려주시는 것입니다. 따라서 이 세상에

---

[133] "오직 각 사람이 시험을 받는 것은 자기 욕심에 끌려 미혹됨이니 욕심이 잉태한즉 죄를 낳고 죄가 장성한즉 사망을 낳느니라"(약 1:14-15).

[134] "이러므로 한 사람으로 말미암아 죄가 세상에 들어오고 죄로 말미암아 사망이 왔나니 이와 같이 모든 사람이 죄를 지었으므로 사망이 모든 사람에게 이르렀느니라"(롬 5:12).

서 하나님께서 주시는 그 축복들은 미래에 우리가 천국에서 누릴 더 큰 축복의 맛보기에 지나지 않습니다.135) 그러므로 우리는 이 세상을 위해서 사는 사람들이 되지 말고 하나님의 나라를 위해서 사는 사람이 되어야 합니다.136) 그런데 이 땅에서의 축복이 전부인 줄 알고 받은 바 축복 때문에 오히려 세상을 더 사랑하며 산다면 이 얼마나 슬프고 무지한 일입니까? 그러나 죄의 지배 아래 있는 신자들은 이렇게 살아갑니다. 그들은 내세를 묵상함으로써 자신 안의 죄를 죽이는 거룩한 삶을 살아가지 못합니다.

신자가 내세를 묵상하며 살아감으로써 얻을 수 있는 유익 중 하나는 죽음을 겁내지 않고 아버지 나라에 들어갈 소망을 갖게 되는 것입니다. 신자가 죄에 쉽게 지는 이유 중 하나는 두려움 때문입니다.

죄는 사람들을 두려움으로 자기에게 종 노릇하게 합니다. 모든 소망을 오직 현세에만 두며 살아가는 신자가 어떻게 하나님 나라에 들어가기를 열렬히 사모할 수 있겠습니까? 하나님의 나라에 들어가기를 사모하지 않는 신자가 어떻게 죽음을 두려워하지 않을 수 있겠습니까?

오늘 당장 주님께서 여러분을 부르시면 어떻게 하렵니까? 아무 두려움도 없이 가슴 벅찬 소망과 기쁨의 감격으로 "아버지여 내 영혼을 아버지 손에 부탁하나이다"(눅 23:46)라고 말할 수 있습니까? 오늘 우리는 사도 바울이 말한 바, "떠나서 그리스도와 함께 있을 욕망을 가진 이것이 더욱 좋으니"(빌 1:23)라는 고백 속에서 살아가고 있습니까?

죄의 지배 아래 사는 사람들에게는 종말론적인 소망 가운데서 세상에 대한 사랑을 버리고 살아가는 삶이 없습니다. 그렇게 살아간 신자의 일생은 얼마나 부끄러운 일생일까요? 죄의 지배 아래서 자기만을 위해 먹고 마시고 누릴 뿐, 죄 죽임도 없고

---

135) "저희가 나온 바 본향을 생각하였더면 돌아갈 기회가 있었으려니와 저희가 이제는 더 나은 본향을 사모하니 곧 하늘에 있는 것이라 그러므로 하나님이 저희 하나님이라 일컬음받으심을 부끄러워 아니하시고 저희를 위하여 한 성을 예비하셨느니라"(히 11:15-16).

136) " '예전에는 내가 온 우주의 중심이었고, 인생의 참된 의미는 내가 행복해지는 것에 있다고 믿었고, 그 일을 위해서 모든 수고를 아끼지 않고 살았지만, 그것이 모두 잘못된 것임을 깨달았습니다. 이제는 나 중심의 가치관과 나를 온 우주의 중심이라고 생각하는 제왕적 가치관을 모두 버리고, 나는 단지 하나님을 기대며 살 수밖에 없는 존재이고, 인간의 참다운 본분은 예수 그리스도를 통하여 하나님을 전적으로 의뢰하고 순종하면서 살아가는 것임을 깨달았습니다. 내가 이제 그렇게 살겠습니다.' 이것이 진정한 의미의 회개입니다." 김남준, 「구원과 하나님의 계획」, (서울: 부흥과개혁사, 2004), p.267.

자기 부인도 없이, 내세를 묵상하기에는 너무나 바쁘게 세상만을 사랑하며 십자가를 벗어버리고 탈영병처럼 살았던 신자들에게 죽음이란 그를 잡으러 온 헌병과 같을 것입니다.

그러나 주님을 사랑하고 자기의 십자가를 짊어지고 자기 안의 불결과 자기도 어찌할 수 없는 내면의 죄와 싸우면서 진실한 신자가 되려고 했던 사람들, 끊임없이 내세를 묵상하며 현세의 아픔을 이기며 충성스럽게 살아간 사람들은 얼마나 큰 기쁨으로 그 날을 맞이할까요?

주님께서는 그들을 맞이하시기 위해 보좌에서 일어나실 것이고 그들의 두 눈에서 흐른 눈물을 씻어 주실 것입니다. 그리고 넘치는 위로와 영광을 보여주실 것입니다. 여러분은 어떤 최후를 맞이하고 싶으십니까?

VI. 위험한 징후 6 : 지속적으로 마음을 다해 기도하지 않음

여섯 번째로, 지속적으로 마음을 다하여 기도하지 않는 것입니다. 기도는 신자가 죄를 죽이는 가장 훌륭한 방편 중 하나입니다. 그러나 죄의 지배 아래 있는 신자는 이러한 은혜로운 방편을 부지런히 열렬하게 활용하지 않습니다.

여기서는 이 문제를 크게 두 가지로 나누어서 다루고자 합니다. 먼저 죄 죽임에 있어서 기도의 지속적인 실천의 중요성에 대하여 살펴보고, 이어서 마음으로부터 우러나오는 기도의 중요성을 살펴보겠습니다.[137]

---

[137] "Another duty necessary unto this end is continual prayer, and this is to be considered as unto its application to the prevalency of any particular lust wherein sin doth in a peculiar manner exert its power. This is the great ordinance of God for its mortification." John Owen, *A Treatise of the Dominion of Sin and Grace; wherein sin's reign is discovered, in whom it is, and in whom it is not; how the law supports it; how grace delivers from it, by setting up its dominion in the heart*, in *The Works of John Owen*, vol. 7, edited by William H. Goold, (Edinburgh; The Banner of Truth Trust, 1988 reprinting), p.529.

A. 죄 죽임에 있어서 기도의 지속적 실천의 중요성

첫째로, 기도가 죄를 죽이기 위해서는 이의 지속적인 실천(continual practice)이 요구됩니다. 기도가 신자 안에 있는 죄를 죽임으로써 그를 거룩하게 하는 가장 훌륭한 방편 중 하나인 것은 분명하지만, 모든 기도가 죄를 죽이는 것은 아닙니다. 기도가 이러한 성화의 작용을 하기 위해서는 최소한 두 가지의 요건이 필요합니다. 하나는 지속적으로 하는 기도이어야 한다는 것이고, 또 하나는 마음으로부터 우러나오는 기도이어야 한다는 것입니다. 전자는 성화에 있어서 신자 안에 있는 죄의 끈질김을 말해 주는 것이고, 후자는 죄가 자리 잡는 곳이 어디인지를 말해 주는 것입니다.[138]

1. 영적 도움과 능력을 공급받음

성화에 있어서 기도의 중요성은 단지 기도에 대한 응답만을 염두에 두고 거론되는 것이 아닙니다. 오히려 신자의 성화에 있어서 기도의 중요성은 기도가 실천될 때에 그것이 가지는 영적인 효능과 관련된 것입니다. 그리고 그 영적인 효능 중 가장 대표적인 것이 바로 기도를 실천하는 신자 안에 있는 죄를 죽이는 힘입니다.

성령께서 하나님의 말씀을 통하여 마음을 조명하시면, 신자는 자신 안에 있는 죄를 인식하게 됩니다. 이 때 기도의 실천은 곧 그 죄와 맞붙어 싸우는 것입니다. 따라서 하나님의 말씀에 대한 지적인 이해가 증진된다고 해도, 이에 대하여 실제적인 기도의 실천이 없다면 결코 죄를 죽이지 못합니다. 신자가 말씀을 통하여 죄를 지적받

---

[138] "우리의 죄가 거하는 자리가 입술이라면 거룩한 기도 제목들이 쏟아져 나올 때 그 제목들을 들으면서 죄가 죽어 버릴 것입니다. 그런데 우리의 죄의 자리는 우리의 입술이 아니라 마음입니다. 그러므로 아무리 거룩하고 신령한 기도 제목들이라 할지라도 그 내용에 의해 죄가 죽지는 않습니다. ……죄는 마음의 시선으로 하나님을 주목하며 우리의 중심을 정직하게 쏟아놓을 때, 성령님의 역사하심으로 비로소 죽습니다." 김남준, 「성화와 기도」, (서울; 생명의말씀사, 2004), p.25. 죄의 자리는 인간의 마음이다. 신앙의 자리도 마음이고 죄의 자리도 마음이니 은혜와 죄는 서로 마음에 대한 지배권을 갖기 위하여 다툰다. 둘 사이에는 어떠한 화해도 없다. 마치 리브가의 태 안에서 다투던 에서와 야곱처럼 그러하다. 성경의 가르침에 따르면 마음은 영혼의 중심적인 기관으로서, 인간의 삶은 거기로부터 산출된다. 죄는 이 중심으로부터 나와서 지성, 의지, 감정 나아가서는 육체까지 포함하는 전인(全人)에 영향을 미치고 작용한다. 따라서 죄의 상태에 있는 전인은 하나님의 불쾌함의 대상이다. 하나님께서 죄는 미워하셔도 죄인은 사랑하시지만, 신자가 죄를 버리기까지는 죄인임에도 불구하고 자신을 사랑하시는 그런 사랑으로 하나님을 사랑할 수 없는 것도 바로 이러한 성경적인 이치 때문이다. Louis Berkhof, *Systematic Theology*, (Grand Rapids; William B. Eerdmans Publishing Company, 1996), p.233.

아서 그것을 인식하게 되고, 자기의 비참한 상태를 고백하고 자기를 심판하였다고 할지라도, 그것으로써 죄가 죽은 것은 아닙니다. 그러한 경험이 죄에 미칠 수 있는 영향은 겨우 죄를 일시적으로 움츠러들게 하는 것입니다.

죄 죽임의 주체는 오직 성령이십니다. 그리고 성령께서는 자기 안에 있는 죄를 죽이고자 순종하는 신자의 믿음을 통하여 말씀을 가지고 이 일을 하십니다. 그리고 지속적인 기도의 실천은 바로 이 일을 위하여 신자가 믿음으로 마음을 바치고 있는 가장 훌륭한 증거입니다. 그런데 이 기도가 신자 안에 내재하는 죄를 죽이기 위해서는 그 실천이 지속적이어야 합니다. 따라서 가끔 드리는 기도는 그 실천이 비록 마음으로부터 우러나오고 또 열렬하다고 할지라도 죄 죽임을 가져올 수 없습니다. 기도라는 방편을 통해서 죄를 죽이는 성령의 역사는 신자가 진지하고 부지런히 기도의 실천에 참여함으로 이루어집니다.[139] 그래서 박식하고 경건한 청교도 존 오웬은 다음과 같이 말하였습니다. "지속적인 기도가 죄 죽임을 위한 가장 중요한 명령인 것은 그러한 기도의 실천을 통해 우리가 죄를 대항할 수 있는 영적인 도움과 능력을 공급받기 때문이다. 우리는 죄책에 대해 용서받도록 열렬히 기도하기보다는 죄의 세력이 꺾이도록 절대적으로 열렬히 기도해야만 한다. 후자에 태만한 사람은 결코 전자에 열렬해질 수 없다. 죄의 세력으로부터 우리가 받는 압력과 고통은 우리의 마음을 찌르고 죄책으로부터 우리가 받는 압력과 고통은 우리의 양심을 찌른다. 단지 죄에 대해 용서받는 것은 영혼에 안식을 가져다 주지 못한다. 또한 죄는 죽어야 하고, 그렇지 않으면 우리에게 영적인 안식은 없다. 이것이 기도의 사역이다. 즉 죄 죽임과 성화의 은혜를 구하고 얻어서 죄의 세력이 궤멸되고, 죄의 힘이 근절되고, 죄의 뿌리가 마르고, 죄의 생명이 파괴되며, 그래서 옛 사람이 총체적으로 십자가에 못박히게 하는 것이 기도의 사역이다."[140]

---

[139] 따라서 마음을 드리는 열렬한 기도로 죄 죽임을 구하였다고 할지라도 그런 기도의 지속적인 실천 없이 기도 응답을 통해서 자동적으로 죄 죽임이 이루어지는 것은 아니다. 죄를 죽이는 기도는 마음으로부터 우러나오는 것인 동시에 지속적이고 반복적인 실천이어야 하기 때문이다.

[140] "Hereby we obtain spiritual aids and supplies of strength against it. We are not more necessarily and fervently to pray that sin may be pardoned as to its guilt, than we are that it may be subdued as to its power. He who is negligent in the latter is never in good earnest in the former. The pressures and troubles which we receive from the power of sin are as pungent on the mind as those from its guilt are on the conscience. Mere pardon of sin will never give peace unto a soul, though it can have none without it. It must be mortified also, or we can have no spiritual rest. Now, this is the work of prayer,-

그런데 문제는 실제에 있어서 신자가 죄의 지배 아래 있게 되면 지속적인 기도의 실천이 매우 어렵다는 데에 있습니다. 죄의 지배 아래 있는 신자가 열심히 기도 생활에 힘쓰지 않는 것은 단지 그의 육적인 게으름 때문만은 아닙니다. 오히려 그가 그렇게 기도에 힘쓰지 않는 것은 그렇게 기도할 수 없기 때문입니다. 이런 상황에서 신자는 기도하고자 하면 하나님 앞에서 차가운 거절감을 경험하고 죄가 자기 안에서 이미 쉽게 이길 수 없는 세력으로 자라 있다는 것을 깨닫게 됩니다.

이 때 대부분의 신자들은 자신의 죄에 대하여 생각하게 되고, 하나님 앞에서 용서를 구하게 됩니다. 그러나 죄가 이렇게 신자 안에서 우세하게 된 상황에서 용서의 확신이 주어지는 일은 거의 없습니다.141) 죄의 지배 아래 있는 신자의 관심은 용서의 선언이지만, 하나님의 관심은 그가 지속적인 기도의 실천을 통하여 회개와 함께 죄의 번성함으로 망가진 마음의 틀을 고치고 무너진 영혼과 내면의 질서를 은혜로 다시 세우게 하는 것이기 때문입니다. 그렇게 해서 하나님께서는 다시 하나님께 순종하며 살기에 적합하도록 죄의 지배 아래 있던 신자를 총체적으로 쇄신시키고자 하십니다.

이러한 영혼의 쇄신 안에서 그는 보다 발전된 하나님과의 평화와 화해를 경험하게 될 것이며 거기서 단순히 용서를 선언하는 것 이상의 하나님 사랑을 확인하게 될 것입니다. 이러한 이치는 신자의 영혼이 경험하는 진정한 안식은 용서의 선언보다는 죄의 죽음을 통하여 획득되기 때문입니다.

신자가 죄의 지배 아래 있을 때에는 실제적인 기도의 능력을 상실하게 됩니다. 기

---

namely, to seek and obtain such supplies of mortifying, sanctifying grace, as whereby the power of sin may be broken, its strength abated, its root withered, its life destroyed, and so the whole old man crucified." John Owen, *A Treatise of the Dominion of Sin and Grace; wherein sin's reign is discovered, in whom it is, and in whom it is not; how the law supports it; how grace delivers from it, by setting up its dominion in the heart*, in *The Works of John Owen*, vol. 7, edited by William H. Goold, (Edinburgh; The Banner of Truth Trust, 1988 reprinting), pp.529-530.

141) "그러므로 죄책을 두려워 말라. 오히려 죄에 대한 사랑과 그 힘을 두려워하라. 만약 우리가 용서보다도 죄를 더 사랑하고 좋아한다면 우리는 확실히 용서 없이 갈 것이다. 반대로 만약 우리가 멸망보다 하나님의 길 안에서 죄 사함을 받았다면 우리의 상태는 안전한 것이다." John Owen, *A Practical Exposition upon Psalm CXXX.; wherein the nature of the forgiveness of sin is declared; the truth and reality of it asserted; and the case of a soul distressed with the guilt of sin, and relieved by a discovery of forgiveness with God, is at large discoursed*, in *The Works of John Owen*, vol. 6, edited by William H. Goold, (Edinburgh; The Banner of Truth Trust, 1991 reprinting), p.448.

도하고자 하는 경건한 욕구는 물론, 기도가 필요할 때 즉시 기도를 실천할 수 있는 순발력도 함께 상실하게 됩니다. 그러나 죄의 지배 아래 있는 상태에서도 간절한 기도가 간헐적으로 가능할 때가 있습니다. 특히, 양심의 강한 가책이나 고통이 엄습할 때에 그럴 수 있습니다. 하나님께서 죄의 지배 아래 있는 동안에도 이따금씩 기도가 되게 하시는 것은 신자를 지속적인 기도의 실천으로 이끄시기 위함입니다. 죄가 우세하여진 상황에서도 신자로 하여금 낙망치 않고 하나님과의 평화를 위한 죄 죽임에로 나아가도록 격려하시려는 은혜입니다.

죄의 지배 아래 있을 때, 신자는 하나님께서 주시는 이런 기회들을 부분적으로는 무지 때문에, 부분적으로는 자기의 기도를 하나님께서 듣고 계시다는 자만심이나 죄에 대한 사랑 때문에, 혹은 영적인 일에 대한 헌신을 방해하는 죄의 힘 때문에 지속적으로 기도를 실천하는 전환점으로 활용하지 못하기 쉽습니다.[142] 따라서 이러한 기도의 실천의 경험은 그것이 비록 강렬할지라도 죄에 지고 있는 영적인 상황을 일시에 개선하지는 못합니다. 죄의 지배 아래 있는 신자에게 있어서 내재하는 죄는 그렇게 한두 번의 기도의 실천으로 죽일 수 없기 때문입니다.

죄 죽임에 있어서 지속적인 기도의 실천이 필요한 이유가 바로 이 때문입니다. 일체의 부지런함과 성실함으로 꾸준히 기도의 실천에 지속적으로 힘쓰는 일 없이는 결코 죄의 지배 아래 있는 신자가 거기서 벗어날 수 없습니다.

2. 마음의 거룩한 틀을 유지함

우리는 기도를 하나님 앞에서 구하는 것을 얻는 수단으로만 생각하는 경향이 있습니다. 그러나 성경을 통하여 성화의 이치를 깊이 살펴보면, 기도의 실천 속에는 우리의 영혼과 몸을 거룩하게 하시려는 하나님의 특별한 경륜이 내포되어 있음을 알 수 있습니다. 따라서 바람직한 자세로 기도의 의무에 힘쓰는 것은 죄가 영혼을 지배하지 못하게 하는 틀 안에 영혼을 보존하는 효과가 있습니다.

---

[142] 신자가 죄의 지배 아래 있을 때에는 지적으로 혼란스럽고 영적으로 힘이 든다. 그러한 상태에서 그는 실제적인 기도의 능력을 상실하게 된다. 이미 그의 마음과 영혼에 죄가 지배적인 세력을 이루고 있기 때문이다. 이 때 신자는 기도가 필요한 상황에서 즉각적으로 기도할 수 있는 순발력도 함께 상실하게 되는데, 이는 기도의 은혜가 고갈되었기 때문이다.

여러분은 신자가 기도를 실천하는 가장 중요한 동기가 무엇이라고 생각하십니까? 그것은 우리가 원하는 것을 하나님 앞에 얻는 것입니다(약 4:3).

칼빈은 자신의 기도론(祈禱論)에서 다음과 같이 말합니다. "기도는 하나님을 찾고 그분을 사랑하며 섬기고자 하는 진지하고도 열렬한 소원으로 우리의 마음이 항상 불타오르게 해준다. 또한 어떤 상황이 찾아오든지 하나님을 자신의 영혼의 거룩한 닻으로 여기고 그분을 의지하는 습관을 갖게 해준다. ……기도는 하나님 앞에 내어 놓기 부끄러운 욕망이나 바람이 우리 속에 들어오지 못하도록 막아 준다. 또한 우리의 모든 소원들을 하나님 앞에 그대로 내어 놓는 방법을 배우고, 그렇게 함으로써 우리의 마음을 그 앞에 쏟아 놓는 법을 배우게 해준다."[143]

이처럼 하나님께서 기대하시는 바는 기도의 지속적인 실천을 통해서 우리의 마음과 영혼을 쇄신하게 하시는 것입니다. 그래서 우리의 존재와 삶을 거룩하게 하시고 하나님 자신을 향한 절대적인 의존과 순종으로 돌아가게 하시는 것입니다. 기도가 성화를 위한 효능 있는 방편이 되기 위해서는 그 실천이 지속적이어야 할 이유가 여기 있는 것입니다.

하나님께서는 그렇게 지속적인 기도의 실천 과정을 통해서 우리 안에 무너진 마음의 틀을 다시 세우시고 영혼 안에 내재하고 있는 죄를 죽여서 그 세력을 약화시키시는 한편 은혜를 불러일으키심으로써 거룩한 삶을 살아가게 하시는 것입니다.[144] 그래서 하나님께 사랑받는 신자일수록 많은 기도의 짐을 지고 살게 하십니다. 어떤 때에는 한번의 열렬한 기도를 하게 하시는 게 아니라 수많은 날 동안 그 기도를 가시 돋친 십자가처럼 아프게 짊어지고 기도하게 하신 후에야 응답을 주시고, 응답이 끝나면 또 다른 기도 제목을 주셔서 가슴이 저리도록 하나님 앞에 매달리게 하시는 것입니다. 이렇게 해서 지속적인 기도의 실천은 죄를 죽이고 우리를 그리스도의 형상을 본받기까지 거룩하게 하시는 성령의 은혜의 방편이 되는 것입니다. 그 안에서 신자는 거룩해지는 행복을 경험합니다.

---

[143] John Calvin, *Institutes of the Christian Religion*, vol. 2, translated by Henry Beveridge, (Grand Rapids; William B. Eerdmans Publishing Company, 1981 reprinting), p.146.
[144] 따라서 기도는 단지 우리가 원하는 것을 성취하는 과정이 아니다. 하나님께서는 기도의 실천을 통하여 자기 죽음을 경험하게 하시고, 자신 안에 있는 불결과 죄를 보게 하신다. 그래서 하나님 앞에서의 끊임없는 자기 복종의 과정을 통하여 그리스도의 형상을 본받은 자로 더욱 거룩하고 성숙한 신자로 빚어져 가게 하신다.

B. 죄 죽임에 있어서 마음으로부터의 기도의 중요성

둘째로, 기도가 죄를 죽이기 위해서는 그 기도가 마음으로부터 우러나오는 것이어야 한다는 것입니다. 기도의 지속적인 실천이 신자 안에 내재하는 죄를 죽일 수 있기 위해서는 그 기도가 반드시 마음으로부터 우러나오는 기도이어야만 합니다.

1. 마음으로부터의 기도

진실한 기도는 반드시 마음의 작용을 통해서만 이루어지게 되는데, 이 과정을 통해서 성령께서는 죄가 영혼을 지속적으로 지배하지 못하도록 은혜로운 틀을 형성하십니다. 또한 동일한 작용으로써 이미 우세하게 된 죄의 세력들을 파괴하십니다. 이 일은 성령께서 홀로 하지 아니하시고 마음을 바쳐서 기도하는 신자의 순종하는 믿음의 실천을 통하여 행하십니다.

기도가 죄 죽임을 위한 효능을 가지기 위해서는 반드시 신자의 마음으로부터 우러나오는 것이어야 한다는 사실은 아무리 강조해도 지나치지 않습니다. 그런데 현실적으로 죄의 지배 아래 있는 신자에게서는 마음 깊은 곳에서 기도가 쏟아지지 않습니다. 그것은 신자의 마음의 틀과 영혼의 상태가 기도라는 영적인 일에 적합하지 않게끔 변해 버렸기 때문입니다. 죄의 지배 아래 있는 동안에 서서히 그러한 변화가 일어난 것입니다.

신자가 마음으로부터 쏟아져 나오는 기도를 경험하는 것은 일반적으로 그가 은혜의 지배 아래 있을 때입니다. 신자가 은혜의 지배 아래 있을 때에는 마음에 있는 기도가 마치 온천을 천공할 때 그 물이 하늘 높이 솟구쳐 뿜어지는 것과 같이 쏟아집니다. 그래서 열렬한 기도가 되고 긴 시간을 기도에 헌신할 수 있게 됩니다. 그 사람 안에 기도가 가득 차 있기 때문입니다.

그러나 죄의 지배 아래 있을 때에는, 마치 우물물을 푸고자 아무리 길게 두레박을 내려도 그것이 물에 잠기는 소리가 들리는 대신 바닥에 부딪히는 소리가 나는 것처럼, 기도를 길어 올릴 수 없습니다. 그래서 이런 상태에 있는 신자들의 기도는 대개 마음의 쏟아짐 없이 중언부언하는 힘겨운 기도입니다.[145] 그렇지만 신자가 어떠한 영혼의 상태에 있든지 간에 마음에서 우러나오는 기도 이외에는 죄를 죽이는 효능을 발휘할 수 없습니다.

죄의 지배 아래 있는 신자들의 기도 생활은 대개 마음에서 우러나오는 진실한 기도가 일상적이지 않습니다. 따라서 그가 기도를 통하여 죄 죽임을 실천하고자 한다면 반드시 마음으로부터 기도를 길어 올리도록 노력하여야 합니다. 그렇습니다. 오직 마음 깊은 곳에서 우러나오는 진실한 기도만이 무너진 은혜의 틀을 마음에 다시 형성합니다. 그리고 죄의 영향력을 약화시키고 그 지배력을 파괴하기 시작합니다. 따라서 신자는 반드시 기도의 실천에 있어서 열렬해지려고 애쓰기보다는 마음으로부터 우러나오는 기도를 올리려고 노력하여야 합니다. 의무적으로 행하는 간헐적인 기도는 영혼에 어떠한 유익도 주지 못하지만, 마음 깊은 곳에서 우러나오는 기도의 실천은 전 영혼에 거룩한 위로와 힘을 줍니다.

우리가 깊은 기도의 경험으로 들어가면 어느 정도까지는 내가 기도를 시작했는데 나중에는 하나님께서 친히 내 안에 오셔서 자신이 하고 싶으신 기도를 나를 통하여 하신다는 사실을 체험하게 됩니다. 그러나 이 모든 특별한 기도의 경험은 항상 마음으로부터 우러나오는 기도의 실천에서 시작됩니다.

신자가 형식적으로, 의무감에 얽매여서 기도하는 것을 통해서는 그런 강한 힘을 경험할 수 없습니다. 따라서 모든 신자가 그렇게 마음으로부터 우러나오는 기도를 실천하고자 힘써야 합니다. 그렇게 기도하지 않으면 그것은 결코 죄를 죽이는 효능을 발휘하지 못합니다. 더욱이 죄의 지배 아래 있어서 마음에서 우러나오는 기도를 실천하기 어려운 사람들은 특별히 형식적인 기도가 일상화된 것을 깊이 뉘우치고 어떠한 어려움이 있더라도 반드시 마음 깊은 곳에서 기도를 길어 내기를 힘써야 합니다.

처음에는 그 실천이 힘겹지만, 그러한 실천만이 그의 영혼과 마음의 상태를 열렬하고 마음을 드리는 기도에 맞게 바꾸어 놓을 수 있습니다.[146] 그것은 마치 물이 거

---

145) 중언부언하는 기도의 성경적 의미에 대하여는 다음 책을 참고하라. 김남준. 「성화와 기도」, (서울; 생명의말씀사, 2004).

146) 기도에 있어서 중요한 것은 육체의 열렬함이 아니라, 영혼의 열렬함이다. 그리고 마음을 쏟아 붓는 간절함은 하나님께 대한 영혼의 싫증을 소멸시켜, 그분과 연합되고자 하는 열렬함을 불러오는 가장 빠른 지름길이다. 어리석은 사람들이 쉽게 육체의 열렬함에 빠지려는 유혹을 받는 것은 영혼의 열렬함과는 달리 육체의 열렬함은 마음을 다 바치

의 없는 우물에 두레박을 던져 가까스로 물을 길어 올리는 것처럼 어려울 것입니다. 그러나 그러한 기도의 실천을 통해서 보다 깊고 열렬한 기도로 나아가게 됩니다.

새벽 기도에 성실하게 나오는 사람들 중에도 매우 심각하게 죄의 지배 아래 있는 사람들이 있습니다. 그들이 드리는 기도의 실천이 지속적이기는 하지만 마음 깊은 곳에서 우러나오는 기도가 아니기 때문에, 지속적인 기도의 실천에도 불구하고 죄에 지고 있는 상태를 바꾸어 놓지 못하는 것입니다. 만약 한 교회의 신자들이 그러한 영혼의 상태를 면하지 못한다면, 마귀는 온 교회당이 새벽 기도에 참석하는 신자들로 가득 찬다고 할지라도 개의치 않을 것입니다. 이처럼 죄의 지배 아래 있는 신자의 기도의 의무적인 실천은 대부분 마음으로부터 우러나오는 기도의 실천이 아닙니다.

2. 죄에 대한 영혼의 직접적인 투쟁

마음에서 우러나오는 기도만이 죄에 대한 직접적인 투쟁입니다. 그리고 그러한 기도의 지속적인 실천만이 죄 죽임에 효능을 발휘하고, 죄의 지배 아래 있는 신자들의 영적인 상태를 은혜로 쇄신시킬 수 있습니다. 신자가 마음으로부터 기도를 반복해서 길어 올리고 그 기도가 열렬하고 간절해지기 시작할 때, 거기서 다음 세 가지 놀라운 작용이 일어나기 시작합니다.

첫째로, 신자의 마음이 죄를 죄로 인식하기 시작합니다. 이제까지 그가 마음으로 사랑하던 죄는 그의 마음과 하나 된 주관화된 죄였습니다. 그러나 마음으로부터 우러나오는 기도를 반복하며 그 기도가 열렬해지게 되면, 그의 마음과 죄 사이에 분리 현상이 일어납니다. 그래서 이제껏 자기와 하나 되었던 죄를 객관적인 죄로 인식하게 됩니다.[147] 그리고 이제까지 자신이 사랑하던 죄를 자신의 영혼의 적이라고 생

는 과정을 필요로 하지 않기 때문이다.

[147] 이러한 경험은 마음의 틀(frame of heart)이 바뀌는 것과 깊은 관계가 있다. 이 마음의 틀은 그 사람의 지(知)·정(情)·의(意)에 대하여 전반적인 변화를 가져온다. 이것은 회심이 영혼 깊은 곳에서 마음과 더불어 일어나는 현상이기 때문에 그러하다. 정당하게 제대로 인식하지 못하던 죄를 죄로 인식하기 시작하고, 사랑하던 죄를 미워하게 되며, 버릴 수 없던 죄를 버리게 된다. 결국 죄와 자신이 하나 되어 존재하던 상태에서 죄를 자신으로부터 분리하여 객관적으로 볼 수 있게 하는 일이 기도를 통하여 일어나는데, 그것은 마음으로부터 기도하고 지속적으로 기도함으로써 가능해진다. 그러나 마음의 틀이 죄를 따라가게 되면 이러한 일이 불가능해진다. 죄를 버리고 싶지 않기 때문에 마음을

각하기 시작합니다. 또한 그 죄에 대한 미움이 생겨나기 시작합니다.

둘째로, 영혼이 객관화된 죄와 실제적으로 맞붙어 싸우기 시작합니다.[148] 거기에는 세 가지 요소가 포함되는데, 지적으로는 죄를 죄로서 정확히 인식하게 되고, 정서적으로는 그것을 미워하고 혐오하게 되며, 의지적으로는 그것을 죽이기를 힘쓰게 됩니다. 이렇게 됨으로써 죄를 받아들이기 위하여 역사하였던 지성과 정서와 의지의 활동이 정반대로 작용하면서 죄를 죽이려고 합니다. 이 때 마음으로부터 드리는 기도가 진실하고 열렬할수록 죄와 맞붙어 싸우는 방식이 더 맹렬해집니다.[149]

셋째로, 이렇게 될 때에 성령께서는 비로소 죄를 죽이기 시작하시며, 그토록 끈질기던 죄는 죽기 시작합니다. 이러한 방식으로 이루어지는 기도의 실천의 반복을 통하여 죄는 급속히 신자 안에서 세력 기반을 잃기 시작합니다. 영원히 파멸시킬 수 없을 것 같았던 죄의 세력들이 궤멸되는 것을 경험하고, 죄의 우세한 힘이 파괴되는 것만큼 다시 이루어지는 하나님과의 평화를 경험하게 됩니다.

나타나서 정직하게 하나님 앞에 서지 하지 않는다. 그렇게 하는 것은 지신이 사랑하는 죄와의 결별을 의미하기 때문이다.
148) John Owen, *A Treatise of the Dominion of Sin and Grace; wherein sin's reign is discovered, in whom it is, and in whom it is not; how the law supports it; how grace delivers from it, by setting up its dominion in the heart*, in *The Works of John Owen*, vol. 7, edited by William H. Goold, (Edinburgh: The Banner of Truth Trust, 1988 reprinting), p.530. 또한 존 오웬은 죽지 않은 죄가 기도에 대한 관심을 고갈시키고 죄에 대한 사랑을 촉진하여 많은 은사를 받았음에도 불구하고 기도의 실천에 대한 의무로부터 신자들의 마음을 완전히 분리시켜 외식주의자로 만든다고 하였다. 그들은 잠시는 기도할 수 있지만, 결국은 전혀 기도하지 않게 된다는 것이다. "It is hence evident that if sin hath prevailed in the mind unto a negligence of this duty, either in general or as unto the effectual application of it unto any especial case where it exerts its power, it is an ill symptom of the dominion of sin in the soul. It is certain that unmortified sin, sin indulged unto, will gradually work out all due regard unto this duty of prayer, and alienate the mind from it, either as unto the matter or manner of its performance. We see this exemplified every day in apostate professors. They have had a gift of prayer, and were constant in the exercise of it; but the love of sin and living in it hath devoured their gift, and wholly taken off their minds from the duty itself; which is the proper character of hypocrites." John Owen, *A Treatise of the Dominion of Sin and Grace; wherein sin's reign is discovered, in whom it is, and in whom it is not; how the law supports it; how grace delivers from it, by setting up its dominion in the heart*, in *The Works of John Owen*, vol. 7, edited by William H. Goold, (Edinburgh: The Banner of Truth Trust, 1988 reprinting), p.530.
149) 죄가 어떻게 신자 안에 들어오는가? 거기에는 반드시 신자의 자발적인 순종이 있었다. 그래서 마음으로부터 우러나오는 기도가 아니면 아무리 많은 시간 동안 육체의 열심으로 열렬히 기도한다고 하더라도 죄와의 우호적인 관계를 끊지는 못한다. 삼손이 들릴라의 무릎을 베고 하나님의 은혜를 구하는 기도를 한다면 그 기도가 어떻게 자기 속에 있는 죄를 이길 수 있겠는가? 성령께서 우리 안의 죄를 죽이시는 데 필요한 것은 우리가 성령께 순종하는 것이다. 죄에 대한 미움은 바로 이러한 순종을 통한 죄 죽임의 결과이다.

C. 기도를 죽이는 죄의 점진적인 역사

이처럼 신자 안에 내재하는 죄는 지속적이며 마음으로부터 우러나오는 기도의 실천을 통하여 실제적으로 죽임을 당하게 됩니다. 따라서 신자 안에 있는 죄는 어떻게 하든지 신자가 마음으로부터 우러나오는 기도를 지속적으로 실천하지 못하도록 방해합니다.

청교도 존 라일(John Ryle)이 지적한 것과 같이 기도는 죄를 죽이고 죄는 기도를 죽입니다.

신자 안에 내재하는 죄가 모든 기도의 실천을 공격하지 않는 것은 마치 모든 기도의 실천이 죄를 죽이지 못하는 것과 같습니다. 죄는 기도가 자신과 직접 맞붙어 싸우려고 하지 않는 한 그 실천을 방해하거나 공격하지 않습니다. 죄는 자신에 대한 직접적인 공격이 있을 때에만 강력하게 항거하기 때문입니다.

기도를 향한 죄의 공격은 두 가지 방향으로 이루어집니다. 하나는 기도하되 마음으로부터 우러나오는 기도를 하지 못하도록 방해하는 것이고, 또 하나는 그러한 기도를 지속적으로 실천하지 못하도록 공격하는 것입니다.[150]

죄가 마음으로부터 우러나오는 기도를 실천하지 못하도록 방해하는 것은 신자의 영혼으로 하여금 자신의 의무에 싫증을 느끼게 함으로써 성취합니다. 그리고 죄가 기도를 지속적으로 실천하지 못하도록 방해하는 것은 육체의 게으름과 손잡음으로써 성취합니다.

영혼의 싫증은 하나님과 하나님께서 주신 선한 의무에 대하여 느끼는 영혼의 권태감입니다. 기도에 있어서 영혼이 그러한 권태감에 빠지게 되면 마음으로부터 우러나오는 기도를 실천하는 일이 매우 힘들게 느껴지고 거기에 효과적으로 헌신할

---

[150] 전자는 죄가 신자의 영혼을 하나님에 대한 싫증에 가둠으로써, 후자는 육체를 게으름 속에 가둠으로써 성취된다. 죄가 신자를 유혹하여 지속적으로 기도를 실천하는 것을 막을 수 없다면 마음에서 우러나오는 기도가 되지 못하게라도 해야 할 것이다. 왜냐하면 아무리 육체의 부지런함으로 기도를 실천한다 할지라도, 마음에서 진실하게 우러나오는 기도가 아니면 죄에 위해를 가져오지 않을 것이기 때문이다. 따라서 죄는 기도의 의무를 벗어버리기에 앞서 신자로 하여금 영혼에 하나님에 대한 싫증과 권태를 느끼게 하여 마음을 바쳐 기도하지 못하게 만든다. 죄는 신자 안에 들어오자마자 이 일에 착수한다. 따라서 신자로서의 거룩한 삶에 태만하고 부주의하다가 환난 날에, 고통에서 벗어날 소원을 가지고 특별한 헌신으로 기도를 실천하는 것보다 중요한 것은 늘 기도와 말씀으로 거룩하신 삼위일체 하나님과 교통하며 사는 것이다. 꼭 한번 장렬하게 하나님을 위하여 죽는 것보다도 값진 것은 날마다 그 죽음을 몸에 짊어지고 주님을 위하여 사는 것이다. 이러한 이치가 기도의 실천에도 적용되어야 한다.

수가 없습니다. 그리고 영혼에 기도하고자 하는 갈망이 어느 정도 있다 할지라도 육체가 게으름에 빠져 있으면 기도를 지속적으로 실천할 수가 없습니다.[151] 그러면 신자 안에 있는 죄가 어떻게 실제적으로 기도를 죽이는 것일까요? 신자 안에 내재하는 죄가 기도를 죽이는 과정은 크게 네 단계로 나누어서 설명할 수 있습니다. 기도를 죽이는 죄의 점진적 역사는 다음과 같이 전개됩니다.

1. 제1단계 : 기도에 준비되지 못함

첫 번째 단계는 죄가 신자로 하여금 기도가 필요한 상황에서 즉각적으로 기도할 수 있도록 준비되지 못하게 하는 것입니다.

신자가 하나님의 은혜 안에 살고 있을 때에 가장 뚜렷한 영적인 특징 중 하나는 언제든지 기도할 수 있도록 준비되어 있는 것입니다. 그의 마음의 틀은 자신에게 다가오는 죄와 은혜를 잘 인식할 수 있도록 정돈되어 있으며, 영혼의 상태는 하나님과 교통하기에 적합하도록 준비되어 있습니다. 따라서 그는 어떠한 상황에서든지 하나님께 즉각적으로 기도할 수 있도록 준비되어 있습니다. 그러나 내재하는 죄가 활동을 시작하면서 이러한 기도 실천의 순발력이 현저히 떨어지게 됩니다. 비록 뚜렷하고 커다란 범죄가 없었다고 할지라도 신자가 죄 죽임을 실천하는 일에 게으르고 마음의 정욕에 순종하여 죄가 세력을 얻기 시작하면, 신자는 기도가 필요한 상황에서 민첩하게 기도에 몰입할 수 없게 됩니다. 내재하는 죄의 활동으로 인하여 마음이 영적인 순발력을 잃어버렸기 때문입니다.

한 신자가 기도가 필요한 상황에서 언제든지 기도할 수 있도록 준비된다는 것은 평소에 그의 마음과 온 영혼이 기도를 들으시는 하나님을 향하여 고정되어 있다는 것을 의미합니다.[152] 마음으로부터 우러나오는 열렬한 기도를 일상적으로 하려면

---

151) 김남준, 「성화와 기도」, (서울: 생명의말씀사, 2004), p.154.
152) 그러나 작은 죄와 마음을 지키지 못하는 데서 오는 정욕의 활동들이 기도의 순발력을 잃어버리게 만든다. 그래서 기도하여야 할 상황에 대응하도록 준비되지 못하게 한다. 그러나 일반적으로 신자들은 그 시점에서 자신의 그러한 상태를 심각하게 생각하지 않는다. 그러면서 기도의 순발력을 상실하는 것만큼 죄와 정욕에 반응하는 순발력은 향상된다. 이는 마음의 틀이 이미 바뀌고 있다는 증거이기도 하다. 그러므로 한 사람이 기도를 게을리하는 것이 삶으로 나타날 때는 이미 그의 마음은 그보다 훨씬 오래 전에 마음을 바치는 열렬한 기도로부터 멀어진 것이다.

영혼이 하나님의 은혜 아래 있고 마음은 하나님을 향하여 고정된 가운데 사랑의 연합을 이루고 있어야 합니다. 그리고 마음과 영혼이 그러한 상태를 유지하기 위해서는 그의 온 삶이 하나님 앞에서 온전하기를 힘쓰며 거룩을 추구하여야 합니다. 삶을 능가하는 기도도 없고 기도를 능가하는 삶도 없습니다.

　신자 안에 있는 은혜가 약화되고 죄가 활동을 시작하면 신자는 이러한 순발력을 급속히 상실하게 됩니다. 그리고 이러한 상황에서 영혼은 하나님께 매달리는 일에 싫증을 느끼게 되고 여기에 육체의 게으름까지 가세하게 되면 기도가 필요한 상황이 되어도 더욱 기도할 수 없게 됩니다. 처음에는 기도하기 싫어서 기도하지 않았는데, 시간이 흐르면서 기도할 수 없어서 기도하지 않는 상황으로 발전하게 됩니다.

2. 제2단계 : 기도의 실천을 꺼려 함

　두 번째 단계는 신자로 하여금 기도하기를 꺼리도록 만드는 것입니다. 이것은 신자 안에서 내재하는 죄가 우세한 힘을 얻기 시작함을 보여주는 것입니다. 첫 번째 단계가 신자 안에 있는 기도하고자 하는 영적인 욕구가 죄에 의하여 방해를 받는 상태라면, 신자가 스스로 기도하기를 꺼려 하는 두 번째 단계는 기도하고자 하는 욕구가 죄에 의하여 억눌려진 상태입니다. 신자의 영혼 안에서 죄가 이미 우세한 힘을 획득하고 있는 상황을 보여줍니다.

　신자가 은혜 아래 있을 때에는 마음과 영혼의 성향이 기도의 실천을 위하여 적합하게 보존되어 있습니다. 그리고 신자는 기도하고자 하는 욕구를 간직하게 되는데, 이러한 신령한 욕구의 정체는 하나님을 향한 열렬함입니다. 그리고 그것은 하나님을 더 많이 사랑하고 또 더 많이 사랑받고자 하는 실제적인 연합의 요구입니다.

　이 때 영혼은 기도하고자 하는 욕구를 강하게 느끼고, 마음은 그것을 실행할 준비가 되어 있고, 육체는 그러한 욕구를 수종 들 준비를 갖추게 됩니다. 그러나 신자 안에서 활동하던 죄가 힘을 얻게 되면, 영혼과 마음, 그리고 육체 사이에 존재하던 기도의 실천을 위한 일치가 흔들리기 시작합니다. 영혼은 하나님을 찾는 일에 싫증을 느끼기 시작하고, 마음은 기도와 같은 신령한 일에 매달리기에는 적합하지 않은 틀로 변하고, 육체는 신령한 의무를 수종 들기보다는 육적인 욕구에 굴복하기에 적합하게 됩니다. 결국 신자는 기도하기를 꺼려 하게 됩니다.

이 때 신자가 더 이상 미끄러지지 않도록 돕는 것이 두 가지 있는데, 하나는 기도에 대한 의무감이고, 또 하나는 기도 실천의 습관입니다. 신자가 비록 열렬히 기도할 수 있는 내적인 힘을 잃었다고 하더라도 기도에 대하여 강한 의무감을 느끼고 있다면, 영혼은 기도하기를 꺼려도 기도하고자 할 것입니다. 마찬가지로 영혼이 간절히 하나님을 찾고자 하는 진지함을 잃었다고 할지라도 기도의 습관이 몸에 배어 있으면, 영혼이 기도하기를 꺼린다고 해서 기도의 실천을 당장 그만두지는 않을 것입니다.

따라서 경건에 있어서 의무감과 습관은 영혼의 은혜와 열렬함을 보존하는 단단한 껍질이라고 할 수 있습니다. 그렇지만 신자 안에 내재하는 죄가 힘을 얻어 신자로 하여금 기도하기를 꺼려 하게 만들 때에 이러한 의무감과 습관만으로는 그러한 영적인 상황을 극복할 수 없습니다.[153] 다만, 그러한 형식의 껍질을 활용함으로써 무너져 가는 기도의 세계를 다시 복원할 수 있는 기회를 갖게 된다는 데 의의가 있는 것입니다.[154]

3. 제3단계 : 기도의 능력을 상실함

세 번째 단계는 기도의 능력을 상실하게 하는 것입니다. 신자 안에 내재하는 죄에게 있어서 기도는 함께 공존할 수 없는 천적(天敵)과 같습니다. 기도의 은혜와 죄의 본성 사이에는 어떠한 화해와 일치도 없습니다. 오직 치열한 적대감만이 존재할 뿐입니다. 그리고 이러한 맹렬한 적대감 속에서 기도의 은혜와 죄의 본성은 우리의 마음을 서로 빼앗으려고 합니다. 그리고 이러한 격렬한 싸움은 궁극적으로 우리 영혼

---

[153] 이는 그리스도인의 삶의 의무들은 단지 하나님께 대한 인격적인 사랑의 표현에 불과하기 때문이다. 하나님께 대한 사랑은 모든 선행의 생명이며 영혼이다. 하나님께 대한 사랑이 없는 곳에서 행해지는 우리의 많은 의무들은 단지 죽은 행실에 불과하다. 그것은 은혜를 결핍한 것들이며, 이기적이고, 외식적인 행위들이다. Joseph Bellamy, *Sin, the Law, and the Glory of the Gospel*, (Ames; International Outreach, Inc., 1998), p.111.

[154] 따라서 신자가 기도하지 않는 것은 기도하기 싫어서라기보다는 기도할 수 없기 때문이라고 말하는 것이 훨씬 정확한 진술이다. 그리고 기도하지 않는 과정을 통해서 신자는 '나쁜 신자'(bad Christian)이 되어간다. 죄 가운데 있는 신자가 기도하기 싫어하는 가장 큰 이유 중 하나는 기도할 수 없는 상태에서 하나님을 의식하며 매달려야 하는 시간들이 주는 마음의 고통 때문이다. 자신이 얼마나 하나님으로부터 멀어졌으며 연합을 잃어버렸는가 하는 것은 기도 가운데 나타나는 하나님의 거절감을 통하여 확인하게 되기 때문이다.

안에 각각 우세한 힘을 얻고자 함입니다.

신자가 기도하기를 꺼리게 만든 죄의 역사는 거기서 그치지 않고 신자 안에 있는 은혜를 직접 공격함으로써 기도의 능력을 파괴하기 시작합니다. 두 번째 단계에서 우세한 힘을 얻은 죄가 신자의 영혼 안에 있는 기도할 수 있는 잠재적인 영적인 힘을 파괴하는 것입니다. 기도를 죽이는 죄의 역사가 이렇게 발전한 가운데서도 신자는 여전히 기도를 실천하고 있을 수 있습니다.

그러나 이 단계에까지 오게 되면, 그는 다른 때와 다름없이 기도하고 있지만, 이미 기도의 능력은 상실한 채 기도 시간을 보내게 됩니다. 겉으로는 변함없이 기도 생활하는 것처럼 보이지만, 이미 그의 기도의 세계는 죄의 치열한 공격으로 파괴되어 버렸습니다. 따라서 기도의 실천을 통하여 신령한 은혜를 공급받고 죄와 직접 맞붙어 싸우는 영적인 경험을 잃어버리게 됩니다. 이 단계에서는 습관적으로 기도를 실천하고 있음에도 불구하고 내면 속에서 우세한 힘을 얻게 된 죄의 세력을 통제할 수 없음을 느끼게 됩니다. 기도를 실천할 때 성령께서 자신과 함께하며 역사하고 계시다는 경험들이 말라 버린 가운데 중언부언하게 됩니다. 마음으로부터 우러나오는 기도가 힘들어지고, 기도의 의무를 지속적으로 이행하는 데 있어서도 예전보다 더욱 힘이 드는 것이 느껴지게 됩니다. 마음을 바쳐서 기도하는 일이 매우 힘들게 되고, 간구할 제목은 있어도 머리 속에 있는 기도의 내용이 마음으로 흘러 들어가 간절함에 불타게 하는 작용이 멈추게 됩니다.[155] 이 때 신자는 기도 시간을 마음을 쏟는 기도 대신 머리 속을 오가는 공상이나 졸음으로 허비하게 됩니다. 기도하는 모습은 있으나 실제로 기도의 능력을 상실한 것입니다.

4. 제4단계 : 기도의 의무를 무시함

네 번째 단계는 기도의 의무를 완전히 무시해 버리게 하는 것입니다. 기도를 죽이는 죄의 점진적인 역사는 신자 안에 있는 기도의 능력을 파괴하는 데서 멈추지 않습

---

[155] 기도의 실천의 틀을 유지하는 것과 기도의 능력을 유지하는 것이 깊은 관계가 있는 것은 사실이지만, 기도를 실천하고 있어도 기도의 능력을 완전히 상실하는 일은 얼마든지 가능하다. 기도의 실천의 틀은 기도의 능력을 경험함으로써 유지될 수 있고, 기도 안에서 경험하는 능력의 불은 실천의 틀 안에서 보존된다.

니다. 죄는 신자로 하여금 다시 기도의 능력으로 돌아갈 수 없도록, 이미 죄에 지고 있는 신자의 지성을 설득하여 기도의 효능을 얕잡아 보게 하고 그 의무를 대수롭지 않게 생각하게 만듭니다. 이 단계에서 신자는 영적인 쇄신의 작용 없이 계속하던 의무적인 기도의 실천마저 저버리게 됩니다. 죄가 신자의 영혼 안에서 기도의 능력이라는 알맹이를 변질시키고 마지막으로 그것을 보호하던 껍질까지 완전히 부숴 버린 것입니다.

여기서 기도의 의무에 대한 무시라고 할 때에, 그것은 결코 예배 중에 있는 기도 시간에 참여하지 않는다거나, 식사 기도의 습관을 버린다거나, 신앙적인 모임에서 부과되는 대표 기도 같은 것을 거절한다는 의미가 아닙니다. 기도를 죽이는 죄의 점진적인 역사를 말함에 있어서 기도의 의무를 무시한다는 것은, 죄를 죽이고 영적인 은혜를 강화하는 개인적인 기도 생활의 의무에 대한 무시를 두고 말하는 것입니다.

신자가 기도하는 의무조차도 버리게 되면, 그것은 곧 전투에서 적군에게 항복하였을 뿐 아니라 무기까지 완전히 빼앗긴 상황입니다. 이제 그는 자기 안에서 절대적으로 우세한 힘을 얻은 죄의 지배력에 항거할 수단을 빼앗긴 상태에 놓이게 되는 것입니다.

신자로 하여금 개인적인 기도 실천의 의무를 저버리게 하는 데 성공한 죄는 거기서 만족하지 않고 신자로 하여금 기도의 의무를 경멸하는 데까지 나아가도록 역사하기도 합니다. 죄가 거기까지 성공을 거두면, 신자는 단지 기도의 의무를 저버리는 것이 아니라 기도의 의무 자체를 경멸함으로써, 자신을 비영적인 틀에 가두게 됩니다. 그렇게 되면 그는 죄의 지배를 받으면서도 영적인 갈급함이나 열매 없이 살아가는 형식적인 종교 생활에 만족하도록 길들여지는 것입니다.[156]

신자가 죄의 지배 아래서 살아가는 것은 스스로 거기로 걸어 들어간 결과입니다. 영적인 어둠과 지적인 눈멂 속에서 죄 죽임 없이 육신의 욕망을 따라 살아온 결과입니다. 은혜 언약은 신자가 이 세상에서 죄를 이기며 살 수 있는 신령한 능력의 공급

---

[156] 그러나 사실은 그들이 속박된 사람들이다. 그들은 하나님께서 말씀을 통하여 자신의 영혼에 어떤 변화를 주실 것이라는 기대나, 기도를 통하여 하나님을 인격적으로 깊이 만날 수 있을 것이라는 희망이나, 성찬을 통하여 그리스도의 고난이 자기 안에 새로워질 수 있을 것이라는 믿음 같은 것을 잃어버린 채 살아간다. 나아가서 그러한 진지한 믿음과 기대를 가지고 살아가는 신앙 생활 자체를 신비주의적인 태도인 것처럼 생각한다. 이러한 신앙의 파국도 알고 보면, 기도를 통한 은혜의 공급이 사라진 데서 비롯되는 것이다.

을 무제한으로 약속하고 있지만, 신자의 의지를 초월해서 죄를 이길 수 있다는 것에 대해서는 어떠한 보증도 제공하지 않았습니다. 신자가 자신을 거룩하게 하시는 성령의 성화를 위한 역사에 순종하지 않으면 안 되는 것도 바로 이 때문입니다. 그리고 기도는 바로 이러한 신령한 능력의 공급을 통하여 죄를 이기고 거룩한 삶을 살아가도록 만들어 주는 핵심적인 은혜의 방편입니다.

그리스도의 보혈로 죄 사함을 얻어 고귀한 하나님의 자녀가 되었음에도 불구하고 일생을 죄의 지배 아래 살아가는 그리스도인들은 얼마나 불행한 사람들입니까? 창조의 목적으로 돌아가서 하나님을 한없이 즐거워하며 그분을 영화롭게 하며 살 수 있음에도 불구하고 구원받은 하나님의 자녀로서 자신의 나라인 하나님의 나라를 허무는 일에 하수인처럼 살아가는 그는 얼마나 불쌍한 존재입니까? 그는 일생 동안 마음의 평강을 잃어버린 채 요동치는 물결과 같이 정함이 없는 인생을 살아갈 것입니다. 자기를 그토록 사랑하신 하나님을 일평생 두려워하며 그 엄위에 떨고, 하나님께서 정말 나를 사랑하시는가 확신하지 못하고 불안해 하다가 죄가 던져 주는 육체의 쾌락을 위로로 삼으며 어둠 속에서 아끼는 자 없이 일생을 마칠 것입니다.[157)]

스스로 여러분의 영혼의 상태를 정직히 판단하십시오.

여러분은 지금, 은혜의 지배 아래 있습니까? 혹은 죄의 지배 아래 있습니까?

---

157) 그러나 하나님께서는 마지막 순간까지 신자들에게 돌이킬 기회를 주고 싶어하신다. 어쩌면 이 책을 읽고 있는 것이 당신에게 그 기회일지도 모른다. 그러므로 거짓과 위선으로 가득 찬 삶을 미워하며 그 토대를 허물고 정직하게 자기 마음으로부터 우러나오는 기도를 실천하도록 힘써야 한다. 성령의 도움을 구하여야 한다. 그리고 그 일이 어려울 때 십자가에 죽으신 주님의 고통을 묵상하고 거기에 참여한다는 마음을 가지라. 그래서 자신 안에 살아 있는 죄와 죽은 기도의 영을 붙들고 씨름하는 과정에서 겪는 고통과 죽음의 경험을 통하여 그리스도와 하나 되는 비결을 터득하라. 그리하면 그리스도와 함께 다시 사는 부활을 실제적으로 당신의 삶 속에서 경험할 수 있을 것이다. 이것이 바로 사도들과 개혁교회의 위대한 유산 중의 하나인, 그러나 복음적인 죄 죽임의 실천이 거의 사라진 오늘날에는 잊혀진, '그리스도와 하나 됨의 교리'(doctrine of conformity with Christ)를 몸소 경험하는 것이다.

한눈에 보는 10장 죄의 지배 아래 있는 위험한 징후들

I. 위험한 징후 1 : 특정한 죄가 상상력을 지배하여 사고 기능에 간여함
A. 상상을 통한 죄의 발전
1. 상상을 통한 범죄를 택하는 이유
   - 상상력을 통하여 죄를 짓는 것은 물리적인 희생을 수반하지 않기 때문임
   - 상상력을 통한 범죄는 실제로 죄를 실행하는 것에 비하여 양심의 가책을 덜 받게 되기 때문임
2. 은혜의 지배 아래서의 생각의 범죄와의 차이점
   a. 사고 기능에 대한 간여가 지속적임
   b. 마음으로 범의를 받아들임

B. 상상의 죄가 불러일으키는 대표적인 악들
1. 교만 : 범사에 하나님을 인정하지 않는 자기 높임으로 신자의 영혼을 파괴하는 힘을 가지고 있음
2. 욕욕 : 음란함을 통해 가장 잘 나타나며, 음란함은 신자의 내면 세계를 가장 빠르고 쉽게 더럽힘
3. 불신앙 : 하나님을 의지하지 않으려는 악한 고집이며, 불신앙의 상상들이 반복되면
   마음이 굳어지고 정서가 불신앙에 맞게 변함
4. 미움 : 미움은 신자의 생각을 지배하고 사고 작용에 광범위하게 간여함으로써
   그가 무엇을 하든지 거기에 미움이 배도록 만듦

II. 위험한 징후 2 : 특정한 욕망이 정서를 지배함
A. 정서가 죄의 지배를 받는 상황
   - 죄가 정서를 지배하게 되면 지성의 통제를 벗어나 느끼는 대로 인생을 항해해 감
   - 마음에 품은 죄가 산출되지 않았어도 죄에 대한 소원이 정서를 지배하고 있다면 죄의 지배 아래 있는 것임

B. 죄에 강력하게 이끌릴 때의 처방
1. 성령의 조명으로 진리를 깨달음
2. 죄의 세력의 약화를 위하여 기도함
3. 은혜의 수단에 부지런히 참여함

III. 위험한 징후 3 : 파악된 죄인데도 사랑을 버리지 못함
   - 은혜의 지배 아래 있는 신자는 자기의 행위가 죄라는 사실이 밝혀질 때 쉽게 버림
   - 죄의 지배 아래 있는 신자는 죄를 죄로 파악했음에도 그것을 사랑하기에 버리지 못함
   - 그에게는 죄에 대한 친화성이 은혜에 대한 갈망보다 크기 때문임
   - 죄를 확신하더라도 자만심이나 죄로 말미암은 기쁨 때문에 죄를 버리지 못하는 것은
     죄의 지배 아래 있음을 입증함

IV. 위험한 징후 4 : 마음이 심각하게 굳어짐
A. 총체적인 굳어짐
   - 자연적인 굳어짐 : 거듭나지 못했기 때문에 마음이 굳어 있는 상태
   - 심판적인 굳어짐 : 하나님께서 심판하기로 작정하셨기에 그들의 마음을 굳어지게 내버려 두시는 것

B. 부분적인 굳어짐
1. 마음의 굳어짐의 원인
   a. 근본적인 원인 : 타고난 부패성 때문이며, 은혜 아래 살지 않기 때문임
   b. 실제적인 원인 : 범죄하기 때문이며, 마음을 지키지 못하기 때문임

    2. 굳어진 마음의 증거들
        a. 말씀을 통하여 영향을 받으려 하지 않음
        b. 죄책의 인식에 거의 영향을 받지 않음
        c. 다른 사람들의 죄를 아파하지 않음
        d. 자기를 향한 하나님의 마음을 느끼지 못함

V. 위험한 징후 5 : 죄 죽임을 위한 방편들을 소홀히 함
   A. 자기 부인이 없음
     1. 자기 부인의 소극적인 측면
        a. 이성으로부터의 자기 부인 : 하나님의 말씀을 따르지 않으려 하는 부패한 이성의 추론을 부인하고,
           그 판단을 따라 살려 하는 소욕을 거절해야 함
        b. 부패한 욕망에 재갈을 물림 : 부패한 옛 사람의 본성에서 우러나오는 욕망을 부인하고
           거기에 굴복하지 않아야 함
     2. 자기 부인의 적극적인 측면
        a. 이웃을 사랑함 : 자기 사랑을 비움으로써 가능함
        b. 하나님께 헌신함 : 하나님 사랑을 이웃 사랑과 공유함
     3. 자기 부인이 없는 삶의 비참함
   B. 십자가를 지지 않음
     1. 절대적인 십자가와 상대적 십자가
     2. 신자의 십자가 : 성화를 위해 사용되는 환난과 고통들
     3. 신자의 인내 : 믿음으로 감당할 때 성화가 촉진됨
     4. 그리스도의 고난에 참예함 : 성령의 위로로 성례전적인 효과를 가져옴
   C. 내세를 묵상치 않음
      – 죄의 지배 아래 있는 신자들에게는 내세에 대한 묵상이 없거나
        있어도 현실도피적인 동기에서 비롯된 것임
      – 내세를 묵상하지 않는 것은 현세의 비참함에 눈뜨지 못하기 때문이고,
        이는 대부분의 욕망이 땅엣 것을 바라고 있기 때문임
      – 이들에게는 종말론적인 소망 가운데 세상에 대한 사랑을 버리고 살아가는 삶이 없음

VI. 위험한 징후 6 : 특히, 지속적으로 마음을 다해 기도하지 않음
   A. 죄 죽임에 있어서 기도의 지속적 실천의 중요성
     1. 지속적인 기도로 영적 도움과 능력을 공급받음
     2. 지속적인 기도의 실천으로 마음의 거룩한 틀을 유지함
   B. 죄 죽임에 있어서 마음으로부터의 기도의 중요성
     1. 마음으로부터의 기도
      – 기도가 죄 죽임의 효능을 가지려면 반드시 마음으로부터 우러나오는 것이어야 함
      – 죄의 지배 아래 있는 신자들은 마음의 틀과 영혼의 상태가 영적인 일에 적합하지 않기 때문에
        마음 깊은 곳에서 기도가 쏟아지지 않음

2. 죄에 대한 영혼의 직접적인 투쟁
      – 마음으로부터 기도를 길어 올리면, 첫째로 신자의 마음이 죄를 죄로 인식함
      – 둘째로 영혼이 객관화된 죄와 실제적으로 맞붙어 싸우기 시작함
      – 셋째로 이렇게 될 때 성령께서는 비로소 죄를 죽이기 시작하심
C. 기도를 죽이는 죄의 점진적인 역사
   1. 제1단계 : 즉각적으로 기도하도록 준비되지 못함
   2. 제2단계 : 기도하기를 꺼려 함
   3. 제3단계 : 기도의 능력을 상실함
   4. 제4단계 : 기도의 의무를 무시함

제 2 부

죄가 신자를 지배하지 못하는 이유

THE DOCTRINE ON DOMINION OF SIN AND GRACE IN BELIEVERS

"죄가 너희를 주관치 못하리니
 이는 너희가 법 아래 있지 아니하고 은혜 아래 있음이니라" (롬 6:14)

제11장

복음이 죄를 이길 힘을 주기 때문에

제11장
복음이 죄를 이길 힘을 주기 때문에

    신자가 승리하는 삶을 살기 위해서는 죄와 죄의 세력에 대한 정직한 판단이 필요합니다. 우리는 앞의 긴 논의를 통해 신자 안에 죄가 내재한다는 사실과 그 죄가 신자의 불순종을 통해 세력을 확장한다는 사실을 살펴보았습니다.

    이러한 죄의 존재와 강력한 힘은 신자가 거룩한 삶을 살고자 할 때에 더욱 분명하게 느껴집니다. 그리고 신자가 복음에 대한 무지 속에서 지속적으로 불순종하게 될 때 죄의 세력은 더욱 큰 힘을 얻게 됩니다. 더욱이 신자가 거룩한 삶을 사는 기쁨 대신 죄의 낙에 길들여지기 시작하면 이러한 상황은 더욱 심각해집니다.

    그러나 하나님께서는 구원받은 신자가 죄를 이길 수 없도록 내버려 두시지는 않습니다. 신자가 믿음으로 하나님께 순종하려고 하는 한, 죄를 이길 수 있는 힘을 충분히 공급받도록 예비하셨습니다.

I. 서론 : 신자와 죄의 힘

신자가 죄의 강력한 지배 아래 놓이게 되면 그의 실제적인 삶은 외적으로 불신자와 다름없는 부도덕한 삶이 될 수 있습니다. 그리고 그러한 죄의 지배 아래 있는 기간이 오래 지속될수록 죄의 지배 아래 있는 증후는 점점 더 심각하게 나타납니다. 성화의 진전은 없고, 경건의 능력을 상실하며, 인격은 악해지고, 생활은 부도덕하여 특정한 죄에 빠지거나 유혹에 쉽게 굴복하게 됩니다. 그래서 그의 삶은 불신자보다 더욱 악하게 나타날 수 있습니다. 그러나 그러한 때에도 신자인 그를 향한 죄의 지배는 예전 불신자이던 시절처럼 절대적이고 완전히 실효적일 수 없습니다. 이러한 사실은 세 가지 점에서 입증됩니다.

A. 죄의 지배력이 절대적이지 않음

첫째로, 죄가 지배하는 힘이 절대적이지 않습니다. 신자가 죄의 지배 아래서 지배를 받고 있는 동안은 죄가 그를 절대적으로 지배하고 있는 것처럼 보입니다. 그리고 그를 누르고 있는 힘은 매우 강해서 신자는 더 이상 그 죄의 힘에 저항할 수 없을 것처럼 느끼게 됩니다. 그러나 그것은 신자가 믿음과 복음의 원리에 따라 그 죄에 대항하지 않거나, 특정한 죄에 탐닉하고 있기 때문에 발생하는 현상일 뿐입니다. 만약 그가 믿음의 원리를 따라서 자기 안에 계신 성령을 의지하고, 복음의 원리를 따라서 죄와 싸운다면, 얼핏 절대적인 것처럼 보였던 죄의 지배를 힘있게 벗어날 수 있습니다.

죄의 지배 아래 있은 지가 수십 년이 되었다고 할지라도 그 지배로부터 벗어나기 위하여 같은 정도의 세월의 길이가 필요한 것은 아닙니다. 죄의 지배 아래 있던 신자가 은혜의 지배 아래로 들어가기 위하여 죄를 깨닫고 그와 더불어 싸우는 시간들이 필요한 것은 사실이지만, 신자가 믿음과 복음의 원리를 따라 순종하는 한 은혜의 회복은 육체의 욕심에 순종함으로 이르게 되는 죄의 지배보다 더 급속하게 이루어집니다. 특히, 신자를 지배하는 죄의 힘은 신자가 그 죄의 유혹에 순종하기를 거절하는 한 결코 절대적인 힘을 가질 수 없습니다.

B. 죄의 실효적인 힘이 가변적임

둘째로, 죄의 실효적인 힘이 가변적입니다. 신자에 대하여 죄의 지배력은 실효적인 힘을 통하여 나타납니다. 죄가 이 세상에 있고 신자 안에 잔존하는 것만으로는 실효적인 힘을 발휘할 수 없습니다. 복음의 능력을 지성적으로만 아는 것에 그치는 것으로는 신자가 그 능력을 힘입어 살 수 없는 것과 마찬가지입니다. 신자가 죄의 지배 아래 있을 때에는 그의 영혼을 공격하는 죄의 힘은 실효적인 것입니다. 그래서 죄가 실효적으로 능력 있게 신자 안에서 역사할 때, 신자의 영혼에는 어둠이 더하게 되고, 마음은 육체의 정욕으로 타오르게 되고, 육체는 거룩한 의무에 저항하게 됩니다. 영혼은 신령한 관점에서 사리를 판단할 수 있는 총명을 잃어버리게 되고, 마음은 하나님께 복종하기를 거부하고 스스로 주인 노릇하려고 하며, 삶은 전적으로 자신의 육체의 만족을 목표로 삼게 됩니다.

이처럼 신자가 철저히 죄에 져서 강력한 죄의 지배 아래 있는 동안에는 신자를 공격하는 죄의 실효적인 힘은 견고하고 절대적인 것처럼 보입니다. 그러나 그것은 신자가 그 죄와 싸우려고 하지 않고 스스로 육체의 사악한 욕심을 좇아 순종하기 때문입니다. 신자가 정직하게 하나님의 말씀 앞에서 자기의 죄를 깨닫고 믿음으로 회개할 때, 죄는 이제껏 발휘하던 실효적인 힘을 잃어버리게 됩니다. 그리고 이렇게 죄의 실효적인 힘을 약화시키거나 종식시키는 주체는 순종하는 신자 안에서 역사하시는 성령이십니다.

C. 죄의 지배는 영속적일 수 없음

셋째로, 죄의 지배는 영속적일 수 없습니다. 신자가 강력한 죄의 지배 아래 살아갈 때에 얼핏 보면 신자의 삶을 지배하는 죄의 지배권은 영속할 것처럼 보입니다.

실제로 우리 주위를 보면, 스스로 거듭난 신자라고 믿는 사람들 가운데도 너무나 긴 세월 동안 죄의 지배를 벗어나지 못하고 사는 사람들이 다수 있음을 알게 됩니다. 그리고 결코 회개하여 은혜의 능력을 회복하지 못한 채 살아가는 사람들을 보면, 그들을 향한 죄의 지배가 영속적인 것처럼 생각됩니다.[158] 그러나 회개하지 않을 불신자에게는 그 지배가 영속적인 것이지만, 신자에게는 있어서 그것은 결코 영속적이지 않습니다. 아무리 오랜 동안 죄의 지배 아래 갇혀 있던 신자라고 할지라도 복음의 진리를 깨닫고 회개하면 은혜가 밀려옵니다. 오랜 동안 신자를 지배하던 죄의 지배가 성령의 은혜에 의하여 공격당하고 죄는 급속히 지배력을 잃게 됩니다.

오늘날 은혜 안에 살아가는 신자들을 보십시오. 그들도 한때는 절대적인 죄의 지배 아래 있던 사람들이었습니다. 그러나 이제는 은혜의 통치 아래 있습니다. 한때는 불순종하며 육체의 욕심을 따라 살던 형식적인 신자들이 진실한 그리스도인이 되어가는 것을 보십시오. 그들 가운데는 구원받았어도 죄의 지배 아래 살았던 신자들도 있습니다. 그러나 회개하고 성령의 은혜의 통치 아래서 살게 되었습니다. 신자에 대한 죄의 지배는 결코 영속적일 수 없으며 일시적인 것입니다.

그러면 죄가 신자인 우리에게 주인 노릇하지 못하는 이유가 무엇일까요? 성화에 있어서 이는 아무리 강조해도 지나치지 않는 중요한 질문입니다.[159] 그것은 복음 때문입니다. 복음이 그리스도의 구속의 공로를 통하여 죄를 이길 모든 자원을 제공하기 때문입니다. 따라서 신자의 성화에 있어서 복음은 유일한 원천이고 동기가 됩

---

[158] 물론 성경에는 이러한 영속적인 죄의 지배 아래서 살아가게 하는 것이 하나님의 심판의 한 방법으로 묘사되기는 하지만, 이것은 결코 일반적인 것이 아니다. 다음 성경 구절을 참고하라. "내가 실로 몸으로는 떠나 있으나 영으로는 함께 있어서 거기 있는 것같이 이 일 행한 자를 이미 판단하였노라 주 예수의 이름으로 너희가 내 영과 함께 모여서 우리 주 예수의 능력으로 이런 자를 사단에게 내어 주었으니 이는 육신은 멸하고 영은 주 예수의 날에 구원 얻게 하려 함이라"(고전 5:3-5).

[159] "신자에게 있어서 죄가 주인 노릇할 수 없다는 단정적인 선언은 다음 성경 구절과 모순되는 것처럼 받아들여질 수 있다. '그러므로 너희는 죄로 너희 죽을 몸에 왕 노릇하지(바실류에토, βασιλευέτω) 못하게 하여 몸의 사욕을 순종치 말고'(롬 6:12). 그러나 이 구절은 죄가 신자에게 왕과 같은 절대적이고 영구한 지배권을 행사할 수 있다는 것을 암시하는 것이 아니다. 이 묘사에 있어서 주안점은 '왕'(王)이 아니라 죄를 왕처럼 여기고 거기에 '복종'하는 신자들의 태도이다. 즉 사도 바울의 이 말은, '죄가 너희에게 결코 왕과 같은 존재가 될 수 없으니 옛날처럼 노예적인 성향을 가지고 아직도 왕인 척하는 죄에 대하여 굴복하지 말라.'는 의미이다. 여기서 죄는 의인화되고 왕처럼 나타난다. 이것이 바로 이 세상 사람들이 그렇게 자신의 존재와 노동을 바쳐서 육신의 일을 도모하는 데 허비하는 이유이다. ……죄는 여전히 믿는 신자의 몸의 지체들 안에서 법이 되고 있지만, 신자를 통치하도록 허락되지는 않았다." Robert Haldane, *Geneva Series of Commentaries; Romans*, (Edinburgh; The Banner of Truth Trust, 1996 reprinting), p.255.

니다. 그리고 그 복음의 주인은 그리스도이십니다.

복음으로 말미암아 죄가 신자에게 주인 노릇할 수 없다는 사실은 다음과 같이 세 가지로 논증될 수 있습니다.[160]

첫째로, 복음이 죄를 이길 힘을 주기 때문입니다. 둘째로, 복음이 죄로부터의 자유를 주기 때문입니다. 셋째로, 복음이 죄와 싸울 동기와 격려를 주기 때문입니다.

이 장에서는 첫째 논증, 곧 죄가 신자인 우리에게 주인 노릇하지 못하는 것은 복음이 죄를 이길 힘을 주기 때문이라는 사실을 다루고자 합니다.

II. 율법과 은혜

본문에서 사도 바울은 죄가 우리를 지배하지 못하는 근거를 우리가 법 아래 있지 아니하고 은혜 아래 있기 때문이라고 말합니다. 여기에서 '법'(法)이란 율법을 가리킵니다.

A. 율법은 무엇인가?

많은 그리스도인들이 율법이 무엇이며 그 율법이 우리에게 어떤 유익을 주고 성경은 여러 곳에서 왜 율법을 부정적으로 묘사하고 있는지에 대하여 정리된 생각을 갖고 있지 않습니다. 그래서 율법은 신자인 우리에게 해로운 것이고 복음을 대적하는 것으로만 이해되고 있습니다.

그러나 우리의 구원을 비롯해서 죄를 이기고 살아가는 성화의 삶을 말함에 있어서뿐 아니라, 창조와 타락, 그리고 그리스도의 구속과 종말의 심판 전 과정을 해석함에 있어서 율법이 무엇인지에 대한 이해는 필수적입니다. 마치 하늘에 빛나는 별

---

[160] 이 세 가지를 11장에서 13장까지 각 장마다 한 가지씩 논증하게 될 것이다.

이 어두운 밤하늘을 배경으로 더욱 찬란히 반짝이는 것처럼 복음도 율법을 배경으로 그 참된 의미를 영롱하게 드러낼 수 있습니다. 그래서 복음을 알고자 하는 사람은 먼저 율법을 정확히 아는 것이 필수적입니다. 율법을 아는 것만큼 복음이 복된 소식으로 믿어지기 때문입니다.

그러면 율법은 무엇일까요? 성경은 율법을 넓은 의미에서의 율법과 좁은 의미에서의 율법으로 나누어 설명합니다. 우리가 피해 의식을 가지고 부정적으로 생각하는 율법은 좁은 의미의 율법 중 일부입니다. 그러나 그것도 상세하게 살펴보면 죄인을 하나님께로 인도하는 방편임을 알 수 있습니다.

1. 넓은 의미의 율법

'율법'이라는 말이 넓은 의미로 사용되면, 그것은 '인간과 세상에 대한 하나님의 생각과 의지를 흠 없이 계시해 주신 총체'를 가리키는 것입니다.[161] 그것은 하나님의 계시 전체를 가리키는 것으로 결코 부정적인 의미나 기능을 가진 것이 아닙니다. 시편은 복 있는 사람이 어떤 사람인지에 대한 규정으로 시작합니다. "오직 여호와의 율법을 즐거워하여 그 율법을 주야로 묵상하는 자로다"(시 1:2). 시인이 즐겨 묵상하며 영혼의 유익을 얻은 것은 인간과 세상에 대한 하나님의 지성과 의지를 보여주는 모든 계시의 총체였습니다. 기록된 하나님의 모든 말씀과 인생을 살아가고 하나님께 순종하면서 깨닫게 된 모든 하나님의 계시 전부였습니다. 시인은 그 모든 것을 묵상하며 하나님과 사랑의 연합을 이루며 살아가고 있었습니다. 또한 하나님의 백성들은 율법을 통하여 죽은 자와 같았던 자신의 영혼이 소생하는 것을 경험하기도

---

[161] 이러한 종류의 율법은 구약성경에서 하나님의 마음과 의지의 흠 없는 계시로 제시되었으며, 이러한 점에서 율법은 그 안에 은혜를 가지고 있다. 이에 대하여 시인은 다음과 같이 고백한다. "여호와의 율법은 완전하여 영혼을 소성케 하고 여호와의 증거는 확실하여 우둔한 자로 지혜롭게 하며 여호와의 교훈은 정직하여 마음을 기쁘게 하고 여호와의 계명은 순결하여 눈을 밝게 하도다 여호와를 경외하는 도는 정결하여 영원까지 이르고 여호와의 규례는 확실하여 다 의로우니"(시 19:7-9).이 율법은 생명과 빛, 그리고 죄에 대항하는 힘을 준다. 이러한 종류의 율법은 교훈들의 법인 계명뿐만 아니라 약속과 언약을 담고 있는데, 그것은 영적인 생명과 힘을 교회에 제공하는 수단이었다. 이러한 점으로 볼 때 여기에서 말하는 율법은 은혜에 대립되지 않는다. John Owen, *A Treatise of the Dominion of Sin and Grace; wherein sin's reign is discovered, in whom it is, and in whom it is not; how the law supports it; how grace delivers from it, by setting up its dominion in the heart*, in The Works of John Owen, vol. 7, edited by William H. Goold, (Edinburgh; The Banner of Truth Trust, 1988 reprinting), pp.541-542.

하였는데, 이 때의 율법도 넓은 의미의 율법입니다.

시인은 말합니다. "여호와의 율법은 완전하여 영혼을 소성케 하고 여호와의 증거는 확실하여 우둔한 자로 지혜롭게 하며"(시 19:7). 율법을 통해서 은혜를 경험하게 된것입니다. 시인은 율법을 통하여 정죄받고 송사를 받아서 하나님 앞에 나아가기를 방해받는 대신, 침체된 영혼의 회복을 경험하고 영적인 어둠에서 벗어나게 되었습니다. 또한 영적으로 무지하던 상태에서 분별력이 있는 상태로 변화되었습니다. 이것은 율법이 시인의 영혼에서 죄의 영향으로 말미암는 영적인 어두움(spiritual darkness)을 물러가게 했다는 의미입니다. 그래서 시인은 이렇게 기도했습니다. "내 눈을 열어서 주의 법의 기이한 것을 보게 하소서"(시 119:18). 이 또한 신약이 부정적인 기능을 하는 것으로 그리고 있는 율법이 아닙니다. 따라서 넓은 의미의 율법은 하나님의 계시의 총체를 가리키는 것으로서 영혼을 살리는 힘이 있습니다.[162]

2. 좁은 의미의 율법

그러나 신약성경에서 보다 많은 경우에 '율법'이라는 말은 좁은 의미의 율법을 가리킵니다. '율법'이라는 말이 좁은 의미로 사용되면 그것은 '구약에서 완전한 복종을 위해 인간들에게 주어진 하나님의 규칙'을 뜻합니다. 따라서 좁은 의미의 율법은 항상 '지키면 살고 어기면 죽는다.'는 강제 조항과 함께 들어왔습니다. 예수 그리스도께서 율법 아래 태어나셨다고 말할 때, 그 율법은 바로 좁은 의미의 율법을 뜻하는 것입니다. 그분이 율법의 요구대로 죽으셨다고 진술할 때도, 죄인들이 정죄를 받는 기준으로서 거론되는 율법을 말할 때도, 모두 이 좁은 의미의 율법을 가리키는 것입니다.

이러한 의미에서의 율법은 다시 둘로 나누어집니다. 하나는 에덴에서 주어진 율법이고, 다른 하나는 시내산에서 주어진 율법입니다.

---

[162] 다음의 성경 구절에 나타나는 '율법'(律法)이라는 단어의 용례도 역시 넓은 의미의 율법을 가리키는 것이다. "저희가 하나님의 언약을 지키지 아니하고 그 율법 준행하기를 거절하며"(시 78:10), "내가 주의 율법을 항상 영영히 끝없이 지키리이다"(시 119:44), "주의 율법을 버린 악인들을 인하여 내가 맹렬한 노에 잡혔나이다"(시 119:53). 율법을 주신 하나님께 하루에 일곱 번씩 감사하고, 자다가 일어나서도 율법 때문에 하나님을 찬송하는 것은 그 율법 속에 하나님의 약속이 포함되어 있고, 그 율법이 은혜의 도구로 작용해서 그 시대의 성도들에게 놀라운 은혜를 제공하기도 하고, 진토에 떨어진 시인의 영혼이 율법 때문에 은혜로 소생되는 경험을 하기도 하였기 때문이다(시 119:62, 164).

a. 에덴에서 주어진 율법

에덴 동산에서 주어진 율법은 인류의 첫 조상인 아담에게 주어진 율법입니다. 아담은 이 율법을 받을 때 개인의 자격으로서가 아니라 모든 인류의 대표자(代表者)로서 받은 것입니다. 자신과 아내인 하와와 그 후손을 포함한 인류 전체의 대표자로서 받은 것이기 때문에, 이 율법은 모든 인간에게 주어진 것입니다. 그리고 그 율법 안에서 모든 인류는 함께 언약의 당사자가 된 것입니다. 이러한 언약에 있어서 함께 당사자가 되는 언약적인 연대는 이미 구약성경에 의심할 여지없이 명백히 계시되어 있습니다. "여호와께서 이왕에 네게 말씀하신 대로 또 네 열조 아브라함과 이삭과 야곱에게 맹세하신 대로 오늘날 너를 세워 자기 백성을 삼으시고 자기는 친히 네 하나님이 되시려 함이니라 내가 이 언약과 맹세를 너희에게만 세우는 것이 아니라 오늘날 우리 하나님 여호와 앞에서 우리와 함께 여기 선 자와 오늘날 우리와 함께 여기 있지 아니한 자에게까지니"(신 29:13-15).

에덴 동산에서의 율법은 흔히 종교 명령으로 불리는 지시적(指示的) 성격을 가진 언약 안에 있는 율법입니다. 하나님께서 동산 중앙에 두신 선악을 알게 하는 나무의 실과를 먹지 말도록 금지하신 율법입니다.[163] "선악을 알게 하는 나무의 실과는 먹지 말라 네가 먹는 날에는 정녕 죽으리라"(창 2:17). 이것이 바로 에덴 동산에서 주어진 율법입니다. 하나님께서는 이러한 명령에 대하여 '왜냐하면'이라는 이유를 설명하실 필요가 없었습니다. 오직 요구되는 것은 아담을 창조하신 하나님의 명령에 따라 절대적으로 순종하는 것이었습니다. 그리고 그것은 생사의 강제 조항과 함께 주어진 율법이었습니다.

이것은 인간에 대하여 하나님의 생각과 의지를 선험적(先驗的)으로 보여준 것입니다. 이 명령은 너무나 명쾌하고 간단합니다. 아담은 하나님의 명령을 거슬러 선악과를 따먹는 것이 하나님께 대한 도전과 반역이며 그 결과로 죽게 될 것임을 알고 순종하여야 했습니다. 그것이 바로 율법이었습니다. 아담은 이 율법의 준수를 통해서만 하나님과의 언약 관계를 유지할 수 있었습니다.

---

163) 선악과와 관련된 아담과 그 후손의 언약적인 연대에 대하여는 다음 책을 참고하라. 김남준, 「구원과 하나님의 계획」, (서울; 부흥과개혁사, 2004), pp. 55-61.

사실 하나님께서 이 율법을 주신 것은 이것을 통하여 자신이 창조하신 인간에게 그들의 전적인 의무가 무엇인지를 계시하시고, 하나님께 대한 절대 의존과 거기서 비롯되는 절대 순종의 자세로 살아가게 하시기 위함이었습니다. 그리고 이렇게 하심으로써 하나님께서는 그 율법을 통하여 창조주이신 하나님과 피조물인 인간 사이에 있는 존재의 질적인 차이를 분명하게 인식시키심으로 그들이 창조의 목적을 따라 살게 하고자 하셨습니다. 한번 생각해 보십시오. 아담이 이곳저곳을 돌아다니며 하나님을 대신하여 창조 세계를 다스렸습니다. 하나님께서는 자신이 창조하신 세계 모두를 인간에게 맡기셨습니다. 적어도 타락하기 전까지 아담과 하와는 하나님의 온전한 대리자였습니다. 모든 피조물들도 창조주 하나님을 아는 것만큼 그분의 대리자인 인간을 알아보았습니다. 그래서 인간의 다스림에 복종하였습니다.

아아, 죄가 들어오기 전 인간의 지위와 신분은 얼마나 고상하고 아름다운 것이었습니까? 그는 창조 세계를 돌보도록 부름받은 하나님의 대리자가 아니었습니까? 창조주 하나님께서 그와 함께하시고 그는 하나님처럼 온 세상을 다스리고 모든 피조물은 그에게 복종하였습니다. 그는 마치 하나님처럼 세상을 관리하고 다스렸습니다.[164] 그러나 동산 중앙에 있는 눈에 잘 띄는 나무 한 그루 앞에만 서면, 언제나 그 실과를 절대로 먹지 말라고 명령하신 하나님의 율법이 생각이 났고, 이는 창조주 하나님 앞에서 자신이 누구인지를 인식하는 수단이 되었습니다. 이로써 그는 하나님께서 자신을 창조하셨고, 자신은 모든 피조물들과 함께 창조된 한 피조물에 불과한 존재이기 때문에, 하나님의 뜻에 복종하며 살아야 한다는 것을 깨닫게 되었습니다.

에덴에서 주어진 율법은 아담에게 이러한 사실을 깨닫게 하시고 하나님을 향한 절대 의존과 순종 속에서 살아가게 하시려고 주신 것입니다. 따라서 아담은 하나님의 율법에 순종하고, 그 율법이 요구하는 바 안에 머물러 있는 동안에는, 의로운 사람으로 남을 수 있었습니다. 그리고 아담이 그렇게 의로운 사람으로 존재하는 것이

---

[164] "천지를 창조하셨을 때, 온 천지의 아름다움을 생각해 보십시오. 낮에는 찬란한 태양과 아름다운 바다가 하나님을 노래하고 밤에는 반짝이는 별들과 빛나는 달빛이 그 영광을 찬송하였습니다. 바다에 반짝이는 햇살과 풀잎에 아름다운 꽃들과 바람과 새들의 노래와 흐르는 시냇물과 대지를 가로지르는 바람과……. 이 모든 것들이 크고 작은 악기가 되어 하나님을 노래하는 교향곡이 되었다면, 인간은 그 앞에 선 지휘자였습니다. 인간의 지휘로 아름다운 곡조가 창조하신 이 땅으로부터 하늘에 이르기까지 울려 퍼졌고 하나님은 영광을 받으셨습니다. 그리고 인간의 행복은 바로 거기에 있었습니다. 그리스도는 우리를 그 자리로 돌아가게 하시려고 오셨습니다." 김남준, 「구원과 하나님의 계획」, (서울; 부흥과개혁사, 2004), p.30.

하나님의 뜻이었습니다. 하나님께서는 율법을 통하여 아담을 통치하고 계셨던 것입니다. 따라서 아담은 눈에 보이는 선악과에 깃들인 율법을 통해서 하나님을 생각하며 살아갈 수 있었습니다. 그러므로 하나님께서 아담에게 먹기를 금하신 선악과가 인간을 넘어뜨리는 역할을 한 것처럼 생각하는 것은 율법을 주신 하나님 자신에 대한 중대한 모독입니다. 아담에게 있어서 선악과는 자신이 누구인지 깨닫게 하는 훌륭한 표지판이었습니다.

그러나 강조되어야 할 것은 이것입니다. 선악과를 따먹지 말라는 명령과 함께 주어진 에덴 동산에서의 율법에는 인간으로 하여금 자신이 누구인지를 자각하게 하는 힘만 있었을 뿐, 죄를 막거나 축출할 수 있는 어떠한 능력도 없었습니다. 이처럼 좁은 의미의 율법 안에는 죄가 무엇인지를 알게 하는 힘은 있었으나 그것과 싸워 이기게 하는 어떠한 능력도 없었습니다.

b. 시내산에서 주어진 율법

시내산에서 주신 율법은 처음의 율법보다 훨씬 더 구체적입니다. 물론 이 율법은 공동체로서의 이스라엘에게 주어진 것입니다. 이 율법은 하나님께서 이스라엘을 이제 한 가정이 아니라 민족을 이루고 나라를 이루게 하셔서 그들을 직접 통치하시기 위한 것이었습니다. 애굽에서 탈출한 이스라엘 백성들은 시내산에 머물면서 과거의 불경건한 습속(習俗)을 털어 버리는 시간들을 갖습니다. 그리고 거기서 예전에 주어진 것과는 비교가 되지 않을 정도로 상세히 규정된 율법을 받습니다. 특히 여기서 거론하고자 하는 것은 이스라엘 백성들 사이에서 지켜야 할 시민법(市民法)과 제사 규례를 가진 의식법(儀式法)입니다.[165] 하나님의 약속과 함께 주어진 그 율법 속

---

165) 모세 언약에 관한 존 오웬의 입장을 요약하면 다음과 같다. 모세 언약은 아담 언약을 전제로 한 언약이며 아브라함 언약과 직접적으로 연관되어 있다. 모세 언약은 하나님께서 모세를 중보자로 삼아, 혹은 모세를 통하여 주신 언약으로서 크게 세 부분으로 나뉜다. (1)제1차 원리: 구원을 위한 약속. (2)제2차 원리: 십계명, 거룩한 삶과 후손을 위해 주어진 다른 행위의 언약. (3)이것들의 특별한 적용: 시민법(市民法)과 제사와 관련된 의식법(儀式法). 이 세 부분 중 앞의 두 부분, 즉 제1차 원리와 제2차 원리는 은혜 언약적 성격을 가지고 있으며, 세 번째 부분은 앞의 두 부분의 특별한 적용 혹은 적응(accommodation)인데, 한시적인 성격을 가지고 있다. 개인적인 구원의 서정(ordo salutis)과 관련하여, 종교개혁자들은 이러한 좁은 의미의 율법이 크게 두 가지 용도로 사용된 것으로 이해하였다. 첫째로는 죄인들로 하여금 죽음을 담보로 하는 하나님의 요구를 알게 함으로써 그 마음에 경외심을 주고 정욕을 억제시키기 위한 것이고, 둘째로는 죄를 책망하고 확신시키고 정죄함으로써 구원의 약속을 바라게 하는 것으로 앞에서 언급한 율법의 세 부분 중

에는 지키면 살고 어기면 죽는다는 계명이 들어 있었습니다. 즉 하나님께서 계약의 백성들을 복주시기도 하고 벌하시기도 하는데, 그 기준으로서 율법이 제시된 것입니다. 이 율법은 이스라엘 백성과 함께, 그들을 따라 애굽을 탈출한 이방의 족속에게도 주어졌습니다.[166] 하나님께서는 혈통적인 이스라엘과 신앙 고백을 통해 이스라엘 속으로 들어온 다른 무리들을 이 율법을 통하여 하나로 묶으셨습니다.

하나님의 백성들은 그 율법을 지킴으로써 하나님의 백성으로서의 정체성을 유지할 수 있었습니다. 그것은 언약 관계 안에서 살기 위한 의무로 구체화되었습니다. 그러나 여전히 그 율법, 곧 시민법과 의식법 안에는 죄를 파괴하는 하나님의 은혜나 죄에 대항할 수 있는 능력이 없었습니다. 만약 하나님께서 이스라엘 백성에게 오직 이 좁은 의미의 율법만 주시고 넓은 의미의 율법을 통하여 은혜를 주시지 않았더라면 아마 이스라엘은 아주 빠른 시일 내에 하나님의 백성으로서의 정체성을 상실하고 세상 백성들과 같아지고 말았을 것입니다.

그러나 하나님께서는 경건한 백성들에게 넓은 의미의 율법과 약속들을 통하여 영혼을 소생시키는 은혜를 주시고 이 은혜로써 세상의 죄악된 환경 속에서 언약 관계를 지키고 거룩한 삶을 살아가도록 만들어 주셨습니다. 더욱이 이스라엘 공동체로 하여금 함께 하나님을 경험하게 하심으로써 계약 공동체로서의 언약적인 연대

마지막 부분인 시민법과 의식법은 행위 언약적 성격을 가진 채 이런 용도로 사용되었다. 그리고 처음 두 부분, 곧 제1차, 제2차 원리들은 은혜 언약적 성격을 가진 것이라고 할 수 있다. 모세 언약은 새 언약과는 다르나, 전체적으로 구원을 위한 은혜의 약속이라는 점에서 새 언약과 신학적인 연속성을 갖는다. 이를 도표로 나타내면 다음과 같다.

에덴에서 주어진 율법	시내산에서 주어진 율법				
	제1차 원리	제2차원리		이것들의 특별한 적용	
	구원의 약속들	십계명	거룩한 삶과 후손을 위한 행위 언약들	시민법	의식법
행위 언약	은혜 언약	은혜 언약	은혜 언약	행위 언약	행위 언약
행위 언약	혼합된 언약				

싱클레어 퍼거슨(Sinclair B. Ferguson)의 판단에 따르면, 존 오웬은 모세 언약을 '제4의 언약'으로 보았다. 왜냐하면 모세 언약은 구속, 행위 그리고 은혜 언약의 영속적인 성격에 덧붙여 율법적이고 일시적인 성격을 가지고 있기 때문이다. 이처럼 모세 언약은 행위 언약의 갱신(renovation)과 혁신(innovation)의 성격을 가진 독특하고 혼합된 언약이다. 이에 대하여는 다음의 박사학위 논문을 참고하라. David Wai-Sing Wong, *The Covenant Theology of John Owen*, (Philadelphia; Westminster Theological Seminary; Ph. D. Dissertation, 1998), pp.212-214, 222-223; Sinclair B. Ferguson, *John Owen on the Christian Life*, (Edinburgh; The Banner of Truth Trust, 1995 reprinting), p.28.

166) "이스라엘 자손이 라암셋에서 발행하여 숙곳에 이르니 유아 외에 보행하는 장정이 육십만 가량이요 중다한 잡족과 양과 소와 심히 많은 생축이 그들과 함께하였으며"(출 12:37-38).

와 영적인 결속을 강화하셨습니다. 그러나 시내산에서 주어진 좁은 의미의 율법 안에는 죄를 파멸시키는 은혜의 힘이나 죄에 대항하게 하는 능력이나 동기, 격려 같은 것이 없었습니다.

그러면 하나님께서는 왜 죄에 대항하고 싸워 이기게 하는 능력도 없는 율법을 주셔서 지키라고 명령하셨을까요? 그 대답은 이렇습니다. 시내산에서 주어진 좁은 의미의 율법에는 에덴 동산의 율법에는 없었던 새로운 목적이 추가되었는데, 그것은 인간으로 하여금 스스로 율법을 지키기에 무능함을 깨닫게 하여 하나님의 구원 방법이신 그리스도께로 인도하고자 하심이었습니다.[167]

율법의 빛이 비치면, 스스로 죄인지 모르고 악을 행하던 사람들이 자신들의 죄를 발견하게 됩니다. 이것이 율법의 유익입니다. 그러나 율법은 단지 죄를 느끼게 하고, 판단하고, 심판하고, 책망하여 정죄할 뿐입니다. 율법을 통하여 그것이 죄라는 것을 알고, 그것을 행하는 것을 하나님께서 싫어하시고 죄에 대한 엄중한 심판이 기다리고 있다는 것도 알게 되어, 하나님과의 언약 관계에 충실하도록 지시를 받습니다. 그러나 그 이상은 아닙니다.

율법을 통하여 죄를 깨닫는다고 할지라도 죄의 결과에 대한 두려움은 항구적이지 않습니다. 따라서 은혜의 역사가 없어도 사람들은 자신의 죄에 대한 하나님의 심판에 대한 두려움으로부터 쉽게 벗어납니다. 그래서 어느 순간 율법을 통하여 죄를 깨닫고 그 죄의 결과의 비참함에 대해 알게 된다고 할지라도, 시간이 흐르면 다시 범죄하게 됩니다. 그뿐만이 아닙니다. 설령 율법을 통하여 죄에 대한 두려운 심판에 눈뜨고 그래서 어떤 특정한 죄를 범하지 않게 된다고 할지라도, 그것이 곧 그 사람 안에 있는 죄의 욕구가 죽은 것은 아닙니다. 오히려 죄가 억눌리고 있는 것입니다.

---

[167] 어니스트 케반(Ernest F. Kevan)은 율법이 하나님의 은혜의 수단이 되었던 사실을 다음 네 가지로 논증한다. (1)은혜 언약과의 연속성: 타락한 아담과 하와에 대한 구원을 약속한 이른바 원(原)복음(창 3:15)에서 시작된 은혜 언약이 율법과 연속성을 가지고 있다(그러나 존 오웬은 모세의 율법 중 시민법[市民法]과 의식법[儀式法]은 이 연속성에서 제외된다고 보았다). (2)은혜 언약과의 일관성: 모세 언약은 은혜 언약과 일관성을 가진다고 보았다. 율법은 새 언약과는 다르지만 역행하는 것이 아니며, 거기에 종속되기는 하지만 모순 되는 것은 아니다. 그는 십계명의 돌비가 그룹과 시은소(施恩所) 아래 보관되었던 것을 의미심장하게 생각한다. (3)은혜의 표명으로서의 율법: 율법 안에 하나님의 은혜가 표명되었다. 이러한 사실은 십계명의 서문에서도 잘 나타나 있으며, 시내산 언약은 기본적으로 아브라함을 통해 주신 은혜 언약의 구체화이다. (4)은혜의 도구로서의 율법: 율법은 보다 크고 완전한 하나님의 은혜를 바라게 하는 도구로서 주어졌는데, 이러한 완전한 구원의 은혜는 그리스도로 말미암아 성취되었다. 율법은 우리를 그리스도께로 인도하는 은혜의 수단이 되었다. Ernest F. Kevan, *The Grace of Law; a study in Puritan theology*, (Morgan; Soli Deo Gloria Publications, 1997 reprinting), pp.119-130.

율법을 통하여 깨달은 죄에 대한 심판의 두려움이 범죄가 가져다 줄 즐거움보다 훨씬 크기 때문에 범죄의 실행을 유보하고 있을 뿐이지, 그 사람 안에 있는 죄의 경향성이 죽거나 약화된 것은 결코 아닙니다. 율법은 인간의 내면에 그러한 효과를 가져다 줄 수 없습니다. 그것은 오직 복음을 통한 성령의 은혜만이 할 수 있는 일입니다. 따라서 율법을 통해서는 복음적인 거룩에 이를 수 없습니다.[168]

하나님께서 율법을 주신 경륜은 오히려 죄를 깨닫게 하시고, 스스로 율법의 요구에 응함으로써 의롭게 될 수 없음을 자각하게 하시는 것입니다. 이 때 인간은 필연

---

[168] 존 오웬은 배교에 관한 그의 탁월한 저작 「배교의 본질」(The Nature of Apostasy)에서 배교가 바로 복음적인 거룩에서 떠나는 것이라고 규정하고 복음적인 거룩에 대하여 다음과 같이 네 가지 사실을 피력하였다. (1)복음적 거룩과 교리: 본질적으로 복음의 교리는 거룩함의 교리이다. 예수 그리스도에 의하여 전해진 복음의 교리는 거룩함을 가르치는 교리이며, 그를 받아들인 사람들에게 거룩함을 가르칠 뿐 아니라, 그것을 요구하고 명령한다. 신자가 복음의 신비와 은혜를 경험할 때 그것은 그들을 거룩함의 교리로 데려간다. 성경에서 제시되는 복음의 교리는 결코 우리에게 편리한 방법으로 거룩함에 이를 수 있다는 교리를 제시하지 않는다. 우리가 구원받고 신자가 되었다고 하더라도 거룩함이 없이는 우리의 영혼과 삶에 어떤 유익도 얻을 수 없다. 거룩하지 못한 사람들은 복음에 의한 어떤 유익도 기대할 수 없다. 심판의 때에 그들은 영원한 형벌에 이르게 될 것이며 '불법을 행하는 자들'로서 멸망에 이르게 될 것이다(마 7:22-23). (2)복음적 거룩과 순종: 복음적 거룩함은 특별한 순종이다. 복음이 요구하는 거룩함은 또 다른 본질과 종류의 순종이다. 즉 순종의 본질과 종류에 있어서, 다른 교리나 교훈과는 다르다. 인간 본성의 법은 계속해서 우리에게, 하나님과 우리 자신과 타인들을 향한 여러 중요한 의무들을 제시한다. 그리고 의문(儀文)의 법은 우리가 창조함을 받은 상태에서 요구받은 모든 종류의 도덕적 의무들의 준수를 요구한다. 그러나 복음에 의해 요구되는 순종은 거룩함이다. 이 거룩함은 율법에 의해 요구되는 의무 그 이상의 것을 포함한다. (3)복음 교리와 성령의 역사: 복음의 교리에 성령께서 역사하신다. 그 빛과 복음의 교리와 더불어 사람으로 하여금 죄와 의와 심판을 확신케 하는 성령의 역사하심 (administration)이 있다. 성령은 복음과 더불어 하나님께서 주시기로 약속하신 선물이다(사 59:21). 뿐만 아니라 그리스도께서 베푸신 말씀 사역에 영향을 끼치신다(요 16:7-11). 죄인들에게 성령께서 역사하실 때에 사람으로 하여금 거룩함에 대한 신앙 고백을 하게 하고 그것을 외적인 의무로 표현하게 한다. 수세기를 걸쳐 많은 사람들이 성령에 의해 거룩케 되었고 지금도 그러하다. (4)복음적 거룩과 영광: 복음적 거룩 없이는 그리스도께 영광 돌릴 수 없다. 복음 신앙에 의하여 거룩함이 고백되고 거룩함의 열매로서 거룩함의 능력이 입증되는 곳에서는 오직 그리스도만이 영광을 받으신다. 우리가 신앙을 고백하였다고 할지라도 이것 없이는 그리스도께 영광을 돌릴 수 없다. 진리에 대한 신앙 고백, 복음적인 예배 의식 등은 우리에게 요구되는 하나님의 영광에 속한 요소들이지만 거룩함에 이르는 순종과 결별하면 그런 의무의 이행들은 더 이상 그리스도의 영광을 드러낼 수 없다. 오히려 그리스도를 현저히 욕되게 하는 것이다. 존 오웬은 그 이유를 다음과 같이 네 가지로 요약한다. (1)복음과 예수 그리스도를 바로 알게 하지 못하기 때문이다. (2)하나님을 바로 알게 하지 못하기 때문이다. (3)인간을 바로 알게 하지 못하기 때문이다. (4)영원한 세상을 바로 알게 하지 못하기 때문이다. 결국, 존 오웬의 이 같은 지적을 통하여 우리는 복음을 고백하는 교회와 사람들이 하나님의 형상으로 변하여 새롭게 될 때 그들의 심령도 순전해지고 삶도 열매를 맺게 된다는 결론에 도달한다. 이로써 신자들은 복음과 예수 그리스도를 세상에 드러내고 복음 교리와 그 은혜의 능력, 순전함, 효능을 입증하게 되며, 그를 통해 그리스도께서는 영광을 받으신다. John Owen, *The Nature of Apostasy from the Profession of the Gospel and the Punishment of Apostates Declared, in an Exposition of Heb. vi. 4-6; with an inquiry into the causes and reasons of the decay of the power of religion in the world, or the present general defection from the truth, holiness, and worship of the gospel; also, of the proneness of churches and persons of all sorts unto apostasy with remedies and means of prevention*, in The Works of John Owen, vol. 7, edited by William H. Goold., (Edinburgh; The Banner of Truth Trust, 1988 reprinting), pp.162-164.

적으로 자기 밖으로부터 오는 구원에 소망을 갖지 않을 수 없게 됩니다. 그리고 그러한 소망은 피할 수 없이 하나님의 은총을 갈망하게 합니다.

하나님께서는 이미 인간이 율법의 요구를 따라 살아감으로써 의롭게 될 수 없음을 아시고 죄를 용서받고 불결한 죄인이 거룩하신 하나님을 뵈올 수 있는 한시적인 교제의 길을 열어 주셨습니다. 그것이 바로 '제사 제도'입니다. 그리고 그 은혜로운 제도가 율법 안에서 함께 계시되었습니다. 율법을 주신 하나님께서는 이미 율법을 완전히 지킴으로 말미암아 스스로 거룩하신 하나님 앞에 나아갈 수 있는 의로운 사람이 없을 것임을 아셨습니다. 그래서 율법 안에 그 율법을 지키지 못한 자들의 죄가, 한시적으로나마 용서받을 수 있는 길을 열어 주셨습니다. 그래서 하나님께 제사를 드리려면 반드시 지정된 장소, 곧 성막이나 성전으로 올라가야 했습니다. 이 때 그들은 제물이 될 짐승을 가지고 갑니다. 거기 가서 제사장 앞에서 믿음으로 기도할 때, 그 순간 하나님께서는 그의 죄를 짐승에게 전가(轉嫁)되게 하시고, 그 짐승이 그의 죄 값을 대신 받아 피 흘려 죽음으로써 그는 잠시 죄를 용서받고 하나님과 교제할 수 있는 길을 얻게 됩니다. 이것은 물리적인 이치로는 설명될 수 없는 것이지만, 영적으로는 가능한 일이었습니다. 왜냐하면 하나님께서 그렇게 지정하셨기 때문입니다. 여기서 우리는 우리 자신이 아닌 그리스도의 죽으심의 공로로써 그분을 믿는 죄인을 의롭다 하실 하나님의 구원 방법을 미리 보게 됩니다.

그런데 그렇게 제사드릴 때, 자기를 대신하여 비참하게 죽음을 당하는 짐승을 보며 이스라엘 백성들은 무엇을 느꼈을까요? 그들은 두 가지를 느꼈을 것입니다. 하나는 죄에 대한 하나님의 무서운 심판이고, 또 다른 하나는 자신의 죄와는 실제적으로 아무 상관이 없는 제물을 비참하게 죽이면서까지 죄인인 자신을 만나 주시는 하나님의 은총에 대한 감격입니다. 연기가 올라가고, 죽임당하는 짐승의 피가 튀며, 죄인들의 흐느끼는 울음 소리가 가득한 가운데 제사는 진행되었을 것입니다. 그리고 그 안에서 하나님과 죄인인 인간 사이에 용서와 화해의 만남이 이루어졌습니다. 이처럼 율법을 어긴 죄인들도 제사라는 은총적인 방법을 통해서 하나님의 용서와 교통을 누릴 수 있었던 것입니다. 그렇지만 시민법과 마찬가지로, 이러한 제사를 위한 의식법 역시 그 누구도 완벽하게 지킬 수가 없었습니다. 여기에 율법의 효용이 추가되었으니, 그것은 이러한 행위의 율법들을 통해서 죄를 책망하고 확신시키고 자신의 힘으로는 모든 행위의 율법을 지킬 수 없음을 깨닫게 함으로써 보다 궁극적인 구원의 약속, 곧 그리스도를 통한 구원의 은혜를 바라게 하는 것이었습니다.

c. 그 율법의 한계

죄인들이 제사의 은총을 통하여 잠시 하나님과의 교통을 누렸다 할지라도, 그것으로 죄를 이길 궁극적인 힘이 주어지는 것은 아니었습니다. 율법 안에는 죄를 이길 힘이 없기 때문입니다. 그래서 잠시 제사를 통하여 용서를 받는다고 할지라도 결국 다시 죄를 짓게 되고, 또 다시 자신의 죄로 인하여 하나님과 교통할 수 없는 사람이 되고 맙니다. 이러한 일들이 반복되면서, 이스라엘 백성들에게는 언젠가는 하나님께서 자신들의 죄를 제사와 같은 임시적인 방편이 아니라 영원한 방편을 통하여 해결하실 것이라고 믿는 신앙이 생겼습니다. 그리고 그 신앙은 메시아에 대한 대망(待望)으로 이어졌습니다. 그리고 예수 그리스도께서 이 세상에 오시기 전, 사람들은 이 믿음을 가지고 구원을 받았습니다.

이처럼 마음을 다하여 율법을 지키려고 애썼던 사람들은 그 율법의 한계를 뼈저리게 느끼지 않을 수 없었습니다. 하나님의 엄위를 인식하게 되고, 하나님께서 무엇을 기뻐하고 무엇을 싫어하시는지도 알게 되었지만, 그것을 다 준행하기에는 무능하였고, 또 그 율법이 죄를 이기며 살 수 있도록 힘을 주지도 못하였기 때문입니다. 그들은 제사를 통하여 잠시 죄를 용서받는 평안을 누리는 것으로는 만족할 수 없었습니다. 그래서 율법대로 살고자 충실하였던 사람들은 오히려 율법을 통해서 정죄를 받았고, 율법의 도움으로도 자신의 힘으로도 죄를 이기며 살 수는 없었습니다. 그래서 그들은 영원한 속죄의 은총과 죄를 이길 힘을 외부로부터 필요로 하지 않을 수 없었습니다. 그들이 한결같이 예수 그리스도를 간절히 바라는 신앙을 갖게 된 것도 바로 이 때문이었습니다.[169]

---

169) 예수님께서 오시기 전에도 믿음으로 산 사람들은 많았고, 그 사람들의 믿음의 정체는 중보자에 대한 신앙이었다. 자신의 죄를 용서받고 죄를 이기며 살게 하시는 중보자로부터 임하는 능력을 바라는 믿음이었다. 성경은 모세의 믿음과 충성에 대하여 다음과 같이 말한다. "도리어 하나님의 백성과 함께 고난받기를 잠시 죄악의 낙을 누리는 것보다 더 좋아하고 그리스도를 위하여 받는 능욕을 애굽의 모든 보화보다 더 큰 재물로 여겼으니 이는 상 주심을 바라봄이라"(히 11:25-26).

그래서 신약성경은 율법을 몽학 선생으로 비교하였습니다. 하나님의 백성들이 아직 어린 학동(學童)과 같던 구약 시절에 몽학 선생인 율법이 그 손을 이끌고 데리고 간 곳의 마지막이 예수 그리스도였습니다. 자신의 죄와 그 죄의 비참한 결과를 깨닫게 함으로써 영원한 속죄의 중보자이시고 죄를 이길 힘을 주시는 그리스도를 바라보게 하는 것이 바로 율법을 주신 목적입니다.

B. 인간을 다스리시는 두 방식 : 율법과 은혜

이상의 논의를 통하여 우리는 율법이 무엇인지를 알게 되었습니다. 그렇다면 이제 이 율법을 하나님께서 이 세상의 인간들을 다스리시는 방법과 관련하여 살펴보아야 합니다. 만물이 하나님을 인하여 그리스도로 말미암아 창조되었고 다시 그분께로 돌아갑니다. "이는 만물이 주에게서 나오고 주로 말미암고 주에게로 돌아감이라 영광이 그에게 세세에 있으리로다 아멘"(롬 11:36). 그래서 하나님께서는 자신이 창조하신 이 온 세상의 궁극적인 목적이 되십니다.[170] 따라서 하나님께서는 신자들만 다스리시는 것이 아니라 불신자들에게도 통치자가 되십니다. 그런데 다스림을 위해서는 반드시 법이 필요한데, 불신자는 율법으로 통치하시고 신자는 은혜로 다스리십니다.

1. 불신자 : 율법으로 다스리심

이처럼 하나님께서 인간을 다스리는 방식에는 두 가지가 있습니다. 율법으로 다스리시든지 은혜로 다스리시는 것입니다. 인간은 누구든지 둘 중 하나에 의하여 다스림을 받으며, 둘 중 아무것에도 속하지 않거나 둘 다에 속하는 사람은 없습니다. 하나님께서는 불신자들을 율법으로 다스리십니다. 그래서 성경은 여러 곳에서 거듭나지 않은 자연인들을 '법 아래', 혹은 '율법의 아래'에 있는 것으로 묘사합니다(롬 3:19, 갈 4:5, 5:18).[171]

---

[170] 김남준, 「구원과 하나님의 계획」, (서울; 부흥과개혁사, 2004), p.23.

이 세상의 모든 인간들은 하나님의 요구대로 살아야 하고, 그렇게 하려면 먼저 제시된 하나님의 요구가 있어야 하는데, 이것이 바로 율법입니다. 그런데 불신자는 다시, 이미 율법을 받은 사람과 받지 않은 사람으로 나뉩니다. 그래서 이미 율법을 받은 사람들은 율법(律法)으로 다스리시고, 율법을 받지 않은 사람들, 즉 구약 시대 이방인들과 오늘날 불신자들은 그들의 마음속에 새겨 놓으신 율법인 양심(良心)으로 다스리십니다.[172]

이 양심은 신앙과는 상관없이 그 사람 속에 새겨진 본성적인 율법입니다. 이것의 존재는 다양한 문화들 속에 공존하는 도덕율(道德律)의 일치로 증명이 됩니다. 예를 들어 죄 없는 사람을 죽이는 것은 동서양 모두에서 형벌받을 무서운 죄이고, 부모를 공경하라는 명령 역시 문화권에 상관없이 요구됩니다. 도덕적인 부분들에 있어서는 아프리카 토인, 에스키모 할 것 없이 사소한 차이들을 제외하고는 대부분 놀라운 일치를 보이고 있는 것입니다. 이것은 서로 다른 문명권이 서로를 모방한 것이 아닙니다. 이는 하나님께서 자신이 창조하신 모든 사람들 속에 양심이라는 본성적(本性的) 율법을 새겨 놓으셨기 때문입니다.

죄가 들어왔으나 하나님께서 그들에게 주신 이러한 양심의 법으로 말미암아 일반 은총의 차원에서 사회적인 질서를 유지해 가도록 배려하신 것입니다.[173] 그래

---

[171] 이에 대하여는 다음 성경 구절을 참고하라. "우리가 알거니와 무릇 율법이 말하는 바는 율법 아래 있는 자들에게 말하는 것이니 이는 모든 입을 막고 온 세상으로 하나님의 심판 아래 있게 하려 함이라"(롬 3:19). "율법 아래 있는 자들을 속량하시고 우리로 아들의 명분을 얻게 하려 하심이라"(갈 4:5). "너희가 만일 성령의 인도하시는 바가 되면 율법 아래 있지 아니하리라"(갈 5:18).

[172] "(율법 없는 이방인이 본성으로 율법의 일을 행할 때는 이 사람은 율법이 없어도 자기가 자기에게 율법이 되나니 이런 이들은 그 양심이 증거가 되어 그 생각들이 서로 혹은 송사하며 혹은 변명하여 그 마음에 새긴 율법의 행위를 나타내느니라) 곧 내 복음에 이른 바와 같이 하나님이 예수 그리스도로 말미암아 사람들의 은밀한 것을 심판하시는 그 날이라"(롬 2:14-16). 양심은 악을 행하는 자를 송사(訟事)하고, 이 송사는 율법과 그것의 저주에 의하여 더욱 강화된다. 하나님의 공의와 그것이 주는 형벌의 위험으로 말미암아 무시무시하고 견딜 수 없는 처지에 이르게 될 수 있다. 그러나 율법은 더 이상은 아무것도 하지 않는다. "양심은 정죄하지만, 은혜는 죄를 죽인다. 양심은 죄의 지배를 증거하지만, 은혜는 죄를 왕좌에서 끌어내려 십자가에 못박아 죽여 버리며 죄의 모든 대항에도 불구하고 홀로 다스리고 통치할 것이다. 양심은 죄가 있음을 가리키지만, 은혜는 불경건과 세상 정욕을 부인하게 하고 단정하고 의롭고 경건하게 살게 한다." Thomas Charles, *Thomas Charles' Spiritual Counsels; selected from his letters and papers*, edited by Edward Morgan, (Edinburgh; The Banner of Truth Trust, 1993), pp.136-137. 조나단 에드워즈는 불신자가 하나님께 버림받은 것을 느끼게 하는 양심의 기능을 네 가지로 설명한다. (1)인간 본성의 빛(light). (2)하나님의 두려운 위대하심에 대한 발견. (3)율법을 사용하시는 성령의 역사. (4)지옥의 위험을 보게 하심으로 죄인으로 하여금 자신의 도움받을 길이 없는(helplessness) 상태를 알게 함. Jonathan Edwards, "Sermon on Hosea 5:15," *Seventeen Occasional Sermons*, in *The Works of Jonathan Edwards*, vol. 2, revised and corrected by Edward Hickman, (Edinburgh; The Banner of Truth Trust, 1995 reprinting), pp.833-834.

서 많은 사람들에게 자신의 양심이 율법이 됩니다. 윤리학에서 인간의 양심을 '하나님의 목소리'라고 보는 것도 이 때문입니다. 그래서 우리는 이 세상에 있는 도덕적인 질서, 사회적인 질서 속에서 하나님께서 율법으로 다스리시는 것을 봅니다.

그런데 이러한 율법에는 한계가 있습니다. 이 본성적인 율법은 죄를 발견하게 하고 심판하고 정죄할 수 있을 뿐, 그 죄를 끊거나 이기게 하지는 못합니다. 그래서 신약성경이 단지 이 율법 아래 있는 사람들의 상태를 절망적으로 그리고 있는 것입니다.174) 왜냐하면 율법의 행위로는 결코 하나님 앞에 의롭다 함을 얻을 사람이 없기 때문입니다.

2. 신자 : 은혜로 다스리심

하나님께서 불신자들을 율법으로 다스리신다면, 거듭난 신자는 무엇으로 다스리실까요? 본문은 말합니다. "죄가 너희를 주관치 못하리니 이는 너희가 법 아래 있지 아니하고 은혜 아래 있음이니라"(롬 6:14).

여기서 '법'은 앞에서 살펴본 바와 같이 정죄하고 죄를 확신케 하는 율법을 가리킵니다. 그리고 여기서 '너희'는 거듭난 신자들을 가리킵니다. 사람이 율법 아래 있다면, 분명히 죄가 그들에게 주인 노릇할 것입니다. 왜냐하면 그 율법은 그들에게 그들이 지은 죄에 대한 형벌을 보여주고 죄를 확신케 함으로 억압 가운데 있게 할 뿐 죄를 이길 어떤 힘도 제공하지 못하기 때문입니다. 그러나 신자는 율법의 통치 아래 있는 사람들이 아니기 때문에 죄가 그들에 대하여 주인 노릇하지 못합니다. 왜 그렇습니까? 그가 율법 아래 있는 사람이 아니면 그는 은혜 아래 있는 사람이기 때문입

---

173) 양심이 인간의 마음속에 새겨진 율법이라는 사실에 대해 다음 성경 구절을 참고하라. "하나님 앞에서는 율법을 듣는 자가 의인이 아니요 오직 율법을 행하는 자라야 의롭다 하심을 얻으리니 (율법 없는 이방인이 본성으로 율법의 일을 행할 때는 이 사람은 율법이 없어도 자기가 자기에게 율법이 되나니 이런 이들은 그 양심이 증거가 되어 그 생각들이 서로 혹은 송사하며 혹은 변명하여 그 마음에 새긴 율법의 행위를 나타내느니라)"(롬 2:13-15).

174) "우리가 알거니와 무릇 율법이 말하는 바는 율법 아래 있는 자들에게 말하는 것이니 이는 모든 입을 막고 온 세상으로 하나님의 심판 아래 있게 하려 함이니라 그러므로 율법의 행위로 그의 앞에 의롭다 하심을 얻을 육체가 없나니 율법으로는 죄를 깨달음이니라 이제는 율법 외에 하나님의 한 의가 나타났으니 율법과 선지자들에게 증거를 받은 것이라"(롬 3:19-21). "그러나 죄가 기회를 타서 계명으로 말미암아 내 속에서 각양 탐심을 이루었나니 이는 법이 없으면 죄가 죽은 것임이니라 전에 법을 깨닫지 못할 때에는 내가 살았더니 계명이 이르매 죄는 살아나고 나는 죽었도다 생명에 이르게 할 그 계명이 내게 대하여 도리어 사망에 이르게 하는 것이 되었도다"(롬 7:8-10).

니다. 누구도 그 둘, 곧 율법과 은혜 중 하나 아래 있지 않을 수 없기 때문입니다.

따라서 신자인 '너희'가 율법 아래 있지 않다는 것은 곧 하나님의 통치를 받는 방식으로서의 은혜 아래 있다는 의미입니다. 즉 본문 구절은 이런 의미입니다. '죄가 너희를 주관치 못하리니 왜냐하면 너희가 율법의 다스림 아래 있지 아니하고 은혜의 통치 아래 있음이라.'[175]

그런데 여기에서 한 가지 의문이 생깁니다. 왜 하나님께서는 인간을 이렇게 차별 대우하시는가 하는 것입니다. 어떤 사람은 아무 소망이 없는 율법의 통치를 받아 죄의 다스림 아래 있게 하시고, 어떤 사람은 은혜로 다스리셔서 죄를 이길 힘을 주시는가 하는 것입니다. 불신자들은 자신을 죄로부터 구원할 능력이 없는 율법 아래서 그렇게 고통받다가 정죄받고 결국은 형벌을 받아 죽음에 이르게 하시고, 신자는 죄를 이길 수 있는 은혜를 공급받아 영생을 누리며 살게 하시는가 하는 것입니다.

이 차별의 경계선상에는 우리 주 예수 그리스도를 믿는 믿음이 있습니다. 이것은 예수님께서 우리의 죄를 위해 율법의 정죄를 대신 받으신 속죄를 받아들이는 믿음입니다. 그것이 바로 자신의 죄를 회개하고 하나님께로 돌아온 사람들에게 주시는 하나님의 구원의 은총입니다. 그것이 바로 구원받은 신자가 이 땅에서 영생을 누리며 살아가는 방식입니다.

사도 바울의 지적과 같이 신자는 '생명의 성령의 법'이 '죄와 사망의 법'에서 해방시켜 준 사람입니다(롬 8:2). 이렇게 죄와 사망의 법에서 해방된 것은 그리스도께서 그들을 위해 십자가에서 죽으신 대속의 공로를 믿음으로 받아들이게 하신 성령의 역사를 통해서입니다.

하나님께서 우리에게 주신 구원은 단지 과거의 죄에 대한 용서가 아닙니다. 그리스도의 속죄를 통해서 우리에게 주신 구원 안에서 과거와 현재와 미래의 죄를 용서

---

[175] 신자가 은혜의 상태에 있을 때에 하나님의 말씀에 쉽게 영향을 받으며 어린아이와 같은 마음으로 그분의 마음을 전수받게 된다. 또한 세상의 유혹에 대하여 둔감하게 된다. 그리고 이러한 의미에서의 은혜는 특별히 신자의 영적 생활과 관련되어 언급된다. 이 은혜는 곧 거듭난 신자 안에 주신 성령으로 말미암은 거듭난 본성의 생명력을 가리킨다. 따라서 신자가 하나님의 은혜 안에서 살 때에는 하나님을 향한 따뜻한 사랑과 온유함, 그리고 그분과의 영적 교제의 친밀함이 있으며, 이 때는 세상의 유혹과 죄에 대하여 적대적인 마음을 갖게 되고, 신령한 것들에 대한 친화적인 갈망을 소유하게 된다. 영적인 침체는 이러한 은혜를 상실하고 하나님과의 친밀한 교제로부터 멀어지는 것인데, 이 때 신자들은 죄와 유혹에 대한 저항력이 떨어지며 오히려 그것들에 대해 친화적인 경향을 갖게 된다. 이러한 은혜의 경험 한복판에는 하나님의 인격에 대한 경험이 있으며, 그것은 구체적으로 하나님의 성품을 경험하는 것이다. 그리고 그러한 경험 한가운데는 언제나 하나님께 대한 진실한 사랑이 있다.

해 주실 뿐 아니라, 우리 안에 옛 본성을 허무시고 새로운 본성을 심으시는 것입니다. 성령의 능력으로 우리 안에 새 생명의 원리를 심으시는 것입니다. 그것이 바로 우리에게 주신 '새 사람'이고 '하나님의 성품'입니다. 하나님께서는 여기에 성령을 통하여 신령한 은혜를 공급하심으로써 우리 안에 남은 죄들을 이기게 하십니다. 예전에는 율법 아래서 죄의 법의 지배를 받았으나, 이제는 은혜가 법이 되어서 우리들을 다스리게 됩니다.[176]

아아, 우리 주 예수 그리스도께서 우리에게 주신 구원은 얼마나 놀라운 것입니

---

[176] "그러므로 내가 한 법을 깨달았노니 곧 선을 행하기 원하는 나에게 악이 함께 있는 것이로다"(롬 7:21). 여기서 우리는 네 가지 사실을 관찰할 수 있다. (1)죄의 별칭: 사도 바울이 내재하는 죄에게 부여한 이름은 '한 법'이다. 이것을 통해 그는 죄의 힘과 영향력을 표현한다. (2)죄의 법의 발견: 그가 이 법을 발견하게 된 곳은 독립적으로 그리고 죄의 본질 안에서가 아니라 바로 사도 바울 자신 안에서였다. "내가 한 법을 깨달았노니." (3)영혼의 틀: 이 죄의 법을 가진 사람의 내면과 영혼의 틀은 선을 행하기 원한다. "선을 행하기 원하는." (4)죄의 법의 활동: 그 영혼이 이 틀 안에서 선을 행하고자 할 때, 이 법은 그 영혼 안에 함께 존재하며 선에 대항하여 활동한다. "악이 함께 있는 것이로다." John Owen, *The Nature, Power, Deceit, and Prevalency of the Remainder of Indwelling Sin in Believers; together with the ways of its working and means of prevention, opened, evinced, and applied; with a resolution of sundry cases of conscience thereunto appertaining*, in *The Works of John Owen*, vol. 6, edited by William H. Gould, (Edinburgh; The Banner of Truth Trust, 1991 reprinting), pp.157-158. 여기서 '한 법' 은 두 가지 의미로 이해될 수 있는데, 지시적 법칙으로서의 법과 힘을 소유하고 있는 실효적 원리로서의 법이 그것이다. (1)지시적 법칙(指示的 法則)으로서의 법: 이것은 도덕법으로서 명령하고, 상과 벌로써 그것이 요구하고 금지하는 것에 관하여 생각(mind)과 의지(will)를 움직이고 규정하는데, 이것이 바로 일반적인 법의 역할과 본질이다. (2)실효적 원리(實效的 原理)로서의 법: 이것은 법적인 정당성과는 상관없이 어떤 힘을 가짐으로써 실제로 법 역할을 하는 것으로 어떤 행위에 대하여 끊임없이 경향성을 보인다. 모든 것의 본성 안에 존재하는 그 원칙은 자신의 목적을 향하여 본성을 움직여 간다. 그래서 사도 바울은 롬 8:2에서 신자의 마음속에 있는 그리스도의 은혜와 성령의 영향력 있는 사역을 '생명의 성령의 법'이라고 불렀고, 동일한 이유로 내재하는 죄를 '한 법'이라고 불렀다. 그것은 신자 안에 내재하는 강력하고 실효적인 원리로서 신자로 하여금 죄의 본성에 적합하고 어울리는 행위를 하도록 부추기고 압박한다. '한 법' 을 어떠한 상태로 보아도 의미는 통한다. 사도 바울이 그 단어를 여러 의미로 사용하였다 할지라도, 그것이 죄와 관계되어질 때에는 어디서든지 사람의 상태에 적용되어 사용되지 않고 오직 죄의 위력 또는 본질을 가리킨다. 사도 바울의 고백을 생각해 보자. '내 지체 속에서 한 다른 법이 내 마음의 법과 싸워 지체 속에 있는 죄의 법 아래로 나를 사로잡아 오는 것을 보는도다'(롬 7:23). 그가 여기서 '마음의 법' 이라고 부른 것은 다름 아닌 '예수 그리스도 안에 있는 생명의 성령의 법' 이며(롬 8:2), 은혜의 성령의 효과적인 능력이다. 그러나 죄에 대해 언급된 '그 법' 은 이중적인 의미를 가지고 있다. 첫째로, 사도 바울이 '내 지체 속에서 한 다른 법······을 보는도다.' 라고 하였을 때, 그것은 죄의 존재(存在)와 본질(本質)을 의미한다. 둘째로, 그 고백 후반부에서 '죄의 법 아래로 나를 사로잡아 오는 것을 보는도다.' 라고 하였을 때, 그것은 죄의 힘과 영향력(影響力)을 의미한다. 따라서 '한 법' 이라는 이 이름과 용어로부터 우리가 관찰할 수 있는 바는, 신자 안에 내재하는 죄는 비록 중생을 통해 지배권이 파멸되었으나 여전히 탁월한 영향력과 힘으로 잔존하고 있으며, 그것은 신자 안에서 악을 향하여 끊임없이 역사하고 있다는 것이다. 이렇게 죄는 신자들 안에 존재한다. 비록 죄의 통치는 파멸되었고, 신자를 지배하는 능력은 약화되었으며, 죄의 뿌리는 죽임을 당했어도, 그것은 여전히 신자 안에서 커다란 힘과 영향력을 가진 '한 법' 이다. John Owen, *The Nature, Power, Deceit, and Prevalency of the Remainder of Indwelling Sin in Believers; together with the ways of its working and means of prevention, opened, evinced, and applied; with a resolution of sundry cases of conscience thereunto appertaining*, in *The Works of John Owen*, vol. 6, edited by William H. Gould, (Edinburgh; The Banner of Truth Trust, 1991 reprinting), pp.158-159.

까? 숙명처럼 여기며 살던 지배를 종식시키고, 하늘의 능력을 힘입어 살게 하시는 은혜가 얼마나 감사한지요. 우리가 누리는 이 축복을 앞서 간 수많은 구약의 성도들은 그리워만 하다가 죽었습니다(히 11:13). 그러나 이제는 죄의 무거운 짐을 지고 아무 소망도 없이 고통 가운데 살던 사람들에게 있어 죄를 통하여 우리를 지배하는 사단의 세력을 십자가로 못박으셨습니다. 성경은 말합니다. "우리를 거스리고 우리를 대적하는 의문에 쓴 증서를 도말하시고 제하여 버리사 십자가에 못박으시고 정사와 권세를 벗어버려 밝히 드러내시고 십자가로 승리하셨느니라"(골 2:14-15).

이제 우리 안의 죄는 예전의 절대적인 지배력을 상실하였습니다. 비유를 하자면 이렇습니다. 거듭나기 전의 죄가 이라크가 망하기 전의 사담 후세인이라면, 거듭난 후의 죄는 나라가 망하고 벙커에 은신하던 때의 사담 후세인입니다. 그는 이제 자신의 나라에서 모든 합법적이고 실효적인 권력을 상실하였습니다. 그러나 그래도 그를 지지하는 세력들이 있어서 여기저기서 준동하고 연합군과 시민들의 안전을 위협하였던 것처럼 지금도 신자인 우리 안에 죄는 역사합니다. 죄의 생명의 원리는 결정적인 타격을 입어 창자가 터져 나오고 피 흘리며 쓰러져 죽기 직전의 맹수 같은 신세가 되었지만 그래도 우리를 향한 죄의 계획을 안전히 포기하지 않았습니다.

그리스도를 통해서 우리에게 주어진 새 언약은 이러한 죄에 대한 승리를 자동적으로 보장하지 않습니다. 신자가 거듭났다는 이유만으로 저절로 죄를 이기고 승리하는 삶을 사는 것은 아닙니다. 우리 안에 '생명의 성령의 법'이 있어도 말입니다. 만약 그렇다면 성경은 그렇게 빈번히 신자들에게 분투하는 삶을 촉구하지 않았을 것입니다.[177] 그리고 온전한 성화의 삶을 위한 어떠한 긴장도 필요하지 않을 것입

---

[177] 성경은 구원받은 신자들에게 거룩한 삶을 위해 분투하도록 빈번히 촉구하고 있다. "너는 이스라엘 자손의 온 회중에게 고하여 이르라 너희는 거룩하라 나 여호와 너희 하나님이 거룩함이니라"(레 19:2). "너희 육신이 연약하므로 내가 사람의 예대로 말하노니 전에 너희가 너희 지체를 부정과 불법에 드려 불법에 이른 것같이 이제는 너희 지체를 의에게 종으로 드려 거룩함에 이르라"(롬 6:19). "그런즉 사랑하는 자들아 이 약속을 가진 우리가 하나님을 두려워하는 가운데서 거룩함을 온전히 이루어 육과 영의 온갖 더러운 것에서 자신을 깨끗하게 하자"(고후 7:1). "하나님을 따라 의와 진리의 거룩함으로 지으심을 받은 새 사람을 입으라"(엡 4:24). "이는 곧 물로 씻어 말씀으로 깨끗하게 하사 거룩하게 하시고 자기 앞에 영광스러운 교회로 세우사 티나 주름 잡힌 것이나 이런 것들이 없이 거룩하고 흠이 없게 하려 하심이니라"(엡 5:26-27). 제임스 패커(James I. Packer)는 신자의 거룩(holiness)이야말로 오늘날의 기독교가 잃어버린 유산이라고 지적하고, 모든 그리스도인은 중생과 함께 성결의 학교에 입학한다고 말하면서 다음 세 가지를 지적한다. (1)성결은 기도와 마찬가지로 경험을 통하여 배우는 그 무엇이다. (2)성결해지는 것을 배우는 과정은 학교 생활에 비견될 수 있다. 하나님의 학교이고 거기서 하나님께서는 우리를 슬픔과 기쁨, 성취와 좌절, 즐거움과 실망을 겪게 하심으로써 이 모든 것을 성결을 위한 교과 과정으로 사용하신다. (3)이 성결의 학교에서 예수 그리스도께서 친히 주님이 되

니다. 신자는 자신에게 심겨진 '생명의 성령의 법'으로 능히 죄를 이기며 살 수 있지만, 그것은 그가 믿음으로 순종하며 은혜 안에 살 때입니다.

우리는 절대적인 의미에서 죄와 사망의 법에서 해방되었지만, 죄의 모든 영향으로부터 해방된 것은 아닙니다. 여전히 죄는 신자인 우리 안에 살아 있습니다. 우리가 죄를 미워하고 그것을 대적하는 한 죄는 우리를 이길 수 없습니다. 그러나 우리가 죄를 사랑하고 선택하면 죄는 강력한 힘으로 자라서 우리 안에 역사합니다. 이처럼 죄와 은혜는 모두 자신에 대한 신자의 순종을 통해서 힘을 얻습니다. 신자 안에서 은혜도 자라고 죄도 자랍니다. 그들은 각자의 궁극적인 계획을 가지고 신자 안에서 우세한 지배력을 행사하고자 애쓰고 있습니다. 죄도 자신에 대한 신자의 순종을 통하여 번성하고, 은혜도 또한 그러합니다.

여기서 죄에게 무기를 공급해 주는 지원책은 우리 자신입니다. 따라서 우리가 불순종하며 믿음과 은혜의 원리를 따라 순종하며 살지 않는 것은, 우리 안에 다 죽어가는 죄의 잔존하는 세력들에게 도시락을 날라 주고 우리 영혼을 파괴할 무기와 장비를 공급해 주는 것과 같습니다.

우리의 순종적인 지원으로, 우리 안에 흩어져 있던 잔존하는 죄들은 세력을 규합하고 점점 강성해집니다. 어떠한 은혜의 조치가 없이 방치하면 죄는 점점 더 번성하여, 신자를 하나님께 대한 진실한 사랑에서 멀어지게 하고 사악한 죄에 빠지게 합니다. 그리고 그러한 은혜로부터의 부패가 오랫동안 지속되면서 그 사람 안에 강력한 죄의 경향성을 형성합니다. 그래서 거듭난 신자의 표지를 거의 상실하도록 만들어서 배교에 방불한 삶을 살게 합니다.

죄의 지배의 이러한 성격은 회개와 죄 죽임의 경험을 통하여 훌륭하게 입증됩니다. 죄의 욕구에 순종할 때는 우리 안에서 그렇게 강한 것처럼 느껴져도, 우리가 죄에 순종하기를 거절하고 은혜의 원리로 돌아가서 하나님께 순종하면 도저히 이길 수 없을 것 같았던 죄의 세력은 급속히 약화됩니다. 기도의 실천 가운데서 영혼은 죄와 맞붙어 싸우며 죄를 죽이기 시작합니다.

하나님께서 은혜로 우리를 다스리신다는 의미는 이렇게 우리 안에 은혜를 주셔

시고 인도자와 교사가 되시어 신자들과 함께하신다. James I. Packer, *Rediscovering Holiness*, (Ann Arbor; Servant Publications, 1999 reprinting), pp. 12-18.

서 그것으로 죄의 세력을 이기며 하나님의 뜻을 따라 살게 하신다는 것을 뜻합니다. 하나님께서 우리를 '죄와 사망의 법'에서 구하시고 '생명의 성령의 법'을 심으셨지만, 실제로 우리가 얼마나 죄를 이기며 풍성한 은혜의 통치 아래 살면서 구원의 목적을 따라 살 수 있는가 하는 것은 우리가 얼마나 자신 안에 있는 죄를 죽이고 하나님께 순종하며 사는가에 달렸습니다. 그러므로 율법 아래 살아가는 사람들은 아무 희망이 없지만, 은혜 아래 살아가는 사람들은 참으로 복된 사람들입니다. 그 은혜의 힘으로 죄를 이기며 살아갈 수 있기 때문입니다.

Ⅲ. 은혜 아래 있는 신자와 죄

이제 우리가 살펴볼 것은 중생하여 은혜의 통치 아래 있는 신자 안에 남아 있는 죄의 성격과 역사에 관한 것입니다. 앞에서 살펴본 바와 같이 거듭난 신자 안에도 부패한 성품이 남아 있고 따라서 죄는 잔존하고 있습니다. 신자인 우리 안에 잔존하는 죄는 두 가지 측면으로 나누어 설명할 수 있습니다.

원리적으로 신자를 지배하는 죄는 있을 수 없습니다. 절대적인 지배자로서의 죄의 세력은 신자가 생명의 성령의 법으로 거듭날 때 이미 모두 파괴되었기 때문입니다.[178] 그러나 실제적으로 죄의 영향력은 여전히 신자 안에 남아 있습니다. 신자인

---

[178] "이는 그리스도 예수 안에 있는 생명의 성령의 법이 죄와 사망의 법에서 너를 해방하였음이라"(롬 8:2). "첫째로, 중생은 근본적인 변화입니다. 중생을 통하여 인간 속에 새로운 영적 생명의 원리가 심겨짐으로써 영혼의 지배적인 성향이 근본적으로 변화됩니다. 그리고 영혼의 변화는 그의 지성과 정서, 의지로 이루어지는 전인격에 영향을 주어 변화된 삶을 살게 됩니다. 이는 하나님께서 창조시에 만물을 통하여 당신 자신의 신성을 드러내신 것처럼 인간은 하나님에 의하여 거듭난 새 본성을 통하여 새로운 피조물이 되고 새 삶을 살게 됩니다." 김남준, 「구원과 하나님의 계획」, (서울; 부흥과개혁사, 2004), p.178. 신자 안에 내주하는 은혜는 중생과 함께 심겨진 성령의 열매이다. 중생을 통해 성령으로 다시 태어난 사람은 옛 본성에 항거하고, 하나님을 대적하는 인간 본성의 모든 적의(敵意)에 맞선다. 영혼 안에 새롭고, 은혜로우며, 영적인 생명과 원리가 창조되고 주어짐으로써 영혼의 모든 기능과 영향력에 있어서 변화가 발생하며, 하나님의 생각에 합하여 모든 신령한 것들에 대해 하나님께 순종하며 살기에 적합하게 된다. John Owen, *Of Communion with God the Father, Son, and Holy Ghost, Each Person Distinctly, in Love, Grace, and Consolation; or, the saints' fellowship with the Father, Son, and Holy Ghost unfolded,* in *The Works of John Owen,* vol. 2, edited by William H. Goold, (Edinburgh; The Banner of Truth Trust, 1990

우리 안에 잔존하는 죄는 우리로 하여금 하나님의 뜻대로 살지 못하도록 방해할 수는 있습니다. 지상에 있는 동안, 우리는 이 죄로부터 완전히 자유로워질 수 없습니다. 다만 끊임없이 하나님께서 주신 은혜의 원리들을 활용하여 그것을 죽이는 경건한 삶을 살아가면 죄로 인하여 우리를 구원하신 하나님의 계획을 따라 사는 일에 크게 방해받지 않을 수 있습니다. 그러나 잔존하는 죄가 우리의 순종을 통하여 매우 강한 힘을 얻어서 왕성한 세력으로 자랄 때, 그것이 불법이기는 하지만 우리는 죄의 지배 아래로 들어가게 됩니다.

언젠가 성적인 타락으로 인하여 깊은 영적 침체에 빠진 지체로부터 자신은 도저히 죄를 이길 수 없다는 절망에 가득 찬 편지를 받은 적이 있습니다. 그는 고백하였습니다. "그리스도인으로서 그런 죄에 빠졌다는 양심의 가책 때문에 그렇게 괴로워하며 울지만, 그 눈물이 채 마르기도 전에 또 다시 같은 죄를 저지르고 있는 자신을 발견합니다. 목사님, 저는 어찌하여야 합니까? 제가 거듭난 자가 맞습니까?"

그는 죄의 지배 아래서 괴로워하고 있었습니다. 복음과 죄에 대한 무지가 죄에 대한 사랑을 돕고 있었습니다.

저는 그에게 답장하면서 이렇게 충고하였습니다. "당신은 거기서 헤어 나올 수 없습니다. 거기서 눈물을 흘리고 통곡할지라도, 가끔 하나님께 기도가 상달되는 것 같아도, 그것은 일순간의 종교적인 경험에 지나지 않습니다. 당신은 이미 죄를 이길 수 있는 원리를 벗어나 있기에 몸부림쳐도 벗어날 수가 없습니다. 당신은 이미 죄의 종이 되어 버렸습니다. 먼저 복음이 가르치는 죄 죽임의 원리, 곧 당신 안에서 번성한 죄의 지배를 깨뜨리고 은혜의 지배를 가져오는 원리가 무엇인지를 알고, 거기로 돌아오십시오."

먼저 죄와 죄의 비참함을 깨닫고, 죄가 역사하는 방법과 죄를 죽이는 이치에 대하여 깨달아야 합니다. 진리의 말씀을 통하여 죄를 인식하고 그것을 회개하여야 합니다. 마음속에서 길어 올리는 진실한 기도를 지속적으로 실천하여야 합니다.[179)]

---

reprinting), pp. 199-200.

179) 죄 죽임의 실천에 있어서 우리가 하나님께 드리는 영혼의 모든 간구는 성령으로 말미암는 도움을 받게 한다. 성령께서는 예수 그리스도를 바라보는 자들에게 약속된 '간구하는 심령' 이시며 그들로 하여금 말할 수 없는 탄식으로 기도하게 하신다. "이와 같이 성령도 우리 연약함을 도우시나니 우리가 마땅히 빌 바를 알지 못하나 오직 성령이 말할 수 없는 탄식으로 우리를 위하여 친히 간구하시느니라"(롬 8:26). John Owen, *Of the Mortification of Sin in Believers; the necessity, nature, and means of it; with a resolution of sundry cases of conscience*

기도에 있어서 우리는 그 기도 실천의 과정보다는 결과인 응답을 더 중요시합니다. 그러나 성화(聖化)의 측면에서 보면 기도 실천의 과정이 더욱 중요합니다. 영혼의 진정한 변화를 위해서는 기도의 실천 과정에서 이루어지는 몸부림을 통하여 받게 되는 영적인 축복이 더 필수적입니다. 기도의 응답은 일반적인 섭리를 통하여 오지만, 마음으로 우러나오는 간절하고도 지속적인 기도의 실천을 통하여 받게 되는 영적인 축복은 하나님께서 우리의 영혼 자체를 직접 만지시는 것이기 때문에 죄를 죽이고 은혜를 살립니다. 그리고 이전에 사랑하던 죄를 미워하고 거룩을 사랑하는 틀을 마음에 형성합니다.

복음은 죄를 소멸하는 능력을 주시는 하나님의 도구입니다. 어떠한 도덕적인 노력이나 윤리적인 개선을 통해서도 결코 죄 죽임에 도달할 수 없고, 하나님과의 참된 평화도 누릴 수 없습니다. 모든 성경적인 경건과 하나님과의 평화, 죄를 이기는 지혜와 능력은 오직 복음 안에만 있습니다. 오직 복음만이 그 모든 성경적인 거룩과 경건의 유일한 뿌리입니다. 그리스도께서 우리를 위해 십자가에 못박혀 죽으신 것은 이처럼 우리로 이 땅에 살아 있는 동안 주님의 자녀답게 살게 하시기 위함입니다. 이 원리로 돌이와서 이런 승리를 누리면서 성결(聖潔)한 은혜의 삶을 살아야 합니다.

IV. 죄의 지배를 받고 있을 때의 대처

우리나라에서도 가끔 큰 산불이 발생하여 수십 년 동안 가꾸어 온 산림을 일시에 태워 버립니다. 최근 십여 년 사이에도 세계적으로 큰 산불이 여러 번 있었습니다. 아마존의 밀림 지역과 호주, 그리고 인도네시아 등지에서 일어났던 산불은 그야말로 상상을 초월하는 규모의 산불이었습니다. 혹시 산불이 발생한 현장을 보신 적이 있으신지요?

---

thereunto belonging, in *The Works of John Owen*, vol. 6, edited by William H. Goold, (Edinburgh: The Banner of Truth, 1991 reprinting), pp. 85-86.

산 전체가 타 들어가는 큰 불이 난 현장에서는 세찬 바람과 불길이 이동하는 소리가 납니다. 광활한 산림이 타 들어가며 불길이 치솟을 때, 뜨거운 공기가 하늘로 솟구치면서 새로운 공기의 흐름을 만들기 때문입니다. 그래서 산이 울고 있는 듯이 커다란 바람 소리가 납니다. 더욱이 그 때 화재를 돕는 바람이 적절하게 불고 있다면 산불은 위세를 더할 것입니다.

요즘은 산불을 끄는 장비도 많이 발달되어서, 진화용 헬리콥터가 한번에 3톤 정도나 되는 물을 퍼 올릴 수 있다고 합니다. 그러나 화재의 규모가 워낙 크면 몇 십 대의 헬기가 물을 퍼부어도 진화가 어렵습니다. 결국 비가 올 때까지 기다리는 수밖에 없습니다. 앞서 언급한 커다란 산불들은 대부분 사람의 힘으로 끈 것이 아니라 내리는 비가 껐습니다. 엄청난 소리를 내면서 타 들어가던 무서운 불길이지만 하늘 가득 시커먼 먹구름이 몰려오고 비가 쏟아지기 시작하면 위세를 부리던 그 불길도 세력을 잃게 됩니다.

우리의 영적 생활도 마찬가지입니다. 죄의 지배가 너무 강력해서, 혹은 이 죄에 항거할 수 있는 능력이 전혀 없음을 인하여 신자들은 좌절합니다.

제게 개인적으로 편지를 통해 신앙 상담을 해오는 지체들을 대하다가 그런 경우를 봅니다. 어마어마하게 번져 가는 죄의 불길 앞에 속수무책으로 서 있는 것처럼 느껴지는 영적 상황 가운데 있는 지체들을 가끔 만납니다. 어떻게든 그 죄에 저항해 보려고 애를 쓰지만 그 노력들은 엄청나게 타오르는 산불 앞에 바가지로 물을 몇 번 끼얹는 것처럼 미미할 뿐입니다. 그래서 그들은 자신의 영혼의 상태에 대하여 깊은 좌절을 느끼고 혼란에 빠지게 됩니다. 이제껏 해온 신앙 생활의 모든 경험, 성경을 아는 것, 기도하는 것 등이 도저히 죄에서 벗어나는 데 도움이 되지 않는 것 같은 상황을 맞이할 때도 있습니다.

그러면 이럴 때는 어떻게 해야 할까요? 어떻게 번성하여 강력하게 타오르는 죄의 세력을 멸하고 다시 질서 있는 은혜의 상태로 들어갈 수 있을까요? 여기서는 우리가 죄의 지배를 받고 있을 때 어떻게 대처해야 하는지에 대해 살펴보겠습니다.

A. 죄의 지배의 교리를 기억하라

첫째로, 죄의 지배의 교리를 생각하여야 합니다. 우리 안에 죄가 강력하게 역사한다고 할지라도 생각은 할 수 있습니다. 그러므로 죄의 지배 아래 있거나 공격을 받을 때, 우리는 먼저 사고를 정돈해야 합니다. 우리가 죄의 지배를 벗어나기 위해서는 맞붙어 싸워야 하는 죄와 우리 자신에 대한 정리된 지식이 필수적입니다.

앞서 언급한 바와 같이 죄의 지배 아래 있게 되면, 생각은 뒤엉키고 지성에 혼란이 옵니다. 감정도 질서를 잃게 되고, 의지도 이성에 의하여 통제가 되지 않습니다. 그리고 마음의 틀도 기존의 은혜로운 질서의 상태를 상실하게 됩니다. 결국 우리는 자신도 어떻게 해야 될지 모르는 혼돈 속에 빠지게 됩니다. 이 때에 가장 시급한 것은 생각을 정돈하고 혼란스러워진 지성을 바로잡는 것입니다. 이를 위하여 가장 시급히 필요한 것이 바로 죄의 지배에 관한 교리를 이해하는 것입니다. 죄의 지배에 관한 성경의 가르침을 모르는 사람들은 죄와의 싸움에서 매우 불리한 위치에 있는 셈입니다. 마치 보이지 않는 적군과 싸우는 군인처럼 말입니다. 죄는 항상 무지라는 어둠의 장막 안에서 번성합니다. 지식의 빛이 없이는 결코 죄를 이길 수 없습니다.

신자가 죄의 지배를 받고 있는 상태는 두 가지 경우가 있을 수 있습니다. 하나는 자기가 죄의 지배를 받고 있다는 것을 거의 모르면서 실제로는 죄의 지배를 받고 있는 상태이고, 또 하나는 자기가 죄의 지배를 받고 있다는 사실을 알면서 죄의 지배 아래 있는 것입니다.[180]

---

[180] 영적인 눈멂(spiritual blindness)은 영적 어두움(spiritual darkness)이 인간의 생각(mind)에 적용된 용어이다. 청교도 조셉 벨라미(Joseph Bellamy)는 영적 눈멂은 영적인 시각(視覺)을 상실한 것으로서, 신적인 것들의 사랑스러움, 아름다움, 그리고 영광을 감지하는 못하는 것이라고 보았다. 육체적인 눈멂과 달리, 인간이 영적인 눈멂의 상태에 있다는 것은 사악(邪惡)한 것이며 그 자체가 범죄이다. 따라서 눈멂은 죄와 타락의 결과이기도 하고, 그러한 상태에 머물러 있는 것 자체가 죄(罪)이며 악(惡)이다. 이처럼 영적인 것들의 가치와 풍미(風味)를 자각할 수 없는 소경 상태에서 여러 부패한 성품들로 말미암아 세상의 것들만 탐하게 되고 정욕과 타락에 흐르는 삶을 살게 된다. 이러한 영적인 눈멂의 상태에 있는 자들은 죄가 속임(deceit)으로 역사하기에 아주 좋은 대상이다. Joseph Bellamy, *Sin, the Law, and the Glory of the Gospel*, (Ames; International Outreach, Inc., 1998), pp.134-136. 존 오웬은 영적인 눈멂의 효과라고 할 수 있는 영적인 어둠을 두 가지로 구분하였다. (1)객관적인 어둠(objective darkness): 하나님을 알고 말씀을 깨달음으로써 밝혀질 수 있는 인간 위에 드리워진(on man) 어둠을 가리킨다(시 19:8, 벧후 1:19). (2) 주관적인 어둠(subjective darkness): 이것은 인간 안에 있는 (in man) 어둠을 가리킨다. 본성의 타락으로 말미암아 전체 이성(理性)은 약해지고 영혼(靈魂)은 무능해짐으로써 인간의 마음이 복음의 신비나 교리가 분명한 진리임이 증명되고 제시되어도 깨닫지 못하고 받아들이지도 못하는 어둠의 상태를 가리킨다(엡 4:17). 이런 영혼의 어둠으로 말미암아 생각은 허탄한 것에 굴복하고(롬 8:20), 총명은 어두워지며(요일 1:5), 마음은 굳어진다(엡 4:19). John Owen,

1. 죄에 패배한 상태 1 : 죄의 지배를 모르는 경우

첫째는 스스로 죄의 지배 아래 있음을 모르는 경우입니다. 죄의 지배를 받고 있음에도 불구하고, 자신이 죄의 지배를 받고 있다는 것을 모르는 사람에게는 회개할 죄가 거의 생각나지 않습니다. 이런 사람들의 대부분은 형식적인 신앙 생활에 익숙해져서 소문난 죄를 지은 적이 별로 없거나, 자기 양심에 거리낄 것이 없이 착실하게 신앙 생활을 해온 것으로 스스로 만족스럽게 생각하는 사람들입니다. 따라서 이들에게는 정도의 차이는 있으나 스스로를 의롭다고 믿는 마음이 있습니다.

그러나 소문난 커다란 죄만이 우리를 죄의 지배 아래로 데리고 가는 것이 아닙니다. 궁극적으로 죄란 스스로 자신이 온 우주의 중심이라고 생각하면서 살아가는 것입니다. 스스로 가치 판단의 기준이 되고 자신의 행복을 궁극적인 선(善)이라고 생각하며 살아가는 것입니다. 그래서 창조주 하나님께서 자신을 향하여 가지고 계신 창조의 목적과 상관없이 살아가는 것입니다. 그가 아무리 착실하게 교회를 다니고 간음이나 살인, 도적질과 같은 죄를 짓지 않고 살아간다고 할지라도 참된 영적인 생명으로부터 멀어지게 됩니다. 그래서 죄의 지배 아래 살아가게 됩니다.

이런 경우에 처해 있는 사람들 중 대부분은 자신이 죄의 지배 아래 있다는 것을 쉽게 인정하려 하지 않습니다. 그들에게는 진실한 참회를 통한 자기 깨어짐 같은 것이 없습니다. 복음과 경건의 비밀에 대해서 아주 적은 부분밖에 알지 못합니다. 그

Pneumatologia or, A Discourse Concerning the Holy Spirit; wherein an account is given of his name, nature, personality, dispensation, operations, and effects; his whole work in the old and new creation is explained; the doctrine concerning it vindicated from oppositions and reproaches. The nature also and necessity of gospel holiness; the difference between grace and morality, or a spiritual life unto God in evangelical obedience and a course of moral virtues, are stated and declared, in *The Works of John Owen*, vol. 3, edited by William H. Goold, (Edinburgh; The Banner of Truth Trust, 1994 reprinting), pp.247-249. 자신 안에 있는 죄 자체를 알 수 없는 죄인의 눈멂에 대하여는 다음 책을 참고하라. Paul Althaus, *The Theology of Martin Luther*, translated by Robert Schulz, (Philadelphia; Fortress Press, 1966), pp.141-143. 조나단 에드워즈는 인간의 이러한 눈멂(blindness)을 타락으로 말미암은 파괴적 결과(ruins of the fall)라고 말하면서, 이러한 인간 본성의 절망적인 눈멂에 대하여 크게 네 가지를 지적하였다. (1)너무나 명백하고 당연한 사실에 대한 눈멂. (2)아주 작은 것에 의해서도 쉽게 속임을 당하면서도 그것을 알지 못하는 눈멂. (3)하나님의 형상으로서의 인간 자신의 뛰어남과 영광에 대한 눈멂. (4)세상에 있는 것에 대하여 뛰어난 지각을 가지고 있으나, 신앙 면에 있어서는 그러한 지각을 발휘하지 못하는 눈멂. Jonathan Edwards, "Man's Natural Blindness in the Things of Religion," *Miscellaneous Discourse*, in *The Works of Jonathan Edwards*, vol. 2, revised and corrected by Edward Hickman, (Edinburgh; The Banner of Truth Trust, 1995 reprinting), pp.252-253.

러한 신앙 생활은 생명이 없는 형식으로 채워질 것입니다.

그들에게 꼭 해주고 싶은 충고가 있습니다. 그것은 스스로 자신의 죄가 생각나지 않으면, 죄를 찾으려고 하지 말고 자신에게서 영적 생명의 증거를 찾아보라는 것입니다. 보이지 않는 그리스도께 대한 사랑의 증거를 찾아보라는 것이다.

성경으로 돌아가 보십시오. 죄로부터 멀어져 성결(聖潔)하게 산 사람들에 대해서 성경이 무엇을 말하는지 귀기울여 보십시오. 하나님께서는 의로운 사람들과 동행하시며, 마음이 청결한 자를 만나 주십니다.[181] 따라서 죄가 생각나지 않는다면, 자신 안에 그리스도께 대한 사랑의 감격과 하나님을 뵈옵는 신령한 교통이 있는지 살펴보라는 것입니다. 거룩하고 순결하며 의롭게 살아갔던 사람들이 누린 살아 계신 하나님과의 아름다운 사랑의 교통의 증거가 있는지 살펴보라는 것입니다. 그러나 그들 중에는 이렇게 자신을 입증할 수 있는 사람이 없을 것입니다. 비록 도덕적으로 크게 비난받을 일이 없고 성실하게 교회에 출석한다고 할지라도 그들은 비영적인 틀(unspiritual frame)에 갇힌 불행한 사람들입니다. 영혼의 진정한 축복을 모르는 사람들입니다. 토머스 왓슨(Thomas Watson)이 지적한 바와 같이 그들은 '잘 길들여진 짐승과 같은' 사람들입니다.[182]

2. 죄에 패배한 상태 2 : 죄의 지배를 아는 경우

둘째로, 자신이 죄의 지배 아래 있다는 것을 아는 경우입니다. 이런 경우에는 범죄가 크면 자책감도 커집니다. 그래서 범죄로 말미암은 자책감과 함께 죄의 특별한 지배력을 느끼게 됩니다. 그리고 이로 인해 영혼의 안식이 없으므로, 죄의 지배로부터 벗어나기를 갈망하게 됩니다. 그런데 은혜의 상태로부터 미끄러져 있는 시간이 길어질수록, 유혹은 점점 강해지고 죄에 대한 저항력은 점점 약해져서 유혹에 쉽게

---

[181] "마음이 청결한 자는 복이 있나니 저희가 하나님을 볼 것임이요"(마 5:8).
[182] 한 사람의 도덕적 상태는 반드시 은혜의 상태를 반영하는 것은 아니다. 인간의 도덕은 반드시 하나님의 거룩한 사랑과 그리스도의 은혜로운 구속을 아는 지식에서만 비롯되는 것은 아니다. 영적인 요인 외에 인간의 양심과 관습, 환경 등에 의해서도 얼마든지 결정될 수 있는 것이다. 즉, 인간 본성의 빛(light of natural)에 의해서도 도덕적인 삶이 가능하다는 것이다. 따라서 죄 죽임의 실천이 없는 삶은 그 외면적인 도덕의 수준이 어떠하든지 하나님 없이 자신의 정욕을 따라 사는 삶이다. 김남준. 「성화와 기도」, (서울: 생명의말씀사, 2004), p.70.

굴복하게 됩니다. 그리고 유혹에 굴복하는 일들이 빈번히 일어나게 되면서, 영혼과 마음 안에 있는 은혜의 질서는 계속 파괴되어 가고, 이에 따라 내면세계는 엉클어지게 됩니다.

죄로 말미암은 양심의 가책으로 괴로워하는 상황에서, 죄의 지배 아래 있는 신자가 위로를 받을 수 있는 길은 둘 중의 하나입니다. 하나님과의 평화를 되찾아 신령한 위로를 받든지, 다시 죄를 범함으로써 거기서 오는 육체적인 즐거움으로 잠시 고통을 달래든지 둘 중 하나입니다. 그런데 죄가 우세하게 역사하고 있는 상황에서는 전자를 통해 위로받기가 쉽지 않습니다. 그의 영혼은 이미 하나님의 은혜보다는 죄에 접근하기 좋은 상태에 있기 때문입니다. 그래서 죄에 패배한 상태에서는 신령한 위로보다는 사악한 쾌락을 찾게 되기 쉽습니다. 결국 한편으로는 죄의 세력이 그를 죄 아래로 사로잡아 가고, 또 한편으로는 신자 스스로 악을 행함으로써 죄를 좇게 됩니다.[183]

이럴 때 죄의 지배의 교리를 정확하게 아는 것은 필수적입니다. 신자가 죄의 지배로부터 벗어나고자 하여도 그것이 그릇된 방법이면, 도움을 받을 수 없습니다. 그렇게 되면 죄의 힘은 점점 더 큰 세력으로 느껴지고 죄에 대항하는 자신의 힘은 아무 것도 아닌 것처럼 느껴집니다. 그래서 신자에게 있어서 죄와의 싸움은 점점 더 힘들어집니다. 이럴 때 가장 시급히 필요한 것은, 지금 내가 경험하고 있는 죄의 지배와 죄의 집요한 공격에 대하여 성경이 무엇이라고 설명하고 있는지를 아는 것입니다. 그래서 그 지식을 통해 스스로 정확한 진단을 받고, 그 진단에 맞추어 조치를 하는 것이 가장 빠르고 확실한 방법입니다. 그러므로 자신의 영혼의 상태와 자신을 공격하는 죄에 대한 정확한 진단이 필요합니다.

우리가 성경을 통해 받는 증거는 이것입니다. 현재적으로 신자가 아무리 죄의 심각한 공격을 받고 있고, 죄의 지배를 경험하고 있다고 할지라도 이것은 죄의 폭동적 사건이지 정상적인 지배의 질서는 아니라는 것입니다. 신자가 아무리 죄의 세력을

---

[183] 죄와의 싸움에서 경험하는 잦은 패배는 죄에 길들여지게 하고, 그러한 난관은 죄를 사랑하는 신자의 부패한 본성이 죄의 욕구를 충족시키는 기회로 삼는 데로 발전하게 된다. 처음에는 죄에서 벗어나고자 애를 써도 스스로 벗어나기 어려워 죄에 떨어지지만, 시간이 흐르면서 그러한 패배 아래서 죄의 즐거움에 빠지게 된다. 이러한 과정을 거쳐서 잠시 신자 자신으로부터 객관화되어 분리되려던 죄는 다시 신자의 마음 안에서 주관적으로 하나가 된다. 그래서 영적인 회복은 점점 어렵게 된다.

강력한 산불처럼 느낀다고 할지라도 그것은 잠시 불법하게 그 안에서 일어난 폭동일 뿐이고, 신자가 순종함으로 올바른 영적 생활의 원리로 돌아가기만 하면 반드시 하나님께서 다시 원래의 질서를 회복시켜 주실 것이라는 것입니다.

따라서 우리는 자신 안에서 불길처럼 일어나는 죄에 대해 이렇게 말할 수 있습니다. "네가 그렇게 불길처럼 일어날지라도 궁극적으로 네가 나를 다스릴 수 없다. 왜냐하면 나는 거듭난 신자로서 율법 아래 있지 아니하고 하나님의 은혜 아래 있기 때문이다. 비록 내가 지금까지는 하나님을 멀리 떠나고 불순종함으로 네가 이렇게 세력을 얻어 기승을 부리게 되었지만, 너는 나를 영원히 지배할 수 없다. 나는 다시 회개하고 복음의 약속을 따라 은혜의 원리로 돌아갈 것이다. 그리하면 내 영혼에 불길처럼 불법하게 일어난 너의 세력은 소멸될 것이다. 너의 불길을 끌 수 있도록 하나님께서 은혜의 비를 내려 주실 것이다."

B. 삶의 환경을 정비하라

둘째로, 삶의 환경을 정비해야 합니다. 죄로 인하여 엉클어진 생각이 정돈되고 나면, 자신으로 하여금 죄 가운데 살아가도록 돕는 삶의 환경을 정돈하는 것입니다. 소극적인 의미에서 삶을 정돈한다는 것은 자신으로 하여금 죄에 가까이 다가가게 하는 환경으로부터 스스로를 격리시키는 것이고, 적극적으로는 죄를 이길 힘을 얻게 하는 은혜의 방편과 그를 실천할 환경에 자신을 가까이 두는 것입니다. 그렇게 될 때에, 생각 속에서 정돈된 죄의 지배의 교리를 자신의 삶 속에 적용할 수 있는 환경을 조성하게 되는 것입니다.[184)]

살다 보면 심각한 질병에 걸릴 수 있습니다. 예를 들어 간(肝)이 심각하게 나빠졌다고 가정해 봅시다. 여기에 대처하기 위해서는 제일 먼저 그렇게 된 원인에 대해 생각해야 합니다. 간에 해로운 것들과 간에 이로운 음식이나 생활 습관 등을 알아보

---

184) 신자는 자신 안에 남아 있는 부패한 본성 때문에, 자신 안에 정욕을 불러일으키는 일을 위해서는 작은 자극으로도 충분하지만, 신령한 것들에 대한 열망을 갖기 위해서는 훨씬 더 크고 빈번한 자극이 필요하다. 고도의 영적인 삶을 살았던 영적인 인물들이 단순한 삶을 택했던 것도 이 때문이다.

아야 합니다. 그리고 해로운 것이라면, 자기가 좋아하는 것이라 할지라도 피하여야 합니다. 술, 담배, 맵고 짠 음식 등은 피하고 신선한 야채나 기타 간에 좋은 음식은 가까이해야 합니다. 무엇보다도 현재의 상태를 악화시키거나 다른 간질환으로 이어지게 하는 나쁜 생활 습관을 바로잡아야 합니다. 그런 환경으로부터 떠나야 합니다. 술을 한잔 안 마신다고 해서 갑자기 간이 건강해지는 것은 아닙니다. 하루쯤 피로가 쌓인다고 해서 내일 간질환으로 죽는 것은 아닙니다. 그러나 의지를 가지고 그러한 생활 습관을 바로잡지 아니하면 필연적으로 질병은 악화되고 맙니다.

육체는 자연으로부터 멀어질수록 질병과 가깝고 영혼은 은혜로부터 멀어질수록 죄와 가깝습니다. 은혜의 상태에서 멀어지거나 죄의 지배로 들어가지 않기 위해서는 삶의 환경을 정비하여야 한다는 지침이 바로 그런 의미입니다.

요즘 인터넷을 보면 걱정이 됩니다. 아침에 개인 이메일을 열어 보면 이상한 편지들이 너무 많이 들어와 있어 눈살이 찌푸려질 때가 있습니다. 그런데 그런 음란한 메일들을 우연히 한번 열어 봤다면 그게 죄겠습니까? 죄라고 해도 그게 얼마나 큰 죄겠습니까? 하지만 문제는 그 자체가 큰 죄인지 작은 죄인지 하는 것이 아닙니다.[185] 보다 중요한 것은 그 행동의 결과입니다. 그러한 음란 메일을 한번 열어 보는 것은 큰 죄가 아닐지도 모르지만, 이것이 계속 반복되고 마음을 빼앗기게 되면, 우리로 하여금 은혜로부터 멀어지게 할 것입니다. 하나님을 향하여 부드럽던 마음은 굳어지고 신령한 욕구는 감퇴하고 사악한 욕망은 촉진될 것입니다. 이러한 삶의 습관이나 환경은 은혜가 죽고 죄는 성장할 수 있는 여건입니다. 그 유혹을 도저히 이기지 못하겠다면 인터넷을 사용하는 것 자체를 그만두기로 결심하는 것이 현명한 행동입니다. 하나님과의 화목한 관계보다 더 소중한 것이 무엇이겠습니까? 인터넷의 편리함이나 유용함이 하나님과의 관계보다 소중할 수 있습니까?

인터넷뿐 아닙니다. 불경건한 친구들과의 교제가 우리로 하여금 하나님과의 교통에서 멀어지게 한다면, 그것도 끊어야 합니다.[186] 신자가 직장에서 늘 술 접대에

---

[185] "신자가 자신의 마음에 대한 통제력을 유지하기 위해서는, 마음에 찾아오는 어떤 악한 생각들이 궁극적으로 가져오게 될 불행한 결과를 미리 내다보는 것이 필수적입니다. 이렇게 함으로써 신자는 자기의 마음을 쉽게 다스릴 수 있게 됩니다. 믿음의 사람 요셉의 경우를 생각해 보십시오. 젊은 청년 요셉이 보디발의 아내와 함께 그 집 내실에 잠시 머물렀습니다. 그 자체가 죄는 아닙니다. 그러나 그녀로부터 동침하자는 유혹을 받았을 때에 그는 겉옷을 벗어둔 채 도망치듯이 그 방을 뛰쳐나왔습니다. 그것은 단지 유혹이었지만 그 유혹에 마음으로 굴복하게 되면 궁극적으로 나타날 결과들을 너무나 잘 알았기 때문입니다." 김남준, 「마음지킴」, (서울; 생명의말씀사, 2003), pp. 144-145.

불려 다니거나 이중 장부를 작성하는 등의 불법한 일을 강요받는다면, 그러한 환경과 문화를 개혁해 나가든지 아니면 다른 직장을 구하여야 합니다. 그리고 밤늦게까지 일을 하거나 TV나 비디오를 보거나 인터넷에 매달려 있기 때문에 아침에 기도하는 일이 방해를 받는다면 밤 시간을 그렇게 보내게 하는 환경을 바꿔야 합니다.

따라서 진심으로 하나님께로 돌아가고 은혜의 지배를 회복하고 싶다면 결단이 필요합니다. 신자의 거룩한 삶과 성화(聖化)에 있어서 아무 노력도 하지 않고 얻을 수 있는 소중한 것은 거의 없습니다. 그는 자신을 은혜받을 수 있는 환경에 가까이 두어야 합니다. 그래서 매 주일 교회도 잘 나가고, 은혜를 회복하고 유지하게 하는 방편들에 사모하는 마음을 가지고 부지런히 참여하여야 합니다. 그렇게 할 수 있도록 삶의 환경을 정비해야 합니다. 신자가 은혜로부터 멀어질수록 죄악에 가깝다는 것은 정확한 진리입니다.

C. 은혜의 교리를 기억하라

셋째로, 은혜의 교리를 기억해야 합니다. 신자가 정욕이 불길처럼 일어나서 죄의 세력의 지배를 받게 되면, 자기 안에 은혜는 전혀 없고 자신은 온통 죄의 덩어리라

---

186) 경건한 청교도 루이스 베일리(Lewis Bayly)는 신자의 경건한 생활을 방해하는 큰 요인 여섯 가지를 열거하는 가운데 다섯 번째로 불경건한 친구를 들었다. "죄인을 향한 하나님의 은총의 첫 표지는 악한 친구들을 떠날 수 있는 은혜를 주시는 것이다. ……다윗은 회개하고 새로운 삶을 살기를 서원하면서 외쳤다. '행악하는 너희는 다 나를 떠나라 여호와께서 내 곡성을 들으셨도다'(시 6:8). 마치 옛 악한 친구들을 버리지 않으면 새 사람이 되는 것이 불가능한 것처럼 시인은 그렇게 외쳤다. 한 사람의 신앙의 증거는 그가 사귀는 친구들의 자질로 판단된다." Lewis Bayly, *The Practice of Piety; a Puritan devotional manual*, (Morgan; Soli Deo Gloria Publications, 1997 reprinting-「그리스도의 모습을 닮아가는 경건의 훈련」, 생명의말씀사), pp.90-91. 청교도들에게 있어서 경건한 삶을 위하여, 악한 자들과의 교제를 통한 연합(association)의 위험을 말하는 것은 중요한 주제였다. 이들과의 교제와 연합, 그리고 타협 등이 신자의 양심과 신앙에 미치는 영향에 대하여는 조지 길레스피(George Gillespie)의 책이 유용하다. 청교도 길레스피는 죽기 이틀 전에 이 주제에 관하여 쓴 글에서 다음과 같은 네 가지 충고를 하였다. (1)하나님의 원수들을 돕거나 악한 자들과 섞여서 어울리는 것은 하나님을 매우 슬프시게 하는 커다란 악이니 삼갈 것. (2)이러한 죄는 하나님의 백성들을 유혹하여 다른 죄들로 끌어들이는 경향이 있으니 조심할 것. (3)역사상 이러한 죄는 항상 하나님의 엄중한 심판을 받아 왔으니 더욱 주의할 것. (4)큰 자비를 베풀어 주신 후에 혹은 심판이 있은 후에 곧바로 이러한 죄에 빠지는 것은 더욱 철저한 파멸이 우려되니 더욱 경계할 것. George Gillespie, *An Useful Case of Conscience, Discussed and Resolved Concerning Association and Confederacies with Idolaters, Infidels, Heretics, or Any Other Known Enemies of Truth and Godliness*, (London; Printed by T. R. and E. M. for Ralph Smith, and are fold at his shop at the figne of the Bible in Cornhil near the Royal Exchange, 1649), pp.16-17.

는 자각을 갖게 됩니다. 이러한 자각이 어느 정도는 사실입니다. 그러나 그가 잊지 말아야 될 것이 있습니다. 죄가 아무리 강력한 지배력을 행사하고 있다 해도, 그 신자 안에는 반드시 남아 있는 은혜가 있다는 것입니다. 성경은 말합니다. "사데 교회의 사자에게 편지하기를 하나님의 일곱 영과 일곱 별을 가진 이가 가라사대 내가 네 행위를 아노니 네가 살았다 하는 이름은 가졌으나 죽은 자로다 너는 일깨워 그 남은 바 죽게 된 것을 굳게 하라 내 하나님 앞에 네 행위의 온전한 것을 찾지 못 하였노니"(계 3:1-2).**187)**

보십시오. 사데 교회는 사실상 '죽은' 교회였습니다. 그러나 그 교회에도 '남은 바' 은혜가 있었습니다. 그것은 지금 '죽어 가고 있는 중'이었지만 그래도 살아 있었습니다. 행위의 온전한 것을 찾을 수 없던 교회에도 남은 바 은혜가 있었다는 것입니다. 이처럼 가장 극악한 죄의 지배 아래 있는 신자라고 할지라도 그 사람 안에는 아직도 소멸되지 않은 은혜가 남아 있습니다. 그리고 그가 다시 은혜의 원리를 따라 회복되면 그 은혜가 죄를 이길 것입니다. 왜냐하면 거듭난 신자에 대한 죄의 지배는 결코 절대적일 수가 없기 때문입니다. 이처럼 은혜에 대한 죄의 승리는 궁극적인 것이 아니라 일시적인 것입니다.

우리가 죄의 지배를 심각하게 생각하고 괴로워하고 있는 것 자체가 바로 우리 안에 은혜가 남아 있다는 한 증거입니다. 죄가 아무리 기승을 부려도 신자 안에 있는 은혜를 모두 소멸시킬 수는 없습니다.

성냥이나 라이터 없이 다 꺼진 듯이 보이는 모닥불을 피워 보신 적이 있을 것입니

---

187) "너는 일깨워 그 남은 바 죽게 된 것을 굳게 하라 내 하나님 앞에 네 행위의 온전한 것을 찾지 못하였노니"(계 3:2). 이렇게 죽은 교회 안에도 '흰 옷을 입은 무리'들이 있었다(계 3:4). 이 표현이 일반적인 죄로부터의 정결인지(Henry Alford), 혹은 성적인 범죄로부터의 정결인지(Theodor Zahn)에 대하여 이견(異見)들이 있으나, 주석가 이상근은 당시의 사회적인 배경을 고려할 때 후자의 경우일 것이라고 지적한다. '흰 옷'은 성도의 도덕적 행실을 가리키는 것이다. "그에게 허락하사 빛나고 깨끗한 세마포를 입게 하셨은즉 이 세마포는 성도들의 옳은 행실이로다 하더라"(계 19:8). 그러나 이 '흰 옷'은 단지 도덕적인 불결로부터 자신을 지켰기 때문에 입게 된 것이 아니라, 그리스도의 피로 씻겨진 속죄의 결과로 입은 옷이며, 천적(天的) 성결을 의미하는 것이다. 이상근. 「요한계시록 주해」, (서울; 대한예수교장로회 총회교육부, 1979), p.80. 주석가 박윤선은 여기에 나온 '흰 옷'(류코이스, λευκοῖς , 문자적으로 '하얀, 하얀 것')은 다니엘의 예언을 기초로 한 것이라고 보았다. "내가 보았는데 왕좌가 놓이고 옛적부터 항상 계신 이가 좌정하셨는데 그 옷은 희기가 눈 같고 그 머리털은 깨끗한 양의 털 같고 그 보좌는 불꽃이요 그 바퀴는 붙는 불이며"(단 7:9). 박윤선. 「요한계시록」, (서울; 영음사, 1978), p.97. 본문의 '남은 바 죽게 된 것'은 희랍어 원문에 '타 로이파 하 에멜론 아포싸네인'(τὰ λοιπὰ ἃ ἔμελλον ἀποθανεῖν)으로 나오는데, 이것을 직역하면 '죽으려고 하는 남아 있는 것들' (the things remaining which were about to die)이다. 이는 하나님께서 '교회 안의 신자들에게 남겨 두신 은혜'를 가리킨다. 김남준. 「마음지킴」, (서울; 생명의말씀사, 2003), p.148.

다. 꺼져 버린 모닥불을 다시 피워야 하는데 성냥이 없습니다. 그래서 모닥불이 꺼진 자리를 뒤져보았습니다. 그리고 그 속에서 아주 작은 불씨가 남아 있는 것을 발견하였습니다. 얼른 나뭇잎을 그 불씨 위에 놓고 나뭇가지도 작고 가늘게 잘라서 올려놓았습니다. 그리고 불씨에 입김을 살살 불어 주었습니다. 그러자 그 작은 불씨가 점점 크게 일어나 나뭇잎을 사르고 나뭇가지들을 태웠습니다. 이윽고 좀더 큰 나무들도 능히 태우며 활활 타오를 수 있는 불길이 됩니다.

죄인 안에 있는 하나님의 은혜도 역시 마찬가지입니다. 그에게 남아 있는 은혜도 다 꺼진 모닥불 속에 남은 작은 불씨와 같습니다. 그 불씨는 신자가 정욕을 따라 살면서 은혜로부터 멀어지면 점점 사위어 갑니다. 그러나 신자가 은혜의 원리로 돌아오기만 하면 그에게 남아 있던 은혜는 불길처럼 일어납니다. 이렇게 신자 안에서 은혜가 불길처럼 일어나 지배력을 갖는 것은 합법적인 것입니다. 그리고 신자는 그렇게 살도록 거듭 태어난 것입니다.

성경이 우리의 구원을 무엇이라고 말합니까? 우리가 예수 그리스도를 믿고 그분으로 말미암아 구원을 받았을 때 그것은 단지 죄를 용서받기만 한 것이 아닙니다.[188] 우리의 영혼이 중생과 함께, 하나님께서는 우리를 정죄하고 송사하던 율법을 무효로 만드시고, 우리를 사로잡던 사단의 권세를 무장 해제시키신 것입니다. 실제로 우리 안에 지배력을 가지고 있던 모든 죄의 지배의 원리를 파괴하신 것입니다. 그래서 사도 바울도 신자의 중생을 재창조로 묘사했습니다(고후 5:17).

그리고 신자가 은혜로부터 멀어져서 죄의 지배를 받는 상황에 이른다 할지라도, 그것들을 능히 이기면서 살아가게끔 죄와 싸워 승리할 능력도 함께 주셨습니다. 우리가 죄의 지배 아래 있는 동안에는 이런 것들을 누릴 수 없습니다. 그러나 우리가 회개하고 은혜의 원리로 돌아오면 충분히 누리며 살아갈 수 있는 특권들입니다. 그리스도로 말미암아 새 언약 안에서 이러한 특권들을 누리며 살 수 있게 된 것입니다.

---

[188] "우리를 거스리고 우리를 대적하는 의문에 쓴 증서를 도말하시고 제하여 버리사 십자가에 못박으시고 정사와 권세를 벗어버려 밝히 드러내시고 십자가로 승리하셨느니라"(골 2:14-15). '정사' 와 '권세' 는 귀신들의 이름이다. 그런 것들을 파하고 그 능력을 무장 해제시킬 수 있는 놀라운 영적 능력이 우리 안에 주어진 것이다.

D. 이러한 진리를 믿으라

넷째로, 이러한 죄와 은혜의 지배에 관한 성경의 가르침을 굳게 믿어야 합니다. 우리 안에 죄가 일어날 때는 성령만이 그 죄를 죽이실 수가 있습니다. 성령께서는 우리의 순종과 믿음을 사용하셔서 그 일을 하십니다. 그리고 이 믿음은 오직 그리스도께 붙어 있으려는 올곧은 경향에서 비롯되는 것입니다. 그런데 죄의 지배를 받게 되면 이것이 매우 약화됩니다. 그래서 실제로 죄의 지배 아래 있는 사람들은 믿음이 식은 사람들입니다. 죄의 지배 아래 있을 때에는 많은 사람들이 죄와의 싸움을 본격적으로 시작도 하기 전에 자포자기하는 이유가 바로 이 때문입니다.

강력한 죄의 지배 아래 있는 사람들에게 정말로 필요한 것은 그리스도를 통해서 은혜의 도움이 주어질 것을 믿는 믿음입니다. 그러나 이 믿음은 모든 것이 다 잘될 것이라는 태만한 낙관이 아니라, 죄에 대한 순종을 통해서 죄의 지배에 들어가게 된 것처럼, 다시 은혜의 원리를 따라 말씀에 순종할 때 은혜를 주셔서 죄의 지배를 벗어나게 해주실 것이라는 사실에 대한 믿음입니다. 그리고 이 믿음은 그리스도의 속죄의 공로를 기초로 한 믿음입니다.

그러나 때로는 신자가 이러한 사실을 믿으려고 해도 잘 믿어지지 않는 경우가 있습니다. 이럴 때는 어떻게 해야 할까요? 이 때 경건한 사람들이 익숙하게 사용했던 방법은 자신의 영혼을 타이르는 것입니다. 마치 시인이 그러했던 것처럼 말입니다. "내 영혼아 네가 어찌하여 낙망하며 어찌하여 내 속에서 불안하여 하는고 너는 하나님을 바라라 그 얼굴의 도우심을 인하여 내가 오히려 찬송하리로다"(시 42:5). "내가 산을 향하여 눈을 들리라 나의 도움이 어디서 올꼬 나의 도움이 천지를 지으신 여호와에게서로다"(시 121:1-2).

이처럼 계속해서 자기 자신을 타이르고 책망함으로써 의심과 반감은 누그러뜨려지고 믿음은 강화됩니다. 이것은 경건의 실천을 위한 기술에 있어서 뛰어난 효능을 가진, 고전적인 방법입니다.

믿음은 바라는 것들에 대한 실상이요, 보지 못하는 것들에 대한 증거입니다.[189]

---

[189] "믿음은 바라는 것들의 실상이요 보지 못하는 것들의 증거니 선진들이 이로써 증거를 얻었느니라 믿음으로 모든 세계가 하나님의 말씀으로 지어진 줄을 우리가 아나니 보이는 것은 나타난 것으로 말미암아 된 것이 아니니라"(히

믿음이 아주 충만한 상태를 제외하고는, 신자가 믿고자 할 때 '그렇게 될까?' 하는 의심이 일어납니다. 특히 죄의 지배 아래 있는 신자가 자신의 죄를 자각하게 될 때에 율법과 양심으로부터 송사를 받습니다. 우리의 죄는 엄중한 하나님의 심판을 불러올 것이라는 율법의 정죄와 그러한 죄에 대하여 용서를 기대할 수 없다는 양심의 송사를 불러일으킵니다.[190] 이 때 죄인은 두려움 속에 낙심하기도 하고, 죄에 대한 탐닉으로 도망치기도 합니다. 또 어떤 때는 죄와 애써서 분투하는데도 여러 가지 이유로 인하여 진전이 별로 없을 때도 있습니다.[191] 이런 경우 우리의 믿음은 자꾸 식어지고 꺾입니다. 따라서 우리가 죄와 분투하는데도 죄의 지배를 받는 영혼의 상태에 만족스러운 진전이 없을 때 스스로에게 이렇게 말하여야 합니다. "그래, 비록 당장은 죄의 지배를 벗어나는 뚜렷한 증거가 나타나지 않지만 이렇게 죄와 분투하는 것 외에 다른 길은 없다. 하나님께서 결국은 이기게 해주시리라는 복음의 약속을 붙

11:1-3).

[190] 양심은 죄에 대해 두 가지 일을 행하는데, 하나는 죄의 행동을 비난하는 것이고, 다른 하나는 죄를 지은 사람을 판단하는 것이다. 그러나 하나님의 용서의 경험은 양심의 그러한 활동들을 나누어 놓는다. 즉, 하나님의 용서를 경험하고 나면, 양심은 죄는 비난하지만 더 이상 그 죄를 지은 사람을(the sinner, the person of the sinner) 비난하지 않는다. 이처럼 하나님의 용서를 경험하고 나면, 죄인은 양심의 선고로부터 자유로워지는 것이다. 여기서 양심은 있는 힘을 다하여 영혼 안에서의 자신의 지배를 유지하고 용서하심의 능력이 왕좌에 앉는 것을 막기 위해 혈안이 된다. 양심은 인간이 하나님의 용서에 대해 이야기하거나 그것에 대해 듣는 것을 허용한다. 그들이 지나치게 하나님의 용서의 교리를 남용하여 방종한 삶을 살아도 상관하지 않는다. 그러나 죄인이 양심 자신의 지배와 직접적으로 대립하고 있는 용서의 능력 안에 있는 것을 받아들이는 것은 절대로 허락하지 않으려고 한다. 이것이 하나님의 용서 앞으로 나아가는 죄인들을 방해하는 양심의 기능이다. John Owen, *A Practical Exposition upon Psalm CXXX.; wherein the nature of the forgiveness of sin is declared; the truth and reality of it asserted; and the case of a soul distressed with the guilt of sin, and relieved by a discovery of forgiveness with God, is at large discoursed*, in *The Works of John Owen*, vol. 6, edited by William H. Goold, (Edinburgh; The Banner of Truth Trust, 1991 reprinting), p.388.

[191] 존 오웬은 끊임없이 죄를 죽이는 삶을 실천했는데도 평화와 위로를 발견하지 못하는 경우가 있다고 말하면서, 시 88편의 헤만을 예로 든다. 그럼에도 하나님께서 그를 특별히 사랑하시고 선택하셔서 고통받는 자들이 어떻게 믿음으로 하나님을 바라야 할지를 보여주는 예증이 되게 하셨다고 말한다. 죄 죽임을 실천하는 신자들이 당장에는 죄와 타협하며 사는 사람들이 누리는 평안을 누리지 못한다 할지라도 하나님께서 갚아 주실 것이다. 그래서 어떤 상황에서든 신자는 믿음으로 살아야 한다. "I do not say they proceed from it, as though they were necessarily tied to it. A man may be carried on in a constant course of mortification all his days; and yet perhaps never enjoy a good day of peace and consolation. So it was with Heman, Psalm 88; his life was a life of perpetual mortification and walking with God, yet terrors and wounds were his portion all his days. But God singled out Heman, a choice friend, to make him an example to them that afterward should be in distress." John Owen, *Of the Mortification of Sin in Believers; the necessity, nature, and means of it; with a resolution of sundry cases of conscience thereunto belonging*, in *The Works of John Owen*, vol. 6, edited by William H. Goold, (Edinburgh; The Banner of Truth Trust, 1991 reprinting), p.21.

들고 싸우는 것이 최선이다. 나는 은혜의 공급에 대한 하나님의 약속을 믿는다."

E. 죄를 이기도록 은혜를 주시는 방법을 생각하라

다섯째로, 죄를 이기게 하는 은혜를 주시는 방법을 깊이 생각해야 합니다. 하나님께서 어떻게 죄를 이길 은혜를 공급해 주시는지 그 방법을 숙고하고 그것을 활용하는 일에 익숙해져야 합니다. 이 때 자신이 이미 겪었던 과거의 회심의 경험을 생각하는 것이 많은 통찰을 줍니다.

좁은 의미의 회심은 단 한번이지만, 넓은 의미의 회심은 여러 번 반복될 수 있습니다. 어떤 사람들은 자신의 그러한 회심의 경험을 첫사랑의 때라고 합니다. 그런 첫사랑의 때를 기억하는 것도 좋고, 그 이후에 더 큰 은혜의 경험이 있으면 그것을 생각해도 좋습니다. 어쨌든 우리는 그런 회심을 통하여 그리스도와의 실제적인 사랑의 연합을 경험하기 전에는 대체로 죄의 지배 아래 있었습니다. 그런데 하나님께서 다시 찾아오셨고 은혜를 베풀어 주셨습니다. 그 때 우리가 어떻게 죄의 지배 아래서 벗어나게 되었고, 하나님을 전심으로 사랑하지 않았던 우리의 마음이 어떻게 변화되었는지 기억을 더듬어 보라는 것입니다. 그러면 지금 죄로 말미암아 율법과 양심의 송사를 받고 있는 우리의 영혼을 하나님께서 건져 주실 것이라는 믿음이 생겨날 것입니다.

이러한 실천을 통하여 믿음이 생겨나게 되면, 비로소 죄 아래 있는 신자들에게 은혜를 베푸시는 이치들이 떠오르기 시작할 것입니다. 어떤 때에 하나님께서 그런 회복의 은혜를 주셨는지, 우리 자신은 어떤 마음으로 하나님만을 바라게 되었는지, 어떻게 하나님의 도우심을 받게 되었는지가 생각날 것입니다. 영적인 어려움 속에서 마음이 한없이 가난해지던 기억, 간절하게 하나님 앞에 매달리던 영적인 긴장감, 그리고 열렬하고 절박한 기도의 실천과 신앙의 각오를 새롭게 하던 말씀에 대한 경험 같은 것들이 생각날 것입니다. 그리고 그러한 생각들을 통해서 마치 조각난 그림들이 하나하나 짝이 맞추어지며 원래 모습을 보여주듯이 은혜의 원리가 깨달아지기 시작할 것입니다. 그리고 은혜의 원리에 대한 이러한 깨달음이 선명해질수록 마음은 하나님께로 모아지게 됩니다. 그러면서 우리는 비로소 주님과의 첫사랑을 그리워하고 갈망하고는 있지만, 사실은 그 사랑을 받을 준비가 되어 있지 않다는 사실을 깨닫게 됩니다.

하나님께서 우리에게 어떻게 은혜를 주셨는지를 생각하고 그 원리로 자기를 다시 되돌려놓으려는 노력이 없이, 단지 고통 가운데 눈물을 흘리는 것만으로는 결코 죄를 이길 수 없습니다. 은혜의 지배로 돌아가기 위하여 중요한 것은 이것입니다. 자신의 영혼의 상태에 대한 정확한 인식과 은혜의 원리에로의 돌이킴입니다.

F. 그리스도를 깊이 생각하라

여섯째로, 그리스도를 깊이 생각해야 합니다. 우리 안의 죄를 죽이는 일은 성령께서 하시는 일인데, 우리의 순종과 믿음을 통해서 일하십니다. 우리 스스로는 도저히 이길 수 없는 죄를 이기게 하시는 성령께서 어떻게 우리 안에 계시게 되었습니까? 어떻게 우리가 이 놀라운 축복을 받게 되었습니까? 예수 그리스도께서 우리를 위해 대신 십자가에 못박히시고 다시 사셨기 때문입니다. 그리스도의 중보자적인 희생을 통해서 이루어진 속죄의 공로 때문입니다.[192] 그러므로 예수 그리스도의 생애와 대속의 고난을 깊이 생각하는 것은 죄의 지배를 벗어나게 하는 중요한 비결이 됩니다.

자신의 죄가 너무 커서 이제는 어떠한 희망도 없다고 생각된 적이 있습니까? 그럴 때 우리는 그리스도의 생애를 깊게 생각해야 합니다. 하나님께서는 무엇 때문에 아들을 이 세상에 보내셨습니까? 바로 우리 때문이 아닙니까? 우리를 죄에서 구원하시기 위함이 아니었습니까?

이 세상에 오셔서 머리 둘 곳 없는 생애를 사셨던 예수님을 생각해 보십시오. 그

---

192) 우리를 향한 하나님의 은혜는 모두 그리스도의 중보자적 희생을 토대로 주어지는 것이다. 성령께서 우리에게 은혜를 적용하실 때, 믿음이 그 수단이 되긴 하지만, 진정한 믿음은 자신의 믿는 행동으로 말미암아 그 일이 이루어졌다고 말하기보다는 그리스도의 희생적 중보 때문에 그 일이 이루어졌다고 고백한다. 왜냐하면 믿음 그 자체가 하나님을 향한 전적인 의존이므로, 의존하는 자신의 행동에서 어떤 공로를 발견할 수 없게 하기 때문이다.

고단한 생애를 사시면서 이 지상의 죄인들을 어떻게 다루셨는지 기억해 보십시오. 그분은 그 죄인들을 자기 목숨과 바꾸셨습니다. 그분의 온 생애는 죄인들을 찾아다니신 생애였습니다. 마땅히 거처할 곳조차 없는 외로운 생애를 사시면서도, 그분의 온 관심은 용서받지 못한 죄인들이었습니다. 하나님의 품을 멀리 떠나서 죄 가운데 살고 있고, 죄의 지배 가운데 괴로워하고 유리하면서도 하나님께로 돌아가지 못하는 영혼들을 돌이키게 하시려고 사신 생애였습니다. 그래서 예수 그리스도의 생애의 마지막은 그 죄인들을 위해서 자기를 버리신 십자가의 죽음이었습니다.

예수님께서 왜 십자가에 못박히셨습니까? 죄인들을 죄 가운데서 건져내고, 죄로 말미암아 파괴된 인간과 하나님과의 관계를 고치며, 죄로 말미암아 상실한 인간의 참된 존재의 목적과 창조의 의미를 회복시켜 주시기 위함이 아니었습니까?

지금도 이 세상을 내려다보시는 주님의 마음은 죄인들에게 쏠려 있습니다. 그분은 오늘도 불신자들이 많은 이 세계를 바라보시며, 그 영혼들로 인해 가슴 아파하시고 고통하고 계십니다. 그리고 이미 교회 안에 들어와 있으나 사실은 죄로 말미암아 잃어버린 바 된 사람들, 하나님과의 생명적인 교제의 은혜를 잃어버리고 죄에 매여서 살아가고 있는 사람들을 돌이키고 싶어하십니다.

예수님께서는 십자가에 못박혀 피 흘리며 돌아가시던 그 순간까지도 이렇게 기도하셨습니다. "아버지여 저희를 사하여 주옵소서 자기의 하는 것을 알지 못함이니이다"(눅 23:34). 그분은 이처럼 자기를 십자가에 못박는 죄인을 위해서 기도하셨습니다. 이것이 바로 예수님의 마음입니다. 그러므로 신자가 이 죄의 지배를 벗어나기 위해서는 예수 그리스도에 대해서 특별히 더 깊이 묵상해야 합니다. 죄를 이길 수 있는 무한한 힘이 그분으로부터 공급되기 때문입니다.

그리스도 예수께서 우리를 위해 흘려 주신 보혈은 우리를 용서하시고 죄의 지배를 벗어날 은혜의 능력을 공급하시기에 충분합니다. 수많은 사람들이 그 보혈의 샘에서 자기의 더러운 죄를 씻었고 나음을 얻었습니다. 많은 사람들이 그리스도 예수의 보혈의 샘에서 그 물을 마시고 어두운 세상을 이길 힘을 얻었고, 자기 속에 불일 듯 일어나는 죄의 불길들을 껐습니다. 수많은 죄인들이 그 샘에 와서 씻었고 거기서 마셨습니다. 그러나 아직도 그 샘은 마르지 않습니다.

누구든지 자신의 죄를 고백하고 자신이 이 세상에 존재하는 참된 목적이 예전에 불신자일 때처럼 죄의 지배를 받으며 살아가는 삶이 아니라 참으로 빛 가운데서 우리 주님의 은혜의 통치 아래 살아가는 삶이라는 것을 굳게 믿으며 하나님의 도우심을 간절히 사모한다면, 하나님께서 어찌 그런 자신의 자녀들을 버려 두시겠습니까?

아아, 예수 그리스도 안에서 우리에게 주어진 말할 수 없는 축복들을 생각해 보십시오. 죄의 모든 간교한 작용에도 불구하고, 신자를 넘어뜨리는 그 사악한 능력에도 불구하고, 신자에게는 그것을 이길 수 있는 하늘의 자원이 약속되어 있습니다. 죄의 간교함보다 더 지혜로운 말씀의 빛과 그 힘을 능가하는 성령의 크신 능력이 바로 그것입니다.

하나님께서는 하나님께 순종하기 위해 죄와 더불어 싸우는 모든 신자들에게 이러한 신령한 자원을 공급해 주시려고 하늘의 기업의 보고를 열어 놓고 계십니다. 예수 그리스도께서 우리를 위하여 십자가에서 보혈을 흘리심으로……

한눈에 보는 11장 복음이 죄를 이길 힘을 주기 때문에

I. 서론 : 신자와 죄의 힘
A. 죄의 지배력이 절대적이지 않음
- 신자가 죄의 지배를 받고 있는 동안 죄가 그를 절대적으로 지배하고 있는 것처럼 보임
- 이것은 신자가 복음의 원리를 따라 죄에 대항하지 않고 특정한 죄에 탐닉하고 있기 때문에 발생하는 현상임
- 믿음의 원리를 따라 성령을 의지하고 싸우면 죄의 지배에서 힘있게 벗어날 수 있음
- 죄는 신자가 죄의 유혹에 순종하기를 거절하는 한 결코 절대적인 힘을 가질 수 없음

B. 죄의 실효적인 힘이 가변적임
- 죄의 지배 아래 있는 동안 신자를 공격하는 죄의 실효적인 힘은 견고하고 절대적인 것처럼 보임
- 이것은 신자가 죄와 싸우려 하지 않고 육체의 사악한 욕심을 좇아 순종하기 때문임
- 정직하게 자기 죄를 깨닫고 회개할 때 죄는 이제껏 발휘하던 실효적인 힘을 잃어버리게 됨

C. 죄의 지배는 영속적일 수 없음
- 너무나 긴 세월동안 죄의 지배를 벗어나지 못하는 사람을 보면 죄의 지배가 영속적인 것처럼 보임
- 회개하지 않을 불신자에게는 죄의 지배가 영속적인 것이지만, 신자에게는 그렇지 않음
- 복음을 깨닫고 회개하면 은혜가 밀려오고 죄는 성령의 은혜에 공격당하여 급속히 지배력을 상실함

II. 율법과 은혜
A. 율법은 무엇인가?
1. 넓은 의미의 율법
- 인간과 세상에 대한 하나님의 생각과 의지를 흠 없이 계시해 주신 총체로 영혼을 살리는 힘이 있음
2. 좁은 의미의 율법 : 완전한 복종을 위해 인간에게 주어진 하나님의 규칙
   a. 에덴에서 주어진 율법 : 죄가 무엇인지를 알게 하는 힘은 있었으나 그것과 싸워 이기게 하는 힘은 없음
   b. 시내산에서 주어진 율법 : 죄를 파멸시키는 은혜의 힘, 능력이나 동기, 격려가 없음
   c. 율법의 한계
- 율법의 도움으로도, 자기의 힘으로도 죄를 이기며 살 수는 없음
- 율법은 자신의 죄와 비참한 결과를 깨닫게 함으로써 죄를 이길 힘을 주시는 그리스도를 바라보게 함

B. 인간을 다스리시는 두 방식 : 율법과 은혜
1. 불신자 : 본성적인 율법(양심)으로 다스리심
2. 신자 : 성령을 통해 신령한 은혜를 공급함으로 다스리심

III. 은혜 아래 있는 신자와 죄
- 원리적으로 신자를 지배하는 죄는 있을 수 없음
- 실제적으로 죄의 영향력은 여전히 신자 안에 남아 있음
- 죄와 죄의 비참함을 깨닫고, 죄가 역사하는 방법과 죄를 죽이는 이치를 깨달아야 함

IV. 죄의 지배를 받고 있을 때의 대처
A. 죄의 지배의 교리를 기억하라
1. 죄에 패배한 상태 1 : 죄의 지배를 모르는 경우 자신에게서 영적 생명의 증거를 찾아보아야 함
2. 죄에 패배한 상태 2 : 죄의 지배를 아는 경우 죄의 지배의 교리를 정확하게 알아야 함

B. 삶의 환경을 정비하라
- 소극적으로는 죄에 가까이 다가가게 하는 환경으로부터 스스로를 격리시켜야 함
- 적극적으로는 죄를 이길 힘을 얻게 하는 은혜의 방편과 그것을 실천할 환경에 거해야 함

C. 은혜의 교리를 기억하라
- 죄가 아무리 강력한 지배력을 행사해도 신자 안에는 반드시 남아 있는 은혜가 있음을 기억해야 함
- 신자가 은혜의 원리로 돌아오기만 하면 남아 있던 은혜는 불길처럼 일어남

D. 이러한 진리를 믿으라
- 그리스도를 통해 은혜의 도움이 주어질 것을 믿는 믿음이 필요함
- 잘 믿어지지 않을 때 복음의 약속을 붙들고 자신을 타이르고 책망하면 의심과 반감은 누그러지고 믿음은 강화됨

E. 죄를 이기도록 은혜를 주시는 방법을 생각하라

F. 그리스도를 깊이 생각하라

THE DOCTRINE ON DOMINION OF SIN AND GRACE IN BELIEVERS

"죄가 너희를 주관치 못하리니
 이는 너희가 법 아래 있지 아니하고 은혜 아래 있음이니라" (롬 6:14)

제12장

복음이 자유를 주기 때문에

제12장

복음이 자유를 주기 때문에

죄가 신자를 지배하지 못하는 두 번째 이유는 복음이 자유(自由)를 주기 때문입니다. 죄가 신자들에게 영향을 미칠 수 있다고 하더라도 그 죄는 신자들에게 절대적인 지배권을 가질 수 없습니다. 왜냐하면 복음은 거듭난 신자들에게 신분과 상태에 있어서뿐만 아니라 마음과 영혼에 있어서도 자유를 주기 때문입니다.

I. 자유를 못 주는 율법

첫 번째로 생각해 보아야 할 것은 자유를 주지 못하는 율법의 문제입니다. 은혜와 반대되는 개념으로서의 율법은 우리에게 죄를 깨닫게 하고 하나님의 심판에 관하여 말해 주지만, 죄를 이길 힘도 자유도 주지 못합니다. 이러한 일은 율법이 하도록 경륜되어 있지 않습니다. 오히려 이러한 일은 복음을 통하여 이루어지도록 작정되었습니다.

A. 율법의 기능

율법에는 두 가지 기능이 있는데, 하나는 죄를 깨닫게 하는 것이고, 또 하나는 우리를 그리스도께로 인도하는 것입니다.[193] 율법이 없을 때에는 죄를 지으면서도 그것이 죄인 줄을 잘 모릅니다. 그러나 율법이 들어와서 하나님의 요구가 무엇인지 명확하게 보여주고 나면 양심이 가책을 받습니다.[194] 율법이 죄를 깨닫게 하기 때문입니다. 율법은 죄를 더하는 것이 아니라, 이미 있는 죄를 보여줄 뿐입니다. 죄가 어두운 밤에 길거리에 버려진 쓰레기라면 율법은 가로등입니다. 그리고 율법을 통한 죄에 대한 깨달음은 그 가로등에 환한 불이 들어온 것과 같습니다. 예전에는 자기 안에 죄가 있어도 있는 줄 몰랐는데, 이제는 율법을 깨달음으로써 죄가 있음을 알게 되었습니다. 그리고 그에 대하여 하나님께서 진노하고 계시며 심판이 있을 것도 알게 되었습니다. 그리고 죄가 드러난 까닭에 양심에 가책을 받고 두려워하게 되었습니다. 그뿐입니다. 율법은 그 이상의 일은 하지 못합니다.

---

[193] 이하 본장에서 언급되는 '율법' 은 본서 제11장에서 다룬 바와 같이, 은혜 언약을 이루는 율법을 가리키는 것이 아니라, 구원에 대한 인간 자신의 무능을 보여주어 그리스도께로 나아가게 하는, '은혜' 와 대조되는 개념으로서의 '율법' 을 가리킨다. 신약성경은 말한다. "이같이 율법이 우리를 그리스도에게로 인도하는 몽학 선생(파이다고고스, παιδαγωγὸς)이 되어 우리로 하여금 믿음으로 말미암아 의롭다 함을 얻게 하려 함이니라"(갈 3:24). "믿음이 온 후로는 우리가 몽학 선생 아래(휘포 파이다고곤, ὑπὸ παιδαγωγόν) 있지 아니하도다"(갈 3:25). 우리말 개역 성경에서 '몽학 선생' 이라고 번역한 '파이다고고스' (παιδαγωγὸς)는 '아이, 청년, 소년, 사내아이' 등을 의미하는 '파이스' (παῖς)와 '인도자, 경호원' 을 의미하는 '아고고스' (ἀγωγός)의 합성어이다. 희랍과 로마 사람들 사이에서 '파이다고고스' (παιδαγωγὸς)는 믿을 만한 노예들에게 적용되던 명사였는데, 이들은 상류층의 어린아이들의 생활과 도덕적 행동 등을 감시하는 임무를 맡은 자들이었다. '파이다고고스' (παιδαγωγὸς)에 붙여진 아이들은 어른이 될 때까지 그와 동행하지 않고는 한 발짝도 집 밖으로 나갈 수 없었다. 그러나 어른이 되고 나면 더 이상 그의 간섭을 받을 필요가 없었다는 점에서, 율법이 복음이 주어지기 전까지 하나님의 백성들에게 그런 역할을 하여 그들을 예수 그리스도께로 인도하는 역할을 하였다는 것을 강조한 것이다. Joseph H. Thayer, *Thayer's Greek-English Lexicon of the New Testament*, (Grand Rapids; Baker Book House, 1982 reprinting), p.472.

[194] "하나님의 영은 구원의 은혜를 갖지 못한 자연인의 생각들 위에도 영향을 끼칠 수 있다. 마치 자연인의 양심을 도우서서 죄와 그에 따르는 위험을 확신하게 하는 경우처럼 말이다. 하나님의 영은 생명이 없는 것들에도 영향을 미칠 수 있다. 마치 태초에 수면 위를 운행하시던 것처럼 말이다. 그러나 성령께서는 성도들의 마음 안에서 이루어지는 거룩한 역사 안에서 자신의 본성 안에만 있는 거룩함(holiness in His own proper nature only)을 전달해 주신다. 그래서 이것들을 신령하다고 부르는 것이다. 그리고 그런 의미에서 오직 성도들만이 신령한 사람들이라고 불리는 것이다." 이 인용문의 출처인 다음 책은 아직 출판되지 않은 조나단 에드워즈의 육필 원고로부터 편집된 것인데, 하나님의 은혜에 관한 논문인 "은혜에 관하여"(Treatise on Grace)와, 몇몇 성경 구절에 관한 개인적인 주(註)들과, 죄를 확신하는 데서 오는 "종교적인 체험을 판단하는 지침" (Direction for Judging of Persons' Experiences)과, 몇 편의 설교의 골격을 실은 "설교 초고" (Sermons)를 담고 있다. Jonathan Edwards, *Selections from the Unpublished Writings of Jonathan Edwards*, edited by Alexander B. Grosart, (Ligonier; Soli Deo Gloria Publications, 1992 reprinting), p.51.

B. 자유를 주지 못함 : 억압과 속박

율법은 단지 인간에게 자유를 주지 못할 뿐 아니라 속박을 줍니다. 인간이 율법에 의하여 속박과 억압을 느끼는 것은 그것을 통하여 죄를 깨닫기 때문입니다. 이것은 크게 두 가지로 설명할 수 있습니다.

첫째로, 율법을 통한 깨달음이 가져다 주는 양심의 억압과 속박입니다. 율법을 깨닫기 전에는 죄가 죄인지를 모릅니다. 무지로 말미암은 양심의 자유가 있습니다. 그러나 율법을 깨닫고 죄가 죄라는 사실을 알게 되면 억압과 속박을 느낍니다.[195] 만약 율법을 깨달을 때에 죄를 이길 힘까지 부여받는다면 결코 억압과 속박을 느끼지 않을 것입니다. 그 힘으로 거기서 벗어나면 될 것이기 때문입니다. 그러나 율법은 죄를 깨닫게 할 뿐입니다.

둘째로, 율법이 죄인을 다루시는 하나님의 경륜과 관계가 있다는 사실입니다. 율법이 들어오기 전에도 이미 죄는 있었습니다. 율법이 들어오기 이전에는 죄인들을 상대적으로 관대하게 다루셨습니다.[196] 그러나 율법이 주어지고 나서는 죄를 보다 엄격히 다스리기 시작하십니다.

계시에 있어서도, 하나님께서는 많이 받은 자에게는 많은 것을 원하십니다. 자신이 많이 가르쳐 주신 사람들에게 더 온전한 신앙과 삶을 요구하십니다.

그래서 성경은 말합니다. "내가 와서 저희에게 말하지 아니하였더면 죄가 없었으려니와 지금은 그 죄를 핑계할 수 없느니라"(요 15:22).[197] 그러나 그 율법이 인간의 죄의 문제를 해결해 주지는 못합니다. 오히려 무지로 말미암는 자유도 사라지고, 율법의 수여로 말미암아 죄인들을 다루시는 하나님의 방식도 더욱 엄격해지기 때문입니다.

---

[195] "전에 법을 깨닫지 못할 때에는 내가 살았더니 계명이 이르매 죄는 살아나고 나는 죽었도다"(롬 7:9).

[196] 성경에서 이에 대한 암시가 다음과 같이 언급된다. "하나님이 지나간 세대에는 모든 족속으로 자기의 길들을 다니게 묵인하셨으나"(행 14:16).

[197] "알지 못하고 맞을 일을 행한 종은 적게 맞으리라 무릇 많이 받은 자에게는 많이 찾을 것이요 많이 맡은 자에게는 많이 달라 할 것이니라"(눅 12:48).

C. 죄의 지배로부터 벗어나게 못함

성경에 보면 율법에 매여서 종 노릇을 한다는 말씀이 나옵니다. 사도 바울은 말합니다. "우리가 알거니와 우리 옛 사람이 예수와 함께 십자가에 못박힌 것은 죄의 몸이 멸하여 다시는 우리가 죄에게 종 노릇하지 아니하려 함이니"(롬 6:6).

범죄한 사람에게 율법이 가르쳐 주는 것은 이것입니다. "넌 죄인이다. 이런 저런 일을 하였고, 그것은 죄이다." 그러나 율법은 죄를 알려주어 양심에 가책을 주지만, 실제로 죄를 이길 수 있는 힘을 주지는 않습니다. 그렇다고 해서 율법의 책망을 완전히 무시하며 살 수도 없습니다. 그래서 율법을 깨달은 사람들은 정죄받는 한편, 어떻게 하든지 율법의 요구대로 살려고 애를 쓰게 됩니다. 그러나 그것이 성공할 수 없음은 명백합니다. 죄인에게는 그 요구대로 온전히 살 능력이 없기 때문입니다.

사도 바울도 바로 예수 그리스도를 만나기 전에 그렇게 살았던 사람입니다. "열심으로는 교회를 핍박하고 율법의 의로는 흠이 없는 자로라"(빌 3:6). 그가 실제로 율법으로 흠 없는 삶을 살았다는 것이 아니라, 당시 바리새인들의 표준을 적용할 때에 그러했다는 것입니다. 인간이 스스로의 행위를 통해서 율법으로 의롭다 함을 받을 수 있다면 그리스도께서 우리의 죄를 대신하실 필요가 없었을 것입니다.[198]

그런데 이상하게도 율법대로 살려고 애를 쓰고, 죄를 짓지 않으려고 노력할수록 우리의 마음속에서 죄를 짓고자 하는 욕망은 더 강하게 일어납니다. 이러한 경험을 사도 바울은 이렇게 말합니다. "그러나 죄가 기회를 타서 계명으로 말미암아 내 속에서 각양 탐심을 이루었나니 이는 법이 없으면 죄가 죽은 것임이니라"(롬 7:8).

이것이 율법이 갖는 한계입니다. 율법 자체는 나쁘거나 잘못된 것일 수 없습니다. 그러나 이러한 한계 때문에 율법만으로는 인간이 죄로부터 자유로울 수 없습니다. 율법을 보고 죄를 깨달아도, 인간 자신에게는 율법을 따라 자기를 고칠 수 있는 힘이 없습니다. 따라서 율법을 통해서는 '나는 죄인이다. 나는 하나님께 범죄하였고

---

[198] 다음 성경 구절을 참고하라. "그러므로 율법의 행위로 그의 앞에 의롭다 하심을 얻을 육체가 없나니 율법으로는 죄를 깨달음이니라"(롬 3:20). "그리스도 예수 안에 있는 구속으로 말미암아 하나님의 은혜로 값없이 의롭다 하심을 얻은 자 되었느니라"(롬 3:24). "그러므로 사람이 의롭다 하심을 얻는 것은 율법의 행위에 있지 않고 믿음으로 되는 줄 우리가 인정하노라"(롬 3:28).

진노의 심판이 내 앞에 있다.'는 책망만 가득할 뿐입니다. 율법의 깨닫게 하는 바를 전적으로 외면할 수도 없고, 진노의 자리를 떠날 수도 없습니다.

이 때 율법은 한 가지 기능을 더 합니다. 그것은 바로 인간을 절망으로 이끄는 것입니다. 그래서 '나의 힘으로는 이러한 상황을 어찌할 수 없다. 오직 예수님밖에는 나를 도와주실 이가 없다.'고 고백하게 하는 것입니다. 율법이 몽학 선생이 되어서 우리로 하여금 우리 밖으로부터 오는 하나님의 구원을 앙망하게 만드는 것입니다. 여기서 인간은 하나님을 향한 절대적인 의존의 마음을 갖게 되고, 그 구원이 그리스도 안에서 주어졌다는 사실에 소망을 갖게 됩니다.

여전히 가장 강조되어야 할 사실은 이것입니다. 율법은 죄를 이길 수 있는 힘을 줄 수 없다는 것입니다. 죄에 매여서 죄의 종으로 살아가고 있는 인간에게 해방의 자유를 주지 못합니다.[199]

II. 자유를 주는 복음

그러나 복음은 우리에게 자유를 줍니다. 복음이 주는 자유는 이중(二重)의 자유로서 다음과 같이 둘로 나누어 생각할 수 있습니다. 첫째로 신분과 상태의 자유이고, 둘째로 내적 역사 즉, 마음과 영혼의 자유입니다.

---

[199] "'Grace' is a word of various acceptations in the Scripture. As we are here said to be under it, and as it is opposed unto the law, it is used or taken for the gospel, as it is the instrument of God for the communication of himself and his grace by Jesus Christ unto those that do believe, with that state of acceptation with himself which they are brought into thereby, Romans 5:1, 2. Wherefore, to be 'under grace' is to have an interest in the gospel covenant and state, with a right unto all the privileges and benefits thereof, to be brought under the administration of grace by Jesus Christ,-to be a true believer." John Owen, *A Treatise of the Dominion of Sin and Grace; wherein sin's reign is discovered, in whom it is, and in whom it is not; how the law supports it; how grace delivers from it, by setting up its dominion in the heart*, in The Works of John Owen, vol. 7, edited by William H. Goold, (Edinburgh; The Banner of Truth Trust, 1988 reprinting), p.545.

A. 이중의 자유란 무엇인가?

첫째로, 신분과 상태의 자유입니다. 이것은 율법과 그로 말미암는 저주로부터의 해방입니다. 우리가 그리스도를 믿을 때, 복음은 우리의 죄인 된 신분을 해방하여 줍니다. 인간은 죄를 지음으로써 율법의 정죄 아래 있는 상태가 되었고, 따라서 그의 신분은 죄인입니다. 복음이 우리를 해방시켜서 자유를 주기 전까지, 이것은 인간에게 숙명적인 일이었습니다. 그러나 그리스도를 믿음으로 말미암아 우리는 죄와 율법의 속박에서 해방되었습니다. 복음이 주는 상태와 신분의 자유는 바로 이것입니다. "그러므로 이제 그리스도 예수 안에 있는 자에게는 결코 정죄함이 없나니 이는 그리스도 예수 안에 있는 생명의 성령의 법이 죄와 사망의 법에서 너를 해방하였음이라"(롬 8:1-2).

둘째로, 내적인 역사의 자유입니다. 이는 곧 마음과 영혼의 자유입니다. 이것은 죄의 사슬로부터 영혼과 마음이 해방되는 것입니다. 이것은 우리의 내적인 역사에 자유를 가져다 줍니다. 우리가 거듭나기 전에는 우리의 마음과 영혼은 모두 죄의 사슬에 매여 있었습니다.[200] 중생하지 못하여 영혼은 어둠 속에 있고, 생각은 허탄한 것에 굴복하고, 총명은 부패하고, 마음은 굳어져 있었습니다.[201] 율법 아래서 선행을 하고자 하는 의도가 생긴다고 할지라도 마치 온몸이 마비 상태에 있는 사람이 자기 몸을 마음대로 움직일 수 없듯이 속박을 받는 상태였습니다. 하나님을 사랑하고 죄를 미워하는 마음이 간헐적으로 생겨난다고 할지라도 죄의 사슬이 영혼과 마음을 매어 버렸기 때문에 그 사슬에서 벗어나 자유를 누릴 수가 없었습니다. 그런데

---

[200] "믿음이 오기 전에 우리가 율법 아래 매인 바 되고 계시될 믿음의 때까지 갇혔느니라"(갈 3:23). "또 죽기를 무서워하므로 일생에 매여 종 노릇하는 모든 자들을 놓아 주려 하심이니"(히 2:15).
[201] "영혼의 어둠은 생각의 허탄함을 가져왔습니다. 일반적으로 생각은 영혼의 기능을 인도합니다. 헛된 생각은 영혼의 안일과 만족만을 추구하고 늘 허탄한 일을 도모합니다. 허탄한 생각은 변화가 많고 지속성이 없고 안정성이 없으므로 혼란하고 무질서한 지옥과 같습니다. 하나님께서 처음 인간을 창조하셨을 때에 그들의 마음은 올곧게 잘 정돈되어 있었으며 질서와 조화 가운데 있었습니다. 그래서 그 때는 행동에도 질서가 있었고 정상적이었습니다. 생각은 하나님의 의도대로 정당한 목적을 설정해 놓고 똑바로 행할 수 있었습니다. 하나님이 누구이시고 자신들은 어떠한 존재인지에 대하여 정확한 생각을 가지고 있었습니다. 그러나 인간이 타락하고 생각이 허탄한 것에 굴복하자 사람들의 존재와 삶은 혼란에 빠지게 되었습니다. 그리고 그렇게 살아가는 인간의 어떠한 부분도 거룩하신 창조주 하나님께 받아들여질 만한 것이 없었습니다. 그들의 생각은 선천적으로 악하였고, 존재의 목적과 상관없는 허탄한 것들을 추구하게 되었습니다"(창 6:5, 약 4:16). 김남준, 『구원과 하나님의 계획』, (서울; 부흥과개혁사, 2004), p.174.

예수 그리스도를 믿고 거듭나는 순간, 자신의 힘으로 도저히 풀 수 없었던 영혼과 마음을 얽어맨 죄의 사슬들을 끊어 버리게 된 것입니다. 복음이 성령을 통하여 신자에게 주는 자유입니다.202)

비유를 하자면 이런 것입니다. 강아지 한 마리가 기둥에 묶여 있습니다. 강아지가 그 줄의 범위 안에서 움직일 때는 묶여 있어도 불편한 것을 모릅니다. 그러나 줄의 길이보다 먼 바깥으로 뛰어나가려고 하면 기둥에 매인 줄에 잡아채입니다. 죄인의 마음도 이와 같습니다. 죄가 허락하는 범위 안에서는 불편하지 않게 움직일 수 있지만, 죄를 벗어나 참된 영혼의 자유를 향해서 뛰어나가려고 하면 그 줄에 의하여 내면이 속박을 당하는 것입니다. 그 때 비로소 자신의 영혼과 마음이 크고 강력한 사슬에 매여 있어서 뛰쳐나가도 도저히 끊을 수 없는 속박 중에 있음을 절감하는 것입니다.203)

신분과 상태에 있어서 자유를 주고 또 내적인 역사에 있어서 죄에 매여 있는 상태를 끊고 마음껏 날아갈 수 있도록 하는 일은 율법이 아니라 복음이 하는 일입니다. 복음이 성령의 은혜를 통하여 이 일을 합니다. 그래서 죄가 신자인 우리에게 영향을

---

202) 이 자유는 실제적으로, 죄에 순종하는 자들이 아니라 죄에 대항하고 하나님께 순종하는 자들을 위하여 공급되는 은혜로 말미암는 자유이다. 신자는 의롭다 칭함을 받아 하나님의 자녀로 입양되었다는 면에서 이미 신분상 자유롭게 된 자들이다. 그러나 영혼과 마음의 자유는 신자의 순종을 통하여 거룩하게 하시는 성령의 성화 작용에 의존한다. 따라서 거듭난 하나님의 자녀라고 할지라도 죄에 순종하면 그들에게는 진정한 자유가 없다. 그러나 하나님께서는 거듭난 신자들에게 총명을 주셔서 도덕적 선과 악의 차이를 파악할 수 있게 하시고, 가치 있는 것과 해로운 것 (demerit)을 분간할 수 있는 능력을 주시고, 총명에 의하여 지도받음으로써 자신이 원하는 바를 선택할 수 있게 하시며 그 선택에 따라 행동할 수 있게 하신다. 이러한 속성적 특질은 가장 완전한 의미에 있어서는 하나님 안에 있고, 불완전하지만 창조시에 인간에게도 부여되었다. 그리고 타락한 이후에도 인간에게는 도덕적 행위자로서의 이러한 특질이 상당 부분 남아 있으니(영적 선을 행할 수 있는 도덕적 형상은 완전히 파괴되었지만) 이것을 하나님의 자연적 형상이라고 부른다. 타락하기 전 인간은 원래 이러한 자연적 형상과 함께, 영적이고 도덕적인 형상까지 부여받았으니, 이로 인하여 타락 이전의 인간은 도덕적 탁월성을 지닌 존재가 되었던 것이다. "And herein does very much consist that image of God wherein he made man (which we read of Gen. 1:26, 27 and 9:6), by which God distinguished man from the beats, viz. in those faculties and principles of nature, whereby he is capable of moral agency. Herein very much consists the natural image of God; as his spiritual and moral image, wherein man was made at first, consisted in that moral excellency, that he was endowed with." Jonathan Edwards, *Freedom of the Will*, in *The Works of Jonathan Edwards*, vol. 1, edited by Paul Ramsey, (New Haven; Yale University Press, 1957). p.166.

203) "이제는 우리가 얽매였던 것에 대하여 죽었으므로 율법에서 벗어났으니 이러므로 우리가 영의 새로운 것으로 섬길 것이요 의문의 묵은 것으로 아니할지니라"(롬 7:6). 영혼과 마음을 얽매는 죄의 성격에 대하여, 성경은 다음과 같이 말한다. "이러므로 우리에게 구름같이 둘러싼 허다한 증인들이 있으니 모든 무거운 것과 얽매이기 쉬운 죄를 벗어 버리고 인내로써 우리 앞에 당한 경주를 경주하며"(히 12:1).

줄 수는 있어도, 그 죄가 우리의 주인이 되어서 절대적인 지배권을 갖는다는 것은 불가능합니다. 복음이 믿는 자의 영혼과 마음에 자유를 주기 때문입니다. 그리하여 성령께서 우리 안에 자유롭게 역사하실 수 있게 해주는 것입니다.

B. 신분과 상태의 자유 : 율법과 저주로부터의 자유

첫째로, 신분과 상태의 자유입니다. 이것은 율법의 저주로부터의 해방을 통해서 이루어지는 것입니다.

1. 율법의 요구로부터 해방될 수 없는 죄인들

율법은 죄인들에게 사단의 노예가 되고 사망에 매이고 지옥 형벌에 떨어질 것을 요구합니다. 죄인은 도저히 거기로부터 스스로를 해방시킬 수 없는 인간들입니다. 그의 신분은 마귀의 자식이고 형벌받을 죄인입니다. 결코 용서받을 수 없는 죄인입니다. 무엇으로도 이 신분을 변개시킬 수 없습니다. 또한 죄인은 자신이 죄를 지었다는 자각 때문에 하나님의 진노와 율법으로 말미암는 저주를 자각합니다. 이 모든 것은 그를 억압받는 상태 아래 있게 합니다.

그는 죄로 인하여 죄의 원저자인 사단에게 팔린 자로서 사단의 지배를 받으면서 살아갈 수밖에 없는 신분입니다. 누구도 자연적인 힘으로는 그런 죄의 속박으로부터 벗어날 수 없습니다. 그 죄의 절대적인 지배로부터 도망칠 수 없습니다. 이것이 바로 거듭나지 못한 자들의 신분과 상태입니다. 죄인은 절대로 율법의 요구로부터 벗어날 수 없는 존재들입니다. 하나님께서 특별한 은총으로 그들을 위해 율법의 요구를 대신해서 충족시키시지 않는 한 말입니다.

2. 은혜의 역사로 자유를 누리는 신자들

그러나 복음은 죄인들에게 은혜로운 방법으로 영광스러운 자유를 줍니다. 이것은 그리스도의 대신적 속죄로 인하여 이루어지는 일입니다. 성령의 놀라운 역사는 우리의 내면에서 사슬들을 풀어 주어 마음과 영혼에 자유를 얻게 합니다. 또한 우리가 이제껏 숙명처럼 안고 있던 사단의 노예 된 신분과 죄에 매인 상태에 영향을 주어서 우리를 해방시켜 줍니다. 그래서 예전과 전혀 다른 신분을 가진 하나님의 자녀가 되게 합니다. 죄의 노예가 되어 죽음 아래 있는 사람이라 할지라도 예수 그리스도를 믿고 거듭나는 순간 사망과 죄의 법에서 벗어나 하나님의 자녀라는 명분을 얻게 합니다. 그렇게 신분의 자유를 얻고 율법의 정죄함을 무효로 만들고 그 자유로운 지위를 누리게 합니다.

아아, 그리스도의 구원을 통하여 우리에게 주신 자유가 얼마나 놀라운지요. 일평생 저주받은 죄인으로 멸망될 날을 기다리며 살아가던 죄인들을 용서하심으로 자신의 자녀로 삼으신 하나님의 사랑을 무엇으로 찬송할 수 있을까요. 실로 '하늘을 두루마리 삼고 바다를 먹물 삼아도' 다 기록할 수 없을 것입니다. 그래서 우리를 구원하신 하나님의 사랑은 영원히 우리의 찬송 제목이 됩니다.

그런데 여기서 우리가 잊지 말아야 할 사실이 있습니다. 이처럼 구원을 통하여 누리게 되는 신분과 상태의 자유의 공로적인 원인은 예수 그리스도의 십자가의 속죄입니다. 그리고 죄인의 마음에 역사하시는 성령은 효과적 원인이 되십니다. 또한 이것을 받아들이는 인간의 믿음은 적용적 원인이 됩니다. 그러나 이 모든 원인의 으뜸은 그리스도의 대속의 공로입니다.

예수님께서 친히 이 세상에 오셔서 율법 아래 태어나셨습니다. 율법의 요구를 따라 우리의 죄 값을 치르기 위하여 하나님과 우리 사이의 화목 제물이 되셨습니다. 모든 죄인들은 죄를 지었고 율법을 어겼기 때문에 본질상 진노의 자녀입니다. 우리는 하나님의 심판을 받을 수밖에 없는 처지에 있었는데, 그 심판받아야 할 죄를 예수님께서 대신 짊어지시고 형벌을 당하신 것입니다.

하나님께서 이 세상에 있는 더러운 죄인들인 우리를 위하여 자기 아들을 십자가에서 죽도록 내어 주기까지 하신 이유가 무엇입니까? 아들을 십자가에 못박으시고 우리의 죄 값을 대신 담당하게 하시면서까지 우리를 구원해 주신 이유가 무엇입니까?

성경은 말합니다. "저가 모든 사람을 대신하여 죽으심은 산 자들로 하여금 다시는 저희 자신을 위하여 살지 않고 오직 저희를 대신하여 죽었다가 다시 사신 자를 위하여 살게 하려 함이니라"(고후 5:15).

자신의 거룩한 형상을 가진 인간이 창조의 목적과는 상관없이, 죄에 매인 노예로 허무하게 살아가는 그 비참한 처지를 차마 보실 수 없어서 그리하신 것입니다. 아들을 십자가에 못박도록 내어 주시면서까지 우리를 구속하고 싶어하셨으니, 그것은 오직 하나님의 사랑 때문이었습니다. 다시는 죄에 매여 노예처럼 살지 아니하고 자유인으로 하나님 앞에 살게 하시려고 말입니다.

3. 그리스도의 대속의 효과

여기서 우리는 하나님의 자녀로서 누리게 되는 자유의 근거에 대하여 생각하지 않을 수 없습니다. 하나님께서 신자에게 주시는 이 자유는 그리스도의 대속을 근거로 한 특권입니다. 그리스도의 대속적인 죽으심의 공로가 우리에게 전가된 결과입니다.

그리스도께서 우리의 죄를 대속하신 효과는 크게 세 가지로 이루어집니다. 첫째는 죄의 용서이고, 둘째는 성령을 주심이고, 셋째는 죄의 절대적인 지배의 종식입니다.

a. 죄의 용서

첫째로, 죄의 용서입니다. 그리스도께서 믿는 자들을 위하여 당하신 대속적인 고난을 통해서 나타난 첫 번째 효과는 죄의 용서입니다. 성경은 말합니다. "그러므로 형제들아 너희가 알 것은 이 사람을 힘입어 죄 사함을 너희에게 전하는 이것이며"(행 13:38). "그 아들 안에서 우리가 구속 곧 죄 사함을 얻었도다"(골 1:14).

하나님과의 관계를 깨어지게 하고 하늘 자원이 없이 죽음이라는 질병 아래서 살게 하였던 궁극적인 원인인 죄를 용서해 주신 것입니다. 그리고 이것은 그 궁극적인 결과인 심판과 사망에 대한 두려움에 매여 종 노릇하던 사람들에게 말할 수 없이 기쁜 소식이었습니다. 그래서 건강한 영혼을 가지고 있는 신자들의 눈에는 항상 눈물이 고여 있습니다. 그리스도께서 십자가에서 죽으심으로 자신의 죄를 대속하신 용서의 사랑을 알기 때문입니다. 이전에는 자신의 죄를 일깨우는 양심의 송사와 율법의 정죄 아래 살아야 했습니다. 그러나 이제는 그리스도의 대속으로 인하여 용서받은 자가 되었습니다. 예수 그리스도께서 그 죄를 위하여 값을 치르셨기 때문입니다. 우리가 기억하는 죄로부터 기억할 수 없는 크고 작은 죄에 이르기까지, 우리의 물려받은 죄와 스스로 짓는 죄까지, 모든 죄를 용서해 주셨습니다. 그래서 그리스도 안에 있는 자들에게는 결코 정죄함이 없습니다.[204] 하나님의 자녀들이 누리게 된 이러한 용서에 대하여 성경은 말합니다. "그러므로 형제들아 너희가 알 것은 이 사람을 힘입어 죄 사함을 너희에게 전하는 이것이며 또 모세의 율법으로 너희가 의롭다 하심을 얻지 못하던 모든 일에도 이 사람을 힘입어 믿는 자마다 의롭다 하심을 얻는 이것이라"(행 13:38-39).

b. 성령을 주심

둘째로, 성령을 주심입니다. 그리스도께서 우리의 죄를 대속하심으로 우리에게 성령이 선물로 주어졌습니다. 하나님께서 우리의 죄를 용서하실 뿐 아니라, 영원히 우리를 버리지 않으실 약속의 보증으로서 성령을 주셨습니다. 믿는 우리 안에 성령을 주심으로써 죄와 사망의 법을 폐하시고 생명과 은혜의 원리를 심으셨습니다. 그래서 주의 영이 있는 곳에는 자유가 있습니다.[205]

---

204) 이를 위하여 예수 그리스도께서 하신 일에 대하여 성경은 이렇게 말한다. "율법이 육신으로 말미암아 연약하여 할 수 없는 그것을 하나님은 하시나니 곧 죄를 인하여 자기 아들을 죄 있는 육신의 모양으로 보내어 육신에 죄를 정하사 육신을 좇지 않고 그 영을 좇아 행하는 우리에게 율법의 요구를 이루어지게 하려 하심이니라"(롬 8:3-4).

205) "주는 영이시니 주의 영이 계신 곳에는 자유함이 있느니라"(고후 3:17). 구속이 대리적인 속죄를 통하여 우리를 용서받게 하는 것이지만, 구속은 용서 이상이어야 한다. 하나님께서 죄인들을 용서해 주신다고 할지라도 실제적으로 그들을 향한 죄의 절대적인 지배를 종식시키시고 그것을 이길 수 있는 힘을 주시지 않는다면 용서가 아무 의미가 없을 것이기 때문이다. 여기에서 은혜 언약 안에서 주어지는 순종의 의무의 중요성을 생각하게 된다. 칭의(稱義)와 성화(聖化)는 구분은 되지만 나눌 수는 없는(distinctio sed non separati) 관계이며, 이는 그리스도인의 삶에 있어서 각각 다른 역할을 한다. 존 오웬은 이 문제를 칭의와 성화에 대하여 언약 개념을 도입함으로써 부드럽게 풀어 나간다. 은혜 언약 아래서 칭의는 언약적 약속(covenant promise) 아래 포괄되고, 성화는 언약적 복종(covenant obligation) 아래 포괄된다는 것이다. 언약의 쌍방성과 언약 당사자로서의 인간의 복종은 인간의 책임과 도덕적 행동의 필요성을 확실히 함으로써 강조된다. 다음 박사학위 논문을 참고하라. David Wai-Sing Wong, *The Covenant Theology of John Owen*, (Philadelphia; Westminster Theological Seminary; Ph. D. Dissertation, 1998), pp. 314-315.

나라마다 경축일에는 죄인들을 풀어 주는 특별 사면이 있습니다. 이러한 특별 사면은 왕이나 대통령의 명령에 의하여 이루어집니다. 대통령이 특사를 베풀 사람들의 명단에 서명함으로써 이루어집니다. 대통령이 특별 사면을 위한 서류에 서명을 하는 순간 죄수들은 법적으로 죄에 대한 형벌을 면제받은 것입니다. 그러나 서류상으로 아무리 형벌이 면제되었어도, 실제로 간수들이 석방을 집행하기 전까지는 수감 상태에서 벗어날 수 없습니다. 대통령의 서명을 받은 사면 서류에 근거하여 작성된 명단이 교도소에 통보되고 간수들이 그들에게 평상복을 입혀 문밖으로 나가게 함으로써 자유로운 상태가 됩니다.

죄인들을 용서하신 것이 사면을 결정하는 것이라면, 성령을 주신 것은 우리를 죄인으로서 살아갈 수밖에 없게 하던 죄의 사슬을 실제로 풀어 주고 교도소 문을 열어 나가게 하는 것과 같습니다. 물론 우리의 구원에 있어서 용서가 있고 난 한참 후에야 성령이 주어지는 것은 아니지만, 비유를 하자면, 논리적으로 그렇다는 것입니다.

그리스도의 대속의 공로는 믿는 자들에게 성령을 주어 죄 가운데 살아갈 수밖에 없었던 내면의 구조를 부수고 새로운 구조가 심겨지게 합니다. 신자의 영혼 안에 새 생명의 원리가 심겨지는 것입니다. 말씀과 성령을 통하여 내적인 쇄신이 이루어지게 하심으로 이렇게 심겨진 새 생명의 원리를 북돋우셔서 신자 안에 잔존하는 죄를 죽이며 그리스도의 형상을 본받게 하시는 것입니다. 이 모든 놀라운 변화는 예수 그리스도께서 십자가에 죽으신 대속으로 말미암아 이루어진 것입니다.

c. 죄의 지배의 종식

셋째로, 죄의 지배의 종식입니다. 이에 대하여 성경은 말합니다. "그러므로 이제 그리스도 예수 안에 있는 자에게는 결코 정죄함이 없나니 이는 그리스도 예수 안에 있는 생명의 성령의 법이 죄와 사망의 법에서 너를 해방하였음이라"(롬 8:1-2).

그리스도의 대속으로 말미암아 주어진 성령의 내주하심으로 죄의 절대적인 지배는 완전히 종식되었습니다. 그렇습니다. 신자가 죄와 더불어 싸우고 하나님께 순종하며 살려고 하는 한 죄는 결코 예전처럼 그를 지배할 수 없습니다. 그가 은혜와 믿음의 원리를 따라 그리스도를 의지하는 한, 죄가 그를 사로잡아 노예처럼 지배할 수 없습니다. 죄는 이제 신자들에게 어떠한 절대적인 지배권도 가질 수 없을 정도로 그 세력이 궤멸되었습니다. 신자는 이제 상태와 신분에서 율법의 저주 아래 놓여 있는 죄의 종이 아니라 자유인이 되었으며, 마음과 영혼의 내적 기능에 있어서는 죄의 지배의 원리들로부터 해방되었습니다. 이제 그는 율법 아래 있지 아니하고 은혜 아래 있습니다. 하나님께서 성령으로 말미암아 심어 놓으신 새 생명의 원리들 안에서 살아가게 되었습니다. 이제 하나님께서는 그를 율법으로 통치하지 아니하시고 은혜로 다스리시게 되었습니다.[206]

그리스도께서 우리를 구원해 주신 것은 우리를 어둠 가운데서 건져 빛 가운데 들어가게 하신 것입니다. 그리고 그것은 그 구원을 통해서 우리에게 그렇게 은혜를 베푸신 그리스도의 아름다운 덕을 선전하게 하시기 위함입니다(벧전 2:9).[207] 그렇습니다. 구원받는 순간에 하나님께서는 우리를 사망과 어둠의 나라에서 빛의 나라로 옮기셨습니다. 결코 죄가 우리를 지배하여 다시 어둠의 나라로 돌아가게 할 수 없습니다. 구원받은 하나님의 자녀들이 상대적으로나마 죄의 지배 아래 사는 것은, 그가 스스로 죄를 신택하고 새 언약 안에 있는 은혜의 원리를 비렀기 때문입니다.

그러나 우리가 어떻게 다시 죄의 종 노릇할 수가 있겠습니까? 우리의 옛 사람이 그리스도와 함께 십자가에 못박히지 않았습니까? 우리를 은혜의 통치 아래 살게 하시지 않았습니까? 사도 바울은 말합니다. "우리가 알거니와 우리 옛 사람이 예수와 함께 십자가에 못박힌 것은 죄의 몸이 멸하여 다시는 우리가 죄에게 종 노릇하지 아니하려 함이니"(롬 6:6).

죄인을 구속하사 생명의 원리를 심으심은, 이제 다시는 죄에 종 노릇하지 말고 은혜의 원리를 따라 하나님께 순종함으로써 구속을 통하여 성취하고 싶으셨던 창조의 목적을 따라 살게 하심이었습니다. 그러나 신자가 죄를 선택하고 그것을 사랑하

---

[206] 그러므로 죄는 변화된 우리 신분, 곧 하나님의 자녀라는 신분에 대해서나, 중생으로 변화된 우리의 내면 세계, 즉 자유를 누리게 된 영혼과 마음에 대해서나 어떤 식으로든지 지배권을 가질 수가 없게 되었다. 따라서 신자에 대한 죄의 실효적인 지배는 부당하게 일어난 일이다. 따라서 우리가 믿음과 은혜의 원리로 돌아가서 순종하면 곧 죄의 지배를 무너뜨리고 은혜의 지배 상태로 돌아갈 수 있다. 신앙 생활에서 회개와 순종이 필요함도 이 때문이다.

[207] "오직 너희는 택하신 족속이요 왕 같은 제사장들이요 거룩한 나라요 그의 소유된 백성이니 이는 너희를 어두운 데서 불러내어 그의 기이한 빛에 들어가게 하신 자의 아름다운 덕을 선전하게 하려 하심이라"(벧전 2:9).

면, 그가 가진 은혜의 세계에도 불구하고 다시 죄의 지배를 받으며 살아가게 됩니다. 그리고 많은 고통과 영혼의 핍절함 속에서 살아갑니다. 거기에는 하나님과의 평화가 없습니다. 세상에 나가면 신앙의 가책 때문에 힘들고, 교회에 나오면 세상 사랑 때문에 힘듭니다. 신앙 생활을 하는 것도 피곤하고, 세상에서 살아가는 것도 힘이 듭니다. 그래서 때로는 잠시나마 그것을 잊기 위해서 죄의 낙을 찾습니다. 마치 중병에 걸려 누운 사람이 고통을 잊기 위해서 진통제를 맞는 것처럼 말입니다.

C. 마음과 영혼의 자유: 죄의 사슬로부터의 내적 자유

둘째로, 내적 역사의 자유입니다. 이는 곧 죄의 사슬로부터 벗어난 마음과 영혼의 자유입니다.[208] 상태와 신분의 자유가 외적인 것이라면, 마음과 영혼의 자유는 내적인 것입니다. 이것은 죄에 매여 있는 자의 영혼과 마음을 복음의 능력으로 자유롭게 해주신 것입니다.[209] 이제 아무것도 그의 영혼과 마음을 얽어맬 수 없습니다.

---

[208] 신자가 죄에서 자유를 누릴 수 있게 되는 원인은 다음과 같이 크게 세 가지로 정리될 수 있을 것이다. (1)자유의 공로적 원인-그리스도의 속죄: 이 자유를 가져오는 공로가 되는 원인은 바로 그리스도의 죽음과 피이다(벧전 1:18-19, 고전 6:20, 7:23). 그 밖에 다른 어떤 것으로도 이 자유를 살 수 없다. 이전에 죄의 통치와 위력 아래 거하던 우리가 누리게 된 이 자유는 우리의 몸값으로 처리된 그리스도의 속죄의 죽음을 통해서 이루어진 것이다. (2)자유의 효과적 원인-성령: 이 자유의 내적인 효과적인 원인이시며, 우리 안에서 죄의 위력과 권세를 파괴시키시는 분은 바로 성령 하나님이시다. 죄를 죽이기 위한 모든 사역을 행하시사 우리로 거룩케 하는 강력한 은혜를 주시는 분이 다름 아닌 성령 하나님이시다. 성령께서 계시는 곳, 바로 그 곳에만 자유가 있다. "주는 영이시니 주의 영이 계신 곳에는 자유함이 있느니라"(고후 3:17). 오직 성령만이 죄를 파괴시키실 수 있다. 그러나 많은 사람들은 그분의 이러한 효과적인 사역을 대개는 멸시하며 죄에 매여 노예로 살다가 죽는다. 어떤 경우든지 유혹에 의하여 죄가 우리 안에서 살아 역사할 때는 우리는 기꺼이 우리 자신과 우리 자신의 뜻으로 돌아갈 준비를 한다. 그렇지만 즉시 하나님께, 죄를 복종시킬 수 있는 유일한 분이신 성령을 구한다면 우리는 구원받을 것이다. (3)자유의 적용적 원인-신자의 순종: 그러나 이 자유의 중요한 근원에는 죄의 파괴를 위한 신자 자신의 의무가 있다. 그리고 이 점이 또한 이 특권의 중요성을 명시한다. 죄의 세력을 파하는 것이야말로, 우리가 기도하고, 금식하며, 묵상하고, 모든 일에 주의하는 것과 같은 의무 실천의 주된 목적이다. 이 모든 것들은 우리 안에 있는 죄에 대한 흥미를 파괴하기 위하여 고안되었다. 우리의 적은 바로 이 죄이다. 왜냐하면 그것이 우리를 지배하기 위해 필사적으로 싸움을 걸어오기 때문이다. 우리는 죄에 대하여 피 흘리기까지 싸워야한다. John Owen, *A Treatise of the Dominion of Sin and Grace; wherein sin's reign is discovered, in whom it is, and in whom it is not; how the law supports it; how grace delivers from it, by setting up its dominion in the heart*, in *The Works of John Owen*, vol. 7, edited by William H. Goold, (Edinburgh; The Banner of Truth Trust, 1988 reprinting), pp. 553-554.

[209] 성경은 신자가 죄로 말미암은 내적인 얽매임에서 이미 벗어난 자로 묘사한다. "이제는 우리가 얽매였던 것에 대하여 죽었으므로 율법에서 벗어났으니 이러므로 우리가 영의 새로운 것으로 섬길 것이요 의문의 묵은 것으로 아니할지니라"(롬 7:6). 그러나 또한 동일한 신자를 다시 얽매일 수 있는 존재로 묘사한다. "이러므로 우리에게 구름같이

그러므로 그는 완전한 자유인이 된 것입니다.

그러면 신자의 내적인 자유는 무엇으로부터의 자유일까요? 사도 바울에 따르면, 이 자유는 어둠으로부터의 자유이고, 사단의 능력으로부터의 자유입니다. 그는 이렇게 고백합니다. "그 눈을 뜨게 하여 어두움에서 빛으로, 사단의 권세에서 하나님께로 돌아가게 하고 죄 사함과 나를 믿어 거룩케 된 무리 가운데서 기업을 얻게 하리라 하더이다"(행 26:18).

1. 내적 어둠으로부터의 자유

중생하기 전 신자의 영혼은 어둠에 사로잡혀 있었습니다. 인간 영혼에 있어서 어둠은 그 자체가 이미 세력입니다. 그 세력이 인간의 영혼과 마음을 사로잡고 눈멀게 하며 파괴시키기 때문에 인간은 거기로부터 구출받아야 할 필요가 있으며, 구원은 반드시 거기로부터 벗어난 자유를 포괄해야 합니다(골 1:13). 여기서 우리는 이것을 네 가지로 설명할 수 있습니다.

첫째로, 부지(無知)라는 어둠으로부터의 자유입니다. 이전에는 구원의 길에 대하여 무지하였으나 이제는 밝히 알게 되었습니다. 이전에는 그리스도가 누구신지 알지 못했고, 그래서 구원에 이르는 참된 길에 대하여 눈멀었으나 이제 알게 된 것입니다. 이제 창조주 하나님께서 자신을 지으신 목적을 알게 되었고, 더욱 진지한 열심을 품고 복음을 깨달아 감으로써 구체적으로 어떻게 하나님의 창조하신 목적대로 살아갈지에 대하여 알 수 있도록 눈이 열린 것입니다.

둘째로, 불신앙(不信仰)이라는 어둠으로부터의 자유입니다. 불신앙은 그 자체가 하나님과 복음 안에서 제시된 구원의 길을 믿지 않겠다는 고집스러운 거절입니다. 이것은 믿으려고 하는데 의심이 생기는 회의와는 다른 것입니다. 이것은 믿지 않겠다는 고집입니다. 그리고 영혼의 어둠은 인간을 이러한 고집에 가두는 힘이 있습니다. 그러나 거듭난 자 안에 역사하시는 성령께서는 성경에 기록된 모든 하나님의 말씀

둘러싼 허다한 증인들이 있으니 모든 무거운 것과 얽매이기 쉬운 죄를 벗어버리고 인내로써 우리 앞에 당한 경주를 경주하며"(히 12:1). "만일 저희가 우리 주 되신 구주 예수 그리스도를 앎으로 세상의 더러움을 피한 후에 다시 그 중에 얽매이고 지면 그 나중 형편이 처음보다 더 심하리니"(벧후 2:20). 이는 모두 우리의 즉각적인 구원과 함께 믿음과 순종을 통하여 이루어 가야 할 점진적인 구원인 성화를 강조한 것이다.

에 대하여 그들의 마음을 유효하게 설복하심으로 불신앙의 억압에서 벗어나는 자유를 주십니다(골 2:2, 롬 5:9).210)

셋째로, 편견(偏見)이라는 어둠으로부터의 자유입니다. 편견은 인간의 생각 속에 비치는 진리의 빛을 따라 사물을 바로 보지 못하도록 방해하는 안개와 같은 것입니다. 유대인의 편견은 그리스도를 보지 못하게 하였고, 회심하기 전 바울은 이방인은 단지 쓰레기 같은 인간들일 뿐이라고 생각하였습니다. 우리도 회심 이전의 바울처럼 신학적이고 심리적인 편견들에 의해 형성된 어둠으로 인하여 그리스도와 복음의 진리를 바로 보지 못하였으며, 이것은 크나큰 속박이었습니다. 그러나 구원을 통하여 주어진 성령의 능력은 이러한 속박으로부터 우리를 자유하게 하셨습니다. 그래서 사도 바울은 하나님의 나라가 단지 의로운 나라일 뿐 아니라 성령 안에서 화평과 희락이 있는 나라라고 보았습니다(롬 14:17).211)

넷째로, 악한 행실(行實)이라는 어둠으로부터의 자유입니다. 인간은 악을 원하기 때문에 그 일을 행하기도 하지만, 또한 어쩔 수 없이 악을 행할 수밖에 없는 무력(無力)한 존재이기도 합니다. 그래서 사도 바울은 이러한 자신의 처지를 다음과 같이 고백하였습니다. "내 속 곧 내 육신에 선한 것이 거하지 아니하는 줄을 아노니 원함은 내게 있으나 선을 행하는 것은 없노라"(롬 7:18). 생각해 보십시오. 신자가 된 뒤에도 성령의 은혜 안에 살지 못하면 선을 행할 수 없는데, 하물며 거듭나지 못한 채 어둠의 세력에 사로잡힌 상태에서 어찌 하나님의 창조의 목적에 부합하는 선한 삶을 살 수 있겠습니까? 그것은 명백히 우리의 마음과 영혼에 대한 어둠의 속박입니다. 성령께서는 우리를 거기로부터 벗어나는 자유를 주셨습니다.212)

---

210) "이는 저희로 마음에 위안을 받고 사랑 안에서 연합하여 원만한 이해의 모든 부요에 이르러 하나님의 비밀인 그리스도를 깨닫게 하려 함이라"(골 2:2). "그러면 이제 우리가 그 피를 인하여 의롭다 하심을 얻었은즉 더욱 그로 말미암아 진노하심에서 구원을 얻을 것이니"(롬 5:9).

211) "하나님의 나라는 먹는 것과 마시는 것이 아니요 오직 성령 안에서 의와 평강과 희락이라"(롬 14:17).

212) 청교도 나다니엘 빈센트(Nathaniel Vincent)는 이러한 어둠의 세력으로부터의 신자의 자유의 실체를 빛으로 돌아간 자유로 설명한다. 즉 신자의 자유는 '어둠에서 빛으로, 사단의 권세에서 하나님께로 돌아가게 한' 자유라고 본다. 이 빛의 자유는 거듭난 죄인에게 삼중(三重)의 효과를 준다. (1)진리를 밝히 드러냄으로써. (2)평화와 진리로 인도함으로써. (3)빛이 인간에게 작용할 때에 능력 있는 방식으로 역사함으로써. 또한 회심을 통한 이러한 자유는 불순종 가운데 역사하던 사단의 권세로부터의 자유인데, 이 역시 세 가지로 설명된다. (1)하나님을 주(Lord)로 인식하게 함으로써. (2)하나님을 아버지(Father)로 인식하게 함으로써. (3)하나님을 자신과 만유의 궁극적인 목적(Ultimate End)으로 인식하게 함으로써. Nathaniel Vincent, "The Conversion of Sinner," in *The Puritans on Conversion*, (Morgan; Soli Deo Gloria Publications, 1990 reprinting), pp. 117-129.

2. 사단의 역사로부터의 자유

중생하기 전 신자의 영혼은 어둠에 사로잡혀 있었을 뿐 아니라 사단의 권세의 지배 아래 있었습니다. 사단은 불순종의 아들들 가운데 역사하고 통치하는 영입니다. 신자가 회심할 때까지 그의 수하에 있었습니다. 그러나 그는 이제 신자의 회심과 함께 그의 강력한 사로잡는 힘을 상실했고 중생과 함께 내동댕이쳐졌습니다. 이러한 사실은 다음 세 가지로 논의될 수 있습니다.[213]

첫째로, 신자는 사단의 지배(支配)로부터 해방되었습니다. 신자는 이제 그리스도로 말미암아 사단의 불법적인 권위에 저항할 수 있는 지혜와 은혜를 소유하게 되었습니다. 이제 율법 아래 있지 아니하고 은혜 아래 있는 자들에게 새로운 약속이 주어지게 되었으니, 이는 죄가 결코 그들을 주관할 수 없다는 것입니다(롬 6:14). 이는 필연적으로 사단의 통치가 파괴될 것을 의미하는 것입니다. 왜냐하면 사단이 지배력을 행사하는 것이 죄의 힘으로부터 말미암은 것이기 때문입니다. 죄인을 얽매던 올무가 파괴되었으니, 이는 마치 노루가 사냥꾼의 올무에서 벗어나는 것과 같이, 새가 그물 치는 자의 손에서 벗어나는 것과 같이 되었습니다(잠 6:5). 이제 신자는 거듭나고 회심함으로써 사단에 의해 조종받는 대신 하나님의 은혜로 말미암아 강건해져서 사단을 이길 수 있게 되었고 하나님께 가까이 다가갈 수 있게 되었습니다.

둘째로, 신자는 사단의 행실(行實)을 벗어버림으로써 그의 권세로부터 벗어나 자유를 누리게 되었습니다. 신자는 하나님과 사람들에 대해 겸비해지고 상한 마음이 됩니다. 자신의 개선된 행실보다 자기를 위해 생명을 버리신 예수 그리스도의 공로를 더욱 의지하게 됨으로써 사단의 행실을 버리고 거룩한 삶을 살아가며 그리하여 사단의 권세로부터 벗어나 자유를 누리며 삽니다.

셋째로, 그들은 이제 사단의 유혹(誘惑)을 더러운 것으로 여김으로 사단의 권세에서 벗어난 자유를 누립니다. 죄의 낙은 신자를 유혹하는 사단의 좋은 미끼였습니다. 세상에 대한 인간의 사랑이 어디서 오는지 생각해 보십시오. 이는 모두 죄의 낙을 추구하는 인간에게 던져진 사단의 미끼를 통해 증진되는 것입니다. 그러나 참회를

---

[213] Nathaniel Vincent, "The Conversion of Sinner," in *The Puritans on Conversion*, (Morgan; Soli Deo Gloria Publications, 1990 reprinting), pp124-125.

통해 회심한 신자는 잠시 죄의 낙을 즐거워하기보다 그리스도와 함께 거하기를 더 사모합니다. 왜냐하면 죄의 낙은 사단의 미끼로서 그 삯이 사망이지만, 그리스도와 함께 거하는 것은 그들에게 영원한 복락이 되기 때문입니다.

구원받기 전, 우리는 육신의 행실을 좇아서 마음에 원하는 것을 행하는 본질상 진노의 자녀였습니다(엡 2:3). [214] 우리 자신이 원해서이기도 하지만 이미 우리 안에 심겨진 법이 우리를 죄의 속박에서 풀어 주지 않았습니다. 우리는 이미 태어날 때부터 물려받은 죄로 인하여 마음과 영혼이 죄에 얽매인 자로, 사단의 영향에 사로잡힌 자로 태어난 것입니다. [215] 자기 안에 이미 죄의 법이 있어서 그것대로 살아갈 수밖에 없었던 것이 그리스도 밖에 있을 때의 우리의 모습입니다. 그래서 사도 바울은 말합니다. "너희가 만일 성령의 인도하시는 바가 되면 율법 아래 있지 아니하리라"(갈 5:18).

성경과 교회의 역사, 그리고 오늘날까지 탁월하게 순결한 신앙을 가지고 살아간 사람들을 보십시오. 그들은 우리보다 결심이 강하고 많이 헌신하던 사람들이라기보다는 이렇게 복음에 의하여 주어진 자유의 원리를 따라 살아간 사람들입니다. 그들의 아름답고 순전한 신앙은 인간의 탁월한 헌신에 의해 이룩된 것이 아니라, 생명의 원리로 돌아가 하나님의 은혜 안에서 회복된 영혼의 상태를 유지하고자 끊임없이 죄 죽임을 실천하고 받은 바 은혜를 보전하고 강화함으로써 이루어진 것입니다.

혹시 지금 여러분은 자신의 영혼이 어둠으로 가득하고, 자신의 죄를 스스로 어찌할 수 없다고 생각하고 계십니까? 그래서 하나님의 자녀가 되었지만 죄의 지배를 벗어날 수 없을 것 같다고 느끼십니까? 이것은 한편으로는 죄의 속임수이고, 또 한편으로는 죄의 강압입니다. 여러분 안에 죄는 융성하고 은혜는 약화되어 있다는 증거입니다. 복음이 우리에게 자유를 주었음을 기억하십시오.

지금도 복음으로 말미암아 수많은 사람들에게 자유를 주시는 그 하나님께서 그렇게 얽매인 죄의 사슬을 끌러 주실 것입니다. 여러분이 복음을 통하여 주신 은혜의 원리로 돌아오기만 하면 말입니다. [216]

---

214) "전에는 우리도 다 그 가운데서 우리 육체의 욕심을 따라 지내며 육체와 마음의 원하는 것을 하여 다른 이들과 같이 본질상 진노의 자녀이었더니"(엡 2:3).
215) "그 중에 이 세상 신이 믿지 아니하는 자들의 마음을 혼미케 하여 그리스도의 영광의 복음의 광채가 비치지 못하게 함이니 그리스도는 하나님의 형상이니라"(고후 4:4).
216) 그러나 성경은 하나님께서 자유를 주시고자 해도 그것을 누리지 못하는 경우도 지적한다. 이에 대해 존 오웬은 다음과 같이 지적한다. "하나님께서는 자유를 주시기 원하나 사람이 스스로 그것을 포기할 때, 죄의 지배아래 있는

죄와의 싸움에 있어서 하나님께서는 절대로 혼자 일하지 않으십니다. 신자 안에서 신자와 함께 일하십니다. 신자 자신의 분투와 순종이 없이도 죄를 이길 수 있다는 그 어떤 보증도 새 언약 안에는 없습니다. 따라서 신자는 스스로 죄의 자리를 떠나 은혜의 자리로 돌아와야 합니다.

우리가 정말 은혜 가운데 살고 싶다면, 그 일을 가장 중요한 가치로 여기고 일체의 성실함과 부지런함으로 죄를 죽이는 일과 은혜를 북돋는 일에 힘써야 합니다. 하나님과 신령한 일에 대한 영혼의 싫증과 거룩한 의무에 대한 육체의 게으름과 싸워야 합니다. 그리고 마음으로부터 우러나오는 간절함으로 기도하여야 합니다.

우리는 간헐적인 기도가 아니라 지속적인 기도로써 자신의 마음을 드리며 간구하여야 합니다. 죄의 지배를 벗어나 하나님의 자녀답게 살게 하시는 모든 능력이 하나님께 있음을 굳게 믿으며 도움을 구하여야 합니다. 그러면 하나님께서는 다시 은혜의 통치를 받는 복된 상태로 옮겨 주실 것입니다. 왜냐하면 죄가 신자 위에 주인 노릇할 수 없다고 약속하셨기 때문입니다.

그 사람을 심판적으로(judicially) 버려 두신다(롬 1:24). 이 권리를 잃어버린 사람은 방탕한 죄인과 같이, 불신자의 세계의 일반 원리를 따라 행동하며, 복음을 경멸한다. 이것은 세상에서 존재할 수 있는 가장 비참한 죄인의 모습이며 이를 후회할 때는 너무 늦었으며 구원을 위한 분투도 궁극적으로 끝이 난 때이다. 당신의 마음을 지키라. 하나님의 진노로 인한 처분은 결코 하나님의 안식처로 들어올 수 없게 한다." John Owen, *A Treatise of the Dominion of Sin and Grace; wherein sin's reign is discovered, in whom it is, and in whom it is not; how the law supports it; how grace delivers from it, by setting up its dominion in the heart*, in The Works of John Owen, vol. 7, edited by William H. Goold, (Edinburgh; The Banner of Truth Trust, 1988 reprinting), p.510. 존 오웬이 이러한 경고와 관련하여 회복될 수 없는 상황으로 제시한 경우는 다음과 같다. (1)특정한 죄를 장기간 계속해서 범하게 될 때이다. 하나님께서는 회개하기를 기다리시며 오래 참으시나(벧후 3:9), 반드시 심판의 시기는 온다(롬 9:22). (2)위와 같은 경고를 무시하고 경멸할 때이다. 이와 같은 사람은 하나님을 경멸하며 시편에 나오는 죄인들처럼 자만심으로 가득 차 있으며 죄에 죄를 더하여 그 진보를 만들어 간다(시 10:2-7). (3)성령을 거스르는 용서받지 못할 죄를 지었을 때이다. (4)하나님의 은혜와 회심의 수단들을 자발적으로 포기할 때이며, 이것은 하나님의 말씀을 싫어함과 함께 동반된다. (5)매우 드물지만 더럽고 악하고 불경스럽고 조롱할 만한 세상을 단호하게 선택하는 경우이다. John Owen, *A Treatise of the Dominion of Sin and Grace; wherein sin's reign is discovered, in whom it is, and in whom it is not; how the law supports it; how grace delivers from it, by setting up its dominion in the heart*, in The Works of John Owen, vol. 7, edited by William H. Goold, (Edinburgh; The Banner of Truth Trust, 1988 reprinting), pp.511-512. 그러나 만약 신자가 죄의 지배로 돌이키지 않는다면, 그는 죄에서 자유를 얻었음에도 불구하고 죽을 때까지 죄를 선택하고 그것을 사랑하다가 핍절한 영혼으로 두려움 속에서 울며 눈을 감을 것이다. 죄가, 구원받은 신자의 영혼과 삶이 그렇게 산산이 파괴되고 부서지면서까지 사랑하여야 할 만큼 가치 있는 것일까? 죄의 지배와 그 계획이 무엇인지에 대하여 명료하게 깨닫게 되었다면 더 이상 죄를 선택하고 거기에 얽매여 있어서는 안 된다. 그것은 죽음이다.

성화의 모든 비밀은 복음에 있습니다. 그러므로 거룩해지기를 원하는 모든 신자들이 마음을 기울여 알고자 하여야 할 바는 복음입니다. 이 비밀은 곧 그리스도이십니다. 그래서 사도 바울은 이렇게 말하였습니다. "하나님이 그들로 하여금 이 비밀의 영광이 이방인 가운데 어떻게 풍성한 것을 알게 하려 하심이라 이 비밀은 너희 안에 계신 그리스도시니 곧 영광의 소망이니라"(골1:27).

사도 바울은 자신을 포함한 복음 사역자들의 정체가 바로 이 비밀을 맡은 자라고 고백하였습니다. "사람이 마땅히 우리를 그리스도의 일꾼이요 하나님의 비밀을 맡은 자로 여길지어다"(고전4:1).

복음은 신자인 우리에게 참 자유를 주었습니다. 신분과 상태에 있어서뿐만 아니라 마음과 영혼에 있어서도 참 자유를 누리며 살게 하였습니다. 그리고 신자인 우리에게 주어진 이러한 복음의 축복은 오직 예수 그리스도께서 우리의 죄를 구속하신 공로로 말미암은 것이었습니다.

아아, 이 세상에서 우리 주 예수 그리스도보다 고귀하신 분이 어디에 있을까요. 그분이 자기를 희생함으로 우리에게 주신 그 영혼의 축복은 얼마나 놀랍습니까. 죄 가운데 태어나 노예처럼 살다가 죽을 자들에게 자유를 주셨기 때문입니다. 거룩한 성화의 길을 가는 모든 신자들이 한결같이 예수 그리스도를 사랑하는 사람들이었던 것도 바로 이 때문이었습니다.

한눈에 보는 12장 복음이 자유를 주기 때문에

I. 자유를 못 주는 율법
  A. 율법의 기능
   – 죄를 깨닫게 하고 우리를 그리스도께로 인도함
  B. 어느 경우든 자유를 주지 못함 : 억압과 속박을 줌
   – 율법을 통한 깨달음은 양심의 억압과 속박을 가져다 줌
   – 율법이 주어진 후 하나님께서는 죄를 보다 엄격하게 다스리기 시작하심
  C. 죄의 지배로부터 우리를 자유케 하지 못함
   – 죄인에게는 율법의 요구대로 온전히 살 능력이 없음
   – 율법대로 살고 죄를 짓지 않으려고 노력할수록 죄에 대한 욕망은 강하게 일어남
   – 율법의 이런 한계 때문에 율법만으로는 죄로부터 자유로워질 수 없음

II. 자유를 주는 복음
  A. 이중의 자유란 무엇인가?
   – 신분과 상태의 자유와 내적인 역사의 자유
  B. 신분과 상태의 자유 : 율법과 저주로부터의 자유
   1. 죄인은 율법의 요구로부터 해방될 수 없는 존재들임
   2. 은혜는 신자들에게 영광스러운 자유를 수여함
   3. 그리스도의 대속의 효과
     a. 죄의 용서 : 그리스도의 대속을 통해 죽음이라는 질병의 궁극적인 원인인 죄를 용서해 주심
     b. 성령을 주심 : 성령을 주셔서 생명과 은혜의 원리를 심으심
     c. 죄의 지배의 종식 : 성령의 내주하심으로 죄의 절대적인 지배는 완전히 종식됨
  C. 마음과 영혼의 자유 : 죄의 사슬로부터의 내적 자유
   1. 내적 어둠으로부터의 자유
   – 무지라는 어둠으로부터의 자유 : 구원의 길에 대해 밝히 알게 됨
   – 불신앙이라는 어둠으로부터의 자유 : 성령께서 말씀으로 설복하심으로 불신앙의 억압에서 벗어나게 하심
   – 편견이라는 어둠으로부터의 자유 : 진리의 빛을 따라 사물을 보지 못하게 하는 편견에서 벗어나게 하심
   – 악한 행실로부터의 자유 : 어찌할 수 없이 악을 행할 수밖에 없는 속박에서 벗어나게 하심
   2. 사단의 역사로부터의 자유
   – 사단의 불법적인 권위에 저항할 수 있는 지혜와 은혜를 소유함으로써 사단의 지배로부터 해방됨
   – 사단의 행실을 벗어버림으로써 그의 권세에서 벗어나 자유를 누리게 됨
   – 사단의 유혹을 더러운 것으로 여김으로써 사단의 권세에서 벗어남

The Doctrine on Dominion of Sin and Grace in Believers

"죄가 너희를 주관치 못하리니
 이는 너희가 법 아래 있지 아니하고 은혜 아래 있음이니라"(롬 6:14)

제13장

복음이 죄 죽임의
동기와 격려를 주기 때문에

제13장
복음이 죄 죽임의 동기와 격려를 주기 때문에

죄가 신자를 지배하지 못하는 세 번째 이유는 복음이 죄와 싸워 이길 동기와 격려를 주기 때문입니다. 복음은 죄와 싸우는 신자에게 힘과 자유를 줄 뿐 아니라 죄와의 싸움을 지속할 동기와 격려를 줍니다.

여기에서 우리는 첫째로 죄와의 싸움에 동기와 격려가 필요한 이유에 대해, 둘째로 죄를 이길 효과적인 동기와 격려를 주지 못하는 율법에 대해, 셋째로 죄를 이길 동기와 격려를 주는 은혜에 대해 살펴볼 것입니다.

I. 죄와의 싸움에 동기와 격려가 필요한 이유

자동차가 제아무리 강력한 구동력을 가진 엔진을 장착하고 있어도 출발할 때에는 항상 시동을 걸어야 합니다. 죄와의 싸움에서 동기 부여가 자동차에 시동을 거는 것이라면, 공급되는 은혜의 힘은 구동력에, 그리고 격려는 윤활유의 작용에 비유될 수 있습니다. 그러면 죄를 이길 힘을 하나님께서 주시는데도 신자에게 왜 이런 격려와 동기가 필요할까요? 그것은 크게 두 가지 이유 때문입니다. 첫째는 신자 안에 있는 두려움 때문이고, 둘째는 연약함 때문입니다.

A. 두려움 때문에

첫째로, 신자 안에 있는 두려움 때문입니다. 구원받은 하나님의 자녀로서 많은 신앙의 경험들을 가지고 있다고 할지라도 성화를 위하여 분투하는 과정에서 두려움을 느낄 수 있습니다. 그리스도인의 약함과 강함은 종이 한 장 차이입니다. 그래서 부단히 하나님의 은혜의 장중에 붙들려 사는 일이 필요합니다.

세례 요한의 출생을 예고하는 가운데 주어진 말씀을 상기해 보십시오. 성경은 말합니다. "곧 우리 조상 아브라함에게 맹세하신 맹세라 우리로 원수의 손에서 건지심을 입고 종신토록 주의 앞에서 성결과 의로 두려움이 없이 섬기게 하리라 하셨도다"(눅 1:73-75). 주님께서 자신의 백성들에게 원하시는 것은 성결(聖潔)과 의(義)로써 섬기는 것이었습니다. 그러나 비록 하나님의 자녀들이라고 할지라도 두려움으로 인하여 하나님을 섬김에 방해받을 여지는 있습니다. 그래서 복음을 통하여 이러한 두려움들을 극복하게 하시는 은혜가 필요합니다. 우리는 겁 없이 방종할 때도 많지만, 두려움에 휩싸일 경우도 많습니다. 죄와의 싸움에 있어서도 그러합니다.

죄에 대한 진지한 생각이나 거룩한 삶을 위한 경건한 분투를 사소하게 여기고 나태와 불성실로 방종하게 살아가는 경우도 있습니다. 그러나 죄와의 싸움에서 고립감을 느끼고, 자신의 죄에 대하여 송사하는 양심과 율법의 참소를 받으며 하나님의 엄위 앞에 떨게 되는 경우도 얼마든지 있습니다.[217]

---

[217] 양심은 영혼 가까이에 존재하며, 그것이 마비되지 않았다면, 끈덕지고 큰 목소리로 자신이 말하는 것을 영혼으로 하여금 들을 수밖에 없게 한다. 양심의 목소리는 영혼이 자신에게만 집중하게 하려고 한다. 그렇게 되지 않으면, 그것은 한술 더 떠서 천둥과 같이 말하려고 할 것이다. 양심의 지속적인 목소리는 죄책이 있는 곳에 심판이 있을 것이라는 것이다(롬 2:14-15). 그러나 처음부터 양심은 용서에 대해 아무것도 모른다. 양심은 용서함의 역사에 반대하여, 사유하심에 대한 어떤 것도 들으려고 하지 않는다. John Owen, *A Practical Exposition upon Psalm CXXX.; wherein the nature of the forgiveness of sin is declared; the truth and reality of it asserted; and the case of a soul distressed with the guilt of sin, and relieved by a discovery of forgiveness with God, is at*

우리의 마음이 언제나, 죄를 이길 수 있을 것이라고 하는 확신으로 충만해져 있는 것은 아닙니다. 신령한 은혜로 충만한 상태에서는 죄와 싸워 이길 것이라고 하는 믿음도 충만하지만, 그 믿음이 희박해지면 죄는 이기기 어려운 거인처럼 느껴지고 그에 대항하여 싸우는 자신은 미약한 어린아이처럼 느껴집니다. 마치 이스라엘 백성들이 가나안을 정탐하고 난 후에 우리는 그 아낙 자손들 앞에서 메뚜기와 같다고 고백하였던 것처럼 말입니다.[218] 따라서 우리에게는 성화를 위한 죄와의 싸움의 도상에서 격려가 필요합니다. 때때로 하나님께로부터 오는 격려가 필요합니다. 곧 "죄와의 싸움을 두려워하지 말아라. 내가 너와 함께하겠노라. 너와 함께하는 나 여호와는 너를 에워싼 죄의 세력들을 능히 이기도록 너를 도울 것이니라."라고 말씀하시는 격려가 필요합니다. 마치 엘리야가 두려움에 사로잡힌 사환을 격려하였던 것처럼 말입니다.[219]

죄와 싸우는 성도들에게 복음이 바로 그러한 격려를 줍니다. 이러한 경험을 요한 사도는 다음과 같이 말합니다. "사랑 안에 두려움이 없고 온전한 사랑이 두려움을 내어 쫓나니 두려움에는 형벌이 있음이라 두려워하는 자는 사랑 안에서 온전히 이루지 못하였느니라"(요일 4:18).

B. 연약함 때문에

둘째로, 신자 안에 있는 연약함 때문입니다(히 4:15). 우리에게 격려와 동기 부여가 필요한 두 번째 이유입니다. 신자의 강함은 신자 자신 안에 있는 것이 아니라, 그를 붙들고 계신 하나님의 은혜의 능력에 있는 것입니다.

---

large discoursed, in *The Works of John Owen*, vol. 6, edited by William H. Goold, (Edinburgh; The Banner of Truth Trust, 1991 reprinting), p.388.
[218] "거기서 또 네피림 후손 아낙 자손 대장부들을 보았나니 우리는 스스로 보기에도 메뚜기 같으니 그들의 보기에도 그와 같았을 것이니라"(민 13:33).
[219] "하나님의 사람의 수종 드는 자가 일찍이 일어나서 나가 보니 군사와 말과 병거가 성을 에워쌌는지라 그 사환이 엘리사에게 고하되 아아, 내 주여 우리가 어찌하리이까 대답하되 두려워하지 말라 우리와 함께한 자가 저와 함께한 자보다 많으니라 하고 기도하여 가로되 여호와여 원컨대 저의 눈을 열어서 보게 하옵소서 하니 여호와께서 그 사환의 눈을 여시매 저가 보니 불말과 불병거가 산에 가득하여 엘리사를 둘렀더라"(왕하 6:15-17).

우리가 얼마나 연약한 존재인지를 생각해 보십시오. 겁 없이 악한 왕 아합과 맞서던 이스라엘의 선지자 엘리야를 생각해 보십시오. 그 많은 바알 선지자들과의 영적 전쟁에서 이긴 사람입니다. 하늘의 불을 불러 내림으로써 하나님께서 살아 계신 증거를 보여준 사람이었습니다(왕상 18:20-39). 그러나 그가 어떻게 약해졌는지 생각해 보십시오. "엘리야가 듣고 겉옷으로 얼굴을 가리우고 나가 굴 어귀에 서매 소리가 있어 저에게 임하여 가라사대 엘리야야 네가 어찌하여 여기 있느냐 저가 대답하되 내가 만군의 하나님 여호와를 위하여 열심이 특심하오니 이는 이스라엘 자손이 주의 언약을 버리고 주의 단을 헐며 칼로 주의 선지자들을 죽였음이오며 오직 나만 남았거늘 저희가 내 생명을 찾아 취하려 하나이다"(왕상 19:13-14).

그래서 이사야 선지자는 하나님의 긍휼과 사랑을 상한 갈대와 꺼져 가는 심지 같은 인간의 존재와 연관지어 노래하였습니다. "그는 외치지 아니하며 목소리를 높이지 아니하며 그 소리로 거리에 들리게 아니하며 상한 갈대를 꺾지 아니하며 꺼져 가는 등불을 끄지 아니하고 진리로 공의를 베풀 것이며"(사 42:2-3).

인간은 너무나 연약한 존재입니다. 그리고 하나님께로부터 연약함을 능가하는 긍휼과 은총이 주어질 것에 대한 끊임없는 격려와 보증이 필요합니다. 복음은 이것을 줍니다. 죄와의 싸움에서 연약함으로 인하여 쓰러지지 않도록 힘을 줄 뿐 아니라 격려를 줍니다. 그리스도께서는 지상 생애를 통하여 우리를 향한 이러한 긍휼 어린 격려의 보증인이 되셨습니다.[220]

하나님께서 은혜를 주시면 강하고 담대해집니다. 사도 바울이 어떤 사람이었습니까? 그는 스스로 말에는 보잘 것 없다고 고백하였지만, 그에게 놀라운 은혜와 은사를 부어 주시자 철학자들도 입을 다물게 할 정도로 유창한 웅변이 쏟아져 나왔습니다. 사역 속에 복음의 놀라운 능력이 그와 함께했고, 수많은 사람들이 그의 설교를 듣고 회심하였습니다. 그는 영적인 인물이었을 뿐 아니라, 학문과 지식에도 뛰어난 사람이었습니다. 그러나 그러던 그가 아덴에서 기대했던 것만큼 복음 사역에 성공을 거두지 못하자, 고린도에 이를 즈음에는 두려움과 떨림 속에서 지냈다고 고백

---

220) "우리에게 있는 대제사장은 우리 연약함을 체휼하지 아니하는 자가 아니요 모든 일에 우리와 한결같이 시험을 받은 자로되 죄는 없으시니라"(히 4:15). "스스로 이르기를 나의 힘과 여호와께 대한 내 소망이 끊어졌다 하였도다 내 고초와 재난 곧 쑥과 담즙을 기억하소서 내 심령이 그것을 기억하고 낙심이 되오나 중심에 회상한즉 오히려 소망이 있사옴은 여호와의 자비와 긍휼이 무궁하시므로 우리가 진멸되지 아니함이니이다"(애 3:18-22).

했습니다(고전 2:3). 그리스도인의 강함과 약함은 이처럼 종이 한 장의 차이입니다. 그래서 거룩한 생활을 위한 분투에 있어서 하나님의 동기 부여와 격려가 필요합니다. 복음은 그것을 줍니다.

우리가 율법 아래 있는 사람이 아니라 은혜 아래 있는 사람이기 때문에 올바른 원리로 돌아가면 반드시 복음을 통한 격려와 동기를 부여받게 됩니다. 하나님께서 우리를 격려하시고 동기를 부여해 주시면 우리에게는 담대한 마음이 생겨납니다. 한때 죄에 지고 실패하였다고 할지라도, 다시 복음과 용서의 능력을 경험하고 나면 그리스도께서 예비하신 은혜가 얼마나 큰지를 깨닫게 되고 다시 거룩한 삶을 위하여 분투하고자 하는 마음과 승리를 믿는 담대함도 생기게 됩니다. 복음이 이런 일을 하기에 우리가 죄의 지배 아래 있지 않을 수 있다는 것입니다.

Ⅱ. 죄를 이길 효과적인 동기와 격려를 주지 못하는 율법

A. '지키면 살리라' 와 실제의 패배의 경험

그런데 율법은 이러한 죄 죽임에 필요한 동기와 격려들을 주지 못합니다. '지키면 살리라.' 고 말하지만, 실제에 있어서는 패배를 경험합니다(레 18:5). 이 때 신자는 두려움과 낙심에 떨어지게 됩니다. 하나님의 계명을 따라 살게 하는 힘은 율법의 송사가 아니라 복음의 은혜를 통해서 옵니다. 율법의 통치가 아니라 오직 하나님의 은혜의 다스림을 통해서만, 우리에게 하나님의 계명을 따라서 살 수 있는 실제적인 힘들이 주어집니다. 그러므로 실제로 우리로 하여금 거룩한 삶을 살게 하는 것은 율법이 아니라 복음입니다.

율법은 우리에게 죄가 무엇인지를 보여줍니다. 그러나 그것을 이길 수 있는 힘을 공급해 주지는 않습니다. 죄와의 싸움에서 분투하고 이길 수 있는 동기와 격려도 주지 못합니다. 비록 거듭났지만, 안으로는 여전히 부패성을 지니고 있어 유혹에 반응하려고 하고 밖으로는 죄의 유혹과 강압이 끝없이 계속되고, 양심으로는 송사를 받으며, 연약한 믿음은 여전히 하나님의 약속만을 붙잡지 못하기 일쑤입니다. 그는 너무나 자주 '상한 갈대'와 같고 '꺼져 가는 심지'와 같습니다(사 42:3).

우리가 무엇으로 죄의 끈질기고 강력한 본성과 더불어 싸울 수 있겠습니까? 우리가 무엇으로 내면의 정욕들을 이기고 분투하도록 거룩한 삶을 위하여 힘쓸 수 있겠습니까? 우리 자신 안에는 이 끝없는 싸움을 위한 격려와 동기가 없습니다. 율법은 더 더욱 그것을 줄 수 없습니다. 오직 복음을 통해서 부어지는 신선한 동기 부여와 실제적인 격려 없이는 그 싸움에서 이길 수 없을 뿐만 아니라, 그렇게 오래도록 지속적으로 싸울 수도 없습니다.

B. 율법으로 죄와 싸우는 어리석음

마르틴 루터(Martin Luther)가 수도사 시절에 경험했던 일입니다. 그는 죄와 처절하게 싸웠습니다. 죄와의 싸움을 통해 승리함으로써 자신이 구원받은 사람임을 확신하고자 하였습니다. 그러나 그것은 원리적으로 잘못된 접근이었습니다. 그래서 그는 그리스도도 없이 성령도 없이 죄와 싸웠고 그 때마다 처참한 실패를 경험했습니다. 참혹한 영혼의 어둠 속에서 이처럼 고통하는 루터를 일깨어 준 것은 슈타우피츠(Johann von Staupitz)와의 만남이었습니다. 가톨릭 교회 안에서 대선배이고 또한 비텐베르크 대학에서 함께 교수로 있던 슈타우피츠는 자신의 구원 문제로 괴로워하는 마르틴 루터에게 말했습니다. "형제여, 우리의 구원은 고행으로 획득되는 것이 아니라 그리스도께서 이미 이루신 십자가의 공로로 얻게 되는 것입니다. 로마서를 공부해 보십시오." 그리고 그것은 젊은 루터가 복음의 능력을 발견하는 큰 전환점이 됩니다.

율법을 가지고 자기의 죄를 이겨 보려고 싸우다가 실패한 사람들의 또 다른 대표적인 예가 바로 유대인과 그들을 가르쳤던 바리새인과 서기관들입니다. 그들에게는 죄와 싸워서 이기고자 하는 소원은 있었지만, 예수 그리스도를 통해서 주어지는 복음은 없었습니다. 그들이 복음을 거절했기 때문입니다. 그들은 복음이 어떻게 영혼 안에 역사하여 하나님과 평화를 누리게 하고, 죄를 이기게 하는지 알 수 없었습니다. 그들은 율법을 지키려고 애를 썼지만, 정작 그 율법을 통해서 하나님께서 우리에게 보여주시려고 했던 예수 그리스도는 만날 수가 없었습니다. 그래서 죄가 무엇인지는 알았지만 그 죄를 이길 수 있는 은혜의 능력들은 누리지 못했습니다.

이런 불행한 일은 비단 유대인들에게만 일어난 일이 아닙니다. 교회사적으로 보면 이런 일들이 가톨릭의 어둠 속에서 계속되었습니다. 그들은 복음의 비밀에 대해서 정확한 이해를 갖지 못했기 때문에, 어떻게 죄가 자신들의 마음을 통해 영혼 안으로 들어오고, 어떻게 그 죄가 자신들 안에 있는 하나님의 은혜를 소멸하며, 어떤 원리에 의해 하나님께서 우리 안에 있는 죄의 지배를 종식시키시고 은혜의 지배를 확고히 해 나가시는지 알지 못했습니다. 그래서 온갖 이상한 형태의 미신적인 신앙들이 생겨나게 되었습니다. 성인(聖人)들에게 자기를 건져 주도록 기도한다든지, 혹은 다른 사람의 공로로 자신의 영혼이 유익을 누릴 수 있다고 생각하는 통공(通功) 사상 같은 것이 생겨났습니다. 사람이 죽은 후에 다시 한번 자기를 정결케 하여 구원받을 수 있는 기회가 있다고 믿는 것도 마찬가지입니다.[221]

---

[221] 존 오웬은 가톨릭의 죄 죽임에 관한 가르침이 무익하다고 주장하면서, 그들은 죄에 대한 확신은 있으나 죄를 죽이는 처방은 없다고 말한다. 더욱이 이러한 오류는 복음의 빛과 지식을 가지고 있다고 하는 사람들, 자칭 개신교도(Protestants)라고 하는 사람들 사이에서도 가톨릭과 같은 그릇된 방식으로 죄를 죽이려는 시도들 가운데 나타나고 있다고 말하면서, 가톨릭의 죄 죽임의 가르침으로 실제로 죄를 죽일 수 없는 이유를 다음과 같이 설명한다. "가톨릭교도들이 그들의 죄 죽임의 방편으로는 단 하나의 죄조차도 죽이지 못하는 이유가 두 가지 있는데, 그것들은 다음과 같다. 첫째로 그것이 죄 죽임을 위하여 하나님께서 명하신 바가 아닌 잘못된 방법들이기 때문이다. 그들이 죄 죽임을 위한 방편으로 사용하는 것들, 곧 고행, 훈련, 의복, 수도사적인 삶 등은 결코 하나님께서 죄를 죽이도록 지정하신 방법이 아니다. 죄는 은혜의 방편들을 통해서 성령만이 죽이시는 것을 기억하여야 한다. 둘째로, 하나님께서 명하신 방법이라 하더라도 죄 죽임에 있어서 그것을 바람직하게 사용하지 않기 때문이다. 예를 들어서 기도, 금식, 자기 성찰, 묵상 등이다. 이러한 것들은 죄 죽임을 위하여 하나님께서 명하신 방법이기는 하지만, 죄를 죽이는 힘은 그 방법 자체에 있는 것이 아니다. 그것을 통하여 역사하는 하나님의 말씀과 성령의 은혜에 달린 것이다. 따라서 복음에 대한 깨달음도 없고 성령의 역사도 없이 단지 무지한 가운데 그러한 방법을 수행하는 것만으로는 죄가 죽지 않는다. 죄 죽임에는 많은 영적인 지혜와 함께, 성령의 역사가 필요하다. 비록 방법이 하나님께서 지시하신 것이라고 할지라도 성령과 믿음이 그것보다는 더 중요하다. 따라서 방법에만 매달리는 자들은 많이 기도하고, 오래도록 금식하고, 시간을 철저하게 관리해도 그 이상은 없다. 사람을 엄격하게는 하지만 죄를 죽이지는 못한다. 그래서 그들은 항상 진리를 배우고 있으나 진리를 아는 지식에는 이르지 못한다. 그들은 항상 겉으로는 죄를 죽이는 시늉을 하지만 결코 실제적으로 올바른 죄 죽임에는 이르지 못한다. 한마디로, 그들은 육체를 죽이는 방법은 몇 가지 갖고 있으나 정욕(情慾)이나 옛 사람의 부패한 본성(本性)을 죽이는 방법은 가지고 있지 않다. 영적인 질병을 가지고 있는 사람은 이러한 외적 의무 수행으로 그들의 전염성 질병을 고칠 수 없다. 모두 자기 영혼을 스스로 속일 뿐이다. 그래서 죄 죽임의 목적을 달성하기 위해서는 전능한 에너지가 필요하다." John Owen, *Of the Mortification of Sin in Believers; the necessity, nature, and means of it; with a resolution of sundry cases of conscience thereunto belonging*, in *The Works of John Owen*, vol. 6, edited by William H. Goold, (Edinburgh; The Banner of Truth

이것이 어떻게 과거 가톨릭 아래서만 있었던 일이겠습니까? 오늘날 개신교 안에서도, 복음주의 신앙을 가지고 있다고 자처하는 사람들 안에서도 얼마든지 일어나는 일입니다. 복음의 이치를 바로 깨닫지 못하는 신자들은 그러한 그릇된 가르침의 어둠 아래 있는 것과 별반 다를 바가 없습니다. 지각없는 견해에 물들어 복음의 도리를 저버리거나 죄와의 싸움에 무지하거나 잘못된 방식을 선택함으로써 아주 쉽게 죄에 패배하고 힘겹게 애써도 죄를 이기지 못합니다. 그리고 그러한 패배의 경험은 그들로 하여금 죄와의 싸움에서 패배를 숙명처럼 여기게 만들어 부당하게도 신자이면서 스스로 죄에 종 노릇하게 만들어 버립니다. 이것은 마치 일제의 학정에서 해방이 되었는데도 불구하고, 자기네 나라로 도망가는 일본 순사의 바지 자락을 붙잡고 옛날처럼 칼 차고 자기를 다스려 달라고 애원하는 것과 같습니다.

불행하게도 무지 속에서 이런 어리석은 삶을 이어가는 신자들이 조국교회에도 너무나 많습니다. 그리스도를 믿고 거듭났음에도 불구하고, 죄의 지배 아래로 스스로 들어가서 거기에 복종하며 살려고 합니다. 그리고 스스로의 힘으로 거기서 벗어나지 못합니다. 그렇게 살아감으로 인해 삶의 평안이 깨어지고, 영혼도 망가지고, 성품도 어그러지며, 마음은 굳어져 가는데도 말입니다. 하나님의 영광과 거룩한 창조의 목적을 따라 살 수 있도록 새롭게 창조된 피조물인 그가 하나님의 형상이 깃들인 자신의 육체와 영혼을 바쳐 죄의 노예로 살아가려고 합니다.

그들을 바라보시는 하나님의 마음은 어떠할까요? 아들을 주신 하나님의 마음이 얼마나 아프실까요? 하나님께서는 독생자를 주심으로 우리의 죄 값을 치르시고, 노예의 상태에서 해방시켜 주셨습니다. 그런데 자유인으로 살아갈 노비 해방 문서를 손에 들려 주었더니, 그가 다시 팔려 갔던 죄에게 돌아가 비참한 노예로 살아갑니다. 정작 노예처럼 섬기며 살아 드리기 위하여 찾아갈 분은 창조주 하나님이신데 말입니다. 그러한 우리의 모습을 바라보시는 하나님 아버지의 마음을 여러분은 생각해 보셨습니까?

죄의 지배를 받거나 받지 않는 문제는 선택의 문제가 아닙니다. 온전한 그리스도인의 삶을 살 것인가, 아니면 대충 형식적인 신자로서 살아갈 것인가 하는 것 역시

Trust, 1991 reprinting), pp. 16-17.

선택의 문제가 아닙니다. 외아들을 십자가에 못박아 죄의 지배와 속박에서 벗어나게 해주신 사람들이 은혜의 통치 아래 살면서 하나님께 기쁨을 드리는 것은 너무나 당연합니다. 죄로 망가진 이 세상의 한 모퉁이에서라도 자기가 서 있는 자리가 창조의 본래 목적으로 돌아가게 봉사하며 그 섬김을 통해 하나님께 영광을 돌리는 것 말고 다른 삶의 선택은 없습니다.

C. 잘못된 방법으로 죄와 싸우는 실례

그러면 신자가 잘못된 방법으로 죄와 싸운다는 것은 무슨 의미일까요? 가장 흔하게 경험하는 두 가지를 말씀드리도록 하겠습니다. 첫째는 잘못된 동기를 가지고 죄와 싸움으로써 실패하는 것입니다. 그리고 둘째는 잘못된 목표를 가지고 죄와 싸우다가 실패하는 것입니다.

1. 잘못된 동기를 가지고 죄와 싸움

첫째로, 잘못된 동기를 가지고 죄와 싸우는 것입니다. 이것은 죄 자체가 아니라 죄로 말미암아 자신이 당하게 될 불명예나 수치에 대한 두려움이 동기가 되어 죄와 싸우는 것입니다.

신자가 어떤 특정한 죄에 계속해서 말려들 때, 갑자기 이런 생각을 할 수 있습니다. "이러한 범죄가 사람들에게 알려지면 어떻게 할 것인가? 내가 교회의 장로, 혹은 목사인데 이런 게 알려지면 무슨 망신인가? 사람들이 알면 나를 향해 손가락질하며 욕할 거야." 이런 생각을 하니 계속해서 그 죄를 지을 마음이 잠시 사라지는 것 같습니다. 그러나 이것은 죄를 죽이는 것이 아닙니다. 마치 맛있게 음식을 먹다가 비위 상하는 물건을 보고 잠시 식욕을 잃은 것과 같습니다. 이 경우 죄는 죽지 않고 움츠러든 것입니다.[222]

---

[222] 존 오웬은 죄 죽임의 교리를 진술하면서 죄 죽임의 실천이 아닌 것을 여섯 가지로 제시한다. (1)죄를 죽인다는 것은 죄를 숨기는 것(dissimulation)이 아니다. (2)죄 죽임은 본성을 조용하고(quiet) 침착하게(sedate) 개선시키는

신자가 죄와 싸우는 참된 동기는 복음이어야 합니다. 그리스도께서 십자가의 고난을 통해 이루신 속죄로 하나님과 평화를 누리며 살도록 부름받았는데, 죄가 그것을 깨뜨리고 구원의 소명을 따라 살지 못하게 한 것입니다. 그러므로 우리가 죄를 미워하고 죽여야 하는 것은 하나님의 창조와 구원의 계획에 부합되는 삶을 살아 하나님께 영광을 돌리고 자신도 그 안에서 참된 행복을 찾기 위해서입니다.

2. 잘못된 목표를 가지고 죄와 싸움

둘째로, 잘못된 목표를 가지고 죄와 싸우는 것입니다, 예를 들면 하나님과의 관계의 회복이 아니라 단지 평안을 원하는 경우입니다.

죄와 갈등하던 어느 순간 신자에게 죄가 싫어졌습니다. 자신이 지은 죄를 털어내고 싶어졌습니다. 그래서 어떤 때는 자신이 지은 죄가 너무 싫어서 죄를 지었던 장소에도 가기 싫고, 함께 죄를 지었던 사람들과의 교제도 싫어집니다. 그리고 그 죄에 대해서 극도로 멀리 하고 싶은 마음이 생겨납니다. 이 때 신자는 겉으로 볼 때 죄를 혐오하는 것처럼 보입니다.

그러나 그것은 하나님께 거스르는 총체적인 죄에 대한 인식에서 비롯된 혐오감이 아니라, 죄 가운데 사는 불편함이나 고통으로부터 오는 싫증입니다. 죄에 대한 권태라고나 할까요? 그것은 결코 자신의 죄 때문에 하나님께 불명예를 끼쳐 드렸다고 하는 신앙적인 마음이나, 그리스도 예수께서 나를 위하여 구속하신 은혜를 생각할 때 이 얼마나 배은망덕한 짓을 저지른 것인가 하는 복음적인 참회에서 비롯된 마음이 아닙니다. 단지 죄로 말미암는 혼란이 가져다 주는 불편함을 벗어나 평안을 얻고 싶은 것입니다. 이것 역시 잘못된 방법으로 죄와 싸운 것입니다. 이것은 복음적인 죄 죽임이 아닙니다.

것이 아니다. (3)다른 것으로 전환된다고 죄가 죽는 것은 아니다. (4)죄에 대한 간헐적인 정복(occasional conquests)은 죄 죽임이 아니다. (5)죄의 고통이나 두려움 때문에 정욕에 대항하는 것은 죄 죽임의 실천이 아니다. (6)고통을 당하는 시기에 괴로움 때문에 하나님을 찾는 것은 아무리 간절할지라도 죄 죽임의 실천이 아니다(시 78:34-35). John Owen, *Of the Mortification of Sin in Believers; the necessity, nature, and means of it; with a resolution of sundry cases of conscience thereunto belonging*, in *The Works of John Owen*, vol. 6, edited by William H. Goold, (Edinburgh; The Banner of Truth Trust, 1991 reprinting), pp. 25-26.

신자가 죄를 지으면 죄가 즐거움도 주지만 괴로움도 줍니다. 인간의 영혼은 하나님의 은혜에 대하여만 싫증을 내는 것이 아니라 죄에 대하여도 권태감을 느낍니다. 그러므로 범죄한 자들에게는 평강이 없습니다. 죄를 짓는 그 순간에는 더 이상의 평강을 바라지 않아도 좋을 정도로 순간적인 즐거움이 있지만, 그 즐거움이 지나고 나면 그 다음에는 잠시 누린 죄의 즐거움보다 몇 배 더 커다란 심리적인 외로움과 생각의 혼란이 밀려옵니다. 그래서 자신의 인생이 마치 마구 뒤얽힌 실타래처럼 느껴집니다. 아무리 풀어 보려고 해도 풀리지 않는 실뭉치를 가지고 씨름하던 사람이 그것을 버리고 다른 실타래로 바느질하고 싶어하듯이, 자신을 불편하게 하고 고통스럽게 하는 이 죄를 떨쳐 버리고자 하는 마음을 갖게 됩니다. 그러나 그것은 죄를 버린 것도 아니고, 죄를 죽인 것도 아닙니다.[223] 이러한 실천들은 죄와의 싸움을 위한 복음적인 원리를 따른 것이 아닙니다.

신자의 성화를 위한 죄 죽임의 실천에 있어서 이러한 시도들은 결코 성공할 수 없습니다. 죄는 신자가 복음적인 이치로 돌아가서 영적인 원리를 따라 죽일 때만 비로소 죽습니다. 단지 자신의 마음의 평화만을 위해서 죄와 싸우는 사람은 그가 궁극적으로 원하는 것이 죄를 죽어서 하나님 앞에 순전하고 아름다운 사람이 되는 것이 아니기 때문에 마음에 평화만 오면 싸움을 그칩니다.

마음의 평화는 죄와의 싸움에서 이길 때에만 찾아오는 것이 아니라, 죄와 싸우기를 포기할 때에도 일시적으로 찾아옵니다. 이 밖에도 여러 다양한 경우에 신자는 죄에 진 상태에서도 일시적인 평화를 갖습니다. 이렇게 평화가 찾아올 때, 자기 마음의 평화를 위해 죄와 싸웠던 사람들은 죄와 싸울 동기를 상실하고 맙니다. 그리고 죄는 잠시 움츠려 숨었던 상태에서 다시 모습을 드러내게 됩니다. 전혀 약해지지 않은 모습으로 말입니다. 이렇게 잘못된 방법으로 죄와 싸우는 신자들이 많습니다. 그러나 그런 방법으로는 결코 죄를 제대로 죽일 수가 없습니다.

---

[223] 이 경우 범죄로 말미암은 고통 때문에 간절히 기도할 수 있으나, 이것은 자신의 죄를 미워하고 하나님과의 관계를 회복하고자 하는 간절한 갈망에서 비롯된 것은 아니다. "하나님이 저희를 죽이실 때에 저희가 그에게 구하며 돌이켜 하나님을 간절히 찾았고"(시 78:34). "여호와여 백성이 환난 중에 주를 앙모하였사오며 주의 징벌이 그들에게 임할 때에 그들이 간절히 주께 기도하였나이다"(사 26:16).

D. 이렇게 죄와 싸우다 실패할 때의 신자의 반응

이렇게 잘못된 방법으로 죄와 싸우다가 죄를 이기지 못하고 실패할 때 나타나는 신자들의 반응은 세 가지로 집약이 됩니다.

1. 이전의 죄로 돌아감

첫째로, 이전의 죄로 돌아가는 것입니다. 잘못된 방법으로 죄와 싸우다 실패할 때 신자는 죄와의 싸움을 포기하고 신속히 예전의 방탕한 삶으로 돌아가는 것입니다. 여기에는 죄와 싸워 이길 수 없다는 자포자기의 감정과 그것을 빌미로 드러나는 죄에 대한 사랑, 그리고 죄를 떠나는 것에 대한 두려움 같은 것들이 함께 작용합니다. 이 때 신자는 속히 이전의 죄로 돌아갑니다. 마치 죄와 싸우는 동안에 억제했던 욕망을 채우기라도 하려는 듯이 말입니다. 이에 대하여 베드로 사도는 말합니다. "참 속담에 이르기를 개가 그 토하였던 것에 돌아가고 돼지가 씻었다가 더러운 구덩이에 도로 누웠다 하는 말이 저희에게 응하였도다"(벧후 2:22).

신자 가운데에도 죄에 대해서 담대한 마음을 가지고 부도덕하게 살아가는 사람들이 있습니다. 그들은 자신들의 그러한 삶에 대해서 죄의식을 거의 느끼지 못하는 것처럼 보입니다. 그런데 그렇게 실패한 사람들 중에는 사실상 거듭나지 않은 불신자도 있지만, 은혜의 세계를 꽤 경험한 사람들도 상당수 있습니다. 그러면 그들이 그렇게 신령한 은혜의 세계를 상당히 경험하고도 어떻게 지금은 방탕하게 살아갈 수 있는지 여러분은 의아해 하실 것입니다.

여기서 제가 '방탕하게 산다.'고 말씀드리는 것은 범법자로 신문지상에 오르내리고 지명 수배를 받을 만한 잘못을 저지르고 사는 것만을 의미하는 것이 아닙니다. 이것은 거룩한 삶을 위한 경건한 분투 없이, 형식적인 신앙 생활 가운데서 마음의 원하는 대로 욕망을 따라 사는 것을 뜻합니다.

이전에 은혜의 세계를 경험하고서도 이렇게 살아가는 것은 그들이 죄와의 싸움이 무엇인지를 잘 모르거나, 죄를 이기는 복음의 비밀에 대한 경험이 없기 때문입니다. 그래서 죄와의 싸움에서 승리하는 경험 대신에 계속해서 좌절과 패배를 경험하였기 때문입니다. 한때 죄와 더불어 싸웠지만 잘못된 방법으로 싸웠기에 거듭 패배했고, 그러한 상황 속에서 종교적인 반감이 생겨난 것입니다.

2. 미신적인 맹종과 실천

둘째로, 미신적인 맹종에 빠지는 것입니다. 제가 만난 한 자매는 수년 동안 자기 교회의 화장실을 도맡아서 청소하였습니다. 그의 섬김 실천의 동기는 이러하였습니다. 어느 부흥회를 갔더니 부흥 강사가 교회에 가서 화장실을 열심히 청소하면 하나님께서 건강을 주신다고 설교하더랍니다. 그 강사는 몇 사람의 예를 들어서 증거까지 제시하였다고 합니다. 그래서 그 자매는 '건강을 얻기 위하여' 열심히 화장실을 청소한다는 것입니다. 성도가 자신의 교회에서 다른 사람들이 섬기기 힘들어하는 더러운 화장실을 청소하는 것은 아름다운 섬김이 아닐 수 없습니다. 그러나 동기가 그렇게 되는 것은 미신적인 맹종입니다. 사람들은 이런 미신적인 것들을 좋아합니다. 그 안에서 종교적이고 심리적인 안정감을 얻습니다. 미신적인 맹종과 실천은 지성(知性)을 요하지 않습니다.

가끔 신문지상을 통하여 보도되는 것을 보면, 이교나 이단에 빠져서 재산을 갈취당하고 심지어 몸을 빼앗기고 목숨까지 잃는 끔찍한 일들을 겪는 이들을 봅니다. 그런 피해를 입은 사람들 가운데는 사회의 식자(識者)층 인사들도 꽤 있습니다. 인간에게는 모두 그렇게 생각 없이 누군가에게 예속되려 하는 종교 심리가 있습니다.[224] 그래서 오히려 인격적인 신앙을 가르쳐 주고 스스로 자율적으로 신앙 생활하게 할 때에 매우 실망하고 불안해하는 교인들이 많습니다. 그러나 하나님께서는 자신의 자녀들이 오직 하나님의 말씀 이외에는 어떤 것에도 매이기를 원하지 않으십니다.

---

[224] "인간들은 본질적으로 하나님을 떠나 있어 교만을 양식으로 삼으며 살아갑니다. 모두 자신이 최고인 것처럼 자기를 가장 잘난 사람으로 대접해 주기를 원하고 또 인정받기를 바랍니다. 그러나 교인들 가운데는 또 다른 종교 심리가 있는데 그것은 예속의 심리입니다. ……선포되는 설교 앞에 자기가 가지고 있던 생각들이 어리석다는 사실이 드러나고 그 하나님의 말씀에 의하여 새로운 신앙에 대한 견해와 인생에 대한 관점을 갖게 될 때, 사람들은 자신에게 그렇게 커다란 영향을 끼친 설교자에게 가까이 다가가고 싶어하고 관심받기를 원하며 나아가서는 인격적으로 그에게 예속되고 싶어하는 심리가 있다는 것입니다. ……그러나 설교의 목표는 그 이상이어야 합니다. 설교의 참된 목표는 설교를 들은 교인들로 하여금 그들 자신도 아니고 설교자도 아니고 다른 사람들도 아니고, 바로 하나님 자신을 주목하게 만들어 주는 것입니다." 김남준, 「청중을 하나님 앞에 세우는 설교자」, (서울: 생명의말씀사, 2000), pp.282-284.

사람에게 매이지 아니하고 오직 진리에 매인 신앙만이 진정으로 능력 있는 신앙입니다. 왜냐하면 하나님께서는 사람을 통하여 일하시지만, 그가 말씀에 사로잡힌 사람이 아니면 아무것도 아니기 때문입니다.

3. 자기의(自己義)에 빠짐

셋째로, 도덕적인 실천으로 자기의에 빠지는 것입니다. 죄와의 싸움에서 실패하자, 복음의 원리를 따라서 그 싸움을 계속하는 대신에 도덕적인 실천으로 대치하려는 것입니다. 그런 사람들은 결국 자기의에 빠지게 됩니다. 그리고 사람이 이러한 자기의에 빠지게 되면 삶 전체가 비영적인 틀(unspiritual frame)에 놓이게 되고 그리스도를 필요로 하지 않게 됩니다.

예수님 시대의 바리새인을 생각해 보십시오. 그들은 복음적인 신앙의 원리 없이 도덕적인 삶을 실천하였고, 그 실천을 위하여 치렀던 자신의 희생을 마음에 두었습니다. 그래서 창기와 세리들을 멸시하고, 그들에 비해 도덕적으로 보이는 삶을 살았던 자기 자신에 대해서는 강한 자부심을 갖게 되었던 것입니다.[225] 그러나 그들의 삶 속에는 그리스도가 계시지 않았습니다. 이렇게 자기의에 빠지는 것 역시 율법으로 죄에 대항하다가 실패한 사람들이 빠지기 쉬운 함정입니다.

---

[225] 이런 방식의 죄 죽임(mortification)은 잘못된 것으로서 죄 죽임의 결과인 하나님과의 친밀한 교통을 회복하게 하지 못한다. 신자가 죄와 싸우는 것은 죄 자체를 완전히 멸하는 것이 궁극적인 목적이 아니다. 왜냐하면 현세에서는 이것이 불가능하기 때문이다. 죄를 죽임으로써 하나님과의 친밀한 사랑과 거룩한 연합에 도달하여, 그 사랑과 은혜의 힘으로 거룩한 삶을 살기 위한 것이다. 복음적인 죄 죽임을 통해서만 이러한 신령한 힘과 참된 영적 활기를 유지할 수 있다. "신자가 자기의(自己義)에 빠지고 나면 제일 먼저 경험하는 것이 두 가지인데, 십자가의 감격이 사라지는 것과 하나님께 대한 사랑의 정서가 감퇴하는 것이다. 신자가 자기의에 빠지는 것은 자기 스스로를 의롭다고 믿는 것이며 또한 자신이 하는 행위로써 하나님 앞에 열납될 만한 공적으로서의 의를 쌓아갈 수 있다고 생각하는 것으로서 외식과 밀접한 관계가 있다. 이러한 자기의에 대한 신뢰는 신자의 마음을 굳어지게 하는 원인이 되는 동시에 굳어진 마음의 결과이기도 하다. 따라서 자기의를 신뢰하는 신자가 진실한 참회를 통한 자기 깨어짐과는 거리가 먼 사람이 되는 것은 당연한 것이다. 왜냐하면 그들은 그리스도가 아니라 자기의가 삶과 신앙의 기반이기 때문이며, 또한 마음이 굳어져서 진실한 참회를 하고자 하여도 자기의에 대하여 깨어질 수는 없기 때문이다. 진실한 참회는 두 가지에 대한 자기 깨어짐을 동반하는 데 하나는 죄에 대한 사랑이고, 또 하나는 자기의에 대한 신뢰이다. 신자가 진실한 자기 깨어짐이 없을 때에 그의 내면은 거룩한 욕구를 잃어버리게 되고 외식에 흐르게 된다. 이것이 그가 굳이 외식을 선택하려고 노력하지 않아도 자연스러운 귀결이다. 그리고 그렇게 된 신자들의 신앙 생활이 성공하면 차가운 도덕주의와 자만심에 가득 찬 외식주의에 빠지게 된다. 그에게는 그리스도를 아는 지식의 성장을 기대할 수 없다." 김남준, 「마음지킴」, (서울; 생명의말씀사, 2003), p.340.

Ⅲ. 죄를 이길 동기와 격려를 주는 은혜

그러나 은혜는 죄를 이길 동기와 격려를 줍니다. 복음이 바로 그 일을 합니다. 그래서 우리는 다시 한번 모든 성화의 뿌리는 오직 복음임을 고백하여야 합니다. 복음만이 모든 참된 경건의 뿌리이며 원천입니다. 복음이 없는 곳에는 우리에게 어떠한 거룩함도 있을 수 없습니다. 따라서 성화의 비밀은 곧 복음의 비밀을 아는 지식입니다. 그리스도인의 복음적인 거룩은 성령으로 말미암아 마음에 심겨져서 그의 삶 전체 안에서 계속됩니다. 신자의 영혼 안에 내재하는 은혜의 거룩한 경향성은 복음적인 순종의 원천과 원리가 됩니다.[226]

복음을 통해 주어진 은혜는 제일 먼저 신자들로 하여금 거룩한 것들을 생각하게 하고, 살아 있는 분별력을 갖게 하며, 신령한 것들을 지각하게 하는 영혼의 내적 행동들을 산출합니다. 신자가 이러한 복음의 은혜를 경험하게 될 때, 순종을 위한 원리보다 더 즉각적으로 내면에 심겨지는 것이 있으니 그것은 하나님을 향한 진실한 사랑입니다. 왜냐하면 믿음은 사랑으로 역사하기 때문입니다.

이 사랑은 우리를 거룩과 순종을 향해 살도록 동기를 부여합니다. 복음을 통해 주어진 은혜는 이처럼 신자로 하여금 하나님을 사랑하게 하고, 하나님께 더 온전히 사랑을 받고 싶어하도록 만들어 줍니다. 그리고 이 은혜의 힘으로 죄를 이길 힘을 얻게 되고, 그 사랑의 힘으로 죄를 미워하고 그것과 피 흘리기까지 싸울 동기와 격려를 받게 됩니다.[227]

---

[226] "That graces and holy dispositions wrought in the soul are the springs and principles of evangelical obedience. The first streams which flow from hence are inward actions of our souls in holy thoughts, and a lively sense and perception of spiritual things, and a due approbation and judgement of them as most excellent." Thomas Goodwin, *Of Gospel Holiness in the Heart and Life* in *The Works of Thomas Goodwin*, vol. 7, (Eureka; Tanski Publications, 1996 reprinting), p.131.

[227] 이에 대하여 청교도 신학자 토머스 굿윈(Thomas Goodwin)은 다음과 같이 말한다. "믿음은 우리로 하여금 그것으로써 하나님과 그리스도로 말미암아 의롭다 칭함을 받고 삼위일체 하나님과 교통하게 하는 유일한 원리이다. 그러나 사랑은 우리를 하나님을 사랑하고 순종하게 만들어 준다. 우리 모두 삼위일체 하나님을 사랑하는 가운데 그분 앞에서 거룩한 자들이 되도록 부름을 받았다. 이처럼 거룩은 사랑으로부터 나온다. 그러므로 오 형제들이여, 그대들의 마음으로 하여금 하나님께 대한 거룩한 사랑으로 불붙어 있게 하라."(Faith is indeed the only principle by which we deal with God and Christ for justification and communion with them; but love is that which

그러므로 우리는 그리스도의 복음이 어떻게 우리 안에 역사해서 우리에게 죄를 이기게 하는 참된 동기와 격려들을 가져다 주는지를 깊이 경험해야 합니다. 복음이 객관적인 지식으로 머무는 것과 피어린 확신을 낳도록 경험되는 것과는 천지 차이입니다. 우리는 그러한 은혜의 경험을 위하여 성령의 도우심을 간절히 구하여야 합니다. 그리고 복음을 통한 성령의 은혜를 기대하여야 합니다.

의무감으로 주일마다 형식적인 예배를 드리고, 교회에서 봉사하고, 착하게 살려고 노력하는 것만을 가지고는 죄를 이길 수 없습니다. 복음을 통하여 죄를 깨닫고, 죄를 이기게 하는 은혜의 원리들을 터득하여야 합니다. 그리고 실제로 그렇게 죄 죽임을 실천하며 살아야 합니다.

신자가 좋은 설교를 아무리 많이 들으면 뭐합니까? 신간 서적을 아무리 많이 읽으면 무슨 소용이 있습니까? 죄의 정체가 무엇이고, 신자가 그것을 어떻게 죽이고 그 지배에서 벗어날 수 있는지를 가르쳐 주었는데도 거룩한 삶을 살기 위하여 분투하며 실천하지 않는다면 그 지식이 무슨 소용이 있습니까?

죄의 지배 가운데 있을 때, 우리를 거기서 벗어나 실제적으로 은혜 아래 살게 하시는 분은 성령이십니다. 오직 성령만이 우리 안에 있는 죄를 죽이시고 다시 성결한 은혜 속에서 살게 하시는 주체이십니다. 그런데 성령께서 그렇게 역사하실 때 우리에게 꼭 필요한 것 두 가지가 있는데, 그것이 바로 말씀의 빛과 기도의 열(熱)입니다. 그런데 우리는 너무나 자주 영혼의 싫증과 게으름 속에서 말씀과 기도를 멀리하고 있습니다. 아무리 많은 것을 깨달았어도 실제로 분투하는 실천이 없다면 아무것도 달라지지 않습니다.[228]

---

incites us to holiness and obedience. We are 'ordained to be holy before him in love;' holiness riseth from love. Oh, therefore, get your hearts inflamed with the love of God!). Thomas Goodwin, *Of Gospel Holiness in the Heart and Life*, in *The Works of Thomas Goodwin*, vol. 7, (Eureka; Tanski Publications, 1996 reprinting), p.133.

[228] 존 오웬은 라틴어로 저술한 생애적인 작품「성경적 신학」(*Biblical Theology*)에서, 복음의 진리를 탐구하는 신학적 활동에 있어서 기도를 통한 하나님과의 친밀한 교통을 다음과 같이 강조한다. "우리의 연약함을 위해 은혜로운 공급으로 하나님의 영을 통해 우리에게 공급해 주시도록 기도를 그치지 않고 쏟아 붓는 신실한 영혼은 복음에 속한 것들을 아는 데에 참예함으로써 하나님과의 교제를 즐긴다. 기도를 통해 그 안에서 매일 주님과의 친교가 증가되며, 친교의 진보 정도가 시험되는 한편, 구원하는 지식의 보증은 더욱 강하게 증대된다. 그러한 영혼은 점차로 하나님의 언약의 비밀을 깨닫는 한편, 항상 만물의 주요 우리의 머리 되신 그분의 형상으로 점점 더 자라간다." John Owen, *Biblical Theology or the Nature, Origin, Development, and Study of Theological Truth, in Six Books; in which are examined the origins and progress of both true and false religious worship, and the*

우리가 사는 시대를 직시하십시오. 믿음의 눈을 들어 지혜로운 마음으로 이 세상을 바라보십시오. 오늘날 핍절한 삶을 살고 있는 사실상 그리스도의 군사로 살기를 포기한 다수의 그리스도인들의 삶이 제시하는 바가 신앙의 표준입니까? 아니면 불변하는 성경 진리가 제시하는 바가 신앙의 표준입니까? 신앙에 있어서 진정한 다수는 수에 있는 것이 아닙니다. 하나님께서 함께하시는 소수가 다수입니다.

오늘날 조국교회의 신앙의 피상성은 우리를 슬프게 합니다. 복음의 장엄한 교리들과 거룩한 삶을 위한 지침들은 무시되고 참을 수 없는 가벼움이 신앙의 주류를 이루고 있습니다.

아아, 오늘날 너무나 많은 그리스도인들이 자신에게 있어서 구원받은 것이 무엇이고, 구원받은 이후에 어떻게 거룩한 성화의 삶을 살아가야 할지에 대하여 잘 알지 못합니다. 피 묻은 복음 대신 인간의 사상에 물든 이념들이 환영을 받고, 복음의 참뜻을 알고 거룩한 신자가 되려고 하기보다는 기독교 신앙 때문에 행복해지려고 하는 사람들이 더 많습니다. 예수 그리스도께서 우리에게 물려주시려고 했던 참된 복음 신앙은 어디 있습니까? 선지자들이 피 뿌리며 바라보고 즐거워하였고, 사도들이 순교하기까지 위하여 증인이 되었던 복음 신앙은 어디 있습니까?

하나님께서 영혼에 직접 내려 주시는 영적 축복이야말로 가장 영광스러운 복입니다. 이로써 우리의 부패한 본성이 변화되기 때문에 우리의 거룩한 삶에 보다 직접적인 영향력을 갖습니다. 그러나 이러한 영적 축복에 대한 갈망을 가지고 자신의 죄와 분투하는 사람들이 얼마나 소수입니까?

성경은 믿음을 예수님을 바라보는 것이라고 정의합니다. 그리고 그 예수 그리스도는 믿음의 원저자이시며 믿음을 온전케 하시는 분임을 강조합니다. 예수 그리스도를 추구하는 믿음의 삶이 결국 무엇을 가리킵니까? 성경은 그것이 '피 흘리기까지 죄와 싸우는 것'이라고 말합니다.[229] 이것이 그리스도를 추구하는 삶에 따르는

---

most notable declensions and revivals of the church, from the very beginning of the world; with additional discussions on universal grace, the rise of the sciences, Bellarmine's Roman 'Notes of the Church,' the origin of writing, the antiquity of Hebrew language, and its vowel-pointing, translations of Sacred Scripture, Jewish rites, and other matters, translated by Stephen P. Westcott, from the Latin Text of William H. Goold, (Morgan; Soli Deo Gloria Publications, 1996 reprinting), p.702.

[229] "이러므로 우리에게 구름같이 둘러싼 허다한 증인들이 있으니 모든 무거운 것과 얽매이기 쉬운 죄를 벗어버리고 인내로써 우리 앞에 당한 경주를 경주하며 믿음의 주요 또 온전케 하시는 이인 예수를 바라보자 저는 그 앞에 있는

필연적인 싸움입니다.

A. 은혜가 주는 죄 죽임의 동기와 격려들

이렇게 신자가 복음의 원리로 돌아가서 죄와 싸우면, 하나님께서는 복음을 통해서 죄를 이길 은혜를 주십니다. 그 은혜는 죄와 싸우는 우리에게 생명과 기쁨을 줍니다. 또 용기를 주고 인내할 힘을 줍니다.

우리가 죄와 더불어 싸우다가 실패하여 거의 엎드러져서 죽은 것같이 될 때, 이제는 도저히 스스로 어떻게 할 수 없을 것같이 느껴질 때, 그 때에도 다시 복음의 이치를 깨달으면 성령께서 힘을 주십니다. 그래서 잠시 실패하였으나 다시 일어나 죄와 맞붙어 싸우는 것입니다. 그리고 거기서 하나님께서는 복음을 통하여 생명과 힘을 주십니다. 이러한 경험을 사도 바울은 이렇게 고백합니다. "우리가 항상 예수 죽인 것을 몸에 짊어짐은 예수의 생명도 우리 몸에 나타나게 하려 함이라"(고후 4:10).

그뿐만이 아닙니다. 신자가 죄의 지배 아래서 죄에 순종하며 살아갈 때에는 타락한 기쁨밖에 없었는데, 죄와 더불어 실제로 맞붙어 싸우기 시작하면 신령한 기쁨을 경험하게 됩니다.[230] 물론 죄를 이기게 하는 것은 그 기쁨이 아니라 기쁨의 근원이 되는 복음 진리와 성령이십니다. 그러나 그 신령한 기쁨을 경험하면서 죄와 능히 싸울 수 있도록 격려받게 됩니다. 핍박받던 성도들이 오히려 기쁨으로 충만했던 것처럼 말입니다. 그들은 핍박받을 때에 오히려 담대하였습니다(행 4:31). 그들 안에 충만하신 성령께서 그들을 그렇게 만드셨습니다.

신자가 죄에 지고 있을 때는 어떠한 영적인 담대함도 자유도 없습니다. 그의 영혼과 마음은 이글거리면서 타오르고 있는 욕망의 사슬에 매였습니다. 그러나 성결과 의로써 하나님을 섬기고자 복음과 성령으로 죄를 죽이려 할 때에 하나님께서는 담

즐거움을 위하여 십자가를 참으사 부끄러움을 개의치 아니하시더니 하나님 보좌 우편에 앉으셨느니라 너희가 피곤하여 낙심치 않기 위하여 죄인들의 이같이 자기에게 거역한 일을 참으신 자를 생각하라 너희가 죄와 싸우되 아직 피 흘리기까지는 대항치 아니하고"(히 12:1-4).

[230] "우리가 이 보배를 질그릇에 가졌으니 이는 능력의 심히 큰 것이 하나님께 있고 우리에게 있지 아니함을 알게 하려 함이라"(고후 4:7).

대한 용기와 얽매이지 않는 자유함을 주십니다.

예전에는 죄와의 싸움에서 이기는 것이 어렵게만 생각되었는데, 복음을 통하여 성령께서 역사하시는 순간에 죄와 싸울 수 있는 담대함을 얻게 됩니다. 그리고 이제는 자신이 죄와 사망의 법에서 '생명의 성령의 법'으로 해방된 사람임을 경험하게 됩니다. 그리스도께서 진리로 말미암아 주신 자유가 얼마나 크고 능력 있는 것인지를 알게 됩니다(요 8:32).

이러한 현재적인 승리의 경험은 미래에 대한 확신으로 이어집니다. 자기 안에 계신 그리스도 예수께서 마지막 승리를 얻기까지 자기를 부르신 것을 후회하지 않으시고 도와주실 것이라는 담대한 확신으로 이어집니다(빌 1:6). 죄와 싸워서 부분적으로 승리하면 개별적인 승리보다 더 큰 최종적 승리에 대한 확신이 마음에 불타오릅니다. 그렇게 죄를 이기고 승리할 것이라고 확신하는 신자가 죄의 종 노릇하며 살고자 하겠습니까? 이러한 작용은 율법이 아니라, 복음을 통해서 옵니다.

B. 신자가 은혜 아래서 죄와 싸울 때 받는 위로

신자가 은혜 아래서 죄와 싸울 때, 하나님께서는 말할 수 없이 많은 위로를 그에게 부어 주십니다. 우리의 연약함을 아시는 주님께서는 주어진 상황에서 죄와 더불어 몸부림치며 싸우는 신자의 작은 노력을 결코 작은 것으로 보지 않으시기 때문입니다.

1. 영혼이 소생함 : 용서와 믿음을 통해

첫째로, 영적인 소생입니다(사 57:15).[231] 죄와의 싸움을 통하여 신자가 경험하는 첫 번째 위로는 영적인 소생입니다. 이것은 두 부분으로 나누어 생각할 수 있는데,

---

[231] "지존무상하며 영원히 거하며 거룩하다 이름하는 자가 이같이 말씀하시되 내가 높고 거룩한 곳에 거하며 또한 통회하고 마음이 겸손한 자와 함께 거하나니 이는 겸손한 자의 영을 소성케 하며 통회하는 자의 마음을 소성케 하려 함이라"(사 57:15).

소극적인 측면과 적극적인 측면입니다.

　소극적으로는, 죄의 용서를 통해서입니다. 비록 죄를 많이 지었고 죄의 지배 아래 놓이게 되었어도 복음적인 사죄를 경험하고 나면 그것은 영적인 소생으로 나타납니다. 적극적으로는, 믿음을 통해서입니다. 신자가 믿음으로 죄와 싸우면서 승리하도록 도와 달라고 기도하면 하나님께서 이 믿음을 통하여 영적인 소생을 주십니다. 이것이 적극적인 의미의 영적 소생의 방법입니다.

　이렇게 죄 죽임을 실천함에 있어서 반드시 행사되어야 할 믿음은 크게 세 가지로 생각될 수 있습니다. 첫째는 그리스도 안에 있는 충만함을 숙고하는 것입니다. 오직 믿음으로써 죄와 분투하는 신자들을 위하여 예비하신 예수 그리스도 안에 있는 무한히 충만한 하늘 자원을 숙고하고, 그것의 한없는 공급을 약속받고 있음을 숙고하는 것입니다. 둘째는 죄 죽임을 위하여 분투하는 자신에게 도래하게 될 그리스도로 말미암는 구원에 대한 기대로 마음을 추스르며 믿음을 잃지 말아야 합니다. 죄로 인한 고통과 불안 때문에 그 구원이 다소 지체되는 것처럼 생각된다고 할지라도 약속은 반드시 이루어진다는 믿음을 가져야 합니다. 이 때 신자는 마음을 일으켜 세울 수 있고 영혼은 만족을 얻게 될 것입니다. 셋째는 죄 죽임을 위하여 싸우는 자신에게 주어질 은혜를 기대하는 일에 몰두하여야 합니다. 잠시 죄 가운데 떨어졌지만, 하나님의 은혜는 더욱 놀랍게 자신에게 주어질 것과, 예전에 주님과 누렸던 평화보다 더욱 커다란 평화와 행복이 주어질 것에 대한 기대를 잃지 않는 것입니다.[232]

---

[232] 존 오웬은 죄 죽임을 위하여 분투하는 신자가 이러한 은혜에 대한 기대를 저버리지 않기 위해서 다음 두 가지 사실을 깊이 묵상(默想)하도록 충고한다. (1)그리스도의 자비를 묵상함: 그리스도로 말미암는 은혜의 도움을 기대하는 일에 몰두하는 일은 그분의 자비로우심을 묵상함으로써 촉진된다. 비록 죄 가운데 시달리고 있을지라도 그리스도의 자비하심, 온유하심 그리고 친절하심을 숙고하라는 것이다. 왜냐하면 그분은 하나님 우편에 계신 우리의 대제사장이시기 때문이다. 확실히 그리스도께서는 죄로 말미암은 고통 가운데 있는 신자들을 불쌍히 여기신다. 성경은 말한다. "어미가 자식을 위로함같이 내가 너희를 위로할 것인즉"(사 66:13). (2)그리스도의 신실하심을 묵상함: 신자를 죄로부터 구원하시겠다고 약속하신 그리스도의 신실하심을 깊이 생각하라는 것이다. 이것은 구원에 대한 기대 안에서 그분의 도우심을 기다릴 때 죄로 말미암아 쓰러진 자들을 일으키고 견고하게 한다는 것이다. 하나님께서는 우리와 맺으신 언약을 가리켜 하늘의 '규정', 즉 해와 달과 별의 규정과 같다고 말씀하신다. "이 규정이 내 앞에서 폐할진대 이스라엘 자손도 내 앞에서 폐함을 입어 영영히 나라가 되지 못하리라"(렘 31:36). John Owen, *Of the Mortification of Sin in Believers; the necessity, nature, and means of it; with a resolution of sundry cases of conscience thereunto belonging*, in *The Works of John Owen*, vol. 6, edited by William H. Goold, (Edinburgh; The Banner of Truth Trust, 1991 reprinting), pp. 81-82.

2. 하나님께 사랑받음 : 하나님과의 평화

둘째로, 사랑받는 것입니다(요 14:21). 죄와 싸울 때 받는 또 다른 위로는 하나님께 사랑을 받는 것입니다. 이에 대하여 예수님께서는 이렇게 말씀하셨습니다. "나의 계명을 가지고 지키는 자라야 나를 사랑하는 자니 나를 사랑하는 자는 내 아버지께 사랑을 받을 것이요 나도 그를 사랑하여 그에게 나를 나타내리라"(요 14:21).

신자가 죄와 싸울 때 예수 그리스도를 통해 하나님과의 화목과 친밀함을 누리게 됩니다. 죄가 하나님께 대한 적의(敵意)일진대, 신자가 그것을 미워하고 분투하는데 어찌 하나님께서 그를 위로하지 않으시겠습니까? 어찌 그를 사랑하지 않으시겠습니까?

비록 이전에는 스스로 죄를 택하였다고 할지라도, 그리스도 안에 있는 무한한 용서의 약속을 통해 하나님께서 그들을 다시 자신과의 교제로 부르시기 위하여 그들을 사랑해 주십니다.

신자가 죄에 지고 있을 때는 죄에 대한 사랑이 그의 마음 안에 강력하게 역사합니다. 이 때 그 쇠로부터 받는 타락의 기쁨은 있지만, 하나님과 철저히 격리되어 있다는, 불화한 상태에서 오는 거리감은 견디기 힘듭니다. 하나님과 너무 멀리 있다고 생각되고, 심지어는 하나님께서 자기를 돌아보시지 않는다고 하는 거절감에 에워싸여서 고통을 받습니다.

그런데 죄와 싸워서 부분적으로나마 승리하기 시작하면 하나님께서는 우리를 사랑하시는 증거들을 보여주십니다. 우리로 하여금 사랑을 느끼게 하심으로써 말입니다. 그러므로 죄의 지배 가운데 살면서 하나님의 사랑의 경험을 구하는 것은 어리석은 것입니다. 신자는 죄와 싸워 승리하는 만큼, 하나님의 사랑을 경험합니다. 성경은 말합니다. "이 세상이나 세상에 있는 것들을 사랑치 말라 누구든지 세상을 사랑하면 아버지의 사랑이 그 속에 있지 아니하니 이는 세상에 있는 모든 것이 육신의 정욕과 안목의 정욕과 이생의 자랑이니 다 아버지께로 좇아 온 것이 아니요 세상으로 좇아 온 것이라"(요일 2:15-16).

3. 성령의 즉각적인 도우심

셋째로, 성령의 즉각적인 도우심입니다. 신자가 죄와 싸울 때 받는 또 다른 위로는 성령의 즉각적인 도우심입니다. 이에 대하여 사도 바울은 말합니다. "이것이 너희 간구와 예수 그리스도의 성령의 도우심으로 내 구원에 이르게 할 줄 아는 고로" (빌 1:19).

신자가 단지 상상 속에서 죄와 싸울 때에는 성령의 도우심도 개념적으로만 이해됩니다. 그러나 신자가 간절한 기도 속에서 실제로 죄와 맞붙어 싸우기 시작할 때 죄를 놀랍게 죽이시는 성령의 도우심을 경험합니다.

신자가 자신 안에 있는 죄와 싸울 때 성령께서는 즉각적으로 그들을 도우십니다. 죄와 싸우면서도 성령의 즉각적인 도움을 힙입지 못하는 것은, 죄와 다투고는 있지만 혐오감으로 다투는 것이 아니라 죄에 대한 미련을 간직한 채 갈등하고 있기 때문입니다. 하나님께서는 신자가 죄와 분투할 때 가장 즉각적이고 강력한 영적 도움이 필요하다는 사실을 잘 알고 계시기 때문에 도움을 구하는 신자에게 즉각적으로 힘을 주십니다.[233]

4. 승리를 확신하게 됨

넷째로, 승리의 확신입니다. 신자가 죄와 싸울 때 받는 또 다른 위로는 승리의 확신입니다. 이에 대한 사도의 경험은 이렇습니다. "우리 주 예수 그리스도로 말미암아 우리에게 이김을 주시는 하나님께 감사하노니" (고전 15:57).

신자가 죄와 싸울 때에 죄와의 싸움 속에서 끊임없는 유혹과 시련 앞에서 승리를 확신하도록 만들어 주십니다. 그래서 작은 승리를 통해서도 하나님의 도우심과 역

---

[233] 이것은 실제로 경험해 보지 못한 그리스도인들에게는 이해가 되지 않을 것이다. 모든 기독교의 교리가 그러하듯이 성화의 교리 역시 신자 자신의 실천적인 경험 속에서 그 참된 의미가 가장 잘 파악된다. 마음 안에서 죄가 발견되어 힘을 느끼기 시작할 때, 강한 유혹에 마음이 끌릴 때, 단호히 그것을 거절하며 거기로부터 벗어나게 하시는 하나님의 도움을 힙입고 싶어하는 마음을 가지고 즉시 간절히 성령의 도움을 구해 보라. 죄가 가져다 주는 즐거움이 아니라 죄의 간교함과 그로 말미암아 도래하게 될 비참한 결과를 먼저 느끼게 해달라고 기도하라. 그리고 죄의 힘에서 건져 주시도록 즉시 기도하라. 그리하면 틀림없이 죄를 물리치게 하시는 하나님의 즉각적인 은혜의 도움을 경험하게 될 것이다. 이것은 조금도 과장이 없는 사실이다.

사하심을 온전히 깨닫도록 해주십니다. 그렇게 점점 더 죄와의 싸움에서 우리가 승리를 거둘 수 있다는 증거들을 많이 보여주시는 것입니다.

　신자가 육체의 욕망에 굴복하여 죄에 순종하거나 죄에 대한 집착을 버리지 못하고 싸우는 대신 단지 갈등하고만 있을 때, 그에게는 하나님께로부터 오는 신령한 위로와 격려가 없습니다. 하나님께서는 범죄한 자도 용납하시고, 약한 자도 용납하십니다. 죄인을 용서하심으로써 하나님의 놀라운 사랑을 보이시고, 넘어진 자를 다시 일으켜 세우심으로써 자신의 신실하심을 보이십니다. 그리고 그러한 용서와 회복의 경험 안에서 신자는 놀라운 위로와 격려를 받게 됩니다.
　죄와 은밀히 타협하는 신자들은 이러한 은총을 누리지 못하지만, 죄와 싸우는 신자들에게는 풍성한 위로와 격려가 주어집니다. 따라서 하나님을 사랑하며 믿음으로 죄와 더불어 싸우는 신자들이 절망 속에서 죽는 일은 없습니다. 왜냐하면 그 외로운 싸움에 하나님께서 함께하시기 때문입니다. 하나님께서는 이렇게 우리를 위로하시고 격려하십니다. 우리가 죄와 싸워 이기도록…….

한눈에 보는 13장 복음이 죄 죽임의 동기와 격려를 주기 때문에

I. 죄와의 싸움에 동기와 격려가 필요한 이유
A. 두려움 때문에
- 많은 신앙의 경험을 가지고 있어도 성화를 위해 분투하는 과정에서 두려움을 느낄 수 있음
- 이 때문에 죄와의 싸움의 도상에서 하나님께로부터 오는 격려가 필요함

B. 연약함 때문에
- 신자의 강함은 신자 안에 있는 것이 아니라 하나님의 은혜의 능력에 있는 것임
- 이 때문에 하나님께서 연약함을 능가하는 긍휼과 은총을 주실 것에 대한 격려와 보증이 필요함

II. 죄를 이길 효과적인 동기와 격려를 주지 못하는 율법
A. '지키면 살리라'와 실제의 패배의 경험
- 율법은 '지키면 살리라.'고 말하지만 실제에 있어서는 패배를 경험함
- 이 때 신자는 두려움과 낙심에 떨어짐
- 계명을 따라 살게 하는 힘은 율법의 송사가 아니라 복음의 은혜를 통해 옴

B. 율법으로 죄와 싸우는 어리석음
- 역사 속에서 율법으로 죄를 이기려는 노력들이 계속되어 왔으나 처절한 실패를 경험함
- 율법을 지키려 애쓰지만, 하나님께서 율법을 통해 우리에게 보여주고자 하셨던 예수 그리스도를 만나지 못함

C. 잘못된 방법으로 죄와 싸우는 실례
1. 잘못된 동기를 가지고 싸움
- 죄로 말미암아 자신이 당하게 될 불명예나 수치에 대한 두려움이 동기가 되어 싸우는 경우
2. 잘못된 목표를 가지고 싸움
- 하나님과의 관계의 회복을 위해서가 아니라 단지 고통에서 벗어나 평안을 얻기 위해 싸우는 경우

D. 이렇게 죄와 싸우다 실패할 때의 신자의 반응
1. 이전의 죄로 돌아감
- 잘못된 방법으로 싸우다 실패할 때 죄와의 싸움을 신속히 포기하고 예전의 방탕한 삶으로 돌아감
2. 미신적인 맹종과 실천
- 미신적인 맹종에 빠져 그 안에서 종교적이고 심리적인 안정을 누리려고 함
3. 자기의(自己義)에 빠짐
- 복음적인 원리를 따라 죄를 죽이는 대신 도덕적인 실천으로 대치하려 하고 그것을 통해 자기의에 빠짐

III. 죄를 이길 동기와 격려를 주는 은혜
A. 은혜가 주는 죄 죽임의 동기와 격려들
- 싸우다가 실패하여 거의 엎드러졌을 때라도 복음의 이치를 깨달으면 성령께서 힘을 주심
- 죄와 실제로 맞붙어 싸우기 시작하면 신령한 기쁨을 경험하게 됨
- 복음과 성령의 능력으로 죄를 죽이려 할 때 담대한 용기와 얽매이지 않는 자유를 주심
- 죄와의 싸움에서의 현재적인 승리의 경험은 미래에 대한 확신으로 이어짐

B. 신자가 은혜 아래서 죄와 싸울 때 받는 위로
1. 영적인 소생 : 용서와 믿음을 통해
- 소극적으로는 죄의 용서를 통해, 적극적으로는 믿음을 통해 영적인 소생을 주심

2. 사랑을 받음 : 하나님과의 평화
- 죄와 싸울 때 예수 그리스도를 통해 하나님과의 화목과 친밀함을 누리게 됨
3. 성령의 즉각적인 도우심
- 실제로 죄와 맞붙어 싸울 때 죄를 놀랍게 죽이시는 성령의 도우심을 경험함
4. 승리를 확신하게 됨
- 끊임없는 유혹과 시련 앞에서 승리를 확신하도록 만들어 주심

THE DOCTRINE ON DOMINION OF SIN AND GRACE IN BELIEVERS

"죄가 너희를 주관치 못하리니
 이는 너희가 법 아래 있지 아니하고 은혜 아래 있음이니라" (롬 6:14)

제14장

죄와의 싸움에서 경험하는
지성적 혼란

제14장

죄와의 싸움에서 경험하는 지성적 혼란

　신자가 죄 가운데 있을 때 지성(知性)은 은혜 상태에서 유지되었던 올곧음을 상실하게 됩니다. 따라서 신자가 죄와 더불어 싸우기 시작한다 할지라도 그 시작이나 과정에서 지성적인 혼란을 경험하게 됩니다. 그리고 이러한 지성적 혼란은 이성(理性)의 추론적 작용을 혼란스럽게 합니다. 이러한 혼란은 죄로 말미암는 영혼의 어둠은 물론 복음과 은혜의 세계, 그리고 인간 자신에 대한 무지에 의해서 가중됩니다.
　신자가 죄와의 싸움에서 이러한 지성적인 혼란에 빠지게 되면, 효과적으로 싸울 수가 없게 됩니다. 그러므로 효과적으로 죄와의 싸움을 수행하기 위해서는 죄 죽임의 과정에서 경험하게 되는 이러한 혼란들을 미리 알고 있어야 합니다.
　신자가 죄 죽임을 위해서 싸울 때 빠지는 혼란은 크게 두 가지로 분류할 수 있습니다. 첫째는 원리적인 혼란이고, 둘째는 개별적인 혼란입니다.
　이 장에서는 논의의 편의를 위하여 먼저 원리적인 혼란을 살펴본 후에, 이어서 개별적인 혼란에 대해서는 그 중에서 가장 빈번히 경험되는 경우 다섯 가지를 들어 살펴보고자 합니다.

I. 원리적인 혼란

 죄와의 싸움에서 경험되는 원리적인 혼란은 크게 두 가지로 나누어 생각해 볼 수 있습니다. 첫째로 비중생자에게서 발견되는 원리적인 혼란입니다. 거듭나지 않은 사람으로서 죄를 죽이려고 하는 것입니다. 둘째로 거듭난 중생자에게서 발견되는 원리적인 혼란입니다. 죄에 의한 빈번한 패배로 말미암아 자신의 중생을 의심하거나 죄 죽임의 필요를 인식하지 못하는 것입니다.

A. 비중생자의 경우 : 중생 없이 죄를 죽이려 함

 첫째로, 비중생자에게서 발견되는 원리적인 혼란입니다. 이는 거듭나지 않은 사람이 죄 죽임을 위하여 애쓰는 것입니다. 거듭나지 않은 비중생자에게는 죄를 죽일 수 있는 능력이 없습니다. 왜냐하면 죄 죽임에 있어서 유효인(有效因)이신 성령께서 비중생자 안에 계시지 않기 때문입니다. 비중생자는 아무리 죄 죽임을 위하여 애쓴다고 할지라도 결코 죄를 죽일 수 없습니다.

 우리에게는 이런 반문이 떠오릅니다. "왜 죄를 죽이는 것이 신자들에게만 가능한 일이고, 불신자들에게는 불가능한 일이란 말인가? 불신자들도 종종 죄의 욕구를 이기고 도덕적인 삶을 살아가지 않는가?" 그것은 이렇게 설명될 수 있습니다. 인간의 본성 안에는 중생의 유무를 막론하고 양심과 선악을 분별할 수 있는 빛이 있습니다. 그것을 가리켜서 '본성의 빛'(the light of nature)이라고 부릅니다.[234] 불신 상태이거

---

[234] 인간이 영원을 사모하거나 추구하는 것은 사람은 누구나 가장 깊은 마음속에 종교 의식을 가지고 있기 때문이며 그 심령 안에 하나님을 알 만한 것이 있기 때문이다(전 3:11, 롬 1:19-20). 존 칼빈이 '종교의 씨'(a seed of religion)라고 부른 것은 바로 사도 바울이 '하나님을 알 만한 것'(롬 1:19)이라 한 그것이다. 존 칼빈이 불신자들에게도 이것은 그대로 존재하지만, 그들은 그것을 정상적으로 유지하지 못한다고 논증하고 있다. "But though experience testifies that a seed of religion is divinely sown in all, scarcely one in a hundred is found who cherishes in his heart, and not one in whom it grows to maturity, so far is it from yielding fruit in its season." John Calvin, *Institutes of the Christian Religion*, vol. 1, translated by Henry Beveridge, (Grand Rapids; William B. Eerdmans Publishing Company, 1981 reprinting), p.46. 심지어 구원받지 못하도록 유기된 자들(the reprobate)조차도, 그들이 인정하지 않을 수 없는 '하나님의 신성'(deity of God)에 대한 인식을 생래

나, 교회를 다녀도 아직 거듭나지 못한 상태에 있는 사람은 절대적인 죄의 지배 아래 있는 사람입니다. 이러한 상태에서 인간의 의지와 정서는 죄의 강력한 영향을 받습니다. 그러나 지성은 아직까지도 어느 정도의 빛을 가지고 있어서 선악을 분별하고 마음에 있는 죄의 산출을 막는 기능을 합니다. 비록 거듭나지 못한 사람이라고 할지라도 그 사람 속에는 영원한 세계에 대한 생래적인 인식이 희미하게나마 남아 있습니다. 그래서 악을 행하면 마음이 무겁고 마음에 죄책감으로 인한 갈등이 생깁니다. 그러나 선을 행하면 양심이 편안하고 마음이 어느 정도 안정을 얻게 됩니다.

더욱이 하나님께서는 거듭나지 않은 사람들에게도 성령의 일반적인 은총의 작용을 허락하셔서 사회의 질서와 도덕을 유지하게 하심으로써 세상이 존속하게 하십니다. 그렇기 때문에 거듭나지 않은 사람이라도 창조주 하나님께서 의도하시는 선이 아닌 낮은 차원의 선을 행할 수 있으며, 선악을 판단함으로써 죄에 대하여 어느 정도 항거할 수 있습니다. 만약 성령의 그러한 은총적인 작용이 없다면 이 세상은

적으로 가지고 있다고 보았다. John Calvin, *Institutes of the Christian Religion*, vol. 1, translated by Henry Beveridge, (Grand Rapids; William B. Eerdmans Publishing Company, 1981 reprinting), p.49. 그러나 타락한 죄인의 자연적인 지식들은 구원에 이르기에 충분한 지식을 제공해 주지 못한다. 청교도 신학자 존 오웬은 성경의 역사와 신학에 관한 포괄적인 라던이 지적인 「성경적 신학」(*Biblical Theology*)에서 다음과 같이 말한다. "우리는 이제 사고의 노정을 이것의 가장 깊고 그럴 듯한 수준에까지 내려가 추적해야 한다. 다음과 같은 논쟁이 진행된다. '하나님의 존재에 대한 증거는 세상 여기저기에 메아리치고 다시 메아리쳐 돌아온다. 비록 미완성이기는 하나, 그러한 증거들은 이방인들이 그들 자신의 길과 우상 숭배로부터 참 하나님을 경배하는 데로 돌아오도록, 그리고 범죄와 타락의 삶으로부터 정의와 의로움으로 돌아오도록 다시 부르실 필요성을 담고 있다. 이것을 위해서는 그러한 증거들이 하나님을 선포할 뿐만 아니라 하나님께서 노여움을 푸실 수 있음(his appeasability)에 대한 어느 정도의 지식과 자신이 지으신 피조 세계를 친절하게 다루시기를 기꺼워하시는 하나님의 마음에 대한 지식을 반드시 포함해야 한다. 이 요소가 없이, 죄인들이 어떻게 진실한 회개와 하나님에 대한 참된 예배에로 이끌어질 수 있겠는가? 이제 섭리의 사역은 복음의 초기 발행(發行)으로 이해되지 않으며, 그것들이 복음과 동일한 성질이라고 이해되지는 않는다. 그보다 섭리의 사역은 복음을 위한 토대를 놓기 위해 계획적으로 준비된 것으로 이해된다. 이 때문에 그것들은 자연적으로 구원의 메시지의 어떤 부분을 포함해야 한다(오늘날의 용어로는 '복음 전파 이전의 복음 전도', 즉 'pre-evangelism'을 가리킴-역자 주). 사실 이 설득력 있어 보이는 논쟁은 여러 가지 점에서 비난을 받았다. 사도들은 결코 하나님께서 단순히 세상에 흩어져 있는 혹은 메아리치는 증거들을 통해 죄인들을 다시 부르신다고 가르치지 않았다. 정반대로, 그들은 하나님께서 열방으로 하여금 그들 자신의 길로 계속 걸어가도록 허락하셨다고 가르쳤다. 성경은 선포된 복음의 수단이 없이는 이교도들이 그들의 죄악된 길로부터 다시 부르심을 받을 수 없다는 점을 암시하고 있으며, 또한 여러 곳에서 명백히 밝히고 있다(행 17:18, 엡 1:10, 3:9-11)." John Owen, *Biblical Theology or the Nature, Origin, Development, and Study of Theological Truth, in Six Books; in which are examined the origins and progress of both true and false religious worship, and the most notable declensions and revivals of the church, from the very beginning of the world; with additional discussions on universal grace, the rise of the sciences, Bellarmine's Roman "Notes of the Church," the origin of writing, the antiquity of Hebrew language, and its vowel-pointing, translations of Sacred Scripture, Jewish rites, and other matters*, translated by Stephen P. Westcott, from the Latin Text of William H. Goold, (Morgan; Soli Deo Gloria Publications, 1996 reprinting), p.77.

죄로 말미암아 모든 질서가 깨어진 무정부 상태가 되고 말 것입니다.

그러나 죄는 근본적으로 창조주 하나님께 대한 절대적인 의존의 관계를 떠나는 것입니다. 이 세상에서 도덕적으로 살아가는 사람들 속에서 창조주 하나님께 대한 절대적인 의존을 발견할 수 있습니까? 하나님 없이 살 수 없다는 절실한 고백을 읽을 수 있습니까? 그래서 하나님께 절대적으로 순종하며 살고자 하는 의지를 찾을 수 있습니까? 그들 모두가 짐승처럼 자기의 욕망을 따라서 살지는 않습니다. 그들은 악한 욕구를 스스로 누르고 선을 행합니다. 그러나 그것은 이 세상을 향한 창조주 하나님의 창조 계획을 따르는 총체적인 선이 아닙니다. 그것은 기껏해야 조나단 에드워즈가 말하는 '이차적인 선', 혹은 '열등한 아름다움' 입니다.235)

거듭나지 못한 비중생자가 양심과 본성의 빛을 통해서 선악을 분별하고 죄를 이기려 한다고 할지라도 그의 마음과 영혼 안에는 근본적으로 하나님을 향한 적의(敵意)가 있습니다. 그래서 그가 양심이나 본성의 빛에 의해서 죄의 욕구를 이긴다고 할지라도 그것은 죄를 죽이는 것은 아닙니다. 본질적으로 하나님 없이 자신이 온 우주

---

235) 조나단 에드워즈는 그것들을 토대로 진정한 성경적 윤리가 무엇인지를 푼 의미 있고 탁월한 두 편의 철학적 논문을 저술했는데, 「천지 창조의 목적에 관하여」(*Concerning the End for Which God Created the World*)와 「참된 덕의 본질」(*The Nature of True Virtue*)이 바로 그것이다. 두 작품은 조나단 에드워즈 사상 전체에서 윤리적 판단의 입각점이 되는 사상들을 다루고 있다. 후자는 전자의 기초 위에서 이해될 수 있는 작품이다. 「참된 덕의 본질」에서 조나단 에드워즈는 이 세상과 인간의 창조에 관한 하나님의 계획을 입각점으로 할 때 비로소 '선'(善)이 무엇인지 판단할 수 있다고 본다. 그는 사물의 '아름다움'(beauty)의 근원을 두 가지로 설명한다. 첫째로 어떤 사물이 존재할 때에 그 사물을 포함하는 다른 모든 사물과 함께 그것이 존재하게 된 전체적인 구도에 부합할 때 그것을 일차적인 아름다움, 혹은 충심적(衷心的) 합치(cordial agreement)라고 보았다. 둘째로 존재하는 개개의 사물이 다른 일부의 개체와 어울리도록 결합되었을 때 그것을 이차적 아름다움, 혹은 자연적(自然的) 합치(natural agreement)라고 보았다. 그리고 이러한 합치를 통해 전자는 충심적 선(衷心的 善) 혹은 핵심적 선의 상태가 되고, 후자는 자연적 선(自然的 善) 혹은 부분적 선의 상태가 되는데, 이것들은 또한 일차적 탁월함(primary excellency) 혹은 충심적 탁월함, 그리고 이차적 탁월함(secondary excellency) 혹은 자연적 탁월함이라고 할 수 있다. 이는 어거스틴(Augustine of Hippo)이 악을 '궁극적인 공통선(*summum bonum*)으로부터 보다좁은 의미의 선으로 이행하는 것'이라고 정의한 것과 맥을 같이하는 것이다. "From what has been said we may see that there are two sorts of agreement or consent of one thing to another, (1)There is a cordial agreement that consists in concord and union of mind and heart; which, true moral beauty. (2)There is a natural union or agreement: which, though some image of the other, is entirely a distinct thing; the will, disposition, or affection of the heart having no concern in it, but consisting only in uniformity and consent of nature, form, quantity, etc. (as before described), wherein lies an inferior secondary sort of beauty which may, in distinction from the other, be called natural beauty." Jonathan Edwards, *The Nature of True Virtue*, in *The Works of Jonathan Edwards*, vol. 8, edited by Paul Ramsey, (New Haven; Yale University Press, 1987), pp. 563-565. 창조 목적과 선(善)에 관한 신학적 개념에 대해서는 다음 책을 참고하라. 김남준. 「구원과 하나님의 계획」, (서울; 부흥과개혁사, 2004), pp. 23-29.

의 궁극적인 목적이 되고 가치 판단의 최종적인 기준이 되어서 '하나님같이' 존재하고자 하는 경향은 그대로 있는 것입니다. 그리고 그것은 도덕적인 실천이나 윤리적인 억제로 죽지 않습니다. 그러므로 거듭나지 않은 비중생자에게는 죄 죽임의 실천보다 복음을 듣고 거듭나는 일이 필요합니다.

B. 중생자의 경우

둘째로, 거듭난 중생자들에게서 발견되는 원리적인 혼란입니다. 이는 크게 두 가지로 나누어서 설명할 수 있습니다. 첫째로, 죄에 대한 빈번한 패배로 인해 자신의 구원 여부에 대하여 혼란을 느끼는 것입니다. 둘째로, 거듭난 신자가 되었음에도 죄 죽임의 필요를 인식하지 못하는 것입니다.

1. 빈번한 패배로 구원 여부에 혼란을 느낌

첫째로, 죄에 빈번히 패배함으로써 자신의 구원 여부에 대하여 혼란을 느끼는 것입니다. 신자가 거듭났다고 할지라도 죄에 대해서 빈번히 실패하게 되면 스스로 거듭났는지를 의심하게 되는 경우가 생깁니다.

신자의 구원은 불변하는 것이지만 구원의 확신은 가변적인 것입니다. 신자 안에 그가 구원받은 사람임을 인쳐 주시는 분은 성령이십니다. 그러나 그렇게 인쳐 주시는 성령의 역사를 감지하는 것은 인간의 마음입니다.[236] 영혼 안에서 일어나는 일

---

[236] 구원의 확신과 성도의 견인(堅忍, perseverance)은 서로 떨어질 수 없는 불가분의 관계이다. 견인 교리에 있어서 '견인이란 성령께서 신자의 마음속에 신적인 은혜의 역사를 시작하시고 계속하시며 결국 그 은혜의 목적을 완성하시는 성령 자신의 지속적인 역사이다.' 이에 대하여 「웨스트민스터 신앙 고백」(*Westminster Confession*, 1647년 작성)은 다음과 같이 말한다. "하나님께서 그분의 사랑하는 아들 안에서 효과적으로 부르시고 성령 안에서 성화되게 하신 자들은 결코 전적으로 혹은 궁극적으로 은혜의 상태로부터 타락하지 않고 마지막까지 영원히 구원에 이르도록 보존하실 것이다"(They, whom God hath accepted in His Beloved, efficiently called, and sanctified by His Spirit, can neither totally nor finally fall away from the state of grace, but shall certainly persevere therein to the end, and be saved). 따라서 성경적으로 볼 때 참으로 구원에 이르는 믿음을 가진 신자는 결코 전적으로 궁극적으로 은혜의 상태에서 타락하지 않는다. 만약 신앙을 고백한 사람이 그렇게 된다면 그는 스스로 선택된 자가 아님을 입증한 것이다. 조엘 비키(Joel R. Beeke)는 자신의 박사학위 논문에서 이러한 명제를 입증하는 존 오웬

을 마음으로 감지하게 되는데, 만약 신자가 성화의 삶을 살지 못하고 죄로 인하여 영혼이 절망에 빠지게 되면 확신이 흐려질 수 있습니다. 마치 질이 좋은 유리창이라고 할지라도 오염 물질이 묻으면 밖을 볼 수 없는 이치와 같습니다. 그러나 진실한 참회를 통해 죄를 뉘우치게 되면 다시 성령의 은혜로 말미암아 명료한 구원의 확신을 갖게 됩니다.

만약 신자가 죄에 대해서 지고 있는 상황에서 자신이 죄에 지는 것이 불순종하고 은혜의 원리를 떠났기 때문이라고 생각하지 않고 거듭나지 않았기 때문이라고 생각한다면, 실제적인 죄와의 싸움이 불가능해집니다. 하나님께서는 신자에게 죄와 더불어 싸우기를 명하시며 은혜를 주고자 하시는데 신자는 이미 거듭났음에도 불구하고 다시 거듭나게 해달라는 기도만을 반복한다면, 죄와의 싸움에서 그가 이길 수 없으리라는 것은 자명한 이치입니다.

2. 죄 죽임의 필요를 인식하지 못함

하나님께서는 사람들을 거듭나게 하심으로 그 영혼 안에 영적인 생명의 성령의 법을 심으십니다. 이렇게 하심으로써 죄의 절대적인 지배는 종식됩니다. 마음은 새로운 은혜의 틀을 갖게 됩니다. 청교도 신학자 존 오웬이 첫 회심에서 하늘의 축복이 쏟아진다고 말한 것도 바로 이 때문입니다.[237] 이처럼 중생을 통해 신자의 마음

논리를 다음과 같이 세 가지로 요약한다. (1)하나님의 본질에 비춰 볼 때: 구원에 있어서 선택의 목적을 성취하시는 하나님의 성품에 비춰볼 때 참된 신자의 타락을 불가능하다(롬 11:29). (2)은혜의 본질에 비춰 볼 때: 성경에서 은혜는 궁극적으로 승리하며, 어디에서도 은혜가 베풀어지지 못하도록 저항받거나 거절된 실체로 언급되지 않는다. 은혜는 끊임없는 작용 속에서 보전되며, 하나님 자신이 믿는 자를 보존하신다. 은혜는 이기게 하는 힘이고, 그리스도는 이기신 왕이시다. (3)구원의 본질에 비춰 볼 때: 구원 계획의 전체적 통일성에 비춰볼 때 참된 신자의 타락은 불가능하다. Joel R. Beeke, *Personal Assurance of Faith: English Puritanism and the Dutch "Nadere Reformatie:" from Westminster to Alexander Comrie(1640-1760)*, (Philadelphia; Westminster Theological Seminary; Ph. D. Dissertation, 1988), pp.183-184; 김남준, 「구원과 하나님의 계획」, (서울: 부흥과개혁사, 2004), pp.299-300; John Owen, *The Doctrine of the Saints' Perseverance Explained and Confirmed*, in *The Works of John Owen*, vol. 11, edited by William H. Goold, (Edinburgh; The Banner of Truth Trust, 1988 reprinting), pp.254-256; Joel R. Beeke & Sinclair B. Ferguson, *Reformed Confessions; harmonized with an annotated bibliography of reformed doctrinal works*, (Grand Rapids; Baker Book House, 2000), p.119.

237) 첫 회심을 통하여 신자에게는 높은 수준의 믿음, 사랑, 거룩, 열매 맺는 삶, 순종에 이르는 샘들이 열린다. 이로써 그들은, (1)사죄의 은혜에 대한 생기 있고 활기 넘치는 감각을 가지게 된다. (2)신령한 것들에 대한 감각이 생겨나

은 전혀 새로운 경향성을 갖게 됩니다. 그리고 그 경향성은 하나님을 사랑하고 그분의 뜻에 순종하며 사는 경향성입니다. 하나님께 순종하고 그 뜻대로 살기를 힘쓰면 무한한 하늘 자원이 주어지고 이로써 신자는 자신 안에 남아 있는 죄의 존재에도 불구하고 하나님께 순종하며 살 수 있게 됩니다. 그러나 이러한 은혜의 경향성을 계속 유지하며 살기 위해서는 끊임없이 죄를 죽이는 실천이 필요합니다.[238]

그렇다면 신자의 거룩한 삶의 실천에 있어서 너무나 치명적인 사실인 죄 죽임의 삶을 살지 못하는 것은 무엇 때문일까요? 신자가 되었음에도 불구하고 죄 죽임의 필요를 인식하지 못하는 것은 무엇 때문일까요? 여기에는 크게 네 가지의 원인이 있습니다.

a. 무지 때문에

첫째로, 신자의 무지 때문입니다. 한 사람의 죄인이 그리스도를 만나고 거듭나는 것은 반드시 성경에 기록된 많은 지식을 가지고 있어야 하는 것은 아닙니다. 성경 진리의 핵심적인 요소인 복음적 사실을 들음으로써 얼마든지 가능한 것입니다. 그러나 구원받은 이후의 성화의 삶을 위해서는 많은 지식이 필요합니다. 그래서 사도들이 구원받지 못한 사람들에게 외치는 복음 선포는 단순하였지만, 이미 구원을 얻은 신자들을 하나님의 자녀다운 성도들로 자라게 하기 위해서는 기독교 신앙을 체계적으로 가르쳐야 했습니다. 이것이 바로 로마서를 비롯한, 신약의 서신서들이 기록된 이유입니다.[239] 기독교의 진리에 대한 이해가 전혀 없거나 희박하여 신자의

세상의 만족을 얻고자 하는 유혹을 이기게 된다. John Owen, *The Nature, Power, Deceit, and Prevalency of the Remainder of Indwelling Sin in Believers; together with the ways of its working and means of prevention, opened, evinced, and applied; with a resolution of sundry cases of conscience thereunto appertaining*, in *The Works of John Owen*, vol. 6, edited by William H. Goold, (Edinburgh; The Banner of Truth Trust, 1991 reprinting), p.290.

238) 죄를 죽이는 실천에 있어서 신자가 죄를 죽이는 원리에 대한 지성적 혼란에 빠져 있다면, 힘쓰고 애쓴다고 할지라도 좀처럼 자신 안에 있는 죄를 죽이고 거룩해지는 성화를 경험할 수 없다. 따라서 신자가 성화의 삶을 살아가기 위하여 죄와 그 작용들에 대해 깊은 지식을 갖는 것은 필수적이다. 그리고 그 지식을 따라 죄 죽임을 실천하는 일에 익숙해져야 한다. 한 신자의 영적인 깊이는 가시적인 사역의 업적이나 외적인 열렬함에 있는 것이 아니라, 남이 알지 못하는 죄와 그 죄가 가져다 줄 비참한 결과를 깊이 인식하는 데에 있다.

239) 우리가 복음이 성화의 유일한 뿌리라고 할 때, 이것은 곧 복음을 통해서만 신자는 거룩해진다는 것이다. 그리고 복음 이외의 다른 것으로 성취된 도덕적인 삶으로 복음적인 거룩인 성화를 대치할 수 없다는 의미이다. 그런데 여기

가장 중요한 의무인 죄 죽임의 실천을 모르고 있을 때, 그가 죄 죽임의 필요를 의식하지 못하는 것은 자연스러운 일입니다.

b. 잘못된 교리 때문에

둘째로, 잘못된 성화의 교리를 믿기 때문입니다. 우리 주위에는 복음에 대한 분명한 체험이 있고 회심의 경험이 있음에도 불구하고, 죄 죽임을 실천하지 않거나 죄를 거의 이기지 못하는 삶을 사는 교인들이 있습니다. 물론 이들 중 많은 사람들은 실제적으로 거듭나지 못한 사람들일 것입니다. 그러나 거듭난 신자라고 할지라도 교리에 대한 지식이 거의 없거나 그릇된 성화의 교리를 믿고 있으면, 신자의 명백한 의무인 복음적인 죄 죽임의 실천이 필요하다는 사실을 거의 모를 수 있습니다. 실제로 오늘날 조국교회에 유통되고 있는 많은 성경 공부 교재 중 성령 충만한 삶은 강조하면서도 그것을 위한 필수적인 조건이 되는 죄 죽임의 실천에 대하여는 거의 침묵하거나 잘못 가르치는 교재들이 많습니다. 때로는 성화에 있어서 무저항주의, 곧 성령께서 신자를 홀로 성화시키시니 신자는 그러한 성령의 작용에 반항만 하지 않으면 된다는 식으로 가르쳐서 신앙을 관조적으로 만들어 버리는 경우도 있습니다. 이것들은 모두 죄와 더불어 치열하게 분투하도록 가르치는 수많은 성경의 가르침과는 거리가 먼 교리들입니다.

서 성화와 관련되어 거룩의 효과를 가져다 주는 수단으로서의 '복음'(Gospel)은 단지 비기독교 세계에 대한 공중 선포(public proclamation), 즉 케리그마(kerygma)만을 의미하는 것은 아니다. 여기에는 복음으로부터 성경 해석의 원리를 따라 전개되고 세워진 복음 교리(gospel doctrine)도 포함되는 것이다. 복음은 불변하는 것이지만, 그 복음을 해석하고 이해하는 일은 끝없이 계속되어야 할 성질의 것이다. 한 시대의 교회가 하나님께 얼마나 충성스럽게 존재하였는지는, 교회가 자기들의 시대 안에서 성도들을 하나님 앞에 온전한 신자로 만들어 하나님의 창조와 구속의 목적을 따라 살게 하기 위하여 얼마나 이미 주어진 복음과 전수받은 복음 교리를 파수하고 또 치밀한 탐구와 실천으로 그것을 발전시켜 왔는지를 보면 알 수 있다. 그리고 존 칼빈의 지적과 같이 신자 개개인의 성화는 성례전적으로 교회의 성화와 하나가 된다. 신자 개개인이 거룩한 신자가 됨으로써 교회는 이 세상에 하나님을 알리는, 하나님께서 자신을 정당하게 알리시는 매체가 되는 것이다. 하나님의 영광이 이 세상에 가득하기를 갈망하던 교회는 이 일, 곧 복음을 파수하고 복음 교리를 탐구함으로써 성도의 거룩한 삶을 촉진하는 일에 열심을 내었고, 그렇지 못한 교회는 복음 교리를 발전시키기는커녕 복음 자체의 순수함도 파수하지 못하였다. 아아, 복음을 점점 낯설게 느끼는 이 시대의 조국교회는 어느 지점에 와 있을까?

c. 신학적 균형을 잃은 구원관 때문에

셋째로, 구원을 말함에 있어서 즉각적인 구원인 칭의(稱義)만을 강조하는 방식으로 균형을 잃은 복음을 가르치는 것도 중요한 이유 중 하나입니다. 구원은 시제적으로, 과거적 구원인 칭의와 현재적 구원인 성화(聖化), 그리고 미래적 구원인 영화(榮化)로 설명됩니다. 영화는 죽은 후 낙원에 들어간 우리의 몸이 썩지 않을 부활의 몸으로 영광 가운데 다시 살아나는 것을 의미합니다. 따라서 신자가 이 땅에서 누릴 수 있는 구원은 칭의와 성화입니다. 칭의는 믿는 순간 즉각적으로 받는 구원이고, 성화는 성도가 그리스도의 구속의 공로를 토대로 성령 안에서 순종함으로써 일생 동안 이루어 가야 할 구원입니다. 그리고 이 두 구원을 분리하는 것은 이단적인 교리를 주장하는 것입니다. 즉각적인 구원은 점진적인 구원의 원인이 되고, 점진적인 구원을 통해서 즉각적인 구원이 입증된다는 것이 성경의 일관된 진술입니다. 그러나 조국교회에서는 이러한 균형 있는 복음 대신, '믿기만 하면 아무렇게나 살아도 반드시 천국 간다.' 는 식의 극단적인 방식으로 구원을 가르치는 경향이 있어 왔습니다. 그래서 많은 신자들이 성화를 위한 노력을 율법적인 것으로 이해하게 되었고, 무지 속에 경박한 기독교 신앙을 택하게 된 것입니다. 그러므로 이제라도 교회는 이러한 오류를 깊이 회개하고 참된 복음을 가르쳐야 합니다.

d. 거룩함보다 행복을 추구하기 때문에

넷째로, 신자로서의 참된 기쁨을 이 세상에서 찾으려 하는 경향들 때문입니다. 세속적인 신자가 추구하는 가치는 신앙 때문에 이 세상에서 행복해지는 것이지만, 진실한 신자가 찾는 가치는 이 세상에서 거룩해지는 것입니다. 전자는 여전히 자신의 인생에 대하여 스스로 중심이 된 제왕적 가치관을 버리지 못한 사람들입니다. 그러나 후자는 자신의 인생에 대하여 하나님을 중심으로 삼은 피조물적 가치관을 회복한 사람들입니다. 하나님께서 이 세상을 창조하신 장엄한 목적도 모르고, 그리스도께서 자신을 죄에서 구속하셔서 궁극적으로 이루고 싶어하시는 거룩한 계획이 무엇인지도 모른 채, 신앙을 자기 번영의 기회로 삼으려는 사람들에게서 하나님과의 거룩한 교통 속에 살기 위하여 죄와 더불어 피 흘리기까지 싸우기를 기대하는 것은 어렵습니다.

II. 개별적인 혼란

죄 죽임의 실천에 있어 신자가 빠지게 되는 지성적인 혼란 중 개별적인 혼란은 크게 다섯 가지로 요약될 수 있습니다. 첫째로, 자신의 영혼의 상태를 모르는 경우입니다. 둘째로, 하나님과의 평화에 대해 혼란을 느끼는 경우입니다. 셋째로, 죄에 지고 있는 자신의 상황으로 복음을 덮어 버리는 경우입니다. 넷째로, 죄와 싸움에 있어 총체적으로 싸우지 않고 한두 가지 개별적인 죄와만 싸우는 경우입니다. 다섯째로, 죄와의 갈등을 죄와의 싸움으로 오해하는 것입니다.

A. 자기 영혼의 상태를 정확히 모름

첫째로, 자신의 영혼의 상태를 정확히 모르는 것입니다. 이런 사람들은 영혼의 어둠과 지성의 무지 때문에 스스로 자신의 영혼의 상태가 어떠한지를 정확히 파악하지 못합니다. 또한 그렇게 하려는 노력도 발견하기 어려울 때가 많습니다.

신자답게 살아가기 위해서는 간단한 복음 이상의 지식들이 필요합니다. 그런데 거듭난 신자임에도 불구하고 복음의 교리들에 대한 이해가 현저히 부족한 사람들이 있습니다. 엄격하게 말해서 이런 경우는 지성적인 혼란에 빠진 것이 아니라 처음부터 죄가 무엇인지, 죄와의 싸움이 무엇인지, 또 죄의 지배를 받는 것이 무엇인지도 모르는 상태에 놓여 있는 것입니다. 이런 사람들이 지속적인 죄와 더불어 싸워서 이기기를 기대하는 것은 어렵습니다.

성실하게 교회에 잘 다니는 사람 중에도 마음속으로 하나님을 향한 적의와 반감을 품고 사는 사람들이 있습니다. 죄는 신자가 이러한 삶을 사는 것을 너무나 기뻐합니다. 죄는 자신을 직접 공격하지 않는 한 반항하지 않습니다. 교회에 착실히 출석하는 것은 죄를 죽이는 것이 아닙니다. 그러므로 죄가 신자의 그러한 삶에 저항하지 않습니다. 죄는 궁극적으로 신자를 자신에게 순종하게 함으로 죄의 지배력을 확대하는 것입니다. 그가 외적으로 어떠한 종교 생활을 하든지 크게 관여하지 않습니다.

죄에게 있어서 중요한 것은 그 사람의 마음이며 내적인 경향성입니다. 왜냐하면 그 사람의 마음과 내적 경향성이 죄로 향하고 있는 한 얼마든지 그를 죄 가운데 살게 할 수 있기 때문입니다. 따라서 이 적대감은 그가 죄 가운데 살고 있는 증거이며 따라서 복음의 말씀과 성령으로 이것을 죽여 버리는 것 이외에는 죄의 지배를 벗어날 수 있는 길은 없습니다.

그런데 자신 속에 이런 하나님을 향한 적대감이 가득 차 있는 것도 알지 못한 채, 한편으로는 하나님을 섬깁니다. 그러나 그것은 하나님을 향한 진정한 사랑에서 비롯된 섬김이라기보다는 자신의 만족에서 비롯된 섬김입니다. 그러한 삶은 결코 믿음으로 사는 삶이 아닙니다.

그들의 영혼에는 깊은 어둠이 깃들여 있습니다. 그리고 그 어둠 속에는 죄에 대한 사랑이 가득합니다. 한편으로 하나님의 자비를 구하지만 그 자비를 경험할 수는 없습니다. 왜냐하면 내재하는 죄가 하나님의 이러한 성품을 경험하지 못하게 만들기 때문입니다.

하나님께서는 그들을 통해서 그 어떤 영광도 받으실 수 없습니다. 오히려 그들은 죄에 진 신자들로서 많은 사람들에게 그릇된 그리스도인의 삶의 모본을 가르쳐 줌으로써 그들로 하여금 어둠 속에서 담대히 살아가게 만들어 줍니다. 그럼에도 불구하고 하나님께서는 오래 참으심으로 그러한 신자들을 살아 있게 하십니다. 이것은 전적으로 하나님의 사랑 때문입니다. 오래 참으심으로 그들에게 회개하고 참된 신자의 길을 다시 걸어갈 기회를 주시기 위한 것입니다.

여러분은 자신의 영혼의 상태에 대해 얼마나 알고 계십니까? 여러분은 자신의 영혼의 복된 상태를 위하여 죄를 죽이고자 힘씁니까? 그리고 끊임없는 죄 죽임의 실천 가운데 영적으로 성장하고 있습니까? 우리 모두 스스로를 돌아보아야 합니다.

B. 하나님과의 평화에 대한 혼란

둘째로, 하나님과의 평화에 관한 혼란입니다. 하나님과 화목하고 죄의 지배로부터 멀어져 은혜 안에 살게 되면 신자의 마음에는 평강이 찾아옵니다. 이처럼 신자의 마음에 있는 진정한 평안은 하나님과의 화목을 통해서만 옵니다. 하나님과의 진정한 화목이 없이 느끼는 평화는 참된 평화가 아닙니다. 신자가 마음속에 평화를 누리는 것은 죄 죽임의 결과입니다. 이것은 신령한 평화이고, 신자가 하나님과 화목한 상태를 유지하는 한 항구적인 평화입니다. 그리고 그 안에 신령한 기쁨과 의를 향한 갈망이 있습니다.

그러나 죄에 졌을 때에도 평화를 느낄 수 있습니다. 죄와 싸우는 동안에는 평화가 없고 많은 갈등을 동반한 고통이 있었는데, 죄와 싸우기를 포기하고 정욕을 좇을 때 일시적인 평화를 느낍니다. 그러나 이것은 신자가 죄에 대하여 싸우기를 포기하고 항복함으로써 얻는 일시적 평화입니다. 잠시 후 죄는 거기서 만족하지 않고 더 강력한 지배력을 신자의 영혼 안에 형성하려고 합니다. 그래서 마음이 정욕으로 가득 차게 하고, 신자는 그 정욕에 순종함으로써 죄의 지배를 강화시키게 됩니다. 그러면서 신자는 적은 죄의 영향에도 크게 복종하는 노예의 상태로 떨어지게 됩니다.

죄의 지배에도 정도의 차이가 있고 은혜의 지배에도 그러합니다. 이처럼 죄와 싸우기를 포기하면 죄는 거침없이 자신의 원대한 계획을 우리 안에 실현해 갑니다. 그래서 죄와 더불어 싸우고 하나님의 의를 구하며 살아야 할 신자가 죄에게 종 노릇하고 불의를 행하며 하나님의 명예를 더럽히며 살아가게 됩니다. 그렇게 하는 동안 신자는 자신을 창조하시고 구속하신 하나님의 계획에 정면으로 배치되는 삶을 살아갑니다. 이렇게 사는 동안에 그는 하나님을 대적하며 살아가게 되고 그의 마음과 영혼에는 끊임없는 갈등과 고통이 깃들이게 됩니다. 마침내 그는 스스로 어찌할 수 없는 강력한 죄의 사슬에 묶여 노예처럼 부림을 받는 자신을 발견하게 됩니다.

그러므로 신자는 하나님과의 진정한 화목에서 비롯되지 않은 모든 평화와 그릇된 안전감을 혐오하여야 합니다. 이것이 신자가 참된 거룩에 이르는 비결입니다. 오직 복음만이 죄인을 하나님과 화목하게 하는 비밀을 담고 있으며, 따라서 복음의 비밀을 더 깊이 이해하고 성령의 은혜를 받는 것만이 진정한 하나님과의 화목에서 비롯되는 평화를 누리게 합니다. 그리고 이러한 하나님과의 평화를 얻기까지 은혜의 원리를 따라 죄와 싸우기를 포기하지 말아야 합니다.

C. 죄에 지는 상황으로 복음을 덮음

셋째로, 죄에 지는 상황으로 복음을 덮어 버리는 것입니다. 한 신자가 죄에 패배하면서 이름뿐인 신앙 생활을 지속해 왔습니다. 그러다가 어느 순간에 하나님의 말씀을 깊이 깨달았습니다. 복음의 빛을 받았습니다. 자기 안에 죄가 있다는 것도 알았고, 그 죄 때문에 자신의 영적인 생명이 쇠약해져 가고 있으며 하나님과의 평화도 상실했다는 것을 깨달았습니다. 그런데 여러 가지 이유로 그 죄를 발견했지만 죽이지 않았습니다. 육체의 게으름과 영혼의 싫증이 그로 하여금 결단하는 죄 죽임을 실천하지 못하게 하였습니다. 무엇보다도 아직까지 마음에서 사라지지 않은 죄에 대한 사랑과 그릇된 평화에 안주하려고 타협하는 마음이 죄 죽임의 실천을 가로막았습니다.

이러한 경우에 신자의 의지와 정서는 죄에 쉽게 굴복하고 있으며, 지성은 죄를 죄로 판단하고 있지만 의지와 정서의 반항을 극복하고 복종시킬 수 있는 힘을 영혼으로부터 공급받지 못하는 상태에 있습니다. 이렇게 영혼으로부터 강력한 힘이 공급되지 않을 때 시간이 흐름에 따라 지성은 죄와의 싸움을 포기한 의지와 정서에 동의할 구실을 찾게 됩니다. 따라서 이 때에 죄에 관한 진지한 견해를 하찮게 생각하는 지각 없는 견해를 받아들이거나 그릇된 신앙의 모본을 다른 사람으로부터 본받게 되면 힘을 잃은 지성은 죄의 욕구에 이미 굴복하려고 하는 의지와 정서에 동조하게 됩니다. 그들은 이렇게 말합니다. "이 세상에 이렇게 힘들게 예수를 믿는 사람들이 어디 있을까? 그래도 나는 다른 사람들에 비하면 도덕적이지 않은가! 설마 죄를 죽이지 않고 살아가는 많은 신자들이 다 오류에 빠졌을까?"

지성은 그것이 죄라는 것을 알았지만, 의지와 정서가 여전히 죄를 좋아하고 그 가운데 거하려 합니다. 그리고 그것을 버릴 의지가 없고 마음의 변화도 없습니다. 그런데 그것이 죄라는 사실은 너무나 명백합니다. 논리적으로 자신이 죄 가운데 있다는 사실이 분명하기 때문에 부인할 수 없습니다. 이 때 사람들은 복음의 분명한 증거를 자신의 상황으로 덮어 버립니다.

이렇게 죄에 지는 자신의 상황으로 복음을 덮어 버리면 두 가지 일이 일어납니다. 첫째로 영혼은 즉각적으로 더 깊은 어둠 속으로 들어가게 되며, 둘째로 마음은 급속히 죄를 향해서 문을 열게 됩니다. 이 때 잠시 지성적으로 죄를 깨달았던 영혼은 신속하게 물러가 더 깊은 침륜에 빠지게 됩니다. 그리고 신자가 자신이 그렇게 죄 죽임을 실천하지 아니하고 어둠 가운데 살아가도록 상황으로 복음을 덮는 일을 정당화할 수 있는 논리를 갖추게 되면, 그 삶 전체가 비영적인 틀에 갇히게 되고 죄로부터 돌이켜 다시 죄 죽임을 위하여 분투하는 일은 힘들게 됩니다.

D. 총체적으로 싸우지 않고 특정한 죄와만 싸움

넷째로, 총체적인 죄와의 싸움을 개별적인 죄와의 싸움으로 대치하는 것입니다. 신자의 죄 죽임은 총체적인 죄와의 싸움을 통해서 수행됩니다.

죄는 총체적인 것입니다. 개별적인 죄는 이 총체적인 죄의 뿌리에서 나온 것입니다. 개별적인 죄가 총체적인 죄를 인식하고 그와 더불어 싸우게 하는 계기를 제공할 수는 있습니다. 그러나 이 때문에 개별적인 죄와 싸워 이긴 것을 마치 죄와의 싸움에서 완전한 승리를 거둔 것처럼 생각하는 지성적인 혼란을 경험하기도 합니다.[240] 이에 대해 청교도 신학자 크리스토퍼 러브(Christopher Love)는 다음과 같이 말합니다. "당신이 죄를 죽이려고 할 때에 당신의 힘을 죄된 행동 어느 하나를 억제하는 데 기울이지 말고 총체적인 죄를 죽이는 데 온 힘을 기울이십시오. 나무를 자라지 못하게 하는 길은 가지를 자르는 것이 아니라 그 나무를 뿌리 째 뽑아 버리는 것입니다."[241]

---

[240] 이 경우 엄밀히 말하면 그는 죄가 아니라 특정한 행위가 주는 양심의 가책과 씨름한 것이다. 그것을 행치 않게 되어서 한 가지 죄의 실행을 면하게 되었으나 죄의 욕구가 감퇴된 것은 아니다. 오히려 잘못하면, 한 가지 죄를 짓지 않은 것이 자기의 의가 되어, 그것이 하나님을 더욱 불쾌하게 할 수도 있을 것이다.

[241] "When you go about the work of mortification, do not bend your strength against one particular act of sin, but set your whole strength against the whole body of sin. The way of keep a tree from growing is not to cut off the branches, but to pluck it up by the roots. If you would mortify a lust, you

죄는 하나님을 거스르려고 하는 악한 경향성입니다. 이것은 하나님을 사랑하는 마음과 똑같아서 영혼 안에 있는 그 죄의 경향성이 우리의 마음과 우리의 행하는 일, 심지어는 우리의 육체에까지 영향을 미칩니다. 죄 죽임은 이러한 개별적인 죄의 뿌리인 죄의 근원을 죽이는 것입니다. 그러므로 죄를 죽이고자 하는 신자는 삶의 모든 방면에 있어서 온전히 순종하고자 하는 의지를 가져야 하는데, 이를 위해서는 총체적인 순종이 요구됩니다. 죄라고 하는 본성적인 경향성에서 비롯되었다고 믿어지는 모든 개별적인 죄를 미워하고 죽이기까지 싸워야 하는 것은 물론이며, 죄와는 상관이 없는 일상 생활의 습관이나 타고난 성품, 기질 등에 깃들인 죄까지도 미워하고 그것을 죽이고자 하는 의지를 가지고 있어야 합니다.

자신의 인생관을 거스르는 특정한 몇 개의 죄를 미워하고 그것과만 열심히 싸우거나 자신이 이미 잘하고 있는 어떤 특정한 일에 대해서 자부심을 느끼며 그렇게 살지 못하는 사람들의 실패한 삶을 죄로 규정하고 그것을 미워하는 것은 진정한 죄에 대한 혐오가 아니라 바리새적인 자기 기만입니다. 따라서 어느 하나의 죄만 미워하면서 그것과 열심히 싸우고 다른 죄는 내버려 두는 것은 진정한 죄와의 싸움이 아닙니다. 그렇게 싸워서 이긴다고 할지라도 그것이 영혼을 다시 살게 하는 죄 죽임의 효과를 가져올 수는 없습니다.

더욱이 특정한 죄와만 싸워서 이긴 사람들에게는 항상 자기의 의에 빠질 위험이 있습니다. 왜냐하면 그가 경험한 죄와의 싸움은 성령의 도우심을 통해 이루어진 진정한 승리가 아니기 때문입니다. 자기 안에서 성령께서 죄를 죽이시는 것을 경험하기보다는 오히려 자신이 죄를 죽이기 위해 분투한 기억만이 남아 있기 때문입니다. 사실은 죄 죽임도 없었고 영적인 승리도 없었지만 죄와 더불어 분투한 기억만이 있기에 그는 자신의 의에 사로잡히기 쉽습니다. 예수님 시대 때 바리새인들이 바로 그러한 사람들이었습니다. 그러므로 우리는 삶의 모든 방면에 있어서 순종하려고 하는 총체적 순종의 의지를 가지고 일체의 성실함과 부지런함으로 죄를 죽이는 삶을

---

must strike at the whole body of sin and labor to bewail and subdue it." Christopher Love, *The Mortified Christian; showing the nature, signs, necessity, and difficulty of true mortification with the right hearing of sermons*, (Morgan; Soli Deo Gloria Publications, 1998 reprinting), p.84. 크리스토퍼 러브의 이 작은 책의 중요성은 그 크기와 같지 않다. 죄 죽임의 교리(a doctrine of mortification of sins)를 설명함에 있어서 성결한 삶에 대한 그의 신학적이고 경험적인 통찰이 탁월하게 잘 드러난 책이다.

살아가야 합니다.

E. 죄와의 갈등을 죄와의 싸움으로 오해함

다섯째로, 죄와의 갈등을 죄와의 싸움이라고 오해하는 것입니다. 많은 신자들은 죄와의 싸움이 너무 힘든 것이기 때문에 자신의 분량을 넘어서는 것이라고 생각합니다. 그리고 죄는 좀처럼 죽지 않는다고 믿는 것입니다. 그러나 여기에서 우리가 분명히 해야 할 것이 있습니다. 우리가 죄와의 싸움에서 그 실천이 매우 힘들다고 느끼는 그것이 참으로 죄와 싸우는 과정에서 느낀 것인지 죄와의 갈등 속에서 경험한 것인지를 분명히 하는 것입니다.

1. 죄와 싸우지 않고 갈등하는 원인

여기서 '갈등'(葛藤)이란 어느 한쪽을 포기해야 하는데 그렇게 하지 않을 때 생겨나는 내적인 고통과 혼란을 총칭하는 말입니다. 특별히 죄와의 싸움과 관련해서 언급하게 되는 갈등은 죄 죽임의 의무와 죄에 대해 친화적인 현실 사이에서 비롯되는 갈등입니다. 다시 말해서 죄와 싸우면서도 죄에 대한 사랑이 남아 있기 때문에 싸움이 치열한 전투가 되지 못하고 갈등에 그치는 것입니다. 그런데 싸움은 타협을 통해서 그치게 하기 힘들지만, 갈등은 타협을 통해서 쉽게 종식시킬 수 있습니다.

전쟁터를 생각해 보십시오. 아군과 적군이 피비린내 나게 싸움을 합니다. 둘 사이에 갈등이 존재합니까? 오직 적대감만 있을 뿐입니다. 모든 적이 섬멸될 때까지 그들을 죽이고자 하는 노력은 계속됩니다. 이처럼 아군과 적군이 명확한 전쟁터에서는 갈등이 없습니다. 그러나 적과 싸우는 사람이 대치하고 있는 그 적으로부터 파송된 간첩으로서 위장 군인이 되어 적을 위하여 싸우고 있는 것이라면, 그 전투에서 갈등을 느끼지 않겠습니까? 그것은 완전한 미움으로 대적하는 그런 관계가 아닙니다. 적에 대한 치열한 혐오감이 없이는 적을 파멸시키고자 하는 전투의 목표를 소유할 수 없습니다.

죄와의 싸움에서 비롯된 갈등은 대부분 죄에 대한 미련에서 비롯됩니다. 혹은 죄를 죽인 상태에 대한 희망은 있어도 그 일을 위하여 지불해야 하는 영혼과 육체의 부단한 수고를 마다하려고 하는 경우에도 갈등은 생겨날 수 있습니다. 이것도 결국은 자기 사랑(self-love)이라고 하는 죄에 뿌리를 둔 것입니다. 결국 갈등은 죄에 대한 끊지 못하는 사랑에서 비롯된 것입니다.

2. 갈등으로는 죄가 죽지 않음

죄는 죽일 때에 죽는 것이지 괴롭게 할 때에 죽는 것이 아닙니다. 그러한 갈등의 기간은 결코 한없이 오래 지속되지 않습니다. 갈등이 지속되면 은혜보다는 죄가 유리합니다. 인간의 영혼은 이러한 일에 있어서 오래도록 진지함과 열정을 유지할 만큼 완전하지 않습니다.[242] 그래서 시간이 흐르면 결국 죄를 죽이고자 하는 내적인 결단은 약화되고 죄에 대한 욕구(慾求)는 증대하게 됩니다. 결국 어느 한쪽에 손을 들어 줌으로써 고통스러운 갈등을 종식시키고자 하는 마음의 소원을 갖게 됩니다. 이 때 죄는 자신을 향해 손을 들어 주도록 강력하게 저항하고, 정욕은 그렇게 함으로써 자신의 죄에 대한 욕구를 만족시켜 달라고 조르게 됩니다. 결국 싸움은 끝나게 됩니다.

신자들 중에는 이렇게 고백하는 사람들이 있습니다. "나는 죄와 분투하며 싸웠으나 죄가 잘 죽지 않았다." 그러나 그러한 경험 중 대부분은 죄와 갈등한 것과 실제로 맞붙어 싸운 것을 혼동하는 데서 온 것입니다.[243] 이처럼 죄와 갈등하는 것을 죄와

---

[242] 우리가 지속적으로 성화의 삶을 살아야 할 이유 중 하나는 이러한 거룩한 열정이 성화를 통하여 유지되기 때문이다. 신자 안에서 성화의 작용이 힘있게 계속될 때에 유혹을 이길 힘을 소유하게 되며, 죄와의 싸움에 있어서도 끈질김을 유지하게 된다. 케니스 보아(Kenneth Boa)는 복음 사역자들과 관련하여 그들이 신령한 열정(spiritual passion)을 상실하게 되는 실제적인 이유를 다음과 같이 여덟 가지로 제시하였다. (1)해결되지 않은 채 방치된 불순종의 영역들이 있음. (2)불신앙과 타협함. (3)영적인 엄격함의 약화(erosion in spiritual discipline). (4)마음이 실리지 않은 외적인 순종. (5)그리스도께 대한 사랑과 분리된 의문(儀文)에 대한 집착. (6)그리스도보다도 자신의 섬김과 사역을 높임. (7)그리스도보다도 교회의 제도에 더욱 헌신함. (8)그리스도와의 진실하고 인격적인 관계의 증진 없이 기능적으로만 관계를 가짐. Kenneth Boa, *Conformed to His Image; biblical and practical approaches to spiritual formation*, (Grand Rapids; Zondervan Publishing House, 2001), pp.191-192.

[243] 이러한 사실은 구약 시대의 사사였던 삼손의 일화에서 좋은 예증을 찾을 수 있다. 삼손은 들릴라의 악한 요구에 죽도록 번민하였으나 그의 무릎을 베고 잠들기도 하였다. 결국 들릴라의 유혹이 삼손을 이기지 않았는가. "들릴라가 삼손에게 이르되 당신의 마음이 내게 있지 아니하면서 당신이 어찌 나를 사랑한다 하느뇨 당신이 이 세 번 나를 희롱

더불어 싸우는 것이라고 생각하는 사람들이 쉽게 빠지는 함정은 스스로 그러한 갈등을 경험하고 있는 것 자체가 자신이 높은 영적 생활을 영위하고 있는 증거라고 생각하는 것입니다. 그러나 하나님의 상급은 죄와 갈등하는 사람들에게 주어지는 것이 아니라 실제로 피 흘리기까지 죄와 싸우는 사람들에게 주어지는 것입니다.

생각해 보십시오. 우리에게 있어서 죽음은 마치 한번도 가 보지 않은 어두운 밤바다를 지나 미지의 나라로 들어가는 것과 같습니다. 담대하게 그 나라에 계실 주님을 바라며 소망 가운데 자신이 받을 영광을 꿈꾸며 그 죽음의 어둠 속으로 걸어 들어갈 수 있는 사람이 누구이겠습니까? 죄와 많은 갈등을 느끼는 사람이 죄를 먹고 마시는 사람들보다 더욱 담대하게 영혼의 어둠 속으로 걸어갈 수 있다고 생각하십니까?

그렇지 않습니다. 하나님 앞에서 죽음을 향해 담대하게 만드는 영적인 용기는 끊임없이 죄를 미워하되 그 뿌리까지 미워하며 하나님 앞에서 온전한 신자로 나타나기를 힘쓰고 사모하는 사람들만이 가질 수 있는 특권입니다.

3. 죄와 싸우는 신자들의 표지

그러면 죄와 갈등하는 사람과 실제로 싸우는 사람 사이에는 어떤 차이점이 있을까요? 무슨 기준으로 신자가 자신이 죄와 싸우고 있는 중인지 혹은 단지 갈등하고 있을 뿐인지를 판단할 수 있을까요? 저는 여기서 실제로 죄와 싸우는 신자들에게만 있고, 단지 갈등만 하는 사람들에게서는 찾아보기 어려운 다섯 가지 표지를 제시함으로써 이러한 질문에 답하고자 합니다.

a. 죄에 대한 정직한 인식

첫째로, 죄에 대한 정직한 인식이 있습니다. 실제로 죄와 싸우는 사람들은 자신 안에 있는 죄를 정직하게 인식합니다. 단지 갈등만 하는 사람들은 죄에 대한 사랑

하고 당신의 큰 힘이 무엇으로 말미암아 있는 것을 내게 말하지 아니하였도다 하며 날마다 그 말로 그를 재촉하여 조르매 삼손의 마음이 번뇌하여 죽을 지경이라" (삿 16:15-16). "들릴라가 삼손으로 자기 무릎을 베고 자게 하고 사람을 불러 그 머리털 일곱 가닥을 밀고 괴롭게 하여 본즉 그 힘이 없어졌더라" (삿 16:19).

때문에 죄를 외면하거나 과소평가하지만, 죄와 싸우는 신자들은 죄를 성경이 지적하는 대로 정직하게 인식하고자 합니다. 실제로 죄와 싸우는 사람들이 죄에 대해서 정직하게 인식하고 그것을 시인할 수 있는 것은 그들 안에 있는 죄와 더불어 싸울 전의(戰意)를 확인시켜 주는 것입니다.

b. 효과적인 죄 죽임의 방법을 갈망함

둘째로, 죄를 죽이는 보다 효과적인 방법을 알고자 합니다. 죄와 갈등 상태에 있는 신자들의 경우 죄를 죽이는 보다 효과적인 방법에 대한 탐구가 희박합니다. 왜냐하면 그는 죄와 더불어 갈등 상태에 있으나 죄를 죽이고자 하는 살의(殺意)가 없기 때문입니다. 그러나 성경은 이렇게 말합니다. "너희가 육신대로 살면 반드시 죽을 것이로되 영으로써 몸의 행실을 죽이면 살리니"(롬 8:13).

진정으로 죄 죽임을 위해 싸우고 있는 신자는 그 싸움을 효과적으로 수행할 더 많은 정보를 필요로 할 것이며, 그것을 얻을 수 있다면 어떠한 희생도 치를 것입니다. 존 오웬이 지적한 바와 같이 이 죄 죽임은 아주 커다란 영적인 지혜를 필요로 하는 일입니다. 따라서 죄 죽임을 위한 효과적인 방법을 알고자 하는 욕구가 없다면 그것을 위한 싸움에서 승리할 수 없습니다. 오늘날 죄에 대해서 진지하게 연구하고, 하나님의 은혜가 어떻게 죄와 싸우는 자신을 돕는지 열심을 가지고 탐구하는 사람들이 얼마나 적은지 생각해 보십시오. 기독교 역사를 보면 교회의 성도들이 거룩하고 경건한 삶을 살던 때일수록 죄에 대하여 많은 말씀이 선포되었습니다. 왜냐하면 거룩에 대한 갈망은 곧 죄를 죽이는 방법을 알고자 하는 욕구로 표현되기 때문입니다.

c. 죄의 힘보다 은혜의 능력을 믿음

셋째로, 죄와의 싸움에서 하나님의 은혜의 도움을 믿습니다. 그들은 죄의 힘을 인식하나 그보다 더 큰 하나님의 은혜의 능력을 굳게 믿습니다. 따라서 죄의 힘이 크게 느껴진다는 이유 때문에 좌절하지 않습니다. 죄와 갈등하는 사람은 자주 낙심하지만, 죄와 실제로 싸우는 사람들은 그 죄와의 싸움에서 하나님의 도우심을 확신합니다. 하나님의 은혜의 도움으로 반드시 승리할 것을 믿습니다. 죄를 미워하고 하나님을 의지하는 믿음이 그렇게 시키는 것입니다. 자신의 힘으로 도저히 이길 수 없는 대적을 무찌를 수 있게끔 하나님께서 도우실 것이라는 믿음이 있기 때문입니다.

d. 자신의 결단보다 성령을 의지함

넷째로, 죄를 죽이시는 성령을 의지합니다. 진실로 죄를 죽이기 위하여 실제로 싸우는 신자들에게는 자신이 싸우지만 죄를 죽이시는 주체가 성령이시라는 확신이 있습니다. 그들은 끊임없이 결단하지만, 죄를 죽임에 있어서 자신의 결단이 아닌 성령의 도우심을 굳게 믿습니다. 아무리 단호하게 결단할지라도 그 결단은 단지 죄 죽임의 현장에서 성령의 도우심을 기대하기 위한 준비라고 이해할 뿐입니다. 그래서 그들은 성령을 의지합니다. 어차피 이 싸움은 자신의 힘으로 이길 수 있는 싸움이 아니기 때문에 성령을 온전히 의지합니다. 그러나 성령께서 죄를 죽이시되 홀로 죽이시는 것이 아니라 자신들의 순종을 사용하심을 알기 때문에, 그들은 어찌하든지 온전한 순종을 통해 성령의 도우심으로 죄를 죽이기를 원하는 의뢰의 마음이 있습니다. 그러나 죄와 갈등 상태에 있는 사람들은 이렇게 전심으로 성령을 의지하기보다는 신앙적인 요행을 바라거나 자신의 힘을 의지하려고 합니다.

e. 고민보다 기도를 많이 함

다섯째로, 죄와의 싸움에 있어서 고민보다 기도를 많이 합니다. 죄와의 갈등 상태에 있는 신자들은 많이 고민하고 적게 기도합니다. 그러나 실제로 죄를 죽이기 위해 온 마음으로 죄와 싸우는 신자는 고민은 적게 하고 기도는 많이 합니다. 실제로 우리의 주위를 돌아보십시오. 스스로 죄와 많이 싸우고 있다고 하지만 실상은 갈등 상태에 있는 신자들의 공통점은 죄를 인식하고 죄 죽임의 의무와 죄 사랑의 현실 사이에서 갈등은 하지만 열렬한 기도는 없다는 것입니다. 이렇게 죄에 대해 인식하고 싸우려고 한다 할지라도 죄에 대한 은근한 미련을 간직하여 갈등 상태를 유지하는 동안에는 열렬히 기도할 수가 없습니다. 왜냐하면 객관적으로 대하지 못하는 죄가 그 영혼의 무거운 짐이 되고 있기 때문입니다.

영혼은 죄와 맞붙어 싸움에 있어서 주관적으로 그것을 사랑하고 있는 한 힘을 발휘할 수 없습니다. 따라서 영혼이 실제로 죄와 맞붙어 싸우기 위해서는 먼저 그 자신 안에 속속들이 스며든 죄가 분리되어야 하고 그것이 죄로 인식되어야 합니다. 그렇지 않으면 싸움이 불가능합니다.

영혼이 죄와 맞붙어 실제로 싸워 죽이기 시작하는 일은 명상 속에서 일어나는 것이 아니라 간절하고 열렬한 기도 속에서 이루어집니다. 마음 깊은 곳에서 길어 올리는 반복적인 기도의 실천과 그를 통하여 반드시 죄를 죽이고자 하는 꺼지지 않는 열렬함이 지속될 때에, 죄는 신자의 영혼 속에서 분리되어 객관적으로 인식되기 시작하고 죄에 대한 친화감은 변하여 적대감으로 이어집니다. 그리고 그 죄 죽임을 위하여 열렬하게 기도할 때 우리의 영혼은 실제로 피 흘리는 죄와 마주하게 됩니다.

4. 진정한 분투가 필요함

죄와 많이 싸웠으나 승리하기 어려웠다고 고백하는 여러분들에게 묻고 싶습니다. 정말 죄와 맞붙어서 싸워 본 적이 있습니까? 정말 열렬한 기도가 여러분 속에 살아 있어서 죄에 대한 미움을 간직하고 실제로 그 죄에 대항하여 싸우게 했습니까?

실제로 죄와 맞붙어 싸우기 시작할 때에 영혼 안에서 느끼는 죄에 대한 적대감은 가장 극에 달하게 되고 싸움도 한치의 양보가 없는 치열한 상태가 됩니다. 이 때 성령께서 실제로 죄를 죽이시기 시작합니다. 이 때에 죄 죽임을 경험한 사람들은 죄가 얼마나 싱겁게 죽는지를 체험할 것입니다. 그리고 그렇게 죄와의 싸움이 끝날 때에 우리는 비로소 우리 안에 잔존하는 작은 죄의 존재에도 불구하고 사도 바울과 같이 고백할 수 있게 됩니다. "내가 그리스도와 함께 십자가에 못박혔나니 그런즉 이제는 내가 산 것이 아니요 오직 내 안에 그리스도께서 사신 것이라 이제 내가 육체 가운데 사는 것은 나를 사랑하사 나를 위하여 자기 몸을 버리신 하나님의 아들을 믿는 믿음 안에서 사는 것이라"(갈 2:20).

정말 죄와 싸우기 시작하면 기도도 열렬해지기 시작합니다. 그리고 지성 안에서 그 죄가 또렷이 인식되기 시작합니다. 기도 속에서 죄와 맞붙어 싸우기 시작할 때, 여러분은 죄가 얼마나 쉽게 성령에 의해서 죽임을 당하는지 경험하게 될 것입니다.

Ⅲ. 혼란 가운데 있는 영혼의 고통 : 참된 평안이 없음

앞에서 살펴본 죄와의 싸움에서 겪게 되는 이러한 지성적 혼란은 우리의 영적인 어려움을 가중시킵니다. 그래서 이런 혼란이 있을 때에는 영혼이 더욱 참된 평안을 누릴 수 없습니다.

복음 안에는 죄의 용서와 참된 위로가 모두 약속되어 있으며, 단지 약속할 뿐만 아니라 영혼을 죄의 권세에서 이끌어 내는 놀라운 능력이 있습니다. 그러나 신자가 이러한 복음의 이치에 대하여 무지하거나 앞에서 언급한 바와 같은 지성적인 혼란에 빠지게 되면, 마음과 생각이 모두 엉클어져 죄와의 싸움에서 승리할 수 없습니다. 뿐만 아니라 죄와의 싸움 중에 경험하게 되는 참된 위로도 받지 못하게 됩니다.

죄는 마치 습기 많고 어두운 그늘에서 잘 자라는 독버섯과 같습니다. 찬란한 햇빛이 비치고 건조한 곳에서는 자라지 않습니다. 죄 역시 어두운 무지와 정욕이라는 습기가 있는 곳에서 번성합니다. 따라서 대낮과 같은 밝은 빛의 지식이 필요합니다. 그리고 끊임없이 죄의 먹이가 되는 정욕을 버리는 일이 필요합니다. 그리고 이러한 일을 위하여 복음의 교리를 이해하고 그 복음 속에 깃들인 경건의 비밀들을 체험함으로써, 죄와의 싸움에서 승리할 수 있습니다.

죄는 어두운 영혼과 눈먼 지성 안에서 활기차게 번성하고 역사합니다. 그래서 죄가 처음 우리의 마음에 들어올 때 먼저 우리의 지성, 곧 생각을 흐트러지게 하여 어둠 속에 있도록 돕습니다. 이처럼 엉클어진 생각 속에서 어두워진 마음을 모판으로 죄는 자라기 시작합니다.

이러한 상황에서 신자가 지성적인 혼란에 빠지게 되면 하나님께로부터 오는 어떠한 위로나 신령한 기쁨 없이 형식적인 신앙 생활을 이어가게 됩니다. 그래서 이름뿐인 신앙 생활을 영위하게 되는 것입니다. 그러나 이러한 생활은 단지 외식하는 종교 생활일 뿐 신령한 생명력은 기대할 수 없습니다. 따라서 마음속에서 일어나는 죄의 정욕을 죽이거나 더럽고 부패한 마음을 정결하게 씻어 하나님의 영광을 위하여 살고자 하는 충천한 열정 같은 것을 기대할 수 없습니다.

마음 깊은 곳에서 하나님을 사랑하고 자신을 드리지 않는 한 무슨 일로 주님을 섬기려고 하든지 그분의 관심을 끌지 못할 것입니다. 결국 신자는 하나님께로부터 오는 참된 기쁨과 사랑을 느끼지 못한 채 의무에 형식적으로 참여하다가 싫증을 내게 됩니다. 그 의무를 통해서 하나님을 만나야 할 절박한 필요성과 거룩해지고자 하는 신령한 욕구를 상실한 채 형식뿐인 신앙 생활을 해나가게 되는 것입니다.

이런 형식적인 신앙 생활 속에서 마음에 남아 있던 믿음조차 차츰 잠식되고 마침내 모든 은혜를 고갈하게 됩니다. 이것이 바로 죄와 싸울 때 경험하게 되는 지성적 혼란이 초래하는 결과입니다.

IV. 죄와의 싸움에서 필요한 사고와 판단

그러므로 죄와의 싸움에서 무엇보다 중요한 것은 풍부한 지식과 정직한 사고입니다. 그리고 옳고 그름에 대한 판단력을 유지하는 것입니다. 그러기 위해서 신자의 삶에는 네 가지 태도가 필수적으로 요구됩니다.

첫째로, 항상 경성(警省)하여야 합니다. 신자가 죄와 싸우기 위해서는 영적으로 늘 깨어 있어서 영혼이 어둠 속에 있지 아니하도록 하여야 하기 때문입니다. 그러므로 죄와의 싸움은 일생에 한두 번 큰 전쟁을 치름으로써 최종적인 승리를 거둘 수 있는 것이 아니라 매일 매일의 삶 속에서 분투하는 싸움이 필요합니다. 그래서 영혼이 죄에 물들지 아니하고 순전함을 유지하여 항상 영적인 밝은 빛을 소유하고 살아야 합니다.

둘째로, 항상 탐구(探求)하여야 합니다. 죄와 싸우기 원하는 신자는 죄와 은혜의 세계에 대해 부지런히 지성적으로 탐구하여야 합니다. 성경을 통해 죄가 무엇이고,

어떻게 하나님께서 죄를 이길 능력을 베푸시며, 신자는 어떻게 그러한 죄를 이기고 거룩하고 진실한 삶을 살게 되는지 탐구하여야 합니다. 오늘 우리들이 겪는 영적인 어려움은 우리들만의 것이 아닙니다. 이미 많은 신앙의 선배들이 경험했고 성경 속에 그 답이 들어 있습니다. 우리가 분투하며 사는 가운데 죄에 대해서 깨닫게 되고 은혜의 비밀을 터득하게 되지만, 지적인 탐구 없이 경험을 통해서만 그 모든 것을 알고자 한다면 우리는 적은 지식을 얻기 위해 많은 희생을 치러야 할 것입니다. 영적으로 깊이 있고 감화력이 있으며 지성적인 저자들에 의해 쓰여진 작품들을 성경의 빛으로 진지하게 탐구하고, 뛰어난 영적인 위인들의 신앙의 경험과 내면 세계의 투쟁을 그린 전기나 자서전 혹은 일기 같은 것들을 숙독하는 것도 도움이 될 것입니다.

셋째로, 항상 기도(祈禱)하여야 합니다. 신자는 죄와 싸워 이기기 위하여 늘 성령의 도우심을 위해 기도하여야 합니다. 지성적인 탐구와 함께 성령의 도우심을 구하는 마음이 필수적입니다. 성령은 우리의 영혼에 가장 친숙한 분이십니다. 따라서 우리를 가장 잘 아시고 동시에 우리 안에 거하고 계십니다. 우리가 죄와 은혜의 세계를 알기 위해서는 성령의 도우심이 반드시 필요합니다. 그러므로 단지 지성적인 탐구를 통한 개념적인 이해를 가지고는 그 비밀스러운 세계를 모두 알 수 없습니다. 그러한 탐구에 성령께서 축복하셔서 강력하게 역사하실 때 그 조명으로 분명한 이해력을 갖게 되는 것입니다. 그리고 이러한 성령의 도우심은 전적으로 하나님의 주권에 달려 있습니다. 그러므로 우리는 마음을 다하여 전심으로 기도하여야 합니다. 성령께서 우리를 도우셔서 죄와 은혜의 세계를 아는 지식 속에서 살아가고, 또한 그 지식에서 자라감으로 죄의 간교한 계획과 악의 궤휼에 이용당하지 않도록 정리된 이해를 소유하여야 합니다.

넷째로, 항상 순종(順從)하여야 합니다. 신자가 죄와 싸워 이기기 위해서는 확고한 순종의 자세가 필요합니다. 하나님의 뜻을 발견하고 거기에 순종하려는 의지가 절실하게 필요합니다. 성령께서 우리의 지성을 사용하여 이 비밀스러운 죄와 은혜의 세계에 대해 알려주시지만 그것을 참으로 이해하는 사람은 나태하고 게으른 신자들이 아닙니다. 오직 자신이 알고 있는 신앙의 지식을 따라 그리스도를 의지하는 믿음으로 순종하며 살기를 힘쓰는 사람들에게 이러한 지식을 나누어 주십니다. 그러므로 이 지식은 하나님께서 주시는 소중한 은사입니다. 따라서 죄와의 싸움에 있어 단지 죄와 은혜에 대한 지식이 개념적으로만 쌓여 가지 않도록 주의합시다. 깨달은 대로 숙고하고, 숙고한 대로 자신의 삶에 적용하며, 부지런히 죄와 싸우기를 실제적으로 힘써야 합니다. 이렇게 하는 가운데 신자는 처음 받았던 은혜 상태의 올곧음을 유지할 수 있으며, 지성적인 혼란에 빠지지 않을 수 있습니다.[244]

V. 혼란을 막는 지침

그러면 실제적으로 이러한 지성적인 혼란을 막는 지침은 무엇일까요? 이러한 지성적인 혼란에 빠지지 않도록 어떻게 자신을 살피고 주의해야 하는지는 앞에서 살펴보았습니다. 만약 이미 이러한 혼란이 시작되고 있거나 팽배해 있다면 신자는 어떻게 해야 할까요?

이에 대해서 우리는 다섯 가지 지침을 생각해 보고자 합니다. 이것을 요약하면 이렇습니다. 첫째, 자기 안에 있는 죄를 감시하라. 둘째, 죄에 힘을 더하는 것이 어떤 것인지를 살피라. 셋째, 죄가 있음에도 불구하고 느끼는 하나님과의 평화를 미워하라. 넷째, 하나님의 말씀 아래서 마음을 지키라. 다섯째, 예수 그리스도를 깊이 생각하라.

---

[244] 그리스도인이 거룩한 삶을 견지하기 위하여 꼭 필요한 것은 성품의 '올곧음'(uprightness)이다. 청교도들 중의 거봉으로 불리는 존 오웬의 젊은 시절에 영적으로, 지성적으로 커다란 감동을 주었던 책, 「거룩한 안전함과 평화 안에서의 그리스도인의 매일의 삶」(*The Christian's Daily Walk, in Holy Security and Peace*)의 저자인 헨리 스커더(Henry Scudder)는 그리스도인의 올곧음이란 '하나님의 뜻에 온전히 합치되고자 하는 선한 성향, 경향성, 그리고 의지의 확고부동한 의도'라고 정의하였다. 이 올곧음은 신자 안에 주어진 은혜의 다른 경향성들과 결코 충돌하지 않으며, 그 좌소(seat)를 의지에 두고 있으며, 이러한 올곧음이 없는 그리스도인의 삶은 거짓과 허위임을 강조하였다. "The form and proper nature of uprightness, is the good inclination, disposition and firm intention of the will to a full conformity with God's will, and that not in some faculties and powers of man, or in some of his actions, but universally for subject and object, he would be entire and sincere in all in his parts, and in all things; he would be and do as God would have him to be and do, making God's will revealed in his Word and Works; to be his will, and God's known ends, to be his ends." Henry Scudder, *The Christian's Daily Walk, in Holy Security and Peace*, (London; Printed for William Miller, 1690), pp. 183-184.

A. 자기 안에 있는 죄를 감시하라

첫 번째는, 자기 안에 있는 죄를 감시하는 것입니다.[245] 죄는 무지와 더불어 죄와의 싸움에서 이러한 지성적인 혼란을 초래하는 가장 중요한 요인입니다. 따라서 신자가 자기 안에 있는 죄를 잘 살피고 주의하지 아니하면 이러한 지성적인 혼란은 가중되게 됩니다. 자신 안에 있는 죄에 대한 감시는 두 가지 방향으로 나누어서 생각해 볼 수 있습니다.

1. 내재하는 죄를 살핌

첫째로, 이미 자신 안에 존재하고 있는 죄(罪)를 살피는 것입니다. 자신 안에 있는 죄는 결코 고정된 상태로 존재하지 않습니다. 살아 있는 생명체가 움직이는 것처럼 죄는 끊임없이 활동하며, 이러한 활동에는 구체적인 계획과 목표가 깃들어 있습니다. 그래서 죄는 자라기도 하고 방향을 바꾸기도 하고 갑자기 힘을 얻기도 합니다.

---

[245] 이를 위해서는 자신 안에 있는 죄의 법을 경험적으로 깨닫는 것이 필요하지만, 이는 복음에 대한 분명한 이해가 필수적이다. 새삼 강조하거니와 여기서 말하는 '복음'(福音)이라는 것은 단지 복음 자체만이 아니라, 복음을 해설하고 거기로부터 영적인 삶의 원리를 이끌어 낸 교리(敎理)들까지 포함하는 것이다. 오늘날 이러한 지식들이 너무나 도외시되고 있는 상황에 대하여 우리 스스로 깊이 경고받아야 한다. 그 결과 거룩한 삶은 쇠퇴하고 우리의 신학(神學)의 아름다움은 쇠하게 되었다. 이러한 실패를 피하기 위하여 신학을 탐구하는 과정이 항상 성경과 복음의 진리를 밝히 드러내고 그것을 우리의 거룩한 삶과 경배를 위하여 활용하고 응용하는 일에 초점이 맞추어져야 한다. 존 오웬의 다음 지적을 염두에 두라. "그러나 나의 임무로 돌아와서 홀로 지금까지 주장해 온 신학의 형태에 좀더 세부 설명을 첨가할 것이다. 첫째로, 성경 연구에 그 자신을 헌신하는 모든 이는 성경 읽기와 묵상 모두에서 그가 일할 때 지극히 거룩하신 하나님(all-holy God)께서는 특별한 방식으로 그를 가까이하신다는 것을 그의 마음에 확고히 명심해야 한다. 그리하여 하나님께서 직접 기록하신 성경책들 가운데(His Holy Scriptures), 그분이 천국에서 울려 퍼지는 목소리를 사용하시기로 정하신 바로 그것을 직접적으로 죄인들에게 말씀하신다는 것을 기억해서, 복음 연구가는 합당한 겸손함으로 정복되어야 하며, 비참한 죄인을 유익하게 하는 바 그의 주님의 권능과 위엄을 합당하게 경외함으로 그의 연구를 실행해야 한다. 연구가의 마음에 경외함과 주의가 깃들이지 않은 곳에서는 어디라도 하나님이 무시된다. 하나님의 즐거움은 그분의 말씀에 떠는 마음들이 거하는 곳에 있다. 가볍고 경박한 성경 읽기는 불신앙의 죽음으로 이끄는 영혼의 질병이다." John Owen, *Biblical Theology or the Nature, Origin, Development, and Study of Theological Truth, in Six Books; in which are examined the origins and progress of both true and false religious worship, and the most notable declensions and revivals of the church, from the very beginning of the world; with additional discussions on universal grace, the rise of the sciences, Bellarmine's Roman "Notes of the Church," the origin of writing, the antiquity of Hebrew language, and its vowel-pointing, translations of Sacred Scripture, Jewish rites, and other matters*, translated by Stephen P. Westcott, from the Latin Text of William H. Goold, (Morgan; Soli Deo Gloria Publications, 1996 reprinting), p.699.

이러한 죄의 움직임을 철저히 감시하는 것이 죄와의 싸움에서 지성적인 혼란을 막는 매우 중요한 지침입니다.

2. 죄가 유입되는 경로를 살핌

둘째로, 죄가 들어오는 경로(經路)를 감시하는 것입니다. 이것은 자기 밖에 있는 죄가 어떠한 경로를 통해 자신 안에 들어오는지를 예의주시하는 것입니다. 유혹은 자기 밖에 있으나, 그 유혹이 자신 속에 죄로 들어오는 통로는 마음 안에 있습니다. 그러므로 환경은 물론 그 환경 속에서 죄가 자신 안에 들어오기에 적합하도록 하는 내적인 통로를 주의 깊게 살펴야 합니다.

우리 안에 죄가 어떻게 심겨지고 역사하게 되는지 살펴보십시오. 처음에는 보고 듣고 생각하는 것을 통해 객관적인 유혹이 존재합니다. 그러나 마음이 거기에 반응하게 되면 생각이 즐거움을 얻게 되고 반복되는 생각은 죄에 대한 더 강력한 욕구를 불러일으킵니다. 결국은 마음 전체에 강력한 죄의 욕구가 깃들게 되고, 마음을 지배한 이러한 욕구는 영혼에 영향을 주어 죄의 지배력을 가중시켜 줍니다. 따라서 이러한 죄의 경로를 철저하게 살피지 않고는 죄의 공격에 올바르게 대처할 수 없습니다.

죄에 대한 객관적인 감시 체계가 허물어지고 나면 신자는 자신 안에 존재하는 부패성으로 말미암아 쉽게 죄와 친해지게 됩니다. 이렇게 죄와 친화적이게 되면 죄를 자신 안에 남겨 둔 채 살아가도 문제가 없을 것이라는 생각을 갖게 됩니다. 이렇게 하는 동안에 그 신자 안에 있는 죄는 지배력을 얻게 됩니다. 그리고 이 죄가 생각 속에서 사고를 혼란케 하고 정서 속에 죄에 대한 욕구를 불붙여 의지를 굴복시킵니다. 이러한 과정을 통해 죄는 우리 안에서 우세해지게 됩니다.

신자가 죄와의 싸움에서 혼란에 빠지지 않기 위해 자신 안에 있는 죄와 그 통로를 살피는 것은 매우 중요합니다.[246] 그렇지만 죄가 익숙해지는 만큼 그것을 파악하

---

[246] 자기 안에 그렇게 발전할 만한 죄가 있는가 살피는 것은 매우 중요하다. 그런데 사실은 그것을 살피는 것이 쉽지 않다. 왜냐하면 오래도록 함께하던 죄는 영혼과 보다 친화적인 상태에 있기 때문에 감정적으로 그것을 미워하는 것이 힘들고, 또 그것을 지성적으로 잘못됐다고 판단해내는 것도 어렵기 때문이다. 이런 문제들을 해결하기 위해서 필요한 것은 하나님의 말씀의 빛을 받아서 자신의 수면 밑에 있는 마음의 세계를 샅샅이 탐사하는 것이다. 죄가 타고 들어

는 것도 어렵습니다. 그것을 객관적으로 인식하는 것도 어렵고, 또한 그 죄에 대한 반감을 유지하는 것도 어렵습니다. 이처럼 죄와의 싸움은 지엽적이거나 단편적이지 않고 우리의 영혼의 상태와 총체적인 연관을 갖습니다. 그러므로 우리에게는 지속적인 하나님의 말씀의 빛이 필요합니다.

우리의 영혼의 어둠이 아무리 크다 할지라도 진리의 빛을 이길 수는 없습니다. 하나님의 말씀은 그 모든 것들을 밝히 보여줄 수 있는 지혜와 능력이 있습니다. 그래서 사도 바울은 말합니다. "하나님의 말씀은 살았고 운동력이 있어 좌우에 날선 어떤 검보다도 예리하여 혼과 영과 및 관절과 골수를 찔러 쪼개기까지 하며 또 마음의 생각과 뜻을 감찰하나니 지으신 것이 하나라도 그 앞에 나타나지 않음이 없고 오직 만물이 우리를 상관하시는 자의 눈앞에 벌거벗은 것같이 드러나느니라"(히 4:12-13).

더욱이 죄는 그 사람의 성품이나 기질, 성향, 습관 같은 것을 이용하여 들어옵니다. 따라서 신자가 자신 안에 있는 죄와 그 죄의 활동을 잘 파악하기 위해서는 자신에 대해서도 많이 알고 있어야 합니다.

문제가 되는 것은 타고난 기질이나 성품이 아니라 그것들이 죄의 통로로 사용되는 것입니다. 그러므로 자기 안에 있는 죄와 자기 속으로 들어오려는 죄들을 면밀히 살펴야 합니다. 이러한 일을 위해서는 인간을 아는 일반적인 지식도 필요하지만 하나님의 말씀에 의해 영적인 안목을 가져야 합니다. 하나님의 말씀의 밝은 빛과 지적인 탐구, 성령의 조명을 통해 우리는 이러한 죄들을 잘 인식하고 그 움직임을 예의 주시할 수 있습니다.

이것이 죄와의 싸움에서 경험하는 지성적인 혼란에서 벗어나는 첫 번째 지침입니다.

오는 경로는 우리의 생활 습관, 성향, 성품, 기질과 아주 밀접한 관계가 있다. 그래서 신자가 깨어 있다는 것은 바로 죄가 자신에게로 들어오는 통로에 대하여 알고 있으며 충분히 경계하고 있다는 사실을 포함한다. 예를 들면 잘 토라지고, 사람들과의 관계를 잘 깨뜨리는 성격을 가지고 있는 사람들은 분열과 같은 죄가 타고 들어오기에 훌륭한 기질이다. 또한 낭비벽이 있는 사람들은 물질에 대한 과도한 욕망의 죄가 찾아오기 쉬운 기질을 가진 것이다. 반대로 어린 시절부터 가난하게 살아오는 과정에서 생긴 미래에 대한 염려와 절약하는 습관이 믿음이 없는 악한 이기심과 결합하면 수전노 같은 기질을 갖게 되는데, 그러한 기질 속에 숨어서 자기밖에 모르는 이기심과 돈에 대한 집착의 죄가 들어오기 쉽게 된다. 결국 하나님의 은혜에 의하여 우리의 모든 기질 안에 밴 부패한 죄성(罪性)이 순결케 되지 않는다면 인간은 자신 안에 내재하는 결함 때문에 숙명적으로 불행한 존재가 될 수밖에 없다. 그래서 모든 인간은 구원과 성화의 필요 아래 있는 것이다.

B. 죄에 힘을 더하는 것이 어떤 것인지를 살피라

두 번째는, 죄에 힘을 더하는 것이 무엇인지를 살피는 것입니다. 인간이 자신 속에 있는 숨은 허물과 죄를 모두 알 수는 없습니다. 그래서 시인은 자기를 숨은 허물에서 벗어나게 하셔서 그 죄의 지배를 받는 상태로 들어가지 않게 해달라고 간구하였습니다(시 19:12-13).[247]

신앙이 깊어지고 죄와 은혜의 세계에 대한 지식이 자라갈수록 자신 안에 있는 죄에 대한 성찰도 깊고 정확해집니다. 그러나 영적인 성장이 없고 죄와 은혜의 세계에 대해 무지할수록 자신 안에 있는 죄를 정확히 찾아내는 일은 어렵습니다.

많은 사람들은 자신 안에 있는 죄의 정체와 그 계획, 그리고 특성들에 대해 잘 알려고 하지 않습니다. 그들은 도덕적인 견해를 가진 사람들입니다. 그래서 그 죄가 구체적으로 악한 행동으로 나타나기 전까지는 자신 속에 있는 죄에 대해 매우 뻔뻔스러운 태도를 견지하곤 합니다. 비유하자면 자신 속에 죄라는 나무가 심겨졌음에도 불구하고 무성하게 자라서 악이라는 열매를 맺고 고통을 겪을 때까지 그 존재를 정확하게 파악하지 않기가 일쑤입니다.

이러한 죄는 저절로 자라는 것이 아닙니다. 나무가 성장을 계속하기 위해 양분이 필요하듯이 죄가 자라기 위해서는 정욕이라는 먹이가 필요합니다. 그러므로 신자가 정욕에게 자신의 마음을 내어 주면 영혼 안에 있는 죄의 경향성들은 점점 강화됩니다. 정욕(情慾)이란 마음속에 있는 죄에 대한 욕구를 가리킵니다. 그러나 많은 사람들이 이러한 죄의 욕구를 가지고 있는 것 자체가 악한 것이라는 사실을 잘 인정하려고 하지 않습니다. 그들은 도덕적인 견지에서 행위로 드러난 죄만 심각하게 생각합니다. 여기서 중요한 것은 어떤 죄에 대한 욕구를 품을 때 그것이 어떻게 죄에 힘을 더하는지 살피는 것입니다. 따라서 신자는 이런 질문을 그치지 말아야 합니다. "어떤 때에 나의 마음이 강퍅해지는가? 그리고 어떤 때에 무엇을 통해 내 안에 있는 죄의 경향성들이 힘을 얻고 죄의 욕구가 자극받게 되는가?"

---

247) "자기 허물을 능히 깨달을 자 누구리요 나를 숨은 허물에서 벗어나게 하소서 또 주의 종으로 고범죄를 짓지 말게 하사 그 죄가 나를 주장치 못하게 하소서 그리하시면 내가 정직하여 큰 죄과에서 벗어나겠나이다"(시 19:12-13). 본문에 대한 상세한 주해는 본서의 각주 20, 24번을 참고하라.

신자의 거룩한 삶은 결코 아무렇게나 살아감으로써 획득되는 것이 아닙니다. 하나님의 말씀을 통해 자신의 마음과 영혼까지 두루 살필 수 있어야 합니다. 그래서 때로는 자신의 마음과 영혼을 자신의 것으로 여기지 아니하고 객관적으로 살피는 자세가 죄와의 싸움에서 매우 요긴합니다.

마치 외과의사가 환자의 흉부를 절개하고 밝은 조명 아래서 암세포를 찾고 절제하며, 핏줄과 핏줄을 신경과 신경을 힘줄과 힘줄을 연결하듯이, 우리 자신의 영혼을 다루어야 합니다. 우리의 영혼과 마음을 푸줏간의 고기처럼 다루어서는 결코 거룩한 삶이 산출될 수 없습니다.

C. 죄가 있음에도 불구하고 느끼는 마음의 평화를 미워하라

세 번째로, 죄가 있음에도 불구하고 느끼는 마음의 평화(不和)를 미워하여야 합니다. 죄에 대한 사랑과 집착이 있음에도 불구하고 느껴지는 마음의 평안은 거짓된 것입니다. 그래서 청교도 신학자 존 오웬은 죄 가운데 있던 신자 안에 죄가 죽고 하나님과의 평화를 회복한 증거가 그 죄에 대한 혐오감(abhorrency)이라고 지적하였습니다.[248]

물론 이 세상에 있는 어떤 신자라도 죄로부터 완전히 자유할 수 없습니다. 그러나 여기서 말하는 것은 주관적으로 그 죄를 사랑하고 집착하는 것입니다. 객관적으로 어찌할 수 없이 남아 있는 죄를 가리키는 것이 아닙니다. 신자가 주관적으로 죄를

---

[248] 존 오웬은 죄에 대한 혐오감이 없는 평화는 진정한 하나님과의 평화를 반영하는 것이 아니라고 못박는다. "첫째로, 죄에 대한 혐오감이 없는 평화는 거짓 평화이다. 인간이 스스로 평안하다고 말할 때, 만약 죄에 대한 극도의 혐오감이 수반되지 않는다면, 그것은 인간이 스스로에게 평안하다고 말하는 것이다. 사람이 죄로 인해 놀라거나 불안해지면 그리스도의 피를 통한 하나님의 은혜 외에는 방책이 없음을 알므로 그리스도 안에 있는 약속을 바라보고 그들의 마음을 가라앉힌다. 그러나 만약 그들의 영혼에 그들을 불안케 한 그 죄에 대한 극도의 혐오감이 없다면, 이것은 하나님께서 그들을 치료하신 것이 아니다. 그리스도는 가까이 계시지만 그 안에 그리스도는 안 계신 상태이다"(Men certainly speak peace to themselves when their so doing is not attended with the greatest detestation imaginable of that sin in reference whereunto they do speak peace to themselves, and abhorrency of themselves for it……). John Owen, *Of the Mortification of Sin in Believers; the necessity, nature, and means of it; with a resolution of sundry cases of conscience thereunto belonging*, in *The Works of John Owen*, vol. 6, edited by William H. Goold, (Edinburgh; The Banner of Truth Trust, 1991 reprinting), p.71.

사랑하고 특정한 죄에 대한 실행의 욕구를 강하게 느끼면서 평화로운 마음이 되는 경우가 있습니다.[249] 그러나 이것은 하나님께로부터 온 평화가 아닙니다.

그러면 왜 신자 안에 있는 죄에 대한 사랑과 하나님과의 화목으로 말미암는 진정한 평화가 양립할 수 없을까요? 그것은 죄의 정체가 무엇인지를 알면 쉽게 이해할 수 있습니다. 죄는 하나님을 향한 적대감입니다. 따라서 죄 가운데 있는 신자는 하나님을 향한 이러한 적대감을 지닌 사람입니다. 그런 상태에 있는 그가 스스로 하나님과의 평화를 누리고 있다고 말하는 것은 논리적으로도 오류입니다. 더욱이 이러한 적대감을 그대로 지니고 있으면서 하나님께 자비를 구하는 것은, 마치 상대방의 얼굴에 침을 뱉으며 악수하자고 손을 내미는 것과 똑같은 행동입니다.

공기 속에 있는 오염 물질들이 호흡을 통해 우리의 의지와 상관없이 우리 몸에 들어와 있듯이 신자 안에도 이렇게 의식할 수 없게 잔존하고 있는 죄가 있습니다. 그러나 그것은 하나님과의 평화에 미치는 영향이 매우 적습니다. 문제가 되는 것은 죄라는 사실이 확인되었는데도 마음에 품고 있는 죄입니다. 이것은 신자 자신이 선택한 것으로서 하나님과의 평화를 깨뜨립니다. 그럼에도 불구하고 신자는 스스로 자신이 하나님과의 평화를 누리고 있다고 생각하고 싶어하는 경향이 있습니다. 이렇게 되면 마음이 점차 굳어져 하나님의 생명으로부터 멀어질 수밖에 없습니다.

그런데 여기에 함정이 하나 있습니다. 어쩔 수 없는 인간의 연약함을 인하여 들어오게 되는 죄와 자신이 게으르고 부주의하기 때문에 들어오게 되는 죄를 혼동하는 것입니다. 심지어는 스스로 죄를 선택하고도 그 범죄 역시 어찌할 수 없는 인간의 연약함 때문이라고 생각하며 스스로를 연민하는 것입니다. 지금 자신 안에 남아 있는 죄를 정확하게 깨닫기보다는, 모든 인간이 가진 공통적인 허물과 약점 때문에 존재하는 것이라고 스스로 위로하며, 그것은 하나님과의 평화에 커다란 방해를 주지 않을 것이라고 생각하는 것입니다. 그러나 중요한 것은 자신의 판단이 아니라 영혼의 실제 상황입니다.

---

[249] 이 때 신자가 경험하는 평화는 죄와의 타협을 통한 불의한 평화이다. 신자가 죄에 대항하여 싸우는 대신, 그 죄에 이미 순종하고 있기 때문이다. 신자가 죄에 대하여 지적으로 순응하면 잠시 생각의 평화가 오고, 정서적으로 순응하면 죄악된 정서에 대한 저항감이 사라진다. 같은 방식으로 의지적으로 순응하면 죄를 짓지 않고자 하는 의지의 갈등이 해소된다. 이러한 변화는 모두 죄 죽임을 위하여 싸우기보다 죄의 욕구에 순종하는 데서 오는 일시적인 평화이다. 때로는 신자들은 이것을 신앙 안에서 찾은 평화로 오인하기도 한다.

자기 안에 남은 죄가 스스로 선택한 죄인지, 아니면 인간으로서는 불가항력적인 죄인지를 판단하는 것은 자신이 아니라 하나님의 말씀입니다. 만약 그 사람 안에 남은 죄가 인간으로서는 어찌할 수 없는 것이며 사소한 것이라면 그는 스스로 영적인 생명에 넘치는 삶을 영위함으로써 스스로 그렇다는 사실을 입증하여야 합니다. 오늘날 우리 가운데 얼마나 많은 사람들이 이처럼 단순하고 명료한 진리를 외면하거나 자신의 영혼의 상황을 해석하는 데 있어 부정직해짐으로 더 깊은 영혼의 어둠 속으로 떨어지는지 모릅니다.

아아, 우리가 어떻게 하여야 우리 안에 있는 죄와 하나님의 은혜에 대해 정직하고 명료한 판단을 가질 수 있을까요? 하나님 앞에 솔직해지고 투명해지는 것 이외에 아무 희망이 없는 죄인들임에도 불구하고 수많은 변명과 자기 합리화, 간사한 술수에 익숙해져 있는 우리의 죄를 다루는 태도들이 선한 일을 그르치고 죄와의 싸움에 있어 보장된 승리의 길을 버리고 가장 어리석은 길을 택하게 합니다. 주님 이외에 누가 우리를 이 혼란의 반복 속에서 구해 낼 수 있겠습니까? 주님께서 우리 모두를 불쌍히 여겨 주시기를…….

뿐만 아니라 죄와의 싸움에서 부주의한 태도는 너무나 쉽게 하나님과의 평화를 확신하고 죄와의 싸움을 간단히 포기하게 합니다. 부주의란 그 자체가 진지해지는 데 필요한 수고를 마다하는 지성의 게으름입니다. 그러므로 이러한 부주의로 말미암아 자신 안에 들어오게 된 죄 역시 스스로 선택한 것입니다.

생각해 보십시오. 신자가 죄 가운데서 사는 것은 어떠한 진지함도 필요로 하지 않습니다. 욕심이 이끄는 대로 살면 충분합니다. 그러나 정직하게 하나님의 말씀의 빛 앞에서 자신의 영혼의 상태를 파악하고 죄를 살피며 그것이 역사하는 방식과 통로를 관찰하는 것은 얼마나 많은 인내와 수고를 요합니까? 부주의는 바로 이러한 수고를 지불하기 싫어서 선택한 게으름입니다.[250]

죄는 그것이 어떠한 경로로 들어왔든지 간에 영혼을 공격합니다. 신자가 적극적으로 선택한 죄도 은혜를 죽이고 실수로 선택한 죄도 영혼을 공격합니다. 그러므로

---

[250] "우리가 부주의해졌다면 그것은 우리 스스로가 부주의함을 선택한 것입니다. 그리고 우리로 하여금 부주의함을 선택하게 하는 것은 바로 게으름입니다. 부주의함의 선택을 피하려면 인간의 모든 기관이 활발하게 활동해야 합니다. 그런데 게으른 사람은 그렇게 하기 싫어하기 때문에 부주의한 삶으로 나아가는 것입니다." 김남준, 「게으름」, (서울: 생명의말씀사, 2004), p.92.

우리는 자신 안에 죄가 남아 있음에도 불구하고 느끼는 마음의 평화를 지극히 경계하여야 합니다. 그렇게 하지 않으면 아무리 뛰어난 신자라도 지칠 줄 모르는 의지를 가지고 피 흘리기까지 죄와 더불어 싸울 수 없습니다.

D. 하나님의 말씀 아래서 마음을 지키라

네 번째로, 하나님의 말씀 아래서 마음을 지켜야 합니다.[251] 이 문제와 관련하여 두 가지 사실을 주의하여 살펴보고자 합니다. 첫째는 '하나님의 말씀 아래서'이고, 둘째는 '마음을 지키는 것'에 대해서입니다.

1. 말씀의 지속적 감화

첫째로, '말씀 아래서'라는 것은 우리가 하나님의 말씀의 지속적인 감화의 영향력 아래서 살아가야 한다는 사실을 보여줍니다. 이것은 크게 세 가지로 적용되는데, 우리의 생각과 정서와 의지 속에 나타납니다. 우리가 거듭나서 하나님의 자녀가 되었고 성령께서 우리 안에 오셨다고 할지라도 우리 안에는 이제껏 살아온 삶의 방식과 생각들이 있습니다. 중생을 통해 커다란 변화를 경험한 것은 사실입니다. 그러나 여전히 우리의 생각은 부패한 옛 사람의 영향을 받고 있기 때문에 악한 생각들이 많이 떠오릅니다. 악한 생각은 우리 마음 안에 착상되려 하고 그것들을 죄는 영향력을 확보하는 교두보로 삼으려고 합니다. 따라서 이렇게 떠오르는 생각의 작용이 하나님의 말씀의 강력한 감화 아래 놓여 있어야 합니다. 그래서 그 감화받은 진리로 말미암아 하나님의 생각을 받아들이고 자신의 생각을 버릴 수 있어야 합니다. 이것이

---

[251] 성화와 관련하여 신자가 자기의 마음을 지킨다는 것은 다음 다섯 가지 사실을 포함한다. (1)마음에 일어나는 작은 동작에도 유의함: 생각에 유의함, 보는 것에 유의함, 말하고 듣는 것에 유의함. (2)마음속에서 일어나는 악하고 더러운 생각들을 버림: 더러운 첫 생각을 털어 버림, 의지적으로 순종함. (3)자신의 마음의 상태에 대한 통제력을 유지함: 사랑의 정서로 더러운 욕망에 재갈을 물림, 하나님의 판단에 대한 두려움으로 더러운 욕망에 재갈을 물림, 마음의 미끄러짐이 몰고 올 불행을 생각함으로 더러운 욕망에 재갈을 물림. (4)하나님의 은혜를 통해서 마음을 새롭게 할 수 있는 은혜의 수단들을 부지런히 활용함. (5)이상의 일들을 위하여 일체의 부지런함과 성실함으로 힘씀. 김남준. 「마음지킴」, (서울; 생명의말씀사, 2003), pp.94-155.

바로 하나님의 은혜의 영향 아래 살아가는 것입니다.

2. 마음을 올곧게 지킴

두 번째로, '마음을 지킨다'는 것은 자기의 생각, 자기의 지성적인 작용이 하나님의 말씀에 강력한 감화를 받고, 그 진리를 통해서 자신의 마음의 기뻐하는 바를 버리고 하나님의 생각을 따라가도록 자신의 마음의 올곧음을 유지하는 것입니다. 신자가 마음을 지키며 자기 안에 있는 죄에 대한 미움을 갖는 한 죄와의 싸움은 계속될 것이며, 그가 죄와 싸우고 있는 한 죄는 그를 지배할 수 없습니다.

존 화이트(John White)의 지적과 같이 우리 모든 인간들은 각자 자신의 마음이라는 우리 안에 맹수를 한 마리씩 기르고 있는 존재들입니다. 신자들도 정도의 차이는 있지만 원리는 마찬가지입니다. 다만 불신자들에게는 그것을 제어할 힘이나 지혜, 그리고 법이 별로 없지만, 신자에게는 각양 좋은 제어 기제들이 새 언약 안에서 중생과 함께 주어졌다는 것입니다. 그러므로 우리는 마음으로 스스로 죄를 택하고 그것에 집착하는 일을 버려야 합니다. 우리 자신에 대하여 깨어 있어서 마음의 작은 움직임에도 예민해지고, 그래서 자신의 마음을 은혜의 상태 아래서 지키기를 힘써야 합니다. 그렇게 함으로써 우리는 불가항력적인 죄가 우리 안에 잔존함에도 불구하고 하나님과 동행하며 살 수 있게 됩니다.

신자가 이 세상에 사는 동안에는 마음을 지키는 일에 있어 졸업이라는 것은 없습니다. 그러므로 우리는 거룩한 삶의 실천에 있어서 자만하지 말고 더 깊은 자신의 내면을 살펴 악함과 더러움을 발견하고 스스로의 힘만으로는 자신의 마음을 지킬 수 없다고 고백하며 참회 속에 빈번히 깨뜨려져야 합니다. 그렇게 깨어지고 상한 마음으로 우리 주님의 은혜의 보좌 앞에 나아가 긍휼을 구하여야 합니다.

한순간도 그분이 붙들어 주시지 않으면 과거에 이루었던 우리의 승리가 아무것도 아니라는 것을 고백하며 십자가의 사랑을 의지하여야 합니다. 어린아이처럼 주님을 의지하여야 합니다. 신자는 이렇듯 자주 진실한 자기 깨어짐을 통해 자기의와 죄를 향한 사랑에 대해 깨어지고 부드러운 마음을 소유하여야 합니다. 이것이 바로 하나님께서 죄와 싸우는 우리들에게 요구하시는 바입니다. 마치 십자가상에서 예수 그리스도께서 자신의 영혼을 아버지 손에 부탁하신 것처럼 우리는 우리의 마음을 아버지께 부탁하여야 합니다. 이렇게 함으로써 우리는 치열한 죄와의 싸움에서 죄로 말미암는 지성적인 혼란으로부터 벗어날 수 있습니다.

E. 예수 그리스도를 깊이 생각하라

다섯 번째는, 예수 그리스도를 깊이 생각하라는 것입니다.[252] 이에 대하여 사도 바울은 말합니다. "이러므로 우리에게 구름같이 둘러싼 허다한 증인들이 있으니 모든 무거운 것과 얽매이기 쉬운 죄를 벗어버리고 인내로써 우리 앞에 당한 경주를 경주하며 믿음의 주요 또 온전케 하시는 이인 예수를 바라보자 저는 그 앞에 있는 즐거움을 위하여 십자가를 참으사 부끄러움을 개의치 아니하시더니 하나님 보좌 우편에 앉으셨느니라"(히 12:1-2).

우리 안에서 죄가 발견되었습니다. 때로는 우리의 타고난 못된 성품과 몸에 밴 습

---

[252] 존 오웬은 성화의 실천 과정에서 신자의 생각의 작용이 신령한 방식으로 이루어지는 것의 중요성을 탐구한 논문 「영적으로 생각되어짐」(*Spiritual Mindedness*)에서 롬 8:6 말씀 "육신의 생각은 사망이요 영의 생각은 생명과 평안이니라"를 기초 본문으로 하여 신자의 거룩한 삶의 실천에 있어서 생각의 경향의 중요성과 성화의 연관을 복음적으로 해박하게 논증하였다. 그 책에서 존 오웬은 신자 안에 있는 영적 생명의 삼중(三重)의 국면을 다음과 같이 설명한다. (1)칭의(稱義)의 생명(life of justification): 의인이 믿음으로 말미암아 의롭다 하심을 받아 정죄함에서 해방되어 살게 되는 것이다. 한 사람의 의(義)가 믿는 모든 이에게 미치어 '생명의 정당성'을 부여받았다(롬 5:18). (2)성화(聖化)의 생명(life of sanctification): 영의 죄책과 그에 수반하는 사망을 대적하는 것같이 영적인 죽음에 대해서도 대적하는 것이다. 신자는 이 성화의 생명으로써 실제의 삶에서 영적 죽음의 상태를 벗어나게 된다. (3)위로(慰勞)의 생명(comforts and refreshments of life): 삶의 위안과 거룩함은 생명 자체보다 더한 생명이다. 이러한 생명은 삶에 평화와 위안을 가져다 준다. 그것이 바로 삶을 기쁘게 하고 바람직하게 한다. 거기서 평화를 누리게 된다. 이 평화는 다시 둘로 나누어서 생각할 수 있다. (1)일반적이고 절대적인 평화(general and absolute peace)이다. 이는 신자가 칭의(稱義)를 통해서 그리스도로 말미암아 얻게 된 하나님과의 평화이다. (2)성령의 특별한 열매로서의 평화(peculiar fruit of the Spirit)인데, 이는 성화를 통하여 누리게 되는 것이다. "Peace is taken for a peculiar fruit of the Spirit, consisting in a gracious quietness and composure of mind in the midst of difficulties, temptations, troubles, and such other things as are apt to fill us with fears, despondencies, and disquietments. This is that which keeps the soul in its own power, free from transports by fears or passions, on all the abiding grounds of gospel consolation; for although this be a peculiar especial grace, yet it is that which is influenced and kept alive by the consideration of all the love of God in Christ, and all the fruits of it." John Owen, *The Grace and Duty of Being Spiritually Minded Declared and Practically improved*, in *The Works of John Owen*, vol. 7, edited by William H. Goold, (Edinburgh; The Banner of Truth Trust, 1988 reprinting), pp. 488-490.

관을 통해 죄들이 들어옵니다. 이 때 우리의 마음속에는 죄의 소원이 있고, 그래서 죄를 사랑하게 됩니다. 그리고 우리 속에 솟아나는 정욕들은 끊임없이 죄의 즐거움을 구합니다. 이럴 때 우리가 자신의 힘으로 죄와 싸우는 것이 매우 어렵게 느껴집니다. 그 동안 너무나 오래도록 하나님의 말씀의 감화를 잃어버리고, 부주의함과 무지 속에서 형식적인 신앙 생활을 해왔기 때문입니다. 이렇게 죄와 싸우고자 하나 싸울 힘이 없거나 부족하다고 느껴질 때 예수 그리스도를 깊이 생각하십시오.

그리스도께서 십자가에서 무엇을 하셨습니까? 그리고 왜 거기서 죽으셨습니까? 바로 우리의 죄 때문이 아니었습니까? 그러므로 신자는 그런 상황에서 이렇게 반문하여야 합니다. "지금 내가 사랑하고 있는 바로 이 죄를 위해서 예수님께서 십자가에 못박히셨다. 그리고 예수님께서 거기서 고난을 받으시고 죽으신 것은 지금 짓고자 하는 이 죄 때문에 막힌 담을 허물어 하나님과의 평화 속에 살게 하시기 위함이었다. 내가 어찌 잠시 죄가 주는 즐거움을 위해 나를 위해 죽으신 예수님을 배반할 수 있다는 말인가!"

이렇게 자신에게 타이르며, 그리스도의 고난과 우리의 죄 때문에 그분 위에 쏟아 부어진 하나님의 진노를 묵상하는 것입니다. 그러면 죄에 대한 소원이 사라지고 하나님께 대한 진실한 회개의 마음이 생기기 시작합니다. 은혜도 죄도 그것이 우리 속에 강한 영향력으로 자리 잡기 전에는 반드시 우리의 생각이 그것에 집중하고 마음이 집착하는 시간이 있습니다. 그리고 죄가 산출되기 직전 죄에 대한 이러한 집중은 극에 달하게 됩니다. 그러므로 그 순간을 피하면 죄를 이길 수 있는 좀더 유리한 조건에서 죄와 싸우게 되는 것입니다. 그러므로 죄와 처절히 분투하려는 자세와 함께 죄를 불러오는 유혹받는 상황을 피하거나 쉽게 죄에 대해 집중하고 있는 마음을 흩어 놓는 일이 필요합니다.

십자가에 대한 묵상은 이러한 일에 있어 탁월한 효능을 갖습니다. 죄 없으신 그리스도께서 우리를 위해 피 흘려 죽으심은 우리의 죄와 강퍅함 때문이었습니다. 우리의 허물 때문이었습니다. 그래서 이사야 선지자는 이렇게 말합니다. *"그가 찔림은 우리의 허물을 인함이요 그가 상함은 우리의 죄악을 인함이라 그가 징계를 받음으로 우리가 평화를 누리고 그가 채찍에 맞음으로 우리가 나음을 입었도다"* (사 53:5).

십자가에 못박혀 죽으시면서도 범죄한 우리를 위한 예수님의 간절한 기도는 계속되었습니다. 그것은 하나님께서 우리의 죄를 용서해 주시는 것이었습니다.

우리가 마음속에 품고 놓지 않은 죄의 정체는 공로 없는 우리에게 한없이 사랑을 베푸신 하나님을 향한 적의입니다. 그런데 우리가 어떻게 그 죄를 가슴에 품고 하나님을 섬길 수 있겠습니까?

하나님께서는 우리들이 얼마나 연약한지를 아시고, 또 우리 안에 남아 있는 부패성 때문에 우리가 얼마나 쉽게 은혜에서 미끄러지는지도 아십니다. 그래서 하나님께서는 항상 우리를 붙잡고 계십니다.

예수 그리스도를 깊이 생각하는 사람, 마음에 어찌할 수 없는 죄의 소욕이 있어도 그것이 옳지 않다는 사실을 정직하게 고백하고 자기를 위해 목숨을 버리신 예수님을 바라보는 사람들을 도우십니다. 그래서 사도 바울은 말합니다. "너희가 피곤하여 낙심치 않기 위하여 죄인들의 이같이 자기에게 거역한 일을 참으신 자를 생각하라 너희가 죄와 싸우되 아직 피 흘리기까지는 대항치 아니하고 또 아들들에게 권하는 것같이 너희에게 권면하신 말씀을 잊었도다……"(히 12:3-5).

지기의 죄를 정직하게 뉘우치고 고백하는 모든 사람들에게 죄를 능가하는 성령의 은혜를 주셔서 그것을 죽이게 하십니다. 범죄한 자에게는 용서를 베푸시고 은혜의 세계가 허물어진 자에게는 그 은혜의 세계를 다시 세우심으로써 그들로 하나님의 자녀다운 삶을 살게 하십니다. 예수를 깊이 생각하는 사람들에게 이러한 재생의 기회를 주십니다. 예수를 바라보고 그 사랑을 안 사람들에게는 죄에 대한 사랑이 변하여 미움이 되는 역사가 나타납니다.

죄의 속임이 아무리 간교하다 할지라도, 성령께서는 이렇게 예수 그리스도를 바라보는 신자들을 언제나 도우십니다. 그래서 우리는 영혼의 어둠과 생각의 혼란을 극복하는 말씀의 빛으로 은혜의 능력으로 죄를 이길 수 있습니다.

한눈에 보는 14장 | 죄와의 싸움에서 경험하는 지성적 혼란

I. 원리적인 혼란
A. 비중생자의 경우 : 중생 없이 죄를 죽이려 함
- 비중생자는 아무리 죄 죽임을 위하여 애써도 죄를 죽일 수 없음
- 그의 마음과 영혼 안에는 근본적으로 하나님을 향한 적의가 있음
- 양심이나 본성의 빛으로 죄의 욕구를 이긴다고 해도 그것은 죄를 죽이는 것이 아님
- 거듭나지 않은 사람에게는 죄 죽임의 실천보다 복음을 듣고 거듭나는 일이 필요함

B. 중생자의 경우
1. 빈번한 패배로 구원 여부에 혼란을 느낌
   - 구원은 불변하지만 구원의 확신은 가변적인 것임
   - 성령께서 신자 안에 그가 구원받은 사람임을 인쳐 주시는데, 마음이 그런 성령의 역사를 감지함
   - 죄로 인해 절망에 빠지게 되면 확신이 흐려질 수 있음
   - 참회를 통해 죄를 뉘우치면 성령의 은혜로 명료한 구원의 확신을 갖게 됨
2. 죄 죽임의 필요를 인식하지 못함
   a. 무지 때문에 : 기독교 진리에 대한 이해가 전혀 없거나 희박하여 죄 죽임의 의무와 그 필요를 모름
   b. 잘못된 교리 때문에 : 그릇된 성화의 교리를 믿고 있어서 죄 죽임의 실천이 필요함을 알지 못함
   c. 신학적 균형을 잃은 구원관 때문에 : 즉각적인 구원인 칭의만을 강조하여 성화를 위한 노력을 율법적인 것으로 이해함
   d. 거룩함보다 행복을 추구하기 때문에 : 참된 기쁨을 이 세상에서 찾으려는 경향 때문에 죄와 맞붙어 싸우려 하지 않음

II. 개별적인 혼란
A. 자기 영혼의 상태를 정확히 모름
- 영혼의 어두움과 지성의 무지 때문에 자신의 영혼의 상태를 정확하게 파악하지 못함
- 죄가 무엇인지, 죄와의 싸움이 무엇인지, 죄의 지배를 받는 것이 무엇인지 모름

B. 하나님과의 평화에 대한 혼란
- 신자는 죄와 싸우기를 포기하고 항복함으로써 일시적인 평화를 누릴 수 있음
- 이것 때문에 그릇된 안전감에 빠지게 됨
- 하나님과의 진정한 화목에서 비롯되지 않은 모든 평화와 그릇된 안전감을 혐오해야 함

C. 죄에 지는 상황으로 복음을 덮음
- 죄에 패배하는 상황이 지속될 때 죄에 관한 진지한 고민을 하찮게 여기는 견해를 받아들임
- 죄를 죄로 인식하고 있던 지성은 힘을 잃고 정서와 의지에 동조하여
  복음의 분명한 증언을 상황으로 덮어 버림
- 이 때 영혼은 즉각적으로 더 깊은 어둠 속으로 들어가고, 마음은 급속히 죄를 향해 문을 엶

D. 총체적으로 싸우지 않고 특정한 죄와만 싸움
- 죄는 하나님을 거스르려는 악한 경향성이고, 죄 죽임은 개별적인 죄의 뿌리인 죄의 근원을 죽이는 것임
- 그런데 자신의 인생관을 거스르는 특정한 몇 개의 죄를 미워하고 그것과만 열심히 싸움
- 그렇게 싸워서 이긴다고 할지라도 영혼을 다시 살게 하는 죄 죽임의 효과가 없음
- 특정한 죄와만 싸워 이긴 사람들은 자기의에 빠질 위험이 있음

E. 죄와의 갈등을 죄와의 싸움으로 오해함
1. 죄와 싸우지 않고 갈등하는 원인
   - 죄와 싸우면서도 죄에 대한 사랑이 남아 있기 때문에 치열한 전투가 되지 못하고 갈등에 그침
2. 갈등으로는 죄가 죽지 않음
   - 갈등으로는 죄가 죽지 않을 뿐 아니라, 갈등의 기간은 한없이 오래 지속되는 것이 아님
   - 갈등을 싸움으로 착각하는 사람들은 갈등하고 있는 것 자체가 자신이 높은 영적 생활을 영위하는 증거라고 여김
3. 죄와 싸우는 신자들의 표지
   a. 죄에 대한 정직한 인식 : 성경이 지적하는 대로 죄를 정확하게 인식함
   b. 효과적인 죄 죽임의 방법을 갈망함 : 죄를 죽이는 보다 효과적인 방법을 알고자 함
   c. 죄의 힘보다 은혜의 힘을 믿음 : 죄와의 싸움에서 하나님의 은혜의 도움을 믿음
   d. 자신의 결단보다 성령을 의지함 : 죄를 죽이시는 주체가 성령이시라는 확신이 있음
   e. 고민보다 기도를 많이 함 : 고민은 적게 하고 기도를 통해 죄와 맞붙어 싸움
4. 진정한 분투가 필요함

III. 혼란 가운데 있는 영혼의 고통 : 참된 평안이 없음

IV. 죄와의 싸움에서 필요한 사고와 판단
- 옳고 그름에 대한 판단력을 유지하기 위해 항상 경성해야 함
- 죄와 은혜의 세계에 대해 부지런히 탐구해야 함
- 늘 성령의 도우심을 위해 기도해야 함
- 하나님의 뜻을 발견하고 거기에 순종하려는 의지가 절실하게 필요함

V. 혼란을 막는 지침
A. 자기 안에 있는 죄를 감시하라
1. 내재하는 죄를 살핌
   - 자기 안에 내재하는 죄의 움직임을 철저히 감시해야 함
2. 죄가 유입되는 경로를 살핌
   - 죄가 들어오는 통로가 되는 성품이나 기질, 성향, 습관을 잘 알고 있어야 함
B. 죄에 힘을 더하는 것이 어떤 것인지를 살피라
C. 죄가 있음에도 불구하고 느끼는 마음의 평화를 미워하라
D. 하나님의 말씀 아래서 마음을 지키라
1. 말씀의 지속적 감화
   - '말씀 아래서' 라는 것은 말씀의 지속적인 감화 아래 살아가야 함을 뜻함
2. 마음을 올곧게 지킴
   - 마음을 지킨다는 것은 말씀의 감화를 받고 하나님의 생각을 따라가도록 마음의 올곧음을 유지하는 것임
E. 예수 그리스도를 깊이 생각하라

The Doctrine on Dominion of Sin and Grace in Believers

"죄가 너희를 주관치 못하리니
이는 너희가 법 아래 있지 아니하고 은혜 아래 있음이니라" (롬 6:14)

제15장

죄 때문에 넘치는 은혜

제15장
죄 때문에 넘치는 은혜

이 장에서 다루고자 하는 내용은 죄와 은혜의 지배에 관한 전체적인 교리에 있어서 매우 특별한 부분입니다. 그것은 신자 안에 있는 죄 때문에 넘치는 은혜입니다.

우리 안에 남은 죄를 죽이지 아니하고는 우리의 심령이 날마다 새로워질 수 없습니다.253) 그리고 죄 죽임의 실천은 그리스도의 구속의 공로를 기초로 이루어지는 성령의 거룩하게 하시는 역사에 있어서 우리의 의무의 핵심이기도 합니다. 존 칼빈

---

253) 날마다 죄를 죽이며 살아가는 신자의 생명력 있는 삶의 경험을 사도 바울은 이렇게 고백한다. "그러므로 우리가 낙심하지 아니하노니 겉 사람은 후패하나 우리의 속은 날로 새롭도다"(고후 4:16). 그러나 죄를 죽이지 못하고 내재하는 죄의 융성으로 인하여 받는 고통을 시인은 이렇게 말한다. "내 생명은 슬픔으로 보내며 나의 해는 탄식으로 보냄이여 내 기력이 나의 죄악으로 약하며 나의 뼈가 쇠하도소이다"(시 31:10). 따라서 신자가 죄 죽임에 대한 의무를 게을리할 때, 그것은 겉 사람과 함께 속 사람을 후패한 상태로 몰아넣는 것이다. 청교도 시대인 17세기에 이미 복음적인 죄 죽임의 실천이 거의 사라졌다고 한탄하는 존 오웬의 다음 지적을 경청하라. "우리는 겸비하고 녹는 마음을 가진 신자, 곧 하나님 앞에서 깨어진 심령을 가진 신자들을 얼마나 드물게 만나는가. 하나님을 향하여 부드러운 마음을 가지고, 행여나 스스로 그분을 대적할까봐 두려움으로 자기를 살피며, 하나님의 영광을 위한 열심을 가진 사람들을 보기가 얼마나 어려운가. 이 모두 죄 죽임의 실천이 없기 때문이 아닌가. 그들이 주일을 지키고 여러 예배 의식에 참여할지라도 죄 죽임의 실천을 소홀히 함으로써, 세상적이고 육욕적이며 냉담하고 노하기를 잘하며 이 세상과 쉽게 타협하여 종교적인 추문과 두려운 죄의 유혹에 자신을 내어 주지 않는가. 오늘날 복음적인 죄 죽임의 실천이 우리 안에서 거의 상실되었다." John Owen, *Of the Mortification of Sin in Believers; the necessity, nature, and means of it; with a resolution of sundry cases of conscience thereunto belonging*, in The Works of John Owen, vol. 6, edited by William H. Goold, (Edinburgh; The Banner of Truth Trust, 1991 reprinting), p.13.

의 지적과 같이 우리의 원수는 마귀도 아니고 이 세상도 아니고 우리 자신입니다. 우리의 부패한 옛 본성이야말로 신자인 우리가 구원의 계획을 따라 살아가는 데 가장 큰 대적이 아닐 수 없습니다. 그래서 이 교리를 진술하면서 우리는 어느덧 죄가 아주 끔찍한 것으로 여겨지기 시작했습니다.

그런데 지금부터 다룰 내용은 이 같은 사실에 대하여 조금 역설적인 내용들로 이루어집니다. 이 죄가 우리의 영적 생명을 파괴하는 것이기 때문에 피 흘리기까지 싸워 파멸시켜야 하지만, 또 이 죄 때문에 하나님의 은혜가 넘친다는 사실입니다.

서론 : 전제되어야 할 사실들

A. 복음과 하나님의 지혜

첫째로, 이 놀라운 문제를 다루기 전에 복음은 하나님께서 가지고 계신 측량할 수 없는 지혜(智慧, wisdom)를 내포하고 있다는 사실을 먼저 기억하여야 합니다. 그 지혜는 얼마나 놀라운지 사람은 물론이고 마귀도 이해할 수 없었습니다. 그것은 하나님께 속한 것입니다. 그래서 사도 바울은 복음이 미련한 것처럼 보이지만, 사실은 그 미련한 방법이 죄인들을 구원하시는 하나님의 방법이라는 사실을 분명히 하고 있습니다. "하나님의 지혜에 있어서는 이 세상이 자기 지혜로 하나님을 알지 못하는 고로 하나님께서 전도의 미련한 것으로 믿는 자들을 구원하시기를 기뻐하셨도다"(고전 1:21).

죄인들을 구원하는 지혜가 무엇으로 나타났습니까? 누가 죄인들의 구원을 위한 하나님의 지혜입니까? 예수 그리스도가 아니십니까? "오직 부르심을 입은 자들에게는 유대인이나 헬라인이나 그리스도는 하나님의 능력이요 하나님의 지혜니라"(고전 1:24).[254] 죄와 관련해서도, 복음에는 하나님의 지혜가 나타나 있습니다. 죄의

---

[254] 이러한 사실은 다음 성경 구절에도 잘 나타나 있다. "십자가의 도가 멸망하는 자들에게는 미련한 것이요 구원

계획은 하나님과 인간의 관계를 파괴하고 인간으로 하나님을 대적하고 창조의 목적을 거스르게 하는 것이지만, 하나님께서는 죄의 그러한 계획이 그대로 성취되도록 보고만 계시지 않습니다. 더욱이 신자 안에 있는 죄를 말할 수 없이 지혜로운 방식으로 다스리심으로써 결국 그 죄를 인하여 하나님의 은혜가 넘치게 하시는 것입니다.

B. '죄 때문에 넘치는 은혜'에서 말하는 '죄'

둘째로, 죄가 그렇게 하나님의 지혜로 역사하여 하나님의 은혜가 넘치게 되기 위해서는 조건이 있습니다. 그 죄는 신자가 사랑하는 죄가 아니라, 그에 대항하여 싸우는 신자 안에 남아 있는 죄이어야 합니다.

넓은 의미에서 하나님의 섭리를 생각하자면, 범죄한 인간들을 통해서도 하나님께서는 자신의 뜻을 이루십니다. 인간이 다 알 수 없는 지혜로 죄를 다루시는 하나님의 섭리와 연관을 지으시는 방법으로 자신의 계획을 이루시고 영광을 받으십니다. 하나님은 결코 죄의 원저자이실 수도 없고, 그분의 궁극적이고 우주적인 창조의 계획이 그 죄에 의하여 좌절되지도 않습니다. 치열하게 타오르는 불길이 불순물들을 인하여 더욱 거세게 타오르듯이 결국 죄도 하나님의 영광을 드러나게 합니다. 그래서 윌리엄 헨드릭슨(William Hendricksen)이라는 경건한 신학자는 이러한 교리를 다음과 같이 설명합니다. 비단을 짤 때에 여러 가지 색깔의 명주실로 직조를 하는데, 직조되는 앞면을 보면 수많은 실밥들이 지저분하게 매달려 있고 무늬도 무엇인지 알 수 없지만 뒷면에서는 학이 날아다니고 시냇물이 흐르고 사슴이 뛰어다니는 수(繡)가 놓이듯이, 인간의 죄를 사용하여 이루어 가시는 하나님의 섭리의 계획도 그러하다고 설명합니다.

요즘도 자살을 많이 합니다만, 옛날에도 스스로 목숨을 끊는 사람들이 많았습니

을 얻는 우리에게는 하나님의 능력이라"(고전 1:18). "우리는 십자가에 못박힌 그리스도를 전하니 유대인에게는 거리끼는 것이요 이방인에게는 미련한 것이로되"(고전 1:23). "하나님의 미련한 것이 사람보다 지혜 있고 하나님의 약한 것이 사람보다 강하니라"(고전 1:25). "그러나 하나님께서 세상의 미련한 것들을 택하사 지혜 있는 자들을 부끄럽게 하려 하시고 세상의 약한 것들을 택하사 강한 것들을 부끄럽게 하려 하시며"(고전 1:27).

다. 옛날 사람들이 자살할 때 사용하던 방법 중 하나는 간수를 마시는 것이었습니다. 간수는 농축된 바닷물에서 소금을 채취하고 난 나머지의 짜고 쓴 물입니다. 옛날 중국에서는 노예살이 같은 고역에 시달리던 사람들이 자살하는 수단으로 다량의 소금을 먹었다고 하니, 그것이 농축된 간수가 자살을 위한 물질이 될 수 있었던 것은 조금도 이상한 것이 아닙니다. 그 간수를 한 사발 마시면 확실하게 목숨을 끊을 수 있었습니다.

그런데 그 간수가 무엇에 사용되는지 아십니까? 그것은 지금도 두부를 제대로 만들기 위하여 꼭 필요한 물질입니다. 콩물을 굳혀서 두부로 만드는 데 사용됩니다. 그러면 이제 여러분은 이렇게 생각하실 것입니다. "뭣이라고? 우리가 늘 먹는 두부가 사람이 먹으면 죽는 간수로 만들어진다고? 그렇다면 모든 두부에는 미량이기는 하지만 치명적인 독 성분이 포함되어 있음이 분명하구나. 두부를 많이 먹으면 그 독성분이 누적되어 결국은 목숨이 위태롭겠구나."

그렇지만 사실은 그렇지 않습니다. 우리가 어려서부터 두부를 많이 먹었지만, 두부를 굳히기 위하여 넣은 간수 때문에 죽지는 않았습니다. 오히려 단백질 많은 두부를 즐겨 먹는 먹거리로 선택함으로써 건강을 유지할 수 있었습니다. 신자 안에 잔존하는 죄의 문제도 이것과 똑같은 이치입니다.[255]

앞서 말씀드린 바와 같이 중국에서는 소금이 자살하는 수단으로 쓰였습니다. 그런데 우리는 이 소금 없이 못 삽니다. 국, 찌개, 반찬에 모두 소금이 들어갑니다. 그러나 그렇다고 해서, 우리가 모든 음식 속에서 미량의 독을 먹으며 살고 있는 것은 아닙니다. 오히려 소금을 전혀 섭취하지 않는다면 생존 자체가 불가능해집니다. 그래서 양질의 소금은 깨끗한 물, 맑은 공기, 충분한 햇빛과 함께 생존에 꼭 필요한 필수적인 요소입니다.

죄에게는 분명한 계획이 있습니다. 죄는 우리의 마음에 들어와서 지배력을 얻고 싶어합니다. 우리의 마음을 점거하고 우리의 영혼을 장악해서, 신자이지만 불신자처럼 하나님을 대적하며 살게 하는 것이 죄의 목적입니다. 그래서 그것을 위한 구체

---

[255] 그러나 이 죄는 모든 잔존하는 죄, 곧 신자 자신이 사랑하는 죄를 포함하는 모든 죄가 아니다. 이것은 신자가 더불어 싸우며 죽이고자 하나 남아 있기에 미워하고 괴로워하는 죄를 의미한다. 이러한 죄는 신자를 겸비하게 하여 하나님의 은혜를 부지런히 구하지 않을 수 없게 만들어 준다.

적인 실행의 계획을 가지고 역사합니다. 우리를 시험에 들게도 하고 유혹하기도 합니다. 죄에는 그런 궁극적이고 파괴적인 계획이 있습니다. 그러나 그런 계획을 가진 죄를 죄의 의도와는 상관없이 하나님께서 말할 수 없는 지혜로운 방식으로 사용하셔서 우리 안에 은혜가 넘치게 하십니다.[256]

---

[256] "율법이 가입한 것은 범죄를 더하게 하려 함이라 그러나 죄가 더한 곳에 은혜가 더욱 넘쳤나니"(롬 5:20). 이 절의 희랍어 원문은 다음과 같다. "노모스 데 파레이셀쎈 히나 플레오나세 토 파랍토마 후 데 에플레오나센 헤 하마르티아 휘페레페리쉬센 헤 카리스"($νόμος\ δὲ\ παρεισῆλθεν,\ ἵνα\ πλεονάσῃ\ τὸ\ παράπτωμα\cdot\ οὗ\ δὲ\ ἐπλεόνασεν\ ἡ\ ἁμαρτία,\ ὑπερεπερίσσευσεν\ ἡ\ χάρις$). 이를 직역하면 다음과 같다. '그런데 율법이 추가로 들어온 것은 그 범과(犯過)를 더하게 하기 위한 것이다. 그런데 그 죄가 더한 곳에 그 은혜가 아주 풍성하게 되었다.' 여기서 '가입한 것은'(파레이셀쎈, $παρεισῆλθεν$)은 문자적으로 '추가로 들어왔다, 혹은 따라 들어왔다, 몰래 들어왔다'라는 의미인데, 여기서 말하는 '율법'이 모세의 율법을 가리키는 것이므로, 이는 모세를 통해서 율법이 들어오기 전에도 이미 율법이 있었음을 보여주는 것이다. 이 율법은 '본성의 율법'(law of nature)으로서 창조시에 인간의 마음에 새겨진 율법이며 타락 이후에도 남아 있는 율법이다. 이에 대하여 사도 바울은 말한다. "율법 없는 이방인이 본성으로 율법의 일을 행할 때는 이 사람은 율법이 없어도 자기가 자기에게 율법이 되나니 이런 이들은 그 양심이 증거가 되어 그 생각들이 서로 혹은 송사하며 혹은 변명하여 그 마음에 새긴 율법의 행위를 나타내느니라"(롬 2:14-15). 모세를 통해 주어진 율법은 이렇게 이미 존재하는 본성의 율법에 추가적으로 들어온 것이다. 이미 본성적으로, 즉 본성의 율법을 통하여 자신의 죄를 알고 있었던 사람들에게 기록된 모세의 율법은 더 밝은 빛이 되어 그들의 죄를 분명하게 드러내게 하였다. 따라서 여기서 '그 범과(犯過)를 더하게 하기 위한'(플레오나세 토 파랍토마, $πλεονάσῃ\ τὸ\ παράπτωμα$)이란 말은 실재적(實在的)으로 죄를 더한다는 것이 아니라, 죄를 죄로 깨닫게 해주는 율법으로 말미암아 본성의 율법만으로는 알지 못했던 죄를 아주 많이 발견하게 되었다는 의미이다. 따라서 이러한 상황은 드러내게 된 죄(곧, 범과)를 능가하는 하나님의 구원이 은혜를 풍성하게 드러내는 결과를 가져왔다는 의미이다. 성화(聖化)에 있어서도 마찬가지이다. 신자가 율법을 통하여 죄를 깨닫고 그 죄를 미워하고 죽이고자 애쓰나, 여전히 남아 있는 죄로 말미암아 신자는 이에 대한 자신의 철저한 무능함과 죄와 더불어 싸우며 거룩해지고자 하는 신자에게 베푸시는, 죄를 능가하는 하나님의 은혜의 능력과 풍성함을 밝히 알게 되는 것이다. 이는 단지 수많은 극악한 죄들에 대한 용서만이 아니라 영생(永生)을 주는 은혜이다. "Where sin abounded grace did much more abound.-This was another effect of the entrance of the law, that as, by the clear light it imparts, sin would abound in all its extent and enormity, so grace might be exhibited as bounding above sin. The grace of God, dispensed from His throne, not only pardons the most numerous and most heinous sins, but also confers eternal life upon him who has sinned." Robert Haldane, *Geneva Series of Commentaries; Romans*, (Edinburgh; The Banner of Truth Trust, 1996 reprinting), pp.227-228. 신자에게 있어서의 율법의 효용성에 대하여 다음 책을 참고하라. Ernest F. Kevan, *The Grace of Law; a study in Puritan theology*, (Morgan; Soli Deo Gloria Publications, 1997 reprinting), pp.159-165. 신앙은 창조주이신 하나님을 영화롭게 하는 것이며, 하나님의 의지의 계시로 드러난 그분의 존재에 대한 존경심을 표현하는 방법이 된다. 존 오웬에 의하면 하나님의 존재와 그 탁월함의 증거는 이성적 피조물들의 생각에 즉각적으로 영향을 미치고, 신앙적 경배심을 불러일으킨다는 것이다. 존 오웬을 비롯한 청교도들은 이성적 피조물의 이러한 반응의 원인은 단순히 하나님께서 인간에게 주신 이성의 능력에서 비롯된 것이 아니라 하나님께서 자신을 알 수 있는(복음을 통해서 아는 것처럼 구원에 이르도록 충족하게는 아니더라도) 계시를 그들의 영혼 가운데 찍어 놓으시는 신적인 행동에 기초한다고 보았다. 하나님의 본성은 모든 이성적(理性的) 생명으로부터 감추어져 있고 피조물들이 도달할 수 없는 빛 가운데 있다는 것이다. 그래서 하나님께서는 이성적이고 지적 본성의 원리를 가진 인간을 창조하셨고, 거기에 더하여 하나님의 통치를 증거하는 양심을 갖게 하셨다는 것이다. 사도 바울은 이러한 양심의 증거를 무시하고 경멸하는 것은 하나님을 무시하고 경멸하는 것이 된다고 주장한다(롬 1:18-22). John Owen, *Christologia; or a Declaration of the Glorious Mystery of the Person of Christ-God and Man*, in *The Works of John Owen*, vol.1, edited by William H. Goold, (Edinburgh; The Banner of Truth Trust, 1993 reprinting), p.45.

I. 죄의 존속을 은혜의 기회로 삼으심

첫 번째로, 하나님께서는 죄의 존속(存續)을 은혜의 기회로 삼으십니다. 우리가 분투하는 성화의 삶을 산다고 할지라도, 죄는 여전히 우리 가운데 남아 있습니다. 아무리 고도의 성화에 도달하였다고 할지라도 자신이 '완전히 순결해졌다'고 말할 수 있는 사람은 없습니다. 누구도 이 세상에서는 '나는 죄를 완전히 죽였다. 그래서 이제 내 안에는 죄가 없다. 나는 절대적인 순결의 상태에 도달하였다'고 말할 수 없습니다.257) 피 흘리기까지 죄와 더불어 싸우는 신자들 안에서도 죄의 존재는 지속됩니다. 그런데 하나님께서는 그 죄의 지속을 은혜의 기회로 삼으십니다. 죄가 크면 은혜도 크게 하시고, 죄가 지속적이면 은혜도 지속적이게 하십니다.

A. 탁월한 은혜 베푸심의 수단이 됨

1. 죄 죽임의 은혜

신약성경과 함께 청교도들이 개인 경건에 있어서 꿈꾸었던 이상은 '죄를 죽인 그리스도인'(mortified Christian)이 되는 것이었습니다. 이러한 그리스도인은 죄를 스스로 사랑하고 선택하고 있지 않은 상태의 신자를 가리키는 것으로서, 지속적인 성화의 싸움을 통하여 죄의 경향성이 지극히 약화된 상태의 그리스도인을 말합니다. 마

---

257) 이에 대하여 존 오웬은 다음과 같이 말한다. "신자가 죄를 죽인다는 것은, 완전히 죽여서(kill) 뿌리를 뽑아서 궤멸시켜서 더 이상 우리 마음에 발붙이지 못하게 한다는 뜻은 아니다. 이렇게까지 하려고 노력하는 것은 사실이나 그것은 지향점이지, 현세에서는 실현 불가능하다(빌 3:12). 신자가 지상에서 사는 동안은 여전히 자기 안에 있는 죄를 완전히 하나도 존재하지 않기까지 궤멸시킬 수 없다. 그것은 아무리 성령 충만하여도 불가능한 일이다. 오히려 하나님께서는 우리가 우리 안에서 완전해지지 않고 그리스도 안에서 완전해지도록 하셨다. '너희도 그 안에서 충만하여졌으니 그는 모든 정사와 권세의 머리시라'(골 2:10)." John Owen, *Of the Mortification of Sin in Believers; the necessity, nature, and means of it; with a resolution of sundry cases of conscience thereunto belonging*, in *The Works of John Owen*, vol. 6, edited by William H. Goold, (Edinburgh; The Banner of Truth Trust, 1991 reprinting), p. 25.

치 내재하는 죄의 경향성(tendency of indwelling sin)이 거의 생명을 잃은 것처럼 여겨질 정도로 약화된 상태의 그리스도인을 가리킵니다. 따라서 이러한 사람들은 은혜가 매우 우세하게 지배하고 있는 사람들입니다.

사도 바울은 이러한 경험을 다음과 같이 고백합니다. "내가 그리스도와 함께 십자가에 못박혔나니 그런즉 이제는 내가 산 것이 아니요 오직 내 안에 그리스도께서 사신 것이라 이제 내가 육체 가운데 사는 것은 나를 사랑하사 나를 위하여 자기 몸을 버리신 하나님의 아들을 믿는 믿음 안에서 사는 것이라"(갈 2:20).[258]

2. 회개의 은혜

신앙 생활을 하다 보면 하나님 앞에 회개하는 때가 있습니다. 우리가 회개하면 하나님께서는 그 과정을 통하여 회복의 은혜를 주십니다. 이전에는 자신이 죄의 지배 아래 있다는 사실도 몰랐고, 또 어떻게 하여야 그 죄를 극복할 수 있는지도 거의 알지 못했습니다. 그러나 말씀을 통해서 성령의 역사로 죄를 깨닫게 되자 마음 깊은 곳으로부터 기도하기 시작합니다. 간절한 기도로 마음을 쏟아 놓게 되자 자기 속에 깊이 들어와 자신과 하나 되어 이질감이 느껴지지 않던 죄들이 객관적으로 인식되기 시작합니다. 그리고 그러한 인식은 신자로 하여금 더욱 기도하게 하고 기도 가운데서 역사하시는 성령으로 말미암아 죄와 맞붙어 싸우기 시작하자 죄는 죽기 시작합니다. 그리하여 영혼에 변화가 오기 시작하고, 마음에는 죄가 깃들이기에 적합하지 않은 은혜가 틀을 형성하게 됩니다.

---

[258] "내가 그리스도와 함께 십자가에 못박혔나니(쉰에스타우로마이, συνεσταύρωμαι) 그런즉 이제는 내가 산 것이 아니요 오직 내 안에 그리스도께서 사신 것이라 이제 내가 육체 가운데 사는 것은 나를 사랑하사 나를 위하여 자기 몸을 버리신 하나님의 아들을 믿는 믿음 안에서 사는 것이라"(갈 2:20). 여기서 '함께 십자가에 못박혔나니.' 로 번역된 '쉰에스타우로마이'(συνεσταύρωμαι)는 '함께'(with, together)의 의미를 가진 접두어 '쉰'(σύν)과 '십자가에 못박다'(crucify)의 의미를 가진 동사 '스타우로오'(σταυρόω)가 합쳐진 형태로서, 현재완료 수동태 1인칭이다. 이는 십자가에 못박힌 사건은 과거적이지만 그 영향이 현재까지 계속되고 있음을 보여주는 것이다. Joseph H. Thayer, *Thayer's Greek-English Lexicon of the New Testament*, (Grand Rapids; Baker Book House, 1982 reprinting), p.586. "이것은 수십 년이 지난 지금까지 그의 삶과 심령에 그리스도의 십자가 사건이 영향을 끼치고 있음을 보여주는 것입니다. 그리스도의 십자가는 매일 매일 그의 삶 속에 재연된 구속된 사건으로 그에게 다가왔습니다. 언제나 자신이 그 십자가로 말미암아 구원을 받았고 자신의 삶의 의미는 오직 그 십자가를 통해서 드러날 수밖에 없다는 사실을 잊지 않았습니다." 김남준, 「십자가를 경험하라」, (서울; 생명의말씀사, 2002), p.182.

이렇게 죄를 죽이고 나면 그 다음에는 죄에 매여서 종처럼 살아가는 것이 절대 숙명이 아님을 깨닫게 됩니다. 그리고 새로워지는 확신을 경험하게 됩니다. 자신이 하나님의 자녀 된 것과 자신 안에 그리스도께서 계시다는 사실을 말입니다. 그리고 죄의 지배 아래 있던 자신을 변화시켜 준 말씀과 성령의 능력을 새삼 느끼게 됩니다. "아아, 복음에 이러한 능력이 있구나. 하나님의 말씀은 살았고 운동력이 있어서 좌우에 날선 어떤 검보다도 예리하여 내 심령을 파헤치고, 영과 혼과 관절과 골수를 찔러 쪼개기까지 하여 내 안에 있는 많은 것들을 드러내서 벌거벗은 것처럼 보여주는구나."라고 고백하게 만듭니다.

구약성경에서 다윗만큼 하나님을 전심으로 사랑하고, 또 하나님께 많은 사랑을 받은 사람이 없을 것입니다. 그러나 그가 우리아의 아내 밧세바와 범죄하였습니다. 그리고 그는 일찍이 들어가 본 적이 없는 영혼의 깊은 밤을 경험하게 되었습니다. 그래서 그는 하나님께 울부짖었습니다. "나를 주 앞에서 쫓아내지 마시며 주의 성신을 내게서 거두지 마소서 주의 구원의 즐거움을 내게 회복시키시고 자원하는 심령을 주사 나를 붙드소서"(시 51:11-12).

그는 '사망의 음침한 골짜기'로 접어들었고 거기서 하나님과의 교제의 단절을 경험하였고, 율법을 따라 제사를 드려도 하나님의 면전에서 버림받은 것 같은 거절감에서 자유로울 수 없었습니다. 그러나 그는 죄로 말미암아 야기된 무서운 고통 속에서 통절히 하나님께 울부짖었고, 거기서 그는 이 세상에 있는 다른 모든 행복보다 자신의 마음이 정결해지고 영혼이 하나님의 은혜로 새롭게 회복되기를 갈망하였습니다.[259] 다윗이 범죄한 것도 나쁜 것이었고, 그로 인하여 다윗 안에 살아나게 된 죄의 경향성도 악한 것이었습니다.

그러나 신학자 벤자민 워필드(Benjamin B. Warfield)의 지적과 같이 다윗은 그 과정을 통해 하나님과 죄와 구원에 관하여 구약 계시 속에서 최고의 경험적인 이해를 가진 사람이 되었습니다. 그 범죄와 그것을 통절히 회개하는 과정을 통해서 그는 그 위대한 용서의 계시에 있어서 최고의 담지자(擔持者)가 되었던 것입니다. 죄가 그를 그렇게 만들어 준 것은 아니었지만, 죄를 통하여 그는 죄의 비참한 결과를 뼈저린 고통 속에서 경험적으로 알 수 있었고, 거기서 하나님이 누구이시며, 죄가 무엇이

---

[259] "하나님이여 내 속에 정한 마음을 창조하시고 내 안에 정직한 영을 새롭게 하소서"(시 51:10).

며, 하나님 앞에 사는 즐거움이 무엇인지를 처절하게 깨달을 수 있었던 것입니다.[260]

　죄가 이러한 일을 의도한 것은 아니지만, 결국 하나님께서는 죄를 사용하셔서 신자에게 이러한 은혜를 넘치게 하신 것입니다. 결국 그는 죄 가운데 넘어져 비참한 처지가 된 자신을 조롱하던 자기의 양심과 그 밖의 모든 이들에 대하여 이렇게 외칠 수 있었던 것입니다. "행악하는 너희는 다 나를 떠나라 여호와께서 내 곡성을 들으셨도다"(시 6:8).

3. 신자 안에서 경험되는 죄의 객관화

　그런데 때로는 부주의하고 태만한 신앙 생활로 인하여 마음속에 죄가 쌓이는데도 자신은 아무 잘못이 없다고 생각하거나 용서를 빌면서도 여전히 그 죄를 사랑하고 또 여전히 죄를 짓습니다. 이러한 상태에서는 그 사람에게 죄가 있는 것이 결코 은혜의 기회가 될 수 없습니다. 잊지 마십시오. 죄에 대한 사랑이 있는 곳에서는 결코 죄가 은혜의 기회가 될 수 없습니다.

　신자에게 죄에 대한 미워하는 마음이 생기기 시작하고, 실제적으로 순종함으로써 죄 죽임을 위한 분투가 이루어지기 시작할 때 비로소 죄는 은혜의 기회가 됩니다. 다시 말씀드려서 죄를 주관적으로 사랑하는 신자의 영혼 안에서는 죄의 존재가 은혜의 기회가 될 수 없지만, 죄를 객관적으로 인식하고 그것과 더불어 대항하고자 할 때 신자 안에 남아 있는 죄의 존재는 오히려 은혜의 기회가 됩니다.

　진실하고 간절한 기도의 실천은 죄를 주관적으로 사랑하던 신자가 그것을 객관적으로 인식하게 됨에 있어서 매우 중요한 계기가 됩니다. 성경의 진리를 통하여 죄

---

[260] 구(舊) 프린스턴 신학교의 신학자 벤자민 워필드는 다윗이 이 사건을 통하여 성경의 다른 기록자들이 필적할 수 없을 정도로 자신의 마음과 은혜의 하나님에 대한 심오한 이해에 도달할 수 있었다고 말하면서, 이것은 결코 외적인 지식이 아니라 치열한 경험을 통하여 얻은 체험적 지식임을 지적한다. 그는 죄를 직접 만져 보고 그 불의와 비참한 결과를 경험하였고, 죄로 인하여 길을 잃고 처절히 방황하다가 좁디 좁은 참회의 길, 가시덤불과 늪지를 지나는 통절한 회개를 통하여 하나님이 얼마나 은혜로우신 분인지를 철저히 깨닫게 되었다는 것이다. "And he knew God, because he had tasted and seen that the Lord is gracious. Yes, David had experience of salvation. He knew what salvation was, and He knew its joy. But never had he known the joy of salvation as he knew after he had lost it." Benjamin B. Warfield, "Old Testament Religion," in *Faith and Life*, (Edinburgh; The Banner of Truth Trust, 1990 reprinting), pp. 20-23.

를 깨닫고 회개의 과정을 경험함으로써 죄를 주관적으로 사랑하던 상황에서 그것을 객관적으로 대할 수 있게 됩니다. 이 회개의 과정 안에서 실제적인 죄 죽임이 일어나는 가장 중요한 과정은 기도의 실천이라는 사실은 아무리 강조해도 지나치지 않습니다.

마음 깊은 곳에서 길어 올리는 진실한 기도의 실천이 가장 중요합니다. 마음으로부터 드리는 신실하고 간절한 기도의 실천은 주관적으로 사랑하던 죄를 객관적으로 인식하게 만들어 줍니다. 그래서 죄를 죄로서 정확하게 인식하도록 도와줍니다. 마음을 드리는 진실한 기도라고 할지라도 대체로 한번의 기도 실천으로 이러한 일이 이루어지지는 않습니다.

특히 마음이 굳어 있거나 은혜로부터 멀어진 때에는 더욱 그렇습니다. 그래서 반복적인 기도의 실천이 필요합니다. 마음으로부터 우러나오는 간절하고 진실한 기도는 자기 안에 있는 죄를 죄로 인식하도록 만들어 줍니다. 그래서 그 죄에 대한 사랑을 버리고 죄를 미워하고 죽이기까지 싸우게 합니다.[261] 신자가 기도 속에서 이렇게 죄를 인식하고 신음하면서 씨름할 때, 그것이 곧 영혼이 죄와 맞붙어 결전을 하는 것이며, 그러한 영혼의 씨름을 통해서 죄는 급속히 생명력을 잃기 시작하고 마음은 은혜로운 틀을 형성하기 시작합니다. 이러한 경험에 대하여 시인은 말합니다.

"내가 간구하는 날에 주께서 응답하시고 내 영혼을 장려하여 강하게 하셨나이다" (시 138:3).[262]

---

[261] 물론 온전한 삶을 살고 죄를 죽이려고 끊임없이 노력을 하는데도, 없어지지 않고 우리 속에 남아 있는 죄도 있다. 그래서 우리는 죄에 대해서 진 것이 하나님 앞에 철저히 기도하지 않았기 때문이라는 사실을 깨달아야 한다. 기도를 실천했다고 할지라도 그 기도가 형식적이고 태만한 기도였고 마음을 드리지 않는 기도였다는 사실을 인정해야만 한다. 그러나 그렇게 싸우고자 씨름하는 죄의 지속을 하나님께서는 은혜를 계속 공급해주시는 기회로 삼으신다.

[262] 히브리어 원문은 다음과 같다. '베욤 까라티 왓타아네니 타르히베니 베나프쉬 오즈" בְּיוֹם קָרָאתִי וַתַּעֲנֵנִי תַּרְהִבֵנִי בְנַפְשִׁי עֹז. 직역을 하면, '내가 간구한 날에 그 때에 주님께서 내게 응답하셨고 내 영혼에 힘을 주심으로써 나를 담대하게 하셨나이다.' 이다. "When I called, you answered me; you made me bold and stouthearted" (NIV). "On the day I called, you answered me, you increased my strength of soul" (NRSV). "In the day when I cried out, You answered me, and made me bold with strength in my soul" (NKJV). 'In the day when I cried thou answeredst me, and strengthenedst me with strength in my soul' (KJV). 우리말 개역 성경에서 '내 영혼을 장려하여 강하게 하셨나이다.' 라고 번역된 부분은 '타르히베니 베나프쉬 오즈' (תַּרְהִבֵנִי בְנַפְשִׁי עֹז)인데, '타르히베니' (תַּרְהִבֵנִי, 문자적으로 '당신이 나를 담대하게 하였다')는 원형인 '라하브' (רָהַב)의 히필형 미완료 2인칭 남성 단수(hiphil, impf, 2m. s.)에 1인칭 단수 목적격 접미가 붙은 형태이다. 그런데 이 원형의 의미에 대하여는 논란이 많다. 아랍어에서는 동치어(同値語)가 '아르바바' (arbaba)로서, '경고받다, 두려워하다'의 의미를 갖고, 시리아어에서는 '아르헤브' (arbeb)로서, '두려워 떨다'의 의미를 갖는다. 또한 앗수르

B. 우리 안에 남은 죄가 아름다운 이유

앞에서 살펴본 바와 같이, 죄의 지배라는 측면에서 보면 죄는 결코 아름다울 수 없습니다. 그러나 신자가 주관적으로 사랑하던 죄를 버리고 그것을 객관적으로 인식하며 더불어 싸우려고 할 때 신자 안에 남아 있는 죄는 하나님의 은혜가 넘치게 하는 수단이 됩니다. 그 이유를 구체적으로 살펴보면 다음과 같습니다.

1. 그 어려움을 인해 은혜를 구하게 됨

첫째로, 그 어려움을 인하여 은혜(恩惠)를 구하게 하기 때문입니다. 그래서 우리의 순종이 오직 하나님의 은혜로 이루어진 것임을 드러내어 빛나게 하기 때문입니다. 사실 죄가 우리 안에 들어와서 우리에게 영향을 미치고 지배하기 시작하면 실제적으로 하나님께 순종하기가 어려워집니다. 그래서 신자는 죄로 인한 어려움 때문에 더욱 자신을 신뢰하기보다는 하나님을 의지하고 그분의 도우심을 간절히 구하게 됩니다. 그리고 그 도움을 구하는 과정을 통하여 그의 마음은 거룩하게 연단되고 성품의 올곧음(uprightness)을 회복하게 됩니다.[263]

어의 동치어는 '라아부'(ra'abu)인데, 이는 '무섭게 폭풍이 일다' 등의 의미를 갖는다. 이외에도 성경 밖의 히브리어 (extra-biblical Hebrew)에서는 부사로서 '폭풍같이'(stormily), '난폭하게'(boisterously), '거만하게' (arrogantly)라는 뜻으로 사용되었다. 프란츠 불(Frantz Buhl)과 프리드리히 베트겐(Friedrich Baethgen) 등은 이것의 히필형이 '교만하게 하다'(to make proud) 혹은 '담대하게 하다'(to make bold)의 의미를 갖는다고 보았다. 구약 히브리어 성경의 라틴어 번역본인 벌게이트역(Vulgate)에서는, 이 구절을 "인 디에 인보카보 에트 엑사우디에 스 메 딜라타비스 아니마이 메아이 포르티투디넴"(in die invocabo et exaudies me dilatabis animae meae fortitudinem-벌게이트역에서는 시 137:3임)이라고 하였는데, 이것을 직역하면, '내가 부르는 날에 그리고 당신은 내게 응답하였고 힘을 줌으로 나의 영혼을 광활하게 하였다.'이다. 결국 이는 시인이 고난 속에서 간절히 하나님께 기도하는 가운데 그 간구하는 바에 대하여 응답을 받았을 뿐 아니라 그렇게 기도를 실천하는 과정을 통하여 영혼이 강하고 담대하게 변화되었음을 고백하는 것이다. 이는 기도의 실천이 갖는 내적 쇄신(刷新)과 성화(聖化)의 작용을 경험적으로 잘 보여주는 대목이다. Francis Brown, S. Driver, & C. Briggs, The Brown-Driver-Briggs Hebrew and English Lexicon, (Peabody; Hendrickson Publishers, 2003), p.923; C. F. Keil & F. Delitzsch, Commentary on the Old Testament; Psalms, vol. 5, translated by Francis Bolton, (Grand Rapids; William B. Eerdmans Publishing Company, 1982 reprinting), p.340; Ludwig Koehler & Walter Baumgartner, Lexicon in Veteris Testamenti Libros, (Leiden; E. J. Brill, 1958), p.692; Bonifatius Fischer & Robert Weber eds., Biblia Sacra; Iuxsta Vulgatam Versionem, (Stuttgart; Deutsche Bibelgesellschaft, 1994 reprinting), p.94; D. P. Simpson ed., Cassll's Latin Dictionary; Latin-English, English-Latin, (New York; A Simon & Schuster Macmillan Company, 1977); 김남준. 「성화와 기도」, (서울; 생명의말씀사, 2004), pp.19-20.

죄는 영혼 안에서 속임과 강압으로 역사하여 신자를 하나님의 구원 계획을 따라 살지 못하게 합니다. 죄의 지배가 있는 신자의 마음은 하나님을 전적으로 의지하고 절대적인 의존의 감정 속에서 하나님께 순종하는 삶을 살지 않습니다. 죄는 정욕을 통하여 하나님께 불순종하는 힘을 공급하고 하나님을 거스르는 것을 대수롭지 않게 여기는 담대함을 줍니다.

신자가 죄의 지배 아래 있으면 죄책감도 현저히 약화됩니다. 죄책감은 영적인 무모함을 막아 주는 제동 장치인데, 그마저 사라지거나 현저히 약화되면 그의 삶이 어떻게 되겠습니까? 그는 죄 속에서 허우적거리며 살면서도 자신의 죄에 대하여 마음이 담대해질 것입니다. 하나님과 하나님의 심판에 대해서도, 죄가 가져올 비참한 결과에 대해서도 대담해질 것입니다.

그러나 성령의 역사를 통하여 하나님의 은혜를 경험하게 되면, 어느 순간에 자기가 너무 불순종하는 삶을 살아왔다는 사실을 깨닫게 됩니다. 그리고 자신의 삶 속에서 많은 죄를 지은 것을 마음 깊이 인정하게 됩니다. 또한 그러한 자신의 범죄한 상태에 대하여 아파합니다. 그리고 이제 하나님 앞에 죄와 더불어 싸우고자 하는 마음을 갖게 됩니다. 그래서 결국은 그 죄 때문에 불순종하며 살고자 하는 자기의 의지와 생각, 그리고 자기의 마음을 꺾게 됩니다. 이것을 자기 깨어짐이라고 부릅니다.

하나님 앞에 순종하는 삶은 이렇게 부단한 자기 깨어짐 속에서 흘러나오는 것입니다. 하나님의 뜻대로 살지 않으려 하고 하나님께서 원하시는 존재가 되기를 거부하는 악한 부패성이 우리의 뼈 속 깊이 배어 있기 때문입니다. 그 부패성은 하나님을 향한 전적인 타락과 선한 일을 향한 무능으로 나타납니다.

아아, 우리의 악함이 얼마나 크고 뿌리 깊은지요. 날마다 절망해도 지나치지 않습니다. 겉으로는 그럴 듯한 신앙 고백을 해도 살 속 깊이 뼈 속 깊이 박힌 더럽고 부패한 본성이 얼마나 우리를 순종으로부터 멀어진 삶을 살게 하는지요.

우리에게는 매일 매일 철저한 자기 부인과 진실한 깨어짐이 필요한 것도 바로 이

---

263) "……기도는 우리가 구하는 것을 얻는 결과뿐 아니라, 그렇게 간구하는 과정을 통하여 하나님을 찾고 그분을 사랑하며 섬기고자 하는 열렬한 소원으로 항상 불타오르게 만들어 줍니다. 뿐만 아니라 기도의 실천은 우리를 거룩하게 만들어 주는 성화의 작용을 가지고 있습니다. 기도는 하나님 앞에 내어 놓을 부끄러운 욕망이나 바람이 우리의 마음에 들어오지 못하도록 막아 줍니다. 우리는 마음으로부터 우러나오는 간절한 기도의 과정을 통하여 마음에 깃들인 악한 욕망이 하나님 앞에 드러나는 것과 파멸되는 것을 경험하게 됩니다." 김남준, 「성화와 기도」, (서울: 생명의말씀사, 2004), pp.31-32.

때문입니다. 죄에 대한 사랑에 대하여, 자기의에 대하여 끊임없이 깨어져야 합니다. 그리고 오직 우리 주 예수 그리스도만을 바라야 합니다. 거룩하신 하나님 앞에서 자기의 뿌리 깊은 악한 본성을 자각하고 절망하는 것만큼 오직 중보자이신 그리스도를 통하여 하나님만을 우러러 바라보는 절대 의존의 신앙(信仰)이 필요합니다. 그러므로 진실한 신자가 되기를 원하며 성화의 몸부림의 도상에 있는 신자의 눈에는 눈물이 가득합니다. 거룩해져 가기를 사모할수록 마음 깊은 곳에 남아 있는 우리의 악함과 부패성을 발견하고 아파하기 때문입니다. 이것은 심령 깊은 곳에서 아직도 끊지 못하고 있는 질긴 세상 사랑과 자기 신뢰를 발견하고, 그런 자신을 용납해 주시는 하나님의 사랑을 알기 때문입니다.

그 때 우리가 할 수 있는 일이 무엇이겠습니까? 피 흘리기까지 죄와 더불어 싸운다고 할지라도 하나님의 은혜의 도우심이 아니면 우리가 어찌 아버지의 마음에 기쁘기까지 사랑스러운 자녀들이 될 수 있겠습니까? 자신의 불결함과 거룩한 자녀들이 되기를 바라시는 하나님의 부르심 사이에 존재하는 그 엄청난 차이 앞에서 우리는 울고 맙니다. 어찌하든지 우리가 진실하고 거룩한 자녀가 되어서 하나님의 마음에 기쁨이 되고 싶은데, 우리의 힘으로는 도저히 그 거룩힘에 이를 수 없기에 우리는 자주 깨어집니다. 그래서 세상이나 세상에 있는 것들에 대한 사랑에서 깨어지고, 스스로를 신뢰하던 자기의에 대한 자랑에서 깨어집니다.

그리고 그렇게 흐르는 눈물이 우리 마음의 더러운 눈을 씻어 내면, 사라졌던 안광(眼光)을 회복하게 되고, 오직 소망이신 그리스도만이 또렷이 보이게 됩니다. 그래서 믿음의 주요 온전케 하시는 예수 그리스도만을 바라보게 됩니다.**264)**

아아, 비천한 우리에게 유일한 소망이신 그리스도를 바라보는 것은 얼마나 커다란 위로가 되는지요.

이러한 자기 깨어짐 속에서 이루어지는 순종의 거룩하게 하는 효과는 그 사람의 온 마음과 영혼에 미칩니다. 이에 대하여 성경은 말합니다. "너희가 진리를 순종함

---

264) "믿음의 주요 또 온전케 하시는 이인 예수를 바라보자 저는 그 앞에 있는 즐거움을 위하여 십자가를 참으사 부끄러움을 개의치 아니하시더니 하나님 보좌 우편에 앉으셨느니라"(히 12:2). "너희가 피곤하여 낙심치 않기 위하여 죄인들의 이같이 자기에게 거역한 일을 참으신 자를 생각하라 너희가 죄와 싸우되 아직 피 흘리기까지는 대항치 아니하고 또 아들들에게 권하는 것같이 너희에게 권면하신 말씀을 잊었도다 일렀으되 내 아들아 주의 징계하심을 경히 여기지 말며 그에게 꾸지람을 받을 때에 낙심하지 말라"(히 12:3-5).

으로 너희 영혼을 깨끗하게 하여 거짓이 없이 형제를 사랑하기에 이르렀으니 마음으로 뜨겁게 피차 사랑하라"(벧전 1:22).

다시 말해서 신자가 죄와 싸워 그것을 이기고 순종할 때에 그 과정을 통해서 마음과 영혼은 은혜를 회복하게 되고, 하나님께서는 이로써 신자의 전 삶을 거룩한 영향력으로 쇄신되게 하십니다.

이 모든 일은 우리 안에 죄가 존재하지 않았더라면 불가능한 것입니다. 이 은혜로운 역사는 죄(罪)로 말미암아 일어나는 일입니다. 죄를 인식하고 죄와 더불어 분투하는 가운데 일어나는 일입니다. 하나님께서는 측량할 수 없는 지혜로 우리 안에 있는 죄의 존속을 은혜 공급의 기회로 삼으십니다. 아아, 악한 인간을 구원하시는 하나님의 은혜의 선하심이여! 지혜의 부요하심이여!

2. 하나님의 뜻을 구하며 자기를 포기하게 함

둘째로, 하나님의 뜻을 구하며 자기를 포기(抛棄)하게 하기 때문입니다. 죄와 더불어 싸우는 과정에서 우리는 자신이 누구인지를 가장 잘 깨닫게 됩니다. 우리가 자신이 누구인지를 잘 알지 못하는 것은 하나님이 어떤 분이신지를 잘 모르는 것과 같습니다.

그래서 칼빈은 말합니다. "인간은 명백히 먼저 하나님의 얼굴을 주시하고 난 다음 자기 자신을 면밀히 살펴보지 않는 한, 자신에 대한 참된 지식에 도달하지 못한다. 왜냐하면 우리의 본래적 교만으로 인해, 제시되는 명백한 증거에 의하여 우리의 불의와 더러움과 어리석음을 확신하기 전까지는 우리 자신을 항상 의롭고, 올바르고, 지혜로우며, 거룩하다고 생각하기 때문이다."[265]

회심의 경험은 이러한 사실에 대한 좋은 증거입니다. 우리가 회심의 은혜를 경험할 때는 반드시 새롭게 된 자기 인식이 동반됩니다. 예전에 죄 가운데 살 때는 전혀 몰랐던 자신의 참 모습을, 하나님의 말씀의 조명을 통해서 발견하게 되는 것입니다. '아, 이것이 나의 원래의 모습이었구나. 참으로 내가 이런 죄인이었구나.' 하고 깨달

---

[265] John Calvin, *Institutes of the Christian Religion*, vol. 1, translated by Henry Beveridge, (Grand Rapids, William B. Eerdmans Publishing Company, 1981 reprinting), p.38.

게 됩니다.

이러한 경험을 이사야 선지자는 다음과 같이 고백합니다. "웃시야 왕의 죽던 해에 내가 본즉 주께서 높이 들린 보좌에 앉으셨는데 그 옷자락은 성전에 가득하였고 스랍들은 모셔 섰는데 각기 여섯 날개가 있어 그 둘로는 그 얼굴을 가리었고 그 둘로는 그 발을 가리었고 그 둘로는 날며 서로 창화하여 가로되 거룩하다 거룩하다 거룩하다 만군의 여호와여 그 영광이 온 땅에 충만하도다 이같이 창화하는 자의 소리로 인하여 문지방의 터가 요동하며 집에 연기가 충만한지라 그 때에 내가 말하되 화로다 나여 망하게 되었도다 나는 입술이 부정한 사람이요 입술이 부정한 백성 중에 거하면서 만군의 여호와이신 왕을 뵈었음이로다"(사 6:1–5). **266)**

우리가 거룩하신 하나님의 임재 앞에 서기 전까지는 우리가 누구인지 정확하게 알 수 없습니다. 자신 안에 있는 지독한 자기 사랑과 무자비함, 야비함과 교활함, 그리고 입술로는 하나님을 사랑한다 하면서도 실제의 삶에 있어서는 스스로 자신의 인생에서 왕이 되고 싶어하는 뼈 속 깊이 밴 교만함을 깊이 깨닫게 될 때에 비로소 우리는 자신이 얼마나 신뢰할 수 없는 존재인지를 알게 됩니다.**267)**

그러면서 우리는 자신에 대한 신뢰를 버리는 것을 배우게 됩니다. 우리 자신의 뜻을 따라 사는 삶을 포기하고 하나님의 뜻을 구하게 됩니다.

죄 자체가 이러한 작용을 가져온 것은 아닙니다. 죄를 깨닫고 그것 때문에 자신에 대하여 절망한 신자가 온전히 하나님을 의지하는 믿음이 그러한 은혜의 작용을 가져온 것입니다. 이것은 우리 안에 잔존하는 죄가 없었더라면 결코 불가능했을 은혜입니다. 우리 안에 남은 죄를 사용하셔서 그 놀라운 지혜와 권능으로 이루신 일입니다.

---

266) 이것은 이사야로 하여금 '하나님 영광의 신학의 선지자'(the prophet of theology of God's Glory)가 되게 한 소명 체험이었다. 이것은 이사야가 하나님의 영광을 경험하게 되자 그 하나님의 영광을 아는 빛으로 자신의 실체를 확실하게 보게 된 결과이다. "그것이 차라리 재앙이었고 몸서리쳐지는 절망이었습니다. 탁월하신 하나님의 영광과 그 빛 앞에 드러난 자신의 비참함 속에서, 그는 자신의 죄를 사하시고 새롭게 소명하시는 하나님을 뵈었던 것입니다. 그는 하나님이 얼마나 영광스러우시고 위대하신 분인지를 깨닫게 되었습니다." 김남준, 「설교자는 불꽃처럼 타올라야 한다」, (서울: 두란노, 2002), p.23.

267) 이에 대하여 다음 성경 구절을 참고하라. "내일 일을 너희가 알지 못하는도다 너희 생명이 무엇이뇨 너희는 잠간 보이다가 없어지는 안개니라"(약 4:14). "말하는 자의 소리여 가로되 외치라 대답하되 내가 무엇이라 외치리이까 가로되 모든 육체는 풀이요 그 모든 아름다움은 들의 꽃 같으니 풀은 마르고 꽃은 시듦은 여호와의 기운이 그 위에 붊이라 이 백성은 실로 풀이로다"(사 40:6-7).

3. 그리스도의 중보 사역의 탁월함을 의지하게 함

셋째로, 그리스도의 공로만을 의지(依支)하게 하기 때문입니다. 우리가 자신의 죄를 객관적으로 인식하고 하나님의 사랑을 갈망할 때에 우리 자신은 스스로 아무 선한 것도 없는, 단지 비참한 죄인일 뿐이라는 절망적인 자기 인식을 갖게 됩니다. 이러한 자기 인식에 도달하면 도달할수록 우리는 오직 예수 그리스도만을 바라보지 않을 수 없게 됩니다.

죄와 더불어 싸우면서도, 또 한편으로는 그 죄와 완전히 결별하지 못하는 자신을 보면서, 이렇게 절망적인 우리들을 위하여 십자가에서 못박혀 죽으심으로 구속하신 그리스도의 십자가를 바라볼 수밖에 없습니다. 왜냐하면 거룩하신 하나님 앞에서 우리로 우리의 죄와 악함을 극복하고 그 면전에 서게 하실 분이 오직 그리스도밖에 없으시기 때문입니다(갈 2:16).

그래서 우리는 자신이 누구인지를 정직하게 인식할수록 십자가를 의지할 이유를 발견하게 되는 것입니다. 그래서 우리의 중보자가 되신 그리스도만을 사랑하고 세상에 속한 정과 욕심을 십자가에 못박아야할 이유를 발견하게 되는 것입니다.[268] 사도 바울의 고백을 기억해 보십시오. "그러나 내게는 우리 주 예수 그리스도의 십자가 외에 결코 자랑할 것이 없으니 그리스도로 말미암아 세상이 나를 대하여 십자가에 못박히고 내가 또한 세상을 대하여 그러하니라"(갈6:14).

우리 안에 잔존하는 죄로 인하여 우리는 가치 없는 죄인을 위해 죽으신 그리스도의 중보자적인 고난의 위대함을 절실히 깨닫게 됩니다. 그러나 이 은혜로운 역사는 죄가 우리 안에 들어올 때 가지고 있던 계획이 아닙니다.[269] 죄가 원했던 것은 오

---

[268] "그리스도 예수의 사람들은 육체와 함께 그 정과 욕심을 십자가에 못박았느니라"(갈 5:24). 어거스틴은 신자가 이렇게 육신의 정(情)과 욕심(慾心)을 십자가에 계속 못박혀 있게 하는 동인(動因)으로서 그리스도께서 우리의 죄 때문에 십자가에 못박히신 것을 보며 갖게 되는 경건한 두려움을 들었다. "그 일에 있어서 순결함과 영원히 지속되는 두려움, 그로써 우리가 온 마음과 온 영혼과 온 생각으로 사랑하는 그분께 범죄하지 않게 되는 그 두려움이 아니라면 우리가 무엇으로 그것들을 십자가에 못박혀 있게 할 수 있단 말인가?"(Vnde autem crucifixerunt nisi timore illo casto permanente in saeculum saeculi, quo cauemus offendere illum, quem toto corde, tota anima, tota mente diligimus). Eric Plumer, *Augustine's Commentary on Galatians; introduction, text, translation, and notes*, (Oxford; Oxford University Press, 2003), p.218.

[269] 존 오웬은 죄가 우리 안에 착상될 때에 보다 궁극적인 계획을 가지고 있다는 사실에 대하여 언급하면서 다음과 같이 주의를 환기시킨다. "죄는 모든 불신자와 율법 아래 있는 자에게 죄의 규칙들을 적용시키고, 은혜 아래 거하는

히려 우리를 위하여 생명을 버리신 그리스도를 떠나서 하나님을 대적하는 것이었습니다. 예수 그리스도의 십자가의 공로를 배반하고 하나님께 불순종하며 죄의 지배를 받으면서 살아가는 것이었습니다. 그러나 하나님께서는 인간의 지혜를 뛰어넘고 사단의 간교한 계략을 능가하는 지혜와 능력으로 그 죄를 은혜의 기회로 삼으신 것입니다.

신자가 믿음으로 죄와 싸우면서 잔존하는 죄로 인하여 예수님을 더 사랑하고 의지하게 될 것은 죄의 계획에는 없는 것이었습니다. 그러나 하나님께서는 우리 안에 남은 죄로 인하여 그리스도를 더욱 사랑하게 만들고 십자가를 자랑하게 하셨습니다. 우리를 의지하는 대신 예수 그리스도의 공로를 의지하게 하셨고, 복음 안에 있는 진정한 영혼의 안식을 갈망하게 하셨습니다.

아, 우리는 죄인들을 향하신 하나님의 깊은 사랑과 지혜에 감탄하여 사도 바울의 찬송에 동참할 뿐입니다. "깊도다 하나님의 지혜와 지식의 부요함이여, 그의 판단은 측량치 못할 것이며 그의 길은 찾지 못할 것이로다"(롬 11:33).

II. 죄의 능력에 대하여 은혜의 공급을 약속하심

두 번째로, 하나님께서는 죄의 능력에 대하여는 은혜의 공급(供給)을 약속하십

신자에게까지 동일한 방법으로 그 영향을 미친다. 롬 7:23에 따르면 우리 안에는 영혼을 대항하여 싸우는 죄의 공격이 있으며, 이 싸움의 목적은 죄가 우리를 지배하는 것이다. 죄의 활동은 인간의 마음속에 있는 수많은 정욕과 관련하여 다양하지만 이 모든 활동의 일반적 계획은 결국 지배(dominion)이다. 약 1:14-15에 의하면 각자의 정욕에 유혹되어 시험을 받되 이것은 결코 작은 시험에 불과한 것이 아니라 인간 영혼 전체를 지배하고자 하는 죄의 계획을 위한 수단을 제공해 주는 것임을 보여준다. 신자들은 아무리 작게 보이는 문제라 할지라도 죄의 궁극적 목적인 지배와 죽음을 생각할 때 죄의 모든 움직임들을 항상 경계해야 할 필요가 있다. '작은 일인데……, 처음인데……, 마지막이야……, 더 이상 나아가지 않을 건데…….' 라는 유혹들을 수용하지 말라. 죄는 우리 영혼을 지배하여 파멸로 이끌 힘을 가지고 있다." John Owen, *A Treatise of the Dominion of Sin and Grace; wherein sin's reign is discovered, in whom it is, and in whom it is not; how the law supports it; how grace delivers from it, by setting up its dominion in the heart*, in *The Works of John Owen*, vol. 7, edited by William H. Goold, (Edinburgh; The Banner of Truth Trust, 1988 reprinting), p.507.

다.²⁷⁰⁾ 이렇게 하심으로써 신자가 자기 안에 남아 있는 죄로 인하여 하나님의 은혜를 넘치게 경험하게 하십니다. 이러한 교리는 두 가지 이치 안에서 설명될 수 있습니다. 첫째로, 신자 안에 죄가 있어도 싸우고자 하는 자에게는 죄의 능력보다 더 큰 은혜의 능력을 공급하신다는 것입니다. 둘째로, 죄가 아무리 강할지라도 신자가 죄와 더불어 싸우는 한 죄가 그를 지배하지 못하게 하신다는 것입니다.

A. 죄보다 큰 은혜의 능력을 주심

첫째로, 신자 안에 죄가 있을지라도 신자가 죄와 싸우려고 하면 죄의 능력보다 더 큰 은혜의 힘을 공급(供給)해 주십니다. 신자 안에 남은 죄로 인하여 넘치는 은혜 안에 담긴 지혜는 여기서 그치지 않습니다. 하나님께서는 죄의 능력에 대해서 은혜의 공급을 약속하심으로써 죄 있는 곳에 은혜가 넘치게 하십니다.²⁷¹⁾ 죄의 지배 아래

---

270) 리처드 혹스(Richard M. Hawks)는 자신의 박사학위 논문인 「존 오웬의 신학에 있어서 은혜의 논리」(*The Logic of Grace in John Owen, D. D.*) 제3부 4장의 '신자의 죄와 거룩' (*peccator et sanctus*)에서 신자의 거룩을 '절대적 거룩' (absolute personal holiness)과 '상대적 거룩' (relative personal holiness)으로 나눈다. 절대적 거룩은 그리스도를 믿고 중생하는 순간에 옛 사람(old man)은 죽고 새 사람(new man)이 됨으로써 성취된 것이다. 상대적 거룩은 그렇게 그리스도 안에서 새 사람(new man)이 된 신자 안에 옛 본성(outward man)과 새 본성(inner man)이 있어서 서로 투쟁하며 그 안에서 성취되는 것으로 이해한다. "Though the ruling principle of our heart and inner man is grace and holiness, indwelling sin is also a continual principle at work in us, in the outward man that is wasting away before the sanctifying work of Spirit; 'The heart is not habitually inclined unto evil by the remainders of indwelling sin; but this sin in the heart hath a constant, habitual propensity unto evil in itself or its own nature.'" Richard M. Hawks, *The Logic of Grace in John Owen, D. D.; an analysis, exposition, and defense of John Owen's theology of grace*, (Philadelphia; Westminster Theological Seminary; Ph. D. Dissertation, 1987), pp.374-382; John Owen, *The Nature, Power, Deceit, and Prevalency of the Remainder of Indwelling Sin in Believers; together with the ways of its working and means of prevention, opened, evinced, and applied; with a resolution of sundry cases of conscience thereunto appertaining*, in *The Works of John Owen*, vol. 6, edited by William H. Goold, (Edinburgh; The Banner of Truth Trust, 1991 reprinting), p.191.

271) "율법이 가입한 것은 범죄를 더하게 하려 함이라 그러나 죄가 더한 곳에 은혜가 더욱 넘쳤나니 이는 죄가 사망 안에서 왕 노릇한 것같이 은혜도 또한 의로 말미암아 왕 노릇하여 우리 주 예수 그리스도로 말미암아 영생에 이르게 하려 함이니라"(롬 5:20-21). 이에 대하여 존 칼빈은 이러한 죄를 통하여 은혜의 범위가 더욱 뚜렷이 제시되었다고 생각한다. 그는 우리가 율법에 의하여 정죄(定罪)된 것은 우리로 하여금 계속 그 안에 거하게 함이 아니라, 그렇게 함으로써 우리를 그리스도께 인도하시기 위함이었음을 강조한다. "……for he teaches us, that the abundance of grace becomes for this reason more illustrious,-that while sin is overflowing, it pours itself forth so exuberantly, that it not only overcomes the flood of sin, but wholly absorbs it. And we may hence learn, that our condemnation is not set before us in the law, that we may abide in it; but that having

있던 신자가 죄와 더불어 싸우기를 시작할 때에 죄가 매우 강력한 세력으로 느껴집니다. 왜냐하면 영혼이 침체에 빠져 있는 동안, 은혜의 능력은 고갈되고 죄의 영향력은 증대하였기 때문입니다. 죄가 신자의 영혼 속에 폭동을 일으킨 것입니다.

은혜의 합법적인 통치가 있는데도 죄의 세력이 일시적으로 신자를 점거해 버린 것입니다. 그 때에 우리는 지성적으로 커다란 혼돈을 느끼고, 의지적으로는 그 죄의 강력한 세력을 꺾을 수 없을 것 같다는 좌절을 경험하게 됩니다. 만약 우리가 그러한 혼란과 좌절 가운데서 낙심하게 되면, 오히려 더욱 쉽게 범죄하게 되고 죄의 세력은 더욱 강화됩니다.[272] 이것이 바로 우리 안에 있는 죄의 계획입니다.

우리 안에 있는 죄가 원하는 것은 단지 자신의 요구에 한번 우리를 굴복시키는 것이 아니라, 계속해서 우리를 지배하는 것입니다. 그래서 우리를 구원하신 예수 그리스도와 창조주 하나님의 뜻대로 사는 대신 죄의 계획을 따라 살게 하는 것입니다. 그런데 죄의 이러한 계획이 성공을 거두기 위해서는 신자가 계속 영혼의 어둠 속에 있어야 합니다. 이 때 신자가 은혜의 세계를 앎에 있어서 지성적으로 무지하다면, 죄는 자신의 계획을 성취함에 있어서 더욱 유리한 고지를 점하게 됩니다.

---

fully known our misery, we may be led to Christ……." John Calvin, *Commentaries on the Epistle of St. Paul to the Romans*, in *Calvin's Commentaries*, vol. 19, (Grand Rapids; Baker Book House, 1998 reprinting), p.215.

[272] 존 오웬은 죄가 지배력(支配力)을 갖게 되는 방식을 정욕에 순종하게 함으로써 그렇게 된다고 보았다. 그는 정욕이 불러일으켜지는 두 가지 방법을 다음과 같이 요약한다. (1)죄와 친밀한 마음의 지향성(propensity)을 통해: 모든 악에 대한 숨겨지고 친밀한 지향성을 통해 정욕이 불러일으켜진다. 그리고 이것은 마음 안에 습관적으로 드러누워 있다. 사람이 자연인의 상태에 있을 때, 곧 절대적으로 죄의 법의 세력과 지배 아래 있을 때 "그 마음의 생각의 모든 계획이 항상 악할 뿐"이다(창 6:5). 마음은 악한 것만을 구상하고, 만들어 내고, 악한 것만 행한다. 왜냐하면 이 습관적인 악에 대한 성향은 죄의 법 안에 있는 것이기 때문이다. 이것은 마음 안에 있는 독(毒)과 같다. 그리고 그 독성을 완화시킬 수 있는 것은 아무것도 없다. 죄의 법의 세력과 지배가 끊어진 곳에서도 신자의 본성 안에 여전히 정욕을 일으키는 악에 대한 성향은 남아 있다. (2)악을 강요(强要)하는 정욕의 역사(working)를 통해: 정욕은 악을 강요하고 선을 대적한다. 이 정욕은 악을 실제적으로 강요하고, 선한 것을 실제적으로 못하게 하는 힘으로 나타난다. 이 정욕은 악에 대한 실질적인 강요와 선한 것에 대한 실질적인 반대 속에 있다. 정욕은 이러한 일을 단지 준비할 뿐 아니라, 대부분은 그 일에 항상 간여한다. 이것은 하나의 행동 혹은 다른 행동을 통해 끊임없이 영혼을 선동한다. 사도 바울은 "오직 각 사람이 시험을 받는 것은 자기 욕심에 끌려 미혹됨이니"(약 1:14)라고 했다. 죄의 거래(trade)는 정욕을 일으키는 것이다. 정욕은 마음에 떠오르고, 사고와 정서에 악을 제안한다. 죄의 세력은 마음에 실제적인 악에 대한 상상과 생각을 낳는다. 그래서 사도 바울은 "악은 모든 모양이라도 버리라"고 하였는데, 이것을 우리의 논의에 적용하면 '마음의 모든 죄된 상상과 생각으로부터 네 자신을 지키라.'는 의미로 해석할 수 있다(살전 5:22). John Owen, *The Nature, Power, Deceit, and Prevalency of the Remainder of Indwelling Sin in Believers; together with the ways of its working and means of prevention, opened, evinced, and applied; with a resolution of sundry cases of conscience thereunto appertaining*, in *The Works of John Owen*, vol. 6, edited by William H. Goold, (Edinburgh; The Banner of Truth Trust, 1991 reprinting), pp.190-194.

영혼의 어둠(spiritual darkness)은 지성의 눈멂(intellectual blindness)에 의하여 더욱 죄가 역사하기 좋은 환경을 구성합니다. 그래서 죄는 신자의 영혼을 어둠 속에 계속 가두어 두려고, 지성으로 하여금 신령한 세계를 깨닫지 못하도록 방해합니다. 이에 대하여 사도 바울은 말합니다. "만일 우리 복음이 가리웠으면 망하는 자들에게 가리운 것이라 그 중에 이 세상 신이 믿지 아니하는 자들의 마음을 혼미케 하여 그리스도의 영광의 복음의 광채가 비취지 못하게 함이니 그리스도는 하나님의 형상이니라"(고후 4:3-4).

일단 신자가 영혼의 어둠과 지적인 눈멂 가운데 있어 죄의 속임수에 잘 넘어가는 상태가 되면, 그 다음에 죄는 강압으로 영혼을 강력하게 억압하며 지배력을 행사합니다. 죄가 번성할 때에 신자의 영혼(soul)은 그 힘이 약화되며 총명(understanding)은 흐려지게 되고 마음(heart)은 부패하고 굳어지게 되어 죄의 속임수와 강압을 이기지 못하게 됩니다. 이렇게 획득된 죄의 지배는 두 가지 방식으로 자신의 세력을 강화합니다. 소극적으로는 신자의 영혼을 억압하는 것이며,[273] 적극적으로는 죄의 즐거움을 빼앗겠다고 협박하는 것입니다. 그래서 신자는 죄의 강압 때문만이 아니라 죄를 버리면 함께 빼앗길 즐거움 때문에도 죄의 지배를 벗어나지 못하는 것입니다.[274] 죄는 자신을 버리고자 하는 신자들에게 '그렇게 하면 죄의 즐거움도 사라질 것이다.' 라고 말함으로써, 죄로 말미암아 얻게 되는 즐거움을 미끼로 영혼을 자신의 지배 아래 가두려고 합니다. 죄가 이처럼 치밀한 계략과 큰 능력으로 다가올 때에, 신자는 황망하게 됩니다. 이러한 경험을 시인은 다음과 같이 고백합니다. "무수한 재앙이 나를 둘러싸고 나의 죄악이 내게 미치므로 우러러볼 수도 없으며 죄가 나의 머리털보다 많으므로 내 마음이 사라졌음이니이다"(시 40:12).

이 때 신자는 죄가 엄청난 힘으로 자기에게 역사하고 있음을 감지하게 됩니다. 그러나 자신의 죄로 인한 양심의 가책과 율법의 송사로 하나님의 용서로 나아가지 못

---

[273] 이러한 사상은 다음과 같은 성경 구절에 잘 나타나 있다. "주의 손이 주야로 나를 누르시오니 내 진액이 화하여 여름 가물에 마름같이 되었나이다"(시 32:4). "주의 살이 나를 찌르고 주의 손이 나를 심히 누르시나이다"(시 38:2). "주의 노가 나를 심히 누르시고 주의 모든 파도로 나를 괴롭게 하셨나이다"(시 88:7).
[274] 그래서 성경은 죄의 즐거움을 버린 것을 믿음으로 사는 것으로 간주하여 평가한다. "믿음으로 모세는 장성하여 바로의 공주의 아들이라 칭함을 거절하고 도리어 하나님의 백성과 함께 고난받기를 잠시 죄악의 낙을 누리는 것보다 더 좋아하고 그리스도를 위하여 받는 능욕을 애굽의 모든 보화보다 더 큰 재물로 여겼으니 이는 상 주심을 바라봄이라"(히 11:24-26).

합니다. 그러면서 죄와 싸울 의지까지 잃어버리게 됩니다. 이처럼 죄의 강압하는 힘을 강하게 느끼는 상황 속에서, 죄와의 싸움은 불가능한 것처럼 여겨집니다. 그리고 이것은 실제로도 매우 힘든 일입니다. 그러면 이제 여러분은 약간의 혼란을 느끼실 것입니다. 앞에서 저는 죄가 매우 쉽게 죽는다고 설명했기 때문입니다.

그러나 우리는 이에 대하여 전혀 혼돈을 느낄 필요가 없습니다. 죄와 싸우는 것은 끊임없는 헌신, 총체적인 순종, 일체 성실함과 부지런함을 요구한다는 점에서 힘든 일입니다. 그렇게 살아도 누구도 자기 안에 잔존하는 죄를 완전히 멸하였다고 장담할 수 없습니다. 그래서 사도 바울은 이렇게 고백합니다. "내가 이미 얻었다 함도 아니요 온전히 이루었다 함도 아니라 오직 내가 그리스도 예수께 잡힌 바 된 그것을 잡으려고 좇아가노라"(빌 3:12).

신자가 죄의 지배 아래 있을 때, 죄가 강력한 힘을 가진 것으로 느껴지는 것은 사실입니다. 그래서 뛰어난 경건 속에서 살았던 사도 바울도 이로 인하여 좌절할 만치 말입니다. "내 지체 속에서 한 다른 법이 내 마음의 법과 싸워 내 지체 속에 있는 죄의 법 아래로 나를 사로잡아 오는 것을 보는도다 오호라 나는 곤고한 사람이로다 이 사망의 몸에서 누가 나를 건져내랴"(롬 7:23~24).

그러나 하나님께서는 우리가 믿음으로 죄와 더불어 싸우고자 할 때에 힘을 공급해 주십니다. 이 힘은 바로 성령을 통하여 주어지는 능력이며, 이로써 죄와 더불어 싸워 이길 소망을 갖게 됩니다. 그리고 이 은혜의 능력은 순종하는 자에게 주어집니다.[275] 그래서 신자가 죄와 더불어 싸우고자 하나님을 의지하며 순종하기만 하면, 역설적으로 죄의 잔존이 더 큰 은혜를 공급받는 기회를 제공하는 것입니다.

B. 싸우고 있는 한 죄가 지배하지 못하게 하심

둘째로, 신자 안에 죄가 강한 힘을 얻고 있을지라도 신자가 그와 더불어 싸우고 있는 한, 죄가 그를 지배(支配)하지는 못한다는 것입니다. 이는 신자가 죄와 더불어

---

[275] "우리는 이 일에 증인이요 하나님이 자기를 순종하는 사람들에게 주신 성령도 그러하니라 하더라"(행 5:32).

싸울 때 하나님께서 은혜를 강화하시기 때문입니다. 따라서 신자가 죄와 더불어 싸우는 한 신자를 지배하지 못합니다. 죄에 대한 신자의 순종은 죄에 대한 사랑에서 비롯됩니다. 그것이 죄에 대해 전폭적인 순종이든, 부분적인 순종이든 마찬가지입니다. 죄에 대한 사랑의 정도 문제일 뿐, 본질은 같습니다. 신자가 겉으로는 죄와 싸우면서 속으로는 그 죄에 순종한다면 죄를 죽일 수 없습니다.

이러한 상황에서는 신자가 죄에 저항해도 마음이 죄를 완전히 버리고 미워하는 것이 아니기 때문에 영혼은 점점 그러한 지루한 투쟁에 대하여 싫증을 느끼게 되고 은혜는 약화됩니다. 그리고 영혼의 싫증은 죄를 죽이는 경건한 의무에 대하여 육체가 게으름에 빠지도록 방치합니다. 그리고 육체의 게으름은 마음의 정욕으로 이어집니다(잠 21:25). 그래서 결국 죄는 점점 힘을 얻게 됩니다. 이런 상황이 계속되면 얼마 가지 못해서 죄가 이기게 됩니다.

이러한 이치를 좀더 쉽게 설명하자면 이렇습니다. 지금 신자가 어떤 죄를 짓고 있다고 합시다. 그가 죄를 짓는 것은 죄에 대한 욕구가 그 사람 안에 있기 때문입니다. 그리고 이러한 욕망을 누르는 데는 항상 힘이 필요합니다. 죄에 대한 욕구가 적으면 그것을 누르는 데 힘이 적게 들지만, 크면 많은 힘이 필요합니다. 신자가 '죄와의 싸움이 힘들다.' 고 말하는 것은 대부분 이런 죄에 대한 욕망을 완전히 포기하지 않은 상태에서 죄를 억제하고자 할 때에 경험하는 영혼의 피곤함을 두고 하는 말입니다.

죄의 낙을 지속적으로 누리고 싶은 타락한 욕구와, 죄를 떠나 정결해지고 싶은 신령한 욕구 사이에서 갈등하다 피곤하게 되는 경우입니다. 그러나 이러한 싸움으로는 죄를 죽일 수 없습니다. 이것은 진정한 의미에서 죄 죽임을 위한 싸움이 아닙니다.

아아, 얼마나 많은 사람들이 이 명백한 성경적인 가르침을 외면함으로써 죄 가운데 살아가는지요. 그릇된 성화의 교리(敎理)가 얼마나 많은 사람들의 영혼을 황폐하게 만들었는지요. 죄는, 그것을 죽이려는 정직한 의지가 없는 신자에게는 쉽게 이길 수 없는 적이지만, 진실한 마음으로 성령을 의지하는 믿음으로 죄 죽임을 실천하는 성도들에게는 그렇지 않습니다. 자신은 약하나 은혜를 주시는 성령께서 도와주시기 때문입니다.

그러므로 하나님 앞에서 죄와 더불어 싸우십시오. 그것을 미워하고 은혜를 사모하십시오. 죄에 대한 사랑을 버리고 복음의 원리로 돌아와서 믿음으로 은혜의 수단을 활용하여 순종함으로써 죄와 싸우면, 하나님께서는 반드시 그 죄를 이길 은혜의 능력을 공급해 주십니다. 아아, 자신과의 언약에 충실하려는 신자들을 향한 하나님의 사랑과 신실함은 얼마나 큰지요. 죄인을 진멸치 아니하시고, 약한 자를 공급해 주시는 은혜로 붙들어 주십니다. 그리스도의 보혈로 맺으신 언약의 백성들이기에…….

III. 죄의 가책에 용서의 은혜를 베푸심

셋째로, 죄로 인하여 가책하는 신자에게 용서(容恕)를 베푸심으로 은혜를 더하십니다. 죄가 있는 곳에는 항상 정도의 차이는 있지만 가책이 있습니다. 이것을 죄책감(罪責感)이라고 부르는데, 이 죄책감은 신자가 죄로 말미암아 빠지기 쉬운 영적 대담함, 혹은 무모함(spiritual boldness)으로부터 보호해 주는 역할을 합니다.

그러나 죄의 지배가 오래 계속되면 그 죄책감은 물론 죄에 대한 인식도 점점 사라지게 됩니다. 그러나 이러한 죄책감의 사라짐이 신자로 하여금 하나님 앞에 담대하게 나아가도록 만들어 주는 것은 아닙니다. 죄의 지배 아래 있는 신자들에게 나타나는 죄책감의 약화는 오히려 죄에 대해 담대해지도록 만들어 줄 뿐입니다.

역설적으로, 죄의 지배 아래 있던 신자가 정작 하나님의 용서를 구하기 위하여 나아갈 때는 약화되었던 죄책감이 강력하게 작용합니다. 이 때 율법의 송사의 도움을 받습니다. 양심은 "너같이 죄를 지은 인간이 어떻게 하나님께 용서를 받을 수 있다고 생각하느냐? 하나님께서는 너를 버리셨고 너의 죄는 용서받기에 너무 크다."고 외칩니다. 이 때 신자의 영혼은 힘을 잃고 파리해집니다.

죄의 지배에서 벗어나고자 하는 자에게 약속된 은혜에 대한 기대를 능가하는 양심의 가책이 그를 짓누르고 죄와 싸울 용기를 앗아갑니다. 죄는 부당한 양심의 가책과 준엄한 율법의 송사의 도움을 받지만 신자는 아무도 돕는 자 없이 버려진 것 같습니다. 그래서 죄의 지배를 벗어나기 위하여 잠시 계속되던 진실한 몸부림은 점점 힘을 잃는 영혼으로 인하여 함께 약화됩니다.

아아, 이 얼마나 가련한 처지입니까? 그리고 우리의 영혼은 이러한 상황을 얼마나 자주 만납니까? 이 글을 쓰고 있는 동안에도 이러한 실패 가운데 홀로 흐느끼던 지난날 저의 영혼에 대한 기억과 지금도 죄 아래서 어찌할 바를 모르며 괴로워하는 지체들에 대한 생각으로 눈물이 흐릅니다. 어떻게 만난 하나님인데, 어떻게 주신 구원의 은혜인데, 좋으신 하나님을 온 마음으로 섬기는 대신 그렇게 죄의 지배 아래서 한번 가면 다시 오지 않을 인생을 허비하고 있는 것일까요?

아아, 어찌하면 우리에게 햇빛보다도 밝은 복음의 교리가 찬란하게 비쳐서, 우리 모두가 하나님 앞에서 살 수 있는 날이 올까요? 우리 모두 그 빛 가운데서 죄를 버리고, 창조주 하나님의 이름을 높이고, 진실한 사랑과 공경의 마음으로 우리를 어둠에서 불러내신 그리스도만을 섬기며 살 수 있다면 얼마나 좋을까요?

하나님께서는 자신의 죄에 대하여 가책을 느끼면서도 그리스도 안에서 약속된 용서를 믿으며 하나님 앞에 나오는 사람들에게 사죄의 은혜를 경험하게 하심으로써 죄 있는 곳에 은혜가 넘치게 하십니다. 신자가 죄를 사랑하는 한 죄는 자신을 파괴할 기회이지만, 신자가 죄를 버리고 하나님의 은혜의 용서를 구하는 한 죄는 하나님의 사랑을 경험할 기회입니다.

생각해 보십시오. 하나님의 위대한 사랑이 어떻게 하나님의 자녀들에게 경험되었습니까? 그분의 용서를 통해서가 아닙니까? 위대한 하나님의 사랑에 대한 경험은 항상 죄에 대한 용서를 통해서 나타났습니다. 성경에 나타난 그 수많은 믿음의 사람들은 모두 죄 때문에 넘치는 하나님의 은혜를 경험한 사람들입니다. 하나님께서 그들의 죄를 용서해 주시는 과정을 통하여 넘치는 은혜를 경험한 사람들입니다. 하나님의 용서의 은혜를 경험하고 나면, 죄는 더 이상 양심의 송사로 힘을 얻지 못하고, 신자는 율법의 참소로 가련한 처지가 되지 않습니다. 왜냐하면 그리스도의 십자가 안에서 이루어진 속죄는 이 모든 율법의 요구를 만족시켰고 보혜사이신 성령께서 우리를 변호하시기 때문입니다.

우리가 하나님 앞에 깊이 회개하게 되면 두 가지를 경험하게 됩니다. 그것이 바로 영혼의 놀라운 자유함과 하나님의 자비한 사랑입니다. 그러면 구체적으로 하나님께서는 어떻게 자신의 죄로 인하여 양심의 가책을 느끼는 죄인들에게 은혜의 용서를 베푸심으로써 죄가 있는 곳에 은혜가 넘치게 하실까요?

이것은 크게 두 가지로 설명될 수 있습니다. 첫째로, 죄가 있기에 용서를 베푸심으로써 죄의 정죄하는 능력을 종식시키십니다. 둘째로, 사죄의 경험을 통해 하나님의 사랑을 알게 하십니다.

A. 죄의 정죄하는 능력을 종식시키심

첫째로, 죄가 있기에 용서를 베푸심으로써 죄의 정죄(定罪)하는 능력은 종식됩니다. 이로써 하나님께서는 죄가 있는 곳에 자신의 은혜를 나타내십니다. 죄의 용서가 있는 곳에는 자유함이 있습니다. 예수 그리스도께서 말씀하셨습니다. "수고하고 무거운 짐 진 자들아 다 내게로 오라 내가 너희를 쉬게 하리라"(마 11:28).

죄의 무거운 짐을 지고 살아가다가 용서의 은혜를 경험하게 되면 무거운 짐을 내려놓은 듯한 자유를 경험됩니다. 그리고 이러한 용서는 하나님의 약속의 말씀과 성령의 은혜를 통해 경험됩니다. 사실 죄는 우리에게 이러한 자유를 주려고 온 것이 아닙니다. 우리 안에 있는 죄의 계획은 우리를 속박하고 어둠 속에 억압하는 것입니다. 그러나 신자가 죄를 버리고 믿음으로 하나님의 용서의 은혜를 구하게 되면 하나님께서는 오히려 그 안에 있는 죄를 용서의 기회로 삼으셔서 정죄하는 죄의 능력을 종식시키십니다. 뿐만 아니라 신자의 마음과 영혼에 말할 수 없는 자유를 주심으로써, 무엇에도 얽매이지 아니하고 자기를 창조하시고 구속하신 하나님의 구원 계획을 따라 살아가게 하십니다. 이 놀라운 일이 측량할 수 없는 지혜로 죄를 사용하셔서 은혜를 베푸시는 하나님의 위대한 섭리 속에서 이루어집니다.

B. 하나님의 사랑을 알게 하심

둘째로, 사죄의 경험을 통해 하나님의 사랑을 알게 하십니다. 신자가 진실로 뉘우치며 하나님 앞에 회개할 때 하나님께서는 그 죄를 사용하셔서 오히려 죄의 계획을 좌절시키십니다. 오히려 신자가 사죄의 경험을 통해 새롭게 획득하는 하나님의 사랑의 경험으로 다시 얻게 되는 것은 그리스도와의 연합입니다.

그리스도와의 실제적인 연합은 신자의 진실한 사랑을 통해 이루어지고 유지됩니다. 그래서 세상이나 세상에 있는 것들을 사랑하는 신자의 마음에는 하나님과의 실제적인 사랑의 연합이 없습니다. 하나님께서는 사죄의 경험을 통해 이미 경험했던 하나님의 사랑을 회복시키시거나 더 깊고 넓게 체험하게 하심으로써 죄를 통해 오히려 하나님의 사랑을 알게 하십니다.

그러면 신자가 사죄의 경험을 통해 하나님의 사랑을 알게 된다는 것은 구체적으로 무엇을 아는 것일까요? 이것은 다음과 같이 세 가지로 이루어집니다.[276] 첫째로, 하나님의 은혜를 알게 하십니다. 둘째로, 하나님의 자비를 경험하게 하십니다. 셋째로, 하나님의 오래 참으심을 알게 하십니다.

1. 하나님의 은혜를 알게 됨

첫째로, 사죄의 경험을 통해 하나님의 은혜(恩惠)를 깨닫게 하십니다. 신자가 죄 가운데 있게 되면 하나님의 은혜에 대하여 경험하는 바가 사라지거나 현저히 줄어들게 됩니다. 죄가 하나님의 은혜로운 성품을 경험하지 못하게 하기 때문입니다. 은혜는 죄로 말미암아 그것을 상실하고 정죄의 심판 아래 있는 죄인들을 향한 분에 넘치는 호의(favor)를 의미합니다.[277] 그리고 이러한 은혜는 가치 없는 죄인들을 향하여 슬픔을 동반한 사랑으로 다가옵니다. 그리고 그 사랑은 죄로 말미암아 멀어진 하나

---

[276] 이것은 하나님의 성품인 사랑을 대변하는 것들이다. 그것들이 사랑의 요소가 된다기보다는 하나님의 사랑을 여러 각도에서 볼 때 발견되는 것과 같은 적용들이다. 루이스 벌코프는 사랑을 '하나님 자신으로 하여금 피조물들에 대해 교통하시도록 영원히 감동받게 하는 하나님의 완전성' (that perfection of God by which He is eternally moved to self-communication)이라고 정의하였다. Louis Berkhof, *Systematic Theology*, (Grand Rapids; William B. Eerdmans Publishing Company, 1996), p.71. 여기서 하나님의 자신의 교통케 하심(self-communication)은 창조론과 깊은 연관을 갖는다. '상호 교통' (communication)의 신학적인 의미에 대해서는 다음 책들을 참고하라. 김남준. 「구원과 하나님의 계획」, (서울; 부흥과개혁사, 2004), pp.43-46; John Owen, *Christologia: or a Declaration of the Glorious Mystery of the Person of Christ-God and Man*, in *The Works of John Owen*, vol. 1, edited by William H. Goold, (Edinburgh; The Banner of Truth Trust, 1993 reprinting), pp.54-64.

[277] "The Bible generally uses the word(grace) to denote the unmerited goodness or love of God to those who have forfeited it, and are by nature under a sentence of condemnation." Louis Berkhof, *Systematic Theology*, (Grand Rapids; William B. Eerdmans Publishing Company, 1996), p.71.

님과의 관계 속으로 그들을 다시 부르시는 은혜의 행동으로 나타납니다.

그러므로 이 하나님의 은혜는 자비와 떨어질 수 없는 하나님의 성품입니다. 신자가 죄의 용서를 경험하게 될 때 은혜를 베푸시는 하나님의 성품을 다시 깨닫게 됩니다. 이 때 하나님의 은혜는 자신과 같은 죄인들이 처한 비참한 상황에 대하여 슬퍼하시는 사랑으로 이해되기 시작합니다.

죄는 이러한 하나님의 은혜로부터 신자를 떼어놓기 위하여 신자 안에 들어왔습니다. 신자가 죄를 사랑하고 그 죄와 함께 먹고 마시는 동안에는 하나님의 은혜보다는 하나님의 엄격하심을 인하여 두려워하며 살았습니다. 그러나 신자가 죄를 버리고 하나님의 사죄의 은혜를 구하자 오히려 이 잔존하는 죄는 하나님의 은혜로우신 성품을 깨닫게 해주는 계기가 되었습니다.

죄를 통하여 참회하는 인간들에 대해 용서하시는 하나님을 경험하면서, 사실은 하나님이 얼마나 죄인들을 공로 없이 용납하시는 은혜로우신 분이며, 얼마나 우리가 그분과의 교제 가운데 살기를 원하시는 분인지를 깨닫게 됩니다. 사죄를 경험하고 죄와 싸우는 과정에서 우리는 시시때때로 이러한 하나님의 자비를 경험하게 됩니다.

복음에 담긴 하나님의 지혜가 사악한 죄의 계획을 좌절시키고 오히려 용서의 은혜를 구하며 죄에서 돌이키는 신자들에게 크신 은혜를 경험하게 하심으로 하나님의 사랑을 깨닫게 해줍니다. 그것은 그 하늘로부터 자신에게 쏟아지는, 자신뿐만 아니라 하나님의 형상을 가진 모든 인간들에게 막을 수 없도록 부어지는 자비의 은혜입니다. 우리는 죄 때문에 참회하는 자신의 자녀들을 향하여 하나님이 얼마나 은혜로우신 아버지인지 알게 됩니다. 죄에게 이런 계획이 있었던 것이 아닙니다. 하나님의 복음의 지혜가 죄의 계획을 능가한 것입니다.

2. 하나님의 자비를 알게 됨

둘째로, 하나님의 자비(慈悲)를 경험하게 하심으로 사랑을 알게 하십니다. 이 자비는 스스로의 죄 때문에 버림받아 마땅한 죄인들을, 그들이 처한 죄의 결과인 고통과 비참함 때문에 불쌍히 여기시는 하나님의 사랑입니다.[278] 이것은 죄로 말미암아 비참하게 된 인간의 상태에 대해 하나님께서 가지시는 슬픔을 동반한 사랑입니다. 죄인의 처지를 긍휼히 여기시는 사랑입니다. 죄는 항상 죄의 결과를 가져오고 그 결과는 비참함입니다.

 죄 가운데 있는 영혼은 자신의 영혼의 상태뿐 아니라, 죄의 결과인 비참함도 정직하게 인식하지 못합니다. 영혼 안에 들어온 죄의 영향력이 총명(understanding)을 흐리게 하였기 때문입니다. 총명은 사리를 판단하고 분별하여 생각으로 하여금 받아들일 것과 거절해야 할 것을 알게 하는데, 영혼이 죄로 어두워졌기 때문입니다. 그러나 어느 순간 신자가 하나님의 말씀을 통해서 자신의 죄를 깨닫게 되고 자신의 영혼의 상태를 정직하게 인식하게 되면, 성령께서는 그의 총명을 회복시켜서 죄와 죄의 비참함을 밝히 보게 하십니다.

 성령의 가장 중요한 역사는 이처럼 죄인들에게 자신의 죄와 죄의 비참함을 생각나게 하시는 것입니다. 신자가 사죄의 은혜를 경험할 때 이러한 처지에 있는 자신을 향해 오래도록 품고 계셨던 하나님의 연민 어린 사랑을 깨닫게 됩니다. 하나님께서 자신의 죄는 미워하시지만 아들의 피로 값 주고 사신 자신이 죄의 결과로 비참하게 된 처지에 대해서는 마음 아파하시는, 슬픔을 동반한 사랑을 깨닫게 됩니다. 그리고 그 사죄의 경험 속에서 신자는 자신을 끝까지 사랑하시는 분이 오직 하나님뿐이시라는 사실을 깨닫게 됩니다. 그리고 이전에 하나님의 이러한 선하신 마음을 외면한 채 살았던 방종한 날들에 대해 회개하고 그 가운데 역사하던 죄를 혐오하게 됩니다.

 저는 이 자비를 '눈물이 가득 고인 하나님의 사랑'이라고 표현하곤 합니다. 이 자비는 죄인의 죄보다는, 그 죄로 말미암아 처하게 된 비참한 상태에 대한 하나님의 긍휼히 여기시는 사랑입니다.

 인간이 비참해진 것은 죄로 말미암은 결과이며, 그것은 인간 자신이 택한 것입니

---

278) "It may be defined as the goodness or love of God shown to those who are in misery or distress, irrespective of their deserts." Louis Berkhof, *Systematic Theology*, (Grand Rapids; William B. Eerdmans Publishing Company, 1996), p.72. 존 오웬은 성도를 향한 하나님의 사랑을 네 가지로 요약한다. (1)기뻐하심(delight). (2)소중히 여기심(valuation). (3)긍휼히 여기심(compassion). (4)아낌이 없으심(bounty). 이에 대한 방대하고 탁월한 논증은 다음을 참고하라. John Owen, *Of Communion with God the Father, Son, and Holy Ghost, Each Person Distinctly, in Love, Grace, and Consolation; or, the saint's fellowship with the Father, Son, and Holy Ghost unfolded*, in *The Works of John Owen*, vol. 2, edited by William H. Goold, (Edinburgh; The Banner of Truth Trust, 1990 reprinting), pp.117-154.

다. 따라서 하나님께서 그 과성을 다 생각하신다면 사랑 어린 슬픔을 가지실 수 없습니다. 하나님께서는 죄와 죄를 지어 온 그의 모든 삶은 미워하시지만, 아들의 피로 사신 자신의 소중한 자녀들이 비참하게 살아가는 것을 마음 아파하십니다. 사랑 어린 슬픔을 느끼시는 것입니다. 이것이 바로 하나님의 자비입니다. 이것이 곧 긍휼이고, 하나님의 사랑의 정체입니다.[279]

3. 하나님의 오래 참으심을 알게 됨

셋째로, 하나님의 오래 참으심(忍耐)을 경험하게 하십니다. 하나님의 오래 참으심은 자신을 향하여 부당하게 행하는 죄인들을 향한 하나님의 사랑의 또 다른 측면입니다. 이는 마땅히 심판받아야 할 죄인들에게 화목의 희망을 가지고 훈계와 경고를 반복하면서 용서하시기 위하여 형벌을 지연하고 계속적으로 돌보시는 죄인을 향한 하나님의 사랑입니다.[280]

하나님의 용서를 경험할 때 죄인들은 비로소 하나님께서 너무나 오랫동안 자신

---

[279] 하나님의 이러한 사랑을 잘 나타내 보여주는 것이 바로 '탕자의 비유'이다. 재산을 가지고 집을 나가 방탕하게 산 죄를 기억하지 않고 모든 것을 잃어버린 채 아버지밖에 의지할 데가 없어서 귀향하는 아들을 맞이하는 아버지는 바로 죄의 원인보다 결과적으로 다르게 된 인간의 비참함에 대하여 슬퍼하시며 사랑하시는 하나님을 보여준다. "이에 일어나서 아버지께로 돌아가니라 아직도 상거가 먼데 아버지가 저를 보고 측은히 여겨 달려가 목을 안고 입을 맞추니"(눅 15:20). 우리말 개역 성경에서 '측은히 여겨'라고 번역된 부분은 희랍어로 '에스프랑크니스쎄'(ἐσπλαγχνίσθη)인데, 이는 '스프랑크니조마이'(σπλαγχνίζομαι)의 제1부정과거 수동 데포넌트 3인칭 단수이다. 이는 '불쌍히 여기다'(have pity), 혹은 '동정하다'(feel sympathy)의 뜻을 가진다. 이 단어는 '인체의 내장(內臟)', 특히 '창자'(viscera)를 의미하는 명사 '스프랑크논'(σπλάγχνον)에서 유래하였다. 팔레스타인 사람들은 인간의 영혼의 좌소가 창자에 있다고 믿었다. 그런 문화적인 맥락을 고려하면, '측은히 여겨'는 '창자에 이르기까지 감동을 받아'(be moved to one's bowels)가 된다. 우리말로 등가(等價) 번역하자면, '가슴이 찢어지도록 불쌍해서' 정도가 될 것이다. 희랍어 '스프랑크논'(σπλάγχνον)은 이 외에도 '마음'(heart), '사랑'(love), '애정'(affection) 등의 의미를 갖는다. Walter Bauer, *A Greek-English Lexicon of the New Testament and Other Early Christian Literature*, edited by Frederick W. Danker, William F. Arndt, & F. Wilbur Gingrich, (Chicago: The University of Chicago Press, 2000 3rd edition), p.938.

[280] "It is aspect of the goodness or love of God in virtue of which He bears with the forward and evil in spite of their long continued disobedience." Louis Berkhof, *Systematic Theology*, (Grand Rapids; William B. Eerdmans Publishing Company, 1996), p.72. 조나단 에드워즈는 하나님의 사랑을 경험함으로써 오래 참으심에 감화를 받고 그것이 신자의 삶에 적용될 때, 그것은 자신을 괴롭게 하는 이웃에 대한 참음과 기쁨의 섬김으로 나타난다고 보았다. "A Christian spirit dispose persons meekly to bear ill that is received from others, and cheerfully and freely to do good to others." Jonathan Edwards, *Charity and Its Fruits*, in *The Works of Jonathan Edwards*, vol. 8, edited by Paul Ramsey, (New Haven; Yale University Press, 1987), p.185.

의 죄를 징벌하지 아니하고 참으셨다는 사실을 깨닫게 됩니다. 그래서 사죄의 은혜를 경험하고 회개하는 죄인들의 마음에는 이러한 후회가 있습니다. "내가 왜 그렇게 오래도록 하나님께 불순종하고 거역하였을까? 하나님께서는 무엇 때문에 나같이 쓸모없는 죄인에 대해 그토록 오래도록 참으셨을까?"

그래서 하나님을 떠나 방종하게 살던 지난날을 가슴 아파하게 되고 그러한 자기 깨어짐 속에서 죄에 대한 집착을 버리게 됩니다. 그래서 하나님의 용서를 경험한 신자들에게는 항상 자신을 향하여 오래 참으신 하나님의 사랑에 대한 경험이 있습니다. 이러한 경험에 대해 사도 바울은 말합니다. *그러나 내가 긍휼을 입은 까닭은 예수 그리스도께서 내게 먼저 일체 오래 참으심을 보이사 후에 주를 믿어 영생 얻는 자들에게 본이 되게 하려 하심이니라*(딤전 1:16).

이처럼 하나님의 용서를 경험한 신자들에게 있어서 하나님의 오래 참으심은 영원한 찬송 제목이 됩니다. 이렇듯 신자로 하여금 놀라운 하나님의 오래 참으심을 경험하게 하는 것이 죄의 계획은 아니었습니다. 그러나 회개하고 돌아오는 신자들에게 하나님께서는 이 죄를 사용하셔서 일체의 오래 참으시는 자신의 성품을 보여주십니다.

용서받은 죄인이 어떻게 하나님을 위해 견고한 삶을 살아갑니까? 어떻게 충성스럽게 죄와 더불어 싸우고 자신을 부르신 거룩한 소명에 헌신하는 삶을 살아가게 됩니까? 죄인을 향하여 오래 참으시는 하나님의 사랑을 본받지 아니하고는 그렇게 살아갈 수가 없습니다. 그래서 사도 바울은 믿음의 길을 걸어가는 우리들에게 그리스도의 오래 참으심을 본받으며 죄와 더불어 피 흘리기까지 싸우도록 독려하였습니다(히 12:3-4).

하나님의 놀라운 은혜와 참된 신자로 살게 하는 가르침을 거절하며 심판이 기다리고 있는 짐승과 같은 삶을 살기를 고집하는 우리를 향해서 주님께서 오래 참지 않으셨다면, 우리는 죄 가운데 멸망했을 것입니다. 이렇듯 신자가 죄 때문에 놀라운 오래 참으심의 은혜를 경험하게 되는 것은 죄가 계획한 바가 아닙니다. 그러나 하나님 앞으로 돌아오는 자들에게는 이 죄로 말미암아 그들에 대하여 오래 참으신 하나님의 사랑이 보이게 됩니다.

결국 이러한 하나님의 용서를 경험함으로써 신자는 더욱 그리스도와의 실제적인 연합을 누리게 됩니다. 죄는 악한 것이었지만, 그로 말미암아 믿음으로 그리스도를 통하여 하나님 앞에 나아간 신자는 그 과정을 통해 성화되어 갑니다.[281] 다시 하나님과의 평화를 회복하고 순결한 사람으로 하나님 앞에 자기를 구원하신 계획에 부합하는 삶을 살아 하나님께 영광을 돌리게 되는 것입니다.

우리가 얼마나 더 죄와 더불어 싸워야 할까요? 그리고 우리는 이 무거운 죄의 짐을 벗고 거룩하신 하나님을 영광 가운데 뵈올 수 있을까요? 우리는 그 날을 알지 못합니다. 그러나 그 날이 언제이든지 분명한 사실이 하나 있습니다. 은혜로부터 멀어져 죄를 사랑하는 사람들에게는 죄가 죄일 뿐이지만 그 죄를 버리고 은혜의 자리로 돌아오려는 사람들에게는 죄가 하나님의 은혜를 넘치게 하는 수단이라는 것입니다.

이러한 놀라운 경험은 죄나 죄를 사랑하는 죄인 안에 있는 자원을 통해 이루어지는 일이 아닙니다. 오직 죄인들을 불쌍히 여기시며 그들의 실패에도 불구하고 그들을 창조하시고 구원하신 계획을 포기하지 않으시는 하나님의 신실하신 사랑 때문에 가능한 것입니다. 그러므로 진실한 신자가 되기를 원하는 모든 사람들은 스스로 택한 죄 때문에 영혼이 곤고하고 육신이 고통을 당하면서도 하나님께로 돌아오는 과정을 통해서 이 세상이 자신에게 충분치 않다는 사실을 깨닫게 됩니다. 그리고 자신이 진정으로 사랑해야 할 나라가 하늘나라라는 사실을 알게 됩니다.

잔존하는 죄를 통해 이 세상은 하나님을 사랑하고 순전한 삶을 살기 원하는 사람들에게는 완전하고 영원한 도성이 아니라는 사실을 깨닫게 됩니다. 그래서 그들은 죄 많은 이 세상에서 나그네로 일컬음받기를 부끄러워하지 아니하며 순례의 길을 걸어갑니다.[282] 그렇습니다. 죄와 더불어 싸우는 이 고단한 순례의 길을 얼마나 더

---

[281] 청교도 윌리엄 아메즈는 진정으로 성화의 삶을 살아가고 있는 성도들의 표지(標識)로서 다음 다섯 가지를 열거한다. (1)하나님의 뜻대로 살게 하는 모든 능력과 전인(全人)에 영향을 미치는 영혼과 그와 관련된 전 기관(all faculties)의 쇄신(살전 5:23). (2)하나님의 모든 계명에 대한 깊은 존중심(시 119:6). (3)모든 죄를 피하고자 하는 끊임없는 노력(잠 28:14). (4)하나님 앞에서 살아감, 즉 하나님과 동행함(창 17:1, 고전 10:31). (5)자신 안에서 거룩하게 되기를 원하는 영적 본성(spirit)과 죄짓기 원하는 육적 본성(flesh) 사이에서 끊임없이 투쟁함. William Ames, *The Workes of Reverend and Faithful Minister of Christ William Ames*, translated out of Latin for publike use, (London; Printed for John Rothwell, and are to be fold at his shop, 1643), p.27.

[282] 신자가 구속받았다고 할지라도 아직 완전히 죄(罪)의 영향으로부터 벗어난 것은 아니다. 죄도 여전히 세상에 있고 죄의 결과인 죽음도 존재하기 때문이다. 그래서 신자는 이 세상에 살면서 전심으로 주님을 섬기지만, 또한 피조물과 함께 신음하며 몸의 영화로운 부활(復活)을 기다린다. 신자는 육체의 죽음과 함께 고단한 성화(聖化)의 과정이

걸어가야 할지 우리는 모릅니다.

그 때가 언제일지 알 수 없지만 우리의 호흡이 멎을 때까지 우리가 포기하지 말아야 할 꿈이 있습니다. 그것은 어찌하든지 우리가 참된 신자가 되어 우리를 창조하신 하나님과 구속하신 그리스도의 구원 계획에 부합하도록 살아가는 것입니다. 우리 안에 끊임없이 역사하심으로 죄를 죽이는 능력의 근원이 되셨던 성령께서도 이러한 삶을 기뻐하십니다.

우리가 죄와의 싸움에서 이겨서 이 어두운 세상에 한줄기 빛이 된다면 하나님께서는 얼마나 기쁘시겠습니까? 그리스도가 아니면 아무 소망이 없는 이 세상에 찬란한 빛을 밝혀 아버지의 영광을 보여주고 하나님과 동행하는 삶이 얼마나 행복한지를 보여줄 수 있다면, 그가 누구든지 어디에서 살든지 이 세상에 태어난 모든 보람을 다한 것입니다. 이 일을 위하여 하나님께서는 측량할 수 없는 지혜로 우리의 죄를 은혜가 넘치게 하는 기회로 삼으십니다.

끝나고 안식에 들어가게 되지만, 그가 바라는 것은 단순한 육체의 죽음으로 이 세상의 번뇌를 벗는 것이 아니다. 썩을 몸이 다시 영광스러운 부활의 몸으로 영화롭게 되기 전까지는 완전히 죄의 결과로부터 해방된 것이 아니기 때문이다. 구원 서정(序程)에서 이것을 영화(榮化, glorification)라고 하는데, 이는 구원 사역에 있어서 마지막 단계이다. 이 영화는 그리스도께서 재림하시어 그 동안 죽은 모든 신자들의 육체를 죽음으로부터 살려내셔서 그들의 영혼과 결합하게 하시고 살아 있는 모든 신자들의 육체를 변화시켜서 모든 신자들이 일시에 그리스도의 몸과 같은 완전한 부활의 몸을 입게 하시는 것이다. 거기서 신자들은 죄와 그 죄의 모든 결과로부터 해방되어 죄를 지을 수 없는(*non posse peccare*) 상태가 된다. Wayne Grudem, *Systematic Theology: an Introduction to Bible Doctrine*, (Grand Rapids; Zondervan Publishing House, 1994), p.828.

한눈에 보는 15장 죄 때문에 넘치는 은혜

서론 : 전제되어야 할 사실들
- A. 복음과 하나님의 지혜
  - 복음은 하나님께서 가지고 계신 측량할 수 없는 지혜를 내포하고 있음을 기억해야 함
- B. '죄 때문에 넘치는 은혜'에서 말하는 '죄'
  - 여기서 죄는 신자가 사랑하는 죄가 아니라 죄에 대항하여 싸우는 신자 안에 남아 있는 죄임

I. 죄의 존속을 은혜의 기회로 삼으심
- A. 탁월한 은혜 베푸심의 수단이 됨
  1. 죄 죽임의 은혜
  2. 회개의 은혜
  3. 신자 안에서 경험하는 죄의 객관화
     - 신자가 죄에 대한 사랑을 버리고 죄를 객관적으로 인식하고 대항하고자 할 때 죄가 은혜의 기회가 되는 것임
- B. 우리 안에 남은 죄가 아름다운 이유
  1. 그 어려움을 인해 은혜를 구하게 됨
  2. 하나님의 뜻을 구하며 자기를 포기하게 함
  3. 그리스도의 중보 사역의 탁월함을 의지하게 함

II. 죄의 능력에 대하여 은혜의 공급을 약속하심
- A. 죄보다 큰 은혜의 능력을 주심
- B. 싸우고 있는 한 죄가 지배하지 못하게 하심

III. 죄의 가책에 용서의 은혜를 베푸심
- A. 죄의 정죄하는 능력을 종식시키심
- B. 하나님의 사랑을 알게 하심
  1. 하나님의 은혜를 알게 됨
  2. 하나님의 자비를 알게 됨
  3. 하나님의 오래 참으심을 알게 됨

The Doctrine on Dominion of Sin and Grace in Believers

"이는 너희가 흠이 없고 순전하여 어그러지고 거스르는 세대 가운데서 하나님의 흠 없는 자녀로 세상에서 그들 가운데 빛들로 나타내며" (빌 2:15)

제16장

죄의 지배에 작별을 고하며

제16장
죄의 지배에 작별을 고하며

I. 은혜의 지배 아래 살아야 하는 이유 : '빛들로 나타나게'

　우리가 하나님의 뜻대로 살아가려고 믿음으로 순종하면 죄를 죽이는 것은 쉬운 일일 것입니다. 그러나 우리 안에 남아 있는 자기 사랑과 죄에 대한 집착 때문에 불순종하게 되고 결국 죄의 지배 아래 살게 되는 것입니다. 그렇게 함으로써 세상 사랑과 하나님 사랑 사이에서 방황하고 있는 것입니다. 그러나 죄에 대한 철저한 미움이 없으면 죄를 죽일 수 없습니다. 그래서 죄와의 싸움이 힘겹게 느껴지는 것입니다. 그렇다면 우리가 이렇게 힘겨운 죄와의 싸움에서 반드시 승리하고 죄를 죽임으로써 거룩한 은혜의 지배 아래 살아가야 하는 이유는 무엇일까요?

　그리스도께서 구속하신 모든 하나님의 자녀들을 향한 아버지의 뜻은 동일합니다. 그들이 어두운 세상에서 자기들을 구원하셔서 빛 가운데로 들어가게 하신 하나님의 거룩한 덕을 선전하게 하시기 위함입니다. 그래서 사도 바울은 본문에서 다음과 같이 명료하게 단언합니다. "……세상에서 그들 가운데 빛들로 나타내며"(빌 2:15). **283)**

A. 본문의 의미

희랍어 본문을 보면 본문의 '빛들로 나타내며'는 '우주의 발광체들처럼 빛나게 하시려고'라고 되어 있습니다. 밤하늘을 생각해 보십시오. 어두운 밤하늘에 빛나는 찬란한 빛을 보십시오. 별들은 어두운 밤하늘을 배경으로 더욱 빛나고, 망망대해를 항해하는 사람들에게 온 바다를 대낮처럼 밝히는 조명이 없어도 항로를 안내하는 나침반이 됩니다. 그리스도인의 존재도 이와 같습니다.

신자는 세상과 타협하도록 부름받은 존재들이 아닙니다. 또한 세상은 신자들만큼 밝은 빛을 소유한 적이 없습니다. 죄가 들어온 이후 온 세상에는 영적인 어둠이 짙게 깔렸고, 그래서 인간들은 스스로의 지성으로는 하나님을 더듬어도 찾을 수 없게 되었고, 자신들이 어디로부터 왔으며, 어떤 존재이며, 무엇을 행하며 살아야 하는지 알 수 없는 존재들이 되었습니다.

문명은 눈부시게 발달하였지만 영적인 어둠은 점점 더 깊어 갔고, 오늘날 밤하늘처럼 어두운 이 세상은 바로 그러한 역사 전개의 결국입니다. 그러므로 그리스도인들은 세상과 다른 존재가 됨으로써 하나님을 가장 잘 알릴 수 있습니다.

로이드 존스(D. M. Lloyd-Jones)의 지적과 같이 교회가 세상을 닮음으로써 사람들에게 선교적인 영향을 미칠 수 있다는 것은 신학적으로나 심리적으로나 그릇된 결론이라 아니할 수 없습니다. 사람들은 세상에 있는 것을 교회에서 찾고 싶은 것이 아니라 세상에서 도저히 발견할 수 없었던 것을 얻고 싶은 것입니다. 세상의 문명과 인간의 정신적인 본성의 빛이 가져다 줄 수 없는 그 무엇을 얻고 싶은 것입니다.

---

283) "이는 너희가 흠이 없고 순전하여 어그러지고 거스리는 세대 가운데서 하나님의 흠 없는 자녀로 세상에서 그들 가운데 빛들로 나타내며"(빌 2:15). 우리말 개역 성경에서 '세상에서 그들 가운데 빛들로 나타내며'라고 되어 있는 부분의 희랍어 본문은 '엔 호이스 파이네스쎄 호스 포스테레스 엔 코스모'(ἐν οἷς φαίνεσθε ὡς φωστῆρες ἐν κόσμῳ)인데, 이를 직역하면, '그들 가운데 세상(혹은 우주) 안에서 발광체들로 나타내며'이다. 이는 사도 바울이 어두운 밤하늘 우주 공간에서 빛나는 달과 별을 염두에 두고 기록한 것이다. '코스모'(κόσμῳ)는 '코스모스'(κόσμος)의 여격 단수이며, '코스모스'는 '우주, 세상, 질서, 물질 세계, 땅, 세상 사람' 등을 의미하는 데, 사도행전에서도 '우주'라는 의미로 사용되었다(행 17:4). 밤하늘의 우주 공간이 어두운 것처럼 그리스도가 알려지지 않은 이 세상도 어둡다. 전자는 물리적인 어둠 때문이지만, 후자는 영적인 어둠 때문이다. 그리스도인은 참 빛이신 그리스도로 말미암아 받게 된 빛들로 나타남으로써 이렇게 어두운 세상을 비추도록 부름을 받은 사람들이다. 본문의 표현은 이러한 유비(類比)를 마음에 두고 기록되었다. Joseph H. Thayer, *Thayer's Greek-English Lexicon of the New Testament*, (Grand Rapids; Baker Book House, 1982 reprinting), p.357.

오히려 교회는 세상에 있는 것이 자신에게 없다는 것에 대해 부끄러워하지 않는 담대함을 가져야 합니다. 그러나 이러한 신령한 담대함은 교회가 반드시 소유하여야 할 것을 지니고 있을 때 발휘할 수 있는 담대함입니다.

성전 미문에 앉아 무엇인가 구걸하려던 앉은뱅이에게 사도들이 선언했던 것을 기억해 보십시오. "은과 금은 내게 없거니와." 그들은 자신에게 세상에 있는 은과 금이 없는 것을 조금도 두려워하지 않았습니다. 오히려 이렇게 말했습니다. "내게 있는 것으로 네게 주노니 곧 나사렛 예수 그리스도의 이름으로 걸으라"(행 3:6).

교회가 이 세상에 줄 수 있는 가장 큰 선물, 그것을 주지 않으면 교회라고 말하기 힘든 그것이 무엇입니까? 그것은 참으로 하나님께서 창조하신 뜻대로 존재하고 살아가는 인간이 누구인지를 보여주는 것입니다. 그러한 인간은 이 세상에 빛들로 나타날 것입니다.

그러면 타락한 인간이 어떻게 이처럼 참된 인간이 누구인지를 보여주기까지 변화될 수 있을까요? 이는 자신의 힘으로는 불가능합니다. 오직 그리스도 예수로 말미암아 타락한 옛 본성의 사람이 재창조되고, 그렇게 재창조된 신자가 끊임없는 성화를 통해 자신 안에 있는 옛 사람의 부패한 본성을 버리고, 온전히 진실한 그리스도인이 되어감으로써, 참으로 하나님께서 인간을 창조하셨을 때 의도하신 참 인간이 될 수 있는 것입니다.

세상을 보십시오. 하나님을 경외하도록 지음받았음에도 불구하고 모든 사람들이 하나님의 창조의 계획과 상관없는 삶을 도모하고 있습니다. 그리고 자신을 이 온 우주의 주인이라고 생각하고, 자신의 행복을 자기 존재의 궁극적인 목적이라고 생각합니다. 창조주 하나님을 기억하고 그분을 사랑하며 그 뜻대로만 살고 싶어하는 사람들이 얼마나 소수인지요?

하나님의 자녀들이 단지 진실한 신자가 되기를 힘쓰며 그리스도 안에서 성결한 믿음의 사람이 되어가는 것만으로도 그들의 존재는 우주의 발광체처럼 빛날 수 있습니다. 세상이 너무 어둡기 때문입니다.

B. 피할 수 없는 부르심

이처럼 우리를 향한 하나님의 부르심은 우리가 참 신자가 됨으로써, 참으로 하나님께서 이 땅에 존재하기를 바라시는 인간이 되는 것입니다. 죄가 들어오기 전까지는 이 세상에 존재하는 모든 피조물이 하나님이 누구신지를 알릴 수 있었습니다.

그러나 죄가 들어왔고, 죄는 인간의 영혼에 파괴를 가져왔습니다. 창조주 하나님과의 관계가 깨졌고 사람과의 관계도 파괴되었습니다. 자연과의 관계는 물론 자신과의 관계도 깨져 버렸습니다. 그러나 죄로 말미암는 재앙적인 파멸은 그의 영혼 안에서 더욱 두드러졌습니다. 영혼은 극도의 어둠의 상태에 갇히게 되었고, 생각은 허탄한 데에 굴복하며 의지와 정서는 저속한 정욕으로 가득 차게 되었습니다.[284] 하

---

[284] 죄로 말미암아 타락하게 된 인간은 영적인 죽음의 상태에 있게 되었고, 아담 이후로 모든 사람은 거듭나지 못한 상태에서 태어난다. 그래서 모든 인간은 생래적으로 하나님께 대한 적대감과 반감을 가지고 있다. 그래서 성경은 거듭나지 못한 사람들이 본성적으로 부패하였다고 선언한다. 이 사실은 다음과 같이 두 가지로 나누어서 설명할 수 있다. (1)마음의 부패(corruption): ①지성의 부패로 눈멀게 되어 허탄한 일에 자기를 바침. 정서와 의지에 대한 지성의 통제력을 상실하고 무지와 어리석음에 빠짐. ②정서의 부패로 인간은 빗나간 자기 사랑 안에서 타락한 정서의 노예가 되고 비이성적이고 충동적인 존재가 됨. ③의지의 부패로 고집스럽고 완고한 상태가 되고 이성의 통제를 벗어나 노예의지 상태가 됨. (2)영혼의 어둠(darkness): ①생각은 선천적으로 하나님의 창조의 계획과 상관없는 허무에 굴복함. ②총명은 영혼의 어둠으로 고유한 판단 능력을 잃음. 생각으로 하여금 받아들일 것과 거부할 것을 지도하는 기능을 상실함. ③마음은 실제적으로 사람이 움직이고 행동하는 본질이자 본체이며, 생각에 의하여 받아들여진 지식의 빛이 총명으로 적용되어 나타나고 마음은 그것을 사용하는데, 마음이 굳어진 상태에서 하나님을 향하여 반감을 가지게 됨. 김남준, 「구원과 하나님의 계획」, (서울; 부흥과개혁사, 2004), pp.172-175; John Owen, *Pneumatologia or, A Discourse Concerning the Holy Spirit; wherein an account is given of his name, nature, personality, dispensation, operations, and effects; his whole work in the old and new creation is explained; the doctrine concerning it vindicated from oppositions and reproaches. The nature also and necessity of gospel holiness; the difference between grace and morality, or a spiritual life unto God in evangelical obedience and a course of moral virtues, are stated and declared*, in *The Works of John Owen*, vol. 3, edited by William H. Goold, (Edinburgh; The Banner of Truth Trust, 1994 reprinting), pp.248-249, 253-254. 조나단 에드워즈는 1757년 여름에 저술한 그의 방대한 저작인 「원죄론」(*The Great Christian Doctrine of Original Sin Defended*)에서 인간은 최초의 타락으로 말미암아 본성적인 부패에 속하게 되었는데 신앙과 관련된 일들(the matter of religion)에 있어서 극단적으로 어리석고 우둔한 존재가 되었고, 그러한 경향성에 의하여 지배받는 존재가 되었다고 말한다. 원죄를 지닌 인간의 이러한 극단적인 어리석음과 우둔함은, 신앙과 관련하여 크게 두 가지로 나타났다는 것이다. (1)참 하나님을 알고 인정하며 경배하던 인간의 지향성(propensity)이 타락으로 말미암아 가장 어리석은 우상 숭배로 떨어지게 되었다. (2)인간이 누릴 수 있는 영원한 이익(eternal interest)에 대한 커다란 무관심 아래로 복속되었다. 하나님께서 주신 이성(理性)과 역행하여 행동하는 타락한 지향성은 신령하고 영원한 것들에 대하여는 전적으로 무관심하고 일시적이고 세상적인 것에 몰두하게 만들었다. Jonathan Edwards, *The Great Christian Doctrine of Original Sin Defended*, in *The Works of Jonathan Edwards*, vol. 1, revised and corrected by Edward Hickman, (Edinburgh; The Banner of Truth Trust, 1995 reprinting), pp.156-158; Jonathan Edwards, *A History of the Works of Redemption*, in *The Works of Jonathan Edwards*, vol. 9,

나님께서 창조시 인간에게 주신 순수하고 깨끗한 본성의 빛은 상실하게 되었습니다.[285]

사도 바울에 의하면 영혼의 능력은 세 가지로 언급됩니다. 생각과 총명과 마음이 그것입니다(엡 4:17-18). 그러나 이 세 가지 모두 영혼의 어둠 아래 있게 되었습니다.[286] 청교도 신학자 존 오웬의 지적에 따르면 지식의 빛은 생각에 의해 받아들여지고, 총명으로 적용되며, 마음은 그 지식의 빛을 사용합니다. 인간의 죄로 말미암아 하나님이 누구신지를 보여주던 피조 세계의 찬란한 광휘는 상실되었습니다. 그래서 하나님께서는 죄로 말미암아 망가진 인간들을 선택하시고 구원하셔서 새롭게 창조하시고 거룩하게 하심으로써, 많은 사람들에게 자신이 누구신지를 알리는 빛으로 삼으셨던 것입니다.

그러므로 신자는 하나님을 알지 못하는 이 세상에 창조주 하나님을 정확히 가르쳐 주는 빛입니다. 원래 그 빛은 오직 예수 그리스도이시지만 예수 그리스도께서는 이제 자신을 직접 이 어두운 세상에 빛으로 비추지 아니하시고, 자신을 만나 거듭나고 거룩해진 신자들을 통해 자신의 빛을 반사하게 하셨습니다. 그래서 예수 그리스도께서 우리에게 말씀하셨습니다. "너희는 세상의 빛이라 산 위에 있는 동네가 숨기우지 못할 것이요"(마 5:14).

중생한 신자는 끊임없이 자신을 거룩하게 하시려는 성령의 힘쓰심에 순종함으로써 보다 더 그리스도의 빛을 잘 전달할 수 있는 존재가 되어갑니다.[287] 교회는 이렇게 빛으로 부르신 사람들의 모임입니다. 하나님께서는 그들의 수와 상관없이 언제

---

edited by John F. Wilson, (New Haven; Yale University Press, 1989), p.555.

285) 김남준, 「구원과 하나님의 계획」, (서울; 부흥과개혁사, 2004), pp.172-175.

286) 이 세 가지가 영혼의 어둠 가운데 있는 상황은 다음과 같이 요약될 수 있다. (1)생각의 허탄함이다. 영혼의 어둠은 생각(mind)의 허탄함을 가져왔고, 그래서 인간은 가치 없는 일에 자신의 생각을 허무하게 굴복시키며, 창조의 목적과는 상관없는 허탄한 것들을 추구하게 되었다. (2)총명의 상실이다. 총명(understanding)은 영혼의 지도하는 능력, 식별하고 판단하는 기능을 가리킨다. 그러나 타락한 인간의 총명은 부패하여 원래의 밝은 빛과 같았던 총명으로부터 멀어졌다. 그래서 마음과 삶을 육욕에 내어 준 채 살게 되었다. (3)마음(heart)의 굳어짐이다. 마음은 실제적으로 사람이 움직이고 행동하는 본질이며 본체이다. 그래서 인간의 마음에는 의지가 포함되어 있다. 성경은 타락한 상태 아래 있는 죄인의 영혼과 관련된 총명과 생각과 마음의 관계를 다음과 같이 지적한다. "저희 총명이 어두워지고 저희 가운데 있는 무지함과 저희 마음이 굳어짐으로 말미암아 하나님의 생명에서 떠나 있도다"(엡 4:18). 김남준, 「구원과 하나님의 계획」, (서울; 부흥과개혁사, 2004), pp.171-175.

287) 신자의 현존(presence)이야말로 최상의 선포(proclamation)이다. 복음을 전하는 것은 세상 끝 날까지 신자의 의무이지만, 이 세상 사람들에 대한 신자의 또 다른 큰 의무는 참으로 인간이 어떤 존재이고 참 인간으로 사는 길이 무엇인가를 보여주는 것이다. 그렇게 함으로써 인간을 창조하시고 구속하신 하나님을 생각나게 함으로써 하나님을 향

나 어느 시대에나 거룩한 백성들로 삼으셔서 그 빛을 비추게 하심으로 주님을 알리셨습니다.[288] 그러나 그들은 결코 아무렇게나 살면서 빛으로 존재한 사람들이 아닙니다. 시대마다 하나님께서 가르쳐 주신 계시의 빛이 있었고, 그들은 온 힘을 다해 그 계시의 말씀에 순종하였으며, 부패한 본성과 죄의 거센 반항에도 불구하고 어떻게 자신 안에 주신 은혜를 간직하고 주님을 닮아갈 수 있는지를 터득하고 있었습니다. 그들은 죄가 무엇인지 알고자 하였고, 그 죄와 더불어 싸워 이길 수 있는 은혜의 힘을 공급받는 비결을 복음 안에서 터득하였습니다.

하나님께서는 어느 시대든지 진실한 신앙을 가진 사람이 전혀 없도록 그 시대를 방치하신 적이 없습니다. 세상이 아무리 악하고 대부분의 사람들이 하나님을 마음에 두기 싫어한다고 할지라도 말입니다. 모두들 잠들어 있는 시대에도 언제나 깨어 있는 소수의 사람들이 있었습니다. 그러나 하나님께서는 이들이 다수가 되기를 원하셨습니다. 그래서 어두운 세상에 더 많은 빛들이 찬란하게 비쳐 모든 피조물이 거룩하신 하나님의 존재와 신실하신 성품을 인정하게 되기를 기대하셨습니다.

그러므로 이 세상에서 구원받은 한 신자의 삶의 신실함은 그가 얼마나 진실한 신자가 되느냐로 판단될 수 있습니다. 참으로 어두운 세상에 태어나서 진실한 신자가 되는 것이야말로 하나님을 향한 최상의 섬김이고 어두운 세상을 위한 최고의 봉사입니다.

그렇습니다. 참으로 신자 되는 것이야말로 이 세상에 인간으로 태어나 할 수 있는

한 그릇된 태도를 돌이키게 하는 것이다. 이 때 신자의 존재와 삶은 하나님의 창조의 목적과 구속의 계획을 따라 이루어진 것이어야 하며, 이는 곧 성화(聖化)를 통해 충심적 선(cordial goodness) 혹은 핵심적 선을 전적으로 받아들인 삶이다. 신자에게 있어서 이러한 삶은 하나님을 알고 그 하나님의 모든 계명에 대하여 삶의 모든 방면에서 전적으로 순종하는 삶으로 나타나며, 이는 하나님께 대한 순전하고 충만한 사랑으로 말미암아 가능하게 된다. 충심적 선(衷心的 善), 혹은 미(美)의 철학적이고 신학적인 개념에 대하여는 조나단 에드워즈의 다음 논문을 참고하라. Jonathan Edwards, *The Nature of True Virtue*, in *The Works of Jonathan Edwards*, vol. 8, edited by Paul Ramsey, (New Haven; Yale University Press, 1987).

288) "지금도 죽음의 증상이 이 세상에 가득합니다. 죽음의 질병에 걸려서 이 세상에 있는 돈이나, 명예, 사회 구조로는 도저히 풀 수 없는 비참한 증상들이 나타나고 있습니다. 사람들은 하나님보다 쾌락을 더 사랑하고 자기를 창조하신 하나님을 잊어버리고, 인간의 참된 목적이 무엇인지도 모르고, 마치 불을 향해 날아드는 나방과 같이 죄 아래로 모이고 죽음 아래로 달려들고 있습니다. 그들이 누구입니까? 하나님께서 그렇게 사랑한 사람들입니다. 하늘에는 천사들을 두어 다스리게 하셨지만, 땅에는 사람들을 창조하셔서 당신이 지어 놓으신 이 세계를 다스리게 하고 싶으셔서 다른 피조물들과는 달리 당신의 형상을 심어 놓으셨습니다. 세상이 어떤 종류의 고통에 시달리든지 간에 고통하는 세상에 대한 영원히 변치 않는 답은 하나입니다. 우리 주 예수 그리스도의 십자가의 복음 이외에는 결코 다른 해결의 길이 없습니다." 김남준, 「구원과 하나님의 계획」, (서울; 부흥과개혁사, 2004), pp.119-120.

가장 고상한 의무이고 사명입니다. 이것 없이는 그가 이 세상에서 아무리 많은 것을 누리고 높은 지위에 도달하였다 할지라도, 아무리 큰 업적을 이루어 놓았다 할지라도, 그는 아무것도 아닙니다.[289]

C. 그 '빛들' 인 신자들: 너희는 세상의 빛이라

인생의 제일가는 목적은 하나님을 영화롭게 하고, 그분을 영원토록 즐거워하는 것입니다. 즉 하나님께 영광 돌리고 하나님 자신을 인하여 기뻐하는 것입니다.[290] 그러면 하나님께 영광을 돌린다는 것이 무엇일까요?

저는 하나님의 영광을 신학적으로 세 가지로 나누어서 고찰하기를 제안합니다. 본체적 영광과 발산적 영광, 그리고 효과적인 영광이 그것입니다.

---

[289] 하나님께서는 이미 망가져 버린 이 세상의 피조물들로는 자신을 알리실 수 없다. 오늘날 수많은 종교들은 하나님 대신 하나님께서 창조하신 것들을 섬긴다. 인간을 위하여 창조된 해와 달을 섬기고 별들을 섬기며, 분토로 돌아갈 뿐인 죽은 인간들을 섬긴다. 자신의 피조물들을 통해 자신을 이 세상에 알리는 일에 있어서 새로운 방법을 선택하셨다. 우리의 변화된 존재, 즉 우리의 부패한 본성의 죄들을 죽이고 영혼을 순결케 하는 신령한 성화로 말미암아 변화된 성도들을 통해 이 일을 하고자 하셨다. 그러므로 신자의 가장 큰 의무는 하나님께서 이 세상을 창조하셨을 때에 의도하셨던 이 세상에 대한 계획을 전적으로 받아들이고 거기에 부합하는 존재가 되는 것이다. 그리고 그렇게 하기 위해서는 반드시 성화를 통하여 진정한 성도가 되어야 한다. 그렇게 함으로써 우리는 그리스도를 더욱 닮은 존재들이 될 수 있으며, 그렇게 되는 것이 진실한 성도, 곧 참으로 하나님께서 이 땅에 있게 하고 싶으신 사람이 되는 것이다. 왜냐하면 그리스도 자신이 참사람의 최고의 모본이시기 때문이다.

[290] 「하이델베르크 요리문답」(Heidelberg Catechism)에서는 하나님께서 인간을 창조하신 목적에 대하여 다음과 같이 가르친다. "(인간을 창조하신 목적은) 창조주 하나님을 올바로 알고, 전심으로 사랑하며, 영원한 행복 안에서 그분과 함께 살며, 그분을 영화롭게 하고 찬양하게 하려 하심이다"(That might rightly know God his Creator, heartily love him, and live with him in eternal happiness, to glorify and praise him). Zacharias Ursinus, *The Commentary of Dr. Zacharias Ursinus on the Heidelberg Catechism*, translated from the original Latin, by G. W. Willard, (Phillipsburg; Presbyterian and Reformed Publishing Company, reprinting of the second American edition in 1852), p. 28. 자카리아스 우르시누스(Zacharias Ursinus, 1534-1583)는 루터파 신학자 멜란히톤(Melanchthon)의 제자로서 비텐베르크 대학에서 공부하였다. 여러 개혁 신학의 요람들에서 공부하였고, 하이델베르크의 사피엔스 대학(Collegium Sapientiae)에서 가르쳤다. 완고한 루터주의자들이 대학을 장악하자(1576), 그는 노이슈타트에 있는 개혁파 아카데미로 옮겨 가서 생을 마감할 때까지 강의하였다. 「하이델베르크 요리문답」의 원저자로서(1563) 올레비아누스(Olevianus)와 함께 개혁주의 신학 발전에 크게 기여를 하였다. 그의 언약신학은 불링거(Bullinger)와 칼빈(Calvin), 베르미글리(Vermigli) 등의 영향을 골고루 받은 것으로 평가되고 있다. 우르시누스는 잔카우스(Zanchius)와 함께 하이델베르크에 있는 개혁파 목회자들을 위한 멜란히톤의 「신학 총론」(*Loci Commues*)의 표준 독본을 만들었다. 김재성, 「개혁 신학의 정수」, (서울; 이레서원, 2003), pp. 203-204; James D. Douglas & Earle E. Cairns, *The New International Dictionary of the Christian Church*, (Grand Rapids; Zondervan Publishing House, 1996 reprinting), p. 1005.

첫째로, 본체적인 영광(essential glory)은 하나님 자신의 속성으로서의 영광을 가리킵니다. 이것은 하나님의 거룩한 존재 자체와 관련되어 있습니다.291) 그리고 둘째로, 발산적 영광(radiatory glory)은 피조물들이 하나님이 누구신지를 알게 해주도록 발산하는 빛으로서의 영광을 가리킵니다. 셋째로, 효과적 영광(effective glory)은 그렇게 발산하는 영광에 대한 반응을 통해 하나님을 인정하게 되는 힘이나 효과로서의 영광을 가리킵니다. 따라서 발산적 영광과 효과적 영광은 밀접한 관계가 있습니다.292) 즉 피조물은 발산하는 영광의 빛을 통하여 하나님의 하나님 되심을 인정하게 되고, 그렇게 함으로써 효과적인 영광을 나타내기 때문입니다.

그런 의미에서 볼 때, 효과적 영광은 발산적 영광에 대한 반응으로서의 영광이라 할 수 있습니다. 따라서 하나의 효과적 영광은 뒤이어지는 효과적 영광에 대해 발산

---

291) 본체적 영광(essential glory)은 속성적(屬性的) 영광, 혹은 본유적(本有的) 영광이라고 부를 수 있다. 조나단 에드워즈는 하나님의 영광은 곧 계시된 그분의 지식과 의지라고 보았다. 이것은 곧 하나님의 존재적 경향을 가리키는 것이며, 바로 그것이 하나님의 본질이며 그것이 곧 하나님의 영광이 된다고 보았다. 그러나 이 하나님의 영광은 하나님의 충만함으로부터 나오는 것으로서 고정된 실재가 아니라 점차적으로 증대하는 성격을 갖는다고 보았다. 따라서 이 세상이 존재하는 어느 시점에도 하나님께서 피조물을 통해 자신을 충분히 드러내셔서 영광이 최고점에 이르도록 발현하게 되었다는 지점은 없다고 말한다. "If God has respect to something in the creature, which he views as of everlasting duration, and as rising higher and higher through that infinite duration, and that not with constantly diminishing(but perhaps an increasing) celerity; then he has respect to it as, in the whole, of infinite height; though there never will be any particular time when it can be said already to have come to such a height." Jonathan Edwards, *Concerning the End for Which God Created the World*, in *The Works of Jonathan Edwards*, vol. 8, edited by Paul Ramsey, (New Haven; Yale University Press, 1987), p.334. 하나님께서는 천지를 창조하심에 있어서 하나님의 자기 전달, 즉 자신의 신성의 충만한 영광을 자신 밖으로 나타내실 뿐 아니라 또한 창조된 세상에 대해 어떤 목표를 지향하시며, 그것을 성취할 것을 추구하신다. 따라서 에드워즈가 천지의 창조를 '하나님의 충만으로부터의 흘러나옴'이라고 말할 때, 그것은 하나님의 그러한 존재적 경향성의 산출물임을 말하는 것이며, 그것이 곧 하나님께서 창조하신 세상에 대하여 목표를 가지고 그것을 추구하신다는 사실을 배제하는 것이 아니다. 이상현 교수는 이것을 천지 창조에 있어서 하나님의 '목적론적 움직임'이라고 보았다. 이상현, 『조나단 에드워즈의 철학적 신학』, (서울; 한국장로교출판사, 1999), p.275; 김남준, 『구원과 하나님의 계획』, (서울; 부흥과개혁사, 2004), pp.21-22. 결국 천지 창조에 있어서 하나님께서 의도하신 바가 곧 선(善)이며, 창조된 모든 것들이 존재하는 모든 지속성 안에서 그것이 창조 세계의 결국이 되게 하고 싶으셨던 바이다. 그리고 그렇게 되는 것이 곧 피조물로서 하나님의 영광을 드러내는 것이 된다. "This certain that what God aimed at in the creation of the world was the good that would be the consequence of the creation, in the whole continuance of the thing created." Jonathan Edwards, *Concerning the End for Which God Created the World*, in *The Works of Jonathan Edwards*, vol. 8, edited by Paul Ramsey, (New Haven; Yale University Press, 1987), p.334.

292) 본체적(本體的) 영광이 하나님 존재 자신으로부터 비치는 영광이라면, 발산적(發散的) 영광은 피조물을 통해 나타나는 하나님의 영광이다. 그리고 효과적(效果的) 영광은 피조물을 통해 나타나는 하나님의 영광을 보고 하나님 되심을 인정하게 되는 효과를 가리킨다. 효과적 영광은 뒤이어지는 효과적 영광에 대해 발산적 기능을 갖는다. 이것을 통해서 하나님께서는 영광을 받으신다.

적인 기능을 갖게 됩니다.

하나님께서 우리를 어두운 세상에서 빛들로 부르셨다는 의미는 바로 이렇게 하나님을 인정하게 하는 효과적 영광으로 많은 인간과 피조물들을 하나님을 아는 데로 이끌어 그분의 하나님 되심을 인정하게 하도록 부르신 것을 의미합니다. 그런데 사도 바울은 이것을 '영광의 힘'이라고 불렀습니다(골 1:11). 그러므로 빛들로 나타나지 아니하면 우리는 우리를 구속하신 하나님의 계획에도 불구하고 창조의 원래 목적을 따라 살아가고 있는 것이 아닙니다.

1. '한 빛' 아닌 '그 빛' : 그리스도로 변화된 사람들

여기서 우리는 예수님께서 하신 말씀을 생각하게 됩니다. "너희는 세상의 빛이라"(마 5:14). 여기서 '빛'은 원어적으로 '그 빛'이라는 의미입니다.[293]

이 세상에는 '그 빛'(the light)이 아닌 '한 빛'(a light)이 많이 있습니다. 인생을 살아가면서 겪는 어려움들을 극복한 감동적인 인간 승리의 이야기는 인생길에서 낙심한 많은 사람들에게 소망을 줍니다. 따라서 그것도 빛이 될 수 있습니다. 그러나 그것은 '한 빛', 혹은 '어떤 빛'일 뿐입니다.

도덕주의(道德主義)도 빛이 될 수 있습니다. 그러나 그것은 '그 빛'이 아니라 '한 빛'일 뿐입니다. '한 빛'은 이 세상에 감동을 줄 수는 있어도, 인간 존재의 고통의 궁극적인 원인인 죄로부터 구원하여 새로운 인생을 살아가게 만들어 줄 수는 없습니다. 그래서 우리에게는 '한 빛'이 아니라, '그 빛'이 필요합니다. 여기서 '그 빛'은 곧 예수 그리스도이십니다.

그런데 그리스도께서는 지금 어떻게 이 땅에서 자신을 빛으로 나타내십니까? 예

---

[293] 우리말 개역 성경에서 "너희는 세상의 빛이라"(마 5:14상)고 번역한 부분의 희랍어 본문은 "휘메이스 에스테 토 포스 투 코스무"(ὑμεῖς ἐστε τὸ φῶς τοῦ κόσμου)이다. 직역하면, '너희는 그 세상의 그 빛(the light)이다.' 이다. 이는 예수님께서 자신을 가리켜 말씀하신 바를 생각나게 한다. "나는 빛으로 세상에 왔나니 무릇 나를 믿는 자로 어두움에 거하지 않게 하려 함이로라"(요 12:46). 따라서 우리는 스스로 빛을 발하는 존재들이 아니다. 그 빛이신 주님 자신이 우리를 조명하심으로써 우리는 이 어두운 세상에 빛을 비추는 존재로 나타날 수 있다. 그러나 하나님께서는 신자들을 통해서 비추는 그 빛으로 온 세상에 자신을 아는 지식을 부어 주신다. 우리의 사도들도 바로 이렇게 지식의 빛을 비춤으로써 세상을 어둠으로부터 해방하였다. Chromatus, *Tractate on Matthew*, 19..1.1-2, cited in Manlio Simonetti ed., *Matthew 1-13*, in *Ancient Christian Commentary on Scripture; New Testament*, vol. 1a, (Downers Grove; InterVarsity Press, 2001), p.93.

수님께서는 구원받은 자들 안에 성령을 주셔서, 성화의 삶을 통해 우리가 주님과 실제적인 연합을 이루게 하심으로 자신을 나타내십니다. 그래서 우리는 빛이 아니지만 우리 안에 계신 그리스도로 말미암아 그 빛을 비추게 하십니다.

이 세상의 높은 지위나 많은 물질도 어느 정도의 영광을 가지고 있습니다. 그러나 그것이 하나님을 인정하게 하지는 못합니다. 단지 그 존재 자체와 그 존재의 힘을 인식시킬 뿐입니다. 그러므로 물질의 영광으로는 이 땅의 죄인들을 눈뜨게 하여 창조주 하나님을 알게 할 수 없습니다. 하나님께서 언약 백성들에게 자신의 존재를 현시(顯示)하는 일체의 물질화를 금하셨던 것도 바로 이 때문입니다 (출 20:4).

2. 빛 잃은 많은 등불이 아니라

어두운 밤바다에서는 불이 다 꺼진 크고 웅장한 등대보다 작고 볼품 없더라도 깜빡거리며 빛을 발하는 등대가 필요합니다.

예수 그리스도께서 이 땅에 계실 때에 어두워져 가는 세상 때문에 아파하신 것이 아니라 참으로 빛을 발할 사람들이 소수인 것을 인하여 아파하셨습니다. "인자가 올 때에 세상에서 믿음을 보겠느냐" (눅 18:8).[294] 그러므로 마지막 때가 가까울수록 세상에서 절실히 필요한 것은 진실한 신자들입니다. 자신을 감추고 오직 그 빛이신 그리스도를 보여줄 참된 신앙을 가진 사람들을 필요로 합니다.

아무리 많은 사람이 그릇된 길을 걸어도 그 현실 때문에 하나님께서 자신의 성품이나 판단을 바꾸지 않으십니다. 오히려 예수 그리스도께서 말씀하셨습니다. "좁은 문으로 들어가라 멸망으로 인도하는 문은 크고 그 길이 넓어 그리로 들어가는 자가 많고 생명으로 인도하는 문은 좁고 길이 협착하여 찾는 이가 적음이니라" (마 7:13-14).

그러므로 기독교 선교에 있어서 중요한 것은 예수님을 믿는 사람의 수(數)가 아니라 질(質)입니다. 기독교 선교의 궁극적 목표는 멸망할 인간을 단지 심판의 위험에서 건져내는 것이 아니라 하나님을 향하여 참된 예배자로 살게 하는 것입니다.

---

[294] 이에 대해 예수님께서는 다음과 같이 한탄하셨다. "내가 너희에게 이르노니 속히 그 원한을 풀어 주시리라 그러나 인자가 올 때에 세상에서 믿음을 보겠느냐 하시니라" (눅 18:8).

어두운 이 세상은 충천하는 화염과 같은 강력한 하나님의 영광의 나타남을 필요로 하고 있습니다. 역사 속에서 이렇게 하나님의 영광을 갈망하고 그 영광이 나타나기를 사모하는 사람들에 의하여 부흥의 새벽이 알려졌습니다.

진실한 신자의 삶을 살아가는 사람들은 모두 하나님 자신이 누구이신지를 알려줌에 있어 자기 개인의 신앙 생활 하나로 충분하다고 생각하지 않았습니다. 오히려 그들은 죄를 이기고 자신을 부패한 세상에서 구별된 존재로 만들어 주는 거룩한 은혜의 능력을 하늘로부터 기대하였습니다. 그리고 하나님께서 주신 은혜의 원리를 따라 믿음으로 살아가기를 힘썼습니다.

그들이 어두운 세상에서 빛들로 나타날 수 있었던 것은 부어 주신 하나님의 은혜와 그 은혜를 간직하고 빛들로 나타나도록 살고 싶어하는 그들의 진지하고도 치열한 죄와의 싸움을 통해서였습니다.

생각해 보십시오. 풍랑이 이는 어두운 밤바다, 별빛조차 사라진 밤하늘 아래서 필요한 것은 아무것도 없습니다. 오직 안전한 포구가 어디인지를 알려주는 등대의 불빛이 필요합니다.

어두운 밤바다에서 풍랑을 만난 뱃사람들에게 무서운 것은 파도가 아니라 빛이 없는 것입니다. 항로를 알려주는 별빛조차 사라지고 등대의 불빛조차 보이지 않을 때, 그들은 아무 희망이 없습니다. 풍랑이 이는 바다에서 작은 배들이 어떻게 안전한 항구로 대피하는지 생각해 보십시오. 온 하늘에 수천 개의 조명탄이 작렬하고 밤바다가 대낮처럼 밝혀지지 않아도 단 하나, 등대의 불빛만 있다면 안전한 항구로 대피할 수 있습니다.

하나님께서는 이 어두운 세상에서 우리가 그런 존재가 되기를 바라시는 것입니다. 그래서 이 세상의 그리스도인으로 부름을 받은 우리가 드릴 수 있는 최고의 섬김은 빛들로 나타나는 것입니다.

II. 어떻게 빛으로 나타날 수 있을까?

A. 본문의 원어적 의미

그러면 마지막으로 우리가 어떻게 빛으로 나타날 수 있을지에 대해 생각해 보겠습니다. 우리말 개역 성경에서 본문은 이렇게 되어 있습니다. "······흠이 없고 순전하여······흠 없는 자녀로······빛들로 나타내며"(빌 2:15). 즉, 하나님의 자녀가 흠이 없고 순전하게 되면 이 어두운 세상에서 빛으로 나타날 것이라는 의미입니다.

희랍어 성경에서는 이 부분에 해당하는 세 단어에 '없다'는 의미를 가진 접두어를 붙여서 사용하고 있습니다. 원문을 직역하면 다음과 같습니다. '책망할 것이 없고 아무것도 섞이지 않아서 결함이 없는 자녀들로서 빛들로 이 세상에 나타나며.'295)

우리가 이 세상 사람과 나뉘어질 수 있습니까? 우리는 일주일 동안 천국에서 살다가 교회에 오는 것이 아닙니다. 오히려 세상에서 많은 불신자들과 어깨를 부딪치

---

295) "이는 너희가 흠이 없고(아멤프토이, ἄμεμπτοι) 순전하여(아케라이오이, ἀκέραιοι) 어그러지고 거스리는 세대 가운데서 하나님의 흠 없는(아모마, ἄμωμα) 자녀로 세상에서 그들 가운데 빛들로 나타내며"(빌 2:15). 여기서 '아멤프토이(ἄμεμπτοι)는 '없다'는 의미의 부정 접두어 '아(ἀ)와 '멤프토스'(μεμπτος, 문자적으로 '비난할 것이 없는, 책망할 것이 없는')의 합성어이고, '아케라이오이(ἀκέραιοι)는 부정 접두어 '아(ἀ)와 케라뉘미'(κεράννυμι, 문자적으로 '섞다, 혼합하다, 물과 포도주를 섞다')의 합성어이며, '아모마(ἄμωμα)는 부정 접두어 '아(ἀ)와 모모스'(μῶμος, 문자적으로 '비난, 수치, 모욕')의 합성어이다. '빛들'(φωστῆρες)은 '빛을 비추는 물체(light-giving body), 발광체(luminary)' 등을 의미한다. 이는 '세상, 혹은 우주'로 표현된 곳이 영적인 어둠 가운데 있음을 염두에 둔 표현이다. 70인역(Septuagint)에서는 이 단어가 보다 특별하게 하나님께서 창조하신 피조물로서 하늘에 있는 별과 같은 '발광체'(luminary, 창 1:14), 혹은 '빛, 광휘'(light, splendour, 외경 에스드라1서 8:76) 등을 의미하였다. Johan Lust, Erik Eynikel, & Katrin Hauspie eds., *A Greek-English Lexicon of the Septuagint*, (Stuttgart; Deutsche Bibelgesellschaft, 2003 revised edition), p.657. 기록자인 사도 바울의 이러한 은유는 자신의 서신을 받는 독자들에게, 하나님의 자녀들이 하나님의 심판 아래 있는 이 패역한 세상에서 흠이 없는 자로서 살아갈 때 비로소 세상이라는 어두운 하늘을 비추는 별과 같아진다는 사실을 보여주기 위한 것이었다. 따라서 피터 오브라이언(Peter T. O'Brien)의 지적과 같이 '빛들로 나타내며'(파이네스쎄, φαίνεσθε)는 명령법(imperative)이라기보다는 직설법(indicative)이다. 14절은 주절(主節, principal clause)인 13절의 종속절(dependent clause)이므로 오히려 15절의 '빛들로 나타내며'는 '모든 일을 원망과 시비가 없이 하라(포이에이테, ποιεῖτε, 문자적으로 "행하라")'의 명령대로 이행하면 결과적으로 그렇게 되리라는 의미이다. Peter T. O'Brien, *The New International Greek Testament Commentary; the Epistle to the Philippians*, (Grand Rapids; William B. Eerdmans Publishing Company, 1991), pp.292-296; Joseph H. Thayer, *Thayer's Greek-English Lexicon of the New Testament*, (Grand Rapids; Baker Book House, 1982 reprinting), p.344, 420.

며 살다가 주일이 되면 교회에 나옵니다. 그렇게 신자와 불신자는 나뉘어지지 않고 한 세상에서 함께 살아갑니다. 그러나 그들은 분명히 같은 사람들이 아닙니다.

세상에서는 인간을 지위와 소유, 그리고 지식을 따라서 나누지만 보다 더 본질적인 구분이 있으니 그것은 바로 그리스도를 닮은 거룩함입니다. 하나님의 백성들은 거룩한 하나님의 자녀들이고 이 세상 사람들은 세상의 자녀들입니다.

구원받은 하나님의 자녀들은 모두 거룩한 백성들입니다. 그리스도께서 그들을 구속하심으로써 죄악된 세상에서 구별하셨기 때문입니다. 그러나 그들은 그렇게 하나님께서 순간의 구원으로 거룩하게 하신 것만으로는 이 어두운 세상에 빛으로 나타날 수 없습니다. 여전히 남아 있는 책망받을 만한 본성과 혼합된 사상을 버려야 합니다. 그리고 결함이 없는 자녀로 나타나야 합니다.

이 세상에 가득한 인본주의와 세속적 탐욕들이 끊임없이 신자의 마음을 파고듭니다. 하나님을 향한 순전한 사랑은 부당한 이기심에 의하여 도전받고 구원하신 그리스도를 위해 충성하며 살아야 할 그 자리는 자신의 이름을 위한 욕심으로 위협을 받습니다. 하나님을 위해서 모든 것을 바쳐 섬겨야 할 섬김의 자리는 자기의 유익을 구하는 이기심의 도전을 받습니다.

우리에게 우리 자신은 얼마나 무거운 존재입니까? 십자가를 지도록 부름을 받은 자리에서 그 십자가를 벗어버리려는 마음이 들고, 자기를 부인해야 할 상황에서 오히려 상황으로 하나님의 뜻을 부인하는 자기 중심적인 삶을 살아갈 때가 얼마나 많습니까? 우리는 이러한 대적들에게 둘러싸여서 우리 안의 적과 투쟁하며 저 높은 곳을 향해 날마다 나아가는 신자들입니다.

B. 거룩해지지 않으면 불가능한 요구

결국 우리가 인정하지 않을 수 없는 것은 이것입니다. 우리는 우리 스스로 거룩해질 수 없는 존재들이라는 사실입니다.

죄로 가득한 세상에서 부패한 성품을 지닌 우리들이 어떻게 그 치열한 세상의 유혹과 본성의 악을 누르고, 책망할 것도 없고 아무 섞인 것도 없는, 흠 없는 하나님의 자녀로 나타날 수 있겠습니까? 어떻게 오직 자기를 창조하시고 구속하신 하나님만을 인정하게 하는 그 빛으로 살아갈 수 있겠습니까? 타락한 인간 안에는 그러한 자원이 없습니다.

1. 내적 부패성 때문에

첫째로, 우리 안에 있는 내적인 부패성 때문에 위협을 받습니다. 아아, 우리 안에 있는 악한 부패성은 얼마나 절망적인 것입니까? 끊임없이 참회하며 눈물을 흘릴지라도 우리의 본성 깊이 뿌리를 내린 죄성과 하나님께 순종하며 살지 않으려고 하는 악한 완고함은 좀처럼 꺾이지 않습니다.

은혜에 대해서는 쉽게 낯설고 죄에 대해서는 쉽게 친한 본성의 쓴 뿌리들이 아직까지 잔존하고 있습니다. 이러한 내적인 부패성을 간직한 채 어떻게 우리는 책망할 것이 없고 아무것도 섞이지 않은 결함이 없는 자녀들로 나타날 수 있겠습니까?

자신 안에 있는 이 뿌리 깊은 죄의 본성과 거기에 자양분을 공급해 주는 끊임없는 우리의 정욕들, 거기에 굴복하는 수많은 실패들이 우리를 이 거룩한 부르심으로부터 멀어지게 합니다. 그러므로 우리 안에 계셔서 우리를 그 모든 부패한 본성으로부터 순결하게 되도록 역사하시는 성령의 은혜가 없다면 우리는 아무것도 아닙니다.

따라서 성화의 길이 무엇인지를 아는 성도들에게는 자신의 존재에 대한 어떠한 자부심도 있을 수 없습니다. 오직 자신을 책망할 것 없고 섞인 것이 없이 결함이 없는 빛의 자녀들로 나타나게 하시는 유일한 분이신 하나님의 전적인 은혜만을 자랑할 뿐입니다.

그에게는 하나님의 은혜가 양식이며, 하나님께서 베푸시는 용서의 은총이 음료입니다. 그 떡과 그 물을 힘입어 어두운 이 세상의 허허벌판과 같은 광야를 지나는 것입니다. 지금은 비록 더럽고 연약하지만 자기를 부르신 그리스도께서 후회가 없으신 분이시므로 언젠가 자신을 빛으로 나타나게 하시리라 믿는 믿음 때문에 말입니다.

2. 타락한 세상 때문에

둘째로, 신자가 살고 있는 세상 때문에 그러합니다. 사도 바울은 신자가 살고 있는 시대를 이렇게 표현합니다. "어그러지고 거스리는 세대 가운데서"(빌 2:15). 이 말은 원어적으로 '구부러지고 뒤틀린 세대 한가운데' 라는 의미입니다.296) 세상은 하나님을 떠났고 창조주 대신 죄를 택하자마자 구부러져 버렸고, 사람들은 뒤틀린 세대 속에 살게 되었습니다. 그리고 세상은 그렇게 구부러지고 뒤틀린 가운데 그런 사람들을 만들어 냅니다.

그리스도인들은 바로 이렇게 구부러지고 뒤틀린 세대가 찍어 내는 평균적인 인간이기를 거절하며 살도록 부름받은 사람들입니다. 그러나 생각해 보십시오. 우리에게 그 강력한 세계 정신을 거스를 수 있는 자원이 있습니까? 무엇으로 우리가 도도히 흐르는 이 시대의 정신을 거스르고, 뒤틀리기를 강요하는 세상의 영향력을 피할 수 있겠습니까?

세상은 우리를 그렇게 살도록 내버려 두지 않습니다. 그래서 그리스도를 본받으며 살고자 하는 참된 신자들에게는 이 세상이 항상 즐겁지만은 않습니다. 거룩해지기를 원하는 신자는 끊임없이 자신의 내적인 부패성과 싸울 뿐 아니라 죄로 가득 찬 이 세상의 조류와 싸워야 하기 때문입니다.297)

---

296) "어그러지고 거스리는 세대 가운데서"(빌 2:15)라고 번역된 부분의 희랍어 원문은 다음과 같다. '메손 게네아스 스콜리아스 카이 디에스트람메네스' (μέσον γενεᾶς σκολιᾶς καὶ διεστραμμένης). 여기서 '스콜리아스' (σκολιᾶς)는 신약성경에서 4회 나타나는데, 우리말 개역 성경과 영어 성경 *New International Version*의 번역은 다음과 같다. '굽은' (crooked, 눅 3:5), '패역한' (corrupt, 행 2:40), '까다로운' (harsh, 벧전 2:18). 이 단어는 원래 '길 따위가 똑바르지 않고 굽은', 혹은 '나무 같은 것이) 곧지 않고 구부러진' 등을 의미하는 형용사인데, 이것은 은유적으로 '완고한' (perverse), '사악한' (wicked), '공정하지 않은' (unfair) 등의 의미로 사용되었다. John R. Kohlenberger III, Edward W. Goodrick, & James A. Swanson, *The Greek-English Concordance to the New Testament*, (Grand Rapids; Zondervan Publishing House, 1997), p.688; Joseph H. Thayer, *Thayer's Greek-English Lexicon of the New Testament*, (Grand Rapids; Baker Book House, 1982 reprinting), p.579.

297) 청교도 윌리엄 아메즈는 신자가 성화를 위하여 힘써야 하는 이유를 다음과 같이 다섯 가지로 제시한다. (1)거룩함이 없으면 주를 뵈올 수 없기 때문이다(히 12:14, 마 5:20). (2)성화를 통해 얻게 되는 거룩함은 우리가 그 안에서 창조된 하나님의 형상이며 완전함이기 때문이다(엡 4:24). (3)거룩함은 우리를 선택하시고 구속하시고 소명하신 궁극적인 목적이기 때문이다(엡 1:4, 딤전 4:7). (4)거룩함은 영광과 영원한 축복 중 결코 작은 부분이 아니기 때문이다(엡 5:27). (5)성화 없이는 진정한 믿음이나 칭의, 혹은 양자 됨도 없기 때문이다(벧후 1:10, 고전 6:11). William Ames, *The Workes of Reverend and Faithful Minister of Christ William Ames*, translated out of Latin for publike use, (London; Printed for John Rothwell, and are to be fold at his shop, 1643), p.25.

이 세상에 살면서도 이 세상을 본받아서는 안 되고 이 세상을 사랑하며 섬기도록 부름받았음에도 불구하고 사랑받기는 거부해야 하는 신령한 모순 속에서 살아가야 합니다. 그래서 수많은 믿음의 선배들은 신자의 인생길을 순례자의 길이라고 불렀습니다. 영원한 도성을 바라보고 걸어가는 하늘나라의 나그네들이라 자처하였던 것입니다. 그러므로 죄 많은 세상을 사랑하는 신자들은 결코 이 세상을 변화시키도록 부르신 거룩한 소명을 따라 살 수 없습니다.

마치 배가 바다 위에 떠 있으나 그 많은 바닷물 위에 있음에도 불구하고 한 모금의 마실 물을 위하여 하늘을 앙망하듯이 그리스도인들도 그러합니다.

C. 은혜의 지배 아래서 거룩하게 살라

신자는 끊임없이 자기 안의 죄를 죽이며, 어두운 세상을 이기는 비결들을 터득해야 합니다. 비둘기처럼 순결할 뿐 아니라 뱀같이 지혜롭게 어두운 이 세상을 알고 그 어두운 죄악에 물들지 않고 자신을 지키는 복음의 비결들을 터득하여야 합니다. 이를 위하여 영혼은 끊임없이 하나님의 은혜 아래 있어야 하고 지식은 찬란한 빛 아래 있어야 합니다. 그 옛날 치열한 전쟁터에서 자신을 바쳐 싸우던 군사들을 기억해 보십시오. 적을 공격하는 무기는 칼 한 자루였지만 자기를 보호하는 장비는 헤아릴 수 없이 많았습니다.[298]

그러므로 신자는 끊임없이 은혜의 지배 아래 있기를 힘써야 합니다. 모든 것을 희생해서라도 그는 반드시 그리해야 합니다. 은혜의 지배 아래서 성화되어 감으로써 하나님께서 기뻐하시는 존재가 되고 성화의 능력 안에서 어두운 세상과 더불어 자신을 지키며 싸워 이길 수 있는 능력 있는 신자로 살아가야 합니다. 이러한 삶이 없이는 우리는 결코 이 어그러지고 뒤틀린 세대 한가운데서 빛으로 나타날 수 없습니다. 우리가 그 은혜의 지배 아래서 날마다 마음을 지키고 죄와 더불어 싸우기를 그

---

[298] "그런즉 서서 진리로 너희 허리띠를 띠고 의의 흉배를 붙이고 평안의 복음의 예비한 것으로 신을 신고 모든 것 위에 믿음의 방패를 가지고 이로써 능히 악한 자의 모든 화전을 소멸하고 구원의 투구와 성령의 검 곧 하나님의 말씀을 가지라"(엡 6:14-17).

치지 말아야 할 이유도 여기에 있습니다.

세월의 흐름 속에 겉 사람은 후패하여도 속 사람은 날마다 새로워져야 합니다. 끊임없이 자기를 부인하고 자신에게 허락된 십자가를 진 채 그리스도의 뒤를 따라야 합니다. 그분이 멸시받은 곳에서 함께 업신여김을 받고, 그분이 고난당하신 곳에서 함께 박해받아야 합니다. 마침내 그분이 이 세상에 살아 계셨더라면 죽으셨을 그 자리에서 그리스도와 함께 죽을 수 있어야 합니다.

하나님께서 무엇 때문에 우리같이 쓸모없는 인간들을 위해 자신의 외아들을 십자가에 못박으셨을까요? 창조주이신 자신을 알아보지도 못하고 인정하지도 않는 이 세상의 죄인들을 오늘도 진멸하지 않으시고 인내하시는 이유가 무엇 때문일까요? 어두운 세상에서 그 빛을 모르므로 자신에게 돌아올 수 없었던 그 많은 죄인들에게 우리를 통해 빛을 보여주시기까지 일체의 오래 참으심으로 기다리시는 것이 아니고 무엇이겠습니까?

그러므로 우리가 죄의 지배를 벗어나 은혜의 통치 아래 살아가는 것은 우리 자신을 위한 소명이기도 하지만 또한 이 구부러지고 뒤틀린 소망 없는 세상의 인간들을 위한 부르심이기도 합니다. 그러므로 우리는 변천하는 이 세상에서 참으로 불변하는 진리가 무엇인지를 분별할 수 있는 지혜를 가져야 합니다.

이 세상도 지나가고, 그 정욕도 사라집니다. 존재하는 모든 것들은 그것이 나온 근원으로 다시 돌아갑니다. 그토록 분투하며 하나님의 영광을 위해 살고자 애썼던 진실한 신자들도 이 세상을 떠납니다. 그러나 그리스도는 영원히 계십니다. 그분의 영광도 세세무궁토록 계속될 것입니다.

잠시 구름 같은 이 세상이 지나가고 나면 우리는 찬란한 빛 가운데서 일평생 우리가 그토록 사랑하는 예수 그리스도를 뵈옵게 될 것입니다.

이 세상에서는 그분을 향한 사랑의 노래가 자주 끊어졌습니다. 때로는 악한 이 세상에서 겪는 치열한 고난과 위로받을 길 없는 외로움으로 그리하였고, 때로는 우리 안에 있는 어찌할 수 없는 부패한 본성을 인하여 그리하였습니다. 그러나 그 날에 주님께서는 우리의 더러운 옷을 벗기시고 자신의 의로운 옷으로 다시 입히실 것입니다.

그 때에 우리가 일생을 죄와 더불어 싸운 피 묻은 전투복을 입고 있지 않다면 그

날은 우리에게 얼마나 부끄러운 날이 될까요?

그러나 충성스럽게 매일 매일 자신의 마음을 지키며 주님을 의지하고 진실한 신자가 되기를 힘썼던, 자신조차 잊어버린 그 수많은 날들을 그리스도께서 기억해 주실 때 우리가 받을 위로는 얼마나 클까요? 아마도 주님께서는 일생을 진실한 성도가 되기 위해 몸부림치며 살아온 한 성도의 귀환을 환영하기 위해 보좌에서 걸어 나오실 것이며, 우리는 구름같이 허다한 믿음의 증인들 가운데 한 사람이 되어 수많은 천사들의 환영을 받을 것입니다.

그 때까지 끊임없이 거룩해지기를 힘쓰며 죄에 대하여 죽고 의에 대하여 살아야 합니다. 그리스도께서 자신의 희생적인 죽음을 통해 이루신 말할 수 없이 복된 영적인 연합을 유지하며, 은혜 아래 살기를 힘써야 합니다. 그래서 어두운 세상에 빛들로 나타나야 합니다.

믿음의 경주를 다 달리고 선한 싸움을 모두 마칠 그 날까지……..

한눈에 보는 16장 죄의 지배에 작별을 고하며

I. 은혜의 지배 아래 살아야 하는 이유 : '빛들로 나타나게'

A. 본문의 의미
- 원어의 의미 : '우주의 발광체들처럼 빛나게 하시려고'
- 신자는 영적 어두움이 짙게 깔린 세상에서 그들과 다른 존재가 되어 하나님을 알리는 사람들임

B. 피할 수 없는 부르심
- 우리를 향한 하나님의 부르심은 참 신자가 되어 하나님께서 이 땅에 존재하기를 바라시는 사람이 되는 것임
- 신자는 하나님을 알지 못하는 세상에 창조주 하나님을 정확히 가르쳐 주는 빛이 되어야 함

C. 그 '빛들'인 신자들 : '너희는 세상의 빛이라'

1. '한 빛' 아닌 '그 빛' : 그리스도로 변화된 사람들
- 세상에는 '그 빛'이 아닌 '한 빛'이 많이 있음
- '그 빛'이 아니면 인간의 고통의 궁극적인 원인인 죄로부터 인간을 구원하여 새 인생을 살게 할 수 없음
- 신자 안에 성령을 주시고 성화의 삶을 살게 하심으로
  주님과 실제적인 연합을 이루어 그리스도를 나타내게 하심

2. 빛 잃은 많은 등불이 아니라
- 밤바다에 필요한 것은 불 꺼진 웅장한 등대가 아니라 작더라도 깜빡거리며 빛을 발하는 등대임
- 마지막 때가 가까울수록 세상에서 절실히 필요한 것은 진실한 신자들임

II. 어떻게 빛으로 나타날 수 있을까?

A. 본문의 원어적 의미
- '책망할 것이 없고 아무것도 섞이지 않아서 결함이 없는 자녀들로서 빛들로 이 세상에 나타나며'

B. 거룩해지지 않으면 불가능한 요구

1. 내적 부패성 때문에
- 우리 안에 있는 내적인 부패성 때문에 이러한 소명을 따라 사는 일이 위협을 받음
- 은혜에 대해서는 낯설고 죄에 대해서는 쉽게 친한 본성의 쓴 뿌리가 우리 안에 아직 남아 있음
- 부패한 본성으로부터 순결하게 되도록 역사하시는 성령의 은혜가 없다면 우리는 아무것도 아님

2. 타락한 세상 때문에
- 우리가 살고 있는 세상 때문에 소명을 따라 사는 일이 위협을 받음
- 그리스도인은 구부러지고 뒤틀린 세대가 찍어 내는 평균적인 인간이기를 거절하며 살도록
  부름받은 사람들임

C. 은혜의 지배 아래서 거룩하게 살라
- 끊임없이 자기 안의 죄를 죽이며 어두운 세상을 이기는 비결을 터득해야 함
- 끊임없이 은혜의 지배 아래 있기를 힘써야 함

The Doctrine on Dominion of Sin and Grace in Believers

부록

참고 문헌·색인

일러두기

1. 본서에서 인용된 필자의 책은 모두 10권이나, 그 중 빈번히 인용된 3권만 목록에 올렸음. 인용된 다른 저자들의 책은 빠짐없이 제시하였음.

2. 본서를 집필하면서 이 도서 목록에 기록하지 않은 더 많은 책과 논문, 17-18세기 청교도 저작들 중 영인본 등을 참고하였으나, 인용되지 않은 것은 생략하였음.

3. 참고 도서 중 17-18세기의 작품들은 출판사(혹은 제본소) 등의 표기법이 오늘날과 같지 않은데, 원서에 있는 그대로 표기하였으며, 일부 현대 영어 철자법과 다른 단어도 발견되나 오기가 아님을 밝힘.

4. 학술 논문이지만, 후일 단행본으로 출간된 것은 단행본으로 분류하였고, 본서에서 인용될 때 그 사실을 밝혔음.

부록 1. 참고 문헌

성경 및 역본

תורה נביאים וכתובים, *Biblia Hebraica Stuttgartensia*(*BHS*), (Stuttgart; Deutsche Bibelgesellschaft, 1984 reprinting).

תורה נביאים וכתובים, *Das Alte Testament Hebräisch-Deutsch*(*BHK*), (Stuttgart; Württembergische Bibelanstalt, 1974).

Biblia Sacra; Iuxsta Vulgatam Versionem, (Stuttgart; Deutsche Bibelgesellschaft, 1994 reprinting).

Greek-English New Testament, (Stuttgart; Deutsche Bibelgesellschaft, 1971 revised standard version).

Novum Testamentum Graece, (Stuttgart; Deutsche Bibelgesellschaft, 1990 reprinting).

Septuaginta, Id est Vetus Testamentum graece iuxta LXX interpretes edidit Alfred Rahlfs, vol. I-*Leges et historiae*, (Stuttgart; Württembergische Bibelanstalt, 1935 reprinting).

Septuaginta, Id est Vetus Testamentum graece iuxta LXX interpretes edidit Alfred Rahlfs, vol. II-*Libri poetici et prophetici*, (Stuttgart; Württembergische Bibelanstalt, 1935 reprinting).

The Holy Bible: King James Version, (Cambridge; Cambridge University Press, 1995 reprinting).

The Holy Bible: New International Version, (Grand Rapids; Zondervan Publishing House, 1978 reprinting).

The Holy Bible: New King James Version, (Nashville; Thomas Nelson, Inc., 1983 reprinting).

The Holy Bible: New Revised Standard Version, (Oxford; Oxford University Press, 1990 reprinting).

성경 주석

박윤선. 「요한계시록」, (서울; 영음사, 1978).

이상근. 「요한계시록 주해」, (서울; 대한예수교장로회 총회교육부, 1979).

Barnes, Albert. *Notes on the Old Testament; Psalms*, in *Barnes' Notes*, vol. 4, (Grand Rapids; Baker Books House, 1996 reprinting).

Briggs, Charles A. & Briggs, Emile G. *A Critical and Exegetical Commentary on the Book of Psalms*, vol. 2, in *The International Critical Commentary*, (Edinburgh; T. & T. Clark, 1976 reprinting).

Calvin, John. *Commentaries on a Harmony of the Evangelists; Matthew, Mark, and Luke*, in *Calvin's Commentaries*, vol. 17, translated by William Pringle, (Grand Rapids; Baker Book House, 1998 reprinting).

Calvin, John. *Commentaries on the Book of Psalms,* in *Calvin's Commentaries*, vol. 4, (Grand Rapids; Baker Book House, 1998 reprinting).

Calvin, John. *Commentaries on the Catholic Epistles*, in *Calvin's Commentaries*, vol. 22, translated by John Owen, (Grand Rapids; Baker Book House, 1998 reprinting).

Calvin, John. *Commentaries on the Epistle of James*, in *Calvin's Commentaries*, vol. 22, (Grand Rapids; Baker Book House, 1998 reprinting).

Calvin, John. *Commentaries on the Epistle of St. Paul to the Romans,* in *Calvin's Commentaries*, vol. 19, (Grand Rapids; Baker Book House, 1998 reprinting).

Dunn, James D. G. *Word Biblical Commentary; Romans 1-8*, vol. 38a, (Dallas; Word Books Publisher, 1988).

Haldane, Robert. *Geneva Series of Commentaries; Romans*, (Edinburgh; The Banner of Truth Trust, 1996 reprinting).

Hendricksen, William. *New Testament Commentary; Exposition of Colossians and Philemon*, (Grand Rapids; Baker Book House, 1975 reprinting).

Keil, C. F. & Delitzsch, F. *Commentary on the Old Testament; Psalms*, vol. 5, translated by Francis Bolton, (Grand Rapids; William B. Eerdmans Publishing Company, 1982 reprinting).

Keil, C. F. & Delitzsch, F. *Commentary on the Old Testament; The Pentateuch*, vol. 1, translated by James Martin, (Grand Rapids; William B. Eerdmans Publishing Company, 1983 reprinting).

Luther, Martin. *Lectures on Romans*, in *Luther's Works*, vol. 25, edited by Hilton C. Oswald, (Saint Louis; Concordia Publishing House, 1972).

Murray, John. *The Epistle to the Romans,* in *The New International Commentary on the New Testament,* vol. 6, (Grand Rapids; William B. Eerdmans Publishing Company, 1984 reprinting).

O'Brien, Peter T. *The New International Greek Testament Commentary; the Epistle to the Philippians,* (Grand Rapids; William B. Eerdmans Publishing Company, 1991).

Plumer, Eric. *Augustine's Commentary on Galatians; introduction, text, translation, and notes,* (Oxford; Oxford University Press, 2003).

Simonetti, Manlio. ed. *Matthew 1-13,* in *Ancient Christian Commentary on Scripture; New Testament,* vol. 1a, (Downers Grove; InterVarsity Press, 2001).

사전류

가톨릭대학교 고전라틴어연구소 편. 「라틴-한글 사전」, (서울; 가톨릭대학교출판부, 1995).

에버릿 해리슨 편. 「Baker's 신학사전」, (서울; 엠마오, 1986).

Bauer, Walter. *A Greek-English Lexicon of the New Testament and Other Early Christian Literature,* edited by Frederick W. Danker, William F. Arndt, and F. Wilbur Gingrich, (Chicago; The University of Chicago Press, 2000 3rd edition).

Brown, Francis. Driver, S. & Briggs, C. *The Brown-Driver-Briggs Hebrew and English Lexicon,* (Peabody; Hendrickson Publishers, 2003).

Douglas, James D. & Cairns, Earle E. *The New International Dictionary of the Christian Church,* (Grand Rapids; Zondervan Publishing House, 1996 reprinting).

Gesenius, H. W. F. *Gesenius' Hebrew-Chaldee Lexicon to the Old Testament,* translated by Samuel P. Tregelles, (Grand Rapids; Baker Book House, 1979).

Harris, Robert L. Archer, Jr., Gleason L. & Waltke, Bruce K. *Theological Wordbook of the Old Testament,* vol. 1, (Chicago; Moody Press, 1980).

Jones, Henry S. & McKenzie, Roderick. eds. *Liddell and Scott's Greek-English Lexicon,* (Oxford; Clarendon Press, 1940 new edition).

Koehler, Ludwig. & Baumgartner, Walter. *Lexicon in Veteris Testamenti Libros,* (Leiden; E. J. Brill, 1958).

Kohlenbeger III, John R. Goodrick, Edward W. & Swanson, James A. *The Greek-English Concordance to the New Testament*, (Grand Rapids; Zondervan Publishing House, 1997).

Liddell & Scott, *An Intermediate Greek-English Lexicon*, (Oxford; Clarendon Press, 1975).

Lisowsky, Gerhard. *Konkordanz Zum Hebraischen Alten Testament*, (Stuttgart; Deutsche Bibelgesellschaft, 1958).

Lust, Johan. Eynikel, Erik. & Hauspie Katrin. eds. *Greek-English Lexicon of the Septuagint*, (Stuttgart; Deutsche Bibelgesellschaft, 2003 revised edition).

Simpson, D. P. ed. *Cassll's Latin Dictionary; Latin-English, English-Latin*, (New York; A Simon & Schuster Macmillan Company, 1977).

Thayer, Joseph H. *Thayer's Greek-English Lexicon of the New Testament*, (Grand Rapids; Baker Book House, 1982 reprinting).

학술 논문

Beeke, Joel R. *Personal Assurance of Faith: English Puritanism and the Dutch "Nadere Reformatie;" from Westminster to Alexander Comrie(1640-1760)*, (Philadelphia; Westminster Theological Seminary; Ph. D. Dissertation, 1988).

Hawks, Richard M. *The Logic of Grace in John Owen, D. D.; an analysis, exposition, and defense of John Owen's theology of grace*, (Philadelphia; Westminster Theological Seminary; Ph. D. Dissertation, 1987).

Leithart, Peter J. "Stoic Elements in Calvin's Doctrine of the Christian Life, part II. Mortification," in *The Westminster Theological Journal*, vol. 55, no.2, (Philadelphia; Westminster Theological Seminary, 1993 fall).

Leithart, Peter J. "Stoic Elements in Calvin's Doctrine of the Christian Life, part III. Christian Moderation," in *The Westminster Theological Journal*, vol. 56, no.1, (Philadelphia; Westminster Theological Seminary, 1994 spring).

Mckinley, David J. *John Owen's View of Illumination and its Contemporary Relevance*, (Manila; University of Santo Thomas; Doctrinal Dissertation of Doctor of Sacred Theology, 1995).

Wong, David Wai-Sing. *The Covenant Theology of John Owen*, (Philadelphia; Westminster Theological Seminary; Ph. D. Dissertation, 1998).

단행본

김남준.「구원과 하나님의 계획」, (서울; 부흥과개혁사, 2004).

김남준.「마음지킴」, (서울; 생명의말씀사, 2003).

김남준.「성화와 기도」, (서울; 생명의말씀사, 2004).

김세윤.「구원이란 무엇인가」, (서울; 두란노, 2002).

김재성.「개혁 신학의 정수」, (서울; 이레서원, 2003).

서철원.「그리스도께서 내 안에 사심」,(서울; 그리심, 2001).

서철원.「복음과 율법의 관계」,(서울; 총신대학교출판부, 2000).

서철원.「성령 신학」, (서울; 총신대학교출판부, 2001).

안토니 A. 후크마.「개혁주의 인간론」, 류호준 역, (서울; 기독교문서선교회, 1990).

이상현.「조나단 에드워즈의 철학적 신학」, (서울; 한국장로교출판사, 1999).

존 스토트.「온전한 그리스도인이 되려면」, 한국기독학생회 편집부 역, (서울; 한국기독학생회출판부, 2001).

존 파이퍼.「하나님의 영광을 위한 하나님의 열심」, 백금산 역, (서울; 부흥과 개혁사, 2003).

헤르만 리델보스.「바울 신학」, 박영희 역, (서울; 지혜문화사, 1985).

Althaus, Paul. *The Theology of Martin Luther*, translated by Robert Schulz, (Philadelphia; Fortress Press, 1966).

Ames, William. *The Workes of Reverend and Faithful Minister of Christ William Ames*, translated out of Latin for publike use, (London; Printed for John Rothwell, and are to be fold at his shop, 1643).

Bavinck, Herman. *In the Beginning: Foundations of Creation Theology*, edited by John Bolt, translated by John Vriend, (Grand Rapids; Baker Book House, 2000 reprinting).

Bayly, Lewis. *The Practice of Piety; a Puritan devotional manual*, (Morgan; Soli Deo Gloria, 1997 reprinting).

Beeke, Joel R. & Ferguson, Sinclair B. *Reformed Confessions; harmonized with an annotated bibliography of reformed doctrinal works*, (Grand Rapids; Baker Book House, 2000).

Bellamy, Joseph. *Sin, the Law, and the Glory of the Gospel*, (Ames; Internation Outreach, Inc., 1998).

Berkhof, Louis. *Systematic Theology*, (Grand Rapids; William B. Eerdmans Publishing Company, 1996).

Binning, Hugh. *The Works of the Rev. Hugh Binning*, edited by M. Leishman, (Ligonier; Soli Deo Gloria Publications, 1992 reprinting).

Boa, Kenneth. *Conformed to His Image; biblical and practical approaches to spiritual formation*, (Grand Rapids; Zondervan Publishing House, 2001).

Bolton, Robert. & Goodwin, Thomas. *The Carnal Professor and Christ Set Forth*, (Ligonier; Soli Deo Gloria Publications, 1992 reprinting).

Bolton, Samuel. *The True Bounds of Christian Freedom*, (Edinburgh; The Banner of Truth Trust, 1994 reprinting).

Brooks, Thomas. *The Unsearchable Riches of Christ*, in *The Works of Thomas Brooks*, vol. 3, edited by Alexander B. Grosart, (Edinburgh; The Banner of Truth Trust, 1980 reprinting).

Brown, John. *A Pious and Elaborate Treatise Concerning Prayer; and the answer of prayer*, (Glasgow; Printed by John Robertson and Mrs. M'Lean Book-folders in middle of salt-mercant, 1745).

Burgess, Anthony. *Spiritual Refining Part II, or, a Treatise of Sin with its Causes, differences, mitigations and aggravations, particularly of the desperate deceitfulness of mans heart, of presumptuous and reigning sins, and of hypocrisie and formality in religion, also occasionally handling the uprightness and tenderness of a gracious heart; and therein discovering the nature of a misguided conscience, as also of secret and unkown sins that the best men are guilty of, with directions to the godly under their fears about them. Shewing withall, that a strict scrutiny into a man's heart and ways, with a holy fear of sinning, doth consist with a gospel-life of faith and joy in the Holy Ghost. Attending to unmask counterfeit Christians, terrify the ungodly, comfort and direct the doubting saints, humble man, and exalt the grace of God*, (London; Printed by A. M. and are to be fold by Thomas Newberry, 1654).

Calvin, John. *Institutes of the Christian Religion*, vol. 1, translated by Henry Beveridge, (Grand Rapids; William B. Eerdmans Publishing Company, 1981 reprinting).

Calvin, John. *Institutes of the Christian Religion*, vol. 2, translated by Henry Beveridge, (Grand Rapids; William B. Eerdmans Publishing Company, 1981 reprinting).

Charles, Thomas. *Thomas Charles' Spiritual Counsels; selected from his letters and papers*, edited by Edward Morgan, (Edinburgh; The Banner of Truth Trust, 1993).

Conzelmann, Hans. *An Outline of the Theology of the New Testament*, (London; SCM, 1969).

Dickson, David. *Therapeutica Sacra; shewing briefly the method of healing the diseases of the conscience, concerning regeneration*, written first in Latine by David Dickson and thereafter translated by him, (Edinburgh; Printed by Evan Tyler, Printer to the King's most Excellent Majesty, 1664).

Edwards, Jonathan. "A Divine and Supernatural Light, Immediately Imparted to the Soul, by the Spirit of God, Shown to be Both a Scriptural and Rational Doctrine," *Five Sermons; on different occasions*, in *The Works of Jonathan Edwards*, vol. 2, revised and corrected by Edwards Hickman, (Edinburgh; The Banner of Truth Trust, 1995 reprinting).

Edwards, Jonathan. *A History of the Works of Redemption*, in *The Works of Jonathan Edwards*, vol. 9, edited by John F. Wilson, (New Haven; Yale University Press, 1989).

Edwards, Jonathan. *Charity and Its Fruits*, in *The Works of Jonathan Edwards*, vol. 8, edited by Paul Ramsey, (New Haven; Yale University Press, 1987).

Edwards, Jonathan. *Concerning the End for Which God Created the World*, in *The Works of Jonathan Edwards*, vol. 8, edited by Paul Ramsey, (New Haven; Yale University Press, 1987).

Edwards, Jonathan. *Freedom of the Will*, in *The Works of Jonathan Edwards*, vol 1, edited by Paul Ramsey, (New Haven; Yale University Press, 1957).

Edwards, Jonathan. *Jonathan Edwards on Knowing Christ*, (Edinburgh; The Banner of Truth Trust, 1997 reprinting).

Edwards, Jonathan. "Man's Natural Blindness in the Things of Religion," *Miscellaneous Discourse*, in *The Works of Jonathan Edwards*, vol. 2, revised and corrected by Edward Hickman, (Edinburgh; The Banner of Truth Trust, 1995 reprinting).

Edwards, Jonathan. "Men Naturally are God's Enemies," *Miscellaneous Discourse*, in *The Works of Jonathan Edwards*, vol. 2, revised and corrected by Edward Hickman, (Edinburgh; The Banner of Truth Trust, 1995 reprinting).

Edwards, Jonathan. *Selections from the Unpublished Writings of Jonathan Edwards*, edited by Alexander B. Grosart, (Ligonier; Soli Deo Gloria Publications, 1992 reprinting).

Edwards, Jonathan. *Sermons and Discourses, 1723-1729*, in *The Works of Jonathan Edwards*, vol. 14, edited by Kenneth P. Minkema, (New Haven; Yale University Press, 1997).

Edwards, Jonathan. *Sermons and Discourses, 1734-1738*, in *The Works of Jonathan Edwards*, vol. 19, edited by M. X. Lesser, (New Haven; Yale University Press, 2001).

Edwards, Jonathan. "Sermon on Hosea 5:15," *Seventeen Occasional Sermons*, in *The Works of Jonathan Edwards*, vol. 2, revised and corrected by Edward Hickman, (Edinburgh; The Banner of Truth Trust, 1995 reprinting).

Edwards, Jonathan. *The Great Christian Doctrine of Original Sin Defended*, in *The Works of Jonathan Edwards*, vol. 1, revised and corrected by Edward Hickman, (Edinburgh; The Banner of Truth Trust, 1995 reprinting).

Edwards, Jonathan. *The Nature of True Virtue*, in *The Works of Jonathan Edwards*, vol. 8, edited by Paul Ramsey, (New Haven; Yale University Press, 1987).

Ferguson, Sinclair B. *John Owen on the Christian Life*, (Edinburgh; The Banner of Truth Trust, 1995 reprinting).

Flavel, John. *Keeping the Heart*, originally titled, *A Saint Indeed: or the Great Work of a Christian Opened and Pressed from Proverbs 4:23*, (Morgan; Soli Deo Gloria Publications, 1998).

Flavel, John. *Preparations for Suffering, or the Best Work in Worst Times*, in *The Works of John Flavel*, vol. 6, (Edinburgh; The Banner of Truth Trust, 1997 reprinting).

Fuller, Andrew. *Memoirs, Sermons, Etc.*, in *The Complete Works of The Rev. Andrew Fuller*, vol. 1, edited by Joseph Belcher, (Harrisburg; Sprinkle Publications, 1988).

Fuller, Andrew. *Miscellaneous Tracts, Essays, Letters, Etc.*, in *The Complete Works of The Rev. Andrew Fuller*, vol. 3, edited by Joseph Belcher, (Harrisburg; Sprinkle Publications, 1988).

Gataker, Thomas. *Certaine Sermons, First Preached, and After Published at Several Times*, (London; Printed by John Haviland and are to be fold on new fifth-street hill, 1637).

Gillespie, George. *An Usefull Case of Conscience, Discussed and Resolved Concerning Association and Confederacies with Idolaters, Infidels, Heretics, or Any Other Known Enemies of Truth and Godliness*, (London; Printed by T. R. and E. M. for Ralph Smith, and are fold at his shop at the figne of the Bible in Cornhil neer the Royal Exchange, 1649).

Gleason, Randall C. *John Calvin and John Owen on Mortification: a Comparative Study in Reformed Spirituality*, (New York; Peter Lang Pub. Inc., 1995).

Goodwin, Thomas. *Of Gospel Holiness in the Heart and Life*, in *The Works of Thomas Goodwin*, vol. 7, (Eureka; Tanski Publications, 1996 reprinting).

Grudem, Wayne. *Systematic Theology; an Introduction to Bible Doctrine*, (Grand Rapids; Zondervan Publishing House, 1994).

Kevan, Ernest F. *The Grace of Law; a study in Puritan theology*, (Morgan; Soli Deo Gloria Publications, 1997 reprinting).

Love, Christopher. *Grace; the truth, growth, and different degrees*, (Morgan; Soli Deo Gloria Publications, 1997 reprinting).

Love, Christopher. *The Mortified Christian; showing the nature, signs, necessity, and difficulty of true mortification with the right hearing of sermons*, (Morgan; Soli Deo Gloria, 1998 reprinting).

Murray, John. "Nature of Sin," in *Collected Writings of John Murray: Systematic Theology*, vol. 2, (Edinburgh; The Banner of Truth Trust, 1996 reprinting).

Murray, John. *Redemption: Accomplished and Applied*, (Edinburgh; The Banner of Truth Trust, 1979 reprinting).

Owen, John. *A Discourse of Spiritual Gifts*, in *The Works of John Owen*, vol. 4, edited by William H. Goold, (Edinburgh; The Banner of Truth Trust, 1988 reprinting).

Owen, John. *A Practical Exposition upon Psalm CXXX.; wherein the nature of the forgiveness of sin is declared; the truth and reality of it asserted; and the case of a soul distressed with the guilt of sin, and relieved by a discovery of forgiveness with God, is at large discoursed*, in *The Works of John Owen*, vol. 6, edited by William H. Goold, (Edinburgh; The Banner of Truth Trust, 1991 reprinting).

Owen, John. *A Treatise of the Dominion of Sin and Grace; wherein sin's reign is discovered, in whom it is, and in whom it is not; how the law supports it; how grace delivers from it, by setting up its dominion in the heart*, in *The Works of John Owen*, vol. 7, edited by William H. Goold, (Edinburgh; The Banner of Truth Trust, 1988 reprinting).

Owen, John. *Biblical Theology or the Nature, Origin, Development, and Study of Theological Truth, in Six Books; in which are examined the origins and progress of both true and false religious worship, and the most notable declensions and revivals of the church, from the very beginning of the world; with additional discussions on universal grace, the rise of the sciences, Bellarmine's Roman 'Notes of the Church,' the origin of writing, the antiquity of Hebrew language, and its vowel-pointing, translations of Sacred Scripture, Jewish rites, and other matters*, translated by Stephen P. Westcott, from the Latin Text of William H. Goold, (Morgan; Soli Deo Gloria Publications, 1996 reprinting).

Owen, John. *Christologia; or a Declaration of the Glorious Mystery of the Person of Christ-God and Man*, in *The Works of John Owen*, vol. 1, edited by William H. Goold, (Edinburgh; The Banner of Truth Trust, 1993 reprinting).

Owen, John. *Of Communion with God the Father, Son, and Holy Ghost, Each Person Distinctly, in Love, Grace, and Consolation; or, the saints' fellowship with the Father, Son, and Holy Ghost unfolded*, in *The Works of John Owen*, vol. 2, edited by William H. Goold, (Edinburgh; The Banner of Truth Trust, 1990 reprinting).

Owen, John. *Of Temptation; the nature and power of it; the danger of entering into it, and the means of preventing that danger, with a resolution of sundry cases thereunto belonging*, in *The Works of John Owen*, vol. 6, edited by William H. Goold, (Edinburgh; The Banner of Truth Trust, 1991 reprinting).

Owen, John. *Of the Mortification of Sin in Believers; the necessity, nature, and means of it; with a resolution of sundry cases of conscience thereunto belonging*, in *The Works of John Owen*, vol. 6, edited by William H. Goold, (Edinburgh; The Banner of Truth Trust, 1991 reprinting).

Owen, John. *Pneumatologia, or, A Discourse Concerning the Holy Spirit; wherein an account is given of his name, nature, personality, dispensation, operations, and effects; his whole work in the old and new creation is explained; the doctrine concerning it vindicated from oppositions and reproaches. The nature also and necessity of gospel holiness; the difference between grace and morality, or a spiritual life unto God in evangelical obedience and a course of moral virtues, are stated and declared*, in *The Works of John Owen*, vol. 3, edited by William H. Goold, (Edinburgh; The Banner of Truth Trust, 1994 reprinting).

Owen, John. *The Doctrine of the Saints' Perseverance Explained and Confirmed*, in *The Works of John Owen*, vol. 11, edited by William H. Goold, (Edinburgh; The Banner of Truth Trust, 1988 reprinting).

Owen, John. *The Grace and Duty of Being Spiritually Minded Declared and Practically improved*, in *The Works of John Owen*, vol. 7, edited by William H. Goold, (Edinburgh; The Banner of Truth Trust, 1988 reprinting).

Owen, John. *The Nature of Apostasy from the Profession of the Gospel and the Punishment of Apostates Declared, in an Exposition of Heb. vi. 4-6; with an inquiry into the causes and reasons of the decay of the power of religion in the world, or the present general defection from the truth, holiness, and worship of the gospel; also, of the proneness of churches and persons of all sorts unto apostasy with remedies and means of prevention*, in *The Works of John Owen*, vol.7, edited by William H. Goold, (Edinburgh; The Banner of Truth Trust, 1988 reprinting).

Owen, John. *The Nature, Power, Deceit, and Prevalency of the Remainder of Indwelling Sin in Believers; together with the ways of its working and means of prevention, opened, evinced, and applied; with a resolution of sundry cases of conscience thereunto appertaining*, in *The Works of John Owen*, vol. 6, edited by William H. Goold, (Edinburgh; The Banner of Truth Trust, 1991 reprinting).

Packer, James I. *Rediscovering Holiness*, (Ann Arbor; Servant Publications, 1999 reprinting).

Payson, Edward. *Memoir, Select Thoughts and Sermons*, in *The Complete Works of Edward Payson*, vol. 2, edited by Asa Comings, (Harrisburg; Sprinkle Publications, 1988).

Rutherford, Samuel. *Influences of the Life of Grace, or Practical Treatise Concerning the Way, Manner, and Means of Improving of Spiritual Dispositions, and Quickening Influences from Christ the Resurrection and the Life*, (London; Printed by T. C. for Andrew Crook, and are to be fold by James Davies, 1658).

Scougal, Henry. *The Life of God in the Soul of Man*, (Harrisburg; Sprinkle Publications, 1986).

Scudder, Henry. *The Christian's Daily Walk, in Holy Security and Peace*, (London; Printed for William Miller, 1690).

Shepard, Thomas. *The Sincere Convert and the Sound Believer*, (Morgan; Soli Deo Gloria Publications, 1999 reprinting).

Sibbes, Richard. *Miscellaneous Sermons*, in *The Works of Richard Sibbes*, vol. 7, edited by Alexander B. Grosart, (Edinburgh; The Banner of Truth Trust, 1982).

Ursinus, Zacharias. *The Commentary of Dr. Zacharias Ursinus on the Heidelberg Catechism*, translated from the original Latin, by G. W. Willard, (Phillipsburg; Presbyterian and Reformed Publishing Company, reprinting of the second American edition in 1852).

Vincent, Nathaniel. "The Conversion of Sinner," in *The Puritans on Conversion*, (Morgan; Soli Deo Gloria Publications, 1990 reprinting).

Wallace, Ronald S. *Calvin's Doctrine of the Christian Life*, (Eugene; Wipf & Stock Publishers, 1997 reprinting).

Warfield, Benjamin B. "Old Testament Religion," in *Faith and Life*, (Edinburgh; The Banner of Truth Trust, 1990 reprinting).

Warfield, Benjamin B. *Selected Shorter Writings of Benjamin B. Warfield*, edited by John E. Meter, (Phillipsburg; Presbyterian and Reformed Publishing Company, 1973).

Watson, Thomas. *The Duty of Self-Denial and Ten Other Sermons*, (Morgan; Soli Deo Gloria Publications, 2001 reprinting).

Watts, Isaac. *Logic; the right use of reason in the inquiry after truth*, (Morgan; Soli Deo Gloria Publications, 1996).

부록 2. 성구 색인

* ( ) 표시가 된 페이지에서는 각주를 참고하십시오.

창 1:13	(430)
창 1:14	(430)
창 1:15	(430)
창 1:26	(295)
창 1:26-27	(34)
창 1:27	(295)
창 2:17	250
창 3:5	(155)
창 3:15	(254)
창 4:7	(53)
창 4:16-17	(174)
창 6:5	(66), (294), (169), (401)
창 9:6	(295)
창 17:1	(413)
창 39:9	(101)
창 40:14	(150)
출 9:12	189
출 12:37-38	(253)
출 18:11	(52)
출 20:4	428
레 18:5	317
레 19:2	(263)
민 13:33	(315)
신 2:30	(188)
신 17:13	(52)
신 18:20	(52)
신 29:13-15	250
신 29:18	(191)
신 30:6	(66)
삿 16:15-16	(358)
삿 16:19	(358)
왕상 18:20-39	316
왕상 19:13-14	316
왕하 6:15-17	(315)
왕하 18:4	(152)
왕하 23:14	(152)
대하 32:25	(173)
느 9:10	(52), (173)
욥 24:13	(138)
욥 40:12	(173)
욥 40:16	(191)
시 1:2	248
시 6:8	(275), 391
시 10:2-7	(307)
시 17:14	216
시 19:7	249
시 19:7-9	(248)
시 19:8	(269)
시 19:10	(50)
시 19:11	(50)
시 19:12-13	49, 369
시 19:13	52, (53)
시 28:7	(66)
시 30:6	(100)
시 31:10	(90), (383)
시 32:1	(117)
시 32:4	(402)
시 34:18	(152)
시 38:2	(402)
시 38:3-5	(90)
시 40:12	(90), 402
시 42:5	278

시 51:10	(66), (390)	사 26:16	(323)
시 51:11-12	390	사 28:1	(173)
시 51:17	(152)	사 28:3	(173)
시 78:10	(249)	사 28:13	(152)
시 78:34	(323)	사 33:24	(90)
시 81:12	(191)	사 39:8	(196)
시 88	(279)	사 40:6-7	(397)
시 88:7	(402)	사 40:10	(192)
시 95:8	(66)	사 42:2-3	316
시 95:10	(66)	사 42:3	318
시 109:16	(152)	사 53:5	(376)
시 112:7	(66)	사 57:15	331
시 119:6	(413)	사 57:20	(138)
시 119:18	249	사 59:21	(255)
시 119:44	(249)	사 61:1	(152)
시 119:53	(249)	사 63:10	(92)
시 119:62	(249)	사 66:13	(332)
시 119:71	(185)		
시 119:136	195		
시 119:164	(249)	렘 3:17	(191)
시 121:1-2	278	렘 4:14	(169)
시 130:1-2	159	렘 6:14	(138)
시 130:3	(50)	렘 6:16	138, (139)
시 138:3	392	렘 7:24	(191)
		렘 8:11	138, (139)
		렘 8:15	138, (139)
잠 3:5	(66)	렘 9:13	(191)
잠 3:8	(191)	렘 11:8	(191)
잠 4:23	192-193	렘 13:9	(173)
잠 6:5	305	렘 13:10	(191)
잠 21:25	404	렘 16:12	(191)
잠 25:20	(152)	렘 17:9	(66)
		렘 18:12	(191)
		렘 23:17	(191)
전 3:11	(342)	렘 31:33	(66)
		렘 31:36	(332)
아 5:2-8	(100)		
아 7:2	(191)	애 3:18-22	(316)
사 6:1-5	397	겔 3:9	(192)
사 8:15	(152)	겔 16:4	(191)
사 14	173	겔 36:26	(66)
사 14:3-11	(173)		

단 7:9	(276)	눅 1:73-75	314
		눅 3:5	(433)
		눅 6:45	(66), (132)
호 5:13	(112)	눅 12:19	(136)
호 5:15	(112)	눅 12:48	(291)
호 6:4	(150), 160	눅 15:20	(411)
		눅 16:13	(119)
		눅 18:8	428
슥 11:8	(92)	눅 18:29-30	(206)
		눅 22:15	(174)
		눅 22:46	(100)
말 4:1	(173)	눅 23:34	282
		눅 23:46	217
마 10:1-4	147		
마 10:8	147	요 4:9	(92)
마 11:28	407	요 8:32	331
마 15:8	(132)	요 8:44	(174)
마 15:13-19	(175)	요 8:56	(136)
마 15:18-19	(132)	요 12:46	(427)
마 16:24	211	요 14:15	(121)
마 24:11	(114)	요 14:21	179, 333
마 24:13	(36)	요 14:23	179
마 26:41	(181)	요 15:22	291
마 27:3-5	(157)	요 16:7-11	(255)
마 3:9	(114)	요 17:17	(199)
마 5:8	(132), (271)		
마 5:12	(136)		
마 5:14	423, (427)	행 2:40	(433)
마 5:20	(433)	행 3:6	421
마 5:21-22	177	행 5:32	(403)
마 5:21-24	(53)	행 11:23	(30)
마 5:27-28	(54)	행 13:38-39	299
마 5:28	(132), (174)	행 14:16	(291)
마 5:46	207	행 17:4	(420)
마 6:9-10	195	행 17:18	(343)
마 6:19	118	행 18:27	(30)
마 6:24	(118), (119)	행 26:18	303
마 7:13-14	428		
마 7:22-23	147, (255)		
		롬 1:19-20	(342)
		롬 1:24	(174), (307)
막 4:19	(174)	롬 2:4	(185)
막 7:22	(173)	롬 2:14-15	135, 137, (259), (260), (314), (387)
		롬 2:16	(259)

롬 3:19	258, (259)	롬 11:29	(346)
롬 3:19-21	(260)	롬 11:33	399
롬 3:20	(292)	롬 11:36	258
롬 3:24	(292)	롬 13:14	(169)
롬 3:28	(292)	롬 14:17	304
롬 5장	25		
롬 5:1	(293)		
롬 5:2	(293)	고전 1:18	(385)
롬 5:5	(66)	고전 1:21	384
롬 5:9	304	고전 1:23	(385)
롬 5:10	(29)	고전 1:24	384
롬 5:12	(216)	고전 1:25	(385)
롬 5:17	(30)	고전 1:27	(385)
롬 5:20	40, (387)	고전 1:30	(199)
롬 5:20-21	(400)	고전 2:3	316, 317
롬 6:2	(200)	고전 4:1	308
롬 6:4	(200)	고전 4:6	(173)
롬 6:6	(203), 292, 301	고전 5:3-5	(246)
롬 6:11	(199), (200)	고전 6:11	(433)
롬 6:12	38, (203), (246)	고전 6:20	(302)
롬 6:12-13	(260)	고전 7:23	(302)
롬 6:14	25, (26), 65, 260, 305	고전 9:27	(205)
롬 6:16	38	고전 10:31	(413)
롬 6:19	(263)	고전 13장	(206)
롬 7:6	(295)	고전 15:31	(36)
롬 7:7-8	(174)	고전 15:54	(37)
롬 7:8	292	고전 15:57	334
롬 7:8-10	(260)		
롬 7:9	(291)		
롬 7:18	304	고후 1:7	(213), (214)
롬 7:21	(56), (77), (99), (262)	고후 3:17	(299), (302)
롬 7:23	(262), (399)	고후 4:3-4	402
롬 7:23-24	403	고후 4:4	(306)
롬 7:24	39, 116	고후 4:7	(330)
롬 8:1-2	29, 294, 300	고후 4:10	215, 330
롬 8:2	261, (262), (265)	고후 4:16	(383)
롬 8:3-4	(299)	고후 5:15	297, 298
롬 8:6	(375)	고후 5:17	(87), 277
롬 8:7	(29), (33)	고후 7:1	(263)
롬 8:13	(198), (200), 359	고후 11:29-31	(64)
롬 8:13-14	(200)	고후 12:7	(100)
롬 8:20	(33), (269)		
롬 8:26	(266)		
롬 9:18	(191), (192)	갈 2:16	398
롬 9:22	(307)	갈 2:20	(121), (200), 361, 389

갈 3:23	(294)	골 2:10	(388)
갈 3:24	(290)	골 2:11	(203)
갈 3:25	(290)	골 2:14-15	263, (277)
갈 4:5	258, (259)	골 3:1	(200)
갈 4:8	(33)	골 3:5	(174), 202
갈 5:17	(136)	골 3:8	(199)
갈 5:18	258, (259), 306	골 3:10	(199)
갈 5:19-21	(181)		
갈 5:24	(398)		
갈 6:14	398	살전 5:22	(401)
		살전 5:23	(413)
엡 1:4	(433)		
엡 1:10	(343)	딤전 1:12-15	(41)
엡 2:3	(33), (34), (137), 306	딤전 1:16	412
엡 2:15	(29)	딤전 4:7	(433)
엡 2:24	(199)	딤전 4:8	(32)
엡 3:9-11	(343)		
엡 4:2	(199)		
엡 4:17	(269)	히 2:15	(294)
엡 4:17-18	423	히 3:8	(191)
엡 4:18	(423)	히 3:13	(191)
엡 4:19	(269)	히 3:14	(36)
엡 4:24	(263), (433)	히 3:15	(191), (192)
엡 5:26-27	(263)	히 4:7	(191)
엡 6:14-17	(434)	히 4:12-13	368
		히 4:15	315, (316)
		히 9:27	(34)
빌 1:6	331	히 11:1-3	(278), (279)
빌 1:19	334	히 11:13	263
빌 1:23	(174), 217	히 11:15-16	(217)
빌 1:29-30	121	히 11:24-26	(402)
빌 2:15	419, (420), 430	히 11:25-26	(257)
빌 3:6	292	히 12:1	(295), (303)
빌 3:10	(121), (213), 214	히 12:2	395
빌 3:10-11	(214)	히 12:1-2	375
빌 3:12	(36), 50, (388), 403	히 12:3-4	412
		히 12:3-5	(377), (395)
		히 12:1-4	(330)
골 1:11	427	히 12:4	(100)
골 1:13	303	히 12:10	(185)
골 1:14	298	히 12:14	(433)
골 1:24	(121), (215)	히 12:23	(37)
골 1:27	308	약 1:14	(401)
골 2:2	304	약 1:14-15	67, (216), (399)

약 1:15	215
약 1:23	(137)
약 2:19	(114)
약 3:6	(137)
약 4:14	(397)
약 4:16	(294)
약 4:3	223
약 4:4	216
약 4:6	(173)
벧전 1:17	(100), (101)
벧전 1:18-19	(302)
벧전 1:22	395, 396
벧전 2:9	301
벧전 2:18	(433)
벧후 1:10	(433)
벧후 1:19	(269)
벧후 2:14	(175)
벧후 2:20	(303)
벧후 2:22	324
벧후 3:9	(307)
벧후 3:14	(36)
벧후 3:18	79, (120)

요일 1:5	(269)
요일 1:8	203
요일 2:15-16	179, 333
요일 3:4	38
요일 4:18	315
유 1:15	(191)
계 3:1	276
계 3:2	111, (276)
계 3:4	(276)
계 3:10	(100)
계 18:14	(174)
계 19:8	(276)

부록 3. 주제별 색인

* ( ) 표시가 된 페이지에서는 각주를 참고하십시오.

ㄱ

가난 40, (112), (152), 280, (368)
각성 (51), 149, 175
강압 73, 74, 76-78, 89, 99, 103, (118), 306, 318, 394, 402, 403
개별적인 혼란 341, 350
거룩 (29), 30, 32, 33, 37, 39, (41), 42, (50), 75, (78), 79, 80, (87), 88, (110), (113), 120, 121, (128), (129), 131, (136), 151, 152, 154, 159, (174), (199), 219, (255), 256, 275, (290), 317, 327, (348), 370, 395, 431, 433
거리감 184, (196), 333
게으름 110, (134), 158, 160, 185, 192, 221, 229, 307, 328, 353, 372, 404
견인 교리 (345)
고난 176, 211-214, 398
고민 360
고범죄 52, (53)
고통 (29), 40, (55), 75, 89, 91, 92, 113, (121), (150), 156, 157, 159, (183), 210, 211, 215, (234), 322, 356, (424)
광기 55, 129, (172), 176
교만 172-174, (393), 396, 397
교제 26, 161, 185, 256, (261), (275), 282, (328), 333, 390, 409
교회의 머리 146, 210
구속 (28), (30), 37, (87), 91, 184, (253), (271), (299), 301, 383, (424), 431, (433)
구원 37, (51), 63, 64, (65), (86), 104, 146, 179, 206, (252), 257, 261, 277, 301, 303, 318, 329, 332, 345, (346), 349, (389), 390, 427
긍휼 40, (150), 316, 374, 410, 411
기도 54, 57, (78), 100, 111, (113), 114, 116, 183, 195, (196), 197, 218-233, (234), 264, 267, 328, 364, 392, (393)
기도의 능력 221, (222), 231-233
기도의 실천 264, 267, 280, 361, 391, 392, (393), (394)
기도의 의무 222, 226, (228), 232, 233,

기쁨 31, 89, 139, 152, 155, (169), (172), 187, 209, 217, 218, 330, 349, 352, 362, 363, 395
기질 (205), 355, 368

ㄴ

내세 묵상 197, 215-218
내재하는 죄 (38), (56), 58, 63, (73), 75, 76, (78), 91, 94, (100), 101, 110, (114), (136), 139, (148), (160), 197, 198, 212, 220, 222, 228, 229-231, (262), 351, 366, 389
내적 부패성 432
내적 자유 302

ㄷ

다윗 55, 115, (117), (135), 212, (275), 390, (391)
담대함 76, 128, 132, 317, 330, 394, 421
대담함 129, (172), 405
대표자 250
도덕율 259
도덕적 의무 153, (255)
도덕적 피조물 154
독립 110, (262)

ㅁ

마음 (32)
마음의 굳어짐 187-189, 191-193, (196), (197)
마음의 보좌 117, 204
마음의 틀 57, 94, 102, 104, 158, 161, 221, 223, 224, 229, (226), (229), 269
맹렬함 55, 129, (172), 176
맹종 325
메시아 257
명분 297
모세 언약 (252), (253), (254), (257), (387)
몽학 선생 258, (290), 293,
무지 33, 41, 42, 50, (52), 75, 77, 80, 197, 209, 217, 222, 243, 249, 266, 269, 291, 303, 319, 320, 341, 349, 350, 362, 366, 369, 376, 401, 422
묵상 131, 197, 215, 217, (234), 282, (332), 376

미덕 91
미신적인 맹종 325
미움 53, 54, (135), 172, 176, 177
믿음 31, 35, (36), 64, 66, 88, (121), (128), (148), 153, 157, 176, (183), 184, 186, 187, (198), (199), (200), (214), 212-215, 220, 224, (233), 243-245, 256, 257, 261, 264, 278-281, 297, 300, (303), 315, (319), 326, 327 329, 332, (345), (346), 360, 363, 364, (375), 397, 399, (402), 403, 404, 406-407, 412, 419, 429, 432, (433)

ㅂ

바리새인 292, 318, 326, 355
반감 92, 129, (134), (135), 195, 199, 278, 325, 350, 368, 422
발광체 420, 421, 430
발산적 영광 425, 426
배교 39, (255), 264
범의 (135), 172
복음 158, 246, (255), 267, 303, 329, 330, (343), (347), (348), 362, (366), 399, 424
본성의 빛 75, (119), (129), (131), 135, (138), 155, (259), (271), 342, 344, 420, 423
본체적 영광 425, 426
부당한 거역 85
부르심 42, 65, (343), 395, 422, 432, 435
부분적 굳어짐 188, 189
부주의함 (110), (188), 209, (228), 371, 372, 376, 391
부패성 (29), 31, (36), (50), 51, (67), (77), (78), 121, 122, 134, (167), (169), 172, 190, 191, (198), 199-202, (203), 204, (205), (207), 211, 212, 264, 265, (269), (272), (273), 317, (319), 329, 363, 367, (368), 373, 377, 384, 394, 395, 421, (422), (423), 424, (425), 431-433, 435,
부활 (37), (65), (200), 210, 214, (234), 348, (413), (414)
불순종 37, 40, 51, 57, 68, 85, 88, 153, 181, 189, 206, 243, 246, 264, 273, (304), 305, (357), 394, 399, 419
불신앙 172, 175, 176, 303, 304, (357), (366)
비중생자 (77), (78), (131), (137), 342, 344, 345
비참함 80, 91, (129), 135, 139, (150), 152, 209, 216, 220, 254, 258, 266, 298, 307, (334), (347), 390,

391, (397), 394, 409-411, (424)

ㅅ

사고 기능 131, 168, (169), 171, 172, 174, 175, 177, 180
사단 35, 47, 52, (189), 199, 296, 297, 305, 306, 399
사단의 권세 277, (304), 305
사단의 능력 303, 305
사단의 세력 263
사단의 역사 (114)
사단의 유혹 305
사단의 지배 296
사단의 행실 305
사악 91, 151, 245, 264, (269), 272, 409, 433
삼손 (227), (357)
삼위일체 104, (228), (327)
상상력 168-172, 174
상호 교통 (28), (408)
생명의 성령의 법 26, 30, 31, 33-37, 48, 68, 88, 90, 94, 101, 111, 181, 190, 261, (262), 263-265, 331, 346
선 34, (75), 91, (119), (154), (344)
선교 420, 428
선악과 250, 252
선택 64, 177, 181, 264, (279), (295), 301, (307), 320, (326), (345), (346), 371, 372, 388, 423, (433)
설교의 기능 (50)
성결 32, 88, 122, (174), (263), 267, 271, (276), (328), 330, (355), 421
성도의 견인 (345)
성령 28, (30), 31, 35, (38), 40, 46, 53, 58, 63, (79), 80, (87), 90, 93, 94, 103, 104, 109-111, (120), 122, 126, 129, 135, 136, 140, 146, 147, (148), 152, 153, 156, (180), 181, 182, (183), (185), 186, (188), (189), 191, 196, 198, 199, 204, 214, 215, (219), 220, 223, 224, (227), 228, 232, 234, 244-246, 255, (259), (261), 262, (265), (266), 278, 281, 283, (290), 295-304, 327, 328, 330, 331, 334, 342-343, 345-346, 348-349, 351-352, 355, 360, 364, 377, 383, 389, 390, 394, 403, 404, 406-408, 414, 423, 428, 432
성육신 (68), (86)
성화 33, (37), 50, (52), 67, 77, (78), (79), (87), 103,

(110), (113), (146), (148), 183, 184, (185), (188), (198), 199, (200), 210-214, 219, 221, 223, 233, 247, 263, 267, 275, (295), (299), (303), 308, 309, 314, 315, 321, 327, 329, (334), (345), 347-349, (357), (368), (373), (375), (387), 388, (393), (394), 395, 404, 413, 421, (424), (425), 428, 432, (433), 434

세속 (137), 349, 431

속임 (52), (56), 73-75, 77, 80, (173), (187), (269), (270), 377, 394

속죄 406

순결 32, 37, 103, 198, (199), 271, 306, (398), 413, (425), 432, 436

숨은 허물 (49), (50), (53), 369

시내산 249, 252, (253), 254

시련 211, 212, 334

시민법 252, 253, (254), 256

신령한 기쁨 89, 330, 352, 362

신앙의 표준 329

신자의 의지 103, (117), 177, 234, 353

실행죄 27, (51), 52, 55, (73), 115, (160), 204

싫증 110, 120, (134), (135), (155), 160, 185, (225), (228), 230, 306, 322, 323, 328, 352, 363 심판 (34), (37), (53), 54, 58, 135, 137, 153, 174, 188, 189, (196), 204, 220, (246), 247, 254-256, (259), 260, 279, 289, 290, 297, 298, (307), 394, 408, 411, 412, 429, (430)

십자가 37, 53, 58, 64, 67, 68, (121), 177, 197, 200, (201), 210, 211-215, (215), 218, 220, 223, (234), (259), 261, 263, 267, (277), 281-283, 292, 297-301, 318, 321. 322. (326), (330), 361, 374-376, (384), (385), 389, 398, (395), (398), 399, 406, (424), 431, 435

ㅇ

아담 (34), 86, (87), (135), (178), 200, 204, 250-252, (254), (422)

아브라함 (114), (136), 250, 252, 254, 314

악한 행실 304

양심 (51), 55, 89, 113, (114), 115, 126, (131), 135, (137), 138, 148, 155, 170, (183), 184, 185, 187, 192, 194, (196), (199), 220, 222, 259, 260, 266, 270, (271), 272, (275), 279, 280, 288, 289, (290), 292, 299, 314, 318, 342-344, (354), 387, 391, 402, 405, 406

양심의 가책 (114), (115), 128, 138, 170, 184, 196, 266, 272, 354, 402, 405, 406

언약 (49), 88, (112), (150), (152), (192), 233, (248), (249), 250, (252), 253, 254, 263, 277, (290), (299), 301, 307, (328), (332), 374, 405, (425), 428

언약 관계 86, (150), (152), 250, 253, 254

연약함 54, 58, 176, (266), 314-316, (328), 331, 371

연합 (52), 79, (91), (100), 146, 147, (148), 154, 155, 177, 184, 210, 213-215, (225), 230, (231), 248, (275), (304), 321, (326), 408. 412. 428. 436

염려 139, 170, (196), 368

영생 104, (206), 261, (387), (400), 412

영적 권세 147

영적 기만 (167)

영적 대담함 405

영적 선 (77), (295)

영적 어두움(어둠) 167, (269)

영적 은사 145, (146), 147

영적(생명의) 활기 51, (112), (326)

영적인 눈멂 (269)

영혼의 변화 (152), 158, (265)

영혼의 싫증 110, 121, (134), (135), (155), 158, 160, 185, (225), 228, 307, 328, 353, 404

영화 (37). (87), (173), (195), (196), (205), 234, 349, (387), (413), (414), 425

오래 참으심 351, 408, 411, 412, 435

오염 29, (37), (198), (199), 346, 371

올곧음 341, 365, 374, 393

요셉 54, (101), (274)

욕망 27, 57, 78, 110, 117, 157, 169, 171, (174), 177, 196, 200, (201), (203), 204, (205), 209, 212, 216, 217, 223, 233, 274, 292, 324, 330, 335, 344, (368), (373), (394), 404

우주의 중심 27, 28, 173, (174), (199), (217), 269

원죄 (52), (77), (198), (422)

위로 56, 116, 139, (193), 213-215, 218, 225, 258, 272, (279), 331, (332), 333-335, 362, 371, (375), 395, 435, 436

유혹 48, 50, 56-58, 66, 74, 75, 79, 92, 94

육욕 (146), (167), 169, 172, 174, 175, (383), (423)

윤리 267, (344), 345

율법 26, 27, (39), 65, (77), 111, 113, 137, (138), (158), (185), 247-265, 273, 277, 279, 280, 289-

297, 299, 301, (302), 305, 306, (313), 314, 317-319, 326, 331, (387), 390, (400), 412, 405, 416
율법의 유익 254
율법의 한계 257
은혜 살림 (79), (199), (200)
은혜 언약 (112), (233), (252), (253), (254), (290), (299)
은혜의 계획 64
은혜의 방편 (113), 189, 197, 215, 223, 234, 273, (319)
은혜의 수단 48, (55), 121, 177, 185, 186, (197), 210, 212, (254), (373), 404
은혜의 습관 120
은혜의 지배 35, 42, 48, 53, 57, 88, 103, 110, 111, (113), 116, 117, (118), 119, 120, 128, (129), 131, 149, 151, 152, 156, 157, 161, 171, 172, 178, 184, 186, 189, 191, 194-197, 204, 224, 234, 244, 266, 275, 278, 281, 352, 383, 419, 434
의무감 151, 180, 225, 231, 328
의식법 252, 253, (254), 256
이차적 선 344
인내 100, 118, 212-215, (295), (303), 330, 372, 435

ㅈ

자기 깨어짐 (148), 157, (158), (159), 194, 209, 270, (326), 374, 374, 394, 395, 412
자기 부인 (136), 197, 199-210, 218, 394
자기 사랑 27, (52), (119), (120), 175, 205-209, 357, 397, 419, (422)
자만 (101), (167), 187, 222, (307), (326), 374
자원 (87), 104, 155, 216, 246, 413, 432, 433
자유 35, 36, 47, 55, 104, 115, (202), 210, 266, 289, 291-308, 330, 331, 370, 406, 407
자유 의지 (199)
작정 189, 210, 289
재림 (414)
저주 (51), (259), 294, 296, 297, 301
저항적 민감함 128, 131, 133
적대감 216, 231, 351, 356, 361, 371, (422)
적의 (29), 92, (93), 129, (187), (197), (199), (265), 333, 344, 377
전적 무능 (137), (199)
절대 의존 251, 395

절대적 십자가 211
정결 (73), (248), (276), 319, 363, 390, 414
정죄 27, 29, (51), 89, 113, 115, (157), (182), 249, (252), 254, 257, (259), 260, 261, 277, 292, 294, 297, 299, 300, (375), (400), 407, 408
정직 36, (49), (51), 52, (53), 57, (129), 134, 193, 194, (219), (227), 234, 243, 245, (248), 358, 359, 363, 372, 377, (369), (390), 398, 404, 410,
제사 (152), 196, 252, 256, 257, (301), 390
제어 기제 374
조명 (97), 139, 148-150, 182, 183, 201, 219, 364, 368, 370, 396, 420, (427)
종교 생활 233, 351, 363
종말 (65), 217, 247
죄 죽임 35, 37, (38), (79), 80, 88, (90), (112), (114), 116, 121, 161, (169), (183), 197, (198), (199), 198, (199), 200, (201), 204, (205), (207), 210, 215, 217, 218, 220, 222, 224-226, (227), 229, 233, (234), (264), (266), 267, (271), (279), 306, 317, (319), (321), 322, 323, 328, 332, (326), (332), (341), 345, 347, 348, 350, 351, 352-356, 359, 360, 361, (371), 383, 391, 392, 404
죄 죽임의 유효인 342
죄에 대한 미움 (187), (207), 227, 356, 361, 374, 377, 419
죄에 대한 사랑 79, (148), 157, 160, 186, 222, 227, 266, 324, (326), 333, 351, 353, 356, 358, 370, 371, 391, 392, 395, 404
죄와 사망의 법 26, 29-33, 35, 48, 68, 86-87, 104, 261, 264, 265, 294, 299, 300, 331
죄와의 갈등 350, 356, 360
죄의 가책 405
죄의 결과 (37), 64, 90, (117), (135), 157, 178, 254, 276, 409, 410, (413), (414)
죄의 계획 91, 92, 133, 134, 263, 384, 399, 401, 407, 409, 412
죄의 법 33, (39), 56, 57, (95), (96), 204, 262, 297, 306, (366), (401), 403
죄의 본질 27, (29), 49, (92), 183, (197), (262)
죄의 상대적 지배 33
죄의 절대적 지배 33
죄책 (29), (86), 115, 135, (183), 194, (198), 220, (314), (375)
죄책감 55, 128, 129, 130, 136, 138, (193), 194, 394, 405

죽음 (37), (121), 221, (223), 282, 298, (302), (307), (375)
중보자 (30), (252), 256, (257), 281, 393, 398
중생 32, 34-35, 86, (87), 94, (180), 190, 201, 210, (263), (265), 277, 374, (400)
중생자 (77), (78), 345
지식 50, 77, 79, 80, (120), 139, 178, 204, 269, 325, (328), (343), 363-365, (391), 423, (426)
지적인 눈멂 167, 233, 402
진리의 빛 42, 74, 75, 210, 304, 368
질병 91, 110, (155), 159, 167, 192, 273, 274, 298, (319), (366), (424)
징계 192

ㅊ

참회 41, 48, (55), 88, 113, 128, 129, 132, 140, (148), (152), 153, 156-158, 161, (188), 206, 212, 270, 305, 322, (326), 346, 409, 432
창조 세계 (28), (87), (154), 201, 251, (343), 423, (426)
창조의 계획 (28), (119), 130, 385, 421, (422)
창조의 목적 27, 28, (29), 34, 64, 88, 91, (119), (120), (154), (155), 179, 195, (199), 201, 208, 210, 215, 234, 251, 270, 298, 301, 304, 320, 385, (423), (424)
천지 창조 (154), (426)
철학 (137), (201), 316, (344), (424)
체험 33, (39), 255, (290), 348, 361, 362, (391), (397), 408
총명 (29), 75, 77, 80, (109), 245, 294, (295), 402, 410, (422), 423
총체적 굳어짐 188-189
총체적 선 344
총체적 순종 355, 403
축복 (113), 216, 217, 263, 267, 271, 281, 283, 308, 329, 346, 364, (433)
충성 65, 218, (257), (348), 412, 431, 436
친화적 민감함 128, (129), 133, 134
칭의 (148), (198), (299), 349, (375), (433)

ㅌ

타락 (29), (39), 76, 86, (87), (110), (117), 130, 131, (132), 135, (154), (198-199), 201-202, 206, 247, 251, (254), 266, (269), (270), (294-295), 330, 333, (343), (345-346), (387), 394, 404, 421-422, (423), 432
타협 88, (100-101), 103, (118), (129), (275), (279), 335, 353, 356, (357), (371), (383), 420
통일성 (346)

ㅍ

패역 (86), (151), (430), (433)
편견 304
평안 139, 161, 169, 257, (279), 320, 322, 352, 362, 370
포기 79, 89, 169, (186), 210, 263, (306), (307), 323, 324, 329, 352, 353, 356, 372, 396, 397, 404, 413, 414

ㅎ

하나님과의 평화 (29), 113-114, (136), 221-222, 227, 267, 272, 302, 333, 350, 352-353, 365, 370-372, (375), 376, 413
하나님의 말씀 50, 56, 75, 80, (134), 139, 148, 149, 151, 157, 161, 175, 176, (182), 183, 188, 191, 194, 197, 201, 211, 219, 245, (261), (307), (319), 325, 353, 368, 370, 372-375, 390, 396, 410
하나님의 영광 (28), 31, (51), 80, (87), 93, 154, 155, (189), 195, (196), (197), 205, (255), 320, (348), 363, (383), 385, (397), 425, (426), 429, 435
하나님의 용서 41, 112, (114), 115, (184), (187), 256, (279), 402, 405-407, 411, 412
하나님의 은혜 30-32, 38, 40, 42, 48, 50, 57, 64, 65, 79, 92, 120-122, 151, (167), 176, (184), 191, 193, 195, 210, 213, 229, 230, (254), 277, (281), (290), 305, 306, 317, 332, 359, (368), (370), 372, 384, 385, (387), 390, 393-396, 408, 409
하나님의 자비 351, 406, 408-411
하나님의 지혜 86, 384, 385, 399, 409
하나님의 진노 33, (51), 115, 296, (307), 376
하나님의 형상 34, 178, 201, 208, 209, (255), (270), 320, 402, 409, (433)
하늘나라 215, 413, 434

하늘 자원 31, 65, 155, 298, 332, 347
행복 27, 28, 68, 78, 93, (119), (154), (199), 204, 206, (217), (251), 270, 322, 329, 332, 349, 414, 421, (425)
행위 언약 (253)
화목 140, 274, 333, 352, 371, 411
화목 제물 139, 297
회개 30, 37, (42), (51), (88), 89, 136, 156–158, (159), (187), (193), 212, 221, (217), 245, 246, 261, 266, 269, 273, 277, (301), 349, 351, 376, 389, 390, (391), 392, 406, 410, 412,

회심 33, (51), (87), (113), 122, 133, 168, 190, 191, (226), 280, (304), 305, (307), 316, 346, (346), 348, 396
효과적 영광 426, 427
희생 54, 170, 205, 207, 281, 308, 359, 364, 434
희생 제사 196

사명선언문

너희가 흠이 없고 순전하여……세상에서 그들 가운데 빛들로
나타내며 생명의 말씀을 밝혀 _ 빌 2:15-16

1. 생명을 담겠습니다
만드는 책에 주님 주신 생명을 담겠습니다.
그 책으로 복음을 선포하겠습니다.

2. 말씀을 밝히겠습니다
생명의 근본은 말씀입니다.
말씀을 밝혀 성도와 교회의 성장을 돕겠습니다.

3. 빛이 되겠습니다
시대와 영혼의 어두움을 밝혀 주님 앞으로 이끄는
빛이 되는 책을 만들겠습니다.

4. 순전히 행하겠습니다
책을 만들고 전하는 일과 경영하는 일에 부끄러움이 없는
정직함으로 행하겠습니다.

5. 끝까지 전파하겠습니다
모든 사람에게, 땅 끝까지, 주님 오시는 그날까지
복음을 전하는 사명을 다하겠습니다.

서점 안내

광화문점	서울시 종로구 새문안로 69 구세군회관 1층 02)737-2288 / 02)737-4623(F)
강남점	서울시 서초구 신반포로 177 반포쇼핑타운 3동 2층 02)595-1211 / 02)595-3549(F)
구로점	서울시 동작구 시흥대로 602, 3층 302호 02)858-8744 / 02)838-0653(F)
노원점	서울시 노원구 동일로 1366 삼봉빌딩 지하 1층 02)938-7979 / 02)3391-6169(F)
일산점	경기도 고양시 일산서구 중앙로 1391 레이크타운 지하 1층 031)916-8787 / 031)916-8788(F)
의정부점	경기도 의정부시 청사로47번길 12 성산타워 3층 031)845-0600 / 031)852-6930(F)

인터넷서점 www.lifebook.co.kr